徐州统计年鉴

XUZHOU STATISTICAL YEARBOOK

2012

（总第 25 期）

徐 州 市 统 计 局
国家统计局徐州调查队 编

中国统计出版社
China Statistics Press

（京）新登字 041 号

图书在版编目（CIP）数据
徐州统计年鉴. 2012 / 徐州市统计局，国家统计局徐州调查队 编 .
– 北京：中国统计出版社，2012.8
ISBN 978-7-5037-6616-9

Ⅰ. ①徐…
Ⅱ. ①徐… ②国…
Ⅲ. ①统计资料 – 徐州市 – 2012 – 年鉴
Ⅳ. ①C832.533-54

中国版本图书馆 CIP 数据核字（2012）第 172553 号

徐州统计年鉴–2012

作　　者 / 徐州市统计局　国家统计局徐州调查队
责任编辑 / 陈越月　李　广　唐子午　鹿　燕　徐　燕　王　楠　李　楠
责任校对 / 李　广
封面设计 / 王　亚　李　广
出版发行 / 中国统计出版社
通信地址 / 北京市西城区月坛南街 57 号
邮　　编 / 100826
办公地址 / 北京市丰台区西三环南路甲 6 号
电　　话 / （010）63376907
网　　址/ http://csp.stats.gov.cn
印　　刷 / 徐州市今日彩色印刷有限公司
经　　销 / 新华书店
开　　本 / 880×1230 毫米 1/16
字　　数 / 125 万
印　　张 / 32.6
印　　数 / 1200 册
版　　别 / 2012 年 8 月第 1 版
版　　次 / 2012 年 8 月第 1 次印刷
书　　号 / ISBN 978-7-5037-6616-9/C·2695
书　　价 / 300.00 元

编 者 说 明

《徐州统计年鉴—2012》是一部全面、系统反映徐州市国民经济和社会发展情况的资料性年刊。书中汇集了徐州市及各县(市)2011年经济和社会各方面的统计数据,以及历史重要年份和改革开放以来的主要统计数据。

全书内容分为26个篇目,即:1.综合;2.国民经济核算;3.人口;4.就业人员和职工工资;5.固定资产投资;6.对外经济贸易和国际旅游;7.能源消费与库存;8.财政、金融和保险;9.物价指数;10.人民生活;11.自然资源、城市概况和环境保护;12.农林牧渔业;13.工业;14.建筑业;15.交通运输和邮电;16.批发零售和住宿餐饮业;17.科技和教育;18.卫生和社会服务;19.文化和体育;20.公共管理及其他;21.县(市)社会经济;22.乡镇基本情况;附录1.小康社会进程监测;附录2.江苏省市、县主要经济指标;附录3.淮海经济区主要经济指标;附录4.企业选介。为方便读者使用,大部分篇末附有《主要统计指标解释》。

与2011版《徐州统计年鉴》相比较,本年鉴在统计内容和编辑上主要做了如下修订:

1.根据统计方法制度的变化和用户需求,对部分篇章作了适当的修订和完善。

2.根据实际发展情况,对第五篇固定资产投资、第七篇能源消费与库存、第八篇财政、金融和保险、第十篇人民生活、第十七篇科技和教育等部分内容进行了调整。

本年鉴部分数据合计数或相对数由于单位取舍不同产生的计算误差均未作机械调整;年鉴文稿中所用数字,如有与表中数据不一致的,读者在引用时均以表中数据为准;凡与本年鉴有出入的历史资料数据,均以本年鉴为准。

本年鉴表中的符号使用说明:“…”表示数据不足本表最小单位数;“空格”表示该项统计指标数据不详或无该项数据;“#”表示其中的主要项。

本年鉴编辑过程中,得到中国统计出版社和江苏省统计局综合处的悉心指导,得到市各有关部门、单位以及广大统计人员的大力支持,在此,我们一并表示衷心的感谢,并恳祈各界人士和读者对年鉴的不足之处批评指正,以便进一步提高年鉴的编辑水平,以期更好地为广大读者服务。

目　录

五、固定资产投资

六、对外经济贸易和国际旅游

七、能源消费与库存

八、财政、金融和保险

九、物价指数

十、人民生活

十一、自然资源、城市概况和环境保护

十二、农林牧渔业

十三、工 业

十四、建筑业

十五、交通运输和邮电

十六、批发零售和住宿餐饮业

十七、科技和教育

十八、卫生和社会服务

十九、文化和体育

二十、公共管理及其他

二十一、县(市)社会经济(1978-2011)

二十二、乡镇基本情况

CONTENTS

Chapter 4 EMPLOYMENT AND WAGES

Chapter 5 INVESTMENT IN FIXED ASSETS

Chapter 6 FOREIGN ECONOMY & TRADE AND INTERNATIONAL TOURISM

Chapter 7 ENERGY CONSUMPTION AND STOCK

Chapter 8 FINANCE, BANKING AND INSURANCE

Chapter 9 PRICE INDICES

Chapter 10 PEOPLE´S LIVELIHOOD

Chapter 11 NATURAL RESOURCES, GENERAL SURVEY OF CITIES AND ENVIROMENTAL PROTECTION

Chapter 12 AGRICULTURE FORESTRY, ANIMAL HUSBANDRY AND FISHERY

Chapter 13 INDUSTRY

Chapter 14 CONSTRUCTION

Chapter15 TRANSPORTATION, POSTAL AND TELECOMMUNICATIONS SERVICES

Chapter 16 WHOLESALE, RETAIL AND ACCOMMDATIONS CATERING INDUSTRY

Chapter 17 SCIENCE AND TECHNOLOGY, EDUCATION

Chapter 18 PUBLIC HEALTH AND SOCIAL SERVICES

Chapter 19 CULTURE AND SPORTS

Chapter 20 PUBLIC MANAGEMENT AND OTHERS

Chapter 21 SOCLAL ECONOMIC OF COUNTIES (CITIES) (1978-2011)

Chapter 22 BASIC CONDITIONS OF COUNTRY AND TOWN (1978–2011)

地区生产总值（亿元）

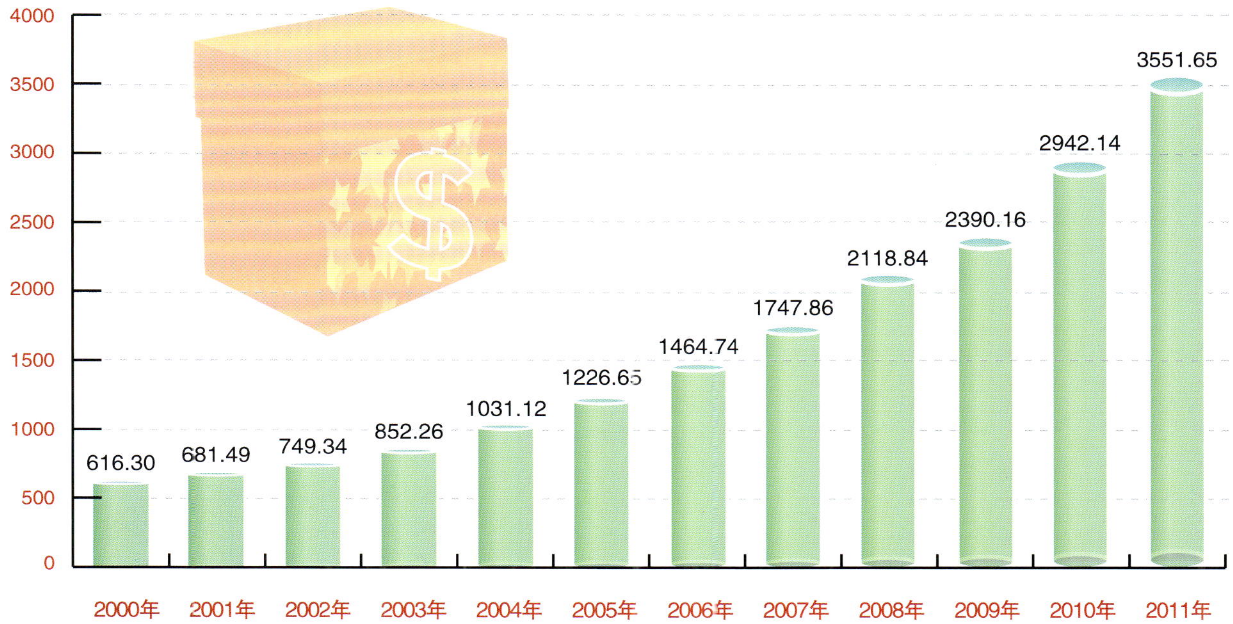

三次产业比重（%）

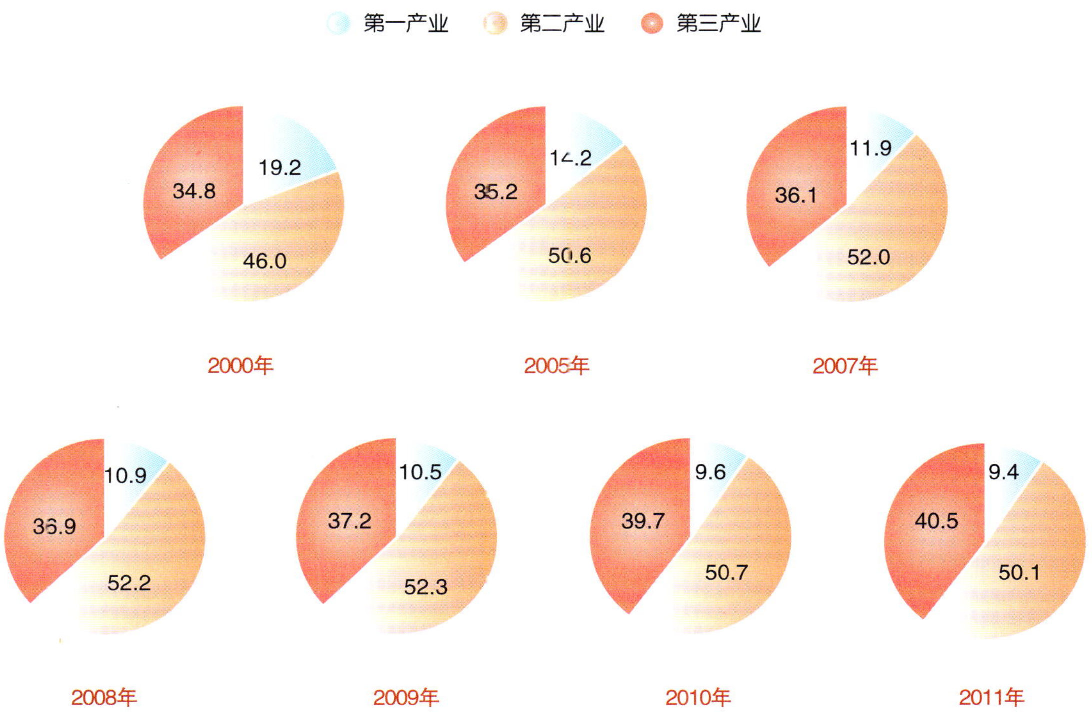

总人口（万人）

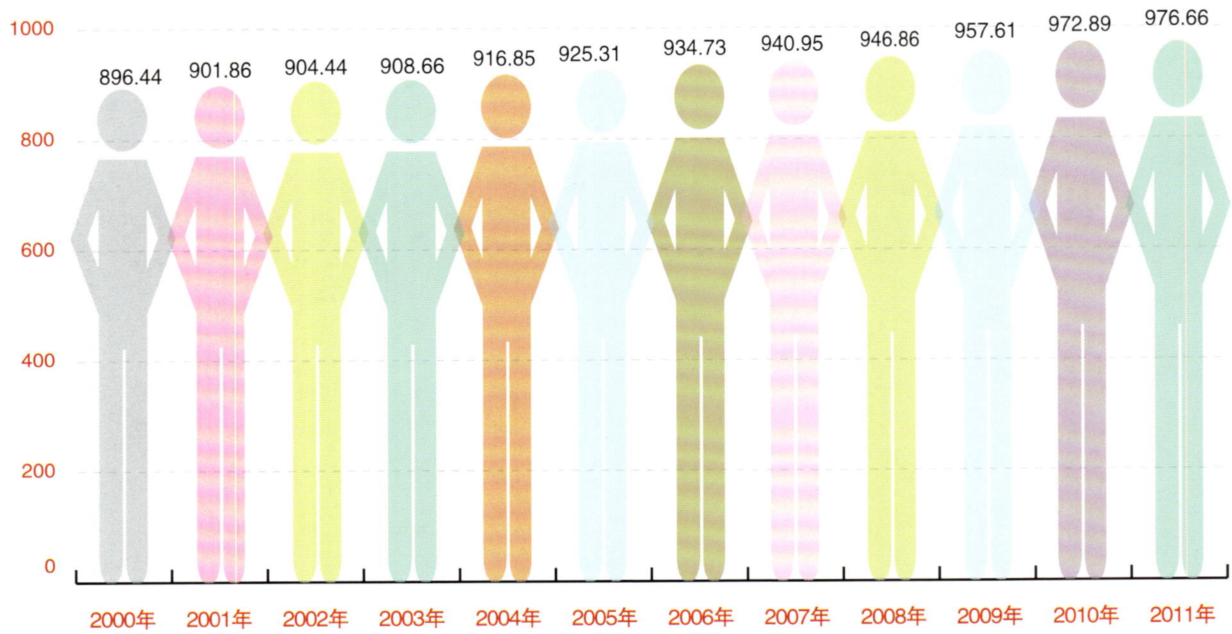

农业人口与非农业人口之比（%）

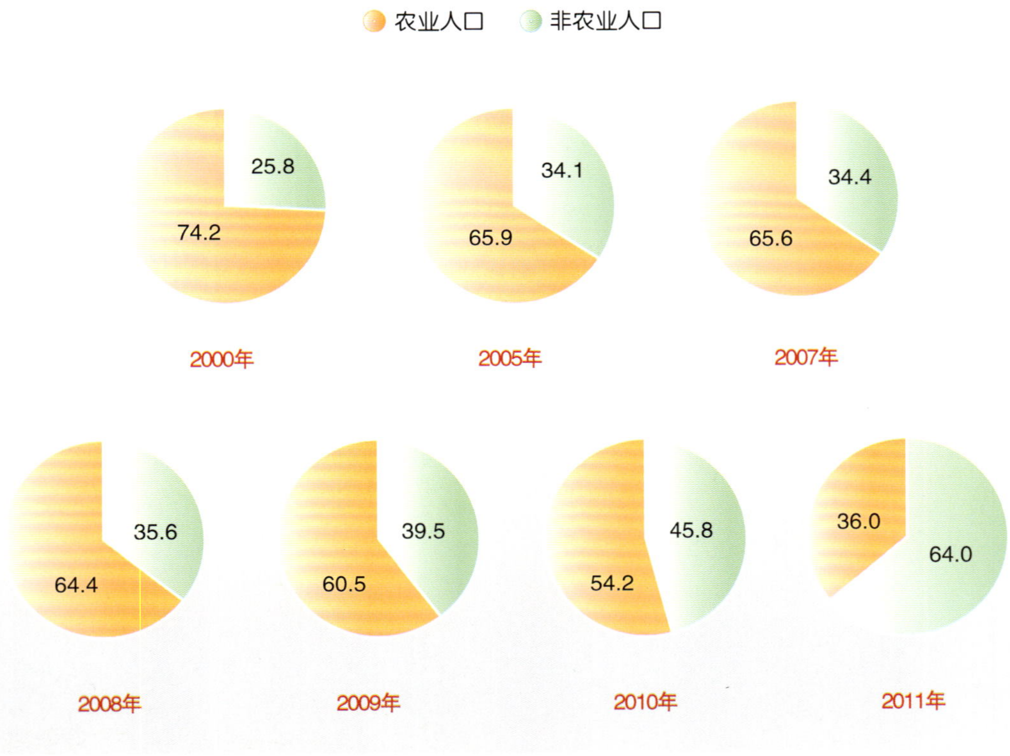

全社会从业人员与职工人数（万人）

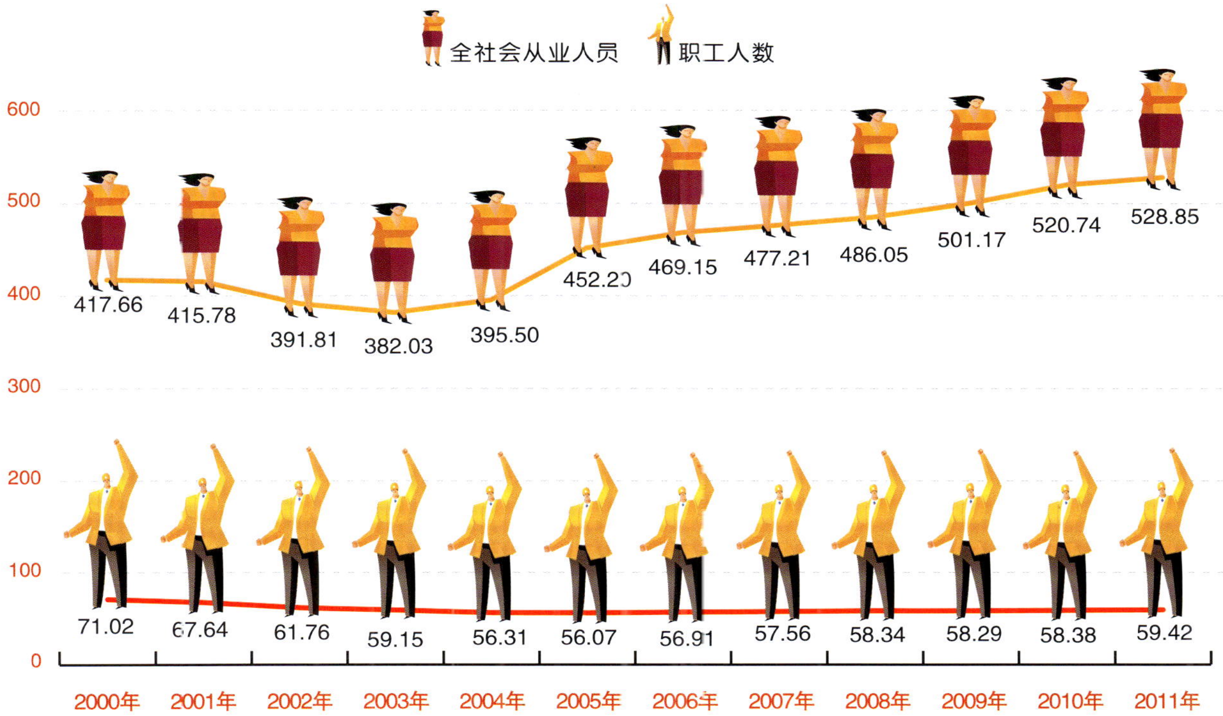

全社会从业人员三次产业构成（%）

固定资产投资完成额（亿元）

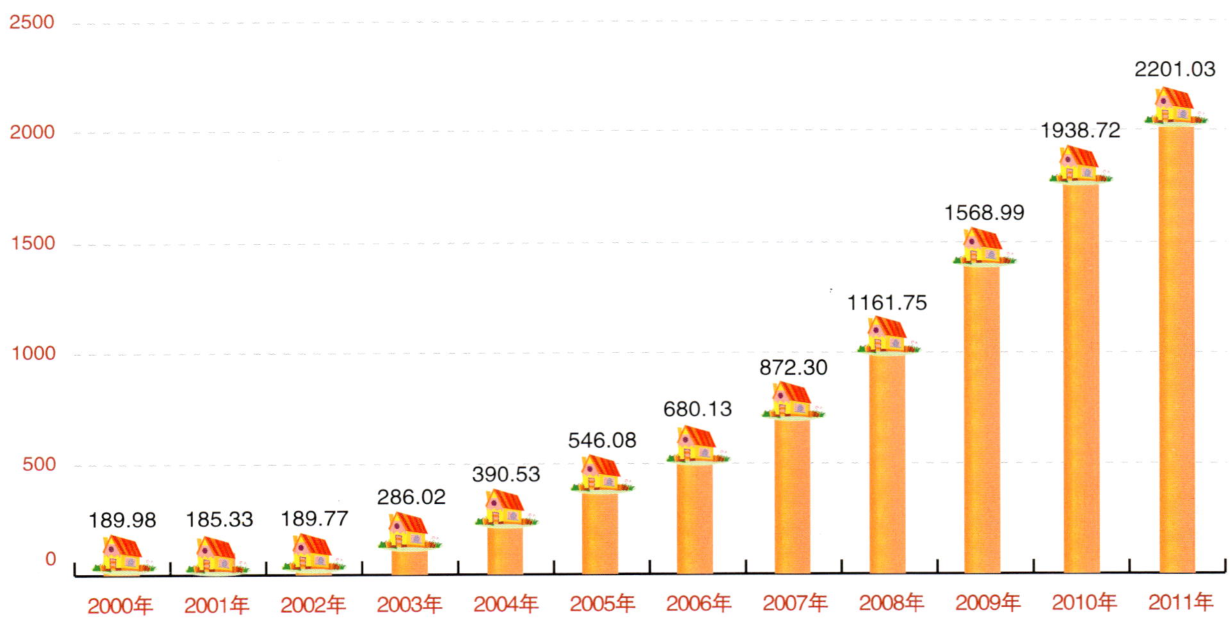

城镇规模以上投资竣工房屋面积（万平方米）

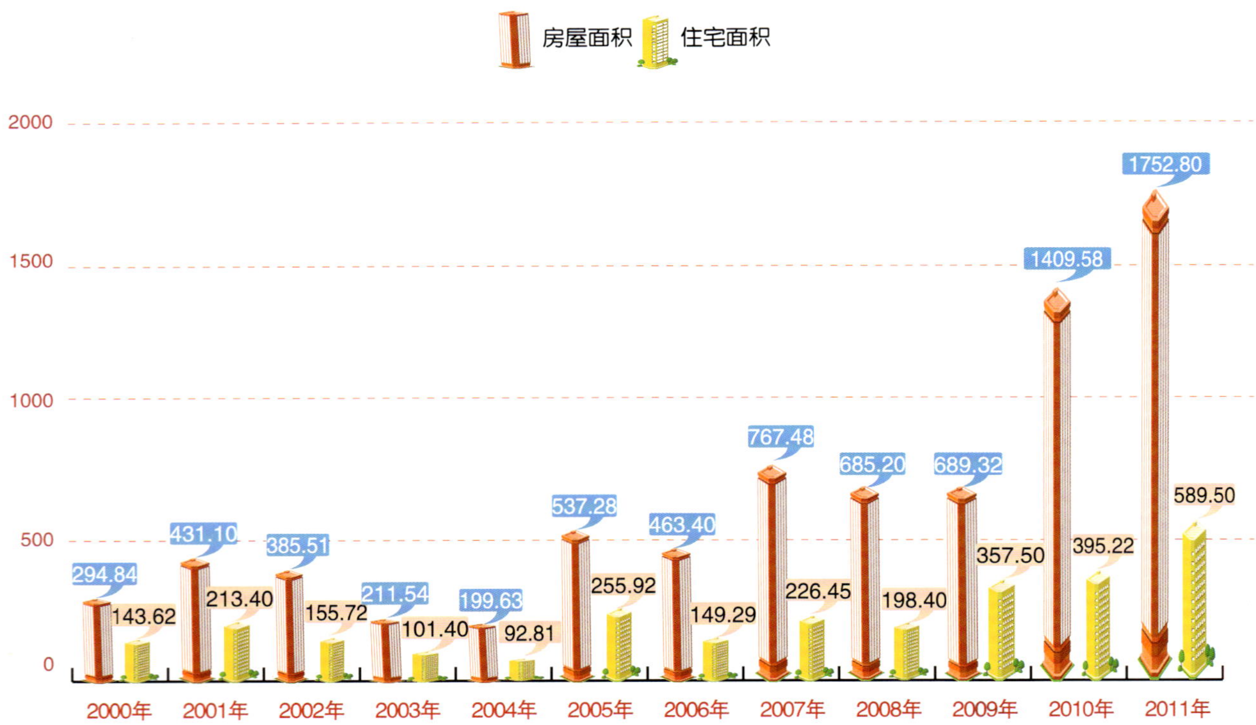

财政收支（亿元）

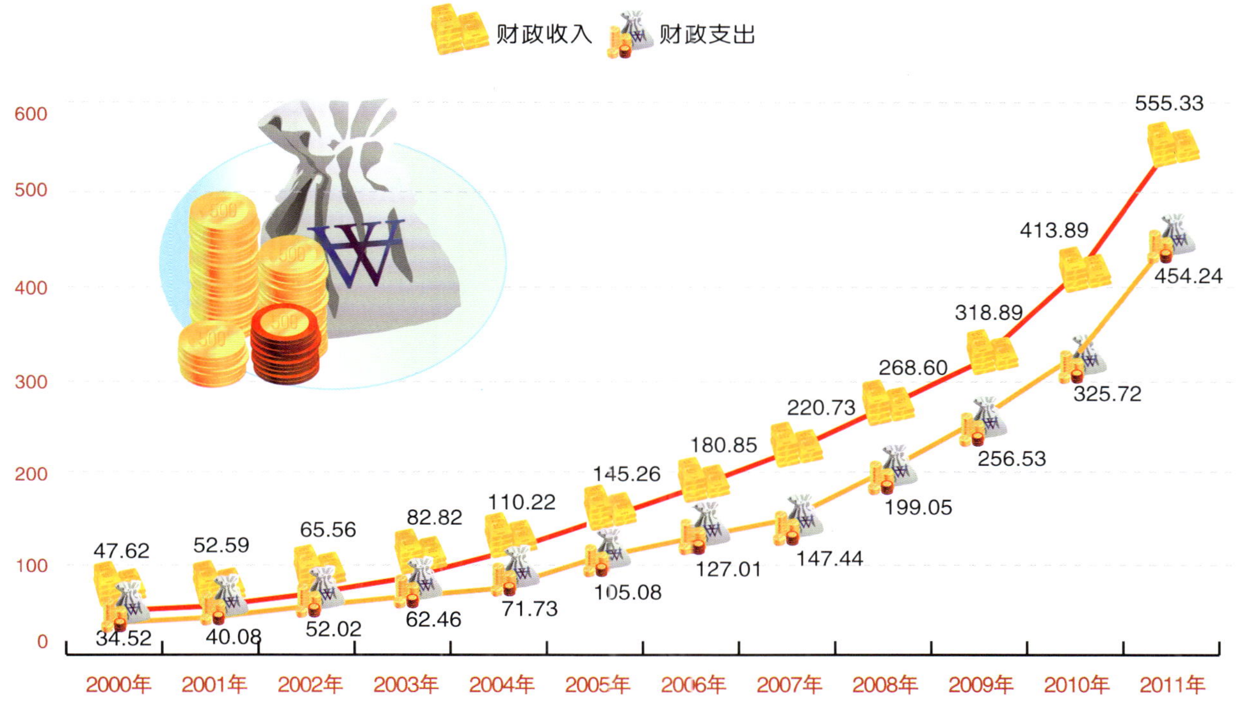

金融机构存贷款（亿元）

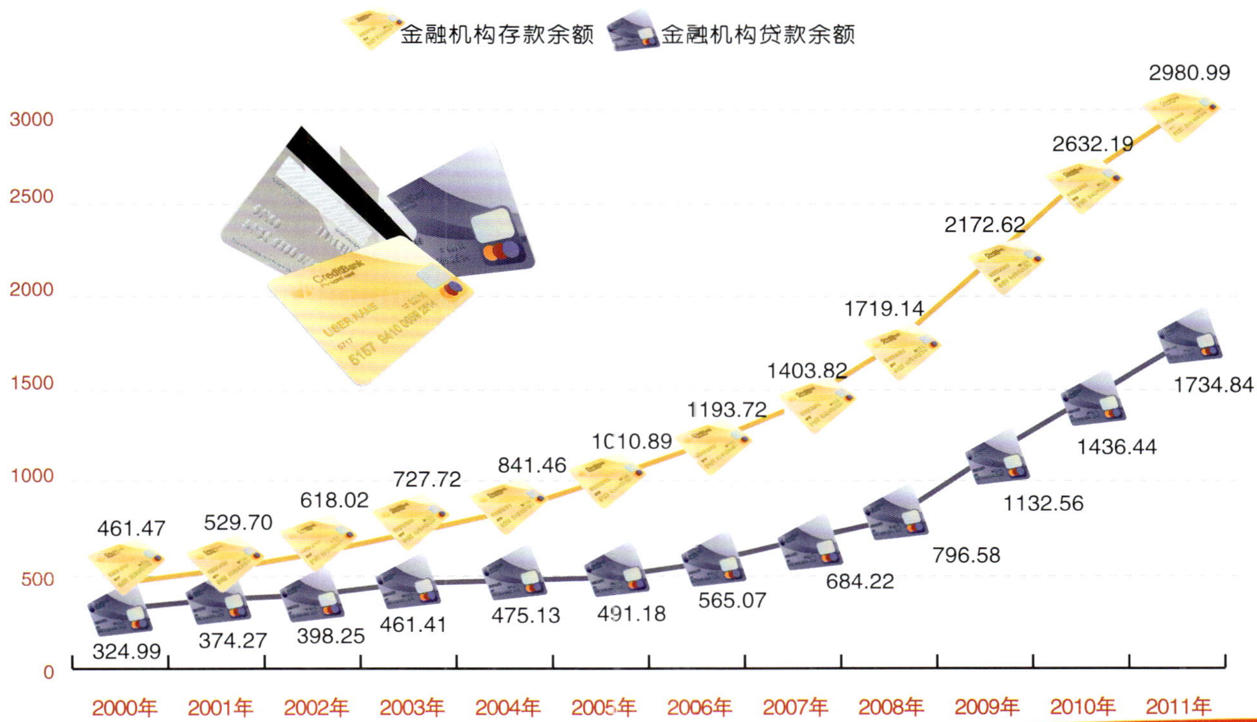

社会消费品零售总额（亿元）

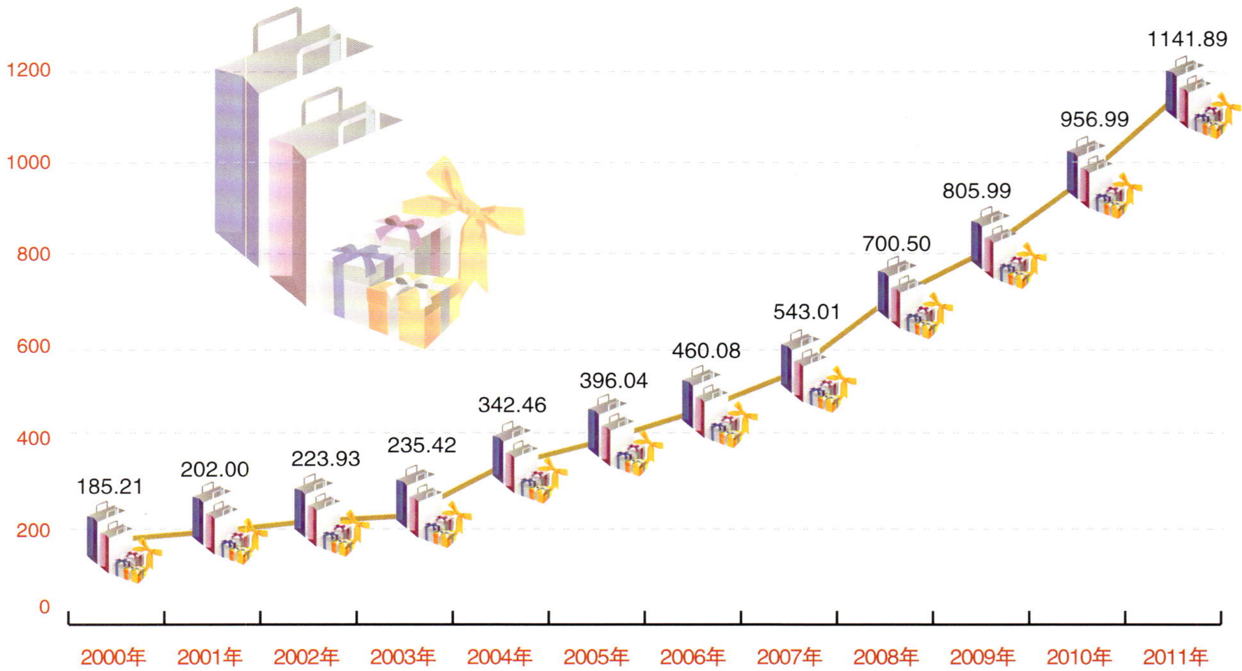

价格总指数（%）

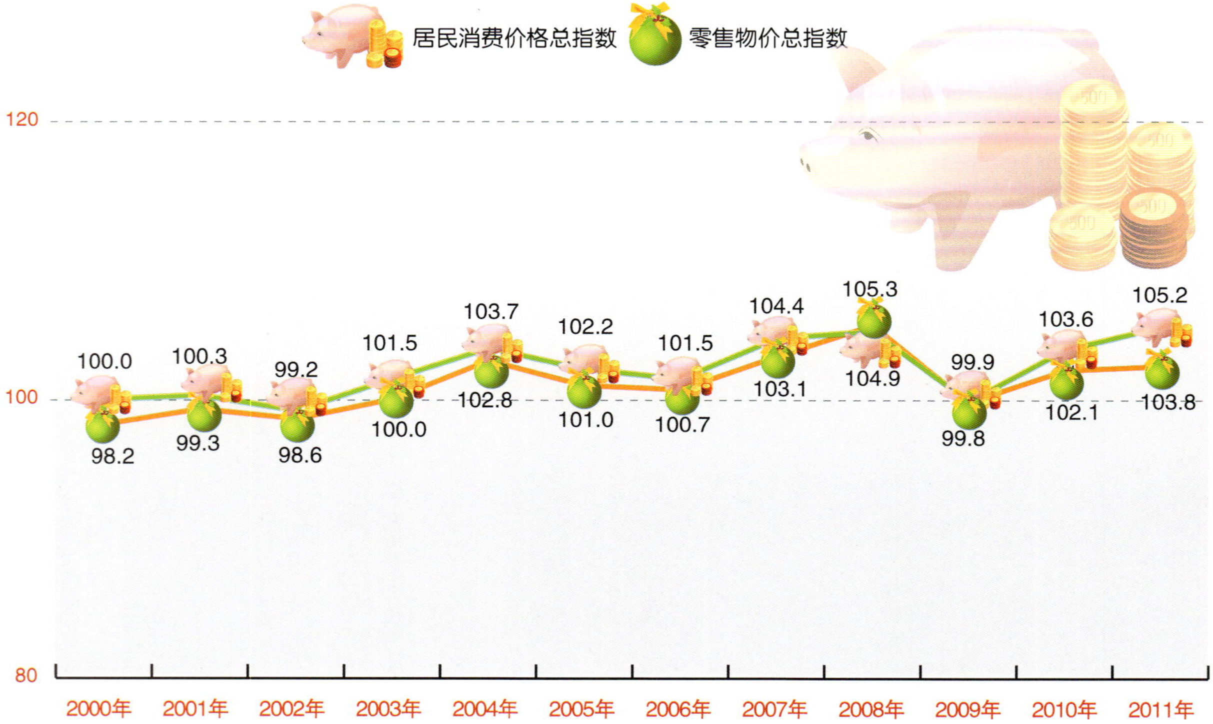

农村居民收入与支出（元）

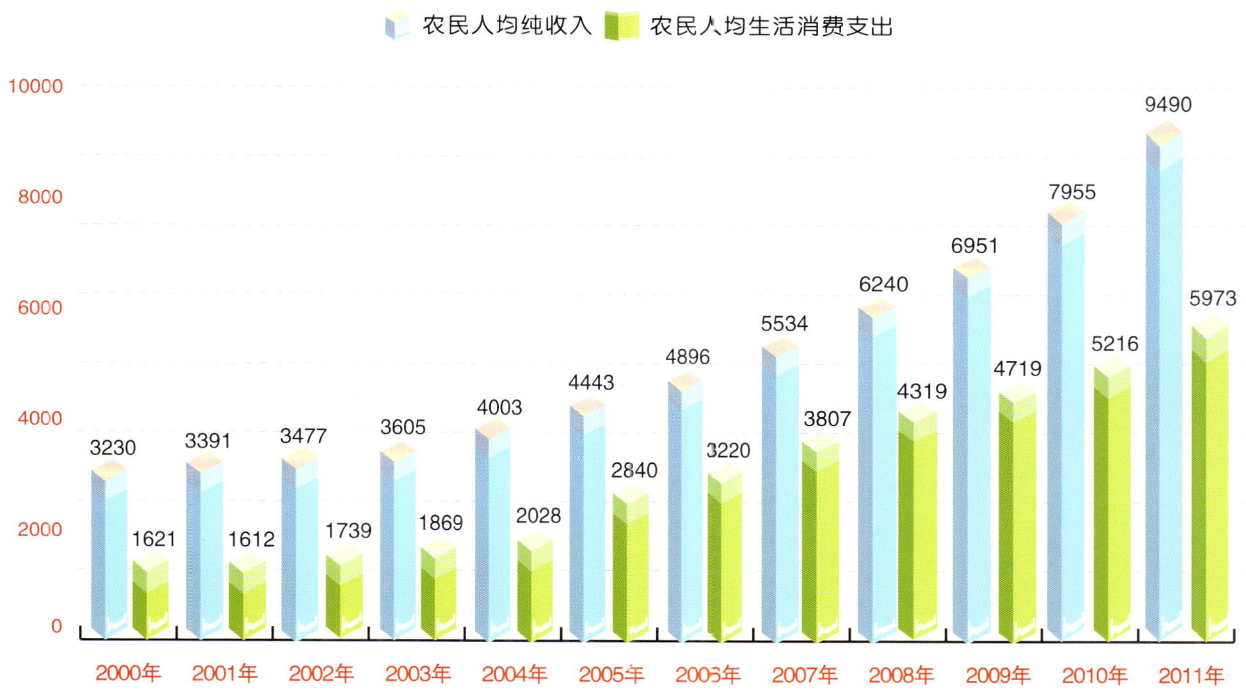

城市居民收入与支出（元）

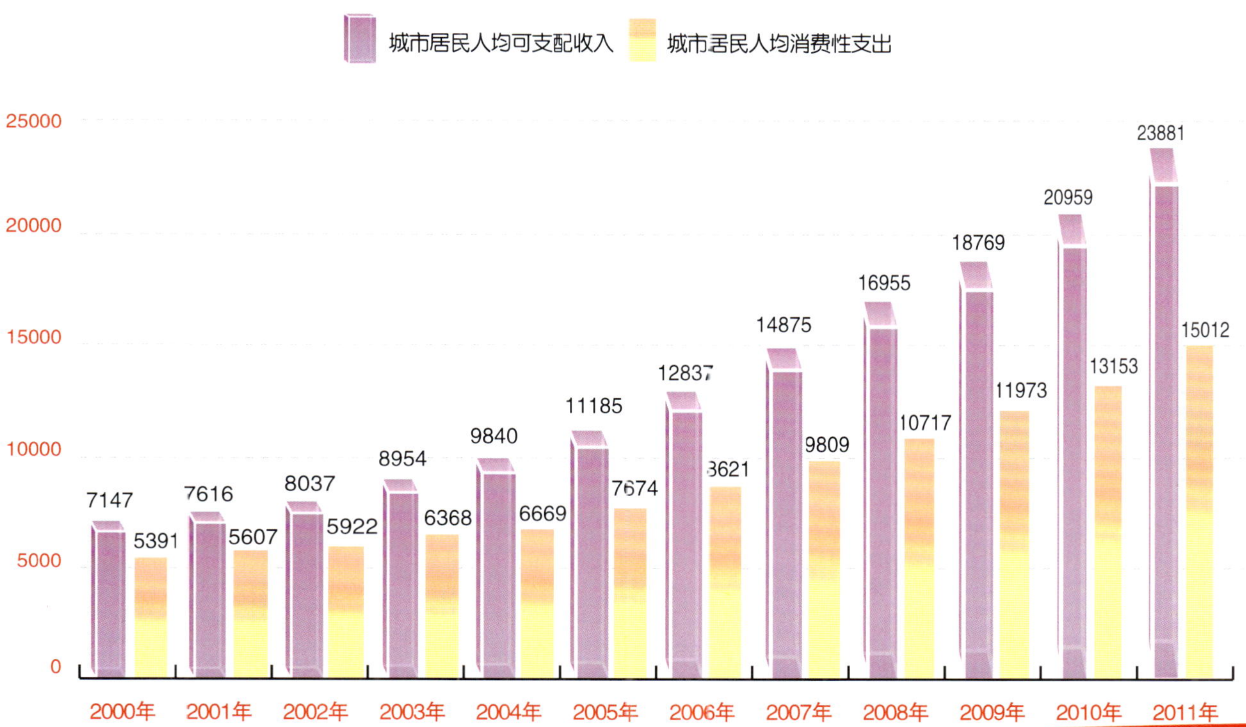

粮食总产量（万吨）

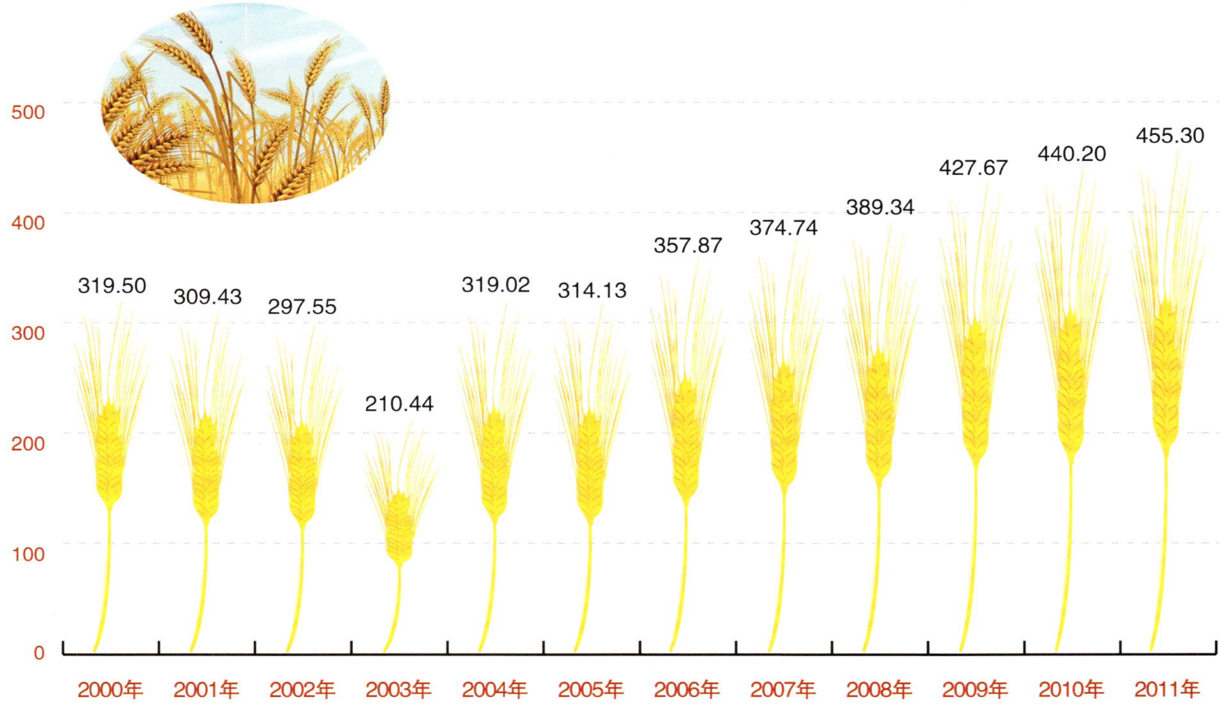

棉花总产量（万吨）

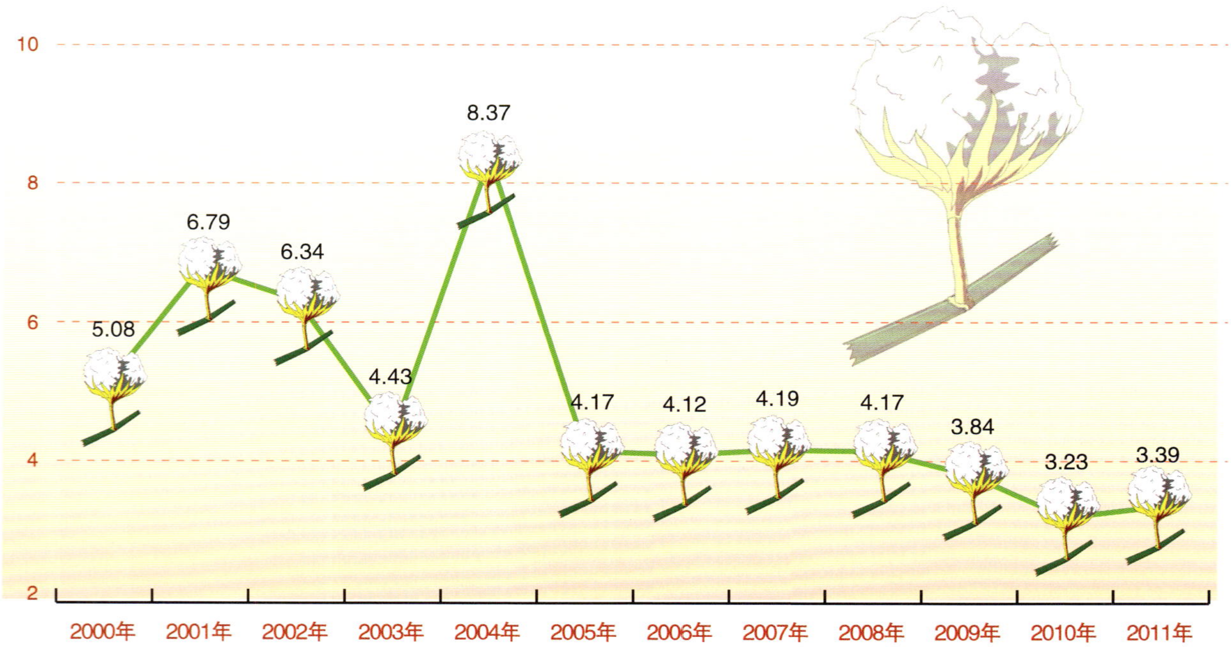

油料总产量（万吨）

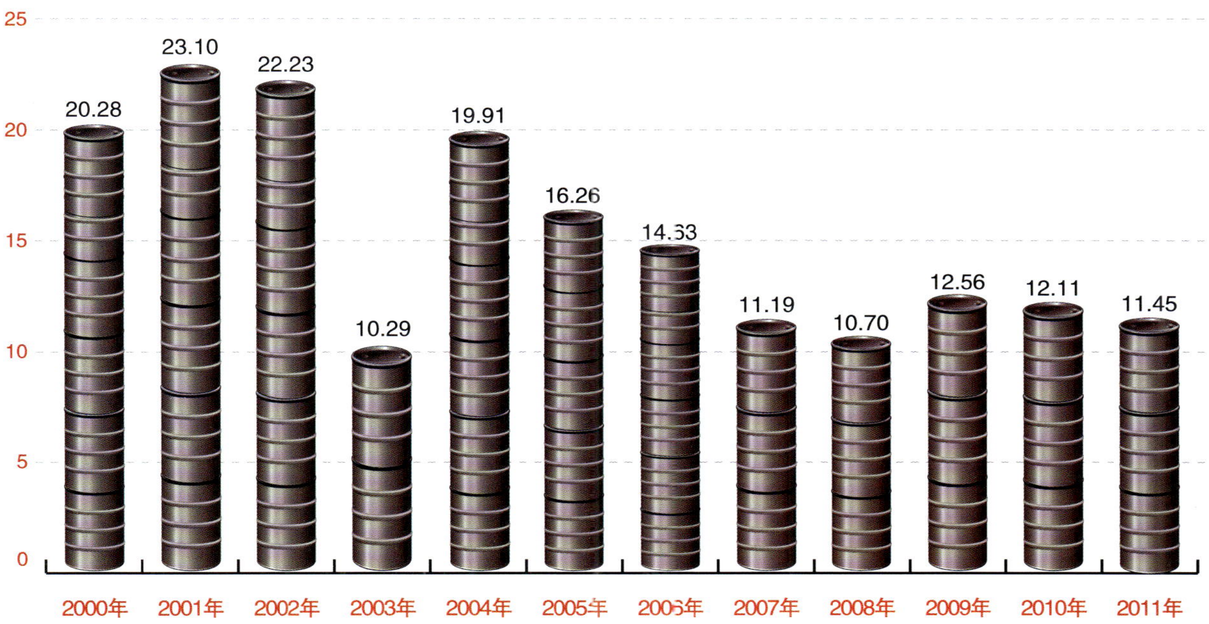

水产品总产量（万吨）

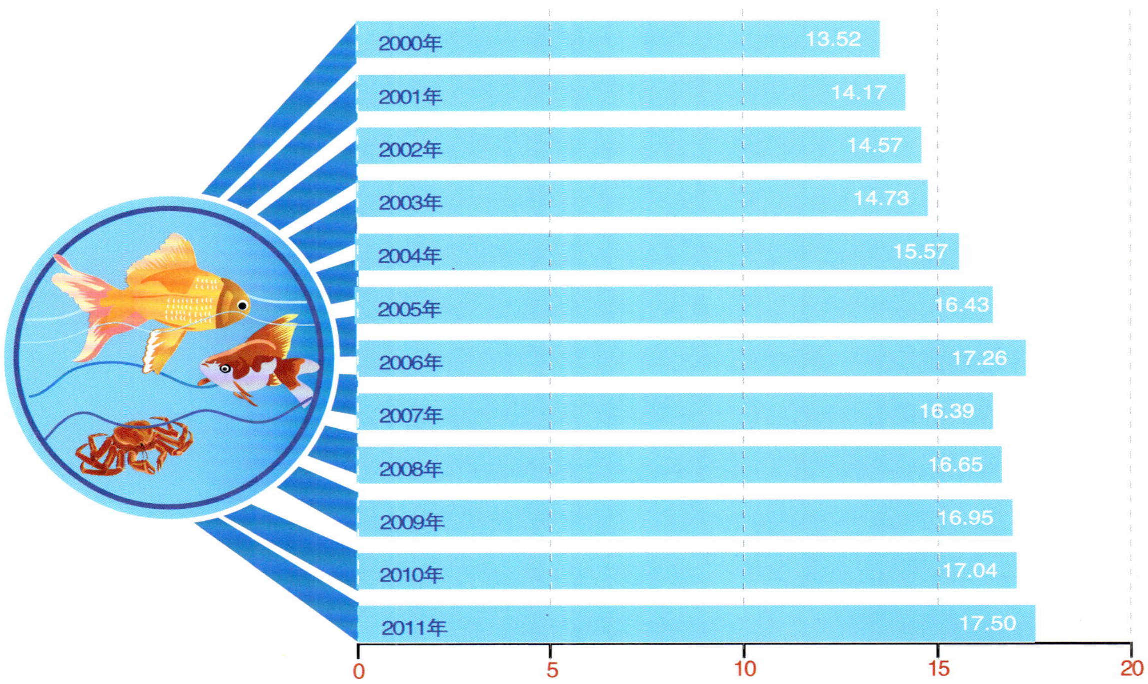

发电量（亿千瓦时）

原煤（万吨）

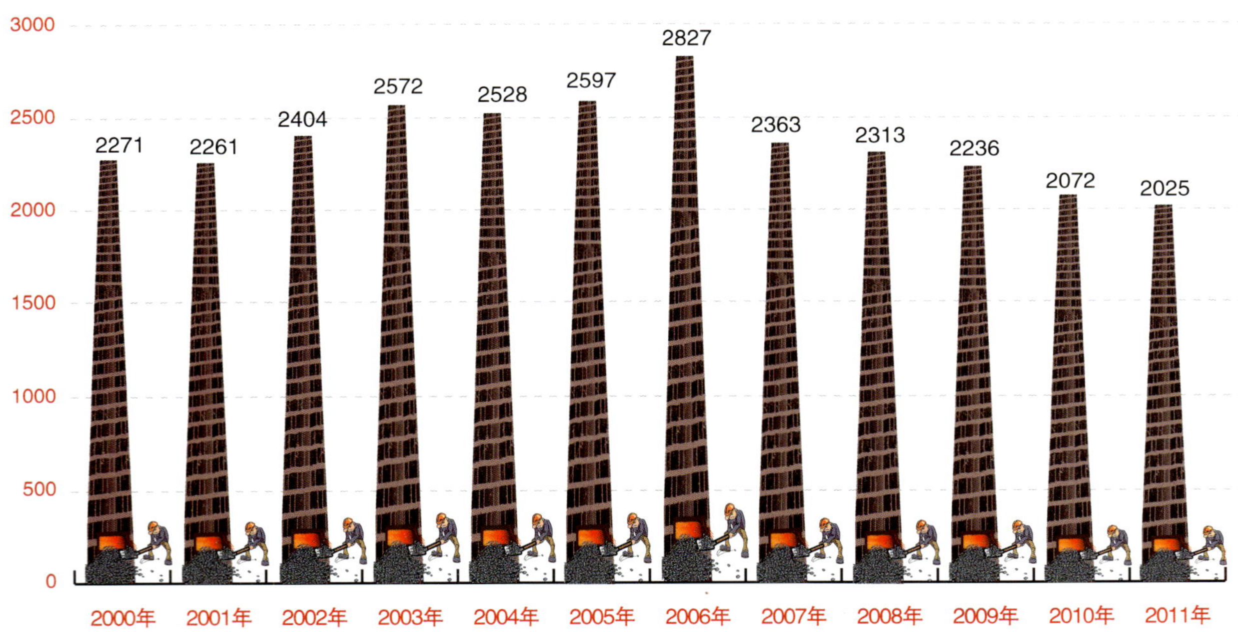

全社会供水量（万立方米）

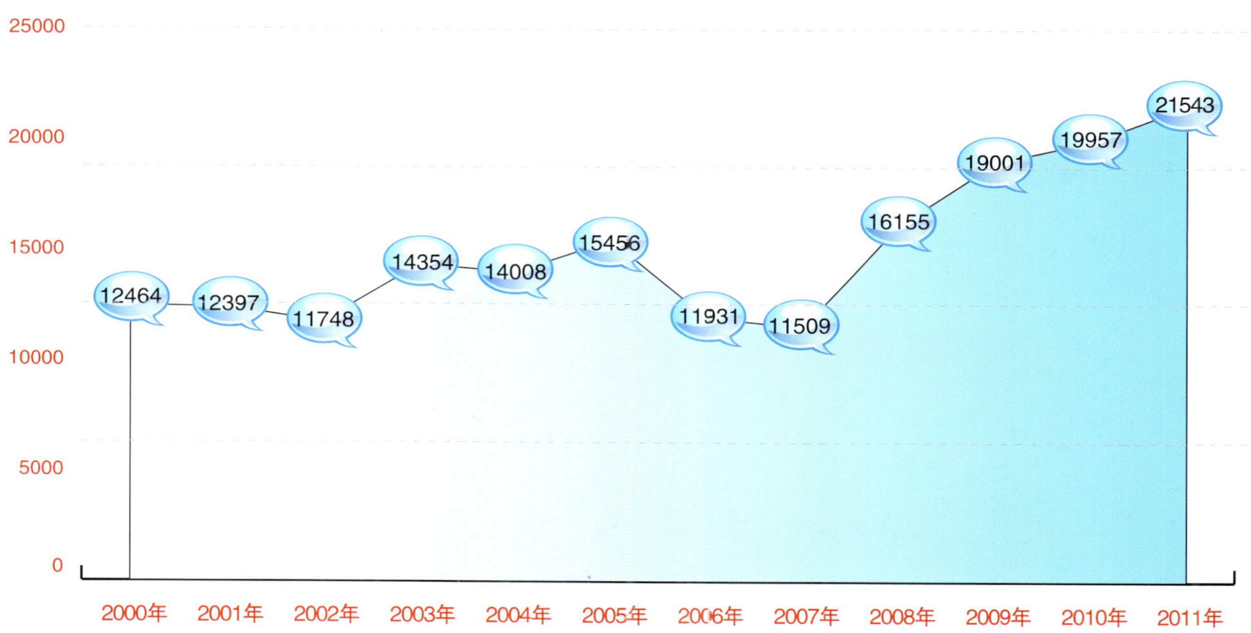

煤气、天然气供应量（万立方米）

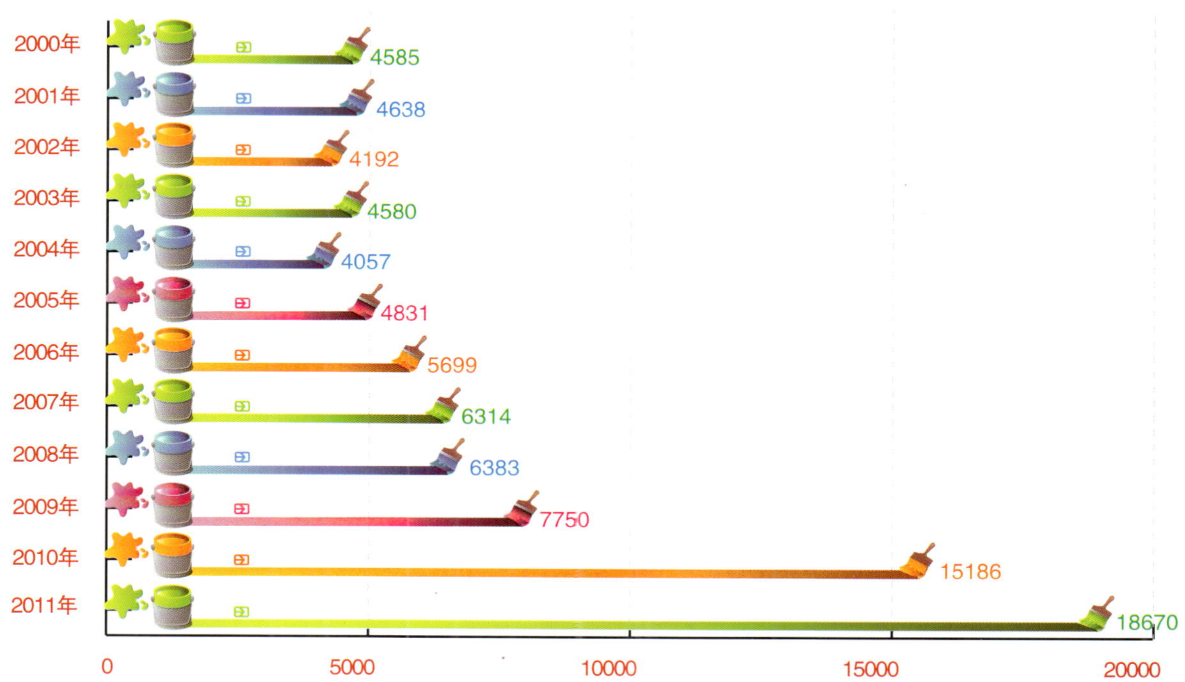

全社会客运量（万人）

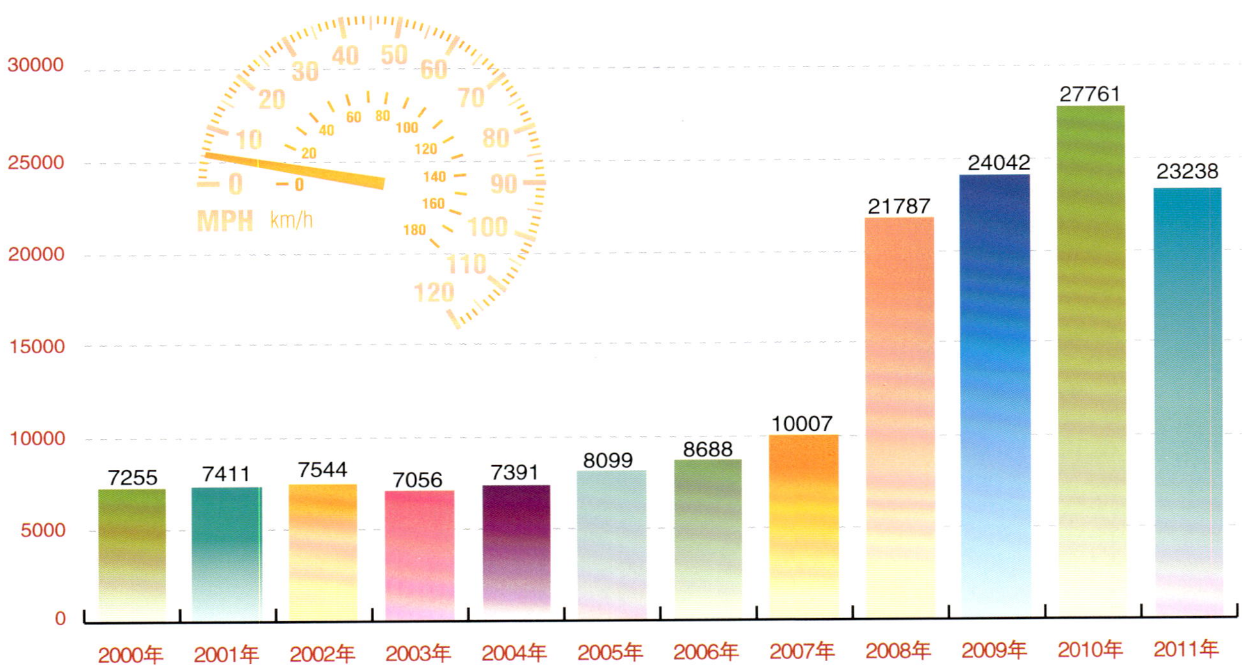

全社会货运量（万吨）

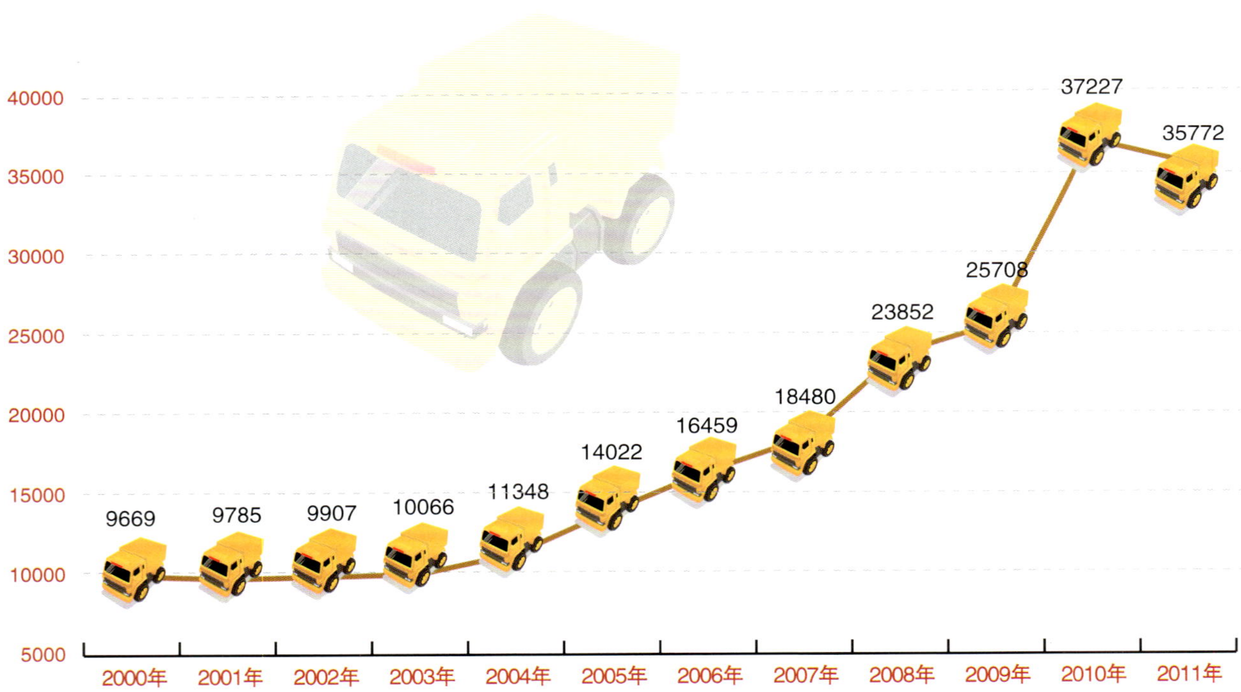

城市铺装道路长度（公里）

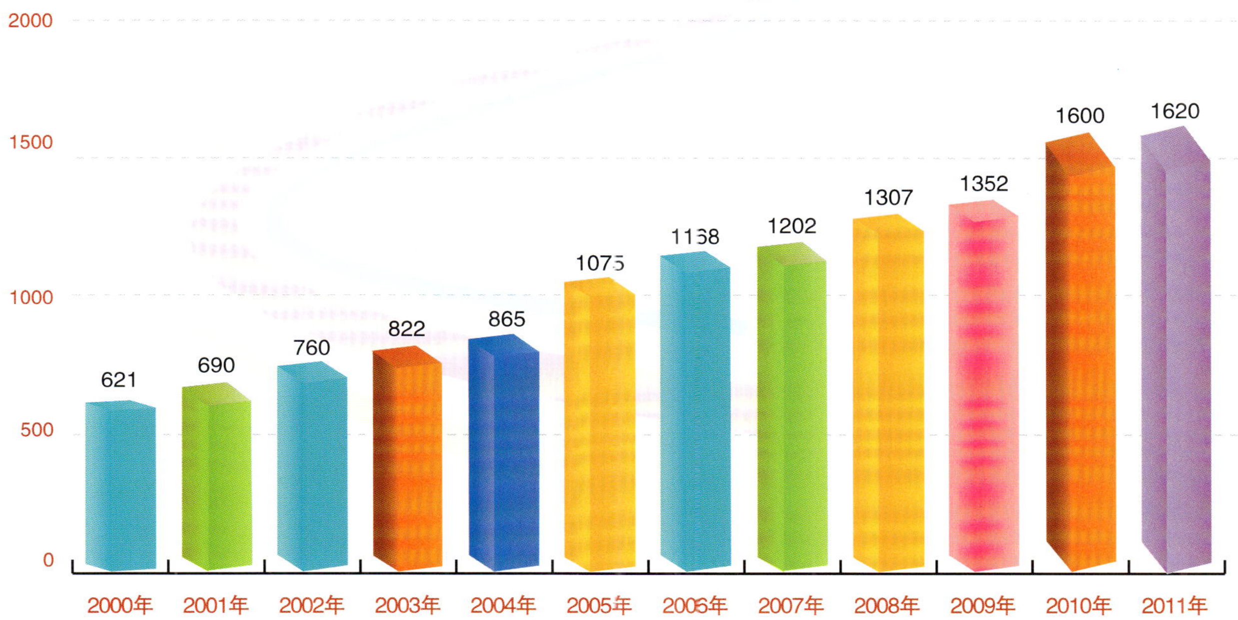

城市人均绿地（平方米）

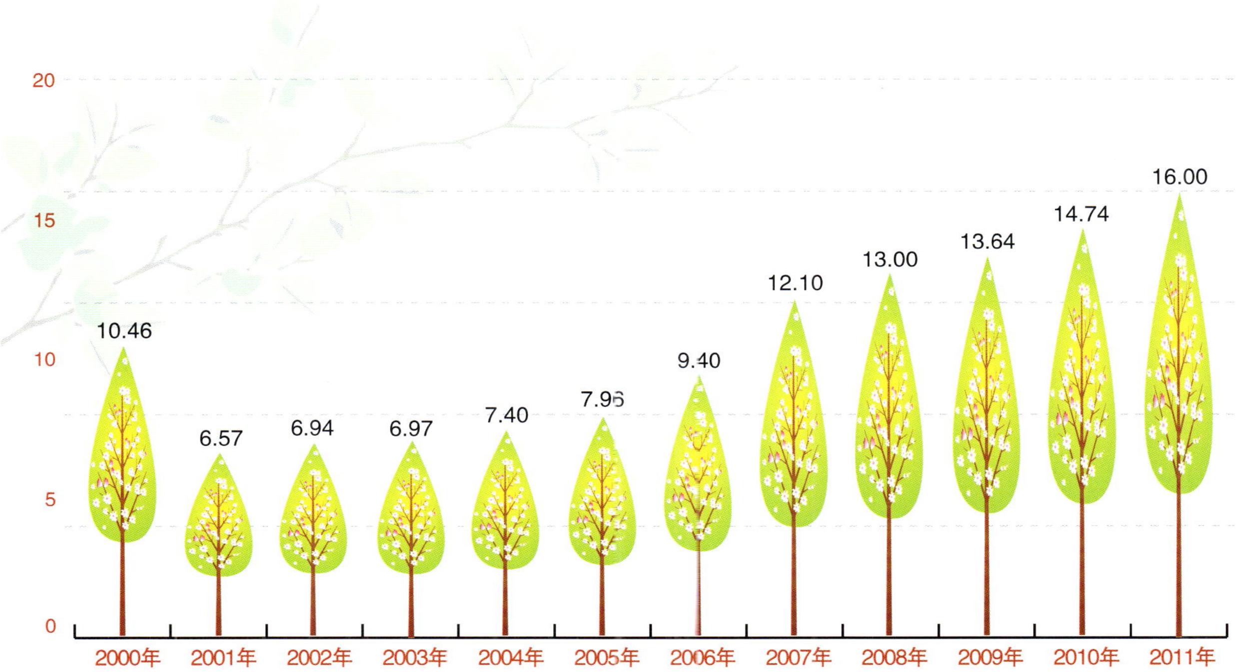

固定电话用户（万户）

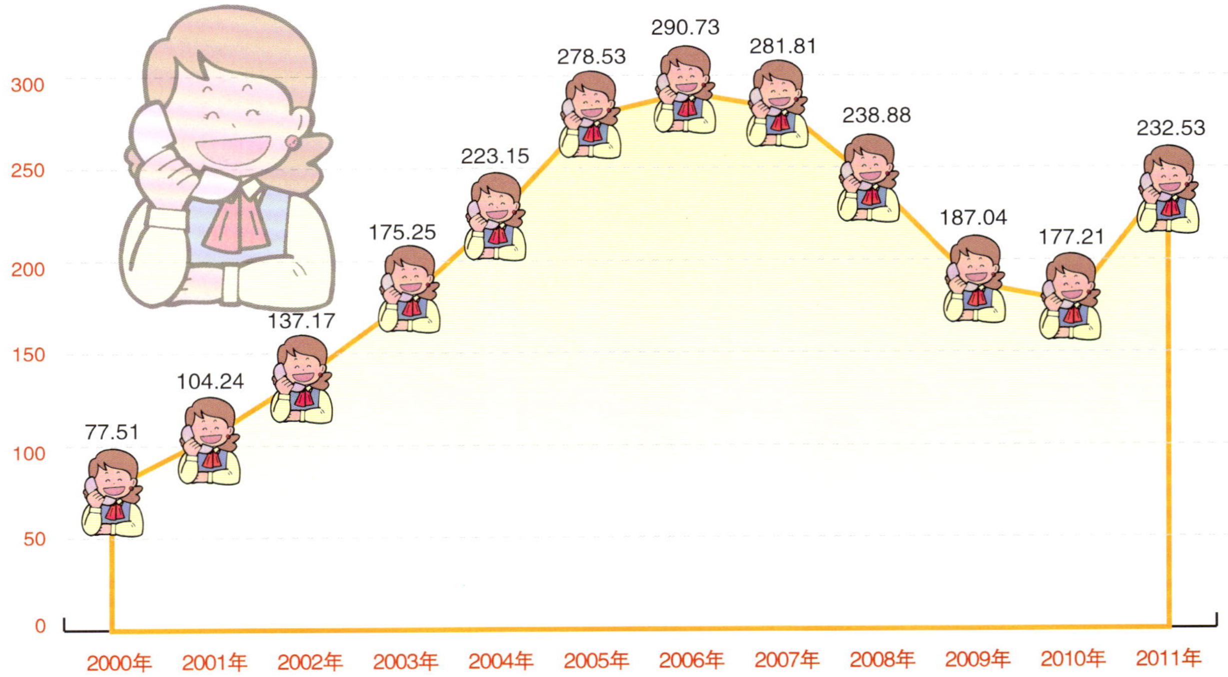

邮电业务总量（亿元）

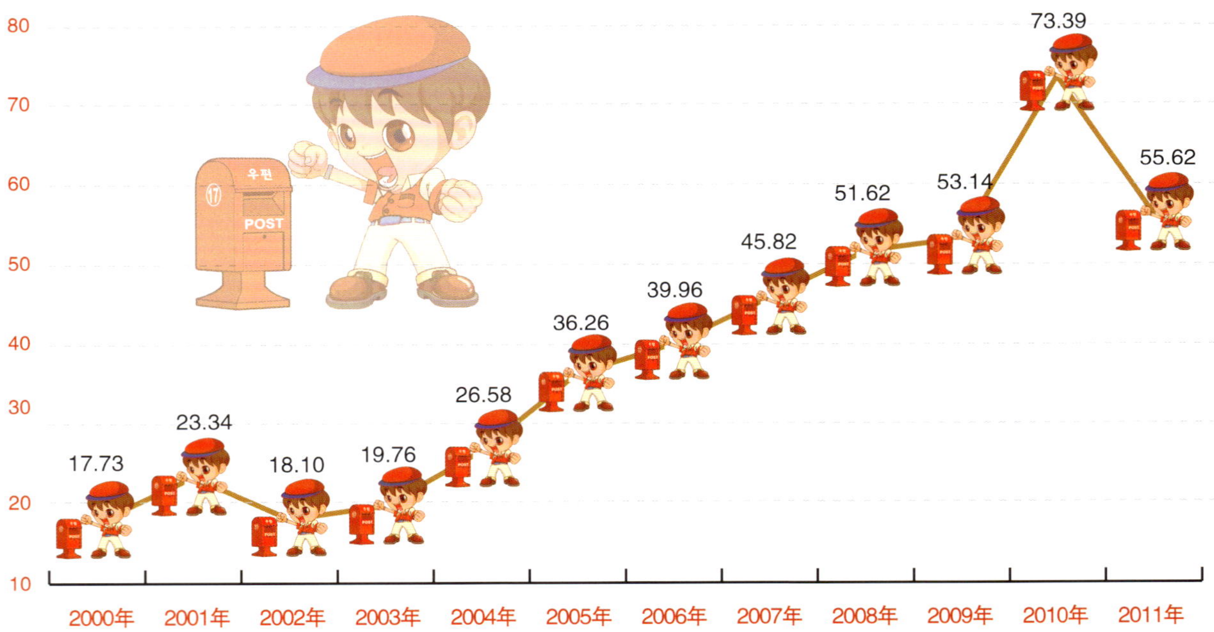

实际到帐注册外资（万美元）

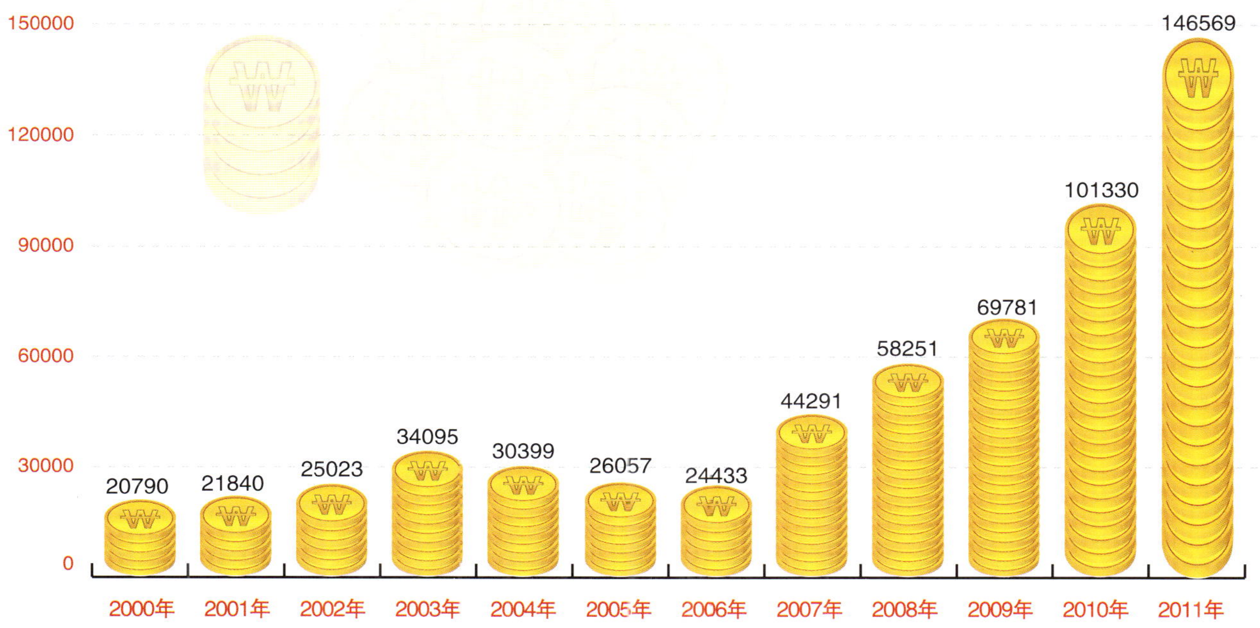

进出口总额（万美元）

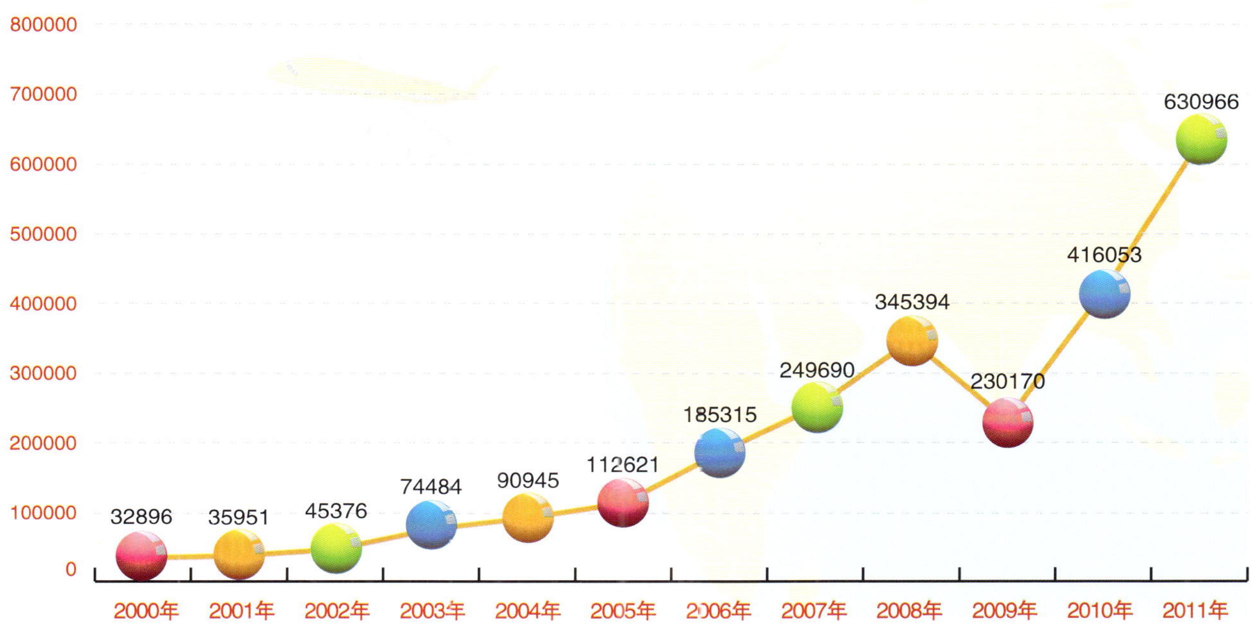

医生与床位数

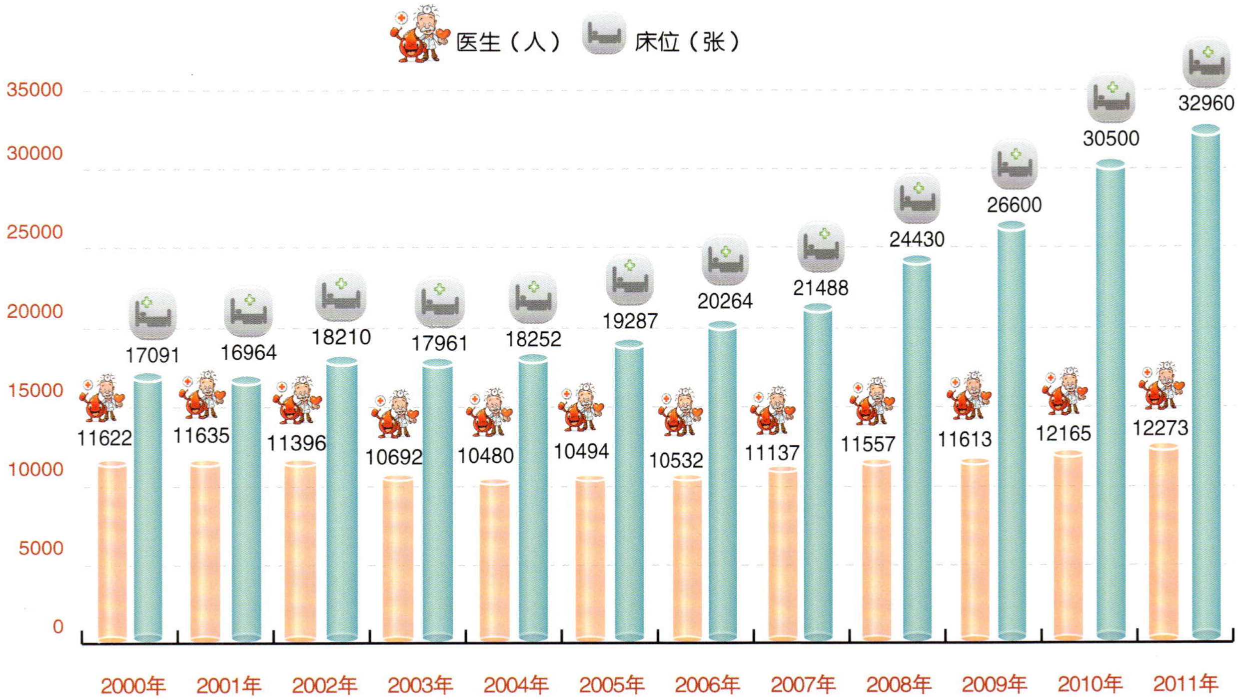

专业技术人员（万人）

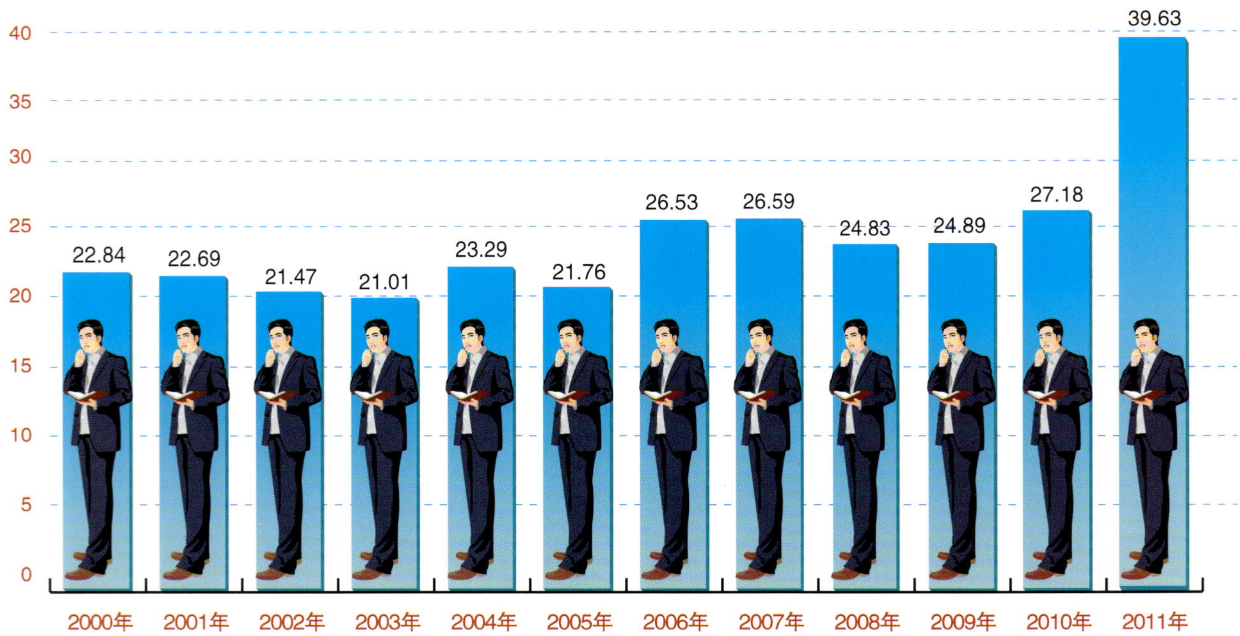

第 1 部分 综　合

GENERAL SURVEY

版面负责人：张玉强　张维峰
编　　　辑：李　广　李为小

新《统计法》释义

2009年6月27日十一届全国人大常委会第九次会议对1983年12月8日由六届全国人大常委会第三次会议审议通过,1996年5月15日由八届全国人大常委会第十九次会议审议修改的《中华人民共和国统计法》进行了全面修订。修订后的《统计法》已于2010年1月1日起施行。为使社会各界了解和掌握新《统计法》的立法宗旨、精神实质和主要内容,保障《统计法》得到有效贯彻实施,我们根据国家统计局权威解释,选取部分条款,开辟了"新《统计法》释义"专栏。

关于《中华人民共和国统计法》立法目的的规定

第一条 为了科学、有效地组织统计工作,保障统计资料的真实性、准确性、完整性和及时性,发挥统计在了解国情国力、服务经济社会发展中的重要作用,促进社会主义现代化建设事业发展,制定本法。

【释义】 本条是关于《中华人民共和国统计法》立法目的的规定。

统计是人们为了认识、研究客观现象,对其数量特征进行搜集、整理、分析的活动。对一个国家来说,统计是国家管理的重要基础性工作,需要由政府和政府有关部门运用科学的统计方法,对国民经济和社会发展情况进行统计调查、统计分析,为经济社会的运行提供统计资料和统计咨询意见,为政府管理经济社会事务提供决策依据。《中华人民共和国统计法》是政府统计工作的根本大法,是规范政府统计活动的基本准则。

制定《统计法》是为了以下目的:

一、科学、有效地组织统计工作。统计工作的组织开展必须通过法律来规范和保障。制定《统计法》,就是要通过规范统计活动,明确各级人民政府及其负责人、统计机构和统计人员以及统计调查对象在统计活动中的权利和义务,确立统计违法行为的监督检查和惩处制度,以保障政府、政府统计机构和有关部门能够科学、有效地组织统计工作。

二、保障统计资料的真实性、准确性、完整性和及时性。统计资料是统计的成果,是通过统计调查得到的反映国民经济和社会发展情况的统计信息的总称。统计资料真实、准确、完整、及时,是统计工作的根本要求。只有保证统计资料的真实性、准确性、完整性和及时性,才能保障政府在经济社会事务的管理过程中及时作出科学、正确的判断和决策。新《统计法》明确了有关负责人和统计人员在统计活动中的基本职责,完善了统计数据质量责任制度,强化了统计数据质量监督检查和责任追究制度,其根本目的就是为了保障统计资料的真实性、准确性、完整性和及时性。

三、发挥统计在了解国情国力、服务经济社会发展中的重要作用。统计的作用是为政府提供有关国民经济和社会发展情况的数据资料,为政府管理经济社会事务提供决策依据,同时利用可以公开的统计资料为社会公众提供信息服务。制定《统计法》,可以更好地发挥统计在了解国情国力、服务经济社会发展中的重要作用,提高政府决策的科学性,提高统计信息社会服务功能。

四、促进社会主义现代化建设事业发展。通过制定《统计法》,科学、有效地组织统计工作,保障统计资料的真实性、准确性、完整性和及时性,发挥统计在了解国情国力、服务经济社会发展中的重要作用,最终目的是为了促进社会主义现代化建设各项事业的发展。

编辑:张　霖

徐州自然概貌

位　置

徐州市位于江苏省的西北部，东经 116°22′ ~ 118°40′ 、北纬 33°43′ ~ 34°58′ 之间，东西长约 210 公里，南北宽约 140 公里，土地总面积 11259 平方公里。地处苏、鲁、豫、皖四省交界，为东部沿海与中部地带、上海经济区与环渤海经济圈的结合部。“东襟淮海，西接中原，南屏江淮，北扼齐鲁”，素有“五省通衢”之称。京沪、陇海两大铁路在此交汇，京杭大运河傍城而过贯穿徐州南北，公路四通八达，北通京津，南达沪宁，西接兰新，东抵海滨，为全国重要水陆交通枢纽和东西、南北经济联系的重要“十字路口”。

地　貌

徐州市地貌，根据成因和区域特征自西向东大致可分为丰、沛黄泛冲积平原，铜、邳、睢低山剥蚀平原，沂、沭河洪冲积平原三个地貌区。地形由平原和山丘岗地两部分组成，以平原为主，约占全市总面积的 90%，属黄淮平原一部分，地势低平，海拔高度在 20 ~ 50 米之间，大致由西北向东南降低，系黄河、淮河的支流长期合力冲积所成。丘陵岗地约占 10%，为鲁中南低山丘陵向南延续部分，海拔高度大都在 100 ~ 300 米之间，多属顶平坡缓的侵蚀残丘。

水　系

徐州市位于淮河流域，分属三个水系：故黄河水系、沂沭泗水系、濉安河水系。故黄河是历史上的黄河故道，自成独立水系，是沂沭泗水系和濉安河水系的分水岭，徐州境内长 196km，流域面积 885km²。故黄河以北为沂沭泗水系，境内面积 8479km²，流域内主要骨干河道有沂河、沭河、中运河及邳苍分洪道，并有南四湖及骆马湖两座湖泊调蓄洪水。故黄河以南为濉安河水系，境内面积 2020km²，分为安河和濉河，均直接排入洪泽湖。主要支流有龙河、潼河、徐沙河、闸河、奎河、灌沟河、琅河、阎河、看溪河、运料河等。徐州境内有两座湖泊、五座中型水库及六十九座小型水库。各水系河网密布，河、湖、库相互沟通，已初步形成具有防洪、除涝、供水、灌溉、降渍等功能的水利工程体系。

气　候

徐州市位居中纬度地区，属暖温带季风气候区，既受东南季风影响，又受西北季风控制，资源丰富，光、热、水配合较好，有利于农作物的生长，气候资源的地区差异较大，有利于农林牧渔的综合发展。其主要气候特点有：气候温和，四季分明，光照充足，雨量适中；四季之中，冬、夏季长，春、秋季短，春季天气多变，夏季高温多雨，秋季天高气爽，冬季寒潮频袭；以中运河为界，东部属暖温带湿润季风区，西部属暖温带半湿润季风区；主要气象灾害有旱、涝、风、霜冻、冰雹等；全年太阳辐射总量约 119.4 千卡 / 平方厘米，平均日照时数 2100 小时左右，平均降水量 900 毫米左右，无霜期 200–230 天。

土　壤

徐州市土壤，根据成土条件、过程、土体结构和性质的差异，主要分为棕土、褐土、紫色土、潮土、砂姜黑土、水稻土六大类。其中棕土、褐土为暖温带湿润、半湿润气候和落叶植被环境下的地带性土壤，面积分别为 33.9 千公顷和 77.5 千公顷；潮土类为本区冲积平原的主要土类，面积约为 649.9 千公顷，占全市土壤总面积的 79.5%。此外在一些湖荡洼地中还有少量的沼泽土类。

矿　产

徐州市地层发育齐全，地质构造复杂，岩浆活动频繁，地质历史时期环境多变，为不同类型矿产的形成和储存，提供了良好的条件。现已查明和开采的矿产资源有铁、铜、煤、石灰石、大理石、钾、磷、岩盐、石膏、石英岩(砂)、粘土、白云岩等。其中铁矿主要属接触交代型内生铁矿，以磁铁矿、赤铁矿为主，矿石品位高，含量多为大于 50%的富矿，同时，部分矿体中还伴有铜、金、银等有色和稀贵金属，具有较高的综合开发利用价值，已探明储量 8300 万吨；煤矿具有储量大、层次多、煤层厚、质量好、分布稳定而有规律等特点，已探明储量 39 亿吨以上，预测储量在 69 亿吨以上；岩盐已探明储量 5.53 亿吨，预测储量 21 亿吨；石膏已探明储量 3.2 亿吨，预测储量 44.4 亿吨。此外，金刚石及其伴生矿物亦多处有所发现。

1-1 行政区划、土地面积与人口密度

（2011年底） 单位：个

地 区	镇	办事处	村民委员会	居民委员会	土地面积（平方公里）	人口密度（人/平方公里）
全市合计	**113**	**41**	**2 081**	**622**	**11 259**	**867**
市 区	28	41	484	303	3 038	1 039
鼓楼区		9	6	65	68	7 067
云龙区		8	18	56	118	2 603
泉山区		14	15	94	108	5 110
贾汪区	8	2	126	69	834	605
铜山区	20	8	319	19	1 909	686
县（市）	85		1 597	319	8 221	804
丰 县	14		360	8	1 446	796
沛 县	15		266	121	1 349	942
睢宁县	16		268	132	1 767	767
新沂市	16		253	18	1 571	666
邳州市	24		450	40	2 088	855

注：根据区划调整，2010年以后市区范围新增加铜山区，故跟往年不可比，下同。

1–2　各行政区划街道办事处(镇)名称

(2011 年底)

地区	街道办事处或镇数(个)	街道办事处或镇名称
鼓楼区	9	丰财办事处、环城办事处、琵琶办事处、铜沛办事处、牌楼办事处、黄楼办事处、九里办事处、金山桥办事处、东环办事处
云龙区	8	彭城办事处、黄山办事处、子房办事处、翠屏山办事处、骆驼山办事处、大郭庄办事处、大龙湖办事处、潘塘办事处
贾汪区	10	老矿办事处、夏桥办事处、贾汪镇、青山泉镇、塔山镇、大吴镇、汴塘镇、江庄镇、紫庄镇、庙山镇
泉山区	14	翟山办事处、金山办事处、王陵办事处、泰山办事处、湖滨办事处、和平办事处、段庄办事处、七里沟办事处、永安办事处、奎山办事处、火花办事处、苏山办事处、桃园办事处、庞庄办事处
铜山区	28	拾屯办事处、义安办事处、利国办事处、张集办事处、垞城办事处、电厂办事处、张双楼办事处、三河尖办事处、铜山镇、黄集镇、马坡镇、郑集镇、柳新镇、刘集镇、大彭镇、汉王镇、三堡镇、棠张镇、张集镇、房村镇、伊庄镇、单集镇、徐庄镇、大许镇、茅村镇、柳泉镇、利国镇、何桥镇
丰　县	14	凤城镇、顺河镇、欢口镇、师寨镇、王沟镇、首羡镇、孙楼镇、华山镇、大沙河镇、梁寨镇、范楼镇、赵庄镇、宋楼镇、常店镇
沛　县	15	沛城镇、胡寨镇、龙固镇、大屯镇、敬安镇、杨屯镇、魏庙镇、五段镇、张庄镇、张寨镇、河口镇、栖山镇、朱寨镇、鹿楼镇、安国镇
睢宁县	16	睢城镇、姚集镇、邱集镇、王集镇、魏集镇、岚山镇、庆安镇、官山镇、桃园镇、古邳镇、梁集镇、双沟镇、凌城镇、沙集镇、李集镇、高作镇
新沂市	16	新安镇、马陵山镇、草桥镇、邵店镇、北沟镇、唐店镇、瓦窑镇、港头镇、阿湖镇、棋盘镇、高流镇、窑湾镇、双塘镇、时集镇、新店镇、合沟镇
邳州市	24	燕子埠镇、车辐山镇、宿羊山镇、赵墩镇、碾庄镇、八义集镇、占城镇、土山镇、邳城镇、官湖镇、陈楼镇、戴圩镇、炮车镇、铁富镇、港上镇、邹庄镇、四户镇、岔河镇、邢楼镇、戴庄镇、议堂镇、八路镇、新河镇、运河镇

1-3 主要年份国民经济和社会发展主要指标

指标		1978	1990	1995	2000	2005	2009	2010	2011
年末人口	**（万人）**	**645.41**	**807.14**	**851.15**	**896.44**	**925.31**	**957.61**	**972.89**	**976.66**
#非农业人口		74.51	138.26	168.62	231.11	315.85	378.52	445.38	625.50
从业人数	**（万人）**	**283.64**	**408.50**	**425.43**	**417.66**	**452.20**	**501.17**	**520.74**	**528.85**
#职工人数		60.12	87.35	92.39	71.02	56.07	58.29	58.38	59.42
#国有经济单位		41.16	63.69	72.52	57.74	40.13	38.49	38.59	38.94
城镇集体经济		18.96	23.53	19.13	8.30	3.60	2.99	2.89	2.93
乡村劳动者		223.52	317.88	323.77	326.17	348.00	358.75	366.23	365.05
地区生产总值(当年价格)	**（亿元）**	**21.39**	**112.84**	**403.46**	**616.30**	**1 226.65**	**2 390.16**	**2 942.14**	**3 551.65**
第一产业		9.40	38.69	100.67	118.57	174.24	249.90	282.82	334.54
第二产业		8.95	44.91	184.14	283.56	620.13	1 249.04	1 490.92	1 777.04
#工业		8.06	40.93	165.94	243.54	527.93	1 065.28	1 268.61	1 509.82
第三产业		3.04	29.24	118.65	214.16	432.29	891.22	1 168.40	1 440.07
固定资产投资	**（亿元）**								
固定资产投资						546.08	1 568.99	1 938.72	2 201.03
#房地产开发投资			1.22	6.07	28.05	62.57	159.06	205.32	255.12
#住宅投资					19.18	46.79	123.46	169.70	235.97
固定资产投资竣工的住宅建筑面积	（万平方米）	36.40	58.40	91.90	143.62	255.92	357.50	395.22	589.50
财政	**（亿元）**								
财政总收入		3.27	10.23	25.30	47.62	145.26	318.89	413.89	555.33
#公共财政预算收入					22.45	55.22	164.34	222.16	318.42
地方财政支出		1.77	8.56	18.02	34.52	105.08	256.53	325.72	454.24
物价	**（%）**								
城市居民消费价格总指数		100.0	104.5	116.9	100.0	102.2	99.9	103.6	105.2
城市商品零售价格总指数		100.1	103.9	113.2	98.2	101.0	99.8	102.1	103.8
人民生活									
职工工资总额	（亿元）	3.14	18.59	50.68	65.31	107.26	180.82	198.51	234.77
职工平均工资	（元）	554	2 179	5537	9 339	18 849	31 173	34 243	39 493
农民人均纯收入	（元）	112	661	1800	3 230	4 443	6 951	7 955	9 490

注：1、2005 年及以后从业人员及乡村劳动者中未剔除外出打工人员数；2007 年及以后财政总收入及财政支出中不包括基金收入（支出）。
2、2010 年以前固定资产投资竣工的住宅建筑面积为城镇口径。

1-3　续表 1

指　　标		1978	1990	1995	2000	2005	2009	2010	2011
城市居民人均可支配收入	（元）		1 687	4 665	7 147	11 185	18 769	20 959	23 881
城乡居民储蓄存款余额	（亿元）	0.89	44.64	140.06	305.80	650.61	1 139.76	1 324.39	1 495.42
城市居民人均住房使用面积	（平方米）		11.07	12.71	14.51	17.12	20.28	21.16	23.44
农民人均生活用房面积	（平方米）		18.73	19.51	22.52	29.36	37.40	41.83	44.75
国有工业企业	**（亿元）**								
利税总额		2.14	5.32	20.62	13.11	56.68	108.84	127.88	147.40
利润总额			-0.71	5.27	0.24	15.37	28.98	33.21	33.86
固定资产原价		17.20	72.97	173.09	132.63	47.47	106.66	111.45	180.74
固定资产净值		10.19	50.92	117.62	84.14	28.22	67.26	68.14	134.90
运输、邮电									
全社会客运量	（万人次）	2 030	3 156	6 071	7 255	8 099	24 042	27 761	23 238
全社会货运量	（万吨）	2 608	6 073	10 859	9 669	14 022	25 708	37 227	35 772
内河港口货物吞吐量	（万吨）		837	1 399	1 452	4 189	4 708	6 308	6 662
邮电业务总量	（亿元）	0.07	0.62	3.88	17.73	36.26	53.14	73.39	55.62
邮电业务收入	（亿元）				13.06	27.05	45.19	48.14	55.41
计费函件（不含广告）	（万件）		2 463	2 579	2 512	2 041	3 407	4 728	4 770
订销报刊累计份数	（万份）		10 291	17 075	16 451	9 116	15 307	10 845	10 133
国内外贸易、旅游									
社会消费品零售总额	（亿元）	7.71	42.23	115.07	185.21	396.04	805.99	956.99	1 141.89
进出口总额（海关数）	（万美元）		1 015	24 596	32 896	112 621	230 170	416 053	630 966
# 出口总额			599	14 724	18 715	75 196	151 679	263 060	415 941
实际到帐注册外资	（万美元）		1 324	10 432	20 790	26 057	69 781	101 330	146 569
接待国外旅游人数（含港澳台）	（人次）		4 325	4 988	17 825	73 010	139 147	158 277	182 180
科技、教育	**（万人）**								
专业技术人员		3.09	12.53	18.40	22.84	21.76	24.89	27.18	39.63
高等学校在校学生		0.21	1.16	1.86	4.61	9.27	12.57	11.88	13.17
中等专业学校在校学生		0.29	1.11	2.45	3.41	5.12	5.71	5.54	3.93
普通中学在校学生		45.98	31.38	42.47	58.43	81.51	59.39	52.07	46.36
小学在校学生		95.62	84.77	110.34	126.06	72.24	51.79	53.02	57.10

注：城市居民人均住房使用面积为住户调查数据；进出口总额、出口总额 1997 年及以前年度数字为自营进出口总额；实际利用外资 2005 年及以后实际到帐注册外资，口径与往年不可比；2011 年邮电业务总量按 2010 年价格计算。

1-3　续表 2

指　　标		1978	1990	1995	2000	2005	2009	2010	2011
卫生									
卫生机构数	（个）	652	1 058	1 052	993	1 384	1 169	1 213	1 365
床位数	（张）	11 325	17 303	18 596	17 736	19 888	26 600	30 500	32 960
卫生技术人员数	（万人）	1.57	2.44	2.94	3.05	2.83	3.08	3.24	3.53
# 医生		0.49	0.99	1.12	1.16	1.05	1.16	1.18	1.27
主要工农业产品产量	**（万吨）**								
粮食		206.15	399.00	406.13	319.50	314.13	427.67	440.20	455.30
棉花		2.47	5.57	5.91	5.08	4.17	3.84	3.23	3.39
油料		1.59	4.77	8.35	20.28	16.26	12.56	12.11	11.45
水果		2.62	14.13	35.78	81.91	87.52	104.88	106.31	114.21
生猪存栏	（万头）	149.21	170.81	215.78	201.07	214.26	248.95	293.19	315.36
猪、牛、羊肉		5.18	18.73	31.15	27.51	35.05	39.40	46.58	48.13
蚕茧	（吨）	525	6 032	22 100	15 176	13 212	10 214	6 805	7 510
水产品		0.72	3.70	8.49	13.52	16.43	16.95	17.04	17.50
生铁		15.19	29.22	52.00	37.10	152.53	246.60	304.92	337.63
铝锭		0.31	0.76	1.94	0.50	1.08	10.70	10.87	11.00
原煤		1 445	2 032	2 344	2 271	2 597	2 236	2 072	2 025
发电量	（亿千瓦时）	27.08	104.40	119.38	146.87	309.97	330.77	399.57	453.66
合成氨		7.07	13.40	14.86	19.16	36.96	61.11	66.40	82.35
农用化肥	（折 100%）	4.91	12.52	19.76	15.42	29.58	43.93	48.05	52.73
水泥		66.68	297.67	1 031.48	983.36	1 295.66	2 654.32	3 205.35	2 850.29
纱		1.68	3.63	4.64	7.16	23.01	61.75	81.58	77.76
布	（万米）	5 474	12 112	13 883	8 196	10 551	16 591	16 056	11 064
机制纸及纸板		2.47	16.44	71.60	32.65	48.91	122.40	105.54	79.13
卷烟	（万箱）	14.74	33.50	34.00	34.40	57.57	59.00	60.94	64.01
饮料酒	（万千升）	1.35	4.99	11.42	8.50	20.28	30.11	45.73	52.37
合成洗涤剂		1.27	7.25	11.00	11.72	10.25	4.34	1.44	1.78
汽车起重机	（台）		419	683	1 087	5 368	16 053	18 623	18 695
装载机	（辆）			1 298	1 777	9 442	9 494	15 212	23 895
压路机	（台）		802	1 897	2 466	2 434	4 675	6 874	5 070

注：2003 年及以后的医生数为执业医师和执业助理医师。

1–4 国民经济主要指标发展速度

指 标	指数(2011年为以下各年的%)							1979–2011年平均增长(%)	2001–2011年平均增长(%)
	1978	1990	1995	2000	2005	2009	2010		
从业人数	**186.5**	**129.5**	**124.3**	**126.6**	**117.0**	**105.5**	**101.6**	**1.9**	**2.2**
# 职工人数	93.9	64.6	61.1	79.5	100.6	96.8	96.7	–0.2	–2.1
# 国有经济单位	95.2	61.5	54.0	67.9	97.6	101.8	101.6	–0.1	–3.5
城镇集体经济	15.5	12.5	15.4	35.4	81.6	98.4	101.6	–5.5	–9.0
地区生产总值(可比价格)	**4 439.1**	**1 523.9**	**710.0**	**403.3**	**222.5**	**129.4**	**113.5**	**12.2**	**13.5**
第一产业	572.9	384.5	250.2	167.8	132.0	108.9	104.5	5.4	4.8
第二产业	8 653.8	2 249.5	868.9	473.7	240.0	132.6	114.6	14.5	15.2
# 工业	8 817.2	2 263.7	874.5	488.2	247.8	134.2	115.6	14.5	15.5
第三产业	8 084.7	1 770.2	798.3	442.1	234.1	130.7	114.5	14.2	14.5
固定资产投资额	**68 670.5**	**18 726.6**	**4 137.2**	**1 428.9**	**488.04**	**164.56**	**133.64**	**21.0**	**26.3**
# 房地产开发投资		20 878.9	4 204.4	909.2	407.6	160.3	124.2		20.3
财政									
财政总收入	18 535.2	5 918.9	2 394.2	1 272.1	476.3	174.1	134.2	17.7	26.0
# 公共财政预算收入				1 418.2	576.6	193.8	143.3		27.3
地方财政支出	25 663.3	5 306.5	2 520.8	1 315.9	432.3	177.1	139.5	18.9	26.4
人民生活									
职工年平均工资	7 128.7	1 812.4	713.3	422.9	209.5	126.7	115.3	14.3	14.0
农民人均纯收入	8 785.8	1 484.9	545.8	304.1	213.5	136.5	119.3	15.0	10.6
城市居民人均可支配收入		1 518.0	549.1	358.3	213.5	127.2	113.9		12.3
城乡居民年末储蓄存款余额	168 024.7	3 350.0	1 067.7	489.0	229.8	131.2	112.9	26.1	15.5
运输、邮电									
全社会旅客运输量	1 144.7	736.3	382.8	320.3	286.9	96.7	83.7	7.9	11.2
全社会货物运输量	1 371.7	589.1	329.4	370.0	255.1	139.2	96.1	8.5	12.6
邮电业务总量	79 461.3	8 971.4	1433.6	313.7	153.4	104.7	75.8	23.2	11.0
国内外贸易、旅游									
社会消费品零售总额	14 810.5	2 704.0	992.3	616.5	288.3	141.7	119.3		18.0
进出口总额		62 164.1	2 554.9	1 918.1	560.3	274.1	151.7		30.8
# 出口总额		130 376.3	5 193.0	2 221.1	553.1	274.2	158.1		32.6
实际利用外资		19 503.4	2 292.8	1 241.9	642.2	210.0	144.6		25.7
国际旅游人数		4 212.3	3 652.4	1 022.0	249.5	130.9	115.1		23.5

1-4　续表

指　　标	指数(2011年为以下各年的%)							1979-2011年平均增长(%)	2001-2011年平均增长(%)
	1978	1990	1995	2000	2005	2009	2010		
科技、教育									
专业技术人员	1 282.5	316.3	215.4	173.5	182.1	159.2	145.8	8.0	5.1
高等学校在校学生	6 271.4	1 135.3	708.1	285.7	142.1	104.8	110.8	13.4	10.0
中等专业学校在校学生	1 356.2	354.3	160.5	115.3	76.8	68.9	71.0	8.2	1.3
普通中学在校学生	100.8	147.7	109.2	79.3	56.9	78.1	89.0	…	-2.1
小学在校学生	59.7	67.4	51.7	45.3	79.0	110.2	107.7	-1.6	-6.9
卫生									
卫生机构数	209.3	129.0	129.7	137.4	98.6	116.7	112.5	2.3	3.2
床位数	291.0	190.5	177.2	185.8	165.7	123.9	108.1	3.3	5.8
卫生技术人员数	220.0	141.6	117.5	113.2	122.0	112.1	106.7	2.4	1.1
# 医生	259.8	128.6	113.7	109.7	121.2	109.6	107.6	2.9	0.8
主要工农业产品产量									
粮食	220.9	114.1	112.1	142.5	144.9	106.5	103.4	2.4	3.3
棉花	137.2	60.9	57.4	66.7	81.3	88.3	105.0	1.0	-3.6
油料	720.1	240.0	137.1	56.5	70.4	91.2	94.5	6.2	-5.1
水果	4 359.2	808.3	319.2	139.4	130.5	108.9	107.4	12.1	3.1
生猪存栏	211.4	184.6	146.1	156.8	147.2	126.7	107.6	2.3	4.2
水产品	2 430.6	473.0	206.1	129.4	106.5	103.2	102.7	10.2	2.4
生铁	2 222.7	1 155.5	649.3	910.1	221.4	136.9	110.7	9.9	22.2
铝锭	3 548.4	1 447.4	567.0	2 200.0	1 018.5	102.8	101.2	11.4	32.4
原煤	140.1	99.7	86.4	89.2	78.0	90.6	97.7	1.0	-1.0
发电量	1 674.5	434.3	379.8	308.7	146.3	137.1	113.5	8.9	10.8
合成氨	1 164.8	614.6	554.2	429.8	222.8	134.8	124.0	7.7	14.2
农用化肥(折100%)	1 073.9	421.2	266.9	342.0	178.3	120.0	109.7	7.5	11.8
水泥	4 274.6	957.5	276.3	289.9	220.0	107.4	88.9	12.1	10.2
纱	4 628.6	2 142.1	1 675.9	1 086.0	337.9	125.9	95.3	12.3	24.2
布	202.1	91.3	79.7	135.0	104.9	66.7	68.9	2.2	2.8
机制纸及纸板	3 203.6	481.3	110.5	242.4	161.8	64.6	75.0	11.1	8.4
卷烟	434.3	191.1	188.3	186.1	111.2	108.5	105.0	4.6	5.8
饮料酒	3 879.3	1 049.5	458.6	616.1	258.2	173.9	114.5	11.7	18.0
合成洗涤剂	140.2	24.6	16.2	15.2	17.4	41.0	123.6	1.0	-15.7
汽车起重机		4462.4	2 737.5	1 720.1	348.3	116.5	100.4		29.5
装载机			1 840.9	1 344.7	253.1	251.7	157.1		26.6
压路机		632.2	267.3	205.6	208.3	108.4	73.8		6.8

1–5　各时期国民经济主要指标平均增长速度

单位：%

指　　标	"一五"时期	"二五"时期	调整时期	"三五"时期	"四五"时期	"五五"时期
年末总人口	**2.9**	**0.6**	**1.9**	**2.9**	**1.7**	**1.4**
职工人数	**4.4**	**11.0**	**–3.6**	**7.8**	**14.1**	**8.8**
# 国有单位	4.4	11.0	–3.6	7.8	5.7	9.1
地区生产总值	**9.9**	**4.4**	**7.4**	**8.9**	**7.9**	**15.3**
第一产业	–0.2	–1.28	11.1	7.2	5.1	10.7
第二产业	34.3	3.5	12.5	15.7	10.5	20.0
# 工业						
第三产业	16.3	6.0	–0.8	4.2	7.7	16.0
农林牧渔业总产值	**1.3**	**–1.1**	**9.0**	**4.7**	**7.7**	**6.2**
固定资产投资额	**43.3**	**25.2**	**10.2**	**5.3**	**10.6**	**31.7**
# 房地产开发投资						
财政						
财政收入	18.5	3.2	4.5	11.8	5.2	12.9
财政支出	26.0	–4.5	12.0	3.6	11.5	13.4
人民生活						
职工工资总额	9.2	12.5	–2.9	3.5	13.5	16.3
职工年平均工资	2.6	–0.9	3.0	–1.6	–1.6	7.0
城乡居民储蓄存款余额	29.1	4.8	17.3	4.3	14.7	33.6
运输、邮电						
客运量						
货运量						
邮电业务总量	14.9	16.8	–1.8	2.4	7.8	6.8
内外贸易						
社会消费品零售总额	14.3	5.0	1.5	2.9	10.9	13.8
教育						
高等学校在校学生数			–28.4			12.2
中等专业学校在校学生数	7.0	0.8	–7.3			17.1

1-5 续表 1

单位：%

指 标	"一五"时期	"二五"时期	调整时期	"三五"时期	"四五"时期	"五五"时期
普通中学在校学生数	23.2	9.6	0.5	23.9	5.1	10.0
小学在校学生数	8.4	1.6	15.5	-1.9	10.8	-1.3
卫生						
卫生机构数	14.3	6.1	3.7	-0.6	7.4	9.2
床位数	17.6	24.1	-0.5	4.4	5.6	5.3
卫生技术人员数	16.3	13.3	6.5	6.0	8.9	8.7
# 医生	20.4	12.0	5.6	-0.3	4.7	10.6
主要工农业产品产量						
粮食	1.2	0.6	1.4	6.4	7.3	6.0
棉花	13.3	-12.2	34.3	25.6	2.8	5.5
油料	-8.4	-13.7	32.9	-10.4	2.8	21.1
水果	-4.1	-13.2	8.5	14.5	9.9	9.5
生猪存栏	12.5	0.4	13.1	3.0	10.0	2.2
水产品	1.7	-0.1	14.0	-19.3	24.9	18.2
生铁		65.4	-0.6	23.1	19.1	8.1
铝锭			6.7	9.3	7.7	5.3
原煤	10.0	20.0	1.8	6.0	7.3	10.9
发电量	35.1	33.1	5.6	10.3	17.2	24.5
合成氨				80.4	27.0	29.4
农用化肥(折 100%)		89.0	22.9	24.6	30.0	3.1
水泥		68.8	9.7	7.6	23.0	16.7
纱	1.4	22.5	60.8	15.0	5.9	13.5
布	17.7	11.1	17.3	17.9	13.9	16.6
机制纸及纸板	150.6	11.7	-1.6	20.0	4.3	22.9
卷烟	-2.0	1.0	38.4	9.7	1.9	10.1
饮料酒	15.7	2.8	-3.6	9.7	12.8	17.5
合成洗涤剂					51.0	23.7

1-5　续表 2

单位：%

指　标	"六五"时期	"七五"时期	"八五"时期	"九五"时期	"十五"时期	"十一五"时期
年末总人口	**1.4**	**2.7**	**1.1**	**1.0**	**0.6**	**1.0**
职工人数	**3.7**	**2.3**	**1.1**	**–1.7**	**–4.6**	**0.8**
# 国有单位	4.1	2.9	2.6	–1.6	–7.0	–0.8
地区生产总值	**11.3**	**7.0**	**16.5**	**12.0**	**12.6**	**14.4**
第一产业	8.2	0.8	9.0	8.3	4.9	4.8
第二产业	12.5	8.3	21.0	12.9	14.6	15.9
# 工业	11.7	9.2	21.0	12.4	14.5	16.5
第三产业	14.2	12.1	17.3	12.5	13.5	15.3
农林牧渔业总产值	**10.5**	**3.9**	**10.7**	**8.9**	**4.6**	**9.1**
固定资产投资额	**7.6**	**9.3**	**36.8**	**25.4**	**19.7**	**27.7**
# 房地产开发投资			32.7	38.8	8.5	26.3
财政						
财政收入	10.0	12.2	19.9	13.5	24.5	28.8
财政支出	13.4	20.5	16.1	13.9	24.9	25.4
人民生活						
职工工资总额	15.8	14.8	22.2	6.2	10.4	13.1
职工年平均工资	11.5	12.1	20.5	8.5	15.1	12.7
城乡居民储蓄存款余额	36.6	35.5	25.7	16.9	16.3	15.3
运输、邮电						
客运量	5.7	–2.5	14.0	3.6	1.8	27.9
货运量	14.1	–0.7	12.3	–2.3	7.7	21.6
邮电业务总量	11.2	34.5	44.5	35.5	15.4	15.1
内外贸易						
社会消费品零售总额	16.4	12.6	22.2	10.0	12.7	19.3
进出口总额				15.7	27.9	29.9
实际到帐注册外资				13.0	14.1	34.7
教育						
高等学校在校学生数	31.0	3.1	8.7	19.9	13.2	5.1
中等专业学校在校学生数	6.4	5.0	17.2	6.8	3.6	1.6

1-5 续表 3

单位:%

指 标	"六五"时期	"七五"时期	"八五"时期	"九五"时期	"十五"时期	"十一五"时期
普通中学在校学生数	-3.0	0.2	6.2	6.6	6.9	-8.6
小学在校学生数	-1.9	-0.7	5.4	2.7	-10.5	-6.0
卫生						
卫生机构数	4.2	0.1	-0.1	-1.1	6.9	-2.6
床位数	4.6	2.3	1.5	-0.9	2.3	8.9
卫生技术人员数	3.8	3.5	3.8	0.7	-1.5	2.7
# 医生	6.2	4.9	2.5	0.7	-2.0	2.4
主要工农业产品产量						
粮食	10.9	1.5	0.4	-4.7	-0.4	7.0
棉花	9.6	-4.6	1.2	-3.0	-3.9	-5.0
油料	27.2	-14.6	11.8	19.4	-4.3	-5.7
水果	9.1	19.6	20.4	18.0	1.3	4.0
生猪存栏	5.7	-2.2	4.8	-1.4	1.3	6.5
水产品	8.2	15.8	18.1	9.8	4.0	0.7
生铁	0.2	12.1	12.2	-6.5	32.7	14.9
铝锭	2.4	19.8	20.6	-23.7	16.6	58.7
原煤	3.7	2.4	2.9	-0.6	2.7	-4.4
发电量	4.1	12.3	2.7	4.2	16.1	5.2
合成氨	2.9	-1.3	2.1	5.2	14.1	12.4
农用化肥(折 100%)	1.5	9.6	-4.8		13.9	10.2
水泥	8.0	28.2	-1.0		5.7	19.9
纱	2.9	8.4	5.0	9.1	26.3	28.8
布	-0.4	10.5	2.8	-10.0	5.2	8.8
机制纸及纸板	15.6	20.5	34.2	-14.5	8.4	16.6
卷烟	6.1	5.1	0.3	0.2	10.8	1.1
饮料酒	7.0	11.9	18.0	-5.7	19.0	17.7
合成洗涤剂	19.2	8.1	8.7	1.3	-2.7	-32.5
锻压机械					10.7	
汽车起重机		5.2	10.3	9.7	37.6	28.2
装载机				6.5	39.7	10.0
压路机		1.9	18.8	5.4	-0.3	23.1

1-6 徐州的一天

指 标		1985	1990	1995	2000	2005	2009	2010	2011
全市每天创造的财富									
地区生产总值	（万元）	1 522	3 092	11 054	16 885	33 607	65 484	80 607	97 305
第一产业		607	1 060	2 758	3 248	4 774	6 847	7 748	9 165
第二产业		651	1 230	5 045	7 769	16 990	34 220	40 847	48 686
工业		568	1 121	4 546	6 672	14 464	29 186	34 756	41 365
建筑业		83	109	499	1 096	2 526	5 035	6 091	7 321
第三产业		264	801	3 251	5 868	11 843	24 417	32 011	39 454
# 运输和邮电业			198	810	1 567	3 523	6 841	6 648	9 178
批发和零售贸易餐饮业			187	869	1 594	3 358	7 502	10 517	14 133
财政总收入	（万元）	158	280	693	1 305	3 980	8 737	11 339	15 215
# 公共财政预算收入					615	1 513	4 503	6 087	8 724
生铁	（吨）	453	800	1 425	1 016	4 179	6 756	8 354	9 250
原煤	（万吨）	4.93	5.57	6.40	6.22	7.12	6.00	5.68	5.55
发电量	（万千瓦时）	1 599	2 860	3 271	4 024	8 492	9 062	10 947	12 429
水泥	（吨）	5 562	8 155	28 247	26 941	35 498	72 721	87 818	78 090
布	（万米）	20.14	33.18	38.00	22.45	28.91	45.45	43.99	30.31
机制纸及纸板	（吨）	178	451	1 962	895	1 340	3 353	2 892	2 168
卷烟	（箱）	715	918	932	942	1 577	1 616	1 670	1 754
合成洗涤剂	（吨）	135	199	301	321	281	119	39	49
全市每天消费量									
社会消费品零售总额	（万元）	640	1 157	3 183	5 074	10 850	22 082	26 219	31 285
城市居民每人生活费支出	（元）	1.85	3.86	10.09	14.77	21.02	32.80	36.04	41.13
# 食品消费		1.00	2.22	5.04	5.44	7.42	11.18	12.32	14.31
农民每人生活费支出	（元）	0.90	1.47	3.11	4.44	7.78	12.93	14.29	16.36
# 食品消费		0.47	0.78	1.86	1.87	3.31	4.99	5.37	5.95
每天其他经济活动									
货物运输量	（万吨）	17.21	16.64	29.75	26.49	38.42	70.43	101.99	98.01
旅客运输量	（万人次）	9.84	8.65	16.63	19.88	22.19	65.87	76.06	63.67
房屋建筑竣工面积	（平方米）	3 539	3 063	5 022	8 078	14 720	11 175	12 400	15 410
# 住宅竣工面积	（平方米）	1 839	1 600	2 517	3 935	7 012	9 756	10 247	13 538
邮寄函件	（万件）	7.05	8.15	8.59	6.88	5.59	9.33	12.95	13.07
每天人口变动和婚姻									
出生人数	（人）	235	432	223	460	192	501	596	487
死亡人数	（人）	93	98	103	122	62	187	218	196
结婚对数	（对）	145	189	173	153	146	256	279	321
离婚对数	（对）	2	1	3	4	17	28	30	35

1–7 徐州市国民经济主要指标占全省比重

（2011 年）

指　　　标		全　省	徐州市	徐州市占全省的　比　重（%）
年末人口	**（万人）**	**7 898.80**	**976.66**	**12.4**
从业人数	**（万人）**	**4 758.23**	**528.85**	**11.1**
# 职工人数		774.39	59.42	7.7
地区生产总值（GDP）（当年价格）	**（亿元）**	**49 110.27**	**3 551.65**	**7.2**
第一产业		3 064.78	334.54	10.9
第二产业		25 203.28	1 777.04	7.1
第三产业		20 842.21	1 440.07	6.9
人均 GDP	（元）	62 290	41407	66.5
社会消费品零售总额	**（亿元）**	**15 988.38**	**1 141.89**	**7.1**
进出口总额	（亿美元）	5 397.59	63.10	1.2
# 出口总额		3 126.23	41.59	1.3
实际到帐注册外资	（亿美元）	321.32	14.66	4.6
财政总收入	**（亿元）**	**14 119.85**	**555.33**	**3.9**
公共财政预算收入		5 148.92	318.42	6.2
地方财政支出		6 221.72	454.24	7.3
职工工资总额	**（亿元）**	**3 548.29**	**234.77**	**6.6**
农民人均纯收入	（元）	10 805	9 490	87.8
城镇居民人均可支配收入	（元）	26 341	19 206	72.9
城乡居民储蓄存款余额	（亿元）	25 914.74	1 495.42	5.8

1-7　续表　　　　　　　　　　　　（2011 年）

指　　　标		全　省	徐州市	徐州市占全省的　比　重（%）
全社会客运量	**（万人）**	**247 405**	**23 238**	**9.4**
全社会货运量	（万吨）	212 594	35 772	16.8
邮电业务总量	（亿元）	974.30	55.62	5.7
专业技术人数	**（万人）**	**140.51**	**39.63**	**28.2**
高等学校在校学生		165.94	13.17	7.9
普通中学在校学生		339.82	46.36	13.6
小学在校学生		409.60	57.10	13.9
医院、卫生院	（个）	2506	266	10.6
卫生机构床位数	（万张）	29.64	3.30	11.1
# 医院、卫生院		27.30	3.03	11.1
卫生技术人员数		35.05	3.45	9.9
# 执业医师、执业助理医师		13.47	1.27	9.4
主要工农业产品产量	**（万吨）**			
粮食		3 307.76	455.30	13.8
棉花		24.68	3.39	13.7
油料		144.05	11.45	7.9
水产品产量		475.97	17.50	3.7
原煤		2 100.27	2 025.00	96.4
发电量	（亿千瓦时）	3 755.63	453.66	12.1
水泥		14 899.69	2 850.29	19.1
农用化肥	（折 100%）	243.70	52.73	21.6
纱		434.58	77.76	17.9
布	（亿米）	88.46	1.11	1.3

1-8 主要年份国民经济和社会发展结构指标

单位：%

指标	1978	1985	1990	1995	2000	2005	2009	2010	2011
人口结构									
农业人口	88.5	85.6	82.9	80.2	74.2	65.9	60.5	54.2	36.0
非农业人口	11.5	14.4	17.1	19.8	25.8	34.1	39.5	45.8	64.0
就业结构									
产业结构									
第一产业	72.1	63.8	61.0	56.9	56.4	40.3	32.4	31.2	28.9
第二产业	15.3	22.5	23.4	25.3	22.3	28.3	35.9	35.9	38.8
第三产业	12.6	13.7	15.6	17.8	21.3	31.4	31.7	32.9	32.2
经济类型结构									
职工人数	21.2	22.4	21.4	21.7	17.0	12.4	11.6	11.2	11.2
# 国有经济	68.5	70.7	72.9	78.5	81.3	71.6	66.0	66.1	65.5
城镇集体经济	31.5	29.3	26.9	20.7	11.7	6.4	5.2	5.0	4.9
农村劳动者	78.8	77.2	77.8	76.1	78.1	77.0	71.6	70.3	69.0
城镇私营及个体劳动者		0.4	0.8	1.9	4.6	8.3	13.8	15.4	16.8
其他从业人员				0.3	0.3	2.3	3.0	3.1	3.5
地区生产总值产业结构									
第一产业	44.0	39.9	34.3	25.0	19.2	14.2	10.5	9.6	9.4
第二产业	41.8	42.8	39.8	45.6	46.0	50.6	52.3	50.7	50.1
第三产业	14.2	17.3	25.9	29.4	34.8	35.2	37.2	39.7	40.5
地区生产总值支出结构									
总消费				45.3	48.9	50.4	48.3	46.1	46.4
居民消费				84.9	80.5	79.5	74.8	73.0	72.0
政府消费				15.1	19.5	20.5	25.2	27.0	28.0
资本形成总额				44.3	49.5	55.6	57.6	58.3	58.6
固定资产形成				64.1	85.7	88.0	97.4	97.4	91.1
存货增加				35.9	14.3	12.0	2.6	2.6	8.9
财政总收入相当于地区生产总值比例	**15.3**	**10.4**	**9.1**	**6.2**	**7.3**	**12.0**	**13.3**	**14.1**	**15.6**
科教文卫事业费占财政支出的比例		**39.5**	**33.1**	**40.4**	**33.5**	**24.1**	**28.6**	**41.4**	**30.5**
农林牧渔业总产值结构									
农　业	84.1	76.1	65.0	59.4	65.7	62.7	62.4	62.9	61.0
林　业	2.7	2.1	2.3	2.4	2.6	2.7	2.2	2.0	1.8
牧　业	12.5	20.3	30.0	35.0	26.1	27.2	28.1	28.3	30.8
渔　业	0.7	1.5	2.7	3.2	5.6	5.4	5.4	4.9	4.3
农林牧渔服务业						2.0	2.0	2.1	2.2
农作物播种面积结构									
粮食作物	74.1	83.1	86.1	76.8	59.3	56.3	65.2	65.0	65.5
经济作物	23.7	13.3	8.8	9.9	10.7	13.0	8.0	7.6	7.3
其他作物	2.2	3.6	5.1	13.3	30.0	30.7	26.7	27.4	27.2

1-8　续表　　　　单位：%

指　　标	1978	1985	1990	1995	2000	2005	2009	2010	2011
工业总产值按经济类型分									
国有工业	74.7	68.1	68.2	57.0	26.9	9.5	5.5	4.5	3.5
集体工业	25.3	31.9	31.3	36.2	12.9	0.1	0.5	0.3	0.2
其他工业			0.5	6.8	60.2	90.4	93.9	95.2	96.3
工业总产值按轻重工业分									
轻工业	39.6	38.1	45.6	42.5	44.0	32.0	28.9	27.4	27.7
重工业	60.4	61.9	54.4	57.5	56.0	68.0	71.1	72.6	72.3
货运量结构									
铁　路	56.7	43.9	43.8	18.6	17.6	10.6	8.5	26.7	15.7
公　路	25.0	19.5	45.9	61.9	49.5	43.6	48.9	39.6	47.0
水　运	3.6	2.1	7.6	10.9	5.8	6.3	8.3	6.8	8.0
管　道	14.7	34.5	2.7	8.6	27.1	39.5	34.3	26.8	29.3
在校学生结构									
大学生	0.1	0.8	1.0	1.2	2.4	5.0	10.2	10.2	10.3
中学生	32.6	28.0	28.6	30.1	33.2	53.2	48.0	44.5	44.2
小学生	67.2	71.2	70.4	68.8	64.5	41.8	41.9	45.3	44.5
专任教师结构									
大　学		3.5	3.6	3.3	3.6	6.3	7.8	8.0	8.4
中　学		34.5	37.4	38.1	39.3	46.4	47.7	48.8	51.4
小　学		62.0	59.0	58.6	57.1	47.3	44.5	43.2	40.2
城市居民消费结构									
食品		53.7	57.4	49.9	36.8	35.3	34.1	34.2	34.8
衣着		19.4	14.0	15.1	10.0	9.5	10.3	10.8	10.2
娱乐文教		6.9	8.7	8.7	14.4	16.5	12.1	11.4	16.3
居住		3.8	2.3	6.0	6.3	11.3	8.5	9.2	9.1
用品及其他		16.2	17.5	20.3	32.5	27.4	35.0	34.4	29.6
农村居民消费结构									
食品		52.2	53.4	59.9	42.2	42.6	38.6	37.6	36.3
衣着		10.5	10.3	7.2	6.2	6.9	8.1	8.3	8.2
娱乐文教		2.8	6.2	6.5	12.0	16.7	14.7	15.3	18.5
居住		24.2	17.8	15.4	19.9	10.8	16.3	15.6	14.3
用品及其他		13.1	18.5	17.6	31.8	23.0	22.3	23.1	22.7
卫生技术人员结构									
#医生	31.0	38.3	40.5	38.1	38.1	37.1	37.7	36.0	36.8
护师、护士		22.3	28.3	33.4	28.6	30.3	35.0	36.6	30.7
治理污染资金使用结构									
治理废水			69.7	68.2	34.7	15.6	23.4	29.6	37.5
治理废气			26.8	18.1	64.4	81.6	45.5	61.4	47.3
治理固体废物			1.3	12.8	0.7	0.7	16.5	7.6	
治理噪声			2.0	0.8	0.1	1.3			
其他			0.2		0.1	0.8	14.6	1.4	15.2

1-9 全市法人单位数及从业人员数

项目	法人单位数(个)		从业人员(万人)	
	2010	2011	2010	2011
合　计	**48 183**	**60 123**	**209.91**	**227.83**
按机构类型分				
企业	37 735	49 018	176.85	193.32
事业单位	3 411	3 448	18.82	18.90
机关	1 008	1 018	5.60	5.66
社会团体	1 241	1 327	1.97	2.02
民办非企业单位	906	999	1.78	1.90
基金会	7	8	0.01	0.01
居委会	392	392	0.37	0.37
村委会	2 283	2 294	2.10	2.11
其他	1 200	1 619	2.42	3.53
按登记注册类型分				
内资	47 839	59 725	201.51	219.30
国有	4 942	4 981	37.66	37.87
集体	1 159	1 181	6.42	6.46
股份合作	156	163	0.92	0.92
联营	50	55	0.31	0.31
国有联营	10	10	0.05	0.05
集体联营	23	25	0.07	0.07
国有与集体联营	2	2	…	…
其他联营	15	18	0.19	0.19
有限责任公司	2 529	3 279	37.27	38.56
国有独资公司	33	37	5.02	5.03
其他有限责任公司	2 496	3 242	32.25	33.53
股份有限公司	795	838	10.17	10.28
私营	31 472	40 812	97.00	109.69
私营独资	13 509	16 909	31.63	36.70
私营合伙	870	1 056	3.43	3.72
私营有限责任公司	15 854	21 312	57.64	64.57
私营股份责任公司	1 239	1 535	4.30	469
其他	6 736	8 416	11.76	15.20

1-9　续表

项　　目	法人单位数(个)		从业人员(万人)	
	2010	2011	2010	2011
港澳台商投资	136	162	3.99	4.07
与港澳台商合资经营	65	69	2.10	2.12
与港澳台商合作经营	2	2	…	…
港澳台商独资	58	79	1.82	1.88
港澳台商投资股份有限公司	11	12	0.07	0.07
外商投资	208	236	4.40	4.46
中外合资经营	123	132	2.36	2.41
中外合作经营	4	4	0.07	0.07
外资企业	69	85	1.90	1.91
外商投资股份有限公司	12	15	0.07	0.07
按行业分				
农、林、牧、渔业	1 406	2 271	4.74	7.05
采矿业	222	247	10.34	10.44
制造业	12 199	14 628	80.69	88.12
电力、燃气及水的生产和供应业	130	161	1.71	1.80
建筑业	2 025	2 754	40.48	41.43
交通运输、仓储和邮政业	1 394	1 701	7.57	7.99
信息传输、计算机服务和软件业	804	1 049	1.45	1.61
批发和零售业	12 811	16 995	18.54	21.92
住宿和餐饮业	514	601	1.98	2.19
金融业	571	758	1.76	1.94
房地产业	1 576	1 953	3.36	3.79
租赁和商务服务业	3 109	4 495	3.59	4.63
科学研究、技术服务和地质勘查业	1 292	1 642	1.94	2.34
水利、环境和公共设施管理业	427	480	1.31	1.40
居民服务和其他服务业	714	1 012	0.92	1.20
教育	1 440	1 562	11.79	11.93
卫生、社会保障和社会福利业	890	919	4.75	4.83
文化、体育和娱乐业	443	526	0.70	0.77
公共管理和社会组织	6 216	6 369	12.29	12.47

1-10 全市产业活动单位数及从业人员数

项目	产业活动单位数(个)		从业人员(万人)	
	2010	2011	2010	2011
合 计	**53 390**	**65 522**	**214.70**	**233.01**
按机构类型分				
企业	39 993	51 467	181.20	198.00
事业单位	5 004	5 041	20.10	20.18
机关	1 390	1 400	4.74	4.81
社会团体	1 258	1 344	1.72	1.77
民办非企业单位	906	999	1.78	1.90
基金会	7	8	0.01	0.01
居委会	394	394	0.37	0.37
村委会	2 281	2 292	2.10	2.11
其他	2 157	2 577	2.73	3.86
按登记注册类型分				
内资	52 990	65 065	206.25	224.32
国有	6 986	7 035	36.60	36.82
集体	2 033	2 056	8.20	8.23
股份合作	156	164	0.87	0.87
联营	51	56	0.31	0.31
国有联营	11	11	0.05	0.05
集体联营	23	25	0.07	0.07
国有与集体联营	2	2	…	…
其他联营	15	18	0.19	0.19
有限责任公司	2 737	3 520	37.58	38.95
国有独资公司	64	69	7.24	7.24
其他有限责任公司	2 673	3 451	30.34	31.71
股份有限公司	1 549	1 600	11.16	11.28
私营	31 798	41 268	98.91	111.78
私营独资	13 604	17 038	31.76	36.87
私营合伙	891	1 085	3.47	3.77
私营有限责任公司	16 045	21 583	59.35	66.39
私营股份有限公司	1 258	1 562	4.34	4.75
其他	7 680	9 366	12.62	16.08

1-10　续表

项　　　　目	法人单位数(个)		从业人员(万人)	
	2010	2011	2010	2011
港澳台商投资	166	193	4.01	4.09
与港澳台商合资经营	75	80	2.12	2.13
与港澳台商合作经营	2	2	0.00	0.00
港澳台商独资	78	99	1.83	1.89
港澳台商投资股份有限公司	11	12	0.07	0.07
外商投资	234	264	4.50	4.60
中外合资经营	127	136	2.37	2.41
中外合作经营	4	4	0.07	0.07
外资企业	89	106	1.99	2.01
外商投资股份有限公司	14	18	0.07	0.10
按行业分				
农、林、牧、渔业	1 409	2 275	4.75	7.06
采矿业	243	268	10.80	10.90
制造业	12 254	14 694	81.51	89.02
电力、燃气及水的生产和供应业	135	167	1.81	1.89
建筑业	2 102	2 871	41.73	42.73
交通运输、仓储和邮政业	1 689	2 005	7.62	8.04
信息传输、计算机服务和软件业	1 133	1 381	1.68	1.83
批发和零售业	13 527	17 763	19.61	23.10
住宿和餐饮业	549	640	2.11	2.33
金融业	1 214	1 414	1.93	2.14
房地产业	1 585	1 972	3.34	3.78
租赁和商务服务业	3 167	4 586	3.60	4.67
科学研究、技术服务和地质勘查业	1 327	1 684	2.03	2.43
水利、环境和公共设施管理业	457	511	1.36	1.45
居民服务和其他服务业	728	1 033	0.95	1.23
教育	1 721	1 843	11.87	12.01
卫生、社会保障和社会福利业	2 679	2 708	5.19	5.27
文化、体育和娱乐业	451	534	0.73	0.80
公共管理和社会组织	7 020	7 173	12.13	12.32

主要统计指标解释

平均每年增长速度 在我国计算平均增长速度有两种方法,一种是习惯上经常使用的“水平法”,又称几何平均法,是以间隔期最后一年的水平同基期水平对比来计算平均每年增长(或下降)速度。另一种是“累计法”,又称代数平均法或方程法,是以间隔期内各年水平的总和同基期水平对比来计算平均每年增长(或下降)速度。

在一般正常情况下,两种方法计算的平均每年增长速度比较接近,但在经济发展不平衡,出现大起大落时,两种方法计算的结果差别较大。

本《年鉴》内所列的平均每年增长速度,除固定资产投资是用“累计法”计算以外,其余均用“水平法”计算。从某年到某年平均增长速度的年份,均不包括基期年在内。如改革开放28年的平均增长速度是以1978年为基期计算的,则写为1979–2006年平均增长速度,余类推。

各个计划时期 表内所用各个“时期”代表的年份如下:恢复时期为1950年到1952年;第一个五年计划时期(简称一五时期)为1953年到1957年;第二个五年计划时期(简称二五时期)为1958年到1962年;三年调整时期为1963年到1965年;第三个五年计划时期(简称三五时期)为1966年到1970年;第四个五年计划时期(简称四五时期)为1971年到1975年;第五个五年计划时期(简称五五时期)为1976年到1980年;第六个五年计划时期(简称六五时期)为1981年到1985年;第七个五年计划时期(简称七五时期)为1986年到1990年;第八个五年计划时期(简称八五时期)为1991年到1995年,第九个五年计划时期(简称九五时期)为1996年到2000年。第十个五年计划时期(简称十五时期)为2001年到2005年;第十一个五年计划时期(简称十一五时期)为2006年到2010年。

“倍数”的用法 倍,就是跟原数相同的数。倍数,只能用于数字的增加,不能用于数字的减少。如“增长多少倍”、“扩大多少倍”、“提高多少倍”都可以,但不能说“降低多少倍”、“缩小多少倍”、“减少多少倍”。因为减少一倍就减完了,再无什么可减了。运用倍数时,还要注意词的准确。如“增加了两倍”即原来是一,现在是三;“增加到两倍”,即原来是一,现在是二。这里的“了”和“到”不能缺少,也不能互换。

“百分数”的用法 百分数,是用一百做分母的分数,在数学中用“%”来表示,在文章中一般都写作“百分之多少”。百分数与倍数不同,它既可以表示数量的增加,也可以表示数量的减少。运用百分数时,也要注意概念的精确。如“比过去增长30%,即过去为100,现在是“130”;比过去降低30%,即过去是100,现在是“70”;“降低到原来的30%”,即原来是100,现在是“30”。

运用百分数时,还要注意有些数最多只能达到100%,如产品合格率,种子发芽率等;有些百分数只能小于100%,如粮食出粉率等;有些百分数却可以超过100%,如产品产量计划完成情况等。

“番”的用法与“倍”的关系 增加一倍,就是增加100%;翻一番,也是增加100%。除了一倍与一番相当外,两倍与两番以上数字含义就不同了,而且数字越大,差距越大。如增加两倍,就指增加200%;翻两番,就是400%(一番二、二番是四、三番就是八),所以说翻两番就是增加了300%,翻三番就是增加了700%。“番”是按几何级数计算的,“倍”是按算术级数计算的。

计算翻番公式为:

n=[lg(报告期数÷基数)]÷lg2

n 表示翻番数 lg 是常用对数符号

第2部分

国民经济核算

NATIONAL ACCOUNTS

版面负责人：张玉强

编　　　辑：李　广

关于《统计法》的适用范围和统计的基本任务的规定

第二条 本法适用于各级人民政府、县级以上人民政府统计机构和有关部门组织实施的统计活动。

统计的基本任务是对经济社会发展情况进行统计调查、统计分析，提供统计资料和统计咨询意见，实行统计监督。

【释义】 本条是关于《统计法》的适用范围和统计的基本任务的规定。

统计通常有政府统计、民间统计、单位内部统计之分。制定《统计法》，是为了规范和保障政府和政府有关部门科学、有效地组织实施统计活动，保障政府统计资料的真实、准确、完整、及时，为国家经济社会管理和社会公众提供统计信息服务。由于民间统计调查活动与政府统计在统计目的、统计实施主体和管理方式等方面有很大不同，难以在一部法律中作出全面、具体的规定，故本法在附则中规定由国务院另行制定民间统计调查活动的管理办法。而企业事业单位等因自身经营、管理需要进行的统计活动，属于单位内部行为，不需由法律直接规范。因此，本法将适用范围明确规定为政府统计活动，即本法适用于各级人民政府、县级以上人民政府统计机构和有关部门组织实施的统计活动。

统计的基本任务又称为统计的基本职能，是指政府和政府统计机构及有关部门组织实施统计活动，应当完成的主要任务和实现的主要功能。统计的基本任务是：

一、进行统计调查、统计分析。统计的首要任务是进行统计调查，以获取所需要的统计信息。统计调查是指按照统计调查制度规定的调查目的、调查内容、调查方法、调查组织方式等，向统计调查对象搜集原始统计资料的活动。通过统计调查取得统计资料是统计工作的基础和直接目的。统计分析，是指运用统计分析方法和技术手段，对已经取得的统计资料进行深入、系统地比较和研究，以获得对经济社会运行规律、内在联系和发展趋势等方面认识的活动。

二、提供统计资料和统计咨询意见。统计资料，是通过统计调查、统计分析所取得的、反映国民经济和社会发展情况的各种数据信息。统计资料既包括统计调查取得的原始资料，也包括整理、分析后获得的综合统计资料。政府统计机构和有关部门应当依照本法和国家有关规定及时向政府、其他有关部门提供统计资料，并应当按照规定定期公布统计资料。统计咨询意见，是指在已有统计资料的基础上，对国民经济和社会发展情况进行综合分析、专题研究，为政府管理和决策提供参考意见和对策建议。提供统计资料和统计咨询意见，是统计工作的重要任务。

三、实行统计监督。统计监督是指在统计调查取得统计资料并进行分析的基础上，对国民经济和社会运行情况、趋势等进行定量检查、监测和预警，以保障和促进经济、社会全面、协调、可持续发展。统计监督是对统计信息和咨询职能的进一步拓展。

编辑：张　霖

2-1 主要年份地区生产总值与构成

（当年价格）

年份	绝对数(万元)				构成(%)		
	地区生产总值	第一产业	第二产业	第三产业	第一产业	第二产业	第三产业
1949	17 274	13 388	1 282	2 604	77.5	7.4	15.1
1952	22 978	16 401	2 717	3 860	71.4	11.8	16.8
1957	36 912	17 195	11 501	8 216	46.6	31.2	22.2
1962	45 752	20 558	14 176	11 018	44.9	31.0	24.1
1965	56 658	26 883	19 016	10 759	47.4	33.6	19.0
1970	86 926	39 808	33 926	13 192	45.8	39.0	15.2
1975	126 877	53 488	54 233	19 156	42.2	42.7	15.1
1978	213 899	94 036	89 475	30 388	44.0	41.8	14.2
1979	248 679	107 103	106 042	35 534	43.1	42.6	14.3
1980	286 203	112 976	129 855	43 372	39.5	45.4	15.1
1981	303 742	125 809	131 965	45 968	41.4	43.4	15.2
1982	354 094	144 961	152 552	56 581	40.9	43.1	16.0
1983	422 603	169 141	177 376	76 086	40.0	42.0	18.0
1984	496 828	203 530	205 616	87 682	41.0	41.4	17.6
1985	555 667	221 573	237 589	96 505	39.9	42.8	17.3
1986	630 445	246 074	259 605	124 766	39.0	41.2	19.8
1987	719 853	272 596	296 863	150 394	37.9	41.2	20.9
1988	846 322	302 814	364 213	179 295	35.8	43.0	21.2
1989	992 598	347 872	402 214	242 512	35.0	40.5	24.5
1990	1 128 406	386 894	449 104	292 408	34.3	39.8	25.9
1991	1 300 510	436 804	501 072	362 634	33.6	38.5	27.9
1992	1 621 503	468 032	702 902	450 569	28.9	43.3	27.8
1993	2 205 695	558 606	1 036 980	610 109	25.3	47.0	27.7
1994	3 147 560	797 131	1 482 083	868 346	25.3	47.1	27.6
1995	4 034 596	1 006 725	1 841 433	1 186 438	25.0	45.6	29.4
1996	4 880 421	1 156 698	2 232 087	1 491 636	23.7	45.7	30.6
1997	5 042 259	1 079 337	2 338 385	1 624 537	21.4	46.4	32.2
1998	5 367 632	1 124 458	2 479 489	1 763 685	20.9	46.2	32.9
1999	5 770 945	1 135 814	2 700 239	1 934 892	19.7	46.8	33.5
2000	6 162 952	1 185 711	2 835 638	2 141 603	19.2	46.0	34.8
2001	6 814 908	1 260 273	3 143 812	2 410 823	18.5	46.1	35.4
2002	7 493 386	1 340 458	3 511 425	2 641 503	17.9	46.9	35.2
2003	8 522 604	1 346 800	4 198 275	2 977 529	15.8	49.3	34.9
2004	10 311 200	1 615 900	5 116 400	3 578 900	15.7	49.6	34.7
2005	12 266 500	1 742 400	6 201 300	4 322 800	14.2	50.6	35.2
2006	14 647 400	1 900 500	7 564 900	5 182 000	13.0	51.6	35.4
2007	17 478 600	2 075 800	9 093 300	6 309 500	11.9	52.0	36.1
2008	21 188 400	2 320 000	11 057 600	7 810 800	10.9	52.2	36.9
2009	23 901 600	2 499 000	12 490 400	8 912 200	10.5	52.3	37.2
2010	29 421 400	2 828 200	14 909 200	11 684 000	9.6	50.7	39.7
2011	35 516 500	3 345 400	17 770 400	14 400 700	9.4	50.1	40.5

2-2　市区主要年份生产总值与构成

（当年价格）

年　　份	绝对数(万元)				构成(%)		
	地区生产总　　值	第一产业	第二产业	第三产业	第一产业	第二产业	第三产业
1949	2 999	130	1 180	1 689	4.3	39.4	56.3
1952	4 800	243	2 416	2 141	5.1	50.3	44.6
1957	13 961	311	9 972	3 678	2.2	71.4	26.4
1962	17 942	330	12 136	5 476	1.8	67.7	30.5
1965	20 029	299	14 484	5 246	1.5	72.3	26.2
1970	34 074	642	27 317	6 115	1.9	80.2	17.9
1975	50 598	1 111	42 074	7 413	2.2	83.2	14.6
1978	76 966	1 473	63 559	11 934	1.9	82.6	15.5
1979	92 885	1 453	76 488	14 944	1.6	82.3	16.1
1980	114 121	1 404	92 906	19 811	1.2	81.4	17.4
1981	115 615	1 911	92 268	21 436	1.7	79.8	18.5
1982	132 620	2 651	102 819	27 150	2.0	77.5	20.5
1983	158 974	3 277	120 463	35 234	2.1	75.8	22.1
1984	178 795	2 573	139 174	37 048	1.4	77.9	20.7
1985	201 382	3 944	155 271	42 167	2.0	77.1	20.9
1986	226 245	3 473	167 736	55 036	1.5	74.2	24.3
1987	261 723	3 641	185 152	72 930	1.4	70.7	27.9
1988	290 004	5 416	197 585	87 003	1.9	68.1	30.0
1989	393 946	26 854	243 492	123 600	6.8	61.8	31.4
1990	465 430	28 945	286 638	149 847	6.2	61.6	32.2
1991	527 063	34 667	302 487	189 909	6.6	57.4	36.0
1992	691 488	35 101	423 675	232 712	5.1	61.3	33.6
1993	1 010 701	43 486	636 807	330 408	4.3	63.0	32.7
1994	1 407 532	48 151	872 348	487 033	3.4	62.0	34.6
1995	1 756 497	65 060	1 023 748	667 689	3.7	58.3	38.0
1996	2 099 264	73 753	1 155 934	869 577	3.5	55.1	41.4
1997	2 268 272	66 222	1 263 562	938 488	2.9	55.7	41.4
1998	2 443 284	69 244	1 395 261	978 779	2.8	57.1	40.1
1999	2 578 059	65 613	1 406 279	1 106 167	2.6	54.5	42.9
2000	2 903 331	66 504	1 561 564	1 275 263	2.3	53.8	43.9
2001	3 225 039	69 606	1 702 464	1 452 969	2.2	52.8	45.0
2002	3 593 285	74 009	1 911 036	1 608 240	2.0	53.2	44.8
2003	4 259 982	74 000	2 343 692	1 842 290	1.7	55.0	43.3
2004	5 383 900	80 700	3 052 100	2 251 100	1.5	56.7	41.8
2005	6 258 100	117 900	3 551 600	2 588 600	1.9	56.8	41.4
2006	7 272 800	111 800	4 111 800	3 049 200	1.5	56.5	41.9
2007	8 686 100	162 800	4 820 900	3 702 400	1.9	55.5	42.6
2008	9 984 800	177 100	5 517 000	4 290 700	1.8	55.3	43.0
2009	11 433 600	174 200	6 189 200	5 070 200	1.5	54.1	44.3
2010	17 794 700	521 200	9 673 700	7 599 800	2.9	54.4	42.7
2011	21 151 700	632 600	11 495 300	9 023 800	3.0	54.3	42.7

2-3 主要年份地区生产总值

（当年价格） 单位：万元

年 份	地区生产总值	第一产业	第二产业	工 业	建筑业	第三产业	#交通、仓储邮电通信业	#批发零售、住宿餐饮业	人均地区生产总值
1978	213 899	94 036	89 475	80 640	8 835	30 388			334
1979	248 679	107 103	106 042	95 109	10 933	35 534			383
1980	286 203	112 976	129 855	117 494	12 361	43 372			436
1981	303 742	125 809	131 965	120 773	11 192	45 968			456
1982	354 094	144 961	152 552	136 971	15 581	56 581			522
1983	422 603	169 141	177 376	152 040	25 336	76 086			468
1984	496 828	203 530	205 616	182 030	23 586	87 682			713
1985	555 667	221 573	237 589	207 209	30 380	96 505			790
1986	630 445	246 074	259 605	219 901	39 704	124 766			886
1987	719 853	272 596	296 863	254 061	42 802	150 394			999
1988	846 322	302 814	364 213	325 963	38 250	179 295			1 152
1989	992 598	347 872	402 214	366 541	35 673	242 512			1 319
1990	1 128 406	386 894	449 104	409 314	39 790	292 408	72 126	68 281	1 438
1991	1 300 510	436 804	501 072	457 482	43 590	362 634	82 331	92 901	1 598
1992	1 621 503	468 032	702 902	623 641	79 261	450 569	96 581	117 949	1 969
1993	2 205 695	558 606	1 036 980	934 658	102 322	610 109	148 636	159 699	2 656
1994	3 147 560	797 131	1 482 083	1 346 900	135 183	868 346	208 401	224 935	3 754
1995	4 034 596	1 006 725	1 841 433	1 659 430	182 003	1 186 438	295 570	317 301	4 762
1996	4 880 421	1 156 698	2 232 087	1 997 969	234 118	1 491 636	374 708	406 308	5 706
1997	5 042 259	1 079 337	2 338 385	2 081 981	256 404	1 624 537	413 969	447 971	5 841
1998	5 367 632	1 124 458	2 479 489	2 158 727	320 762	1 763 685	469 179	488 742	6 159
1999	5 770 945	1 135 814	2 700 239	2 340 678	359 561	1 934 892	518 356	521 626	6 583
2000	6 162 952	1 185 711	2 835 638	2 435 429	400 209	2 141 603	571 968	581 651	6 948
2001	6 814 908	1 260 273	3 143 812	2 698 419	445 393	2 410 823	633 089	653 360	7 579
2002	7 493 386	1 340 458	3 511 425	3 028 844	482 581	2 641 503	685 237	726 092	8 297
2003	8 522 604	1 346 800	4 198 275	3 627 200	571 075	2 977 529	724 227	846 509	9 401
2004	10 311 200	1 615 900	5 116 400	4 353 500	762 900	3 578 900	1 003 800	985 500	11 596
2005	12 266 500	1 742 400	6 201 400	5 279 300	922 100	4 322 900	1 285 800	1 225 700	13 861
2006	14 647 400	1 900 500	7 564 900	6 475 000	1 089 900	5 181 900	1 580 100	1 475 600	16 665
2007	17 478 700	2 075 800	9 093 300	7 870 100	1 223 200	6 309 600	1 917 100	1 818 400	20 003
2008	21 188 400	2 300 000	11 057 600	9 527 000	1 530 600	7 830 800	2 299 100	2 312 000	24 350
2009	23 901 600	2 499 000	12 490 400	10 652 800	1 837 600	8 912 200	2 496 800	2 738 400	27 514
2010	29 421 400	2 828 200	14 909 200	12 686 100	2 223 100	11 684 000	2 851 800	3 838 600	34 084
2011	35 516 500	3 345 400	17 770 400	15 098 200	2 672 200	14 400 700	3 350 100	5 158 700	41 407

2–4 主要年份地区生产总值指数

（按可比价格计算、以 1978 年为 100）

年份	地区生产总值	第一产业	第二产业	工业	建筑业	第三产业	#交通、仓储邮电通信业	#批发零售、住宿餐饮业	人均地区生产总值指数
1978	100.0	100.0	100.0	100.0	100.0	100.0			100.0
1979	106.0	92.1	117.4	117.5	117.2	115.4			105.3
1980	121.3	96.3	143.7	144.5	136.1	133.0			119.2
1981	127.0	104.3	146.7	149.3	122.9	139.2			122.9
1982	145.5	112.8	171.8	172.1	168.9	169.7			138.4
1983	172.7	126.8	202.1	193.8	277.9	228.0			161.6
1984	197.5	144.7	232.9	230.3	256.2	256.5			182.8
1985	207.6	142.9	258.6	251.4	324.4	257.8			190.2
1986	224.3	146.3	276.6	261.5	415.3	311.3			203.2
1987	240.6	146.2	305.0	290.6	436.1	343.2			215.3
1988	251.0	132.2	347.5	346.1	360.5	334.5			220.2
1989	263.4	145.3	345.5	349.6	307.3	387.4			225.6
1990	291.3	149.0	384.7	389.5	340.4	456.7	100.0	100.0	239.4
1991	334.7	165.8	422.8	423.8	417.0	581.4	101.4	139.2	265.3
1992	407.0	176.2	566.1	561.5	611.7	707.6	115.9	162.4	318.6
1993	459.1	184.5	730.3	745.1	592.7	679.3	134.4	188.8	356.7
1994	537.1	200.2	867.6	885.9	695.8	832.8	176.9	218.4	399.3
1995	625.2	229.0	996.0	1 008.2	893.4	1 012.7	229.6	268.2	460.1
1996	722.7	248.0	1 181.3	1 188.7	1 130.2	1 171.7	245.0	320.3	524.2
1997	810.1	282.2	1 319.5	1 326.6	1 265.8	1 311.1	293.5	362.6	582.2
1998	908.9	306.8	1 497.6	1 489.8	1 620.2	1 463.2	331.9	385.8	646.8
1999	1 000.7	325.8	1 653.4	1 637.4	1 874.6	1 632.9	374.1	422.5	707.9
2000	1 100.8	341.4	1 827.0	1 806.1	2 120.2	1 828.8	423.9	475.3	769.6
2001	1 221.9	363.6	2 048.1	2 021.0	2 393.7	2 044.6	469.3	538.0	842.7
2002	1 361.2	386.5	2 320.5	2 310.0	2 599.6	2 277.7	529.4	604.2	934.6
2003	1 531.4	379.5	2 719.6	2 728.1	2 924.6	2 576.1	591.3	705.1	1 047.2
2004	1 745.8	417.5	3 135.7	3 118.2	3 532.9	2 929.0	685.3	798.2	1 185.4
2005	1 995.4	434.1	3 606.1	3 557.9	4 278.4	3 453.3	846.4	956.2	1 360.9
2006	2 297.7	452.8	4 248.1	4 196.3	5 006.0	3 995.7	973.3	1 121.6	1 577.3
2007	2 650.4	471.4	4 998.2	5 037.4	5 200.4	4 637.6	1 137.8	1 296.6	1 829.6
2008	3 009.5	498.7	5 698.9	5 791.1	5 602.7	5 351.0	1 306.2	1 544.3	2 085.3
2009	3 429.3	526.1	6 528.3	6 572.4	6 841.5	6 185.3	1 446.0	1 860.8	2 379.3
2010	3 909.4	548.3	7 554.0	7 630.3	7 742.6	7 063.6	1 534.2	2 223.7	2 729.1
2011	4 439.1	572.9	8 653.8	8 817.2	8 429.9	8 084.7	1 707.2	2 717.4	3 117.2

2–5 主要年份地区生产总值指数

（按可比价格计算、以上年为100）

年 份	地区生产总值	第一产业	第二产业			第三产业			人均地区生产总值指数
				工 业	建筑业		#交通、仓储邮电通信业	#批发零售、住宿餐饮业	
1978	100.0	100.0	100.0	100.0	100.0	100.0			100.0
1979	106.0	92.1	117.4	117.5	117.2	115.4			105.3
1980	114.4	104.6	122.4	123.0	116.1	115.3			113.2
1981	104.7	108.3	102.1	103.3	90.3	104.7			103.1
1982	114.6	108.1	117.1	115.3	137.4	121.9			112.6
1983	118.7	112.4	117.6	112.6	164.5	134.4			116.8
1984	114.4	114.1	115.2	118.8	92.2	112.5			113.1
1985	105.1	98.8	111.0	109.2	126.6	100.5			104.0
1986	108.0	102.4	107.0	104.0	128.0	120.8			106.8
1987	107.3	99.9	110.3	111.1	105.0	110.2			106.0
1988	104.3	90.4	113.9	119.1	82.7	97.5			102.3
1989	104.9	109.9	99.4	101.0	85.2	115.8			102.5
1990	110.6	102.5	111.3	111.4	110.8	117.9			106.1
1991	114.9	111.3	109.9	108.8	122.5	127.3	101.4	139.2	110.8
1992	121.6	106.3	133.9	132.5	146.7	121.7	114.3	116.7	120.1
1993	112.8	104.7	129.0	132.7	96.9	96.0	116.0	116.3	112.0
1994	117.0	108.5	118.8	118.9	117.4	122.6	131.6	115.7	111.9
1995	116.4	114.4	114.8	113.8	128.4	121.6	129.8	122.8	115.2
1996	115.6	108.3	118.6	117.9	126.5	115.7	106.7	119.4	113.9
1997	112.1	113.8	111.7	111.6	112.0	111.9	119.8	113.2	111.1
1998	112.2	108.7	113.5	112.3	128.0	111.6	113.1	106.4	111.1
1999	110.1	106.2	110.4	109.9	115.7	111.6	112.7	109.5	109.4
2000	110.0	104.8	110.5	110.3	113.1	112.0	113.3	112.5	108.7
2001	111.0	106.5	112.1	111.9	112.9	111.8	110.7	113.2	109.5
2002	111.4	106.3	113.3	114.3	108.6	111.4	112.8	112.3	110.9
2003	112.5	98.2	117.2	118.1	112.5	113.1	111.7	116.7	112.0
2004	114.0	110.0	115.3	114.3	120.8	113.7	115.9	113.2	113.2
2005	114.3	104.0	115.0	114.1	121.1	117.9	123.5	119.8	114.8
2006	115.1	104.3	117.8	117.9	117.0	115.7	115.0	117.3	115.9
2007	115.3	104.1	117.7	120.0	103.9	116.1	116.9	115.6	116.0
2008	113.5	105.8	114.0	115.0	107.7	115.4	114.8	119.1	114.0
2009	113.9	105.5	114.6	113.5	122.1	115.6	110.7	120.5	114.1
2010	114.0	104.2	115.7	116.1	113.2	114.2	106.1	119.5	114.7
2011	113.5	104.5	114.6	115.6	108.9	114.5	111.3	122.2	114.2

2–6 市区主要年份地区生产总值

（当年价格）

单位：万元

年份	地区生产总值	第一产业	第二产业			第三产业			人均地区生产总值
				工业	建筑业		#交通、仓储邮电通信业	#批发零售、住宿餐饮业	
1978	76 966	1 473	63 559	59 772	3 787	11 934			1 169
1979	92 885	1 453	76 488	72 392	4 096	14 944			1 347
1980	114 121	1 404	92 906	87 787	5 119	19 811			1 588
1981	115 615	1 911	92 268	86 945	5 323	21 436			1 564
1982	132 620	2 651	102 819	96 100	6 719	27 150			1 742
1983	158 974	3 277	120 463	104 405	16 058	35 234			2 031
1984	178 795	2 573	139 174	127 450	11 724	37 048			2 236
1985	201 382	3 944	155 271	142 093	13 178	42 167			2 469
1986	226 245	3 473	167 736	146 660	21 076	55 036			2 717
1987	261 723	3 641	185 152	162 570	22 582	72 930			3 086
1988	290 004	5 416	197 585	183 348	14 237	87 003			3 357
1989	393 946	26 854	243 492	229 027	14 465	123 600			3 036
1990	465 430	28 945	286 638	267 966	18 672	149 847	47 377	34 909	3 486
1991	527 063	34 667	302 487	281 089	21 398	189 909	52 387	52 176	3 864
1992	691 488	35 101	423 675	380 596	43 079	232 712	60 256	66 734	5 005
1993	1 010 701	43 486	636 807	584 435	52 372	330 408	95 675	101 473	7 217
1994	1 407 532	48 151	872 348	809 989	62 359	487 033	128 744	144 742	9 922
1995	1 756 497	65 060	1 023 748	938 593	85 155	667 689	174 146	214 297	12 199
1996	2 099 264	73 753	1 155 934	1 039 063	116 871	869 577	223 403	283 423	14 356
1997	2 268 272	66 222	1 263 562	1 122 431	141 131	938 488	244 896	308 787	15 291
1998	2 443 284	69 244	1 395 261	1 186 598	208 663	978 779	253 128	337 690	16 224
1999	2 578 059	65 613	1 406 279	1 175 659	230 620	1 106 167	277 688	371 413	16 945
2000	2 903 331	66 504	1 561 564	1 289 353	272 211	1 275 263	329 705	429 898	18 551
2001	3 225 039	69 606	1 702 464	1 401 992	300 472	1 452 969	376 668	482 627	19 959
2002	3 593 285	74 009	1 911 036	1 585 572	325 464	1 608 240	410 094	544 230	21 970
2003	4 259 982	74 000	2 343 692	1 998 038	345 654	1 842 290	461 838	628 954	25 672
2004	5 383 900	80 700	3 052 100	2 607 600	444 500	2 251 100	575 700	761 400	28 544
2005	6 258 100	117 900	3 551 600	3116700	434 900	2 588 600	622 500	936 100	31 203
2006	7 272 800	111 800	4 111 800	3 720 300	391 500	3 049 200	683 300	1 167 000	38 836
2007	8 686 000	162 800	4 820 900	4 432 500	388 400	3 702 300	750 000	1 478 200	45 407
2008	9 984 800	177 100	5 517 000	5 183 700	333 300	4 290 700	937 900	1 803 400	50 586
2009	11 433 600	174 200	6 189 200	5 775 800	413 400	5 070 200	1 078 500	2 119 300	56 833
2010	17 794 700	521 200	9 673 700	8 831 100	842 600	7 599 800	1 532 100	2 906 400	57 743
2011	21 151 700	632 600	11 495 300	10 340 000	1 155 300	9 023 800	1 239 300	3 266 900	68 564

2–7　市区主要年份地区生产总值指数

（按可比价格计算、以 1978 年为 100）

年　份	地区生产总值	第一产业	第二产业			第三产业			人均地区生产总值指数
				工　业	建筑业		#交通、仓储邮电通信业	#批发零售、住宿餐饮业	
1978	100.0	100.0	100.0	100.0	100.0	100.0			100.0
1979	119.4	79.8	119.5	120.6	102.4	123.6			114.0
1980	145.1	76.4	144.9	145.7	131.5	154.7			132.9
1981	146.9	101.1	144.5	145.0	136.3	165.2			130.8
1982	169.5	131.6	163.3	162.9	169.9	207.4			146.6
1983	204.3	156.8	193.3	179.5	410.9	268.9			171.8
1984	228.6	116.8	222.3	217.6	297.1	276.0			188.2
1985	244.4	162.4	238.3	232.6	328.3	286.8			197.2
1986	264.7	131.8	251.9	235.3	514.4	349.6			209.2
1987	289.4	124.6	267.9	250.9	536.7	423.8			224.5
1988	286.3	150.9	265.6	262.6	313.0	413.3			218.2
1989	334.9	716.1	294.5	294.7	290.7	502.8			249.8
1990	391.6	711.7	345.8	344.1	372.7	595.9	100.0	100.0	286.5
1991	456.6	911.7	358.9	352.0	467.4	833.7	100.4	160.4	329.2
1992	591.3	859.7	479.5	463.2	734.8	1 079.6	115.9	176.0	419.7
1993	667.0	1 097.8	625.3	623.5	648.8	909.0	129.3	223.3	465.0
1994	779.1	999.0	704.7	706.4	675.4	1 163.5	176.4	247.6	341.8
1995	867.9	1 273.7	741.3	733.9	870.6	1 432.3	230.7	306.8	417.1
1996	979.9	1 348.8	813.9	793.3	1 175.3	1 713.0	262.8	357.4	455.0
1997	1 078.9	1 583.5	904.2	873.4	1 446.7	1 846.6	293.5	375.3	493.7
1998	1 173.8	1 721.3	1 010.9	945.0	2 162.8	1 913.1	306.1	409.5	529.2
1999	1 270.1	1 772.9	1 064.5	985.6	2 446.1	2 180.9	337.6	447.6	566.8
2000	1 432.7	1 804.8	1 185.9	1 089.1	2 869.3	2 529.8	419.0	490.6	621.5
2001	1 580.3	1 913.1	1 279.4	1 186.0	3 193.5	2 820.7	490.2	535.2	664.0
2002	1 776.3	2 012.6	1 472.5	1 363.9	3 445.8	3 147.9	537.7	587.1	737.4
2003	2 064.1	1 934.1	1 750.8	1 668.0	3 618.1	3 585.5	625.1	655.2	844.3
2004	2 435.6	2 282.2	1 988.9	2 035.0	4 204.2	4 105.4	715.7	750.2	987.0
2005	2 813.2	2 257.1	2 337.0	2 376.8	5 150.2	4 667.8	959.8	865.7	1 072.9
2006	3 251.5	2 056.2	2 731.7	2 802.3	5 721.3	5 357.7	1 104.7	1 009.4	1 208.0
2007	3 765.6	2 118.8	3 175.0	3 262.3	6 584.2	6 196.4	1 289.4	1 151.3	1 369.0
2008	4 266.4	2 226.9	3 603.6	3 735.3	7 005.6	7 070.1	1 454.4	1 341.3	1 518.1
2009	4 890.7	2 426.5	4 061.7	4 178.6	8 959.5	8 293.5	1 690.1	1 535.7	1 706.3
2010	5 678.0	2 318.7	4 613.1	4 679.6	11 934.1	10 059.6	1 789.8	1 934.4	1 953.0
2011	6 401.0	2 373.2	5 222.1	5 248.3	14 822.0	11 352.0	1 939.6	2 064.2	2 181.5

2–8 市区主要年份地区生产总值指数

（按可比价格计算、以上年为 100）

年份	地区生产总值	第一产业	第二产业	工业	建筑业	第三产业	#交通、仓储邮电通信业	#批发零售、住宿餐饮业	人均地区生产总值指数
1978	100.0	100.0	100.0	100.0	100.0	100.0			100.0
1979	119.4	79.8	119.5	120.6	102.4	123.6			114.0
1980	121.5	95.7	121.3	120.8	128.4	125.2			116.6
1981	101.2	132.3	99.7	99.5	103.7	106.8			98.4
1982	115.4	130.2	113.0	112.3	124.7	125.5			112.1
1983	120.5	119.1	118.4	110.2	241.8	129.7			117.2
1984	111.9	74.5	115.0	121.2	72.3	102.6			109.5
1985	106.9	139.0	107.2	106.9	110.5	103.9			104.8
1986	108.3	81.2	105.7	101.2	156.7	121.9			106.1
1987	109.3	94.5	106.4	106.6	104.3	121.2			107.3
1988	98.9	121.1	99.1	104.7	58.3	97.5			97.2
1989	117.0	474.6	110.9	112.2	92.9	121.7			114.5
1990	116.9	99.4	117.4	116.8	128.2	118.5			114.7
1991	116.6	128.1	103.8	102.3	125.4	139.9	100.4	160.4	114.9
1992	129.5	94.3	133.6	131.6	157.2	129.5	115.4	109.7	127.5
1993	112.8	127.7	130.4	134.6	88.3	84.2	111.6	126.9	110.8
1994	116.8	91.0	112.7	113.3	104.1	128.0	136.4	110.9	73.5
1995	111.4	127.5	105.2	103.9	128.9	123.1	130.8	123.9	122.0
1996	112.9	105.9	109.8	108.1	135.0	119.6	113.9	116.5	109.1
1997	110.1	117.4	111.1	110.1	123.1	107.8	111.7	105.0	108.5
1998	108.8	108.7	111.8	108.2	149.5	103.6	104.3	109.1	107.2
1999	108.2	103.0	105.3	104.3	113.1	114.0	110.3	109.3	107.1
2000	112.8	101.8	111.4	110.5	117.3	116.0	124.1	109.6	109.7
2001	110.3	106.0	107.9	108.9	111.3	111.5	117.0	109.1	106.8
2002	112.4	105.2	115.1	115.0	107.9	111.6	109.7	109.7	111.1
2003	116.2	96.1	118.9	122.3	105.0	113.9	116.3	111.6	114.5
2004	118.0	118.0	113.6	122.0	116.2	114.5	114.5	114.5	116.9
2005	115.5	98.9	117.5	116.8	122.5	113.7	134.1	115.4	108.7
2006	115.6	91.1	116.9	117.9	111.1	114.8	115.1	116.6	112.6
2007	115.8	103.0	116.2	116.4	115.1	115.7	116.7	114.1	113.4
2008	113.3	105.1	113.5	114.5	106.4	114.1	112.8	116.5	110.9
2009	114.6	109.0	112.7	111.9	127.9	117.3	116.2	114.5	112.4
2010	116.1	95.6	113.6	112.0	133.2	121.3	105.9	126.0	114.5
2011	112.7	102.4	113.2	112.2	124.2	112.8	108.4	106.7	111.7

2-9 分行业地区生产总值

（当年价格） 单位:亿元

行业	全市			市区		
	2009	2010	2011	2009	2010	2011
地区生产总值	**2 390.16**	**2 942.14**	**3 551.65**	**1 143.36**	**1 779.47**	**2 115.17**
第一产业	**249.90**	**282.82**	**334.54**	**17.42**	**52.12**	**63.26**
农、林、牧、渔业	249.90	282.82	334.54	17.42	52.12	63.26
农业	174.02	197.26	230.25	10.33	35.82	41.91
林业	4.82	5.05	6.78	0.23	0.95	0.65
牧业	52.53	59.65	72.63	5.96	12.21	16.71
渔业	12.82	13.55	15.70	0.55	2.05	2.88
农、林、牧、渔服务业	5.71	7.30	9.17	0.35	1.08	1.12
第二产业	**1 249.04**	**1 490.92**	**1 777.04**	**618.92**	**967.37**	**1 149.53**
工业	1 065.28	1 268.61	1 509.82	577.58	883.11	1 034.00
采矿业	163.17	155.84	182.72	110.65	145.49	169.28
制造业	871.23	1084.30	1 291.96	450.17	717.12	831.13
电力、燃气及水的生产和供应	30.88	28.47	35.15	16.76	20.50	33.59
建筑业	183.76	222.31	267.22	41.34	84.26	115.53
第三产业	**891.22**	**1 168.40**	**1 440.07**	**507.02**	**759.98**	**902.38**
交通运输、仓储和邮政业	211.36	242.67	284.99	72.74	112.77	123.93
信息传输、计算机服务和软件业	38.32	42.51	50.01	35.11	40.45	45.83
批发和零售业	225.00	328.64	456.32	180.04	242.63	272.85
批发业	128.20	246.70	356.34	104.80	183.93	215.36
零售业	96.80	81.94	99.98	75.24	58.70	57.49
住宿和餐饮业	48.84	55.21	59.56	31.89	48.01	53.85
住宿业	5.61	9.98	15.36	5.29	5.96	6.36
餐饮业	43.23	45.23	44.20	26.60	42.06	47.49
金融业	52.25	96.05	120.96	29.98	63.16	97.62
房地产业	93.28	132.27	135.65	39.09	56.98	68.14
房地产开发经营业	35.19	54.15	46.33	14.77	25.46	26.41
物业管理、中介服务业和其他房地产活动	8.52	8.47	9.91	7.89	7.37	12.26
居民自有住房服务业	49.57	69.65	79.41	16.43	24.15	29.47
租赁和商务服务业	28.09	30.69	44.93	15.08	24.50	33.10
科学研究、技术服务和地质勘查业	12.41	14.66	20.25	10.75	14.04	16.21
水利、环境和公共设施管理业	7.02	8.42	10.67	2.68	4.79	6.67
居民服务和其他服务业	8.52	27.44	37.23	7.86	9.30	11.57
教育	48.66	52.85	61.84	14.70	42.09	58.87
卫生、社会保障和社会福利业	42.93	47.32	56.91	25.35	37.06	41.96
文化、体育和娱乐业	6.18	8.58	12.62	4.36	5.40	6.35
公共管理和社会组织	68.36	81.07	88.12	37.39	58.80	65.44

2–10 按行业划分的资本形成总额

（当年价格） 单位:亿元

行业	全市		市区	
	2010	2011	2010	2011
固定资本形成总额	**1 669.54**	**1 896.34**	**897.74**	**983.02**
#住宅	37.52	43.26	29.78	32.08
非住宅建筑物	1 014.84	1052.3	557.82	581.52
机器和设备	570.98	708.64	310.14	318.03
土地改良支出	3.08	6.12		
存货增加	**45.30**	**184.90**	**14.63**	**135.08**
农林牧渔业	20.27	12.59	3.21	0.32
工业	15.94	99.15	8.53	55.29
建筑业	1.63	13.11		32.11
交通运输、仓储和邮政业				
批发和零售业	5.09	11.84	2.88	9.13
住宿和餐饮业	0.10	–0.12	0.01	–0.09
房地产业		48.33		38.32
其他服务业	2.27			

2–11 最终消费支出

（当年价格） 单位：亿元

行业	全市			市区		
	2009	2010	2011	2009	2010	2011
最终消费支出	**1 155.36**	**1 356.57**	**1 648.92**	**407.15**	**673.54**	**772.96**
居民消费支出	**864.73**	**990.23**	**1 186.50**	**282.95**	**487.68**	**585.24**
农村居民	**227.89**	**265.16**	**303.25**	**10.22**	**62.57**	**59.66**
食品类支出	65.33	83.13	87.13	3.09	22.46	18.87
衣着类支出	16.88	18.38	19.38	0.66	4.07	3.79
居住类支出	13.32	15.20	32.72	0.62	5.73	7.45
家庭设备、用品及服务类支出	11.56	14.92	16.06	0.59	1.94	2.60
医疗保健类支出	11.93	12.93	17.86	0.66	3.45	3.16
交通和通信类支出	23.59	23.84	24.87	0.82	4.93	5.13
文教娱乐用品及服务类支出	28.60	33.83	42.18	1.28	9.52	9.01
银行中介服务支出	22.24	22.10	21.35	0.92	3.20	2.80
保险服务消费支出	15.07	18.49	12.11	0.62	0.00	0.44
自有住房服务虚拟支出	16.34	19.35	26.53	0.82	6.57	5.89
其它商品和服务类支出	3.03	2.97	3.06	0.15	0.71	0.52
城镇居民	**636.84**	**725.08**	**883.25**	**272.73**	**425.11**	**525.58**
食品类支出	174.09	199.04	206.12	74.65	105.04	119.70
衣着类支出	52.49	63.15	69.53	22.51	33.33	35.25
居住类支出	43.18	53.40	55.20	18.51	28.18	31.15
家庭设备、用品及服务类支出	42.81	42.12	42.81	18.36	22.23	26.49
医疗保健类支出	76.58	65.55	85.99	36.11	38.70	94.11
交通和通信类支出	79.13	96.30	91.12	33.94	50.82	37.07
文教娱乐用品及服务类支出	61.92	66.35	110.07	26.55	35.02	56.17
银行中介服务支出	34.20	21.95	25.67	11.67	21.58	12.38
保险服务消费支出	6.76	6.58	57.36	2.90	0.00	11.90
自有住房服务虚拟支出	35.23	65.49	79.41	15.61	66.38	77.33
实物消费支出	10.84	23.87	32.81	3.50	12.59	7.41
其它商品和服务类支出	19.61	21.29	27.16	8.41	11.23	16.62
政府消费支出	**290.63**	**366.33**	**462.42**	**124.21**	**185.86**	**187.72**

主要统计指标解释

国内生产总值(GDP) 指一个国家(地区)所有常住单位在一定时期内生产活动的最终成果。国内生产总值有三种表现形态,即价值形态、收入形态和产品形态。从价值形态看,它是所有常住单位在一定时期内所生产的全部货物和服务价值超过同期投入的全部非固定资产货物和服务价值的差额,即所有常住单位的增加值之和;从收入形态看,它是所有常住单位在一定时期内所创造并分配给常住单位和非常住单位的初次分配收入之和;从产品形态看,它是所有常住单位在一定时期内最终使用的货物和服务减去进口货物和服务价值。在实际核算中,国内生产总值的三种表现形态表现为三种计算方法,即生产法、收入法和支出法。三种方法分别从不同的方面反映国内生产总值及其构成。对于地区(省、市、县),GDP 中文名称为"地区生产总值"。

当年价格 指报告期的实际价格,如工厂的出厂价格,农产品的收购价格,商业的零售价格等。使用当年价格计算的数字,是为了使国民经济各项指标互相衔接,便于考察当年社会经济效益,便于对生产和流通、生产和分配、生产和消费进行经济核算和综合平衡。

按当年价格计算的价值指标,在不同年份之间进行对比时,因为包含有各年间价格变动的因素,不能确切地反映实物量的增添变动。必须消除价格变动因素后,才能真实反映经济发展动态。因此,在计算增长速度时都使用按可比价格计算的数字。

可比价格 指在不同时期的价值指标对比时,扣除了价格变动的因素,以确切反映物量的变化。按可比价格计算有两种方法:一种是直接用产品产量乘某一年的不变价格计算;另一种是用价格指数换算。

不变价格 指用同类产品的年平均价格作为固定价格,来计算各年产品价值。按不变价格计算的产品价值消除了价格变动因素,不同时期对比可以反映生产的发展速度。新中国成立后,随着工农业产品价格水平的变化,国家统计局先后五次制定了全国统一的工业产品不变价格和农业产品不变价格,从 1949 年到 1957 年使用 1952 年工(农)业产品不变价格,从 1957 年到 1971 年使用 1957 年不变价格,从 1971 年到 1981 年使用 1970 年不变价格, 从 1981 年到 1990 年使用 1980 年不变价格,从 1990 年开始使用 1990 年不变价格。

三次产业 根据社会生产活动历史发展的顺序对产业结构的划分,产品直接取自自然界的部门称为第一产业,对初级产品进行再加工的部门称为第二产业, 为生产和消费提供各种服务的部门称为第三产业。它是世界上通用的产业结构分类,但各国的划分不尽一致。我国的三次产业划分是:

第一产业:农、林、牧、渔业。

第二产业:工业(包括采掘工业、制造业、自来水、电力、蒸气、热水、煤气)和建筑业。

第三产业:除第一、第二产业以外的其他各业。由于第三产业包括的行业多、范围广,根据我国的实际情况,第三产业可分为两大部门;一是流通部门,二是服务部门。

第3部分 人　口

POPULATION

版面负责人：周天恩
编　　　辑：闫礼建

关于保障统计机构和统计人员独立行使职权的规定

第六条 统计机构和统计人员依照本法规定独立行使统计调查、统计报告、统计监督的职权,不受侵犯。

地方各级人民政府、政府统计机构和有关部门以及各单位的负责人,不得自行修改统计机构和统计人员依法搜集、整理的统计资料,不得以任何方式要求统计机构、统计人员及其他机构、人员伪造、篡改统计资料,不得对依法履行职责或者拒绝、抵制统计违法行为的统计人员打击报复。

【释义】 本条是关于保障统计机构和统计人员独立行使职权的规定。

统计机构和统计人员是政府统计活动的实施主体,只有依法保障其独立行使职权不受侵犯,才能保证统计机构和统计人员独立、客观地进行统计调查,提出统计报告,实行统计监督,才能充分发挥统计在了解国情国力、服务经济社会发展方面的重要作用。

统计机构和统计人员的法定职权有以下三项:1.统计调查权,是指统计机构和统计人员有权按照法律、法规和统计调查制度的规定,实施统计调查,搜集统计资料,检查与统计资料有关的各种原始记录和凭证,要求统计调查对象如实提供统计资料和有关情况。2.统计报告权,是指统计机构和统计人员有权将统计调查所取得的资料加以整理、分析,向政府及其有关部门、上级统计机构提出统计报告。3.统计监督权,是指统计机构和统计人员有权根据统计调查和统计分析的结果,对国民经济和社会发展情况进行预测、预警,对国家统计法律、法规、政策的执行情况进行监督,提出改进工作的建议。

统计机构、统计人员依法独立行使统计调查、统计报告、统计监督的职权受法律保护,任何单位和个人不得为了个人利益、局部利益,以任何方式予以拒绝或者阻碍。在实践中,有的地方政府、部门、单位的负责人法律意识淡薄,为了骗取荣誉、物质利益或者职务晋升等目的,利用职务之便妨碍统计机构、统计人员依法独立行使职权,影响统计资料的真实性,侵害统计人员的合法权益,在社会上造成了很大的负面影响。为了防止地方政府、部门和有关单位的负责人违法干预统计工作,本法对其规定了三项禁止行为:一是不得自行修改统计资料,即政府、政府有关部门和有关单位的负责人无权对统计资料进行修改,如果统计数据有错误,只能由统计机构、统计人员依照法定权限和程序进行核实订正。二是不得以任何方式要求统计机构、统计人员及其他机构、人员伪造、篡改统计资料,即不得利用职权强令、授意或者以其他方式,要求他人编造虚假的统计资料或者没有根据地修改统计资料。三是不得对依法履行职责或者拒绝、抵制统计违法行为的统计人员打击报复。统计人员依法履行职责的行为受法律保护,有关负责人不得通过调动工作、撤换职务、进行处罚以及其他任何方式,对依法履行职责或者拒绝、抵制统计违法行为的统计人员进行打击报复。

编辑:张　霖

3-1　主要年份人口数及构成

（年底数）　　单位：万人

年　份	总人口	按性别分				按户口性质分			
		男		女		农业人口		非农业人口	
		人口数	比重(%)	人口数	比重(%)	人口数	比重(%)	人口数	比重(%)
1949	372.61	186.90	50.2	185.71	49.8	340.89	91.5	31.72	8.5
1952	390.60	195.09	49.9	195.51	50.1	362.62	92.8	27.98	7.2
1957	450.86	225.50	50.0	225.36	50.0	401.62	89.1	49.24	10.9
1962	463.94	233.10	50.2	230.84	49.8	410.56	88.5	53.38	11.5
1965	490.87	248.12	50.5	242.75	49.5	434.30	88.5	56.57	11.5
1970	565.88	286.11	50.6	279.77	49.4	508.33	89.8	57.55	10.2
1975	616.98	313.92	50.9	303.06	49.1	549.55	89.1	67.43	10.9
1978	645.41	329.21	51.0	316.20	49.0	570.90	88.5	74.51	11.5
1979	652.47	333.30	51.1	319.44	48.9	572.40	87.7	80.34	12.3
1980	659.86	336.37	51.0	323.49	49.0	576.22	87.3	83.64	12.7
1981	672.02	343.13	51.1	328.89	48.9	585.14	87.1	86.88	12.9
1982	684.45	350.08	51.1	334.37	48.9	594.34	86.8	90.11	13.2
1983	692.94	355.10	51.2	337.84	48.8	599.89	86.6	93.05	13.4
1984	700.04	358.91	51.3	341.13	48.7	603.98	86.3	96.06	13.7
1985	707.56	363.42	51.4	344.14	48.6	605.66	85.6	101.90	14.4
1986	715.41	367.27	51.3	348.14	48.7	610.43	85.3	104.98	14.7
1987	725.88	372.76	51.4	352.12	48.6	616.53	84.9	109.35	15.1
1988	743.78	382.42	51.4	361.36	48.6	621.93	83.6	121.85	16.4
1989	761.81	390.65	51.3	371.16	48.7	629.65	82.7	132.16	17.3
1990	807.14	412.92	51.2	394.22	48.8	668.88	82.9	138.26	17.1
1991	820.17	419.73	51.2	400.44	48.8	675.69	82.4	144.48	17.6
1992	826.74	423.34	51.2	403.40	48.8	676.90	81.9	149.84	18.1
1993	833.94	427.03	51.2	406.91	48.8	678.33	81.3	155.61	18.7
1994	843.21	431.56	51.2	411.65	48.8	683.15	81.0	160.06	19.0
1995	851.15	435.79	51.2	415.36	48.8	682.53	80.2	168.62	19.8
1996	859.43	440.95	51.3	418.48	48.7	682.89	79.5	176.54	20.5
1997	867.16	444.54	51.3	422.62	48.7	684.73	79.0	182.43	21.0
1998	875.78	450.53	51.4	425.25	48.6	687.36	78.5	188.42	21.5
1999	877.53	452.68	51.6	424.85	48.4	684.36	78.0	193.17	22.0
2000	896.44	461.12	51.4	435.32	48.6	665.33	74.2	231.11	25.8
2001	901.86	463.64	51.4	438.21	48.6	661.15	73.3	240.71	26.7
2002	904.44	465.45	51.5	438.99	48.5	654.14	72.3	250.30	27.7
2003	908.66	467.80	51.5	440.86	48.5	624.16	68.7	284.50	31.3
2004	916.85	471.36	51.4	445.49	48.6	614.31	67.0	302.54	33.0
2005	925.31	476.08	51.5	449.23	48.5	609.46	65.9	315.85	34.1
2006	934.73	481.46	51.5	453.27	48.5	613.97	65.7	320.76	34.3
2007	940.95	484.56	51.5	456.39	48.5	617.49	65.6	323.46	34.4
2008	946.86	488.31	51.6	458.55	48.4	610.21	64.4	336.65	35.6
2009	957.61	494.55	51.6	463.06	48.4	579.09	60.5	378.52	39.5
2010	972.89	502.44	51.6	470.45	48.4	527.51	54.2	445.38	45.8
2011	976.66	505.72	51.8	470.94	48.2	351.16	36.0	625.50	64.0

3-2 主要年份户口数、平均人口及人口密度

年份	户数（万户）	平均每户人口（人）	年平均人口（万人）	农业人口	非农业人口	人口密度（人/平方公里）
1949	85.85	4.34				331
1952	91.05	4.29	384.46	357.37	27.07	347
1957	104.97	4.30	445.51	398.88	46.63	400
1962	115.02	4.03	458.18	402.01	56.17	412
1965	116.76	4.20	485.20	429.36	55.84	436
1970	124.88	4.53	557.98	499.57	58.41	503
1975	132.87	4.64	611.72	545.36	66.36	548
1978	143.57	4.50	640.77	567.85	72.92	573
1979	146.72	4.45	649.07	571.65	77.42	580
1980	149.43	4.42	656.30	574.31	81.99	586
1981	155.52	4.32	665.94	580.68	85.26	597
1982	157.29	4.35	678.24	589.74	88.50	608
1983	158.32	4.38	688.69	597.11	91.58	616
1984	161.16	4.34	696.49	601.93	94.56	622
1985	163.80	4.32	703.80	604.82	98.98	628
1986	168.46	4.25	711.48	608.04	103.44	635
1987	173.15	4.19	720.65	613.48	107.17	645
1988	182.07	4.09	734.83	619.23	115.60	661
1989	191.43	3.98	752.80	625.79	127.01	677
1990	204.40	3.95	784.47	649.26	135.21	717
1991	209.15	3.92	813.65	672.28	141.37	729
1992	214.47	3.85	823.46	676.30	147.16	734
1993	216.59	3.85	830.34	677.62	152.72	741
1994	220.58	3.82	838.58	680.74	157.84	749
1995	227.60	3.74	847.18	682.84	164.34	756
1996	232.50	3.70	855.29	682.71	172.58	763
1997	238.73	3.63	863.29	683.81	179.48	770
1998	249.75	3.51	871.47	686.04	185.43	778
1999	257.66	3.41	876.66	685.86	190.80	779
2000	270.80	3.31	886.99	674.85	212.14	796
2001	275.91	3.27	899.15	663.24	235.91	801
2002	279.22	3.24	903.15	657.64	245.51	803
2003	282.84	3.21	906.55	639.15	267.40	807
2004	285.00	3.22	912.75	619.23	293.52	814
2005	286.44	3.23	921.08	611.89	309.19	822
2006	284.25	3.29	930.02	611.71	318.31	830
2007	279.33	3.37	937.84	615.73	322.11	836
2008	277.76	3.41	943.91	613.86	330.05	841
2009	278.46	3.44	952.24	594.65	357.59	851
2010	277.28	3.51	965.25	553.30	411.95	864
2011	273.21	3.57	974.78	439.34	535.44	867

3-3　主要年份人口自然变动

单位:人

年份	出生		死亡		自然增长	
	人数	‰	人数	‰	人数	‰
1949		24.95				
1952	129 371	33.65				
1957	138 958	31.19	40 675	9.13	98 273	22.06
1962	164 440	35.89	34 635	7.56	129 805	28.33
1965	181 877	37.48	44 313	9.13	137 564	28.35
1970	185 564	33.26	37 511	6.72	148 053	26.54
1975	125 373	20.50	36 260	5.93	89 113	14.57
1978	102 744	16.03	35 276	5.51	67 468	10.52
1979	85 371	13.15	34 814	5.36	50 557	7.79
1980	125 947	19.19	44 562	6.79	81 385	12.40
1981	120 099	18.03	36 366	5.46	83 733	12.57
1982	119 391	17.60	32 890	4.85	86 501	12.75
1983	98 387	14.29	32 972	4.79	65 415	9.50
1984	98 214	14.10	35 109	5.04	63 105	9.06
1985	85 653	12.17	33 919	4.82	51 734	7.35
1986	97 011	13.64	33 463	4.70	63 548	8.94
1987	110 981	15.40	33 568	4.66	77 413	10.74
1988	169 348	23.04	35 284	4.80	134 064	18.24
1989	170 011	22.58	34 013	4.52	135 998	18.06
1990	157 605	20.09	35 867	4.57	121 738	15.52
1991	156 429	19.23	40 402	4.97	116 027	14.26
1992	101 899	12.37	42 462	5.16	59 437	7.21
1993	99 582	11.99	42 517	5.12	57 065	6.87
1994	113 310	13.51	41 946	5.00	71 364	8.51
1995	83 162	9.82	39 442	4.66	39 442	5.16
1996	81 414	9.52	41 982	4.91	39 432	4.61
1997	99 902	11.57	40 210	4.66	59 692	6.91
1998	91 325	10.48	41 298	4.74	50 027	5.74
1999	71 921	8.20	34 545	3.94	37 376	4.26
2000	167 764	18.91	44 483	5.02	123 281	13.89
2001	69 383	7.72	29 094	3.24	40 289	4.48
2002	69 905	7.74	33 811	3.74	36 094	4.07
2003	85 756	9.46	34 229	3.78	51 527	5.68
2004	132 605	14.53	42 775	4.69	89 830	9.84
2005	125 308	13.60	22 775	2.47	102 533	11.13
2006	138 879	14.93	34 254	3.68	104 644	11.25
2007	190 322	20.29	133 825	14.27	56 497	6.02
2008	170 661	18.08	106 845	11.32	63 816	6.76
2009	182 950	19.21	68 358	7.18	114 592	12.03
2010	217 399	22.52	79 390	8.22	138 009	14.30
2011	177 663	18.23	71 598	7.35	106 065	10.88

注:2007 年以后公安户籍死亡人口中含有补报往年未销户人口。

3-4 市区主要年份人口数及构成

（年底数） 单位：万人

年份	总人口	按性别分				按户口性质分			
		男		女		农业人口		非农业人口	
		人口数	比重(%)	人口数	比重(%)	人口数	比重(%)	人口数	比重(%)
1949	29.94	15.91	53.1	14.03	46.9	4.30	14.4	25.64	85.6
1952	22.21	11.53	51.9	10.68	48.1	3.19	14.4	19.02	85.6
1957	38.66	19.93	51.6	18.73	48.4	3.00	7.8	35.66	92.2
1962	45.35	23.63	52.1	21.72	47.9	8.46	18.7	36.89	81.3
1965	51.73	27.76	53.7	23.97	46.3	7.32	14.2	44.41	85.8
1970	53.86	28.68	53.2	25.18	46.8	8.82	16.4	45.04	83.6
1975	61.24	33.21	54.2	28.03	45.8	10.32	16.9	50.92	83.1
1978	67.07	36.57	54.5	30.50	45.5	11.08	16.5	55.99	83.5
1979	70.87	38.74	54.7	32.13	45.3	10.05	14.2	60.82	85.8
1980	72.85	39.71	54.5	33.14	45.5	9.92	13.6	62.93	86.4
1981	74.96	40.78	54.4	34.18	45.6	10.18	13.6	64.78	86.4
1982	77.29	42.16	54.5	35.13	45.5	10.48	13.6	66.81	86.4
1983	79.28	43.34	54.7	35.94	45.3	10.69	13.5	68.59	86.5
1984	80.64	44.04	54.6	36.60	45.4	10.73	13.3	69.91	86.7
1985	82.48	44.99	54.5	37.49	45.5	10.31	12.5	72.17	87.5
1986	84.08	45.83	54.5	38.25	45.5	10.24	12.2	73.84	87.8
1987	85.57	46.45	54.3	39.12	45.7	10.32	12.1	75.25	87.9
1988	87.20	47.27	54.2	39.93	45.8	9.88	11.3	77.32	88.7
1989	89.27	48.34	54.2	40.93	45.8	9.92	11.1	79.35	88.9
1990	90.66	48.98	54.0	41.68	46.0	10.09	11.1	80.57	88.9
1991	91.86	49.52	53.9	42.34	46.1	10.00	10.9	81.86	89.1
1992	93.65	50.48	53.9	43.17	46.1	9.64	10.3	84.01	89.7
1993	95.17	51.14	53.7	44.03	46.3	9.64	10.1	85.53	89.9
1994	142.84	74.73	52.3	68.11	47.7	49.13	34.4	93.71	65.6
1995	145.14	75.74	52.2	69.39	47.8	48.65	33.5	96.48	66.5
1996	147.34	76.91	52.2	70.42	47.8	47.13	32.0	100.21	68.0
1997	149.34	77.90	52.2	71.44	47.8	47.12	31.5	102.22	68.5
1998	151.87	79.09	52.1	72.78	47.9	47.40	31.2	104.47	68.8
1999	152.41	79.12	51.9	73.29	48.1	46.90	30.8	105.51	69.2
2000	160.61	83.28	51.9	77.33	48.1	51.51	32.1	109.10	67.9
2001	162.54	84.27	51.8	78.27	48.2	50.49	31.1	112.05	68.9
2002	164.55	85.30	51.8	79.25	48.2	43.47	26.4	121.08	73.6
2003	167.33	86.87	51.9	80.46	48.1	31.89	19.1	135.44	80.9
2004	167.42	86.76	51.8	80.66	48.2	28.76	17.2	138.66	82.8
2005	179.87	93.21	51.8	86.66	48.2	30.22	16.8	149.65	83.2
2006	181.61	94.11	51.8	87.50	48.2	27.88	15.4	153.73	84.6
2007	182.93	94.70	51.8	88.23	48.2	26.87	14.7	156.06	85.3
2008	184.40	95.38	51.7	89.02	48.3	26.42	14.3	157.98	85.7
2009	186.22	96.29	51.7	89.93	48.3	26.91	14.4	159.31	85.6
2010	312.72	161.06	51.5	151.66	48.5	108.5	34.7	204.22	65.3
2011	315.67	162.58	51.5	153.09	48.5	70.59	22.4	245.08	77.6

注：2010 年以后市区为包含铜山区口径，与往年不可比。

3–5　市区主要年份户口数、平均人口及人口密度

年份	户数（万户）	平均每户人口（人）	年平均人口（万人）			人口密度（人/平方公里）
				农业人口	非农业人口	
1949	5.99	5.00				667
1952	5.31	4.18	22.34	3.21	19.13	621
1957	8.73	4.43	38.04	4.50	33.54	721
1962	9.76	4.65	45.74	7.90	37.84	2 153
1965	10.31	5.02	51.27	7.23	44.04	2 970
1970	11.11	4.85	54.52	8.68	45.84	3 092
1975	12.95	4.73	60.16	10.11	50.05	3 515
1978	14.76	4.54	65.82	11.13	54.69	3 636
1979	15.80	4.49	68.97	10.57	58.40	3 842
1980	16.82	4.33	71.86	9.99	61.87	3 950
1981	18.22	4.11	73.90	10.05	63.85	4 063
1982	19.60	3.94	76.13	10.33	65.80	4 189
1983	20.64	3.84	78.29	10.59	67.70	4 297
1984	21.70	3.72	79.96	10.71	69.25	4 371
1985	22.79	3.62	81.56	10.52	71.04	4 470
1986	23.71	3.55	83.28	10.28	73.00	4 557
1987	24.46	3.50	84.83	10.28	74.55	4 638
1988	25.56	3.41	86.39	10.10	76.29	4 726
1989	26.57	3.36	88.24	9.90	78.34	4 838
1990	27.44	3.30	89.97	10.01	79.96	4 914
1991	28.18	3.26	91.26	10.05	81.21	4 979
1992	28.84	3.25	92.76	9.82	82.94	5 076
1993	29.42	3.24	94.41	9.64	84.77	5 158
1994	42.92	3.33	141.86	49.13	93.71	1 483
1995	44.02	3.30	143.99	48.89	95.10	1 507
1996	44.76	3.29	146.24	47.89	98.35	1 530
1997	45.72	3.27	148.34	47.12	101.22	1 551
1998	46.66	3.25	150.60	47.26	103.34	1 577
1999	47.35	3.22	152.14	47.15	104.99	1 583
2000	49.74	3.23	156.51	49.20	107.31	1 547
2001	50.65	3.21	151.58	51.00	110.31	1 566
2002	51.22	3.21	153.55	46.98	116.57	1 576
2003	51.81	3.23	155.94	37.68	128.26	1 612
2004	52.29	3.20	157.38	30.33	137.05	1 613
2005	56.29	3.20	179.03	35.78	143.25	1 543
2006	56.59	3.21	180.74	29.05	151.69	1 566
2007	56.84	3.22	182.27	27.38	154.90	1 577
2008	57.15	3.23	183.67	26.65	157.02	1 590
2009	57.52	3.24	185.31	26.67	158.64	1 605
2010	95.16	3.29	314.58	110.36	204.22	1 029
2011	94.77	3.33	314.20	89.55	224.65	1 039

3-6 市区主要年份人口自然变动

单位:人

年　份	出　生		死　亡		自然增长	
	人　数	‰	人　数	‰	人　数	‰
1949						23.44
1952	8 237	36.87	2 784	12.46	5 453	24.41
1957	14 012	36.84	2 898	7.62	11 114	29.22
1962	18 156	39.70	3 022	6.61	15 134	33.09
1965	12 905	25.10	2 840	5.50	10 065	19.60
1970	14 121	25.90	3 217	5.90	10 904	20.00
1975	10 242	17.02	2 821	4.69	7 421	12.33
1978	7 190	10.92	3 001	4.56	4 189	6.36
1979	9 081	13.17	3 129	4.54	5 952	8.63
1980	11 590	16.13	3 405	4.74	8 185	11.39
1981	13 518	18.29	3 478	4.71	10 040	13.59
1982	13 343	17.53	3 455	4.54	9 888	12.99
1983	10 570	13.50	3 294	4.21	7 276	9.29
1984	9 512	11.90	3 325	4.16	6 187	7.74
1985	9 612	11.78	3 429	4.20	6 183	7.58
1986	12 006	14.42	3 253	3.91	8 753	10.51
1987	14 076	16.59	3 472	4.09	10 604	12.50
1988	13 299	15.39	3 598	4.17	9 701	11.22
1989	12 535	14.21	3 642	4.13	8 893	10.08
1990	7 662	8.52	3 525	3.92	4 137	4.60
1991	8 139	8.92	4 013	4.40	4 126	4.52
1992	8 131	8.77	3 953	4.26	4 178	4.51
1993	8 885	9.41	4 252	4.50	4 633	4.91
1994	15 513	10.94	4 873	3.44	10 640	7.50
1995	11 960	8.31	5 650	3.92	6 310	4.39
1996	11 831	8.09	5 939	4.06	5 892	4.03
1997	14 429	9.73	5 590	3.77	8 839	5.96
1998	14 758	9.80	8 273	5.49	6 485	4.31
1999	12 234	8.04	5 819	3.82	6 415	4.22
2000	23 718	15.15	8 152	5.21	15 566	9.94
2001	11 175	6.92	4 366	2.70	6 809	4.22
2002	11 598	7.09	5 444	3.33	6 154	3.76
2003	11 459	6.91	5 540	3.34	5 919	3.57
2004	13 234	7.91	6 690	4.00	6 544	3.91
2005	17 323	9.68	5 551	3.10	11 772	6.58
2006	19 567	10.83	5 368	2.97	14 199	7.86
2007	23 946	13.14	15 701	8.61	8 245	4.53
2008	24 004	13.07	9 462	5.15	14 542	7.92
2009	25 797	13.92	5 511	2.97	20 286	10.95
2010	64 556	20.72	31 217	9.92	33 339	10.60
2011	59 766	19.02	19 167	6.10	40 599	12.92

3-7　市区分区户数、人口数

（2011 年底）　　单位：人

地　区	总户数（户）	总人口（人）	男	女	农业人口	非农业人口
市　区	**947 651**	**3 156 651**	**1 625 795**	**1 530 856**	**705 866**	**2 450 785**
鼓楼区	151 149	483 745	247 600	236 145	1 161	482 584
云龙区	100 538	307 122	153 156	153 966	46	307 076
贾汪区	142 067	505 099	263 824	241 275	177 563	327 536
泉山区	172 876	550 026	282 511	267 515	193	549 833
铜山区	381 021	1 310 659	678 704	631 955	526 903	783 756

3-8　市区分区人口自然变动

（2011 年底）　　单位：人

年　份	出　生		死　亡		自然增长	
	人　数	‰	人　数	‰	人　数	‰
市　区	**59 766**	**19.02**	**19 167**	**6.10**	**40 599**	**12.92**
鼓楼区	6 795	14.15	2 933	6.11	3 862	8.04
云龙区	4 509	14.73	2 671	8.72	1 838	6.01
贾汪区	7 801	7.72	2 632	2.60	5 169	5.12
泉山区	6 140	11.19	3 707	6.76	2 433	4.43
铜山区	34 521	26.40	7 224	5.53	27 297	20.87

主要统计指标解释

总人口数 是指在一定时点、一定地域范围内所有的有生命的个人总和，它是由不同性别、不同年代出生的人所组成，是反映一个国家人口资源的重要指标。

人口总数随人口的出生、死亡、迁入、迁出的变动而变动，也随计算时地域范围和依据的人口范畴（户籍人口和常住人口）的不同而不同，如户籍人口统计中的人口总数和人口普查所取得的人口总数，由于统计的口径不同，在相同地域范围内得到的人口数也不尽相同。

户籍人口 是指在户口管理部门登记了常住户口的人。本《年鉴》内所列人口数均为户籍人口。

农业人口 依靠从事农业生产（包括林、牧、渔业）维持生活的全部人口，包括实际从事农业生产的人口以及由他们所抚养的人口。由于改革开放，一些人外出务工经商，其户口性质仍为农村户口的人也统计在农业人口范围内。

非农业人口 不依靠从事农业生产的职业来维持生活的人口，主要指城镇的非农业户口性质的人口。

年平均人数 是指一年内的各个时点人口的平均数。在实际统计工作中，由于资料的限制，无法按理论上所讲的方法计算，一般根据年初、年末人数按简单算术平均数计算，也常用年中人数来表示年平均人数。

出生率 一定时期内出生人数与同期平均人口数之比。又称总出生率或粗出生率。它反映人口的出生水平。出生人口数是指活产，即离开母体时有生命现象的活产婴儿总和。

出生率通常以年为单位计算，计算方法为：年出生人数除以年平均人数，以千分数表示。

死亡率 一定时期内（通常为一年）死亡人数与同期平均人数（或期中人数）之比。说明该时期人口的死亡强度。计算方法为：年死亡人数除以年平均人数，以千分数表示。

自然增长率 它是表明人口自然增长的趋势和程度（或速度）的指标，即一定时期内人口自然增长数（出生人数减死亡人数）与同期平均人口数之比。通常以一年为期计算，用千分数表示。计算公式为：人口自然增长率 =（全年出生人数减死亡人数）/ 年平均总人数 × 1000‰。实际工作中，一般用出生率减死亡率计算而得。

第 4 部分

就业人员和职工工资

EMPLOYMENT AND WAGES

版面负责人：周天恩　张玉强

编　　　辑：李跃东　鹿　燕

关于统计调查对象依法履行报送统计资料义务的规定

第七条 国家机关、企业事业单位和其他组织以及个体工商户和个人等统计调查对象，必须依照本法和国家有关规定，真实、准确、完整、及时地提供统计调查所需的资料，不得提供不真实或者不完整的统计资料，不得迟报、拒报统计资料。

【释义】 本条是关于统计调查对象依法履行报送统计资料义务的规定。

统计调查对象，是指在政府统计调查活动中，提供关于自身情况的统计资料的单位和个人。统计调查对象的范围是所有依法负有统计资料报送义务的单位和个人，除国家机关、企业事业单位、个体工商户和个人以外，还包括社会团体、基层群众性自治组织、民办非企业单位、农村承包经营户等各类其他组织。具体到每一个统计调查项目，按照统计调查制度的规定，统计调查对象可能包括上述范围的全部或者部分对象。

真实、准确、完整、及时地提供统计调查所需的资料是统计调查对象的基本义务。保障统计调查对象依法履行报送统计资料的义务，是确保统计工作有效运行，及时取得国家管理所必需的全面、准确统计资料的基础。统计调查对象必须依照《统计法》和统计调查制度的规定，真实、准确、完整、及时地向统计机构、统计人员提供统计资料，不得提供不真实或者不完整的统计资料，不得迟报、拒报统计资料。真实、准确地提供统计资料，是指统计调查对象应当依据真实、客观的情况，准确地填报统计资料，不得提供不真实、不准确的统计资料；完整地提供统计资料，是指统计调查对象应当提供统计调查制度规定的全部有关资料，不得提供不完整的统计资料；及时地提供统计资料，是指统计调查对象应当按照统计调查制度规定的时限提供统计资料，不得迟报、拒报统计资料。统计调查对象提供不真实、不完整的统计资料，或者迟报、拒报统计资料的，应当依法承担相应的法律责任。

编辑：张　霖

4-1 从业人员

单位:万人

年份	从业人数	职工人数				城镇私营企业从业人员和个体劳动者	乡村劳动者	其他从业人员
			国有经济单位	城镇集体经济单位	其他经济类型单位			
1978	283.64	60.12	41.16	18.96			223.52	
1979	282.72	61.94	41.04	20.90		0.19	220.59	
1980	292.22	64.97	45.16	19.81		0.53	226.72	
1981	302.62	67.64	47.80	19.84		0.74	234.25	
1982	314.75	70.10	50.18	19.92		0.36	244.29	
1983	322.66	72.17	52.60	19.57		0.57	249.92	
1984	337.62	76.65	53.40	23.25		1.10	259.87	
1985	349.04	78.06	55.19	22.87		1.56	269.42	
1986	357.72	80.41	56.82	23.58	0.01	1.15	276.16	
1987	367.36	82.15	58.96	23.17	0.02	1.44	283.77	
1988	381.43	85.87	61.88	23.96	0.04	2.29	293.27	
1989	390.31	85.39	61.88	23.42	0.09	3.16	301.76	
1990	408.50	87.35	63.69	23.53	0.13	3.27	317.88	
1991	419.35	89.59	65.55	23.85	0.19	2.60	327.16	
1992	421.81	90.25	67.10	22.87	0.28	3.04	328.52	
1993	423.40	91.83	69.40	21.54	0.89	3.62	326.87	1.08
1994	423.45	91.39	70.80	19.60	0.99	5.12	325.78	1.16
1995	425.43	92.39	72.52	19.13	0.74	8.03	323.77	1.24
1996	428.26	94.16	73.94	18.78	1.44	8.98	324.22	0.91
1997	432.88	93.85	74.41	17.76	1.68	12.42	325.31	1.30
1998	421.09	77.72	63.66	9.79	4.27	17.33	324.69	1.35
1999	418.65	75.07	61.95	9.39	3.73	17.81	324.35	1.42
2000	417.66	71.02	57.74	8.30	4.98	19.21	326.17	1.26
2001	415.78	67.64	53.65	7.01	6.98	20.58	326.26	1.29
2002	391.81	61.76	44.55	4.92	12.28	16.09	312.46	1.50
2003	382.03	59.15	43.32	4.25	11.58	17.73	303.00	2.15
2004	395.50	56.31	40.19	3.90	12.22	28.73	307.37	3.08
2005	452.20	56.07	40.13	3.60	12.34	37.74	348.00	10.39
2006	469.15	56.91	39.87	3.57	13.47	43.51	352.75	15.98
2007	477.21	57.56	40.00	3.35	14.21	53.61	354.55	11.49
2008	486.05	58.34	39.53	3.44	15.37	59.38	354.38	13.95
2009	501.17	58.29	38.49	2.99	16.81	68.93	358.75	15.20
2010	520.74	58.38	38.59	2.89	16.90	80.17	366.23	15.96
2011	528.85	59.42	38.94	2.93	17.55	88.82	365.05	15.56

注:1998 年及以后职工人数统计口径为在岗职工;2005 年及以后乡村劳动者中含外出合同工、临时工,与乡村从业人员统计口径一致;2005 年及以后其他从业人员中包括民办非企业从业人员和灵活就业人员等。

4-2　从业人员构成

单位：%

年　份	从业人数	职工人数	国有经济单位	城镇集体经济单位	其他经济类型单位	城镇私营企业从业人员和个体劳动者	乡村劳动者	其他从业人员
1978	100	21.2	68.5	31.5			78.8	
1979	100	21.9	66.3	33.7		0.1	78.0	
1980	100	22.2	69.5	30.5		0.2	77.6	
1981	100	22.4	70.7	29.3		0.2	77.4	
1982	100	22.3	71.6	28.4		0.1	77.6	
1983	100	22.4	72.9	27.1		0.2	77.4	
1984	100	22.7	69.7	30.3		0.3	77.0	
1985	100	22.4	70.7	29.3		0.4	77.2	
1986	100	22.5	70.7	29.3	…	0.3	77.2	
1987	100	22.4	71.8	28.2	…	0.4	77.2	
1988	100	22.5	72.1	27.9	…	0.6	76.9	
1989	100	21.9	72.5	27.4	0.1	0.8	77.3	
1990	100	21.4	72.9	26.9	0.2	0.8	77.8	
1991	100	21.4	73.2	26.6	0.2	0.6	78.0	
1992	100	21.4	74.3	25.4	0.3	0.7	77.9	
1993	100	21.7	75.6	23.4	1.0	0.8	77.2	0.3
1994	100	21.6	77.5	21.4	1.1	1.2	76.9	0.3
1995	100	21.7	78.5	20.7	0.8	1.9	76.1	0.3
1996	100	22.0	78.5	20.0	1.5	2.1	75.7	0.2
1997	100	21.7	79.3	18.9	1.8	2.9	75.1	0.3
1998	100	18.5	81.9	12.6	5.5	4.1	77.1	0.3
1999	100	17.9	82.5	12.5	5.0	4.3	77.5	0.3
2000	100	17.0	81.3	11.7	7.0	4.6	78.1	0.3
2001	100	16.3	79.3	10.4	10.3	4.9	78.5	0.3
2002	100	15.8	72.1	8.0	19.9	4.1	79.7	0.4
2003	100	15.5	73.2	7.2	19.6	4.6	79.3	0.6
2004	100	14.2	71.3	6.9	21.7	7.3	77.7	0.8
2005	100	12.4	71.6	6.4	22.0	8.3	77.0	2.3
2006	100	12.1	70.1	6.3	23.7	9.6	75.2	3.1
2007	100	12.1	69.4	5.8	24.6	11.2	74.3	2.4
2008	100	12.0	67.8	5.9	26.3	12.2	72.9	2.9
2009	100	11.6	66.0	5.2	28.8	13.8	71.6	3.0
2010	100	11.2	66.1	5.0	29.0	15.4	70.3	3.1
2011	100	11.2	65.5	4.9	29.5	16.8	69.0	2.9

4-3 市区从业人员

单位:万人

年份	从业人数	职工人数	国有经济单位	城镇集体经济单位	其他经济类型单位	城镇私营企业从业人员和个体劳动者	乡村劳动者	其他从业人员
1978	43.76	39.20	28.07	11.13			4.56	
1979	46.66	42.12	28.90	13.22		0.02	4.52	
1980	47.26	42.71	30.76	11.95		0.12	4.43	
1981	49.16	44.41	32.44	11.97		0.19	4.56	
1982	51.19	46.28	34.24	12.04		0.21	4.70	
1983	53.74	48.37	36.37	12.00		0.37	5.00	
1984	55.88	50.01	37.69	12.32		0.75	5.12	
1985	58.14	51.42	39.51	11.91		1.18	5.54	
1986	58.95	52.69	40.30	12.38	0.01	0.72	5.54	
1987	59.82	53.34	41.09	12.23	0.02	0.97	5.51	
1988	61.42	54.06	42.03	11.98	0.05	1.90	5.46	
1989	61.35	54.01	42.22	11.70	0.09	1.72	5.62	
1990	62.50	55.05	43.12	11.81	0.12	1.82	5.63	
1991	63.48	56.05	43.93	11.93	0.19	1.93	5.50	
1992	63.35	56.07	44.57	11.27	0.23	2.06	5.22	
1993	63.95	56.13	44.88	10.59	0.66	2.65	4.92	0.25
1994	80.20	55.75	45.21	9.69	0.85	3.11	20.71	0.63
1995	82.89	55.92	45.98	9.52	0.42	5.11	21.19	0.67
1996	82.21	56.12	45.78	9.30	1.04	5.24	20.45	0.40
1997	82.85	55.41	45.53	9.00	0.87	7.17	19.85	0.42
1998	74.39	44.72	38.92	3.60	2.20	10.52	18.87	0.28
1999	71.29	42.84	37.62	3.48	1.74	9.09	18.96	0.39
2000	72.16	40.10	34.32	2.88	2.90	10.61	21.02	0.43
2001	72.81	38.12	32.08	2.24	3.79	11.91	22.27	0.51
2002	63.22	34.33	25.23	1.70	7.40	6.92	21.27	0.71
2003	62.74	32.64	24.45	1.40	6.79	8.21	21.24	0.64
2004	71.37	30.71	21.99	1.21	7.51	17.42	21.78	1.46
2005	91.10	30.35	22.31	1.02	7.02	23.77	28.19	8.79
2006	99.74	30.18	22.00	1.00	7.18	26.55	30.25	12.75
2007	96.42	30.55	22.39	0.84	7.32	29.74	29.40	6.73
2008	99.17	30.30	21.79	1.14	7.37	30.19	29.68	9.00
2009	103.83	30.00	21.33	0.84	7.83	34.13	31.44	8.27
2010	178.91	35.22	24.17	1.03	10.02	43.98	88.20	11.51
2011	179.52	35.48	24.29	1.13	10.06	48.84	88.82	10.38

注:2010年以后市区为包含铜山区口径,与往年不可比。

4–4　市区从业人员构成

单位：%

年　份	从业人数	职工人数	国有经济单　位	城镇集体经济单位	其他经济类型单位	城镇私营企业从业人员和个体劳动者	乡　村劳动者	其　他从业人员
1978	100	89.6	71.6	28.4			10.4	
1979	100	90.3	68.6	31.4		…	9.7	
1980	100	90.4	72.0	28.0		0.2	9.4	
1981	100	90.3	73.0	27.0		0.4	9.3	
1982	100	90.4	74.0	26.0		0.4	9.2	
1983	100	90.0	75.2	24.8		0.7	9.3	
1984	100	89.5	75.4	24.6		1.3	9.2	
1985	100	88.5	76.8	23.2		2.0	9.5	
1986	100	89.4	76.5	23.5	…	1.2	9.4	
1987	100	89.2	77.0	22.9	0.1	1.6	9.2	
1988	100	88.0	77.7	22.2	0.1	3.1	8.9	
1989	100	88.0	78.2	21.7	0.1	2.8	9.2	
1990	100	88.1	78.3	21.5	0.2	2.9	9.0	
1991	100	88.3	78.4	21.3	0.3	3.0	8.7	
1992	100	88.5	79.5	20.1	0.4	3.3	8.2	
1993	100	87.8	80.0	18.9	1.1	4.1	7.7	0.4
1994	100	69.5	81.1	17.4	1.5	3.9	25.8	0.8
1995	100	67.5	82.2	17.0	0.8	6.2	25.5	0.8
1996	100	68.3	81.6	16.6	1.8	6.4	24.9	0.4
1997	100	66.9	82.2	16.2	1.6	8.6	24.0	0.5
1998	100	60.1	87.0	8.1	4.9	14.1	25.4	0.4
1999	100	60.1	87.8	8.1	4.1	12.8	26.6	0.5
2000	100	55.6	85.6	7.2	7.2	14.7	29.1	0.6
2001	100	52.4	84.2	5.9	9.9	16.3	30.6	0.7
2002	100	54.3	73.5	5.0	21.5	10.9	33.6	1.1
2003	100	52.0	74.9	4.3	20.8	13.1	33.9	1.0
2004	100	43.0	71.6	3.9	24.4	24.4	30.5	2.0
2005	100	33.3	73.5	3.4	23.1	26.1	30.9	9.7
2006	100	30.3	72.8	3.3	23.9	26.6	30.3	12.8
2007	100	31.7	73.3	2.7	24.0	30.8	30.5	7.0
2008	100	30.6	71.9	3.8	24.3	30.4	29.9	9.1
2009	100	28.9	71.1	2.8	26.1	32.9	30.3	8.0
2010	100	19.7	68.6	2.9	28.4	24.6	49.3	6.4
2011	100	19.8	68.5	3.2	28.4	25.0	49.5	5.8

注：2010 年以后市区为包含铜山区口径，与往年不可比。

4-5 分三次产业的从业人数及构成

单位:万人、%

年　份	从业人数	第一产业		第二产业		第三产业	
		人　数	比　重	人　数	比　重	人　数	比　重
1978	283.64	204.41	72.1	43.56	15.3	35.67	12.6
1979	282.72	204.52	72.4	45.06	15.9	33.14	11.7
1980	292.22	209.96	71.8	49.69	17.0	32.57	11.2
1981	302.62	216.86	71.7	51.80	17.1	33.96	11.2
1982	314.75	221.17	70.3	57.62	18.3	35.96	11.4
1983	322.66	223.59	69.3	61.30	19.0	37.77	11.7
1984	337.62	223.01	66.0	69.74	20.7	44.87	13.3
1985	349.04	222.57	63.8	78.65	22.5	47.82	13.7
1986	357.72	222.38	62.2	84.04	23.5	51.30	14.3
1987	367.35	225.07	61.3	89.84	24.4	52.45	14.3
1988	381.43	226.65	59.4	97.06	25.5	57.72	15.1
1989	390.31	235.21	60.2	95.49	24.5	59.61	15.3
1990	408.50	249.36	61.0	95.41	23.4	63.73	15.6
1991	419.35	260.56	62.1	93.90	22.4	64.89	15.5
1992	421.81	258.67	61.3	98.13	23.3	65.01	15.4
1993	423.40	247.05	58.3	105.18	24.9	71.17	16.8
1994	423.45	247.36	58.4	103.56	24.5	72.53	17.1
1995	425.43	242.09	56.9	107.66	25.3	75.68	17.8
1996	428.26	239.60	55.9	108.63	25.4	80.03	18.7
1997	432.88	240.85	55.6	106.11	24.5	85.92	19.9
1998	421.09	242.24	57.5	92.02	21.9	86.83	20.6
1999	418.65	235.80	56.3	92.26	22.0	90.59	21.7
2000	417.66	235.35	56.4	93.24	22.3	89.07	21.3
2001	415.78	230.49	55.4	95.79	23.0	89.50	21.6
2002	391.81	216.01	55.1	94.83	24.2	80.97	20.7
2003	382.03	196.26	51.4	103.31	27.0	82.46	21.6
2004	395.50	189.72	48.0	111.45	28.2	94.33	23.8
2005	452.20	182.63	40.3	127.69	28.3	141.88	31.4
2006	469.15	177.20	37.8	144.99	30.9	146.96	31.3
2007	477.21	170.31	35.7	152.18	31.9	154.72	32.4
2008	486.05	163.19	33.5	168.99	34.8	153.87	31.7
2009	501.17	162.08	32.4	180.01	35.9	159.08	31.7
2010	520.74	162.36	31.2	187.13	35.9	171.25	32.9
2011	528.85	152.81	28.9	204.94	38.8	171.10	32.2

4-6 市区分三次产业的从业人数及构成

单位:万人、%

年　份	从业人数	第一产业		第二产业		第三产业	
		人　数	比　重	人　数	比　重	人　数	比　重
1978	43.76	3.90	8.9	24.66	56.4	15.20	34.7
1979	46.66	3.83	8.2	27.73	59.4	15.10	32.4
1980	47.26	3.65	7.7	29.47	62.4	14.14	29.9
1981	49.16	3.65	7.4	30.60	62.3	14.91	30.3
1982	51.19	3.56	7.0	32.25	63.0	15.38	30.0
1983	53.74	3.50	6.5	34.59	64.4	15.65	29.1
1984	55.88	3.28	5.9	36.60	65.5	16.00	28.6
1985	58.14	2.78	4.8	39.89	66.9	16.47	28.3
1986	58.95	2.84	4.8	38.85	65.9	17.26	29.3
1987	59.82	2.79	4.6	40.25	67.3	16.78	28.1
1988	61.42	2.71	4.4	40.46	65.9	18.25	29.7
1989	51.35	2.86	4.7	39.94	65.1	18.55	30.2
1990	62.50	2.91	4.7	39.41	63.0	20.19	32.3
1991	63.48	2.83	4.4	39.97	63.0	20.68	32.6
1992	63.35	2.71	4.3	41.23	65.1	19.41	30.6
1993	63.95	2.24	3.5	40.79	63.8	20.92	32.7
1994	80.20	11.46	14.3	43.90	54.7	24.84	31.0
1995	82.89	11.83	14.3	45.71	55.1	25.35	30.6
1996	82.21	11.86	14.4	44.61	54.3	25.74	31.3
1997	82.85	10.96	13.2	44.24	53.4	27.65	33.4
1998	74.39	10.21	13.7	34.85	46.9	29.33	39.4
1999	71.29	10.06	14.1	33.38	46.8	27.85	39.1
2000	72.16	11.18	15.5	32.22	44.6	28.76	39.9
2001	72.81	12.78	17.6	31.19	42.8	28.84	39.6
2002	63.22	11.73	18.6	27.21	43.0	24.28	38.4
2003	62.75	10.71	17.1	26.78	42.7	25.26	40.2
2004	71.38	10.01	14.0	27.80	39.0	33.56	47.0
2005	91.10	12.06	13.2	32.08	35.2	46.95	51.5
2006	99.74	12.41	12.4	34.35	34.5	52.98	53.1
2007	96.42	9.26	9.6	33.07	34.3	54.09	56.1
2008	99.17	10.70	10.8	39.72	40.0	48.75	49.2
2009	103.83	11.82	11.4	42.22	40.7	49.79	47.9
2010	178.91	37.58	21.0	64.85	36.2	76.48	42.8
2011	179.52	36.11	20.1	70.85	39.5	72.56	40.4

注:2010 年以后市区为包含铜山区口径,与往年不可比。

4–7　分行业城镇私营个体从业人员

（2011 年底）　　单位：人

行　　业	全　市	市　区
合　计	**888 196**	**488 435**
第一产业	10 598	4 535
第二产业	290 953	118 012
工业	229 961	90 026
建筑业	60 992	27 986
第三产业	586 645	365 888
交通运输、仓储和邮政业	55 092	24 039
信息传输、计算机服务和软件业	10 617	7 176
批发和零售业	342 528	220 119
住宿和餐饮业	31 800	19 619
金融业	776	435
房地产业	23 862	12 396
租赁和商务服务业	48 335	31 869
科学研究、技术服务和地质勘查业	23 130	15 859
水利、环境和公共设施管理业	2 916	2 349
居民服务和其他服务业	42 029	28 489
教育	744	303
卫生、社会保障和社会福利业	1 442	1 091
文化、体育和娱乐业	3 052	1 827
其他	322	317

4–8　分行业乡村从业人员

（2011 年底）　　单位：万人

行　　业	全　市	市　区
合　计	**365.05**	**88.82**
第一产业	149.58	34.43
#农业	130.09	29.45
第二产业	142.11	33.65
工业	93.95	23.93
建筑业	48.16	9.72
第三产业	73.36	20.74
交通运输、仓储和邮政业	14.63	4.72
信息传输、计算机服务和软件业	1.16	0.39
批发和零售业	20.68	5.96
住宿、餐饮业	7.94	2.27
金融和保险业	1.10	0.29
房地产和社会服务业	1.61	0.39
科学研究、技术服务和地质勘查业	0.45	0.09
教育、文化、艺术和广播电视业	2.89	0.56
卫生、体育和社会福利业	1.80	0.36
公共管理和社会组织	0.83	0.15
其他	20.27	5.56

4-9 主要年份在岗职工人数

（年底数） 单位：万人

年 份	全市合计	国有经济单 位	城镇集体经济单位	其他经济类型单位	市区合计	国有经济单 位	城镇集体经济单位	其他经济类型单位
1949	6.11	6.11			4.88	4.88		
1952	8.11	8.11			6.00	6.00		
1957	10.04	10.04			6.86	6.86		
1962	16.94	16.94			16.81	12.21	4.60	
1965	15.18	15.18			15.23	10.45	4.78	
1970	22.12	22.12			18.94	13.84	5.10	
1975	42.69	29.21	13.48		27.06	19.86	7.20	
1978	60.12	41.16	18.96		39.20	28.07	11.13	
1979	61.94	41.04	20.90		42.12	28.90	13.22	
1980	64.97	45.16	19.81		42.71	30.76	11.95	
1981	67.64	47.80	19.84		44.41	32.44	11.97	
1982	70.10	50.18	19.92		46.28	34.24	12.04	
1983	72.17	52.60	19.57		48.37	36.37	12.00	
1984	76.65	53.40	23.25		50.01	37.69	12.32	
1985	78.06	55.19	22.87		51.42	39.51	11.91	
1986	80.41	56.82	23.58	0.01	52.69	40.30	12.38	0.01
1987	82.15	58.96	23.17	0.02	53.34	41.09	12.23	0.02
1988	85.87	61.88	23.96	0.04	54.06	42.03	11.98	0.05
1989	85.39	61.88	23.42	0.09	54.01	42.22	11.70	0.09
1990	87.35	63.69	23.53	0.13	55.05	43.12	11.81	0.12
1991	89.59	65.55	23.85	0.19	56.05	43.93	11.93	0.19
1992	90.25	67.10	22.87	0.28	56.07	44.57	11.27	0.23
1993	91.83	69.40	21.54	0.89	56.13	44.88	10.59	0.66
1994	91.39	70.80	19.60	0.99	55.75	45.21	9.69	0.85
1995	92.39	72.52	19.13	0.74	55.92	45.98	9.52	0.42
1996	94.16	73.94	18.78	1.44	56.12	45.78	9.30	1.04
1997	93.85	74.41	17.76	1.68	55.41	45.53	9.00	0.87
1998	77.72	63.66	9.79	4.27	44.72	38.92	3.60	2.20
1999	75.07	61.95	9.39	3.73	42.84	37.62	3.48	1.74
2000	71.02	57.74	8.30	4.98	40.10	34.32	2.88	2.90
2001	67.64	53.65	7.01	6.98	38.12	32.08	2.24	3.79
2002	61.76	44.55	4.92	12.28	34.33	25.23	1.70	7.40
2003	59.15	43.32	4.25	11.58	32.64	24.45	1.40	6.79
2004	56.31	40.19	3.90	12.22	30.71	21.99	1.21	7.51
2005	56.07	40.13	3.60	12.34	30.35	22.31	1.02	7.03
2006	56.91	39.87	3.57	13.47	30.18	22.00	1.00	7.18
2007	57.56	40.00	3.35	14.21	30.55	22.39	0.84	7.32
2008	58.34	39.53	3.44	15.37	30.30	21.79	1.14	7.37
2009	58.29	38.49	2.99	16.81	30.00	21.33	0.84	7.83
2010	58.38	38.59	2.89	16.90	35.22	24.17	1.03	10.02
2011	59.42	38.94	2.93	17.54	35.48	24.30	1.13	10.05

4-10　在岗职工人数

（2011 年底）　　单位：人

项　　目	在岗职工人数	国有经济单位	城镇集体经济单位	其他经济类型单位
总　计	**594 168**	**389 440**	**29 305**	**175 423**
按企业、事业、机关分				
企业	360 544	172 982	16 100	171 462
事业	173 515	158 102	13 205	2 208
机关	58 356	58 356		
民间非营利组织	25			
其他	1 728			
按国民经济行业分				
农、林、牧、渔业	13 395	13 084	274	37
采矿业	80 465	47 922	711	31 832
制造业	128 909	29 714	1 509	97 686
电力、煤气及水的生产和供应业	18 340	13 230	981	4 129
建筑业	18 251	13 466	1 440	3 345
交通运输、仓储及邮政业	46 788	34 718	1 374	10 696
信息传输、计算机服务和软件业	5 773	1 413		4 360
批发和零售业	24 254	10 504	6 039	7 711
住宿和餐饮业	2 620	1 078	254	1 288
金融业	16 143	5 908	3 486	6 749
房地产业	4 254	2 263	207	1 784
租赁和商务服务业	2 451	1 693	254	504
科学研究、技术服务和地质勘查业	9 204	7 864	278	1 062
水利、环境和公共设施管理业	12 314	11 690	584	40
居民服务和其他服务业	518	518		
教育	102 324	98 314	61	3 949
卫生、社会保障和社会福利业	39 381	27 492	11 682	207
文化、体育和娱乐业	4 412	4 197	171	44
公共管理和社会组织	64 372	64 372		
按隶属关系分（国有经济）				
中央	46 894	46 894		
省	80 494	80 494		
省辖市	79 540	79 540		
县及县以下	179 941	179 941		
其他	2 571	2 571		

4-11 市区在岗职工人数

（2011 年底）　　　　单位：人

项　　目	在岗职工人数	国有经济	城镇集体经济单位	其他经济类型单位
总　计	**354 803**	**242 947**	**11 338**	**100 518**
按企业、事业、机关分				
企业	254 403	147 413	6 822	100 168
事业	73 085	68 219	4 516	350
机关	27 315	27 315		
民间非营利组织				
其他				
按国民经济行业分				
农、林、牧、渔业	6 199	6 064	98	37
采矿业	76 871	47 922	547	28 402
制造业	71 670	28 766	428	42 476
电力、煤气及水的生产和供应业	13 469	10 332	363	2 774
建筑业	10 156	9 410	106	640
交通运输、仓储及邮政业	39 363	29 743	732	8 888
信息传输、计算机服务和软件业	4 177	16		4 161
批发和零售业	13 005	5 665	3 558	3 782
住宿和餐饮业	1 450	714	6	730
金融业	9 748	2 667	1 085	5 992
房地产业	2 677	1 310	112	1 255
租赁和商务服务业	739	667	62	10
科学研究、技术服务和地质勘查业	7 271	6 224	85	962
水利、环境和公共设施管理业	6 219	6 179		40
居民服务和其他服务业	179	179		
教育	39 669	39 302	57	310
卫生、社会保障和社会福利业	19 409	15 274	4 095	40
文化、体育和娱乐业	2 945	2 926		19
公共管理和社会组织	29 587	29 587		
按隶属关系分(国有经济)				
中央	41 761	41 761		
省	70 250	70 250		
省辖市	76 709	76 709		
县及县以下	52 235	52 235		
其他	1 992	1 992		

4-12 女性在岗职工人数

（2011 年底） 单位：人

项 目	女性从业人员人数	国有经济单位	城镇集体经济单位	其他经济类型单位
总 计	**245 765**	**154 769**	**15 677**	**75 319**
按企业、事业、机关分				
企业	137 920	57 231	7 383	73 306
事业	91 230	81 681	8 294	1 255
机关	15 857	15 857		
民间非营利组织	22			22
其他	736			736
按国民经济行业分				
农、林、牧、渔业	9 226	9 115	81	30
采矿业	16 775	8 478	238	8 059
制造业	51 462	6 607	784	44 071
电力、煤气及水的生产和供应业	4 892	3 507	344	1 041
建筑业	4 566	3 876	397	293
交通运输、仓储及邮政业	17 142	13 386	621	3 135
信息传输、计算机服务和软件业	3 281	609		2 672
批发和零售业	13 190	5 081	3 105	5 004
住宿和餐饮业	1 580	575	146	859
金融业	12 881	4 352	1 528	7 001
房地产业	1 597	816	75	706
租赁和商务服务业	524	366	129	29
科学研究、技术服务和地质勘查业	2 524	2 113	113	298
水利、环境和公共设施管理业	5 749	5 144	581	24
居民服务和其他服务业	208	208		
教育	52 519	50 460	62	1 997
卫生、社会保障和社会福利业	27 793	20 310	7 402	81
文化、体育和娱乐业	1 953	1 863	71	19
公共管理和社会组织	17 903	17 903		

4-13 主要年份职工工资总额

单位：万元

年 份	全 市				市 区			
	全部职工	国有经济单 位	城镇集体经济单位	其他经济类型单位	全部职工	国有经济单 位	城镇集体经济单位	其他经济类型单位
1949	1 962	1 962			1 707	1 707		
1952	3 680	3 680			3 177	3 177		
1957	5 709	5 709			4 251	4 251		
1962	10 295	10 295			8 042	8 042		
1965	9 418	9 418			7 106	7 106		
1970	11 199	11 199			8 136	8 136		
1975	21 093	15 939	5 154		14 896	11 824	3 072	
1978	31 439	23 706	7 733		22 573	17 598	4 975	
1979	36 925	27 781	9 144		27 260	21 129	6 131	
1980	44 954	34 084	10 870		32 809	25 473	7 336	
1981	47 170	35 891	11 279		34 194	26 615	7 579	
1982	51 676	39 575	12 101		37 389	29 355	8 033	
1983	55 388	43 349	12 039		40 701	32 699	8 001	
1984	80 714	60 828	19 886		58 779	46 285	12 493	
1985	93 432	72 426	21 006		68 323	55 947	12 376	
1986	110 187	85 424	24 754	9	80 480	65 838	14 633	9
1987	117 231	91 512	25 689	30	84 543	69 518	14 995	28
1988	149 139	117 615	31 454	70	104 028	86 618	17 340	64
1989	165 525	132 521	32 819	185	118 228	100 083	17 960	185
1990	185 938	150 380	35 187	371	132 593	112 898	19 324	371
1991	208 723	169 855	38 397	471	149 964	127 972	21 524	468
1992	244 828	202 261	41 831	736	175 433	151 564	23 203	666
1993	304 255	253 382	47 734	3 139	218 454	189 200	26 586	2 668
1994	407 761	349 729	53 041	4 991	287 245	253 793	28 832	4 620
1995	506 766	437 394	66 563	2 809	355 676	317 499	36 295	1 880
1996	584 442	506 673	68 847	8 922	402 383	358 696	36 286	7 401
1997	609 772	534 263	64 613	10 896	419 217	375 289	36 310	7 618
1998	592 951	514 526	48 949	29 476	396 614	357 549	23 395	15 670
1999	624 029	546 719	49 089	28 221	417 883	378 034	23 453	16 396
2000	653 127	565 585	42 684	44 858	439 909	390 587	18 473	30 849
2001	700 349	596 699	39 062	64 588	482 073	423 530	15 307	43 235
2002	742 489	572 711	31 159	138 619	516 553	397 782	13 763	105 008
2003	802 685	621 748	29 756	151 181	569 467	440 515	12 119	116 832
2004	894 607	679 066	33 849	181 692	641 470	483 484	15 473	142 513
2005	1 072 593	825 124	35 199	212 270	763 816	587 518	14 430	161 868
2006	1 250 866	943 120	40 150	267 595	888 450	679 934	14 744	193 772
2007	1 367 407	1 034 032	42 865	290 510	932 620	720 634	13 729	198 257
2008	1 549 543	1 141 926	56 183	351 434	1 032 278	776 277	20 991	235 010
2009	1 808 200	1 289 097	58 151	460 952	1 179 995	860 207	17 196	302 592
2010	1 985 130	1 431 819	70 534	482 777	1 404 233	1 034 203	29 191	340 839
2011	2 347 680	1 673 845	91 401	582 434	1 621 227	1 187 306	41 355	392 566

4-14　主要年份职工平均工资

单位:元

年份	全市				市区			
	全部职工	国有经济单位	城镇集体经济单位	其他经济类型单位	全部职工	国有经济单位	城镇集体经济单位	其他经济类型单位
1949					349	349		
1952	503	503			529	529		
1957	573	573			619	619		
1962	548	548			590	590		
1965	599	599			594	680	407	
1970	553	553			547	587	436	
1975	509	564	392		580	595	426	
1978	554	593	430		605	664	446	
1979	605	676	459		647	731	464	
1980	715	791	535		768	828	613	
1981	720	772	569		770	820	633	
1982	755	808	609		807	857	667	
1983	780	840	621		841	898	667	
1984	1 105	1 178	884		1 175	1 228	1 014	
1985	1 231	1 351	941		1 220	1 303	944	
1986	1 403	1 537	1 077	1 828	1 400	1 503	1 067	645
1987	1 463	1 601	1 119	2 021	1 511	1 625	1 136	1 934
1988	1 798	1 973	1 349	2 101	1 800	1 935	1 329	1 633
1989	1 965	2 177	1 410	2 224	2 189	2 370	1 535	2 189
1990	2 179	2 417	1 531	3 050	2 708	2 618	1 636	3 091
1991	2 379	2 644	1 647	2 656	2 715	2 913	1 804	2 521
1992	2 753	3 052	1 867	2 838	3 151	3 426	2 068	3 115
1993	3 355	6 698	2 245	3 702	3 914	4 244	2 512	4 119
1994	4 524	5 013	2 732	5 202	5 186	5 658	2 971	5 583
1995	5 537	6 101	3 481	3 957	6 381	6 938	3 791	4 669
1996	6 279	6 933	3 707	6 308	7 208	7 878	3 916	7 197
1997	6 521	7 211	3 636	6 580	7 533	8 214	3 994	8 764
1998	7 717	8 149	5 150	7 023	8 999	9 234	6 998	7 796
1999	8 447	8 955	5 351	7 731	9 911	10 169	7 015	9 945
2000	9 339	9 908	5 243	9 531	11 144	11 442	6 706	11 940
2001	10 501	11 174	5 630	10 171	12 837	13 143	7 041	13 710
2002	11 887	12 683	6 235	11 264	14 929	15 633	8 246	14 027
2003	13 551	14 327	6 777	13 209	17 518	18 073	8 528	17 405
2004	15 809	16 864	8 387	14 789	20 898	22 046	12 735	18 876
2005	18 849	20 373	9 597	16 670	24 838	26 223	13 545	22 230
2006	21 896	23 639	11 058	19 673	29 191	30 969	14 163	26 047
2007	23 711	25 791	12 674	20 465	30 652	32 299	15 904	27 338
2008	26 824	29 000	16 253	23 534	33 982	35 610	18 075	31 689
2009	31 173	33 575	19 527	27 715	39 392	40 387	20 230	38 766
2010	34 243	37 406	24 377	28 737	40 254	43 371	28 185	34 075
2011	39 493	43 102	30 823	33 008	45 909	49 355	36 327	38 794

4-15 职工工资总额

（2011年）　　　　单位：万元

项　　目	在岗职工工资总额	国有经济单位	城镇集体经济单位	其他经济类型单位
总　计	**2 347 680**	**1 673 845**	**91 401**	**582 434**
按企业、事业、机关分				
企业	1 411 288	793 339	49 627	568 322
事业	677 799	627 962	41 775	8 063
机关	252 544	252 544		
民间非营利组织	54			54
其他	5 995			5 995
按国民经济行业分				
农、林、牧、渔业	29 143	28 415	668	59
采矿业	409 756	255 606	2 457	151 693
制造业	409 579	136 174	2 728	270 677
电力、煤气及水的生产和供应业	116 383	93 599	3 671	19 113
建筑业	58 695	48 821	3 156	6 718
交通运输、仓储及邮政业	164 543	137 719	1 834	24 990
信息传输、计算机服务和软件业	20 496	4 543		15 953
批发和零售业	61 730	31 856	12 967	16 908
住宿和餐饮业	6 152	2 521	623	3 008
金融业	100 726	30 782	21 506	48 437
房地产业	13 828	7 999	509	5 319
租赁和商务服务业	5 567	4 158	380	1 029
科学研究、技术服务和地质勘查业	42 937	38 050	999	3 888
水利、环境和公共设施管理业	39 249	37 606	1 567	76
居民服务和其他服务业	2 043	2 043		
教育	412 028	398 128	149	13 751
卫生、社会保障和社会福利业	168 756	130 046	38 004	706
文化、体育和娱乐业	13 985	13 692	183	110
公共管理和社会组织	272 084	272 084		
按隶属关系分（国有经济）				
中央	203 491	203 491		
省	441 858	441 858		
省辖市	381 282	381 282		
县及县以下	639 649	639 649		
其他	7 565	7 565		

4-16 市区职工工资总额

（2011 年） 单位：万元

项目	在岗职工工资总额	国有经济单位	城镇集体经济单位	其他经济类型单位
总计	**1 621 227**	**1 187 306**	**41 355**	**392 566**
按企业、事业、机关分				
企业	1 128 495	714 567	23 338	390 590
事业	341 007	321 014	18 017	1 976
机关	151 726	151 726		
民间非营利组织				
其他				
按国民经济行业分				
农、林、牧、渔业	13 003	12 673	272	59
采矿业	400 277	255 606	2 052	142 619
制造业	271 007	133 978	1 053	135 976
电力、煤气及水的生产和供应业	90 150	77 587	1 153	11 411
建筑业	40 524	38 892	262	1 370
交通运输、仓储及邮政业	143 384	121 231	1 284	20 868
信息传输、计算机服务和软件业	15 051	56		14 995
批发和零售业	40 008	21 019	9 779	9 211
住宿和餐饮业	3 787	1 757	12	2 019
金融业	69 788	18 013	7 742	44 032
房地产业	10 054	5 444	304	4 305
租赁和商务服务业	1 754	1 611	106	37
科学研究、技术服务和地质勘查业	37 135	33 266	301	3 568
水利、环境和公共设施管理业	24 345	24 269		76
居民服务和其他服务业	1 049	1 049		
教育	187 827	185 874	142	1 812
卫生、社会保障和社会福利业	101 552	84 491	16 896	165
文化、体育和娱乐业	10 369	10 325		45
公共管理和社会组织	160 164	160 164		
按隶属关系分（国有经济）				
中央	183 560	183 560		
省	402 993	402 993		
省辖市	370 786	370 786		
县及县以下	223 959	223 959		
其他	6 010	6 010		

4–17 职工平均工资

（2011 年）　　单位:元

项　　目	在岗职工年平均工资	国有经济单位	城镇集体经济单位	其他经济类型单位
总　计	**39 493**	**43 102**	**30 823**	**33 008**
按企业、事业、机关分				
企业	38 977	45 935	29 452	32 942
事业	39 243	39 810	32 626	37 035
机关	43 617	43 617		
民间非营利组织	21 600			21 600
其他	34 736			34 736
按国民经济行业分				
农、林、牧、渔业	18 137	18 034	24 394	15 579
采矿业	50 316	52 697	33 844	47 102
制造业	32 155	50 020	18 199	27 437
电力、煤气及水的生产和供应业	61 477	67 954	37 493	45 746
建筑业	31 480	36 983	14 288	20 767
交通运输、仓储及邮政业	35 577	40 309	13 545	23 290
信息传输、计算机服务和软件业	36 097	32 314		37 342
批发和零售业	25 469	30 238	21 219	22 274
住宿和餐饮业	23 181	23 562	24 516	22 620
金融业	65 555	59 208	62 174	72 219
房地产业	32 767	35 239	25 593	30 377
租赁和商务服务业	23 501	25 264	17 356	20 413
科学研究、技术服务和地质勘查业	46 509	48 165	35 935	36 891
水利、环境和公共设施管理业	32 001	32 308	26 778	18 975
居民服务和其他服务业	39 370	39 370		
教育	40 343	40 559	24 492	35 178
卫生、社会保障和社会福利业	43 462	47 561	33 704	33 761
文化、体育和娱乐业	32 009	32 960	10 684	25 091
公共管理和社会组织	42 593	42 593		
按隶属关系分(国有经济)				
中央	44 385	44 385		
省	53 099	53 099		
省辖市	49 280	49 280		
县及县以下	35 666	35 666		
其他	29 426	29 426		

4-18 市区职工平均工资

（2011 年） 单位:元

项 目	在岗职工年平均工资	国有经济单位	城镇集体经济单位	其他经济类型单位
总 计	**45 909**	**49 355**	**36 327**	**38 794**
按企业、事业、机关分				
企业	44 593	49 166	33 971	38 728
事业	46 731	47 124	39 913	58 470
机关	55 977	55 977		
民间非营利组织				
其他				
按国民经济行业分				
农、林、牧、渔业	20 983	20 908	27 724	15 579
采矿业	51 416	52 697	36 511	49 548
制造业	38 925	50 907	25 179	31 706
电力、煤气及水的生产和供应业	64 146	71 325	31 928	40 536
建筑业	40 871	42 362	28 161	21 367
交通运输、仓储及邮政业	36 894	41 461	17 659	23 456
信息传输、计算机服务和软件业	36 808	35 000		36 815
批发和零售业	30 714	37 234	26 886	24 602
住宿和餐饮业	25 625	24 787	19 167	26 455
金融业	72 236	68 413	71 889	73 991
房地产业	37 938	41 814	27 890	34 749
租赁和商务服务业	24 055	24 446	17 600	37 000
科学研究、技术服务和地质勘查业	50 856	53 116	35 376	37 400
水利、环境和公共设施管理业	39 241	39 373		18 975
居民服务和其他服务业	58 272	58 272		
教育	47 382	47 311	24 860	61 199
卫生、社会保障和社会福利业	52 395	55 419	41 270	39 238
文化、体育和娱乐业	35 511	35 590		23 421
公共管理和社会组织	54 522	54 522		
按隶属关系分(国有经济)				
中央	44 331	44 331		
省	57 129	57 129		
省辖市	49 739	49 739		
县及县以下	43 004	43 004		
其他	30 168	30 168		

4-19 城镇登记失业人数及失业率

单位:人

年 份	当年需要安置的人数	当年已安置就业的人数	年末城镇登记失业人数	#失业青年	#失业女青年	年末城镇登记失业率(%)
1981	42 995	22 600	10 294	10 294		1.52
1982	28 451	18 432	5 144	5 144		0.73
1983	20 261	8 336	10 633	10 633		1.44
1984	22 729	13 584	8 396	8 396		1.08
1985	27 051	14 654	11 605	11 605		1.45
1986	30 373	18 158	11 854	11 854		1.43
1987	32 082	16 469	15 200	15 200		1.78
1988	36 679	22 722	13 469	13 469		1.50
1989	74 534	22 780	50 947	50 947		5.44
1990	71 500	44 775	22 440	22 440		2.42
1991	50 367	29 702	18 622	18 622	12 054	1.98
1992	42 113	19 787	18 754	18 754	11 627	1.97
1993	37 681	19 406	16 997	16 275	9 615	1.81
1994	33 896	17 241	15 576	14 875	8 815	1.70
1995	31 238	14 971	15 390	15 078	8 869	1.60
1996	31 431	14 568	15 276	13 795	7 742	1.50
1997	29 154	13 083	15 073	13 181	7 232	1.62
1998	27 155	13 481	13 163	10 398	6 295	1.30
1999	28 125	13 087	15 038	12 981	8 035	1.52
2000	34 107	14 078	18 625	8 482	4 433	1.89
2001	44 654	16 512	26 836	9 956	5 650	2.40
2002	60 674	21 098	38 099			3.58
2003	66 044	22 521	37 980	7 430	3 492	4.30
2004	67 288	27 905	37 231	6 571	3 815	4.03
2005	66 614	31 263	33 560	10 385	5 980	3.44
2006	78 964	45 611	32 581	9 589	5 273	3.03
2007	84 262	50 696	33 488	17 268	9 478	2.80
2008	88 393	54 628	33 665			2.70
2009	96 903	61 063	35 738			2.86
2010	106 308	72 665	33 613			2.63
2011	115 628	77 798	37 824			2.55

主要统计指标解释

从业人员 指从事一定社会劳动并取得劳动报酬或经营收入的全部劳动力。包括:

(1)全部职工

(2)城镇私营企业从业人员

(3)城镇个体劳动者

(4)农村社会劳动者

(5)其他社会劳动者

这一指标反映了一定时期内全部劳动力资源的实际利用情况,是研究基本国情国力的重要指标。

各单位的从业人员是指在各级国家机关、政党机关、社会团体及企业、事业单位中工作,并取得劳动报酬的全部人员。包括职工、再就业的离退休人员、民办教师以及在各单位中工作的外方人员和港、澳、台方人员。

各单位的从业人员反映了各单位实际参加生产或工作的全部劳动力。

职工 指在国有经济、城镇集体经济、联营经济、股份制经济、外商和港、澳、台投资经济、其他经济单位及其附属机构工作,并由其支付工资的各类人员。

合同制职工 指各单位根据国务院国发〔1986〕77号文件和国务院令第99号的规定，通过签订有固定期限劳动合同、无固定期限劳动合同和以完成一项工作为期限劳动合同所使用的职工。包括实行全员劳动合同制单位的全部职工。

使用的农村劳动力 指国有经济、城镇集体经济、联营经济、股份制经济、外商和港、澳、台投资经济、其他经济单位的职工中,现仍保留农村户籍关系的人员。

长期职工 指用工期限在一年以上(含一年)的职工。包括原固定职工、合同制职工、长期临时工以及国有单位使用的城镇集体所有制单位的人员和其他使用期限在一年以上的原计划外用工。

临时职工 指用工期限不超过一年的职工。包括各单位根据国家有关规定招用的，签订一年以内的劳动合同或使用期不超过一年的临时性、季节性用工。

其他从业人员 指劳动统计制度规定不作职工统计,但实际参加社会劳动并取得劳动报酬的人员。

各单位的其他从业人员是指单位中除职工以外的全部参加本单位生产或工作并取得劳动报酬的人员。包括再就业的离退休人员、民办教师以及在各单位中工作的外方人员和港、澳、台方人员。

城镇集体经济单位职工 指在城镇集体经济单位及其管理部门工作并由其支付工资的各类人员。

其他经济单位职工 指在联营经济、股份制经济、外商投资经济、港、澳、台投资经济单位工作,并由其支付工资的各类人员。

城镇个体劳动者 指经工商行政管理部门核准登记,领取营业执照,参加生产经营活动,户口在城镇的全部人员。

农村社会劳动者 指农村人口中经常参加合作经济组织(包括乡(镇)办企业事业单位)和家庭副业生产劳动的劳动力。凡是由合作经济组织分配劳动任务或承包各种生产任务,并从中直接取得实物、现金收入和从承包的生产任务中获得实物、现金收入的劳动力,不管从事何种劳动,都要统计为农村社会劳动者。国家从乡(村)调用的建勤民工;由集体经费支付工资或补贴的乡(村)脱产管理干部;乡(村)劳动力到国有经济单位或城镇集体经济单位工作，其收入交给合作经济组织,并从中取得实物或现金收入的合同工、临时工、亦工亦农人员;自行外出,但户口没有转出的劳动力,都应包括在内。

城镇登记失业人员 指有非农业户口,在一定的劳动年龄内(16岁以上及男50岁以下、女45岁以下),有劳动能力,无业而要求就业,并在当地就业服务机构进行待业登记的人员。

城镇登记失业率 是城镇登记失业人数同城镇在业人数加城镇登记失业人数之比。计算公式为:

$$城镇失业率=\frac{城镇登记失业人数}{城镇在业人数+城镇登记失业人数}\times 100\%$$

从业人员劳动报酬 各单位一定时期内直接支付给本单位全部从业人员的劳动报酬总额。包括职工工资总额和本单位其他从业人员劳动报酬两部分。

职工工资总额 指各单位在一定时期内直接支付给本单位全部职工的劳动报酬总额。

工资总额的计算原则应以直接支付给职工的全部劳动报酬为根据。各单位支付给职工的劳动报酬以及其他根据有关规定支付的工资,不论是计入成本的还是不计入成本的,不论是按国家规定列入计征奖金税项目的，还是未列入计征奖金税项目的,不论是以货币形式支付的还是以实物形式支付的,均包括在工资总额内。

计时工资 指按计时工资标准(包括地区生活费补贴)和

工作时间支付给个人的劳动报酬,以及根据国家法律、法规和政策规定,因病、工伤、产假、计划生育假、婚丧假、事假、探亲假、定期休假、停工学习、执行国家或社会义务等原因按计时工资标准或计时工资标准的一定比例支付的工资。

计件标准工资 是指实行计件工资制的单位按照批准的计件单价和规定的劳动定额或工作量应支付给计件工人的劳动报酬。

计件超额工资 是计件工资的一部分，指计件工人超额完成定额任务后所得的工资。即计件工人实得的全部计件工资减去应得的计件标准工资后的数额。某些企业的工人由于从事生产的工作物等级高于本人工资等级，因而其计件标准工资高于本人标准工资，其计件超额工资也应是全部工资减去应得的计件标准工资后的数额。

奖金 指支付给职工的超额劳动报酬和增收节支的劳动报酬。

津贴和补贴 指为了补偿职工特殊或额外的劳动消耗和因其他特殊原因支付给职工的津贴，以及为了保证职工工资水平不受物价影响支付给职工的物价补贴。

其他从业人员劳动报酬 指各单位在一定时期内直接支付给本单位其他从业人员的全部劳动报酬。

职工平均工资 指企业、事业、机关单位的职工在一定时间内平均每人所得的货币工资额。它表明一定时期职工工资收入的高低程度,是反映职工工资水平的主要指标。计算公式为:

$$职工平均工资=\frac{报告期实际支付的全部职工工资总额}{报告期全部职工平均人数}$$

职工平均实际工资 指扣除物价变动因素后的职工平均工资。计算公式为:

$$职工平均实际工资=\frac{报告期职工平均工资}{报告期全部职工生活费价格指数}$$

第5部分

固定资产投资

INVESTMENT IN FIXED ASSETS

版面负责人：许　清

编　　　辑：张　虹　孙　伟

关于统计机构和统计人员保密义务的规定

第九条 统计机构和统计人员对在统计工作中知悉的国家秘密、商业秘密和个人信息,应当予以保密。

【释义】 本条是关于统计机构和统计人员保密义务的规定。

统计机构和统计人员对在统计工作中知悉的国家秘密、商业秘密和个人信息负有保密义务。依照《统计法》规定,统计机构和统计人员具有统计调查、统计监督的职权。统计机构、统计人员依法实施统计调查活动时,国家机关、企业事业单位和其他组织以及个体工商户和个人等统计调查对象,必须依照《统计法》和国家有关规定,真实、准确、完整、及时地提供统计调查所需的资料;统计机构、统计人员进行统计监督检查,查处统计违法行为时,有关单位和个人也应当如实反映情况,提供相关证明和资料。因此,统计机构、统计人员在统计工作中,能够获得各类统计调查对象的大量资料,从而知悉统计调查对象的商业秘密或者公民个人信息,甚至有的属于国家秘密,并且汇总后的综合统计资料所反映的是国民经济和社会发展的总体情况,很可能涉及国家秘密。

所谓国家秘密,是指关系国家安全和利益,依照法定程序确定,在一定时间内只限于一定范围的人员知悉的事项,包括绝密级国家秘密、机密级国家秘密和秘密级国家秘密。《保守国家秘密法》规定,一切国家机关、武装力量、政党、社会团体、企业事业单位和公民都有保守国家秘密的义务。因此,统计机构、统计人员对于在统计工作中知悉的国家秘密应当予以严格保密,在制作、收发、传递、使用、复制、摘抄、保存和销毁属于国家秘密的文件、资料和其他物品时,应当遵守《保守国家秘密法》和国家有关规定,严格审批,不得泄露国家秘密。

所谓商业秘密,是指不为公众所知悉,能为权利人带来经济利益,具有实用性并经权利人采取保密措施的技术信息和经营信息。泄露商业秘密,将对统计调查对象的利益造成损害,从而影响其提供统计资料的主动性和积极性,影响统计工作的顺利开展。统计机构、统计人员在统计工作中应当依法履行职责,对统计调查对象的商业秘密予以保护,不得向他人泄露,以维护权利人的合法权益。

所谓个人信息,是指与统计调查对象个人有关的、能够识别单个统计调查对象身份的所有信息,如个人的身份信息、财产信息、行为特征信息等等。个人信息反映统计调查对象的个体特征和情况,如果泄露为公众所知晓,可能侵害公民的个人隐私等法定权利,也可能为他人从事侵害公民合法权益的活动提供便利条件。因此,本法明确规定统计机构、统计人员应当对其所知悉的个人信息予以保密。

编辑:张　霖

5-1 全社会固定资产投资

单位：万元

年 份	全社会固定资产投资完成额	# 城镇规模以上	农村规模以上	# 城乡个私	# 城镇个私
1978	32 052	32 052			
1979	39 965	39 965			
1980	46 737	46 737			
1981	31 140	31 140			
1982	45 100	45 100			
1983	61 776	61 776			
1984	72 575	72 575			
1985	81 993	81 993			
1986	186 435	111 793	46 816	27 826	13 530
1987	223 523	120 516	54 252	48 755	15 040
1988	203 704	101 872	62 359	39 473	16 000
1989	211 255	88 112	70 066	73 077	16 730
1990	244 092	117 535	84 417	42 140	19 460
1991	300 167	153 137	99 315	47 715	22 890
1992	448 089	256 335	132 420	59 334	23 160
1993	513 891	308 967	134 000	70 924	15 986
1994	772 145	407 060	247 278	117 807	31 959
1995	1 036 880	532 002	407 263	97 615	20 696
1996	1 365 558	713 616	542 778	109 164	18 626
1997	1 521 073	812 015	573 291	135 767	21 696
1998	1 882 611	1 137 480	510 507	211 098	7 529
1999	2 202 118	1 313 145	404 029	422 971	47 274
2000	2 521 865	1 540 283	359 501	541 440	81 474
2001	2 878 503	1 715 698	137 554	182 724	109 437
2002	3 231 237	1 776 036	121 704	272 936	128 717
2003	3 830 289	2 447 598	412 593	292 571	130 034
2004	4 452 726	3 187 501	717 778	726 871	281 055
2005	6 013 112	4 509 921	950 880	1 613 051	881 267
2006	7 529 941	5 985 211	816 056	2 386 794	1 800 453
2007	9 607 018	7 695 881	1 027 195	6 310 559	5 364 624
2008	12 506 684	10 150 379	1 467 142	4 397 099	3 293 322
2009	16 245 718	13 375 634	2 314 293	7 555 693	5 821 889
2010	20 492 595	16 469 766	2 917 392	9 003 877	6 810 346

注：1、2002 年以前城镇、农村规模以上分别为城镇、农村集体以上。
2、2010 年以后不再统计全社会固定资产投资。

5-2 固定资产投资

单位:万元

年 份	全 市	#城乡个私	市 区	#城乡个私
1978	32 052		27 988	
1979	39 965		34 622	
1980	46 737		40 763	
1981	31 140		26 990	
1982	45 100		38 339	
1983	61 776		54 607	
1984	72 575		64 757	
1985	81 993		69 413	
1986	158 609	27 826	106 534	5 816
1987	174 768	48 755	118 110	6 935
1988	164 231	39 473	95 271	7 917
1989	158 178	73 077	85 194	7 378
1990	201 952	42 140	117 947	9 486
1991	252 452	47 715	142 140	10 426
1992	388 755	59 334	233 176	9 293
1993	442 967	70 924	205 394	6 145
1994	654 338	117 807	316 251	11 149
1995	939 265	97 615	425 293	13 867
1996	1 256 394	109 164	584 478	18 347
1997	1 385 306	135 767	752 279	36 649
1998	1 647 987	211 098	1 098 821	19 776
1999	1 717 174	422 971	1 153 101	100 599
2000	1 899 784	541 440	1 269 190	150 387
2001	1 853 252	182 724	1 401 933	87 082
2002	1 897 740	272 936	1 461 694	94 483
2003	2 860 191	292 571	1 788 761	49 681
2004	3 905 279	726 871	2 041 714	130 810
2005	5 460 801	1 613 051	2 492 481	465 764
2006	6 801 267	2 386 794	2 936 655	631 616
2007	8 723 076	6 310 559	3 617 867	2 402 901
2008	11 617 521	4 397 099	5 218 485	2 177 161
2009	15 689 927	7 555 693	6 270 237	2 248 229
2010	19 387 158	9 003 877	10 220 846	3 953 299
2011	22 010 274	8 934 776	11 930 894	3 448 110

注:2011 年起,固定资产投资统计的起点标准从计划总投资 50 万元提高到 500 万元。

5-3 各时期固定资产投资完成额

单位:万元

时期	合计	基本建设	更新改造	其他投资	房地产开发
1949	**257**	**257**			
恢复时期	**2 065**	**2 065**			
“一五”时期	**15 602**	**15 602**			
“二五”时期	**70 222**	**70 222**			
调整时期	**14 262**	**14 262**			
“三五”时期	**18 586**	**18 586**			
“四五”时期	**63 127**	**60 974**	**2 153**		
“五五”时期	**151 718**	**134 899**	**12 287**	**4 532**	
1976	14 432	14 432			
1977	18 532	18 532			
1978	32 052	29 141	1 870	1 041	
1979	39 965	32 579	6 402	984	
1980	46 732	40 215	4 015	2 507	
“六五”时期	**292 584**	**177 653**	**79 905**	**35 026**	
1981	31 140	22 524	5 465	3 151	
1982	45 100	24 312	14 281	6 507	
1983	61 776	37 279	17 443	7 054	
1984	72 575	48 622	17 164	6 789	
1985	81 993	44 916	25 552	11 525	
“七五”时期	**539 828**	**285 696**	**180 358**	**61 560**	**12 214**
1986	111 793	66 508	29 063	16 222	
1987	120 516	75 020	31 166	14 330	
1988	101 872	40 804	46 889	14 179	
1989	88 112	46 274	34 590	7 248	
1990	117 535	57 090	38 650	9 581	12 214
“八五”时期	**1 657 501**	**826 093**	**526 087**	**151 031**	**154 290**
1991	153 137	74 263	50 691	13 114	15 069
1992	256 335	116 204	94 656	29 404	16 071
1993	308 967	126 040	119 234	35 333	28 360
1994	407 060	205 272	131 971	35 682	34 135
1995	532 002	304 314	129 535	37 498	60 655
“九五”时期	**5 516 539**	**2 909 525**	**1 257 699**	**449 088**	**900 227**
1996	713 616	375 182	186 272	71 520	80 642
1997	812 015	419 068	202 617	74 937	115 393
1998	1 137 480	591 413	270 144	90 292	185 631
1999	1 313 145	720 580	283 647	70 847	238 071
2000	1 540 283	803 282	315 019	141 492	280 490
“十五”时期	**13 636 754**	**5 179 894**	**1 925 784**	**847 621**	**1 799 272**
2001	1 715 698	921 817	359 585	120 944	313 352
2002	1 776 036	1 020 760	398 013	107 174	250 089
2003	2 447 598	1 344 223	520 720	281 697	300 958
2004	3 187 501	1 893 094	647 466	337 806	309 135
2005	4 509 921				625 738
“十一五”时期	**53 676 871**				**6 661 018**
2006	5 985 211				707 983
2007	7 695 881				1 001 097
2008	10 150 379				1 308 123
2009	13 375 634				1 590 593
2010	16 469 766				2 053 222
“十二五”时期	**22 010 274**				**2 551 217**
2011	22 010 274				2 551 217

注:1、2002 年以前为城镇集体以上投资,2005 年以后取消了基本建设和更新改造的分类。
2、2011 年以前为城镇规模以上固定资产投资。
3、2011 年起为 500 万元以上固定资产投资,不再区分城镇和农村。

5-4 市区固定资产投资完成额

单位:万元

年 份	合 计	基本建设	更新改造	其他投资	房地产开发
1978	27 988	25 927	1 144	917	
1979	34 622	28 415	5 418	789	
1980	40 763	35 533	3 171	2 059	
1981	26 990	20 409	4 270	2 311	
1982	38 339	21 143	11 801	5 395	
1983	54 607	33 224	15 401	5 982	
1984	64 757	44 088	14 998	5 671	
1985	69 413	38 898	22 367	8 148	
1986	95 150	60 380	24 007	10 763	
1987	104 174	70 483	24 933	8 758	
1988	78 745	35 361	36 892	6 492	
1989	68 047	38 675	27 081	2 291	
1990	95 455	45 083	32 432	5 726	12 214
1991	119 408	60 097	39 380	6 875	13 056
1992	195 860	86 709	75 680	19 008	14 463
1993	201 019	68 547	88 506	20 131	23 835
1994	253 437	130 328	78 598	19 578	24 933
1995	338 392	196 442	76 004	17 063	48 883
1996	443 879	252 482	91 128	38 360	61 909
1997	577 803	316 030	134 249	42 989	84 535
1998	902 936	481 654	205 674	65 758	149 850
1999	1 048 339	614 299	211 568	32 237	190 235
2000	1 205 265	681 585	236 759	62 123	224 798
2001	1 328 481	741 555	295 767	62 149	229 010
2002	1 401 555	832 978	325 980	72 250	170 347
2003	1 788 761	1 134 523	420 109	53 217	180 912
2004	2 231 004	1 557 209	448 594	35 911	189 290
2005	2 451 166				362 170
2006	2 924 555				451 565
2007	3 607 867				478 393
2008	5 185 735				741 589
2009	6 162 667				797 912
2010	9 664 307				1 266 145
2011	11 930 894				1 517 773

注:1、2011 年以前为城镇规模以上固定资产投资。
2、2011 年起为 500 万元以上固定资产投资,不再区分城镇和农村。

5-5 各时期投资新增固定资产

单位：万元

时 期	合 计	基本建设	更新改造	其他投资	房地产开发
1949	248	248			
恢复时期	**1 776**	**1 776**			
“一五”时期	**12 643**	**12 643**			
“二五”时期	**52 985**	**52 985**			
调整时期	**11 619**	**11 619**			
“三五”时期	**11 759**	**11 759**			
“四五”时期	**35 169**	**35 169**			
“五五”时期	**120 222**	**108 726**	**8 258**	**3 238**	
1976	9 446	9 446			
1977	9 458	9 458			
1978	30 475	27 986	1 789	700	
1979	30 209	25 844	3 807	558	
1980	40 634	35 992	2 662	1 980	
“六五”时期	**225 890**	**129 838**	**63 086**	**32 966**	
1981	22 041	15 323	4 097	2 621	
1982	31 357	15 074	11 754	4 529	
1983	35 124	14 919	12 514	7 691	
1984	51 932	30 733	13 882	7 317	
1985	85 436	53 789	20 839	10 808	
“七五”时期	**439 936**	**226 017**	**147 703**	**54 849**	**11 367**
1986	89 636	48 050	25 724	15 862	
1987	96 080	60 055	27 876	8 149	
1988	95 252	48 063	33 199	13 990	
1989	74 117	34 597	31 245	8 275	
1990	84 851	35 252	29 659	8 573	11 367
“八五”时期	**1 130 113**	**526 560**	**375 736**	**128 774**	**99 043**
1991	114 583	50 726	39 636	10 026	14 195
1992	186 138	92 456	56 505	26 802	10 375
1993	191 284	76 848	84 971	26 428	3 037
1994	252 013	108 300	87 916	33 537	22 260
1995	386 095	198 230	106 708	31 981	49 176
“九五”时期	**4 160 683**	**2 118 938**	**1 041 554**	**417 666**	**582 526**
1996	610 805	319 035	172 302	58 363	61 105
1997	757 218	425 798	178 475	67 624	85 321
1998	752 613	303 985	250 117	80 716	117 795
1999	968 298	520 106	179 786	86 004	182 402
2000	1 071 749	550 014	260 874	124 958	135 903
“十五”时期	**8 627 742**	**2 848 831**	**1 427 736**	**731 525**	**1 122 436**
2001	1 070 252	582 891	134 992	110 582	241 787
2002	1 549 933	786 760	559 860	77 321	125 992
2003	1 295 044	672 868	270 887	225 322	125 967
2004	1 718 860	806 312	461 997	318 300	132 251
2005	2 993 653				496 439
“十一五”时期	**36 739 637**				**3 820 079**
2006	3 024 852				298 673
2007	6 163 555				448 651
2008	5 513 772				497 972
2009	9 252 496				1 261 300
2010	12 784 962				1 313 483
“十二五”时期	**15 040 675**				**1 539 050**
2011	15 040 675				1 539 050

注：1、2002 年以前为城镇集体以上投资，2005 年以后取消了基本建设和更新改造的分类。
2、2011 年以前为城镇规模以上固定资产投资。
3、2011 年起为 500 万元以上固定资产投资，不再区分城镇和农村。

5-6 市区投资新增固定资产

单位:万元

年份	合计	基本建设	更新改造	其他投资	房地产开发
1978	26 866	25 315	970	581	
1979	25 972	22 452	3 066	454	
1980	35 533	31 935	2 033	1 565	
1981	18 034	13 109	3 078	1 847	
1982	25 881	12 913	9 497	3 471	
1983	29 766	12 206	10 875	6 685	
1984	44 568	26 544	11 892	6 132	
1985	75 673	49 688	17 681	8 204	
1986	73 299	42 141	20 519	10 629	
1987	80 186	54 202	21 992	3 891	
1988	75 532	42 957	26 722	5 853	
1989	55 544	28 219	24 011	3 314	
1990	64 294	21 322	13 423	6 171	11 367
1991	84 047	26 233	27 873	4 974	13 000
1992	150 991	81 358	42 839	17 559	9 235
1993	119 722	36 283	52 825	12 914	16 700
1994	135 861	51 271	49 550	16 641	18 399
1995	207 292	64 720	51 384	14 704	43 484
1996	375 765	211 880	91 132	29 017	43 735
1997	537 990	329 431	102 839	42 557	62 163
1998	553 824	205 359	192 031	60 488	95 946
1999	731 316	421 070	124 137	34 668	151 441
2000	772 075	456 828	185 994	40 513	88 740
2001	662 624	408 353	79 246		175 025
2002	1 193 645	600 972	483 374	41 657	67 642
2003	762 273	498 133	183 849	31 992	48 299
2004	909 183	526 150	263 125	38 431	81 477
2005	1 579 550				246 009
2006	1 764 597				89 433
2007	2 344 769				448 651
2008	2 719 346				234 540
2009	3 723 923				797 912
2010	8 237 121				697 580
2011	6 991 822				826 774

注:1、2011 年以前为城镇规模以上固定资产投资。
2、2011 年起为 500 万元以上固定资产投资,不再区分城镇和农村。

5-7　固定资产投资竣工的房屋建筑面积

单位:万平方米

年　份	竣工的房屋建筑面积	基本建设	更新改造	其他投资	房地产开发
1978	75.6	64.8	4.2	6.6	
1979	97.3	78.0	13.4	5.9	
1980	113.5	96.3	6.8	10.4	
1981	109.4	84.2	14.4	10.8	
1982	110.1	60.5	27.5	22.1	
1983	132.4	63.5	39.0	29.9	
1984	131.6	68.4	30.5	32.7	
1985	129.2	63.7	29.3	36.2	
1986	153.0	63.6	42.4	47.0	
1987	124.2	60.3	27.2	36.7	
1988	105.1	44.7	31.0	29.4	
1989	80.9	42.8	23.9	14.2	
1990	111.8	38.0	27.7	8.9	37.2
1991	115.6	42.3	25.7	14.4	33.2
1992	129.6	54.7	25.9	18.2	30.8
1993	160.1	62.2	32.8	17.3	47.8
1994	140.3	43.5	25.4	15.8	55.6
1995	183.3	89.0	17.8	15.9	60.6
1996	224.0	86.0	37.2	17.8	83.0
1997	261.5	101.9	34.3	21.6	130.7
1998	245.4	84.4	11.7	21.9	127.4
1999	380.8	118.1	6.1	46.9	209.8
2000	294.8	123.7	23.4	60.7	87.0
2001	431.1	179.1	16.1	35.5	200.4
2002	385.5	186.4	20.4	46.5	132.3
2003	211.6	66.6	7.6	26.0	111.4
2004	199.6	53.0	13.0	29.3	104.3
2005	537.3				320.1
2006	463.4				172.3
2007	767.5				265.7
2008	685.2				224.4
2009	689.3				407.9
2010	1 409.6				457.1
2011	1 752.8				562.5

注:1、2002 年以前为城镇集体以上投资,2005 年以后取消了基本建设和更新改造的分类。
2、2011 年以前为城镇规模以上固定资产投资。
3、2011 年起为 500 万元以上固定资产投资,不再区分城镇和农村。

5-8 市区固定资产投资竣工的房屋建筑面积

单位:万平方米

年份	竣工的房屋建筑面积	基本建设	更新改造	其他投资	房地产开发
1978	60.7	53.5	2.0	5.2	
1979	80.9	64.5	11.1	5.3	
1980	86.5	72.5	5.1	8.9	
1981	85.2	68.0	9.1	8.1	
1982	78.2	41.9	19.0	17.3	
1983	104.4	48.4	31.3	24.7	
1984	103.4	51.7	25.3	26.4	
1985	98.4	46.7	25.4	26.3	
1986	112.8	52.0	33.5	27.3	
1987	65.3	41.3	21.0	3.0	
1988	52.1	26.0	19.0	7.1	
1989	51.9	31.0	17.3	3.6	
1990	75.2	22.2	20.0	2.0	31.0
1991	67.0	20.3	17.8	2.4	26.5
1992	76.0	28.0	9.0	11.0	28.0
1993	97.4	29.6	17.7	7.7	42.4
1994	84.9	18.2	14.6	7.6	44.5
1995	97.2	31.2	5.1	7.3	53.6
1996	116.1	35.6	13.7	5.2	61.6
1997	136.9	39.7	10.1	10.0	77.1
1998	159.6	35.2	7.3	7.0	110.1
1999	261.1	64.3	3.8	11.9	181.1
2000	162.2	64.1	16.5	23.9	57.7
2001	194.3	48.6	8.9	17.1	119.6
2002	167.6	71.2	12.4	17.7	66.3
2003	75.6	32.5	6.6		36.5
2004	102.8	19.6	7.0	4.3	71.9
2005	231.8				127.7
2006	186.5				43.9
2007	248.2				86.4
2008	251.1				76.4
2009	375.0				233.5
2010	732.4				227.0
2011	710.5				276.0

注:1、2011年以前为城镇规模以上固定资产投资。
2、2011年起为500万元以上固定资产投资,不再区分城镇和农村。

5-9 固定资产投资竣工的住宅建筑面积

单位:万平方米

年 份	竣工的房屋住宅面积	基本建设	更新改造	其他投资	房地产开发
1978	36.4	33.7	0.4	2.3	
1979	50.5	44.7	3.6	2.2	
1980	61.2	58.2	0.2	2.8	
1981	64.3	53.3	7.7	3.3	
1982	58.8	37.3	9.9	11.6	
1983	73.8	38.5	16.1	19.2	
1984	65.8	35.2	12.3	18.3	
1985	67.1	32.3	10.4	24.4	
1986	76.1	31.9	18.1	26.1	
1987	48.7	25.6	6.9	16.2	
1988	33.0	15.5	8.1	9.4	
1989	29.7	18.0	7.3	4.4	
1990	58.4	12.2	9.4	2.1	34.7
1991	55.4	19.3	5.1	3.4	27.6
1992	64.6	26.2	6.8	4.8	26.8
1993	74.3	25.4	8.0	1.6	39.3
1994	73.8	21.1	4.3	6.4	42.0
1995	91.9	31.5	2.7	2.8	54.9
1996	114.1	31.7	8.4	3.0	71.0
1997	134.7	41.0	2.1	6.1	85.5
1998	140.6	26.9	0.4	6.0	107.3
1999	228.3	32.9	0.1	7.3	188.0
2000	143.6	31.9	3.5	33.7	74.5
2001	213.4	63.2		7.0	143.2
2002	155.7	43.0	0.9	9.3	102.6
2003	101.4	8.0	2.2	1.0	90.2
2004	92.8	3.7			89.1
2005	255.9				250.2
2006	149.3				136.7
2007	226.5				225.6
2008	198.4				198.4
2009	357.5				356.1
2010	395.2				378.6
2011	589.5				494.1

注:1、2011 年以前为城镇规模以上固定资产投资。
2、2011 年起为 500 万元以上固定资产投资,不再区分城镇和农村。

5-10 市区固定资产投资竣工的住宅建筑面积

单位:万平方米

年 份	竣工的房屋住宅面积	基本建设	更新改造	其他投资	房地产开发
1978	32.2	30.4		1.8	
1979	43.9	38.7	3.2	2.0	
1980	50.8	48.3	0.2	2.3	
1981	50.9	42.7	5.6	2.6	
1982	46.8	29.0	7.6	10.2	
1983	63.1	31.9	13.6	17.6	
1984	57.0	28.6	11.4	17.0	
1985	53.4	24.2	9.2	20.0	
1986	68.8	27.6	16.6	24.6	
1987	36.5	19.5	5.8	11.2	
1988	22.9	10.2	11.5	1.2	
1989	22.1	14.8	6.3	1.0	
1990	48.8	8.0	6.8	1.0	33.0
1991	39.8	19.3	5.1	3.4	12.0
1992	46.0	20.0	6.8	4.0	15.2
1993	54.4	12.2	3.8	1.5	36.9
1994	48.8	8.7	3.2	3.8	33.1
1995	63.7	15.2	0.5		48.0
1996	70.9	14.5	2.7	0.2	53.5
1997	81.0	16.8	1.1	2.6	60.5
1998	101.7	7.9	0.4		93.4
1999	173.6	11.3			162.3
2000	73.0	7.5	3.5	14.6	47.4
2001	94.9	13.5		2.8	78.6
2002	65.3	16.2	0.9	1.7	46.5
2003	30.8	1.6	2.2		27.0
2004	91.3	19.6	7.0	4.3	60.4
2005	102.0				102.0
2006	46.7				36.7
2007	65.9				65.9
2008	55.9				55.9
2009	196.3				196.3
2010	177.0				176.9
2011	254.8				252.6

注:1、2011 年以前为城镇规模以上固定资产投资。
2、2011 年起为 500 万元以上固定资产投资,不再区分城镇和农村。

5-11 固定资产投资情况

（2011 年） 单位:万元

指标名称	合计	#市区	#房地产
计划投资			
建设项目计划总投资	47 127 390	28 380 888	11 353 908
#本年新开工项目	22 556 593	13 515 731	
自开始建设累计完成投资	33 519 766	18 735 213	7 308 035
自年初累计完成投资	**22 010 274**	**11 930 894**	**2 551 217**
#本年新开工项目	14 573 456	8 073 402	
#国有经济控股	2 909 720	1 766 926	557 380
#住宅	2 359 744	10 100	2 199 609
#基础设施投资	3 534 168	2 395 297	
#民间投资	16 656 656	8 145 400	
按构成分			
建筑工程	11 029 326	6 332 688	1 730 734
安装工程	1 616 923	796 551	237 251
设备工器具购置	7 305 439	3 312 224	92 012
#用于更新的设备	127 042	93 342	
其他费用	2 058 586	1 484 531	491 220
按建设性质分			
新　建	14 579 001	7 337 547	
扩　建	2 304 037	1 189 481	
改　建	2 368 592	1 794 703	
按登记注册类型分			
内　资	20 942 395	9 863 956	2 377 704
国有	2 353 400	1 587 456	378 664
集体	486 169	353 576	20 001
股份合作	63 449	55 500	7 949
联营企业	197 360	173 860	16 000
国有联营	7 500		
集体联营企业			
国有与集体联营企业	173 860	173 860	
其他联营企业	16 000		16 000
有限责任公司	4 784 700	2 596 911	680 582
国有独资公司	318 958	149 000	105 758
其他有限责任公司	4 465 742	2 447 911	574 824
股份有限公司	1 444 172	892 177	208 705
私营	9 818 936	3 430 210	909 520
其他	2 056 250	774 266	156 283
港澳台商投资	516 255	381 981	117 274
合资经营	67 331	62 931	4 400
合作经营	69 460		69 460
独资	338 170	286 183	34 987
股份有限公司	41 294	32 867	8 427
外商投资	264 223	149 284	56 239
合资经营	157 728	124 728	16 500
合作经营			
独资	106 495	24 556	39 739
股份有限公司			

5-11 续表 1 （2011 年） 单位:万元

指 标 名 称	合 计	#市 区	#房地产
个体经营	25 360	17 900	
个体户	13 460	7 800	
个人合伙	11 900	10 100	
按产业分			
第一产业	341 756	98 045	
第二产业	12 711 577	5 377 837	
工业	12 162 213	5 202 284	
#能源工业	1 219 977	524 589	
原材料工业	3 552 098	1 551 948	
机电工业	3 898 478	2 321 286	
轻纺工业	3 695 943	922 103	
第三产业	6 405 724	4 937 239	2 551 217
按国民经济行业分			
农、林、牧、渔业	341 756	98 045	
农业	131 012	34 925	
林业			
畜牧业	145 974	17 250	
渔业	11 500	4 600	
农、林、牧、渔服务业	53 270	41 270	
采矿业	281 090	10 050	
煤炭开采和洗选业	128 030	4 250	
石油与天然气开采业业			
黑色金属矿采选业	76 200		
非金属矿采选业	76 860	5 800	
其他采矿业			
制造业	10 999 794	4 804 195	
农副食品加工业	481 986	98 110	
食品制造业	217 141	18 100	
饮料制造业	202 890	79 360	
烟草制品业	21 113	21 113	
纺织业	665 583	163 310	
纺织服装、鞋、帽制造业	187 474	13 750	
皮革、毛皮、羽毛(绒)及其制品业	68 275	28 500	
木材加工及木、竹、藤、棕、草制	467 046	25 710	
家具制造业	169 393	32 708	
造纸及纸制品业	95 388	71 600	
印刷业和记录媒介的复制	20 961	16 111	
文教体育用品制造业	128 050		
石油加工、炼焦及核燃料加工业	326 598	170 700	
化学原料及化学制品制造业	898 681	205 873	
医药制造业	197 555	100 800	
化学纤维制造业	12 400	7 500	
橡胶制品业	88 393	42 982	
塑料制品业	194 075	11 210	
非金属矿物制品业	1 029 121	493 722	
黑色金属冶炼及压延加工业	1 148 683	809 483	
有色金属冶炼及压延加工业	386 353	36 200	
金属制品业	432 202	187 943	
通用设备制造业	913 132	587 406	
专用设备制造业	748 141	620 774	
交通运输设备制造业	319 688	108 323	
电气机械及器材制造业	756 942	215 475	
通信设备、计算机及其他电子设备	580 126	486 205	
仪器仪表及文化、办公用机械制造	148 247	115 160	

5-11 续表 2 （2011 年） 单位:万元

指 标 名 称	合 计	#市 区	#房地产
工艺品及其他制造业	81 097	29 397	
废弃资源和废旧材料回收加工业	13 060	6 670	
电力、燃气及水的生产和供应业	881 329	388 039	
电力、热力的生产和供应业	559 259	271 999	
燃气生产和供应业	206 090	77 640	
水的生产和供应业	115 980	38 400	
建筑业	549 364	175 553	
房屋和土木工程建筑业	525 874	156 463	
建筑安装业	2 930	2 930	
建筑装饰业	10 740	10 740	
其他建筑业	9 820	5 420	
交通运输、仓储和邮政业	782 328	661 474	
铁路运输业	9 840		
道路运输业	183 277	139 416	
城市公共交通业	3 500	3 500	
水上运输业	349 720	286 920	
管道运输业	37 988	37 988	
装卸搬运和其他运输服务业	17 500	17 500	
仓储业	180 503	176 150	
邮政业			
信息传输、计算机服务和软件业	21 295	14 715	
电信和其他信息传输服务业	15 325	13 715	
计算机服务业	4 970		
软件业	1 000	1 000	
批发和零售业	1 877 062	1 416 140	
批发业	371 044	307 594	
零售业	1 506 018	1 108 546	
住宿和餐饮业	705 594	590 364	
住宿业	414 331	332 031	
餐饮业	291 263	258 333	
金融业	66 722	61 522	
银行业	11 110	5 910	
证券业	2 850	2 850	
保险业	2 600	2 600	
其他金融活动	50 162	50 162	
房地产业	2 602 427	1543 693	2 551 217
房地产业	51 210	25 920	2 551 217
租赁和商务服务业	226 941	184 386	
租赁业	14 950	2 850	
商务服务业	211 991	181 536	
科学研究、技术服务和地质勘查业	82 392	57 012	
研究与试验发展	5 912	5 912	
专业技术服务业	19 800	19 800	
科技交流和推广服务业	56 680	31 300	
水利、环境和公共设施管理业	1 408 649	1 039 718	
水利管理业	53 163	36 863	
环境管理业	145 189	76 663	
公共设施管理业	1 210 297	926 192	
居民服务和其他服务业	381 547	354 747	

5-11 续表 3 （2011 年） 单位:万元

指 标 名 称	合 计	#市 区	#房地产
居民服务业	302 280	294 980	
其他服务业	79 267	59 767	
教育	204 695	179 775	
教育	204 695	179 775	
卫生、社会保障和社会福利业	135 658	65 249	
卫生	109 818	47 549	
社会保障业	12 000	12 000	
社会福利业	13 840	5 700	
文化、体育和娱乐业	286 687	223 477	
新闻出版业	2 500		
广播、电视、电影和音像业	5 912	5 912	
文化艺术业	37 030	19 380	
体育	55 600	55 080	
娱乐业	185 645	143 105	
公共管理和社会组织	174 944	62 740	
中国共产党机关			
国家机构	164 794	54 290	
群众团体、社会团体和宗教组织	7 550	5 850	
基层群众自治组织	2 600	2 600	
新增固定资产	**15 040 675**	**6 991 822**	**1 539 050**
项目个数 （个）			
施工项目个数	3 080	1 299	259
本年新开工	1 962	947	
全投项目个数	2 232	889	
房屋建筑面积 （平方米）			
施工房屋面积	43 097 378	21 371 273	19 329 748
#住宅	17 750 260	10 946 842	16 576 225
竣工房屋面积	17 528 262	7 104 532	5 624 692
#住宅	5 895 025	2 547 661	4 941 410
本年资金来源合计	**26 324 442**	**15 545 985**	**3 681 708**
上年末结余资金	567 079	402 435	530 771
本年资金来源小计	25 757 363	15 143 550	3 150 937
国家预算内资金	412 992	79 433	
国内贷款	2 032 005	1 178 547	485 349
债券			
利用外资	576 235	488 186	7 236
#外商直接投资	25 783	7 235	7 235
自筹资金	21 186 215	12 307 712	1 249 202
#企事业单位自有资金	5 808 721	2 506 624	711 393
其他资金来源	1 549 916	1 078 714	1 409 150
本年各项应付款合计	**2 476 498**	**2 182 262**	**1 119 860**
其中:工程款	565 625	399 515	477 161
征用和购置土地面积			
规划用地面积 （平方米）	101 403 005	40 287 357	
本年实际征用和购置土地面积（平方米）	60 238 405	13 181 355	869 638
本年实际征用和购置土地成交价款	1 096 048	682 146	138 739

5-12 主要年份房地产投资与销售情况

项　　　目	2000	2005	2006	2007	2008	2009	2010	2011
企业个数　　　　（个）	**108**	**165**	**137**	**211**	**282**	**448**	**324**	**374**
投资完成额　　（万元）	**280 490**	**625 738**	**707 983**	**1 001 097**	**1 308 123**	**1 590 593**	**2 053 222**	**2 551 217**
按构成分								
建筑工程	207 412	443 842	584 594	834 389	1 025 881	1 168 452	1 415 802	1 730 734
安装工程	12 904	27 867	15 827	46 890	91 168	162 724	180 429	237 251
设备工器具购置	3 104	4 421	1 848	5 476	13 413	13 092	48 979	92 012
其他费用	57 070	149 608	105 714	114 342	177 661	246 325	408 012	491 220
按工程用途分								
住宅	191 782	467 936	591 725	831 687	1 139 708	1 234 603	1 696 983	2 199 609
# 经济适用房屋	50 168	410 893	22 387	120 306	149 187	170 740	96 320	
办公楼	6 916	45 104	26 934	41 080	23 060	53 094	65 046	56 078
商业营业用房	68 964	89 115	75 039	120 659	119 464	232 714	233 634	197 678
其他	12 828	23 583	14 285	7 671	25 891	70 182	57 559	97 852
按资金来源分								
# 国内贷款	101 610	128 526	134 422	149 464	238 007	521 596	564 358	485 349
利用外资		30 605	7 250	13 324	26 228	6 414	21 247	7 236
自筹投资	53 974	249 819	215 214	438 451	592 728	668 993	808 743	1249 202
其他投资	119 564	372 014	489 812	591 747	640 962	1 122 305	1 761 756	1 409 150
房屋建筑面积（万平方米）								
施工面积	306.90	672.98	679.70	911.26	1 261.87	1 397.46	1 710.17	1 932.97
# 住宅	241.70	541.34	548.30	793.43	1 074.33	1 188.96	1 438.21	1 657.62
竣工面积	87.00	320.14	172.27	265.74	224.40	407.89	457.13	562.47
# 住宅	74.50	250.15	136.66	225.57	198.39	356.09	378.57	494.14
土地开发及购置								
本年土地开发面积	63.40	124.56	99.54	173.49	199.24	162.44		
本年土地购置面积	110.60	86.34	153.47	141.88	187.36	130.28	67.57	86.96
商品房销售情况								
房屋实际销售面积	129.00	273.04	110.54	357.70	294.27	544.38	621.75	639.38
# 住宅	119.90	252.99	97.32	321.41	267.92	492.73	548.71	575.14
# 经济适用房	47.60	7.36	10.88	26.88	39.60	26.66	37.76	
房屋预售面积	46.00	131.11	177.92	245.29	185.65	661.83	685.81	
# 住宅	40.00	123.62	154.89	223.06	172.08	587.53	580.11	
# 经济适用房	6.00	2.52	10.04	14.00	6.79	21.27	21.07	
商品房销售额　　（万元）	152 149	506 098	619 776	852 022	786 881	1 764 117	2 325 498	2 860 072

主要统计指标解释

全社会固定资产投资 固定资产投资额是以货币表现的建造和购置固定资产活动的工作量，它是反映固定资产投资规模、速度、比例关系和使用方向的综合性指标。按照现行国家统计制度规定：全社会固定资产投资分为基本建设、更新改造、房地产投资、其他投资(含国有单位其他投资、城镇集体、未列入基本建设和更新改造计划管理的联营经济、股份制经济、外商投资、港澳台投资等)、农村集体单位固定资产投资和城乡个人投资。

固定资产投资的资金来源 根据固定资产投资的资金来源不同，分为上年末结余资金、本年资金来源小计和各项应付款。其中本年资金来源小计又分为国家预算内资金、国内贷款、债券、利用外资、自筹资金和其他资金来源。

固定资产投资按国民经济行业分 建设项目归哪个行业，按其建成投产后的主要产品或主要用途及社会经济活动性质来确定。基本建设按建设项目划分国民经济行业，更新改造、国有经济单位其他固定资产投资及城镇集体投资根据整个企业事业单位所属的行业来划分。一般情况下，一个建设项目或一个企业、事业单位只能属于一种国民经济行业。为了更准确地反映国民经济各行业之间的比例关系，联合企业（总厂)所属分厂属于不同行业的，原则上按分厂划分行业。

固定资产投资按建设性质分 建设项目的性质一般分为新建、扩建、改建、迁建、恢复。基本建设按建设项目划分建设性质，更新改造、国有经济单位其他固定资产投资及城镇集体投资按整个企业、事业单位的建设情况确定建设性质。房地产投资不划分建设性质。目前基本建设和更新改造是根据我国现行的计划管理体制区分的，所以基本建设和更新改造都可以分别按新建扩建等划分。

固定资产投资按构成分 固定资产投资活动按其工作内容和实现方式分为建筑安装工程，设备、工具、器具购置，其他费用三个部分。

基本建设项目按大中小型划分 基本建设划分大中小型项目原则上应按照上级批准的设计任务书或初步设计所确定的总规模或总投资划分，没有正式批准设计任务书或初步设计的，按国家或省、自治区、直辖市年度基本建设投资计划中所列的总规模或总投资划分。上述两条均不具备的，按本年计划施工工程的建设总规模或总投资划分。生产单一产品的工业项目，按产品的设计能力划分；生产多种产品的工业项目，按其主要产品的设计能力划分。品种繁多，难以按生产能力划分的，按全部计划投资额划分。划分标准以国家颁发的《大中小型建设项目划分标准》为依据。国家曾在1958年、1962年、1977年和1979年先后五次修订《大中小型建设项目划分标准》，因此各历史时期的大中型项目数不完全可比。

施工项目 指报告期内曾进行建筑或安装工程施工活动的建设项目。包括报告期内新开工项目，报告期以前开工跨入报告期继续施工的项目以及报告期施过工并在报告期内全部建设投产或停缓建的项目。

全部建成投产项目 工业项目是指设计文件规定形成生产能力的主体工程及其相应配套的辅助设施全部建成，经负荷试运转，证明具备生产设计规定合格产品的条件，并经过验收鉴定合格或达到竣工验收标准，与生产性工程配套的生产福利设施可以满足近期正常生产的需要，正式移交生产的建设项目。非工业项目是指设计文件规定的主体工程和相应的配套工程全部建成，能够发挥设计规定的全部效益，经验收鉴定合格或达到竣工验收标准，正式移交使用的建设项目。

新增生产能力 指通过固定资产投资活动而增加的设计能力或工程效益，它是用实物形态表示的固定资产投资的成果。新增生产能力的计算，是以能独立发挥生产能力或效益的单项工程(或项目)为对象。当单项工(或项目)建成，经有关部门鉴定合格，正式移交投入生产，即可计算新增生产能力。

施工和竣工房屋建筑面积 房屋建筑面积是从房屋外墙线算起的各层平面面积的总和，包括房屋结构(如柱、墙)占用的面积和地下室面积。多层建筑按各自然层面积总和计算，包括房屋内的楼隔层，突出墙面的眺望间、门斗、有柱雨罩的面积。不包括突出墙面结构的构件、艺术装饰等所占的面积，如台阶等。凹阳台、挑阳台按其水平投影面积一半计算建筑面积。

竣工面积 指在报告期内房屋建筑按照设计要求已全部完工，达到住人和使用条件，经验收鉴定合格，正式移交使用单位的建筑面积。

房屋建筑面积竣工率 指一定时期内房屋竣工面积占同期房屋施工面积的比率。它是从房屋建筑施工速度的角度反映投资效果和建筑业经济效益的指标。

新增固定资产 指通过投资活动所形成的新的固定资产价值。包括已经建成投入生产或交付使用的工程价值和达到固定资产标准的设备、工具、器具的价值及有关应摊入的费用。它是以价值形式表示的固定资产投资成果的综合性指标，可以综合反映不同时期、不同部门、不同地区的固定资产投资成果。

建设项目投资率 指一定时期内全部建成投入生产项目个数占同期正式施工项目个数的比率。它是从项目建设速度的角度反映投资效果的指标。

固定资产交付使用率 指一定时期新增固定资产与同期完成投资额的比率。它是反映各个时期固定资产动用速度，衡量建设过程中投资效果的一个综合性指标。

未完工程占用率 指年末未完工程累计完成投资额占全年实际完成投资额的比率。它反映未完工程的相对规模，并可从资金占用的角度反映固定资产投资效果。由于未完工程是指已经开工，但尚未建成交付使用的工程，有个跨年度问题，因此未完工程占用率会出现大于1的情况。

第 6 部分

对外经济贸易和国际旅游

FOREIGN ECONOMY & TRADE AND INTERNATIONAL TOURISM

版面负责人：牛坚强

编　　　辑：徐　辉

关于统计调查项目的分类及制定原则的规定

第十一条 统计调查项目包括国家统计调查项目、部门统计调查项目和地方统计调查项目。

国家统计调查项目是指全国性基本情况的统计调查项目。部门统计调查项目是指国务院有关部门的专业性统计调查项目。地方统计调查项目是指县级以上地方人民政府及其部门的地方性统计调查项目。

国家统计调查项目、部门统计调查项目、地方统计调查项目应当明确分工,互相衔接,不得重复。

【释义】 本条是关于统计调查项目的分类及制定原则的规定。

《统计法》所称的统计调查,是指由各级人民政府、县级以上人民政府统计机构和有关部门组织实施的统计调查,又称政府统计调查。统计调查项目,是指在一定时期为实现特定统计调查目的而组织实施的政府统计调查。

鉴于政府统计调查的强制性和调查主体的多元化,为了有效规范政府及其有关部门的统计行为,维护统计调查对象的合法权益,《统计法》在总结实践经验的基础上,将统计调查项目分为国家统计调查项目、部门统计调查项目和地方统计调查项目三类,实行分类管理。其中,国家统计调查项目,是指全国性基本情况的统计调查项目,是为了国家管理和宏观决策的需要,对基本国情国力进行的统计调查,如全国经济普查、人口与就业情况统计、固定资产投资统计、城乡居民消费价格统计等。部门统计调查项目,是指国务院有关部门的专业性统计调查项目,是国务院有关部门依法履行职责,根据其业务管理的实际需要进行的专业性统计调查。这类调查所要搜集的资料,大都是国务院有关部门业务管理所需要的数据,专业性较强。地方统计调查项目,是指县级以上地方人民政府及其部门的地方性统计调查项目,是县级以上地方人民政府及其部门在国家统计调查项目和部门统计调查项目的基础上,为取得管理本地方经济社会活动、制定本地方经济社会发展战略所需的补充性资料而进行的地方性统计调查。地方统计调查项目的最主要特点,是具有一定的地域性,只能在本行政区域内组织实施。

对统计调查项目实行分类管理是落实《统计法》立法目的,科学、有效地组织统计工作的重要环节。为了有效维护正常的统计调查秩序,防止"数出多门",降低统计成本,减轻基层统计机构和统计调查对象的负担,本条还规定,国家统计调查项目、部门统计调查项目、地方统计调查项目应当明确分工,互相衔接,不得重复。各级人民政府、县级以上人民政府统计机构和有关部门应当依法加强协调与沟通,明确各自的分工,不断提高统计信息共享水平,避免重复统计,维护政府统计的公信力。

编辑:张　霖

6-1 利用外资签订协议(合同)情况

单位:万美元

年 份	合 计		对外借款		外商直接投资	
	合同数（个）	合同外资额	合同数（个）	合同外资额	合同数（个）	合同外资额
1980	3	506	2	206		
1981						
1982	3	3 678				
1983	2	29				
1984	2	55				
1985	9	406			2	41
1986	5	414	2	290	3	124
1987	11	973			1	66
1988	17	3 574	5	2 106	8	470
1989	17	2 475	5	1 530	11	937
1990	10	1 604	4	1 113	6	491
1991	27	1 978	1	1 281	26	697
1992	218	8 111	3	525	215	7 586
1993	432	25 022	11	433	421	24 589
1994	173	19 516			173	19 516
1995	159	10 866			159	10 866
1996	122	20 791	6	3 283	116	17 508
1997	59	23 626	8	13 390	51	10 236
1998	83	27 817	4	5 162	79	22 655
1999	56	24 468			56	24 468
2000	99	25 720			99	25 720
2001	62	29 078			62	29 078
2002	119	44 066			119	44 060
2003	166	57 301			166	57 301
2004	186	69 689			186	69 689
2005	173	81 733			173	81 733
2006	151	81 095			151	81 095
2007	166	135 827			166	135 827
2008	122	172 608			122	172 608
2009	145	110 956			145	110 956
2010	204	189 233			204	189 233
2011	218	258 369			218	258 369

注:1989 年以前合同数、合同工外资金额分三部分:对外借款、外商直接投资、外商其他投资。本表中不含外商其他投资。1989 年以后合同数合同外资额包括两部分:对外借款、外商直接投资。2004 年以后合同数、合同外资金额为新批外商投资项目个数和新签协议注册外资额(下同)。

6-2 实际利用外资情况

单位：万美元

年　份	合　计	#对外借款	#外商直接投资
1985	55		
1986	618	253	
1987	214		40
1988	434	37	127
1989	2 191	1 022	371
1990	1 324	578	110
1991	1 225	978	247
1992	2 378	1 578	800
1993	4 161	433	3 728
1994	6 898	1 237	5 661
1995	10 432		10 432
1996	17 284	3 232	14 052
1997	19 020	10 091	8 929
1998	22 816		22 816
1999	20 184		20 184
2000	20 790		20 790
2001	21 840		21 840
2002	25 023		25 023
2003	34 095		34 095
2004	30 399		30 399
2005	26 057		26 057
2006	24 433		24 433
2007	44 291		44 291
2008	58 251		58 251
2009	69 781		69 781
2010	101 330		101 330
2011	146 569		146 569

注：2004 年以后实际利用外资为实际到帐注册外资，下同。

6-3　主要年份对外经济情况

单位:万美元

指　　标	1990	1995	2000	2005	2008	2009	2010	2011
自营进出口总额	1 015	24 696	32 896	112 621	345 394	230 170	416 053	630 966
自营出口	599	14 724	18 715	75 196	224 471	151 679	263 060	415 941
# 三资企业	599	5 626	7 794	36 282	96 956	61 691	111 952	113 270
自营进口	416	9 972	14 181	37 425	120 923	78 491	152 993	215 025
# 三资企业	416	8 454	9 765	29 056	75 101	44 734	98 975	123 976
新批外商投资项目个数　（个）	10	159	99	173	122	145	204	218
新批协议注册外资额	1 604	10 866	25 720	81 733	172 608	110 956	189 233	258 369
实际到帐注册外资额	1 324	10 432	20 790	26 057	58 251	69 781	101 330	146 569
新签对外承包工程劳务合同额		3 256	8 010	31 500	59 100	10 783	12 648	14 459
对外承包工程劳务营业额		2 228	6 995	30 000	57 500	12 572	14 610	16 365
期末在外人数　（人）		2 316	2 802	18 200	18 156	1 739	1 761	1 420
新批海外投资企业　（家）		1		1		10	6	10
年末实有三资企业　（家）	31	877	553	599	1 208	1 370	944	1 789
# 投产开业企业	20	486	415	599	1 208	1 370	944	1 789

注:进出口总额 1998 年以后为海关数;2000 年年末在外人数为当年新派人数。

6-4　主要年份国际旅游人数和收入

单位:人

指　　标	1990	1995	2000	2005	2008	2009	2010	2011
过夜旅游者人数	**4 325**	**4 988**	**17 825**	**73 010**	**132 128**	**139 147**	**158 277**	**182 180**
外国人	971	2 985	11 324	51 417	102 721	106 951	121 446	138 659
港澳台同胞	3 354	2 003	6 501	21 593	29 407	32 196	36 831	43 521
过夜者人天数　（人天）	**10 318**	**19 749**	**320 914**	**521 067**	**867 232**	**908 450**	**1 019 251**	**1 174 174**
外国人	3 131	12 926	182 885	346 684	608 312	640 791	724 714	831 461
港澳台同胞	7 187	6 823	138 029	174 383	258 920	267 659	294 537	342 713
过夜的外国人按国别分								
日　本	401	792	2 720	5 992	10 084	13 518	13 409	11 364
菲律宾	7	13	20	519	2 489	1 289	3 815	1 589
新加坡	9	89	1 006	2 107	5 439	8 364	8 304	10 202
泰　国	33	37	23	727	2 736	3 837	3 763	1 895
印度尼西亚	1	64	51	915	1 977	1 248	1 485	3 084
美　国	109	494	3 305	9 361	12 792	14 901	15 615	16 597
加拿大	17	56	383	3 020	3 981	4 737	4 876	8 891
英　国	41	74	198	2 277	5 742	7 480	7 961	7 642
法　国	25	134	68	2 121	4 874	3 886	5 374	6 419
德　国	100	342	244	6 803	8 598	12 020	12 568	13 951
意大利	13	66	81	1 009	3 546	2 351	1 976	1 165
俄罗斯	50	51	141	1 027	3 394	2 009	3 282	4 767
澳大利亚	35	62	390	3 225	5 046	5 328	4 869	6 749
新西兰	6	8	22	1 523	2 360	2 300	2 536	3 247
马来西亚		115	83	860	3 341	3 830	3 603	2 508
韩　国		216	1 454	2 543	9 446	11 642	12 362	14 344
西班牙		15	10	553	869	252	489	462
国际旅游收入　（万美元）		**229**	**1 307**	**5 658**	**12 296**	**13 194**	**15 287**	**18 700**

注:俄罗斯旅游人数 1992 年及以前为前苏联数,德国 1991 年及以前的数字为西德数。

主要统计指标解释

利用外资　指我国各级政府、部门、企业和其他经济组织通过对外借款、吸收外商直接投资以及用其他方式筹措的境外现汇、设备、技术等。

对外借款　是我国利用外资的主要部分。包括我国通过外国政府贷款,国际金融组织贷款,外国银行商业贷款,出口信贷以及对外发行债券、股票等方式,从境外筹措的资金。

外商直接投资　是指外国企业和经济组织或个人(包括华侨、港澳台同胞以及我国在境外注册的企业)按我国有关政策、法规,用现汇、实物、技术等在我国境内开办外商独资企业、与我国境内的企业或经济组织共同举办中外合资经营企业、合作经营企业或合作开发资源的投资(包括外商投资收益的再投资)以及政府有关部门批准的项目投资总额内,企业从境外借入的资金。

对外承包工程　包括各对外承包公司以招标议标承包方式承揽的下列业务(1)承包国外工程建设项目;(2)承包我国对外经援项目;(3)承包我国驻外机构的工程建设项目;(4)承包我国境内利用外资进行建设的工程项目;(5)与外国承包公司合营或联合承包工程项目时我国公司分包部分;(6)以服务成果向业主收费的技术服务项目(包括承担地形地貌测绘;地质资源勘探与普查;建设区域规划;提供设计文件、图纸、生产工艺技术资料和工程技术经济咨询;工程项目的可行性考察、研究和评估;进行技术指导和培训人员等);(7)对外承包兼营的房屋开发业务。对外承包工程的营业额是以货币表现的本期内完成的对外承包工程的工作量,包括以前年度签订的合同和本年度新签订的合同在报告期完成的工作量。

对外劳务合作　指以收取工资的形式向业主或承包商提供技术和劳动服务的活动。我国对外承包公司在境外开办的合营企业,中国公司同时又提供劳务的,其劳务部分也纳入劳务合计统计。劳务合作营业额按报告期内向雇主提交的结算数(包括工资、加班费和奖金等)统计。

旅游人数　指来我国参观、访问、旅行、探亲、访友、休养、考察、参加会议和从事经济、科技、文化、教育、体育、宗教等活动的外国人、华侨、港澳和台湾同胞的人数。不包括外国在我国的常住机构,如使领馆、通讯社、企业办事处的工作人员;来我国常驻的外国专家、留学生以及在岸逗留不过夜人员。

旅游外汇收入　指国内各部门为来我国旅游的外国人、华侨、港澳和台湾同胞提供商品和劳务而获得的外汇收入。包括供应商品、饮食和提供住宿、交通、邮电、文化娱乐、导游等各项服务所得到的全部外汇收入。

第 7 部分

能源消费与库存

ENERGY CONSUMPTION AND STOCK

版面负责人：陈晓红

编　　　辑：李家平

关于统计调查项目制定及审批或者备案权限的规定

第十二条 国家统计调查项目由国家统计局制定，或者由国家统计局和国务院有关部门共同制定，报国务院备案；重大的国家统计调查项目报国务院审批。

部门统计调查项目由国务院有关部门制定。统计调查对象属于本部门管辖系统的，报国家统计局备案；统计调查对象超出本部门管辖系统的，报国家统计局审批。

地方统计调查项目由县级以上地方人民政府统计机构和有关部门分别制定或者共同制定。其中，由省级人民政府统计机构单独制定或者和有关部门共同制定的，报国家统计局审批；由省级以下人民政府统计机构单独制定或者和有关部门共同制定的，报省级人民政府统计机构审批；由县级以上地方人民政府有关部门制定的，报本级人民政府统计机构审批。

【释义】 本条是关于统计调查项目制定及审批或者备案权限的规定。

依照《统计法》规定，国家对统计调查项目实行分类管理。为了明确责任主体，本条对国家统计调查项目、部门统计调查项目、地方统计调查项目的制定及审批或者备案权限作了明确规定。

国家统计调查项目的制定分为两种情况：一是由国家统计局单独制定；二是由国家统计局和国务院有关部门共同制定。其中重大的国家统计调查项目，如全国人口普查、经济普查和农业普查等，报国务院审批；其它调查项目，报国务院备案。

部门统计调查项目由国务院有关部门制定。统计调查对象属于本部门管辖系统的，报国家统计局备案。统计调查对象超出本部门管辖系统的，报国家统计局审批。所谓本部门管辖系统，是指该部门直属的单位或者地方各级人民政府与该部门对口设立的管理机构。

地方统计调查项目的制定分为三种情况：一是由县级以上地方人民政府统计机构单独制定；二是由县级以上地方人民政府有关部门单独制定；三是由县级以上地方人民政府统计机构和有关部门共同制定。地方统计调查项目都必须报请审批，根据项目制定机关的不同，地方统计调查项目的审批权限也分为三种：一是由省级人民政府统计机构单独制定或者和有关部门共同制定的，报国家统计局审批；二是由省级以下人民政府统计机构单独制定或者和有关部门共同制定的，报省级人民政府统计机构审批；三是由县级以上地方人民政府有关部门制定的，报本级人民政府统计机构审批。

通过立法，对国家统计调查项目、部门统计调查项目、地方统计调查项目的制定及审批或者备案权限作出明确规定，有利于从制度和程序上加强对政府统计调查项目的管理，有利于保障国家统计调查项目、部门统计调查项目、地方统计调查项目之间明确分工，互相衔接，避免重复。这是全面推进依法行政的客观需要，也是对统计调查对象合法权益的有力维护。

编辑：张　霖

7-1 规模以上工业企业综合能源分行业消费量

指　　标	2011			2010	
	单位数（个）	综合能源消费量（吨标准煤）	产值单耗（吨标准煤 / 万元）	综合能源消费量（吨标准煤）	产值单耗（吨标准煤 / 万元）
总　计	**2 649**	**20 753 715**	**0.30**	**18 839 776**	**0.37**
按轻重工业分					
轻工业	949	1 852 754	0.10	1 906 813	0.14
重工业	1 700	18 900 962	0.38	16 932 963	0.46
按行业分					
采矿业	59	2 589 143	0.73	2 042 232	0.64
煤炭开采和洗选业	11	2 486 824	0.82	1 949 169	0.71
石油和天然气开采业					
黑色金属矿采选业	10	77 491	0.48	71 877	0.50
有色金属矿采选业					
非金属矿采选业	38	24 829	0.07	21 186	0.07
其他采矿业					
制造业	2 564	11 683 480	0.18	10 659 235	0.23
农副食品加工业	220	137 598	0.04	141 977	0.06
食品制造业	51	87 490	0.15	62 399	0.13
饮料制造业	28	601 376	0.22	607 581	0.29
烟草制品业	1	12 491	0.01	12 125	0.01
纺织业	249	236 569	0.08	211 837	0.08
纺织服装、鞋、帽制造业	66	20 815	0.03	20 230	0.05
皮革、毛皮、羽毛（绒）等制品业	17	12 114	0.05	12 749	0.08
木材加工及木、竹、藤等制品业	460	765 164	0.12	719 457	0.14
家具制造业	30	8 921	0.03	6 218	0.03
造纸及纸制品业	44	86 957	0.11	135 826	0.19
印刷业和记录媒介的复制	15	10 253	0.07	7 440	0.05
文教体育用品制造业	15	7 533	0.04	5 492	0.04
石油加工炼焦及核燃料	10	888 432	0.72	260 952	0.54
化学原料及化学制品制造业	218	2 162 767	0.22	1 886 036	0.34
医药制造业	49	143 843	0.08	116 422	0.12
化学纤维制造业	8	10 245	0.04	4 921	0.07
橡胶制品业	10	14 555	0.03	11 706	0.03
塑料制品业	93	97 222	0.08	99 242	0.11
非金属矿物制品业	194	1 546 286	0.53	1 821 648	0.74
黑色金属冶炼及压延加工业	35	4 044 081	1.07	3 709 616	1.33
有色金属冶炼及压延加工业	53	92 119	0.07	112 953	0.10
金属制品业	128	125 069	0.07	148 531	0.09
通用设备制造业	178	169 985	0.02	175 133	0.03
专用设备制造业	104	59 550	0.02	69 422	0.04
交通运输设备制造业	54	24 445	0.02	59 906	0.06
电气机械及器材制造业	102	221 453	0.05	162 633	0.07
通信设备、计算机及其他	41	41 885	0.02	25 526	0.03
仪器仪表及文化、办公用机械制造业	53	29 340	0.01	28 992	0.02
工艺品及其他制造业	35	23 655	0.10	20 691	0.11
废弃资源和废旧材料回收加工业	3	1 265	…	1 574	0.01
电力、煤气及水的生产和供应	26	6 481 092	3.96	6 138 309	4.31
电力、热力的生产和供应业	19	6 475 302	4.08	6 129 741	4.52
燃气生产和供应业	1	216	0.01	865	0.03
水的生产和供应业	6	5 574	0.18	7 704	0.21

7-2 规模以上工业企业能源购进、消费及库存

（2011 年）

能源名称	企业单位数（个）	年初库存	购进量	消费量			年末库存
				合计	工业生产消费	非工业生产消费	
原煤（吨）	732	790 212	29 106 961	45 460 254	45 371 379	88 875	2 016 689
无烟煤	7	112 599	419 990	420 653	420 653		111 936
炼焦烟煤	3	24 325	144 077	6 482 621	6 482 621		31 160
一般烟煤	720	653 288	28 542 894	33 619 622	33 540 579	79 043	1 873 443
褐煤	2			4 937 358	4 927 526	9 832	
洗精煤（吨）	9	133 377	7 489 888	7 563 010	7 457 041	105 970	60 254
其它洗煤（吨）	7	41 502	696 061	1 103 579	1 103 579		24 171
煤制品（吨）							
焦炭（吨）	53	27 861	3 334 223	3 543 129	3 543 129		47 742
其它焦化产品（吨）							
焦炉煤气（万立方米）	5		13 206	29 241	29 241		
高炉煤气（万立方米）	1			58 210	58 210		
转炉煤气（万立方米）							
发生炉煤气（万立方米）							
天然气（气态）（万立方米）	12		1 977	1 977	1 976	1	
液化天然气（液态）（吨）	1		1	1	1		
煤层气（煤田）（万立方米）							
原油（吨）							
汽油（吨）	66	454	18 561	18 681	17 554	1 127	334
煤油（吨）	4	2	1 338	1 339	1 334	5	1
柴油（吨）	198	3 866	80 220	79 920	75 875	4 045	3 746
燃料油（吨）	4	199	5 708	5 610	5 610		297
液化石油气（吨）	2		234	234	141	93	
炼厂干气（吨）							
石脑油（吨）							
润滑油（吨）	2		540	540	540		
石蜡（吨）							
溶剂油（吨）							
石油焦（吨）							
石油沥青（吨）							
其它石油制品（吨）	4		66	66	65	1	
热力（百万千焦）	59		12 848 578	14 382 077	13 832 004	550 073	
电力（万千瓦时）	2 649		1 938 249	2 427 891	2 394 653	33 238	
煤矸石用于燃料（吨）	1		309 747	305 438	305 438		
城市垃圾用于燃料（吨）							
生物质废料用于燃料（吨）							
余热余压（百万千焦）							
其它工业废料用于燃料（吨）							
其他燃料（吨标准煤）							
能源合计（吨标准煤）	2 649			45 966 545	45 744 069	222 477	

7-3 规模以上加工转换工业企业能源消费、投入及产出

（2011 年）

能源名称		企业单位数（个）	工业生产消费量	加工转换投入合计	#火力发电
原煤	（吨）	732	40 353 874	40 174 383	20 040 638
无烟煤		7	266 923	266 923	76 795
炼焦烟煤		3	6 345 379	6 345 379	
一般烟煤		720	28 814 046	28 634 555	15 178 303
褐煤		2	4 927 526	4 927 526	4 785 540
洗精煤	（吨）	9	7 201 281	6 562 701	
其它洗煤	（吨）	7	1 102 033	1 102 033	611 556
煤制品	（吨）				
焦炭	（吨）	53	459 294		
其它焦化产品	（吨）				
焦炉煤气	（万立方米）	5	29 241	14 133	8 753
高炉煤气	（万立方米）	1	58 210	45 700	22 181
转炉煤气	（万立方米）				
发生炉煤气	（万立方米）				
天然气(气态)	（万立方米）	12	147		
液化天然气(液态)	（吨）	1			
煤层气(煤田)	（万立方米）				
原油	（吨）				
汽油	（吨）	65	622		
煤油	（吨）	4	1 261		
柴油	（吨）	198	16 341	8 779	8 676
燃料油	（吨）	4	4 682	101	101
液化石油气	（吨）	2	96		
炼厂干气	（吨）				
石脑油	（吨）				
润滑油	（吨）	2	524		
石蜡	（吨）				
溶剂油	（吨）				
石油焦	（吨）				
石油沥青	（吨）				
其它石油制品	（吨）	4	64		
热力	（百万千焦）	59	5 701 425	72 459	72 459
电力	（万千瓦时）	2 649	732 810		
煤矸石用于燃料	（吨）	1	305 438	305 438	219 552
城市垃圾用于燃料	（吨）				
生物质废料用于燃料	（吨）				
余热余压	（百万千焦）				
其它工业废料用于燃料	（吨）				
其他燃料	（吨标准煤）				
能源合计	（吨标准煤）	2 649	36 440 767	34 064 496	13 497 920

7-3 续表 （2011 年）

能源名称		供热	原煤入洗	炼焦	能源加工转换产出	回收利用
原煤	（吨）	1 468 093	14 972 047	3 693 605		
无烟煤		190 128				
炼焦烟煤			6 345 379			
一般烟煤		1 135 980	8 626 668	3 693 605		
褐煤		141 985				
洗精煤	（吨）			6 562 701	9 066 350	
其它洗煤	（吨）	490 478			3 553 512	
煤制品	（吨）					
焦炭	（吨）				6 698 345	
其它焦化产品	（吨）				536 592	
焦炉煤气	（万立方米）	5 380			107 051	
高炉煤气	（万立方米）	23 519				58 210
转炉煤气	（万立方米）					
发生炉煤气	（万立方米）					
天然气(气态)	（万立方米）					
液化天然气(液态)	（吨）					
煤层气(煤田)	（万立方米）					
原油	（吨）					
汽油	（吨）					
煤油	（吨）					
柴油	（吨）	103				
燃料油	（吨）					
液化石油气	（吨）					
炼厂干气	（吨）					
石脑油	（吨）					
润滑油	（吨）					
石蜡	（吨）					
溶剂油	（吨）					
石油焦	（吨）					
石油沥青	（吨）					
其它石油制品	（吨）					
热力	（百万千焦）				33 237 422	
电力	（万千瓦时）				4 498 646	
煤矸石用于燃料	（吨）	85 886				
城市垃圾用于燃料	（吨）					
生物质废料用于燃料	（吨）					
余热余压	（百万千焦）					
其它工业废料用于燃料	（吨）					
其他燃料	（吨标准煤）					
能源合计	（吨标准煤）	1 292 679	10 871 901	8 401 997	24 915 495	74 858

7-4 规模以上工业企业分品种能源消费

（2011 年）

指　　标	原煤（吨）	无烟煤（吨）	炼焦烟煤（吨）	一般烟煤（吨）	褐煤（吨）	洗精煤（吨）	其它洗煤（吨）
总　　计	**45 460 254**	**420 653**	**6 482 621**	**33 619 622**	**4 937 358**	**7 563 010**	**1 103 579**
按轻重工业分							
轻工业	1 630 366	1 265		1 629 101		1 949	1 546
重工业	43 829 888	419 388	6 482 621	31 990 521	4 937 358	7 561 062	1 102 033
按行业分							
采矿业	20 157 329		6 345 379	8 874 592	4 937 358		390 085
煤炭开采和洗选业	20 143 791		6 345 379	8 861 054	4 937 358		390 085
石油和天然气开采业							
黑色金属矿采选业	6 916			6 916			
有色金属矿采选业							
非金属矿采选业	6 622			6 622			
其他采矿业							
制造业	9 384 151	420 653	137 242	8 826 256		7 563 010	1 546
农副食品加工业	85 733			85 733			
食品制造业	48 700			48 700		1 949	
饮料制造业	691 828			691 828			
烟草制品业							
纺织业	59 452			59 452			1 546
纺织服装、鞋、帽制造业	11 679			11 679			
皮革、毛皮、羽毛(绒)等制品业	10 157			10 157			
木材加工及木、竹、藤等制品业	899 879			899 879			
家具制造业	3 537			3 537			
造纸及纸制品业	39 598			39 598			
印刷业和记录媒介的复制	100			100			
文教体育用品制造业	3 418			3 418			
石油加工炼焦及核燃料	3 918 719			3 918 719		3 504 265	
化学原料及化学制品制造业	878 466	411 586	137 242	329 638		3 475 280	
医药制造业	131 665	1 265		130 400			
化学纤维制造业	1 092			1 092			
橡胶制品业	1 480			1 480			
塑料制品业	28 343			28 343			
非金属矿物制品业	1 894 974			1 894 974			
黑色金属冶炼及压延加工业	353 818			353 818		581 517	
有色金属冶炼及压延加工业	45 206			45 206			
金属制品业	67 795	7 272		60 523			
通用设备制造业	54 897	480		54 417			
专用设备制造业	14 400	50		14 350			
交通运输设备制造业	3 981			3 981			
电气机械及器材制造业	96 988			96 988			
通信设备、计算机及其他	14 977			14 977			
仪器仪表及文化、办公用机械制造业	13 068			13 068			
工艺品及其他制造业	10 201			10 201			
废弃资源和废旧材料回收加工业							
电力、煤气及水的生产和供应	15 918 774			15 918 774			711 948
电力、热力的生产和供应业	15 918 774			15 918 774			711 948
燃气生产和供应业							
水的生产和供应业							

7-4 续表 1 （2011 年）

指标	焦炭（吨）	焦炉煤气（万立方米）	高炉煤气（万立方米）	天然气（气态）（万立方米）	液化天然气（液态）（吨）	汽油（吨）	煤油（吨）
总计	**3 543 129**	**29 241**	**58 210**	**1 977**	**1**	**18 681**	**1 339**
按轻重工业分							
轻工业	19 642			344		14 509	
重工业	3 523 487	29 241	58 210	1 633	1	4 172	1 339
按行业分							
采矿业	64 213	2 060				1 178	1 261
煤炭开采和洗选业		2 060				1 128	1 261
石油和天然气开采业							
黑色金属矿采选业	64 213					50	
有色金属矿采选业							
非金属矿采选业							
其他采矿业							
制造业	3 478 916	23 776	58 210	1 977	1	17 347	78
农副食品加工业						64	
食品制造业				41		643	
饮料制造业						13 461	
烟草制品业				294			
纺织业	3 000					48	
纺织服装、鞋、帽制造业						13	
皮革、毛皮、羽毛(绒)等制品业						5	
木材加工及木、竹、藤等制品业						40	
家具制造业	3 000					14	
造纸及纸制品业							
印刷业和记录媒介的复制						102	
文教体育用品制造业							
石油加工炼焦及核燃料	90 942	11 579					
化学原料及化学制品制造业	3 998	7 741				145	
医药制造业	2 500					64	
化学纤维制造业							
橡胶制品业				95			
塑料制品业							
非金属矿物制品业	550			9		30	
黑色金属冶炼及压延加工业	3 288 613	4 456	58 210	147		1 544	
有色金属冶炼及压延加工业	1 199			200		10	
金属制品业	1 366					278	
通用设备制造业	9 543			1 026	1	424	63
专用设备制造业	1 486			165		136	
交通运输设备制造业	1 132					42	15
电气机械及器材制造业	60 445					40	
通信设备、计算机及其他						49	
仪器仪表及文化、办公用机械制造业						188	
工艺品及其他制造业	11 142					7	
废弃资源和废旧材料回收加工业							
电力、煤气及水的生产和供应		3 405				156	
电力、热力的生产和供应业		3 405				29	
燃气生产和供应业						67	
水的生产和供应业						60	

7-4 续表 2 （2011 年）

指标	柴油（吨）	燃料油（吨）	液化石油气（吨）	其它石油制品（吨）	热力（百万千焦）	电力（万千瓦时）	煤矸石用于燃料（吨）
总计	**79 920**	**5 610**	**234**	**66**	**14 382 077**	**2 427 891**	**305 438**
按轻重工业分							
轻工业	20 456		45		3 058 997	421 856	
重工业	59 464	5 610	189	66	11 323 079	2 006 035	305 438
按行业分							
采矿业	16 607	4 581	189	44	644 758	342 944	
煤炭开采和洗选业	9 927	4 581	189	44	644 758	324 204	
石油和天然气开采业							
黑色金属矿采选业	320					9 927	
有色金属矿采选业							
非金属矿采选业	6 360					8 813	
其他采矿业							
制造业	54 179	928	45	22	13 527 021	1 831 662	
农副食品加工业	7 426				5 637	53 168	
食品制造业	728				961 196	12 852	
饮料制造业	8 716				352 280	57 645	
烟草制品业	211				136 845	3 864	
纺织业	1 898				24 767	152 262	
纺织服装、鞋、帽制造业	195				18 513	9 404	
皮革、毛皮、羽毛（绒）等制品业	175					3 812	
木材加工及木、竹、藤等制品业	4 526				84 159	92 022	
家具制造业						2 815	
造纸及纸制品业					1 170 257	15 272	
印刷业和记录媒介的复制					109	8 160	
文教体育用品制造业	90					4 036	
石油加工炼焦及核燃料	107				420 085	16 512	
化学原料及化学制品制造业	2 574				8 993 998	533 026	
医药制造业	40		45		383 742	27 695	
化学纤维制造业						7 702	
橡胶制品业					16 259	9 537	
塑料制品业	101					62 535	
非金属矿物制品业	6 757					157 086	
黑色金属冶炼及压延加工业	1 967			20	765 913	262 292	
有色金属冶炼及压延加工业	1 158	700				39 919	
金属制品业	2 833					56 862	
通用设备制造业	8 492			1	172 005	74 216	
专用设备制造业	1 621	228			18 146	34 783	
交通运输设备制造业	872			1	3 100	15 530	
电气机械及器材制造业	2 810					72 797	
通信设备、计算机及其他						25 317	
仪器仪表及文化、办公用机械制造业	612				11	15 327	
工艺品及其他制造业	269					4 185	
废弃资源和废旧材料回收加工业						1 029	
电力、煤气及水的生产和供应	9 134	101			210 298	253 285	305 438
电力、热力的生产和供应业	9 118	101			210 298	248 573	305 438
燃气生产和供应业	15					176	
水的生产和供应业						4 536	

7-5　规模以上工业企业原煤购进、消费及库存

（2011 年）　　单位：吨

指　标	年初库存	购进量		消费量			年末库存
		实物量	金额（万元）	合计	工业生产消费	非工业生产消费	
总　计	**790 212**	**29 106 961**	**20 158 376**	**45 460 254**	**45 371 379**	**88 875**	**2 016 689**
按轻重工业分							
轻工业	33 005	1 621 877	1 256 844	1 630 366	1 622 466	7 900	23 956
重工业	757 207	27 485 084	18 901 531	43 829 888	43 748 913	80 975	1 992 733
按行业分							
采矿业	36 573	717 201	397 064	20 157 329	20 124 237	33 092	38 249
煤炭开采和洗选业	36 049	704 048	385 506	20 143 791	20 110 699	33 092	37 930
石油和天然气开采业							
黑色金属矿采选业	524	6 531	6 504	6 916	6 916		319
有色金属矿采选业							
非金属矿采选业		6 622	5 054	6 622	6 622		
其他采矿业							
制造业	345 444	9 398 116	6 547 896	9 384 151	9 375 504	8 647	354 052
农副食品加工业	5 539	82 430	69 048	85 733	85 733		2 647
食品制造业	3 403	45 755	40 075	48 700	48 700		458
饮料制造业	14 881	689 743	561 827	691 828	683 958	7 870	12 796
烟草制品业							
纺织业	3 374	58 471	42 228	59 452	59 422	30	2 393
纺织服装、鞋、帽制造业	400	11 679	9 082	11 679	11 679		400
皮革、毛皮、羽毛(绒)等制品业	50	10 133	7 257	10 157	10 157		26
木材加工及木、竹、藤等制品业	5 883	903 281	688 988	899 879	899 879		8 955
家具制造业	467	3 227	2 815	3 537	3 537		157
造纸及纸制品业		39 598	28 323	39 598	39 598		
印刷业和记录媒介的复制		100	89	100	100		
文教体育用品制造业	89	3 387	2 858	3 418	3 418		58
石油加工炼焦及核燃料	4 378	3 918 719	2 091 225	3 918 719	3 918 719		
化学原料及化学制品制造业	150 834	884 181	894 945	878 466	878 466		156 548
医药制造业	888	132 853	106 030	131 665	131 665		1 106
化学纤维制造业		1 092	825	1 092	1 092		
橡胶制品业		1 480	1 036	1 480	1 480		
塑料制品业		28 343	19 559	28 343	28 343		
非金属矿物制品业	130 827	1 900 545	1 446 245	1 894 974	1 894 262	712	136 419
黑色金属冶炼及压延加工业	15 141	359 780	266 531	353 818	353 818		21 203
有色金属冶炼及压延加工业	1 369	44 832	42 468	45 206	45 206		995
金属制品业	2 298	67 607	53 943	67 795	67 795		2 110
通用设备制造业	2 087	53 900	42 233	54 897	54 897		891
专用设备制造业	10	14 390	11 434	14 400	14 400		
交通运输设备制造业	306	4 100	3 760	3 981	3 981		425
电气机械及器材制造业	910	100 967	85 607	96 988	96 953	35	4 879
通信设备、计算机及其他		14 977	12 172	14 977	14 977		
仪器仪表及文化、办公用机械制造业	803	12 343	8 868	13 068	13 068		78
工艺品及其他制造业	1 507	10 202	8 425	10 201	10 201		1 508
废弃资源和废旧材料回收加工业							
电力、煤气及水的生产和供应	408 196	18 991 644	13 213 416	15 918 774	15 871 638	47 136	1 624 388
电力、热力的生产和供应业	408 196	18 991 644	13 213 416	15 918 774	15 871 638	47 136	1 624 388
燃气生产和供应业							
水的生产和供应业							

7-6 规模以上工业企业焦炭购进、消费及库存

（2011年） 单位：吨

指标	年初库存	购进量		消费量			年末库存
		实物量	金额（万元）	合计	工业生产消费	非工业生产消费	
总计	**27 861**	**3 334 223**	**5 620 077**	**3 543 129**	**3 543 129**		**47 742**
按轻重工业分							
轻工业	849	20 280	39 964	19 642	19 642		1 687
重工业	27 012	3 313 943	5 580 113	3 523 487	3 523 487		46 055
按行业分							
采矿业	2 261	64 452	110 586	64 213	64 213		2 500
煤炭开采和洗选业							
石油和天然气开采业							
黑色金属矿采选业	2 261	64 452	110 586	64 213	64 213		2 500
有色金属矿采选业							
非金属矿采选业							
其他采矿业							
制造业	25 600	3 269 771	5 509 491	3 478 916	3 478 916		45 242
农副食品加工业							
食品制造业							
饮料制造业							
烟草制品业							
纺织业		3 000	5 985	3 000	3 000		
纺织服装、鞋、帽制造业							
皮革、毛皮、羽毛（绒）等制品业							
木材加工及木、竹、藤等制品业							
家具制造业	630	3 000	6 597	3 000	3 000		630
造纸及纸制品业							
印刷业和记录媒介的复制							
文教体育用品制造业							
石油加工炼焦及核燃料	3 293	88 151	148 567	90 942	90 942		502
化学原料及化学制品制造业	1 137	3 904	5 660	3 998	3 998		945
医药制造业		3 000	5 700	2 500	2 500		500
化学纤维制造业							
橡胶制品业							
塑料制品业							
非金属矿物制品业		550	989	550	550		
黑色金属冶炼及压延加工业	18 215	3 079 721	5 172 680	3 288 613	3 288 613		38 006
有色金属冶炼及压延加工业		1 199	1 799	1 199	1 199		
金属制品业		1 366	2 329	1 366	1 366		
通用设备制造业	1 066	10 118	16 915	9 543	9 543		1 641
专用设备制造业		1 486	1 488	1 486	1 486		3
交通运输设备制造业		1 400	2 200	1 132	1 132		268
电气机械及器材制造业	1 040	61 595	116 900	60 445	60 445		2 190
通信设备、计算机及其他							
仪器仪表及文化、办公用机械制造业							
工艺品及其他制造业	219	11 280	21 682	11 142	11 142		557
废弃资源和废旧材料回收加工业							
电力、煤气及水的生产和供应							
电力、热力的生产和供应业							
燃气生产和供应业							
水的生产和供应业							

7-7 规模以上工业企业热力能源购进及消费

（2011 年） 单位：百万千焦

指标	购进量		消费量		
	实物量	金额（万元）	合计	工业生产消费	非工业生产消费
总计	**12 848 578**	**842 857**	**14 382 077**	**13 832 004**	**550 073**
按轻重工业分					
轻工业	3 058 998	203 785	3 058 997	3 047 585	11 412
重工业	9 789 580	639 072	11 323 079	10 784 419	538 661
按行业分					
采矿业	295 047	35 340	644 758	106 097	538 661
煤炭开采和洗选业	295 047	35 340	644 758	106 097	538 661
石油和天然气开采业					
黑色金属矿采选业					
有色金属矿采选业					
非金属矿采选业					
其他采矿业					
制造业	12 553 531	807 517	13 527 021	13 515 609	11 412
农副食品加工业	5 637	367	5 637	3 664	1 973
食品制造业	961 196	49 449	961 196	960 128	1 068
饮料制造业	352 280	36 763	352 280	350 675	1 605
烟草制品业	136 845	10 060	136 845	130 425	6 420
纺织业	24 767	4 980	24 767	24 421	346
纺织服装、鞋、帽制造业	18 513	1 296	18 513	18 513	
皮革、毛皮、羽毛(绒)等制品业					
木材加工及木、竹、藤等制品业	84 159	14 714	84 159	84 159	
家具制造业					
造纸及纸制品业	1 170 257	74 423	1 170 257	1 170 257	
印刷业和记录媒介的复制	109	8	109	109	
文教体育用品制造业					
石油加工炼焦及核燃料	420 085	29 406	420 085	420 085	
化学原料及化学制品制造业	8 786 421	543 845	8 993 998	8 993 998	
医药制造业	383 742	25 617	383 742	383 742	
化学纤维制造业					
橡胶制品业	16 259	1 982	16 259	16 259	
塑料制品业					
非金属矿物制品业					
黑色金属冶炼及压延加工业			765 913	765 913	
有色金属冶炼及压延加工业					
金属制品业					
通用设备制造业	172 005	13 081	172 005	172 005	
专用设备制造业	18 146	1 307	18 146	18 146	
交通运输设备制造业	3 100	217	3 100	3 100	
电气机械及器材制造业					
通信设备、计算机及其他					
仪器仪表及文化、办公用机械制造业	11	2	11	11	
工艺品及其他制造业					
废弃资源和废旧材料回收加工业					
电力、煤气及水的生产和供应			210 298	210 298	
电力、热力的生产和供应业			210 298	210 298	
燃气生产和供应业					
水的生产和供应业					

7-8 规模以上工业企业汽油购进、消费及库存

（2011 年）　　　　单位：吨

指标	年初库存	购进量		消费量			年末库存
		实物量	金额（万元）	合计	工业生产消费	非工业生产消费	
总　　计	**454**	**18 561**	**142 738**	**18 681**	**17 554**	**1 127**	**334**
按轻重工业分							
轻工业	450	14 382	109 746	14 509	14 196	314	323
重工业	4	4 178	32 992	4 172	3 358	814	11
按行业分							
采矿业		1 178	7 579	1 178	601	577	
煤炭开采和洗选业		1 128	7 090	1 128	551	577	
石油和天然气开采业							
黑色金属矿采选业		50	489	50	50		
有色金属矿采选业							
非金属矿采选业							
其他采矿业							
制造业	454	17 227	133 770	17 347	16 937	410	334
农副食品加工业		64	622	64	64		
食品制造业		643	6 202	643	632	11	
饮料制造业	450	13 334	100 011	13 461	13 311	150	323
烟草制品业							
纺织业		48	376	48	21	27	
纺织服装、鞋、帽制造业		13	82	13		13	
皮革、毛皮、羽毛（绒）等制品业		5	49	5	5		
木材加工及木、竹、藤等制品业		40	389	40	40		
家具制造业		14	136	14	14		
造纸及纸制品业							
印刷业和记录媒介的复制		102	991	102	102		
文教体育用品制造业							
石油加工炼焦及核燃料							
化学原料及化学制品制造业		145	1195	145	85	60	
医药制造业		64	560	64	40	24	
化学纤维制造业							
橡胶制品业							
塑料制品业							
非金属矿物制品业		30	248	30	30		
黑色金属冶炼及压延加工业		1 544	12 155	1 544	1 544		
有色金属冶炼及压延加工业		10	97	10	10		
金属制品业		286	2 581	278	278		8
通用设备制造业	4	423	3 689	424	423	1	3
专用设备制造业		136	1 330	136	24	112	
交通运输设备制造业		42	302	42	31	11	
电气机械及器材制造业		40	383	40	40		
通信设备、计算机及其他		49	476	49	49		
仪器仪表及文化、办公用机械制造业		188	1 827	188	188		
工艺品及其他制造业		7	68	7	7		
废弃资源和废旧材料回收加工业							
电力、煤气及水的生产和供应		156	1 388	156	16	140	
电力、热力的生产和供应业		29	268	29	16	13	
燃气生产和供应业		67	755	67		67	
水的生产和供应业		60	365	60		60	

7-9 规模以上工业企业柴油购进、消费及库存

（2011 年） 单位：吨

指标	年初库存	购进量		消费量			年末库存
		实物量	金额（万元）	合计	工业生产消费	非工业生产消费	
总计	**3 866**	**80 220**	**579 858**	**79 920**	**75 875**	**4 045**	**3 746**
按轻重工业分							
轻工业	631	20 463	148 977	20 456	20 180	276	387
重工业	3 235	59 757	430 881	59 464	55 695	3 768	3 359
按行业分							
采矿业	176	16 608	117 314	16 607	14 864	1 743	177
煤炭开采和洗选业	168	9 929	69 918	9 927	8 184	1 743	170
石油和天然气开采业							
黑色金属矿采选业	8	319	2 864	320	320		7
有色金属矿采选业							
非金属矿采选业		6 360	44 532	6 360	6 360		
其他采矿业							
制造业	931	54 160	397 509	54 179	52 135	2 044	475
农副食品加工业		7 426	53 454	7 426	7 426		
食品制造业		728	4 984	728	724	4	
饮料制造业	380	8 723	65 351	8 716	8 485	231	387
烟草制品业	251	211	1 386	211	211		
纺织业		1 898	13 162	1 898	1 882	16	
纺织服装、鞋、帽制造业		195	1 350	195	195		
皮革、毛皮、羽毛（绒）等制品业		175	1 250	175	175		
木材加工及木、竹、藤等制品业		4 526	32 590	4 526	4 508	18	
家具制造业							
造纸及纸制品业							
印刷业和记录媒介的复制							
文教体育用品制造业		90	630	90	90		
石油加工炼焦及核燃料		93	648	107	14	93	
化学原料及化学制品制造业		2 574	18 478	2 574	2 526	48	
医药制造业		40	345	40	40		
化学纤维制造业							
橡胶制品业							
塑料制品业		101	717	101	101		
非金属矿物制品业	250	6 757	49 213	6 757	5 205	1 552	40
黑色金属冶炼及压延加工业		1 974	13 231	1 967	1 967		7
有色金属冶炼及压延加工业		1 158	8 202	1 158	1 158		
金属制品业		2 839	19 316	2 833	2 833		16
通用设备制造业	50	8 467	67 511	8 492	8 492		25
专用设备制造业		1 621	11 499	1 621	1 554	67	
交通运输设备制造业		872	6 216	872	857	15	
电气机械及器材制造业		2 810	21 840	2 810	2 810		
通信设备、计算机及其他							
仪器仪表及文化、办公用机械制造业		612	4 202	612	612		
工艺品及其他制造业		269	1 935	269	269		
废弃资源和废旧材料回收加工业							
电力、煤气及水的生产和供应	2 759	9 453	65 036	9 134	8 876	257	3 094
电力、热力的生产和供应业	2 759	9 438	64 909	9 118	8 876	242	3 094
燃气生产和供应业		15	127	15		15	
水的生产和供应业		96	65	96	96		

7-10 规模以上工业企业电力购进及消费

（2011 年）

单位：万千瓦时

指标	购进量		消费量		
	实物量	金额（万元）	合计	工业生产消费	非工业生产消费
总计	**1 938 249**	**12 716 019**	**2 427 891**	**2 394 653**	**33 238**
按轻重工业分					
轻工业	421 361	2 855 170	421 856	420 228	1 628
重工业	1 516 888	9 860 849	2 006 035	1 974 425	31 610
按行业分					
采矿业	124 386	881 185	342 944	330 358	12 586
煤炭开采和洗选业	105 646	749 072	324 204	313 706	10 498
石油和天然气开采业					
黑色金属矿采选业	9 927	72 819	9 927	7 839	2 088
有色金属矿采选业					
非金属矿采选业	8 813	59 294	8 813	8 813	
其他采矿业					
制造业	1 807 468	11 786 426	1 831 662	1 825 225	6 437
农副食品加工业	53 168	349 506	53 168	53 148	20
食品制造业	12 852	92 268	12 852	12 847	5
饮料制造业	57 645	404 522	57 645	56 444	1 201
烟草制品业	3 864	32 832	3 864	3 660	205
纺织业	151 767	957 047	152 262	152 065	197
纺织服装、鞋、帽制造业	9 404	68 686	9 404	9 404	
皮革、毛皮、羽毛(绒)等制品业	3 812	30 416	3 812	3 812	
木材加工及木、竹、藤等制品业	92 023	642 724	92 022	92 015	7
家具制造业	2 815	20 070	2 815	2 815	
造纸及纸制品业	15 272	108 173	15 272	15 272	
印刷业和记录媒介的复制	8 160	58 789	8 160	8 160	
文教体育用品制造业	4 036	27 875	4 036	4 036	
石油加工炼焦及核燃料	15 218	110 092	16 512	16 512	
化学原料及化学制品制造业	520 971	3 126 438	533 026	532 508	518
医药制造业	27 695	200 339	27 695	27 695	
化学纤维制造业	7 702	47 797	7 702	7 702	
橡胶制品业	9 537	74 645	9 537	9 527	10
塑料制品业	64 619	330 512	62 535	62 524	11
非金属矿物制品业	149 671	975 427	157 086	155 692	1 394
黑色金属冶炼及压延加工业	253 527	1 770 472	262 292	259 502	2 790
有色金属冶炼及压延加工业	39 919	269 208	39 919	39 903	17
金属制品业	58 235	359 344	56 862	56 844	18
通用设备制造业	74 622	496 412	74 216	74 178	38
专用设备制造业	35 086	258 041	34 783	34 776	7
交通运输设备制造业	15 530	118 456	15 530	15 530	
电气机械及器材制造业	74 561	506 613	72 797	72 797	
通信设备、计算机及其他	25 317	188 859	25 317	25 317	
仪器仪表及文化、办公用机械制造业	15 224	119 057	15 327	15 327	
工艺品及其他制造业	4 185	29 922	4 185	4 185	
废弃资源和废旧材料回收加工业	1 029	11 882	1 029	1 029	
电力、煤气及水的生产和供应	6 395	48 407	253 285	239 070	14 215
电力、热力的生产和供应业	1 684	11 344	248 573	234 358	14 215
燃气生产和供应业	176	1 320	176	176	
水的生产和供应业	4 536	35 743	4 536	4 536	

7-11 规模以上工业企业分行业水消费量

（2011 年） 单位：万立方米

指标名称	取水量合计	#付费水	付费水金额（万元）	#地表水取水量合计	#付费水	付费水金额（万元）
总　　计	**30 224**	**20 090**	**172 701**	**13 166**	**10 218**	**29 187**
按轻重工业分						
轻工业	12 389	3 031	58 200	3 013	138	306
重工业	17 834	17 059	114 501	10 153	10 080	28 881
按行业分						
采矿业	4 702	4 697	36 139	2 228	2 228	6 853
煤炭开采和洗选业	4 351	4 350	33 151	1 905	1 905	4 266
石油和天然气开采业						
黑色金属矿采选业	327	324	2 593	324	324	2 587
有色金属矿采选业						
非金属矿采选业	24	23	396			
其他采矿业						
制造业	6 611	5 767	78 717	795	714	1 414
农副食品加工业	144	125	1 904	11	7	40
食品制造业	167	165	4 227			
饮料制造业	732	726	11 034	129	129	250
烟草制品业	47	42	1 327			
纺织业	433	406	3 746	4		
纺织服装、鞋、帽制造业	23	19	450			
皮革、毛皮、羽毛（绒）等制品业	63	62	799			
木材加工及木、竹、藤等制品业	131	118	1 431	3	3	29
家具制造业	4	2	51			
造纸及纸制品业	78	76	1 227			
印刷业和记录媒介的复制	11	10	315			
文教体育用品制造业	2	1	16			
石油加工炼焦及核燃料	272	213	1 420	2	2	6
化学原料及化学制品制造业	1 571	1 543	14 376	127	126	290
医药制造业	194	191	4 164			
化学纤维制造业	5	5	48			
橡胶制品业	19	18	293			1
塑料制品业	35	29	594			
非金属矿物制品业	632	600	5 250	8	8	33
黑色金属冶炼及压延加工业	836	631	3 785	502	433	695
有色金属冶炼及压延加工业	403	36	656			4
金属制品业	66	53	1 013	1	1	21
通用设备制造业	261	239	7 282	1		
专用设备制造业	107	96	3 178	1		
交通运输设备制造业	140	138	4 004	3	3	26
电气机械及器材制造业	132	129	3 514	2	2	16
通信设备、计算机及其他	19	17	499	1	1	3
仪器仪表及文化、办公用机械制造业	56	48	1 349			
工艺品及其他制造业	16	15	330			
废弃资源和废旧材料回收加工业	13	12	435			
电力、煤气及水的生产和供应	18 911	9 626	57 844	10 143	7 275	20 919
电力、热力的生产和供应业	8 595	8 586	33 904	7 275	7 275	20 919
燃气生产和供应业	3	3	129			
水的生产和供应业	10 314	1 037	23 811	2 868		

7-11　续表　　　　（2011 年）　　　　单位：万立方米

指标名称	地下水取水量合计	# 付费水	付费水金额（万元）	自来水取水量合计	# 付费水	付费水金额（万元）	外供水量
总　　计	**15 812**	**8 635**	**101 511**	**1 239**	**1 235**	**41 809**	**10 242**
按轻重工业分							
轻工业	8 796	2 319	37 414	576	575	20 480	10 238
重工业	7 016	6 317	64 097	663	659	21 329	4
按行业分							
采矿业	2 453	2 449	28 489	18	18	636	
煤炭开采和洗选业	2 427	2 426	28 101	18	18	622	
石油和天然气开采业							
黑色金属矿采选业	3		5				
有色金属矿采选业							
非金属矿采选业	23	22	382			14	
其他采矿业							
制造业	4 613	3 859	37 008	1 198	1 193	40 295	
农副食品加工业	122	107	1 489	11	11	374	
食品制造业	73	71	1 141	94	94	3 086	
饮料制造业	437	430	4 850	167	167	5 934	
烟草制品业	10	10	105	32	32	1 222	
纺织业	373	350	1 852	56	56	1 894	
纺织服装、鞋、帽制造业	13	9	132	10	10	319	
皮革、毛皮、羽毛(绒)等制品业	62	62	777	1	1	22	
木材加工及木、竹、藤等制品业	123	110	1 241	5	5	160	
家具制造业	3	2	32	1	1	19	
造纸及纸制品业	77	75	1 202	1	1	24	
印刷业和记录媒介的复制	3	3	52	7	7	264	
文教体育用品制造业	2		7			9	
石油加工炼焦及核燃料	266	207	1 286	4	4	127	
化学原料及化学制品制造业	1 361	1 334	11 015	84	84	3 071	
医药制造业	128	126	1 611	66	66	2 553	
化学纤维制造业	5	5	48				
橡胶制品业	13	13	93	5	5	199	
塑料制品业	21	15	181	14	14	413	
非金属矿物制品业	608	575	4 720	16	16	497	
黑色金属冶炼及压延加工业	329	192	2 869	6	6	221	
有色金属冶炼及压延加工业	396	28	413	7	7	238	
金属制品业	50	37	514	15	15	478	
通用设备制造业	52	31	507	208	208	6 775	
专用设备制造业	18	12	126	88	84	3 052	
交通运输设备制造业	13	11	153	124	124	3 826	
电气机械及器材制造业	23	21	244	107	107	3 255	
通信设备、计算机及其他	4	3	50	14	14	445	
仪器仪表及文化、办公用机械制造业	16	8	102	40	40	1 246	
工艺品及其他制造业	12	11	195	4	4	136	
废弃资源和废旧材料回收加工业	1			12	12	435	
电力、煤气及水的生产和供应	8 745	2 327	36 014	23	23	878	10 242
电力、热力的生产和供应业	1 299	1 291	12 215	20	20	770	
燃气生产和供应业				3	3	96	
水的生产和供应业	7 446	1 036	23 799			12	10 242

7-12 规模以上工业企业分行业重复用水消费量

（2011 年） 单位：万立方米

指标名称	重复用水量	废水排放量
总 计	**312 403**	**4 058**
按轻重工业分		
轻工业	315	900
重工业	312 089	3 158
按行业分		
采矿业	3 481	787
煤炭开采和洗选业	3 029	447
石油和天然气开采业		
黑色金属矿采选业	453	323
有色金属矿采选业		
非金属矿采选业		17
其他采矿业		
制造业	5 553	2 291
农副食品加工业		84
食品制造业	60	87
饮料制造业	127	206
烟草制品业	9	20
纺织业		204
纺织服装、鞋、帽制造业		13
皮革、毛皮、羽毛(绒)等制品业		50
木材加工及木、竹、藤等制品业	1	48
家具制造业		2
造纸及纸制品业		17
印刷业和记录媒介的复制		6
文教体育用品制造业		1
石油加工炼焦及核燃料	40	12
化学原料及化学制品制造业	341	802
医药制造业	20	46
化学纤维制造业		3
橡胶制品业	1	10
塑料制品业		9
非金属矿物制品业	951	78
黑色金属冶炼及压延加工业	4 001	275
有色金属冶炼及压延加工业		19
金属制品业		30
通用设备制造业		162
专用设备制造业	1	32
交通运输设备制造业		18
电气机械及器材制造业		18
通信设备、计算机及其他	1	13
仪器仪表及文化、办公用机械制造业		5
工艺品及其他制造业		8
废弃资源和废旧材料回收加工业		10
电力、煤气及水的生产和供应	303 369	981
电力、热力的生产和供应业	303 369	896
燃气生产和供应业		2
水的生产和供应业		82

7-13 主要年份全社会用电情况

单位:万千瓦时

项目	1990	1995	2000	2005	2007	2008	2009	2010	2011
全社会用电量	**509 155**	**705 549**	**670 550**	**1 382 016**	**1 602 988**	**1 892 209**	**2 184 084**	**2 460 074**	**2 873 024**
全行业用电									
农林牧渔水利业	46 842	52 536	55 689	49 166	22 703	22 698	27 780	30 234	37 785
#排　灌	28 822	29 660	41 439	33 672	12 140	10 451	12 876	12 969	16 281
工业	420 161	560 719	494 267	1 096 270	1 263 282	1 499 147	1 728 119	1 918 967	2 259 107
轻工业	51 213	62 219	64 812	115 283	166 796	162 608	180 784	220 519	254 005
重工业	368 948	498 500	429 455	980 987	1 096 486	1 336 539	1 547 335	1 698 448	2 005 102
建筑业	3 087	3 875	5 401	9 734	13 975	16 183	17 628	18 841	20 536
交通运输、仓储和邮政业	9 292	10 292	18 183	19 110	25 873	28 355	30 184	35 385	48 085
#交通运输业	8 722	9 234	10 735	12 925	19 784	21 389	23 390	28 022	39 704
邮电通信业	570	1 058	2 448	2 915	1 863	1 890	1 989	2 073	2 110
商业、住宿和餐饮业	4 128	7 848	11 280	31 478	35 522	40 442	45 334	54 311	63 016
其他事业合计	9 623	14 049	17 919	49 269	73 709	84 741	105 581	102 367	76 122
#公共照明业	340	513	987	1 587	3 176	4 351	5 555	6 486	7 300
城乡居民生活用电	16 022	56 230	72 811	126 991	167 924	200 643	236 179	284 906	316 387
乡村	7 757	29 393	38 639	65 654	86 614	106 460	126 742	133 924	141 061
城镇	8 265	26 837	34 172	61 337	81 310	94 183	109 437	150 982	175 326

7-14 市区主要年份全社会用电情况

单位:万千瓦时

项目	1990	1995	2000	2005	2007	2008	2009	2010	2011
全社会用电量	**352 732**	**435 287**	**417 022**	**487 927**	**539 448**	**583 989**	**724 192**	**1 499 408**	**1 726 166**
全行业用电									
农林牧渔水利业	1 891	5 122	4 372	5 065	3 159	3 304	3 748	9 330	10 428
#排　灌	492	1 906	1 375	465	939	1 060	1 292	1 731	1 741
工业	329 405	385 287	349 333	364 398	373 201	401 081	514 315	1 195 500	1 391 151
轻工业	26 906	36 310	37 963	42 118	54 444	50 882	52 524		84 414
重工业	302 499	348 977	311 370	322 280	318 757	350 199	461 791	1 112 091	1 306 737
建筑业	937	1 884	2 342	3 768	8 703	7 878	9 061	11 073	11 628
交通运输、仓储和邮政业	5 944	8 200	9 309	11 673	18 831	20 186	21 922	27 369	36 407
#交通运输业	5 727	7 635	7 789	8 038	16 985	18 245	19 871	24 253	32 762
邮电通信业	217	565	1 520	1 944	954	961	992	1 388	1 384
商业、住宿和餐饮业	2 106	4 516	6 927	18 212	22 770	24 390	26 858	34 289	39 054
其他事业合计	7 219	11 192	14 345	32 764	44 045	48 593	56 988	72 116	77 092
#公共照明业	206	306	729	633	1 588	1 842	2 315	3 040	3 881
城乡居民生活用电	5 230	19 086	30 394	52 047	68 739	78 557	91 300	141 959	151 414
乡村	673	4 127	5 389	9 894	14 249	17 328	21 477	53 882	61 377
城镇	4 557	14 959	25 005	42 153	54 490	61 229	69 823	88 077	90 037

7-15 全社会用电分行业、分地区情况

（2011 年） 单位：万千瓦时

	全市合计	丰县	沛县	铜山区	睢宁县	新沂市	邳州市
全社会用电总计	**2 873 024**	**107 601**	**266 406**	**444 825**	**184 217**	**346 214**	**242 420**
全行业用电合计	**2 556 637**	**74 821**	**234 839**	**408 422**	**152 880**	**318 543**	**200 802**
第一产业	37 785	5 302	8 351	6 086	3 977	3 972	5 755
农、林、牧、渔业	37 785	5 302	8 351	6 086	3 977	3 972	5 755
第二产业	2 279 643	56 268	214 228	382 251	136 072	298 224	172 072
工业	2 259 107	55 149	211 545	379 834	134 297	296 439	170 526
轻工业	254 005	13 843	37 297	28 832	60 746	35 379	22 326
重工业	2 005 102	41 306	174 248	351 002	73 551	261 060	148 200
采矿业	128 223	2 770	35 893	14 746	84	484	3 028
煤炭开采和洗选业	109 323	1 632	35 096	2 063			25
石油和天然气开采业	219		3	13	7	1	
黑色金属矿采选业	4 924		704	4 207	4		
有色金属矿采选业	6 349			6 338			
非金属矿采选业	5 932	1 138	90	1 735	70	363	2 134
其他采矿业	1 476			390	3	120	869
制造业	1 803 277	39 027	149 832	327 047	116 310	258 157	141 792
食品、饮料和烟草制造业	61 027	8 096	9 329	9 503	5 718	6 523	7 523
纺织业	79 036	3 330	23 523	2 415	20 157	11 984	3 674
服装鞋帽、皮革羽绒及其制品业	7 863	149	517	279	2 114	2 166	435
木材加工及制品和家具制品业	33 414	4 103	3 278	1 515	5 025	1 900	15 141
造纸及纸制品业	15 680	111	171	3 708	257	4 849	925
印刷业和记录媒介的复制	2 194	52	162	242	35	27	119
文体用品制造业	714	10	104		5	70	197
石油加工、炼焦及核燃料加工业	41 616	1 787	6 208	5 730	3 181	2	19 861
化学原料及化学制品制造业	209 619	4 953	27 770	17 417	244	131 070	17 111
医药制造业	4 161	100	103	162	552	830	479
化学纤维制造业	3 207	12	56	346	488	53	1 992
橡胶和塑料制品业	47 734	735	18 965	1 914	6 565	2 859	4 613
非金属矿物制品业	185 115	1 329	6 956	70 006	4 861	20 440	7 898
黑色金属冶炼及压延加工业	370 157	6	28 888	184 983	28 048	26 699	16 897
有色金属冶炼及压延加工业	223 131	214	10 073	2 189	457	5 309	26 089
金属制品业	112 281	1 755	8 554	6 156	33 530	37 546	8 781
通用及专用设备制造业	69 718	8 965	2 635	16 614	1 420	1 325	3 650
交通运输、电气、电子设备制造业	326 167	2 790	1 471	3 323	3 182	4 057	5 439
工艺品及其他制造业	2 984	406	95	410	76	264	583
废弃资源和废旧材料回收加工业	5 257	124	974	135	395	184	385
电力、燃气及水的生产和供应业	327 607	13 352	25 820	38 041	17 903	37 798	25 706
电力、热力的生产和供应业	315 148	12 712	24 907	35 837	17 263	36 070	24 844
燃气生产和供应业	2 079	25	39	96	262	49	129
水的生产和供应业	10 380	615	874	2 108	378	1 679	733
建筑业	20 536	1 119	2 683	2 417	1 775	1 785	1 546
第三产业	239 209	13 251	12 260	20 085	12 831	16 347	22 975
交通运输、仓储和邮政业	48 085	1 034	797	3 963	1 157	3 556	5 134
信息传输、计算机服务和软件业	17 668	1 846	1 637	1 917	1 682	1 638	1 873
商业、住宿和餐饮业	63 016	3 802	3 956	2 975	4 006	4 769	7 429
金融、房地产、商务及居民服务业	34 318	1 405	1 202	2 157	1 246	2 196	2 323
公共事业及管理组织	76 122	5 164	4 668	9 073	4 740	4 188	6 216
城乡居民生活用电合计	**316 387**	**32 780**	**31 567**	**36 403**	**31 337**	**27 671**	**41 618**
城镇	141 061	9 554	9 501	4 803	9 630	8 172	14 167
乡村	175 326	23 226	22 066	31 600	21 707	19 499	27 451

主要统计指标解释

能源消费量 指能源使用单位在报告期内实际消费的一次能源或二次能源的数量。就每种能源的实物消耗而言，是其消费量；如果将实际消费的各种能源折标准量相加所得到的能源消费量合计数据是企业投入消费的全部能源，没有扣除能源品种加工转换的重复因素。

工业企业的能源消费量 包括工业企业在生产过程中作为燃料、动力、原料、辅助材料使用的能源以及工艺用能、非生产用能。

工业生产能源消费 指工业企业为进行工业生产活动所消费的能源。

用作原材料的能源消费 指能源产品不作能源使用，即不作燃料、动力使用，而作为生产另外一种产品(非能源产品)的原料或作为辅助材料使用，作原料使用时通常构成这种产品的实体。

工业企业非工业生产能源消费 指在工业企业能源消费中，除“工业生产能源消费”以外的能源消费。

能源库存量 本制度中所涉及的能源库存量是指企业能源库存量，它是企业在报告期的某时间点所拥有的各种能源数量。根据企业的生产经营活动性质，企业库存量分为生产企业产成品库存、经销企业(批发、零售企业)用于经营销售的库存、使用企业用于消费的库存。

综合能源消费量 指报告期内工业企业在工业生产活动中实际消费的各种能源的总和净值。计算综合能源消费量时，需要先将使用的各种能源折算成标准燃料后再进行计算。

取水量 指工业企业法人单位从各种水源实际提取的新水量。取水源包括地表水、地下水、自来水、污水处理达标水、未达标污水、收集雨水利用、以及企业从市场购得的其他水或水的产品(如纯净水、矿泉水等)。工业取水量包括采盐业所取的海水、汲取的地下卤水、盐湖水，包括海水淡化企业所取的海水，包括自来水生产企业所取的地表水和地下水，包括污水处理厂处理的污水。

支付费用的取水量 指取水量中需要向供水单位支付水费的水。有些企业取水不需要支付水费。

取水支付金额 是指报告期企业取水所支付的水费，计算范围与形成当地水价格的费用结构相一致，如水费、资源税、排水(污)费等。水费不包括取水过程的成本费，如电费、人工费、设备费等。

外供水量 指供水单位向用水单位提供的符合用水单位质量要求的水量。主要有自来水生产企业向城镇用户供应的自来水量；或者是纯净水、矿泉水生产企业向社会销售的产品水量；或者是污水处理厂将污水处理后得到的中水或符合用户要求标准的水质向用户单位提供的水量；或者是海水淡化水企业外供的淡化水量，或者是一些工业企业提取的地下水、地表水向外单位用户提供的水量。不包括向自然界直接排放的水量。

陆地地表水 指河流、湖泊、水库等地表水源的水，不包括海水。地表水分为淡水和咸水。陆地咸水湖的水为咸水。一般的河流、湖泊、水库的水是淡水。

地下水 指在地质岩层或土层中的水源，地下水的开采一般是通过钻井从地下抽取水量。地下水也分为淡水和咸水。

自来水 指地表水、地下水等经过供水企业加工处理，经认定达到自来水供水标准，通过城镇自来水管道网供应的水。

海水 指工业企业取自海洋的水，主要用来制盐、化工生产、海水淡化。海水用于冷却后直接排放，应统计在河湖海冷却直排水量中。

其他水 指上述水源没有涵盖的，或者界定不清的水。比如一些产品水，如纯净水、矿泉水、海水淡化水，或者污水处理厂处理的水等。其他水不应包括茶饮料、碳酸饮料、果汁饮料、酒类等大量用水的产品。

雨水收集利用 指用水单位专门建立雨水收集设施，将收集到的雨水作为水源的补充。天降雨、雪后，流到江河、湖泊、水库的水不作为雨水收集利用统计。

重复用水量 工业企业重复用水量就是指在企业内部，对生产和生活排放的废水直接或经过处理后回收再利用的水量，不包括企业从城市污水处理厂购买的中水或符合企业用水标准的水。企业废水在报告期每重复利用一次，计算一次重复用水量。重复用水量不包括河湖海冷却直排水量。

河湖海冷却直排水量 指企业采自河流、水库、湖泊、海洋的水用于冷却，不重复使用，又直接排回到的河流、水库、湖泊、海洋的水。河湖海冷却直排水量是作为单独一项指标统计，不应包含在取水量的指标中。河湖海冷却直排水量一般多见于发电厂。

废水排放量 指用水单位将所取水使用后，向本单位外排放的水量。废水排放可能经过本企业的净化处理，达到环保排放标准，也可能没有经过净化处理排放。废水排放量不包括河湖海冷却直排水量。

第8部分

财政、金融和保险

FINANCE, BANKING AND INSURANCE

版面负责人：张玉强

编　　辑：李　广　徐　燕

关于统计调查制度的规定

第十四条 制定统计调查项目，应当同时制定该项目的统计调查制度，并依照本法第十二条的规定一并报经审批或者备案。

统计调查制度应当对调查目的、调查内容、调查方法、调查对象、调查组织方式、调查表式、统计资料的报送和公布等作出规定。

统计调查应当按照统计调查制度组织实施。变更统计调查制度的内容，应当报经原审批机关批准或者原备案机关备案。

【释义】 本条是关于统计调查制度的规定。

每项统计调查都有其相应的统计调查制度。统计调查制度，是指实施一项统计调查必须遵守的技术性规范，是统计调查项目的核心内容。因此，制定统计调查项目，应当同时制定该项目的统计调查制度，并依照《统计法》第十二条的规定一并报经审批或者备案。

统计调查制度应当包括下列内容：1.调查目的，是指通过调查要实现的目标。2.调查内容，是指为了达到统计调查目的，需要搜集的统计调查对象的相关原始数据和资料等。如对城市住户的统计调查，其主要内容包括：城市居民家庭成员情况、住房情况、就业情况、收入情况和基本消费支出情况等。3.调查方法，是指统计资料的搜集方法，即确定或选取统计调查对象的方法。经常被采用的统计调查方法有：普查、抽样调查、定期全面统计报表、重点调查等。4.调查对象，是指在政府统计调查活动中，具有统计资料报送义务，应当提供属于调查内容的自身情况相关资料的单位和个人。统计调查对象有：国家机关、企业事业单位和其他组织以及个体工商户、个人等，具体到每一个统计调查项目，统计调查对象可能包括上述范围的全部或者部分对象。5.调查组织方式，是指统计调查实施过程的组织管理方式，包括向调查对象送达统计调查表的方式、统计调查对象提供统计资料的方式、统计资料的审核和汇总方式等。6.调查表式，是指要求被调查对象填报的、用于搜集原始数据和资料的统计调查表的格式。7.统计资料的报送，包括报送的时间、报送的方式等。8.统计资料的公布，包括公布的主体、审批程序、公布的时间、公布的方式等。制定统计调查制度，应当对上述内容作出明确规定。

统计调查制度一经批准或者备案即产生法律效力。统计调查应当严格按照依法经批准或者备案的统计调查制度组织实施。需要变更统计调查制度内容的，应当依照本条规定报经原审批机关批准或者向原备案机关备案。未经批准，擅自变更统计调查制度的内容的，将依照《统计法》规定承担相应的法律责任。

编辑：张　霖

8-1 主要年份财政收入、支出情况

单位:万元

年份	全市			市区		
	财政收入	财政支出	财政收入占地区生产总值的比重(%)	财政收入	财政支出	财政收入占地区生产总值的比重(%)
1952	2 770	1 324	12.1	660	752	13.8
1957	6 476	4 202	17.5	3 327	1 573	23.8
1962	7 564	3 339	16.5	4 720	687	26.3
1965	8 638	4 686	15.2	5 327	1 121	26.6
1970	15 069	6 026	17.3	10 772	2 293	31.6
1975	19 456	9 608	15.3	12 721	3 610	25.1
1978	32 674	17 690	15.3	22 950	7 887	29.8
1979	32 484	18 707	13.1	24 081	6 877	25.9
1980	35 715	17 982	12.5	26 814	6 714	23.5
1981	38 273	17 563	12.6	28 497	6 339	24.6
1982	43 114	21 655	12.2	30 670	7 981	23.1
1983	43 887	25 921	10.4	30 492	9 779	19.2
1984	47 454	30 779	9.6	32 250	12 009	18.0
1985	57 538	33 704	10.4	39 448	13 366	19.6
1986	65 741	45 505	10.4	45 248	19 051	20.0
1987	71 134	49 005	9.9	48 746	20 550	18.6
1988	82 796	58 865	9.8	55 880	23 409	19.3
1989	95 384	74 502	9.6	65 610	30 589	16.7
1990	102 326	85 640	9.1	70 338	34 593	15.1
1991	103 467	98 117	8.0	70 215	41 538	13.3
1992	109 670	95 599	6.8	73 690	37 513	10.7
1993	147 114	122 174	6.7	95 765	50 567	9.5
1994	197 489	143 559	6.3	128 227	62 329	9.1
1995	253 020	180 186	6.3	160 606	78 225	9.1
1996	302 406	213 530	6.2	188 190	85 349	9.0
1997	351 388	250 673	7.0	221 624	103 183	9.8
1998	395 108	283 443	7.4	254 176	119 325	10.4
1999	436 074	130 573	7.6	282 311	130 573	11.0
2000	476 168	345 246	7.7	311 151	153 038	10.7
2001	525 924	400 797	7.7	338 498	172 809	10.5
2002	655 566	520 174	8.7	438 281	258 477	12.2
2003	828 226	624 582	9.7	559 422	301 885	13.1
2004	1 102 216	717 332	10.7	768 436	318 329	14.3
2005	1 452 629	1 050 786	12.0	1 034 482	511 441	16.2
2006	1 808 512	1 270 099	12.7	1 231 212	576 615	16.5
2007	2 207 263	1 474 369	13.1	1 509 317	623 115	16.8
2008	2 685 991	1 990 464	13.4	1 782 700	842 950	17.2
2009	3 188 865	2 565 349	13.3	1 987 842	1 048 541	19.2
2010	4 138 904	3 257 198	14.1	2 887 987	1 621 085	16.2
2011	5 553 294	4 542 420	15.6	3 726 172	2 240 383	17.6

注:2007 年及以后财政决算报表制度改革,部分指标有变动,财政总收入及财政支出中不包括基金收入,与往年不可比。

8–2 财政收入及构成

指标	绝对数（万元）				构成（%）			
	2008	2009	2010	2011	2008	2009	2010	2011
财政总收入	**2 685 991**	**3 188 865**	**4 138 904**	**5 553 294**	**100.0**	**100.0**	**100.0**	**100.0**
上划中央收入	**1 427 486**	**1 545 425**	**1 917 346**	**2 369 116**	**53.1**	**48.5**	**46.3**	**42.7**
增值税(75%)	711 669	738 700	860 400	1 025 150	49.9	47.8	44.9	43.3
消费税	479 164	529 526	678 801	841 393	33.6	34.3	35.4	35.5
企业所得税(60%)	172 877	199 439	267 367	370 898	12.1	12.9	13.9	15.7
个人所得税(60%)	63 776	77 760	110 778	131 675	4.5	5.0	5.8	5.6
公共财政预算收入	**1 258 505**	**1 643 440**	**2 221 558**	**3 184 178**	**46.9**	**51.5**	**53.7**	**57.3**
税收收入	1 002 008	1 298 854	1 738 977	2 371 229	79.6	79.0	78.3	74.5
增值税(25%)	237 221	246 234	286 798	341 714	23.7	19.0	16.5	14.4
营业税	268 198	402 548	564 211	833 989	26.8	31.0	32.4	35.2
企业所得税(40%)	115 253	132 960	178 244	247 266	11.5	10.2	10.2	10.4
个人所得税(款)(40%)	42 519	51 839	73 854	87 782	4.2	4.0	4.2	3.7
资源税	14 991	34 992	45 833	59 871	1.5	2.7	2.6	2.5
城市维护建设税	125 446	122 063	149 811	202 726	12.5	9.4	8.6	8.5
房产税	20 324	25 455	30 169	37 804	2.0	2.0	1.7	1.6
印花税	13 625	15 203	21 038	28 662	1.4	1.2	1.2	1.2
城镇土地使用税	34 460	43 534	46 858	58 839	3.4	3.4	2.7	2.5
土地增值税	24 231	43 457	89 594	201 496	2.4	3.3	5.2	8.5
车船税(款)	4 988	8 838	11 331	15 943	0.5	0.7	0.7	0.7
耕地占用税(款)	19 286	22 700	24 811	29 230	1.9	1.7	1.4	1.2
契税(款)	81 466	149 031	216 425	225 907	8.1	11.5	12.4	9.5
非税收入	256 497	344 586	482 581	812 949	20.4	21.0	21.7	25.5
专项收入	63 918	90 932	91 699	120 194	24.9	26.4	19.0	14.8
行政事业性收费收入	68 843	94 137	148 858	234 716	26.8	27.3	30.8	28.9
罚没收入	44 778	50 922	69 635	61 056	17.5	14.8	14.4	7.5
国有资本经营收入	74 448	102 379	147 468	294 651	29.0	29.7	30.6	36.2
国有资源(资产)有偿使用收入	4 484	5 964	24 531	95 666	1.7	1.7	5.1	11.8
其他收入(款)	26	252	390	6 666		0.1	0.1	0.8
政府性基金收入	**567 193**	**1 123 251**	**1 872 348**	**2 139 769**	**100.0**	**100.0**	**100.0**	**100.0**

8-3 市区财政收入及构成

指　　标	绝　对　数（万元）				构　　成（%）			
	2008	2009	2010	2011	2008	2009	2010	2011
财政总收入	**1 782 700**	**1 987 842**	**2 887 987**	**3 726 172**	**100.0**	**100.0**	**100.0**	**100.0**
上划中央收入	**1 070 960**	**1 161 867**	**1 543 943**	**1 875 526**	**60.1**	**58.4**	**53.5**	**50.3**
增值税（75%）	457 847	477 039	620 148	692 713	42.8	41.1	40.2	36.9
消费税	474 960	518 204	662 662	823 352	44.3	44.6	42.9	43.9
企业所得税（60%）	97 279	118 871	185 632	270 030	9.1	10.2	12.1	14.4
个人所得税（60%）	40 874	47 753	74 501	89 431	3.8	4.1	4.8	4.8
公共财政预算收入	**711 740**	**825 975**	**1 344 044**	**1 850 646**	**39.9**	**41.6**	**46.5**	**49.7**
税收收入	580 213	676 072	1 040 761	1 339 674	81.5	81.9	77.4	72.4
增值税（25%）	152 615	159 013	205 715	230 903	26.3	23.5	19.9	17.2
营业税	126 119	177 571	303 539	380 144	21.7	26.3	29.2	28.4
企业所得税（40%）	64 854	79 245	124 420	180 020	11.2	11.7	12.0	13.4
个人所得税（款）（40%）	27 250	31 835	49 668	59 620	4.7	4.7	4.8	4.5
资源税	4 940	4 569	15 382	15 901	0.9	0.7	1.5	1.2
城市维护建设税	99 907	90 822	114 042	149 923	17.2	13.4	11.0	11.2
房产税	11 859	13 559	17 604	23 113	2.0	2.0	1.7	1.7
印花税	8 408	8 752	13 987	17 457	1.4	1.3	1.3	1.3
城镇土地使用税	16 035	19 037	24 861	31 933	2.8	2.8	2.4	2.4
土地增值税	12 489	19 706	50 472	101 231	2.2	2.9	4.8	7.6
车船税（款）	1 887	3 282	5 466	8 353	0.3	0.5	0.6	0.6
耕地占用税（款）	8 451	9 652	13 243	14 039	1.5	1.4	1.3	1.0
契税（款）	45 399	59 027	100 362	127 037	7.8	8.7	9.6	9.5
非税收入	131 527	149 903	303 283	510 972	18.5	18.1	22.6	27.6
专项收入	35 993	46 753	64 318	82 103	27.4	31.2	21.2	16.1
行政事业性收费收入	28 850	46 148	100 369	142 651	21.9	30.8	33.1	27.9
罚没收入	13 570	16 675	36 361	22 757	10.3	11.1	12.0	4.5
国有资本经营收入	50 635	38 500	95 097	234 994	38.5	25.7	31.4	46.0
国有资源（资产）有偿使用收入	2 463	1 825	6 756	27 324	1.9	1.2	2.2	5.3
其他收入（款）	16	2	382	1 143	…	…	0.1	0.2
政府性基金收入	**305 985**	**573 957**	**1 303 960**	**1 448 108**	**100.0**	**100.0**	**100.0**	**100.0**

8-4 财政支出及构成

指标	绝对数（万元）				构成（%）			
	2008	2009	2010	2011	2008	2009	2010	2011
公共财政预算支出	**1 990 464**	**2 565 349**	**3 257 198**	**4 542 420**	**100.0**	**100.0**	**100.0**	**100.0**
一般公共服务	293 575	349 295	378 135	492 195	14.7	13.6	11.6	10.8
国防	3 297	5 796	10 062	9 937	0.2	0.2	0.3	0.2
公共安全	156 351	172 955	195 787	239 653	7.9	6.7	6.0	5.3
教育	441 629	506 643	612 446	901 656	22.2	19.7	18.8	19.8
科学技术	26 697	37 033	45 433	103 526	1.3	1.4	1.4	2.3
文化体育与传媒	22 362	29 476	34 833	44 043	1.1	1.1	1.1	1.0
社会保障和就业	252 376	306 878	374 081	464 352	12.7	12.0	11.5	10.2
医疗卫生	125 083	160 991	213 385	334 539	6.3	6.3	6.6	7.4
环境保护	31 673	81 577	100 255	121 122	1.6	3.2	3.1	2.7
城乡社区事务	169 593	262 955	455 475	652 692	8.5	10.3	14.0	14.4
农林水事务	221 843	362 741	437 373	617 734	11.1	14.1	13.4	13.6
交通运输	25 022	35 914	82 747	113 919	1.3	1.4	2.5	2.5
资源勘探电力信息等事务				181 265				4.0
商业服务业等事务				79 382				1.7
工业商业金融等事务	139 213				7.0			
采掘电力信息等事务		126 623	111 005			4.9	3.4	
粮油物资储备管理等事务		38 333	6 461			1.5	0.2	
金融监管支出		1 650	3 810	9 115		0.1	0.1	0.2
国土资源气象等事务				44 840				1.0
住房保障支出				61 434				1.4
粮油物资管理事务				5 463				0.1
储备事务支出				791				…
其他支出	81 750	85 484	51 690	64 762	4.1	3.3	1.6	1.4
政府性基金支出	**574 222**	**1 071 970**	**1 797 728**	**2 233 656**	**100.0**	**100.0**	**100.0**	**100.0**
一般公共服务	1 132	4 826	60	89	0.2	0.5	…	…
教育	6 118	5 901	13 852	17 788	1.1	0.6	0.8	0.8
文化体育与传媒	703	657	620	927	0.1	0.1	…	…
社会保障和就业	1 543	1 881	4 714	5 803	0.3	0.2	0.3	0.3
城乡社区事务	534 323	1 046 951	1 747 852	2 178 531	93.1	97.7	97.2	97.5
农林水事务	9 351	9 482	15 675	10 066	1.6	0.9	0.9	0.5
交通运输	13 564	678	2 238	5 624	2.4	0.1	0.1	0.3
资源勘探电力信息等事务				4 281				0.2
工业商业金融等事务	1 855				0.3			
采掘电力信息等事务		1 106	2 255			0.1	0.1	
粮油物资储备管理等事务		296	79			…	…	
其他支出	5 633	192	10 383	10 547	1.0	…	0.6	0.5

8-5　市区财政支出及构成

指　　标	绝 对 数（万元）				构 成（%）			
	2008	2009	2010	2011	2008	2009	2010	2011
公共财政预算支出	**842 950**	**1 048 541**	**1 621 085**	**2 240 383**	**100.0**	**100.0**	**100.0**	**100.0**
一般公共服务	121 918	137 434	196 185	260 357	14.5	13.1	12.1	11.6
国防	2 003	4 571	7 935	7 320	0.2	0.4	0.5	0.3
公共安全	93 012	102 597	131 526	150 852	11.0	9.8	8.1	6.7
教育	138 189	165 716	275 296	416 511	16.4	15.8	17.0	18.6
科学技术	12 015	16 535	21 138	69 493	1.4	1.6	1.3	3.1
文化体育与传媒	11 390	15 386	20 390	25 904	1.4	1.5	1.3	1.2
社会保障和就业	135 880	181 766	207 939	252 896	16.2	17.3	12.8	11.3
医疗卫生	35 854	54 389	95 929	133 669	4.3	5.2	5.9	6.0
环境保护	12 194	35 920	67 207	76 162	1.4	3.4	4.1	3.4
城乡社区事务	62 047	92 724	178 236	255 042	7.4	8.8	11.0	11.4
农林水事务	60 552	74 369	159 370	236 345	7.2	7.1	9.8	10.5
交通运输	8 016	16 373	41 424	61 751	1.0	1.6	2.6	2.8
资源勘探电力信息等事务				125 358				5.6
商业服务业等事务				42 138				1.9
工业商业金融等事务	96 140				11.4			
采掘电力信息等事务		86 729	89 828			8.3	5.5	
粮油物资储备管理等事务		11 194	3 691			1.1	0.2	
金融监管支出		1 441	2 501	4 402		0.1	0.2	0.2
国土资源气象等事务				29 909				1.3
住房保障支出				37 932				1.7
粮油物资管理事务				2 775				0.1
储备事务支出				340				
其他支出	52 740	50 392	43 508	51 227	6.3	4.8	2.7	2.3
政府性基金支出	**307 447**	**565 612**	**1 252 359**	**1 549 351**	**100.0**	**100.0**	**100.0**	**100.0**
一般公共服务	813	3 761	60	89	0.3	0.7	…	
教育	3 284	3 417	7 872	7 134	1.1	0.6	0.6	0.5
文化体育与传媒	659	441	618	728	0.2	0.1	…	
社会保障和就业	592	887	2 305	3 243	0.2	0.2	0.2	0.2
城乡社区事务	290 242	553 713	1 221 505	1 521 474	94.4	97.9	97.5	98.2
农林水事务	2 040	1 917	8 743	5 141	0.7	0.3	0.7	0.3
交通运输	8 575	673	2 238	2 920	2.8	0.1	0.2	0.2
资源勘探电力信息等事务				2 135				0.1
工业商业金融等事务	1 242				0.4			
采掘电力信息等事务		774	1 572			0.1	0.1	
粮油物资储备管理等事务		24						
金融监管支出								
其他支出			7 446	6 487			0.6	0.4

8–6 主要年份城乡居民储蓄存款

（年底数） 单位：万元

年 份	全市 城乡居民储蓄存款余额	全市 城镇居民	全市 农村居民	全市 人均储蓄（元/人）	市区 城乡居民储蓄存款余额	市区 城镇居民	市区 农村居民	市区 人均储蓄（元/人）
1952	270	270		1	206	206		9
1957	968	836	132	2	647	647		17
1962	1 222	895	327	3	686	652	34	15
1965	1 974	1 510	464	4	1 157	1 124	33	22
1970	2 442	1 922	520	4	1 449	1 407	42	27
1975	4 839	3 525	1 314	8	2 694	2 581	113	44
1978	8 921	5 642	3 279	14	4 299	4 065	234	64
1979	13 499	7 662	5 837	21	6 018	5 677	341	85
1980	20 596	10 326	10 270	31	8 868	8 179	689	122
1981	27 635	13 100	14 535	41	11 249	10 191	1 058	150
1982	36 462	17 260	19 202	53	14 836	13 280	1 556	192
1983	52 715	22 396	30 319	76	19 645	16 962	2 683	248
1984	74 664	30 525	44 139	107	26 601	22 775	3 826	330
1985	97 867	51 738	46 129	138	37 810	32 609	5 201	458
1986	140 701	78 011	62 690	197	51 139	44 135	7 004	608
1987	191 242	113 634	77 608	263	69 314	60 682	8 632	810
1988	246 993	154 694	92 299	332	88 630	78 650	9 980	1 016
1989	327 806	221 226	106 580	430	125 709	114 108	11 601	1 408
1990	446 418	312 015	134 313	553	174 611	159 152	15 459	1 926
1991	555 370	394 194	161 176	677	213 526	194 377	19 149	2 324
1992	668 470	477 991	190 479	809	258 326	235 349	22 977	2 758
1993	857 542	623 818	233 724	1 028	319 747	291 258	28 489	3 360
1994	1 110 985	815 108	295 877	1 318	477 133	396 479	80 654	3 340
1995	1 400 566	1 064 231	336 335	1 645	578 274	538 785	39 489	3 984
1996	1 828 200	1 423 241	404 959	2 217	811 756	763 152	48 604	5 510
1997	2 163 437	1 701 013	462 424	2 495	970 956	938 568	32 388	6 502
1998	2 438 696	1 906 077	532 619	2 785	1 110 556			7 313
1999	2 692 128	2 117 460	574 668	3 068	1 297 842			8 515
2000	3 058 002			3 411	1 860 652			11 585
2001	3 576 909			3 966	2 202 744			13 552
2002	4 167 882			4 608	2 592 741			15 756
2003	4 822 259			5 307	3 024 793			18 077
2004	5 563 129			6 068	3 445 990			20 584
2005	6 506 064			7 031	3 997 284			22 223
2006	7 228 920			7 734	4 377 454			24 105
2007	7 886 337			8 409	3 488 669			19 140
2008	9 745 131			10 292	5 850 811			31 729
2009	11 397 620			11 902	6 911 095			37 112
2010	13 243 885			13 613	7 908 879			25 291
2011	14 954 211			15 312	8 684 472			27 511

注：因区划调整，2010 年以后市区人均储蓄存款余额与往年不可比。

8-7 主要年份金融机构综合存贷款

单位:万元

项目	1990	1995	2000	2005	2009	2010	2011
金融机构综合存款余额	**724 345**	**2 329 318**	**4 614 682**	**10 108 940**	**21 726 238**	**26 321 873**	**29 809 912**
单位存款	153 598	762 950	1 272 226	2 471 686	5 948 074	6 284 714	14 164 769
# 活期		660 835	877 182	1 726 679	3 929 193	4 425 315	5 773 196
定期		102 115	395 044	745 007	2 018 881	1 859 399	2 959 165
财政存款	7 335	15 787	19 308	170 682	338 680	424 042	344 933
机关团体	12 292	21 340	28 401	190 052	1 047 239	2 385 622	
居民储蓄存款	446 418	1 400 566	3 058 002	6 506 064	11 397 620	13 243 885	14 954 211
# 活期		216 436	670 765	1 936 494	4 151 255	5 484 048	
定期		1 184 130	2 387 237	4 569 570	7 246 366	7 759 836	
农业存款		13 712	166 281	288 843	662 114	909 257	
信托存款		104 885					
委托存款				3 088	36 079	58 923	
其他存款		10 078	95 376	478 525	2 296 433	3 015 431	
金融机构综合贷款余额	**804 071**	**2 046 385**	**3 249 902**	**4 911 786**	**11 325 649**	**14 364 443**	**17 348 392**
短期贷款	676 347	1 571 401	2 583 743	3 006 573	6 244 891	7 939 439	9 690 876
工业	245 997	541 257	657 544	632 555	1 152 593		
商业	285 377	547 859	811 340	666 185	833 289		
建筑企业		33 615	69 994	73 396	66 668		
农业贷款		106 252	172 867	687 551	1 596 505		
乡镇企业	94 504	230 609	475 396	563 468	1 075 727		
三资企业		33 358	51 568	49 464	138 016		
私营及个体		1 603	7 741	15 303	276 723		
其他短期贷款		76 848	337 293	318 651	1 105 369		
# 个人短期消费贷款					55 323		
中长期贷款	86 702	331 751	588 842	1 404 418	4 233 102	5 947 821	6 872 802
技术改造	36 809	149 714	191 844	345 496	190 366		
基本建设	48 734	138 430	226 977	483 616	1 191 334		
老少边穷		714					
地方经济		1 830					
其他中长期贷款		41 063	170 021	575 306	2 851 402		
# 个人中长期消费贷款					1 612 153		
信托		88 703					
其他		54 530	77 317	500 795	847 656		

注:单位存款 2010 年以前为企业存款。

8-8　主要年份保险业务经济技术指标

单位:万元

项　　　目	1990	1995	2000	2005	2008	2009	2010	2011
保险公司　（个）	1	1	6	15	31	31	41	50
国内业务								
承保额	1 491 908	2 517 612	7 647 722	20 743 002	53 250 168	66 827 977	112 898 827	
财产险	1 389 568	1 843 301	4 640 078	8 384 207	47 355 831	58 952 601	104 709 326	69 975 191
#企业财产险	792 805	816 644	1 906 485	5 150 488	7 619 982	8 177 116	9 372 558	11 596 503
运输工具及责任险	105 023	228 406	1 826 692	2 767 806	8 408 831	9 539 837	12 750 042	19 511 006
家庭财产险	188 931	483 813	333 701	261 896	206 709	432 568	466 735	496 801
农业险	76 253	60 772	59 295	67 652	81 435	104 049	158 679	158 679
人身险	102 340	674 311	3 007 644	12 358 795	5 894 337	7 875 376	8 189 501	
#人身以外伤害险	82 288	594 424	2 201 123	4 281 224	3 113 447	3 668 281	3 377 752	
保险收入	5 951	17 599	72 802	283 186	516 907	527 444	820 183	913 451
财产险	3 865	8 819	19 465	41 088	95 338	105 790	206 331	256 301
#企业财产险	1 206	1 623	3 243	4 762	5 829	5 868	9 998	13 161
运输工具及责任险	1 751	5 755	13 606	33 613	78 951	90 136	174 736	214 455
家庭财产险	289	933	705	452	235	422	795	609
农业险	109	145	78	14	3 745	4 881	8 030	8 134
人身险	2 086	8 780	53 335	242 098	421 570	421 654	613 851	657 150
#养老金险	702	1 396	15 486	49 444	6 746	27 424	31 502	
人身意外伤害险	224	572	2 957	5 964	8 489	10 055	10 206	
储金收入	1 901	1 594	1 850	4 471	29 642			
赔案件数　（件）	21 490	22 685	24 309	85 511	160 529	189 814	60 9135	
已决赔款	2 330	8 994	11 552	36 960	69 356	88 819	92 363	121 199
财产险	2 207	6 364	9 735	29 016	56 418	73 726	76 844	104 151
#企业财产险	479	603	858	1 328	2 426	3 051	1 154	4 428
家庭财产险	232	231	30	42	373	86	56	32
农业险	80	123	30	31	792	4 139	4 466	5 534
人身险	120	247	1 817	7 944	12 937	15 093	15 519	16 821
返还性人身险给付	3	2 383	5 317	36 083	85 592	68 829	59 942	78 325

注:本表1995年以前为人民保险公司系统数;2007年及以后根据市保险协会名录扩大了统计调查点,与往年不可比。

8-9 财产保险业务经济技术指标

（2011 年）

单位：万元

业务类别	承保金额	保费收入	赔付金额
合 计	**69 975 190.96**	**256 300.92**	**104 150.93**
企业财产险	11 596 502.64	13 160.57	4 428.23
家庭财产险	496 800.95	608.73	32.43
工程险	1 325 343.67	1 630.33	1.30
车险小计	19 511 006.42	214 455.45	89 890.66
商业车辆险	13 348 635.62	154 347.47	55 147.27
交强险（汽车）	5 249 012.00	58 040.15	33 281.56
交强险（摩托车）	825 933.80	1 070.21	787.82
交强险（拖拉机）	87 425.00	997.62	834.64
运输险	2 309 305.32	1 797.70	138.44
船舶险	95 216.78	457.38	55.32
责任险	27 000 562.58	4 176.75	1 420.31
保证险	59 237.02	318.15	
人意险	5 743 446.62	5 896.13	1 050.03
健康险	1 583 574.55	2 402.66	1 234.48
其它险	254 194.42	11 397.07	5 899.73
# 农业险	158 679.00	8 134.00	5 534.00

8-10 人寿保险业务经济技术指标

（2011 年）

单位：万元

业务类别	保费收入	理赔给付	其他各类给付	给付合计
合 计	**657 150.00**	**16 821.02**	**78 325.42**	**95 146.44**
短期健康险	6 873.03	4 842.45		4 842.45
意外险	10 635.15	3 040.49		3 040.49
一般寿险	100 792.01	6 037.80	18 090.84	24 128.63
分红类保险	462 673.85	2 458.32	57 492.01	59 950.33
万能寿险	67 248.86	382.63	702.27	1 084.89
投连险	813.43	25.19	902.18	927.37
其他	8 113.67	34.15	1 138.12	1 172.27

主要统计指标解释

财政总收入 是国家(各级政府)通过财政各个环节筹集的财政资金的总称，它是保证国家和各级政府行使其职能不可缺少的财力。主要包括:工商税收、农牧业税和耕地占用税、企业所得税、专项收入和其他收入等。

(1)工商税收类 是国家按法律规定对经济单位和个人无偿征收的实物和货币,是财政收入的主要来源。按1994年规定实施的新税制,工商税收主要有消费税、增值税、营业税、土地增值税,个人所得税、外商投资企业和外国企业所得税、城市维护建设税、车船使用税、房产税、屠宰税、资源税、印花税、固定资产投资方向调节税等。

(2)农牧业税和耕地占用税类主要包括农业税(牧业税)、农业特产税、耕地占用税和契税。

(3)企业所得税类包括国有企业所得税、集体企业所得税、私营企业所得税、股份制企业所得税等。

(4)专项收入类主要包括征收排污费收入、征收城市水资源费收入、教育费附加收入等。

(5)其他收入类主要是罚没收入、行政性收费收入等。

财政总支出 是国家政权为行使其职能，对筹集的财政资金进行有计划的分配使用的总称。国家财政总支出,体现政府的活动范围和方向,反映财政资金的分配关系。财政总支出主要包括基本建设支出、增拨企业流动资金、企业挖潜改造资金、新产品试制费、地质勘探费、工交商部门事业费、支援农村生产支出和各项农业事业费、文教科学卫生事业费、抚恤和社会救济费、国防费、行政管理费及债务支出。

(1)基本建设支出 是指国家预算内的基本建设拨款,不包括国家预算外自筹的各种基本建设资金。为加强基本建设投资规模的控制,提高这部分财政资金的使用效益,从1985年起,对预算内基本建设拨款实行拨款改贷款的新管理办法,即由原来直接无偿的拨给建设单位，改为拨给建设银行视同信贷基金管理,建设银行根据国家预算安排的基建项目,给予有偿贷款,用投产后新增利润还本付息。从1988年起,为进一步提高投资效益，使投资活动的管理符合发展市场经济的要求,并保证重点建设有稳定的资金来源,国家建立了中央基本建设基金制,实行专款专用,每年在国家预算内列收列支。基本建设基金分为经营性的和非经营性的两部分。各专业投资公司对经营性建设项目执行基本建设基金贷款，各主管部门对非经营性建设项目执行基本建设基金拨款。

(2)企业挖潜改造资金是指国家预算安排用于企业挖潜、革新、改造方面的资金。企业用于挖潜、革新、改造方面的资金,主要来自企业的更新改造资金、大修理基金等自有资金及银行贷款,国家预算安排的挖潜、革新、改造资金主要用于支持重点行业的技术改造。

中央财政和地方财政 财政是国家为了实现其职能,凭借政治权力，对一部分社会产品进行分配和再分配的经济活动。中央财政和地方财政,是指财政体制上划分中央政府和地方政府以及地方各级政府之间财政管理权限的一项分配制度。它是经济管理体制的重要组成部分,在财政管理体制中居于主导地位。它具体规定了各级政府筹集资金、支配使用资金的权力、范围和责任,使各级政府在财政管理上有责有权。这对于正确处理中央和地方之间，以及地方各级之间的分配关系,充分发挥各级政府的积极性,更好地完成国家财政收支任务,促进社会主义建设的发展有着极其重要的意义。中央财政收入和地方财政收入，是指中央和地方各级负责组织征收的收入,不是按财政体制计算的收入分成数。其收入中还包括了国外借款。

在现行分税制财政管理体制下，财政总收入又分为中央级收入和地方级收入。

中央级收入主要包括消费税和增值税的75%部分,以及其他属中央预算固定收入科目的收入,如关税。

地方级财政收入主要是指财政收入中扣除中央级收入后的部分。

存款 银行存款是指企业、机关、团体或居民个人存放于银行或其他金融机构并取得一定利息收入的资金。一般用期末余额表示。银行存款按资金来源性质不同划分为企业存款、财政存款、机关团体存款、城乡居民储蓄存款、农村存款等。按其包括范围不同划分为全社会存款和银行系统存款。银行系统存款是指人、工、农、建、中、交六个银行系统存款,全社会存款包括银行系统、农村信用社、城市信用社和信托投资公司等所有金融机构的存款。

(1)企业存款 企业存款是指工业、商业、粮食、外资和国营农业等企业存于银行的存款。目前企业存款主要包括企业生产和商品流通过程中暂时闲置的流动资金、已提未用的固定资产更新改造资金、大修理基金以及职工福利基金等各项专用基金。

(2)财政性存款 财政性存款是指各级财政部门以及以财政拨款为其经费来源的行政事业单位的存款资金。主要包括国库存款、地方财政预算外存款、部队存款、行政事业单位存款、基本建设存款中属于财政性存款的部分。

(3)定期储蓄存款　定期储蓄存款是指约定支取期限的一种储蓄存款。现行的定期储蓄有整存整取、零存整取、存本取息和整存零取四种。

贷款　是指银行或其他金融机构以定期还本付息为条件向借款的单位和个人提供资金的信用活动。银行贷款分为流动资金贷款、基本建设贷款、农户贷款及其他专项贷款等。按所包括范围可分为全社会贷款和银行系统贷款。

(1)流动资金贷款　流动资金贷款是指解决企业或个体经济户生产、流通周转所需流动资金而发放的短期贷款。主要包括工业贷款、商业贷款和建筑企业贷款等。

(2)固定资产贷款　固定资产贷款是指对企业技术改造、设备更新、固定资产建筑、添置和安装过程中所需要资金而发放的贷款。

承保额　承保额也叫保险金额，是指保险人对被保险人在所保财产或人身发生保险事故时负责偿付的最高限额，也是计算保费的依据。

保费　保费是指保险人承担一定的保险责任按一定比率向被保险人收取的费用。包括财产险和人身储金收入。

(1)财产险　财产险是指以被保险的物质财产和有关利益以及所产生的损害赔偿责任作为保险标的的保险。

(2)人身险　人身险是指以人的生命和身体为承保对象的保险。

赔款　赔款是指保险人对财产保险的保险事故给予的经济补偿或对人身险事故给付的保险金。

第 9 部分

物价指数

PRICE INDICES

版面负责人：刘振坤
编　　　辑：高　杰

关于统计调查表的规定

第十五条 统计调查表应当标明表号、制定机关、批准或者备案文号、有效期限等标志。

对未标明前款规定的标志或者超过有效期限的统计调查表，统计调查对象有权拒绝填报；县级以上人民政府统计机构应当依法责令停止有关统计调查活动。

【释义】 本条是关于统计调查表的规定。

所谓统计调查表，是指由统计调查的组织实施者根据统计调查的需要制发的用以对统计调查对象进行登记、搜集相关原始数据和资料，要求调查对象按照统一规定填报的表格。统计调查表是一项统计调查的调查内容的具化，是统计调查对象履行统计资料报送义务的最直接媒介。

统计调查表具有法定效力，调查对象必须依法填报。为了保护统计调查对象的合法权益，统计调查表应当明确标明表号、制定机关、批准或者备案文号、有效期限等标志。未标明上述标志或者超过有效期限的统计调查表，不产生法律效力，统计调查对象有权拒绝填报；县级以上人民政府统计机构应当依法责令停止有关的统计调查活动。

本条规定为维护政府统计调查工作秩序，杜绝违法统计调查给社会带来的危害，有效维护统计调查对象的合法权益，提供了制度保障。

编辑：张　霖

9-1 城市(市区)物价总指数

（以上年价格为 100）

年 份	居民消费价格总指数	商品零售价格总指数	农产品成交价格指数
1978	100.0	100.1	
1979	100.6	101.1	93.1
1980	102.4	102.6	103.6
1981	100.4	100.8	104.4
1982	101.0	101.4	107.8
1983	100.1	100.7	103.3
1984	103.3	102.4	100.9
1985	108.7	108.3	114.6
1986	106.2	105.9	104.8
1987	109.8	110.0	120.1
1988	122.6	122.8	132.7
1989	115.6	115.6	108.2
1990	104.5	103.9	101.1
1991	108.6	108.8	107.2
1992	109.2	108.0	99.6
1993	117.6	115.1	114.7
1994	125.3	123.3	136.0
1995	116.9	113.2	118.0
1996	110.0	107.4	106.8
1997	101.9	99.9	92.7
1998	100.0	98.3	92.7
1999	98.2	96.2	89.0
2000	100.0	98.2	92.4
2001	100.3	99.3	97.9
2002	99.2	98.6	
2003	101.5	100.0	
2004	103.7	102.8	
2005	102.2	101.0	
2006	101.5	100.7	
2007	104.4	103.1	
2008	104.9	105.3	
2009	99.9	99.8	
2010	103.6	102.1	
2011	105.2	103.8	

9–2 城市(市区)居民消费价格指数

(以上年价格为 100)

项　　目	2011	项　　目	2011
居民消费价格总指数	**105.2**	炒菜	106.3
食品	**111.5**	其它食品	103.1
粮食	116.4	**烟酒及用品**	**102.7**
# 大米	118.9	烟草	98.9
面粉	120.6	酒	108.4
淀粉	126.2	**衣着**	**106.5**
干豆类及豆制品	106.8	服装	107.0
油脂	112.5	# 男式服装	108.3
肉禽及其制品	121.3	女式服装	108.8
食用畜肉及副产品	126.0	儿童服装	85.7
禽	113.8	衣着材料	108.8
加工肉禽	113.1	# 棉布	119.3
蛋	116.3	化纤布	111.8
水产品	103.7	毛线	95.1
菜	99.2	鞋袜帽	105.0
# 鲜菜	99.0	鞋	104.5
调味品	111.6	袜子	111.1
# 盐	111.1	帽子	104.5
糖	103.9	衣着加工服务	103.1
茶及饮料	101.2	**家庭设备用品及维修服务**	**107.0**
干鲜瓜果	114.0	耐用消费品	108.2
# 鲜干果	113.6	家具	115.8
糕点饼干	107.0	家庭设备	103.9
液体乳及乳制品	111.8	# 洗衣机	99.8
# 巴氏杀菌奶或消毒奶	114.0	电风扇	91.9
在外用膳食品	111.3		
# 主食	114.4		

9-2 续表 （以上年价格为 100）

项　　目	2011	项　　目	2011
电冰箱(柜)	96.7	城市间交通费	103.9
空调器	105.4	通信	96.6
热水器	112.7	通信工具	88.0
微波炉	104.9	通信服务	99.1
室内装饰品	109.6	**娱乐教育文化用品及服务**	**99.2**
床上用品	109.8	文娱用耐用消费品及服务	79.4
家庭日用杂品	103.2	# 电视机	77.6
家庭服务及加工维修服务	113.2	激光视盘机	89.9
医疗保健和个人用品	**104.9**	电脑	74.3
医疗保健	105.1	修理服务	96.7
医疗器具及用品	131.5	教育	104.3
中药材及中成药	126.9	教材及参考书	106.5
西药	95.8	文化娱乐类	105.9
保健器具及用品	98.7	文化娱乐用品	99.6
医疗保健服务	103.5	书报杂志	103.5
个人用品及服务	104.6	文娱费	112.1
化妆美容用品	99.1	旅游	98.1
清洁化妆用品	100.3	**居住**	**103.6**
个人饰品	113.3	建房及装修材料	97.3
个人服务	106.4	租房	104.5
交通和通信	**99.3**	自有住房	104.9
交通	100.5	水、电、燃料	102.6
交通工具	96.5	# 水	108.4
车用燃料及零配件	115.9	电	100.0
车辆使用及维修费	102.9		
市区公共交通费	100.0		

9-3 城市(市区)商品零售价格指数

(以上年价格为 100)

项　　目	2011	项　　目	2011
商品零售价格总指数	**103.8**	衣着材料	108.8
食品	**110.8**	床上用品	106.2
粮食	116.4	**家用电器类及音像器材**	**98.1**
# 大米	118.9	家庭设备	104.3
面粉	120.6	文娱用耐用消费品	82.4
淀粉	126.2	音像器材	99.5
干豆类及豆制品	106.8	**文化办公用品**	**89.7**
油脂	112.5	**日用品类**	**102.6**
肉禽及其制品	119.9	日用百货	100.8
食用畜肉及副产品	126.0	日用杂品	105.1
禽	113.8	洗涤用品	102.3
肉禽加工制品	113.1	其它日用品	104.7
蛋	116.3	**体育娱乐用品**	**107.4**
水产品	103.7	体育用品	103.6
菜	99.2	娱乐用品	109.1
# 鲜菜	99.0	**交通、通信用品**	**95.2**
调味品	111.6	交通运输机械	96.9
# 糖	103.9	通信器材	89.7
干鲜瓜果	114.0	**家具**	**115.8**
# 鲜干果	116.1	**化妆品**	**99.4**
糕点饼干面包	107.0	**金银珠宝**	**115.3**
液体乳及乳制品	111.8	**中、西药品及医疗保健用品**	**108.2**
在外用膳食品	111.3	医疗器具及用品	131.5
主食	114.4	中药材及中成药	126.9
炒菜	106.3	西药	102.7
地方小吃	123.7	保健品及器具	96.7
其它食品	103.1	**书报杂志及电子出版物**	**103.4**
饮料、烟酒	**102.2**	教材及参考书	106.5
茶及饮料	101.2	书报杂志	103.5
烟草	98.9	电子音像制品	92.3
酒	108.4	**燃料**	**107.4**
服装、鞋帽	**106.4**	煤炭及制品类	117.3
服装	107.0	石油及制品类	105.1
鞋袜帽	105.0	**建筑材料及五金电料**	**98.8**
其他	100.3	建筑装潢材料类	98.6
纺织品	**107.0**	五金电料类	99.8

9–4 城市(市区)居民消费价格指数和商品零售价格指数

(2011 年)

项　　目	以去年同月价格为 100					
	1 月	2 月	3 月	4 月	5 月	6 月
居民消费价格总指数	**104.2**	**105.4**	**104.0**	**104.8**	**105.8**	**106.9**
食品	105.6	110.1	109.7	110.7	112.6	116.6
# 粮食	118.7	120.0	120.7	122.6	120.4	117.8
油脂类	111.7	113.4	113.3	113.5	113.8	113.5
肉禽及其制品	107.4	111.7	112.2	118.5	121.3	129.5
蛋类	120.5	120.7	113.8	115.0	123.3	127.4
水产品类	104.0	99.6	94.7	99.5	104.2	110.1
菜类	76.9	92.0	98.8	91.0	100.7	130.5
# 鲜菜	74.3	90.7	98.5	90.1	100.8	135.1
烟酒及用品	101.6	102.3	101.1	101.4	101.9	102.0
衣着类	104.6	103.0	104.0	105.5	108.9	108.2
# 服装	103.5	101.4	104.1	106.2	109.7	109.5
衣着材料	106.6	105.9	106.7	108.3	113.8	112.6
鞋袜帽	107.8	107.2	103.8	103.6	106.7	104.6
衣着加工服务费	106.1	106.1	103.6	102.3	102.3	102.3
家庭设备用品及维修服务	102.7	104.5	107.6	108.3	109.1	108.7
医疗保健和个人用品	104.3	104.5	104.1	104.1	105.9	106.3
交通和通信	98.8	98.5	98.7	98.5	98.7	98.8
娱乐教育文化用品及服务	99.0	98.3	97.2	98.6	99.2	99.3
居住	109.8	110.0	103.2	104.1	104.0	104.1
建房及装修材料	99.4	99.6	99.1	96.6	96.0	97.4
租房	107.5	108.5	102.0	105.7	104.7	104.2
自有住房	116.0	115.4	104.6	105.6	105.9	105.9
水、电、燃料	101.7	102.6	102.5	102.7	102.7	102.7
商品零售价格总指数	**101.7**	**103.0**	**103.0**	**103.2**	**104.3**	**105.2**

9-4 续表 （2011 年）

项 目	以去年同月价格为 100					
	7 月	8 月	9 月	10 月	11 月	12 月
居民消费价格总指数	**107.3**	**106.5**	**105.9**	**104.8**	**103.3**	**103.5**
食品	118.3	115.5	114.4	112.8	106.7	106.2
# 粮食	118.1	116.8	112.9	111.6	110.4	109.4
油脂类	114.5	116.6	117.9	114.6	105.5	104.1
肉禽及其制品	134.3	129.5	127.6	126.6	119.6	117.5
蛋类	123.2	118.6	116.5	113.8	103.7	102.8
水产品类	112.1	107.9	105.8	106.7	100.0	100.5
菜类	130.4	114.3	107.8	98.4	81.5	90.4
# 鲜菜	134.3	115.9	108.6	98.1	80.1	90.5
烟酒及用品	102.4	102.4	103.9	103.8	104.3	105.0
衣着类	107.5	107.6	110.0	109.3	105.9	103.6
# 服装	109.3	109.4	111.2	110.7	106.2	103.7
衣着材料	109.0	109.0	109.2	106.9	107.2	110.3
鞋袜帽	102.9	102.9	107.1	105.8	105.3	102.8
衣着加工服务费	102.3	102.3	102.3	102.3	102.3	103.6
家庭设备用品及维修服务	107.2	107.0	107.0	106.8	107.4	107.7
医疗保健和个人用品	106.7	106.1	106.0	104.7	104.1	102.5
交通和通信	99.6	100.4	100.4	100.0	100.0	99.8
娱乐教育文化用品及服务	99.1	99.3	99.0	100.1	100.7	100.7
居住	104.0	103.3	101.1	98.3	99.8	102.8
建房及装修材料	96.4	96.3	98.4	95.5	95.7	97.3
租房	104.8	105.1	101.2	101.5	104.8	104.0
自有住房	105.7	104.4	101.1	96.5	98.2	103.5
水、电、燃料	102.6	102.6	103.1	103.0	102.4	102.5
商品零售价格总指数	**105.3**	**104.8**	**105.3**	**104.5**	**102.7**	**102.4**

主要统计指标解释

物价指数 是说明两个时期商品价格水平变动趋势和程度的相对数指标。它是以报告期的价格水平与基期的价格水平进行直接对比计算的。当物价指数大于100时,说明价格水平上涨,反之则说明价格水平下跌。编制物价指数的目的,是为了反映市场物价水平的变化情况，分析和研究物价变动对城乡人民生活和国家财政支出的影响程度。

居民消费价格指数 是反映一定时期内城乡居民所购买的生活消费品价格和服务性项目支出价格变动趋势和程度的相对数。利用居民消费价格指数,可以观察和分析价格变动对城乡居民实际生活费用支出的影响程度。

城市居民消费价格指数 是反映城市居民家庭所购买的生活消费品的价格和服务项目支出价格变动趋势和程度的相对数。根据城市居民消费价格指数,可以观察和分析价格变动对城市居民消费支出的影响程度，作为研究居民生活和确定工资政策的依据。

商品零售价格总指数 是全面反映市场商品零售价格总水平变动趋势和程度的相对数。通过它,可以观察市场商品总体价格水平升降程度，以及物价变动对城乡人民生活支出的总影响。

第 10 部分

人 民 生 活

PEOPLE´S LIVELIHOOD

版面负责人：徐　康　郭绍林

编　　　辑：高惠媛　何　蕾　徐向忠

关于推广使用计算机网络报送统计资料的规定

第十八条 县级以上人民政府统计机构根据统计任务的需要，可以在统计调查对象中推广使用计算机网络报送统计资料。

【释义】 本条是关于推广使用计算机网络报送统计资料的规定。

统计信息化是统计服务科学发展的重要手段，是国家信息化建设的重要组成部分。改革开放30多年来，统计事业的发展与现代信息技术的进步密不可分。目前，统计数据的采集、传输、加工、整理、存储、提供和发布等都离不开现代信息技术的支持。利用现代信息技术和计算机网络，可以极大地提高统计数据质量和统计工作效率，方便统计信息的传播和使用；可以实现统计数据共享，降低统计成本，减轻基层统计机构和统计调查对象的负担。近年来，国家统计局积极推进统计数据搜集、传输、处理和发布的信息化、网络化建设，积极推广联网直报，初步建成公共数据发布库。

在一些地方，工业、能源、服务业、固定资产投资、房地产、建筑业、劳动工资、批发贸易、住宿餐饮等方面的数据已实现网上直报。为了有效利用现代化数据处理手段，及时、准确地了解和掌握企业经营情况，国家统计局和有关部门联合建立了骨干工业企业和房地产开发企业统计信息联网直报制度，统计数据质量明显提高。实践证明，要提高统计服务的科学发展水平，必须大力推进统计信息化建设。

依照本条规定，县级以上人民政府统计机构根据统计任务的需要，可以在统计调查对象中推广使用计算机网络报送统计资料。这就要求县级以上人民政府统计机构充分认识信息化在统计工作中的地位和作用，以网络建设为基础，以数据采集平台和数据库建设为重点，全面提高统计信息化水平，加快在统计调查对象中使用计算机网络报送统计资料的步伐，以适应新时期统计工作的需要。

编辑：张　霖

10-1 城镇居民家庭基本情况

单位:元

项　　目		2010	2011
调查户数	**(户)**	**1 000**	**1 060**
平均每户家庭人口	(人)	2.95	2.93
平均每户就业人口数	(人)	1.44	1.50
平均每户就业人口负担人数	(人)	2.05	1.95
平均每户就业面	(%)	48.80	51.20
平均每人建筑面积	(平方米)	32.90	34.70
平均每人使用面积	(平方米)	24.68	26.03
人均家庭总收入		**18 153.86**	**20 878.27**
# 可支配收入		16 762.30	19 206.17
# 工薪收入		10 714.13	12 590.31
工资及补贴收入		10 465.13	12 376.55
其他劳动收入		249.00	213.77
经营净收入		1 989.41	2 463.90
财产性收入		422.02	479.17
# 利息		102.62	241.67
转移性收入		5 028.31	5 344.88
# 离退休金		3 999.30	4 261.12
借贷收入		**3 687.19**	**3 863.26**
# 提取储蓄存款		2 649.72	3 527.63
兑售有价证券			
人均家庭总支出		**15 552.89**	**17 404.94**
# 消费性支出		10 558.36	12 450.54
食品		3 711.65	4 337.57
# 粮食		360.04	412.72
淀粉及薯类		59.31	72.77
干豆类及豆制品		65.87	72.58
油脂类		101.83	118.82
肉类		521.73	658.18
禽类		177.35	218.80
蛋类		109.38	128.66
水产品类		148.06	177.04
鲜菜		373.15	404.42
调味品		59.48	63.72
糖类		27.53	33.88
烟草类		154.39	166.93
酒类		126.56	142.75
饮料		65.64	66.15
干鲜瓜果类		303.41	348.70

10-1 续表 单位:元

项　　目	2010	2011
糕点类	312.00	351.87
奶及奶制品	239.53	267.98
其他食品	42.54	107.52
衣着	1 269.68	1 463.25
# 服装	923.99	1 051.60
衣着材料	9.52	11.50
鞋类	287.55	336.74
居住	968.80	951.21
# 租赁房房租	21.20	45.65
住房装潢支出	196.38	165.78
维修用建筑材料	66.49	50.75
水	71.37	65.76
电	364.26	325.22
燃料	141.51	150.00
家庭设备用品及服务	742.56	900.81
耐用消费品	302.85	406.78
室内装饰品	16.90	20.69
床上用品	54.89	78.44
家庭日用杂品	313.41	359.03
家庭服务	45.60	29.35
医疗保健	646.80	728.59
交通和通信	1 404.38	1 286.29
交通	813.51	796.70
通信	590.87	489.59
教育文化娱乐服务	1 475.34	2 316.37
文化娱乐用品	370.34	645.71
文化娱乐服务	414.84	673.83
# 团体旅游	253.64	370.79
教育	690.15	964.91
杂项商品和服务	229.02	466.44
# 金银珠宝饰品	46.74	81.90
化妆品	98.28	114.00
借贷支出	**6 081.84**	**6 951.46**
# 存入储蓄款	5 546.40	6 187.40
购买有价证券	6.56	0.62

10-2 城市(市区)居民家庭收支情况

年 份	城市居民人均可支配收入(元)	城市居民人均消费性支出(元)	#食品支出	城市居民收入增速(%) 名义增长(以上年为100)	实际增长(以上年为100)	城市居民支出增速(%) 名义增长(以上年为100)	实际增长(以上年为100)
1978							
1979							
1980	491	423	226				
1981	492	448	243	0.2	-0.2	5.9	5.5
1982	531	455	254	8.0	6.9	1.4	0.4
1983	543	490	287	2.2	2.1	7.9	7.8
1984	680	564	320	25.3	21.3	15.0	11.4
1985	827	679	365	21.7	11.9	20.3	10.7
1986	1 036	877	446	25.2	17.9	29.2	21.6
1987	1 152	992	484	11.2	1.3	13.1	3.0
1988	1 265	1 180	633	9.8	-10.5	19.0	-3.0
1989	1 542	1 442	747	21.9	5.5	22.2	5.7
1990	1 687	1 409	809	9.4	4.7	-2.3	-6.5
1991	1 893	1 557	904	12.2	3.3	10.5	1.7
1992	2 236	1 832	1 006	18.1	8.2	17.7	7.7
1993	2 698	2 223	1 103	20.7	2.6	21.3	3.2
1994	3 625	2 918	1 477	34.3	7.2	31.2	4.7
1995	4 665	3 684	1 838	28.7	10.1	26.3	8.0
1996	5 405	4 196	2 007	15.9	5.3	13.9	3.5
1997	5 687	4 561	2 063	5.2	3.2	8.7	6.7
1998	6 011	4 381	2 011	5.7	5.7	-3.9	-3.9
1999	6 499	4 983	2 051	8.1	10.1	13.7	15.8
2000	7 147	5 391	1 985	10.0	10.0	8.2	8.2
2001	7 616	5 607	2 020	6.6	6.2	4.0	3.7
2002	8 037	5 922	2 164	5.5	6.4	5.6	6.5
2003	8 954	6 368	2 206	11.4	9.8	7.5	5.9
2004	9 840	6 669	2 548	9.9	6.0	4.7	1.0
2005	11 185	7 674	2 708	13.7	11.2	15.1	12.6
2006	12 837	8 621	2 928	14.8	13.1	12.3	10.7
2007	14 875	9 809	3 419	15.9	11.0	13.8	9.0
2008	16 955	10 717	4 036	14.0	8.7	9.3	4.2
2009	18 769	11 973	4 081	10.7	10.8	11.7	11.8
2010	20 959	13 153	4 496	11.7	7.8	9.9	6.1
2011	23 881	15 012	5 224	13.9	8.3	14.1	8.5

10-3 主要年份城市(市区)居民家庭基本情况

单位:元

项目	1990	1995	2000	2005	2009	2010	2011
调查户数(户)	**200**	**200**	**200**	**300**	**300**	**300**	**300**
平均每户家庭人口(人)	3.23	3.10	2.98	2.87	2.76	2.73	2.68
平均每户就业人口数(人)	1.90	1.77	1.67	1.40	1.35	1.34	1.28
平均每户就业人口负担人数(人)	1.70	1.75	1.79	2.06	2.04	2.04	2.09
平均每户就业面(%)	58.82	57.10	55.98	48.78	48.91	49.08	47.76
平均每人建筑面积(平方米)	14.72	16.90	19.30	23.31	27.03	28.21	31.24
平均每人使用面积(平方米)	11.07	12.71	14.51	17.12	20.28	21.16	23.44
人均家庭总收入	**1 702.12**	**4 689.09**	**7 240.31**	**12 329.47**	**20 998.56**	**23 316.92**	**26 428.88**
# 人均可支配收入	1 687.24	4 664.63	7 147.24	11 185.30	18 769.12	20 958.86	23 880.54
人均工薪收入	1 277.89	3 591.72	4 925.89	8 043.75	11 856.82	13 242.79	15 138.46
人均工资及补贴	1 266.89	3 526.29	4 830.46	8 019.91	11 805.22	12 778.25	14 758.17
人均其他劳动收入	11.00	65.43	95.43	23.84	51.60	464.54	380.29
人均经营净收入	4.98	24.81	39.41	773.72	1 493.18	1 612.25	2 352.59
人均财产性收入	22.84	98.98	74.11	137.98	618.45	562.02	630.86
人均转移性收入	327.33	973.53	2 200.89	3 374.02	7 030.11	7 899.87	8 306.97
人均借贷收入	**215.20**	**666.79**	**2 193.77**	**3 326.10**	**7 805.94**	**6 494.15**	**4 400.88**
# 提取储蓄存款	162.35	553.12	1 605.70	2 772.01	6 911.46	3 879.51	3 746.15
兑售有价证券	0.23	10.33	248.94				
人均家庭总支出	**1 552.69**	**4 221.21**	**7 099.64**	**11 512.44**	**22 058.91**	**21 514.03**	**21 870.35**
# 消费性支出	1 409.35	3 684.50	5 391.37	7 673.73	11 972.56	13 152.93	15 011.94
食品	809.34	1 838.22	1 985.09	2 708.04	4 081.47	4 495.67	5 223.63
衣着	197.36	556.56	539.33	727.58	1 230.74	1 426.34	1 538.47
居住	33.08	221.73	339.89	863.64	1 012.24	1 206.17	1 359.57
家庭设备用品及服务	124.00	338.84	792.79	491.47	1 003.62	951.32	1 156.12
医疗保健	16.12	76.83	326.68	547.74	877.74	918.76	939.93
交通和通信	33.76	190.57	370.93	704.99	1 855.30	2 175.09	1 617.72
教育文化娱乐服务	122.08	320.28	778.08	1 269.91	1 451.74	1 498.74	2451.40
杂项商品和服务	8.74	141.46	258.59	360.35	459.71	480.85	725.10
人均借贷支出	**331.13**	**1 065.77**	**1 959.36**	**3 508.36**	**6 557.03**	**8 662.47**	**8 812.16**
# 存入储蓄款	262.14	862.83	1 536.77	3 008.60	5 986.70	7 909.51	7 818.18
购买有价证券	1.86	51.61	15.45	0.42	4.23		1.86

10-4　主要年份城市(市区)居民家庭居住情况

单位:户

指　　标	1990	1995	2000	2005	2009	2010	2011
总　　计	**200**	**200**	**200**	**300**	**300**	**300**	**300**
按卫生设备拥有情况分							
无卫生设备	93	54	14	6	3	3	3
有浴室厕所	14	61	115	221	255	256	256
有厕所无浴室	84	70	70	67	37	36	36
公共卫生设备	9	15	1	6	5	5	5
按燃料使用情况分							
管道天然气						130	182
管道煤气	19	56	106	186	112	55	91
液化石油气	58	93	90	107	88	87	4
煤	123	51	4	5	8	7	23
其他				2	92	21	
按房屋产权分							
租赁公房	165	169	43	48	18	19	13
租赁私房				3	17	17	24
自有房	35	31	157	235	265	264	254
其他				14			9

10-5　主要年份城市(市区)居民家庭平均每人全年购买的主要商品数量

单位:公斤

品　　名	1990	1995	2000	2005	2009	2010	2011
粮食(贸易粮)	139.70	102.30	85.22	72.65	48.29	78.75	81.86
油脂类	7.00	7.30	7.69	7.55	8.04	6.86	7.90
鲜菜	122.30	100.80	96.46	88.44	102.57	102.88	104.67
猪肉	15.90	13.80	13.75	13.19	11.71	12.76	12.99
牛羊肉	4.90	3.00	4.05	3.68	3.84	4.03	4.36
禽类	5.90	9.50	10.62	9.15	6.43	9.69	10.15
蛋类	12.00	16.60	19.57	14.00	13.25	14.28	13.94
水产品	7.70	8.50	10.78	10.48	9.57	10.7	11.91
白酒	3.80	3.50	2.30	2.34	1.92	2.31	2.29
茶叶	0.20	0.20	0.14	0.11	0.15	0.17	0.14
干鲜瓜果类	53.50	65.90	72.93	72.18	71.62	71.77	65.05
糕点	5.60	4.10	4.11	4.65	4.77	5.32	4.62
鲜乳品	3.50	5.20	15.38	19.02	19.51	19.64	15.92
服装　　(件)	2.80	5.80	6.96	7.15	7.77	8.30	8.08
衣着材料　　(元)				12.61	15.56	13.51	16.98
鞋类　　(双)				2.42	2.87	2.81	2.94

10-6 主要年份城市(市区)居民家庭平均每百户全年购买的主要商品数量

单位:台

品名		1990	1995	2000	2005	2008	2009	2010	2011
助力车	(辆)				4.68	6.00	9.67	9.33	8.67
摩托车	(辆)					1.00	1.00	1.00	0.33
家用汽车	(辆)				0.36	0.67	2.33	2.00	1.00
移动电话	(部)				16.68	31.67	29.33	29.67	23.67
洗衣机		2.00	3.50	5.50	6.00	3.67	5.67	4.00	8.67
电冰箱		8.00	1.00	3.00	3.96	4.33	5.67	3.33	7.33
钢　琴	(架)				0.72				
其他中高档乐器	(件)	1.00	1.00	1.50		0.67	0.67	0.33	1.33
彩　电		7.00	5.00	7.50	6.36	6.00	8.33	8.00	11.00
家用电脑				2.50	6.72	6.33	8.67	5.67	7.00
照相机	(架)	1.00		0.50	3.72	3.67	2.33	1.33	2.67
组合音响		0.50	1.50	0.50	0.72		0.67		
空调器			5.50	8.00	10.68	4.33	9.33	8.67	8.33
淋浴热水器			3.00	3.00	3.72	6.67	7.33	6.33	4.67
微波炉				8.00	2.64	2.00	3.00	2.67	4.67

10-7 主要年份城市(市区)居民家庭平均每百户年末耐用消费品拥有量

单位:台

指标		1990	1995	2000	2005	2008	2009	2010	2011
摩托车	(辆)		6.00	14.00	9.67	9.00	10.00	11.67	13.83
助力机	(辆)				13.67	38.67	46.33	51.67	52.41
家用汽车	(辆)				1.33	4.67	7.00	9.00	12.86
洗衣机		84.50	90.50	92.50	95.67	94.67	94.33	94.67	95.50
电冰箱		47.50	73.50	87.00	93.67	90.00	91.67	91.67	94.21
彩　电		49.00	93.50	115.00	126.00	127.67	130.00	130.67	127.65
家用电脑				12.50	41.33	70.00	77.67	81.00	87.78
组合音响	(套)	0.50	9.50	16.50	25.67	17.00	17.67	18.33	14.79
摄像机	(架)				3.00	5.33	6.33	7.00	8.68
照相机	(架)	15.50	28.00	33.00	42.00	39.00	40.67	41.67	46.30
钢琴	(架)			2.00	3.00	3.00	3.33	3.00	2.57
其他中高档乐器	(件)	8.50	5.00	9.00	3.67	5.33	5.00	5.00	5.14
微波炉				24.00	62.67	73.33	76.00	77.00	76.53
空调器			12.00	54.50	103.67	121.67	130.67	136.33	150.16
淋浴热水器			30.00	48.50	76.00	87.67	88.67	90.00	89.39
消毒碗柜					5.67	4.67	5.00	4.67	6.11
健身器材	(套)			2.00	5.00	3.33	3.67	4.00	4.18
普通电话	(部)				153.00	75.33	75.33	75.00	62.38
移动电话	(部)			15.00	92.33	197.67	206.00	210.67	203.22

10-8　主要年份城市(市区)居民家庭人均支出情况

单位:元

指　　标	1990	1995	2000	2005	2009	2010	2011
消费性支出	**1 409.35**	**3 684.50**	**5 391.37**	**7 673.73**	**11 972.56**	**13 152.93**	**15 011.94**
食品	809.34	1 838.22	1 985.09	2 708.04	4 081.47	4 495.67	5 223.63
# 粮食	91.20	280.59	181.78	212.91	290.37	349.40	410.31
油脂类	27.13	67.92	54.52	63.00	107.60	98.36	119.80
肉禽蛋及制品	243.62	535.20	504.25	683.83	752.87	827.62	1 035.91
水产品	52.33	95.37	106.40	132.43	163.40	172.44	213.06
蔬菜类	79.00	141.07	133.47	184.25	327.16	395.89	425.15
衣着	197.36	556.56	539.33	727.58	1 230.74	1 426.34	1 538.47
# 服装	76.02	267.46	349.42	522.74	874.59	1 078.93	1142.60
衣着材料	36.14	124.02	42.44	12.61	15.56	13.51	16.98
衣着加工服务费		27.71	21.36	6.78	10.06	7.12	6.52
居住	33.08	221.73	339.89	863.64	1 012.24	1 206.17	1 359.57
# 住房	12.09	53.61	51.36	428.19	436.97	431.23	584.01
水电燃料及其他	20.99	168.12	288.53	420.56	543.89	727.31	727.37
家庭设备用品及服务	124.00	338.84	792.79	491.47	1 003.62	951.32	1 156.12
# 耐用消费品	57.55	196.12	503.50	285.02	557.95	423.88	578.88
室内装饰品	4.65	21.95	17.77	9.12	12.28	11.92	22.36
床上用品	1.81	12.85	21.36	27.50	56.27	55.34	119.18
家庭日用杂品	11.95	85.84	152.07	140.79	319.17	376.88	397.91
医疗保健	16.12	76.83	326.68	547.74	877.74	918.76	939.93
# 药品费		56.22	261.33	304.17	417.75	490.17	526.43
滋补保健品		1.71	7.81	49.95	157.43	177.56	167.85
交通和通信	33.76	190.57	370.93	704.99	1 855.30	2 175.09	1 617.72
交通	33.19	67.80	156.28	322.94	1 369.02	1 540.85	1 161.63
通信	0.57	122.77	214.65	382.06	486.28	634.24	456.09
教育文化娱乐服务	122.08	320.28	778.08	1 269.91	1 451.74	1 498.74	2 451.40
文化娱乐用品	74.28	86.75	161.56	384.65	428.54	411.87	543.68
文化娱乐服务	35.40	96.43	163.00	210.35	384.23	391.65	673.83
教育	12.40	137.09	453.53	674.91	638.97	695.21	1 233.88
杂项商品和服务	21.97	141.46	258.59	360.35	459.71	480.85	725.10

10–9 城市(市区)居民家庭人均收入、支出情况

(2011 年)　　单位:元

项目	全部调查户平均水平	按收入水平分组		
		最低收入组(占 10%)	# 更低收入组(占 5%)	低收入组(占 10%)
调查户数　(户)	**300**	**29**	**14**	**31**
平均每户家庭人口　(人)	2.68	3.17	2.85	3.17
平均每户就业人口　(人)	1.28	1.24	1.13	1.52
平均每一就业人口负担人数　(人)	2.09	2.56	2.52	2.09
平均每户就业面　(%)	47.76	39.12	39.65	47.95
家庭总收入	**26 428.88**	**8 763.15**	**7 624.46**	**11 915.69**
# 可支配收入	23 880.54	6797.70	5 290.09	10 715.02
# 工薪收入	15 138.46	6 396.25	5701.80	6 960.83
工资及补贴收入	14 758.17	6 396.25	5701.80	6 960.83
其他劳动收入	380.29			
经营净收入	2 352.59	583.70	372.22	546.47
财产性收入	630.86	30.24	37.64	13.84
# 利息	472.30	30.24	37.64	13.84
转移性收入	8 306.97	1 752.97	1512.80	4 394.55
# 离退休金	6 247.37	1 022.03	804.29	3 495.59
借贷收入	**4 400.88**	**1 632.71**	**2 320.57**	**5 413.76**
# 提取储蓄存款	3 746.15	1 619.84	2 320.57	1 029.74
兑售有价证券				
家庭总支出	**21 870.35**	**9 477.64**	**9 226.19**	**14 102.28**
# 消费性支出	15 011.94	6 716.84	5 954.15	8 003.00
食品	5 223.63	3 026.96	2 979.78	3 850.34
# 粮食	410.31	363.18	348.87	385.33
淀粉及薯类	68.96	57.00	54.01	71.56
干豆类及豆制品	70.66	41.64	38.90	73.56
油脂类	119.80	110.78	107.99	138.50
肉类	679.18	406.19	429.09	640.91
禽类	227.04	140.61	155.13	250.91
蛋类	129.70	95.57	103.45	122.91
水产品类	213.06	90.79	86.42	202.12
鲜菜	394.92	269.60	303.31	350.44
调味品	62.70	38.69	42.14	66.07
糖类	43.62	19.81	16.49	26.95
烟草类	244.28	120.54	118.63	88.92
酒类	170.58	49.02	49.31	74.97
饮料	91.05	57.80	49.72	52.93
干鲜瓜果类	410.91	236.30	237.08	298.87

10-9 续表 1 （2011 年） 单位：元

项目	全部调查户平均水平	按收入水平分组		
		最低收入组（占 10%）	# 更低收入组（占 5%）	低收入组（占 10%）
糕点类	96.87	48.48	46.42	75.62
奶及奶制品	339.65	205.10	187.78	229.65
其他食品	121.34	71.23	35.75	85.62
衣着	1 538.47	620.83	533.76	637.74
# 服装	1142.60	425.61	367.07	439.19
衣着材料	16.98	8.58	12.97	7.71
鞋类	322.26	159.71	131.84	159.90
居住	1 359.57	505.79	524.42	636.79
# 租赁房房租	104.48	69.89	128.73	59.88
住房装潢支出	367.94	7.36		15.50
维修用建筑材料	77.07	5.36		55.55
水	77.37	55.07	54.60	59.80
电	345.09	247.87	219.40	265.93
燃料	153.34	105.64	114.35	107.46
家庭设备用品及服务	1 156.12	441.55	294.16	545.07
耐用消费品	578.88	200.56	20.77	259.31
室内装饰品	22.36	2.04		2.55
床上用品	119.18	8.48	5.99	32.54
家庭日用杂品	397.91	208.31	218.25	238.30
家庭服务	35.70	5.01	10.04	12.38
医疗保健	939.93	535.70	541.34	754.19
交通和通信	1 617.72	461.10	346.72	533.04
交通	1 161.63	195.76	128.74	217.92
通信	456.09	265.34	217.98	315.11
教育文化娱乐服务	2451.40	1 035.48	634.25	848.73
文化娱乐用品	543.68	158.94	104.03	224.14
文化娱乐服务	673.83	109.92	98.53	174.61
# 团体旅游	370.82	6.43		84.58
教育	1 233.88	766.63	431.68	449.97
杂项商品和服务	725.10	89.42	99.73	197.11
# 金银珠宝饰品	147.88			24.47
化妆品	135.29	26.96	21.34	29.01
借贷支出	**8 812.16**	**661.66**	**497.60**	**4 776.78**
# 存入储蓄款	7 818.18	605.90	476.58	2 607.97
购买有价证券	1.86			

10-9 续表 2 （2011 年） 单位：元

项目	按收入水平分组					
	较低收入组（占 20%）	中间收入组（占 20%）	较高收入组（占 20%）	高收入组（占 10%）	最高收入组（占 10%）	# 更高收入组（占 5%）
调查户数 （户）	**60**	**61**	**61**	**30**	**28**	**14**
平均每户家庭人口 （人）	3.00	2.50	2.55	2.18	2.18	2.21
平均每户就业人口 （人）	1.43	1.26	1.28	0.97	1.16	1.26
平均每一就业人口负担人数（人）	2.10	1.98	1.99	2.25	1.88	1.75
平均每户就业面 （%）	47.67	50.40	50.20	44.50	53.21	57.01
家庭总收入	**16 475.65**	**22 365.29**	**31 248.28**	**43 789.73**	**86 083.11**	**113 735.98**
# 可支配收入	14 453.66	20 048.47	28 164.36	39 724.92	81 306.84	108 143.86
# 工薪收入	10 812.79	13 009.97	18 955.46	25 586.80	39 091.42	49 341.87
工资及补贴收入	10 812.79	1 2969.10	18 955.46	25 586.80	34 125.90	39 451.76
其他劳动收入		40.87			4 965.52	9 890.11
经营净收入	514.36	3 000.76	2 854.13		13 119.71	26 131.29
财产性收入	111.71	167.32	496.13	629.32	5 627.55	10 148.60
# 利息	41.82	63.33	221.07	560.35	4 767.25	8 651.90
转移性收入	5 036.78	6 187.23	8 942.56	17 573.61	28 244.43	28 114.22
# 离退休金	4 006.84	5620.30	7636.10	14 021.83	15 083.57	10 382.90
借贷收入	1 143.02	4 103.88	6 368.04	3 981.61	12 899.42	18 725.27
# 提取储蓄存款	1 141.80	3 504.87	6 339.09	3 981.61	12 899.42	18 725.27
兑售有价证券						
家庭总支出	**13 484.40**	**18 956.29**	**27 318.87**	**32 985.79**	**59 982.05**	**74 658.31**
# 消费性支出	9 904.95	14 481.88	17 781.14	23 813.52	39 152.10	53 231.60
食品	4 199.46	5 257.51	6 066.83	6 767.72	9 979.70	11 267.41
# 粮食	363.12	424.67	440.22	493.27	461.84	463.51
淀粉及薯类	62.70	74.25	71.47	74.57	75.97	64.12
干豆类及豆制品	61.84	81.46	82.46	69.56	80.65	71.11
油脂类	88.92	118.45	120.87	188.58	121.98	120.86
肉类	559.49	813.31	716.24	835.70	917.29	824.45
禽类	207.27	225.05	247.27	286.99	268.93	217.51
蛋类	118.16	126.78	138.38	170.27	169.07	175.17
水产品	165.70	237.23	251.99	250.24	359.62	468.04
鲜菜	353.70	473.84	416.93	443.89	475.02	448.65
调味品	59.04	57.10	69.31	85.51	77.76	70.53
糖类	38.53	28.56	52.98	76.66	100.88	156.56
烟草类	230.48	166.13	268.84	245.52	861.26	924.40
酒类	95.11	85.37	258.08	108.14	796.10	854.12
饮料	60.62	64.69	125.55	170.55	187.04	146.99
干鲜瓜果类	344.10	429.85	508.00	513.23	653.70	630.52

10-9 续表 3 （2011 年） 单位：元

项目	按收入水平分组					
	较低收入组（占 20%）	中间收入组（占 20%）	较高收入组（占 20%）	高收入组（占 10%）	最高收入组（占 10%）	# 更高收入组（占 5%）
糕点类	90.12	84.67	102.16	123.12	215.02	261.85
奶及奶制品	299.69	286.81	371.68	614.90	598.92	915.19
其他食品	127.08	84.03	130.91	194.97	229.50	269.74
衣着	1 013.03	1 284.51	2 090.32	3 197.78	3 415.14	4 793.01
# 服装	720.88	950.54	1 613.35	2 264.38	2 712.49	3 840.88
衣着材料	10.47	15.82	14.39	62.46	24.97	13.35
鞋类	244.14	275.60	405.77	7 16.08	547.53	743.21
居住	736.19	873.44	1 312.27	3 473.20	4 777.59	7 973.79
# 租赁房房租	165.76	71.52	121.87		198.62	395.60
住房装潢支出	8.31	71.51	16.09	1 796.43	2 680.67	5 010.79
维修用建筑材料	28.78	36.38	44.22	355.09	253.84	505.38
水	61.45	76.78	93.54	129.20	91.79	66.22
电	284.29	349.91	396.67	541.01	448.75	434.71
燃料	138.38	126.30	177.75	211.20	289.06	229.35
家庭设备用品及服务	610.10	723.15	1 425.47	2 341.97	4 000.31	4 647.36
耐用消费品	254.47	333.90	664.07	1 115.18	2 470.05	2 650.15
室内装饰品	1.11	2.84	21.42	54.71	166.01	110.44
床上用品	42.95	52.78	146.57	225.97	640.05	1 079.79
家庭日用杂品	296	313.51	493.23	896.53	683.27	794.75
家庭服务	15.58	20.12	99.64	49.57	40.93	12.23
医疗保健	782.39	464.52	1 212.81	1 781.87	1 923.96	1 953.21
交通和通信	683.81	2 052.55	2 250.08	1 821.83	5 008.65	8 444.20
交通	318.17	1 557.76	1 752.50	1 210.10	4 131.64	7 307.69
通信	365.64	494.79	497.58	611.74	877.01	1 136.51
教育文化娱乐服务	1 643.33	3 534.52	2 702.54	3 180.63	5 485.61	6 038.38
文化娱乐用品	445.89	419.45	787.61	924.96	1 222.43	1 347.83
文化娱乐服务	320.00	501.01	979.17	1 812.98	1 831.54	1 933.48
# 团体旅游	184.91	245.64	572.19	1 178.24	878.90	974.51
教育	877.44	2 614.06	935.76	442.69	2 431.64	2 757.06
杂项商品和服务	236.65	291.69	720.82	1 248.52	4 561.14	8 114.24
# 金银珠宝饰品	63.14	36.18	71.55	357.32	1 081.51	1 891.98
化妆品	68.91	100.06	198.63	360.89	355.56	537.73
借贷支出	**3 760.39**	**6 949.82**	**9 885.94**	**14 669.88**	**38 638.56**	**57 406.72**
# 存入储蓄款	3 690.30	6 676.84	8 905.58	13 458.26	33 726.00	48 752.06
购买有价证券	8.31					

10-10 农村居民家庭收支情况

年 份	农民人均纯收入（元）	农民人均生活消费支出（元）	#食品支出	农村居民收入增速(%) 名义增长（以上年为100）	实际增长（以上年为100）	农村居民支出增速(%) 名义增长（以上年为100）	实际增长（以上年为100）
1978	112						
1979	126			12.6	11.9		
1980	173	140	89	37.0	33.8		
1981	231	190	106	33.7	33.1	35.9	35.3
1982	292	224	116	26.6	25.3	17.8	16.7
1983	338	250	141	15.8	15.7	11.5	11.4
1984	418	300	165	23.6	19.6	20.0	16.2
1985	389	328	171	-6.9	-14.3	9.4	0.6
1986	454	385	198	16.7	9.9	17.3	10.5
1987	489	435	209	7.6	-2.0	13.0	2.9
1988	580	482	248	18.7	-3.2	10.8	-9.6
1989	642	578	297	10.6	-4.3	19.8	3.6
1990	661	536	286	3.1	-1.3	-7.2	-11.2
1991	728	625	364	10.1	1.4	16.6	7.4
1992	790	591	352	8.5	-0.7	-5.5	-13.5
1993	900	642	411	13.9	-3.1	8.7	-7.5
1994	1 304	836	423	44.9	15.6	30.2	3.9
1995	1 800	1 137	680	38.0	18.1	36.0	16.3
1996	2 390	1 559	844	32.7	20.7	37.1	24.7
1997	2 746	1 631	805	14.9	12.8	4.6	2.7
1998	2 980	1 503	773	8.5	8.5	-7.9	-7.9
1999	3 126	1 542	760	4.9	6.8	2.7	4.5
2000	3 230	1 621	683	3.3	3.3	5.1	5.1
2001	3 391	1 612	719	5.0	4.7	-0.6	-0.9
2002	3 477	1 739	704	2.5	3.4	7.9	8.8
2003	3 605	1 869	767	3.7	2.1	7.5	5.9
2004	4 003	2 028	881	11.0	7.1	8.5	4.6
2005	4 443	2 840	1 210	11.0	8.6	40.0	37.0
2006	4 896	3 220	1 320	10.2	8.6	13.4	11.7
2007	5 534	3 807	1 486	13.0	8.3	18.2	13.2
2008	6 240	4 319	1 692	12.8	7.5	13.4	8.1
2009	6 951	4 719	1 820	11.4	12.0	9.3	9.8
2010	7 955	5 216	1 962	14.4	9.7	10.5	5.9
2011	9 490	5 973	2 170	19.3	12.7	14.5	8.4

10-11 主要年份农村居民家庭基本情况

单位：元

项目	1990	1995	2000	2005	2009	2010	2011
调查户数 （户）	**580**	**520**	**800**	**660**	**660**	**660**	**1 300**
调查户人口 （人）							
常住人口	2 691	2 241	3 158	2 579	2 564	2 556	4 740
平均每户常住人口	4.64	4.31	3.95	3.91	3.88	3.87	3.65
平均每户整、半劳动力	2.95	2.75	2.49	2.62	2.74	2.79	2.58
平均每个劳动力负担人口	1.57	1.57	1.58	1.50	1.42	1.39	1.41
平均每人全年收入							
总收入	949.35	2 512.15	4 145.36	5 804.51	9 001.81	10 507.20	12 651.31
纯收入	661.42	1 800.10	3 229.67	4 443.00	6 951.21	7 955.36	9 489.99
现金收入	790.38	1 801.20	3 374.09	5 167.67	8 429.57	9 621.11	12 191.57
平均每人全年支出							
总支出	868.63	2 138.54	2 631.70	4 491.01	6 889.64	8 178.71	9 491.17
#家庭经营费用支出	213.12	595.56	649.51	1 283.88	1 794.18	2 260.23	2 798.76
第一产业生产费用支出				1 145.30	1 514.61	1 877.40	2 253.20
第二产业生产费用支出				65.50	174.38	265.72	225.64
第三产业生产费用支出				73.03	105.19	117.10	319.92
生产性固定资产支出				78.41	81.58	251.23	214.39
生活消费支出	536.03	1 136.89	1 620.93	2 840.15	4 718.82	5 216.48	5 973.42
现金支出	780.36	1 663.68	2 334.24	4 123.06	6 504.63	7 721.51	9 220.53
#生产性费用	176.06	513.08	678.52	1 304.66	1 814.03	2 417.86	2 990.30
税费支出	43.20	138.09	128.60	25.10	18.79	17.40	18.20
生活消费支出	380.03	689.38	1 358.04	2 536.81	4 402.78	4 871.12	5 739.44
财产性支出				6.00	5.05	3.76	5.65
转移性支出				250.51	263.98	411.37	466.94
非消费性支出				**1 181.85**	**1 592.07**	**1 909.26**	**1 453.73**
非借贷性支出	58.10	197.05		291.63	639.71	803.21	915.95
储蓄借贷支出	117.30	219.83		890.22	952.36	1 106.05	537.78

10-12 主要年份农村居民家庭平均每人总收入和纯收入

单位：元

项 目	1990	1995	2000	2005	2009	2010	2011
总收入	**949.35**	**2 512.15**	**4 145.36**	**5 804.51**	**9 001.81**	**10 507.21**	**12 651.31**
工资性收入	186.78	241.42	1 107.20	1 712.61	3 163.41	3 595.91	4 220.76
在非企业组织中劳动得到收入				275.93	359.64	392.64	329.80
在本乡地域内劳动得到的收入	132.88	123.83	452.22	522.74	1 040.44	1 201.94	1 489.14
外出从业得到的收入				913.94	1 763.33	2 001.33	2 401.82
家庭经营收入	771.45	2 240.22	2 855.67	3 894.07	5 351.56	6 334.82	7 668.86
第一产业收入				2 973.29	3 856.67	4 612.40	5 512.93
种植业收入	443.48	1 535.48	1 230.76	1 784.25	2 337.88	3 135.12	3 473.82
林业收入	11.67	22.55	111.04	91.86	112.19	119.15	148.19
牧业收入	176.12	493.93	815.88	1 068.27	1 369.25	1 336.82	1 817.55
渔业收入	4.94	6.50	45.90	28.91	37.36	20.90	73.38
第二产业收入				300.71	638.16	823.43	802.13
工业收入	5.01	7.26	179.07	241.96	360.55	525.01	584.49
建筑业收入	14.31	57.99	72.20	58.75	277.61	298.43	217.64
第三产业收入				620.07	856.73	899.99	1 353.81
# 交通、运输业和邮电业收入	9.09	45.87	114.57	194.34	248.81	294.45	487.88
批零贸易、饮食业收入	8.61	17.63	132.85	314.92	433.01	450.93	630.61
服务业收入	4.28	5.13	49.21	79.64	127.87	106.38	133.36
转移性收入	14.80	67.21	141.53	163.06	367.45	439.57	565.47
财产性收入	10.47	23.29	41.06	34.77	119.39	136.91	196.21
纯收入	**661.42**	**1 800.10**	**3 229.67**	**4 443.00**	**6 951.21**	**7 955.36**	**9 488.99**
工资性收入	186.78	241.42	1 107.20	1 744.70	3 163.41	3 595.91	4 220.76
家庭经营纯收入	458.77	1 479.44	1 939.88	2 537.46	3 352.75	3 830.10	4 588.09
第一产业纯收入				1 761.92	2 231.35	2 610.05	3 132.40
第二产业纯收入				235.24	417.90	490.88	538.61
第三产业纯收入				540.30	703.50	729.17	917.08
转移性纯收入	6.98	60.80	141.53	114.72	315.66	392.45	484.93
财产性纯收入	8.89	18.44	41.06	46.08	119.39	136.91	196.21
现金收入				**5 167.67**	**8 429.57**	**9 621.11**	**12 191.57**
非收入现金所得				**655.34**	**751.08**	**1 403.29**	**1 263.41**
非借贷性现金所得				160.98	278.72	439.16	533.28
借贷性现金所得				494.36	472.36	964.12	730.13

10-13 主要年份农村居民家庭平均每人生活消费支出

单位:元

项目	1990	1995	2000	2005	2009	2010	2011
生活消费支出	**536.03**	**1 136.89**	**1 620.93**	**2 840.15**	**4 718.82**	**5 216.48**	**5 973.42**
食品	286.00	680.45	683.24	1 209.73	1 820.34	1 961.65	2 170.26
# 主食	80.17	340.58	243.39	292.61	344.71	395.60	441.95
副食	142.28	233.95	264.07	343.26	594.66	655.87	787.19
其他食品	56.49	85.26	113.56	227.80	382.72	408.48	505.74
在外饮食				334.14	491.61	496.23	431.78
衣着	55.38	81.94	99.85	196.53	382.31	433.81	489.67
# 服装				134.90	255.26	297.48	334.32
鞋类				45.15	107.98	118.87	132.29
居住	95.38	174.85	322.04	306.88	768.92	815.10	855.38
# 住房支出				130.85	571.56	598.64	611.31
电费				34.02	85.73	102.91	121.98
燃料	28.21	15.92	25.94	91.88	66.76	71.48	103.27
其他		7.79	17.12	44.83	16.84	11.69	6.68
家庭设备用品及服务	34.44	46.89	80.60	118.70	246.28	281.34	315.38
# 日用品				41.53	74.27	79.04	97.08
家具、机电				53.44	131.27	157.85	173.54
床上用品				12.14	26.16	21.81	28.29
医疗保健	19.33	41.50	99.94	206.62	236.16	293.43	310.18
# 药品				68.21	99.63	99.91	105.77
医疗费				127.57	130.76	185.80	194.39
交通和通讯	2.74	26.32	93.00	274.60	505.44	562.60	650.04
# 交通用品				91.59	221.04	253.22	346.73
通讯用品				24.18	39.94	47.45	54.25
交通客运费				56.90	55.14	53.03	53.15
通讯费				86.58	170.13	173.86	159.28
文化教育娱乐用品及服务	33.42	73.86	193.88	473.43	693.04	798.40	1 102.57
文娱用品				62.66	151.93	205.95	352.36
教育服务				363.42	403.68	413.95	512.17
文体娱乐服务				47.35	137.73	178.51	238.04
其他商品和服务	9.34	11.00	48.39	53.69	66.33	70.16	79.94

10–14 主要年份农村居民家庭住房情况

项目	1990	1995	2000	2005	2009	2010	2011
平均每人年末生活用房面积 （平方米）	**18.73**	**19.51**	**22.52**	**29.36**	**37.40**	**41.83**	**44.75**
# 砖木结构	11.33	14.70	15.10	16.60	19.56	19.29	22.19
钢筋混凝土结构	1.69	2.24	6.49	12.42	17.67	22.12	21.45
平均每户本年新建房屋							
新建房屋间数占使用间数比重 （%）	3.61	3.38	4.40	1.05	3.82	2.58	3.66
新建房屋每间价值 （元）	1 534	2 585	2 551	6 346	10 214	11 191	12 098
每平方米价值 （元）	77	149	119	317	598	657	737
平均每人年内新建(购)房屋面积 （平方米）	**0.77**	**0.71**	**1.05**	**0.31**	**2.11**	**1.71**	**1.64**
# 砖木结构	0.59	0.45	0.37	0.09	0.57	0.29	0.33
钢筋混凝土结构	0.23	0.24	0.44	0.22	1.54	1.43	1.24
砖瓦平房面积				0.21	0.54	0.36	0.41
楼房	0.05		0.50	0.10	1.57	1.35	1.23

10–15 主要年份农村居民家庭平均每人全年主要消费品消费量

单位:公斤

品名	1990	1995	2000	2005	2009	2010	2011
粮食(原粮)	273.08	246.00	271.16	233.71	204.53	203.51	191.39
# 稻谷	66.38	82.27	55.71	49.19	51.15	50.64	49.58
小麦				146.68	134.41	131.11	130.87
蔬菜	78.98	63.76	71.79	55.03	73.79	69.96	57.76
植物油	4.65	6.84	7.70	7.73	9.73	8.82	8.86
动物油	0.39	0.16	0.33	0.04	0.04	0.02	0.02
肉类	6.70	6.94	9.71	11.14	13.96	14.07	14.24
# 猪肉	4.59	4.72	4.86	4.41	5.35	5.57	5.59
家禽	1.06	1.13	2.68	3.82	5.44	5.18	4.77
蛋类	4.59	7.24	8.79	7.79	9.17	8.25	8.68
鱼虾	1.46	2.96	3.07	3.84	4.58	4.61	4.91
食糖	2.47	1.96	1.37	0.94	0.90	0.83	0.71
酒	3.91	8.12	8.47	7.51	11.05	10.83	10.48
水果和瓜类				21.95	29.13	27.15	28.07
奶和奶制品				2.84	6.41	7.18	8.22

10–16　主要年份农民家庭年末平均每百户耐用消费品拥有量

单位：台

品　　名	1990	1995	2000	2005	2009	2010	2011
洗衣机	7.00	10.00	38.00	70.41	84.36	89.11	89.47
电冰箱	2.00	2.00	19.00	17.71	38.30	46.92	60.62
空调机			5.00	7.34	19.89	27.61	33.24
抽油烟机			8.00	3.83	11.90	14.33	12.56
吸尘器					1.21	0.40	2.61
微波炉			1.00	4.58	13.97	14.42	20.37
热水器			14.00	17.01	56.72	65.06	72.21
# 太阳能热水器					50.69	61.60	69.61
自行车　（辆）	155.00	168.00	195.00	192.59	199.24	200.44	168.64
# 电动自行车					70.69	89.14	102.50
摩托车　（辆）		2.00	17.00	33.17	45.33	46.28	42.40
汽车(生活用)　（辆）			10.00	0.14	1.59	2.37	3.88
固定电话机　（部）			37.00	79.98	75.42	76.14	53.17
移动电话　（部）			9.00	55.35	166.30	189.74	211.13
彩色电视机	6.00	10.00	53.00	91.51	111.51	114.58	115.95
# 接入有线电视网的					87.34	91.90	89.23
黑白电视机	42.00	73.00	54.00	17.42	4.37	3.01	1.67
# 接入有线电视网的					1.69	1.37	0.82
摄影机			1.00	0.30	0.47	1.19	2.15
影碟机			12.00	40.51	48.44	45.84	19.60
照相机　（架）	2.00	1.00	7.00	3.49	5.51	7.38	7.95
家用计算机			3.00	2.74	12.21	20.95	31.20
# 接入互联网的					9.67	16.86	29.07
中高档乐器　（件）				0.13	0.76	1.02	1.30

主要统计指标解释

城镇居民家庭就业人口 指城镇居民从事社会劳动并取得劳动报酬或经营收入的人口。就业人口包括通过国家统筹规划和指导由劳动部门介绍就业，自愿组织起来就业和自谋职业等方式，在国有制、集体所有制、中外合资、中外合作、外资在华独资的企事业单位和私营企业单位工作或从事个体劳动的有固定性职业或临时性职业的人口。被聘用和留用的离退休人员也计入就业人口。本指标可以反映城镇居民的就业情况，是计算就业面、负担系数的重要资料。

城镇居民家庭全部收入 指被调查城镇居民家庭全部的实际现金收入，包括经常或固定得到的收入和一次性收入。不包括周转性收入，如提取银行存款、向亲友借入款、收回借出款以及其他各种暂收款。

城镇居民家庭可支配收入 指被调查城镇居民家庭在支付个人所得税之后，所余下的实际收入。

城镇居民家庭消费性支出 指被调查的城镇居民家庭用于日常生活的全部支出，包括购买商品支出和文化生活、服务等非商品性支出。不包括罚没、丢失款和缴纳的各种税款(如个人所得税、牌照税、房产税等)，也不包括个体劳动者生产经营过程中发生的各项费用。

农村居民家庭纯收入 指农村常住居民家庭总收入中，扣除从事生产和非生产经营费用支出、缴纳税款和上交承包集体任务金额以后剩余的，可直接用于进行生产性、非生产性建设投资、生活消费和积蓄的那一部分收入。它是反映农民家庭实际收入水平的综合性的主要指标。农民家庭纯收入，既包括从事生产性和非生产性的经营收入，又包括取自在外人口寄回带回和国家财政救济、各种补贴等非经营性收入；既包括货币收入，又包括自产自用的实物收入。但不包括向银行、信用社和向亲友借款等属于借贷性的收入。

农村居民家庭整半劳动力 指农村常住居民家庭成员中有劳动能力并经常参加实际劳动的人员。是生产的基本要素指标之一，是发展生产增加农民家庭收入的重要源泉。按规定，农村男 18 周岁至 50 周岁、女 18 周岁至 45 周岁为整劳动力；男 16 周岁到 17 周岁、51 周岁到 60 周岁，女 16 周岁到 17 周岁、46 周岁至 55 周岁为半劳动力。农民家庭整半劳动力，既包括在上述规定劳动年龄内和在劳动年龄以外有劳动能力并经常参加实际劳动的男女整半劳动力；也包括农民家庭常住人员中属于职工的劳动力。但不包括在劳动年龄内已丧失劳动能力的人员。

农村居民家庭生活消费支出 指农村常住居民家庭年内用于日常生活的全部开支。它是用来反映和研究农民家庭实际生活消费水平高低的重要指标。农民家庭生活消费支出，包括用于吃、穿、住、烧、用等生活消费品开支和文化、生活服务费用开支两大部分。

农村居民家庭商品性生活消费支出 指农村常住居民家庭用其货币收入，在市场上购买食品、衣着、家庭用家具器皿、日用杂品、燃料、耐用消费品、以及文教卫生用品等生活消费总量。包括向国有商店、集体商店和集市贸易市场以及其他流通渠道购买的全部生活消费品。农民家庭商品性生活消费支出，是农民家庭生活消费支出的一个重要组成部分，是用来反映和分析农民家庭生活消费水平的商品化程度，及其由自给性经济向商品经济发展趋势的重要指标，也是研究和预测农民家庭对市场消费品需求，制定商品供应计划的重要依据。

第 11 部分

自然资源、城市概况和环境保护

NATURAL RESOURCES, GENERAL SURVEY OF CITIES AND ENVIROMENTAL PROTECTION

版面负责人：张玉强

编　　　辑：徐　燕

关于统计工作经费保障的规定

第十九条 县级以上人民政府应当将统计工作所需经费列入财政预算。

重大国情国力普查所需经费，由国务院和地方人民政府共同负担，列入相应年度的财政预算，按时拨付，确保到位。

【释义】 本条是关于统计工作经费保障的规定。

政府统计是与现代国家管理密切联系在一起的，是一项长期的、经常性的工作，需要财政预算的长期的、经常性的支持。因此，本条规定，县级以上人民政府应当将统计工作所需经费列入本级财政预算。所谓财政预算，是指政府对于未来一定时期内的收入和支出的计划安排。依照我国《预算法》的规定，财政预算由政府编制，报本级人民代表大会审查批准，并按照批准后的预算执行。财政预算经本级人民代表大会批准后，非经法定程序，不得改变。将统计工作所需经费列入政府财政预算，从法律制度上保障了政府对统计工作的投入。县级以上人民政府应当依照本条规定，将统计工作所需经费列入本级财政预算。

重大国情国力普查与常规统计调查不同，涉及面广，工作量大，时间性强，需要大量的人力、物力和财力支持，需要社会各方面的积极参与和配合。我国现有的人口普查、经济普查、农业普查、污染源普查和土地调查，国务院都制定和颁布了相关的行政法规，对普查工作作出全面部署，并对所需经费的落实作出具体安排：规定普查所需经费，由中央和地方各级人民政府共同负担，并列入相应年度的财政预算，按时拨付，确保到位。为了保证重大国情国力普查工作顺利进行，《统计法》在总结实践经验的基础上，对重大国情国力普查经费的保障问题作了专门规定。一是明确重大国情国力普查所需经费由国务院和地方人民政府共同负担，并列入相应年度的财政预算；二是要求重大国情国力普查经费要按时拨付，确保到位。

编辑：张　霖

11-1 自然资源

指标		2006	2007	2009	2010	2011
土地资源	**（千公顷）**					
耕地面积		596.21	594.78	595.04	610.72	611.17
园地		74.70	74.69	74.53	57.08	56.93
林业用地面积		41.78	41.75	41.68	25.31	25.22
牧草地面积		0.07	0.07	0.06	6.18	6.11
城镇及工矿用地面积		45.34	46.20	49.24	200.99	201.16
交通用地面积		15.07	15.08	15.45	46.97	46.89
水域面积		25.63	25.61	25.82	207.87	207.38
未利用土地面积		74.81	74.13	71.37		
其他		240.62	242.22	241.05	21.36	21.63
林木资源						
活立木总蓄积量	（万立方米）	1 320.9	1 380.2	2 138.7	2 472.6	2698.0
森林面积	（千公顷）	196.7	201.2	322.9	330.7	352.4
森林蓄积量	（万立方米）	947.1	995.3	2 036.3	2 459.9	2 684.0
森林覆盖率	（%）	25.5	26.6	28.7	30.9	31.3
水利资源	**（亿立方米）**					
水资源总量		28.36	61.58	35.13	20.24	23.38
地表径流		14.72	40.16	18.49	8.30	10.63
地下（浅层）水量		17.51	23.82	17.29	14.70	15.94
矿产资源（基础储量）	**（万吨/矿石）**					
煤炭	（万吨）	176 500	169 257	137 871	135 101	106 848
铁	（万吨）	1 290	1 308	1 484	1 581	2 336
岩盐		22 100	21 990	13 158	13 091	13 091
石膏		45 181	50 681	35 864	34 395	34 569
制碳用灰岩		20 091	20 091	20 091	20 091	20 091
水泥用灰岩		22 380	22 364	28 814	28 755	28 365
白云岩		928	928	928	928	928

注:2006 年及以后水利资源计算方法与口径有变化，与往年数据不可比；2010 年土地资源指标因国家土地利用现状分类标准有变化，部分数据与往年不可比。

11–2 主要年份气象、水文概况

指标		1990	1995	2000	2005	2009	2010	2011
温度	**（摄氏度）**							
年平均气温		14.8	14.7	15.1	15.0	15.2	15.2	14.8
年极端最高气温		37.2	36.8	37.4	38.3	38.4	37.6	39.4
出现日期	（月、日）	7月9日	6月19日	5月21日	6月23日	6月25日	7月6日	6月8日
年极端最低气温		–15.8	–8.9	–9.4	–9.3	–9.5	–9.4	–10.5
出现日期	（月、日）	2月1日	2月2日	2月1日	1月1日	1月24日	1月13日	1月10日
降水	**（毫米）**							
年降水量		1 088.8	825.3	979.6	1 162.9	750.9	612.0	751.2
年降水日	（天）	94	66	90	90	84	68	78
一日最大降水量		82.4	94.1	151.3	99.1	95.8	100.2	76.2
出现日期	（月、日）	7月17日	8月22日	7月12日	7月8日	5月15日	9月7日	5月10日
日照								
年日照时间	（小时）	2 251.2	2 452.4	2 064.5	2 204.6	1 869.9	2 230.6	2121.7
年蒸发量	（毫米）	1 595	1 797.3	1 727.6	1 062.5	1 040.1	1 076.6	1010.0
年平均相对湿度	（%）	72	65	69	67	66	63	62
年平均风力	（米/秒）	2.3	2.0	2.2	2.1	2.0	2.1	1.8
年平均气压	（百帕）	1 017.0	1 017.3	1 011.6	1 012.0	1 011.5	1 011.5	1012.4
年无霜期	（天）	190	182	158	235	213	195	196
霜期	**（月、日）**							
初霜日期		10月17日	10月5日	11月1日	10月27日	11月9日	11月2日	10月28日
终霜日期		4月24日	4月4日	4月6日	3月25日	4月2日	4月5日	4月11日
雪期	**（月、日）**							
初雪日期		12月12日	12月19日	1月8日	11月25日	1月6日	11月28日	12月14日
终雪日期		2月23日	2月4日	2月5日	3月2日	3月2日	3月8日	3月1日
水文(蔺家坝)	**（米）**							
最高水位		32.02	33.40	32.15	33.59	32.73	32.84	32.84
出现日期	（月、日）	8月6日	3月9日	7月29日	9月30日	7月19日	10月13日	12月8日
最低水位		28.35	31.86	28.77	31.47	31.59	31.33	30.92
出现日期	（月、日）	6月17日	6月16日	6月21日	6月20日	6月19日	6月27日	6月22日
年均水位		31.60	33.02	31.07	32.63	32.32	32.39	32.11

11-3 市区分月气象情况

（2010 年）

月　　份	平均气温（摄氏度）	降水量（毫米）	日照时数（小时）
全　年	**15.2**	**612.0**	**2 230.6**
1 月	1.0	1.6	160.9
2 月	4.6	28.7	109.8
3 月	7.5	15.1	160.6
4 月	12.7	59.7	216.7
5 月	21.3	39.1	215.8
6 月	25.7	73.3	221.5
7 月	28.3	155.5	157.7
8 月	28.0	93.5	196.1
9 月	23.1	140.2	165.2
10 月	16.5	23.0	193.1
11 月	10.1	0.1	220.5
12 月	3.9	2.9	212.7

11-4 市区分月气象情况

（2011 年）

月　　份	平均气温（摄氏度）	降水量（毫米）	日照时数（小时）
全　年	**14.8**	**751.2**	**2 121.7**
1 月	-2.0		196.9
2 月	3.4	42.4	139.0
3 月	9.0	8.5	224.0
4 月	16.4	6.7	262.2
5 月	21.4	89.2	231.7
6 月	26.2	69.0	176.2
7 月	27.5	179.5	165.0
8 月	25.8	172.6	129.4
9 月	20.9	46.3	133.3
10 月	15.9	24.4	187.9
11 月	11.1	92.8	100.1
12 月	1.8	19.8	176.0

11–5 城市(市区)建设基本情况

年 份	市区面积（平方公里）	#建成区面积	市区人口密度（人/平方公里）	年末实有房屋建筑面积（万平方米）	#住宅	公共交通 年底运营车辆数（辆）	公共交通 年底运营线路网长度（公里）
1978	184.5	41.3	3 636	884	351	140	
1979	184.5	42.7	3 842	955	392	161	
1980	184.5	43.8	3 950	1 029	440	144	
1981	184.5	44.3	4 063	1 105	487	160	
1982	184.5	45.2	4 189	1 174	528	165	
1983	184.5	45.6	4 297	1 276	590	162	
1984	184.5	45.9	4 371		641	168	
1985	184.5	46.5	4 470	1 467	691	174	
1986	184.5	47.0	4 557	1 863	920	182	
1987	184.5	47.3	4 638	1 964	967	185	
1988	184.5	48.1	4 726	2 030	1 000	183	
1989	184.5	48.9	4 838	2 145	1 030	196	
1990	184.5	61.8	4 914	2 245	1 076	202	
1991	184.5	63.8	4 979	2 352	1 127	211	
1992	184.5	67.0	5 076	2 465	1 180	258	
1993	184.5	67.7	5 158	2 622	1 253	308	313
1994	963.0	70.7	1 483	2 690	1 293	838	329
1995	963.0	59.1	1 507	2 751	1 325	1 072	335
1996	963.0	60.3	1 530	2 870	1 381	854	337
1997	963.0	61.5	1 551	2 980	1 442	903	343
1998	963.0	64.7	1 577	3 104	1 514	932	343
1999	963.0	67.6	1 583	3 337	1 672	919	368
2000	1 037.7	71.7	1 547	3 507	1 787	946	541
2001	1 037.7	77.9	1 566	3 650	1 858	1 119	595
2002	1 037.7	81.9	1 576	3 781	1 897	922	586
2003	1 037.7	89.1	1 612	3 835	1 914	1 006	600
2004	1 037.7	96.8	1 613	3 934	1 964	1 076	622
2005	1 159.9	118.0	1 551	5 994	4 196	1 452	650
2006	1 159.9	127.1	1 566	6 079	4 199	1 654	700
2007	1 159.9	160.0	1 577	6 304	4 392	1 741	978
2008	1 159.9	186.6	1 590	6 584	4 615	1 790	655
2009	1 159.9	205.6	1 605	6 597	4 307	1 969	679
2010	3 037.6	239.0	1 029	8 463	5 404	1 908	3 997
2011	3 037.6	249.0	1 039	7 581	5 003	2 685	3 648

注:2010 年年底运营线路网长度统计口径扩大到乡村线路网,与往年不可比。2011 年年底运营线路网长度不包含农村客运班线。

11-5 续表 1

年　份	铺装道路长　度（公里）	铺装道路面　积（万平方米）	全社会供水			人工煤气供应总量（万立方米）	液化石油气供应总量（吨）	用气人口数（万人）
			生产能力（万立方米/日）	供水总量（万立方米）	#生活用水量			
1978	67	67	8.5	3 052	1 427			
1979	69	72	9.4	3 425	1 886			
1980	72	76	10.9	3 970	2 232			
1981	89	88	12.0	4 377	2 416			
1982	125	102	12.8	4 806	2 071			
1983	128	108	13.4	5 097	2 005			
1984	136	114	14.1	5 619	2 392		269	
1985	138	119	16.3	5 963	2 685	146	681	
1986	284	238	34.2	12 207	2 968	285	1 947	
1987	296	243	34.0	12 308	3 303	358	3 128	
1988	300	249	34.1	12 658	3 564	404	4 108	
1989	345	265	37.2	12 901	4 677	446	4 443	17.6
1990	297	263	37.9	10 744	4 328	464	7 110	25.5
1991	301	269	42.0	10 643	4 669	474	5 939	26.1
1992	355	464	56.0	12 129	5 203	509	7 736	26.8
1993	367	496	56.0	14 718	6 076	522	13 737	44.5
1994	372	747	63.0	15 506	7 498	939	15 168	61.2
1995	579	802	86.9	14 877	7 010	2 830	16 064	68.8
1996	590	830	74.6	14 067	7 653	3 967	18 886	72.0
1997	592	846	72.0	13 677	7 627	4 926	21 400	74.4
1998	593	863	74.5	13 498	7 366	4 888	24 788	77.3
1999	593	908	75.5	12 859	6 958	4 779	23 753	80.0
2000	621	987	75.5	12 464	6 926	4 585	26 196	83.4
2001	690	1 134	75.6	12 397	7 060	4 638	24 000	85.6
2002	760	1 222	72.5	11 748	7 088	4 192	22 400	88.6
2003	822	1 299	72.6	14 354	7 232	4 580	24 600	106.8
2004	865	1 357	55.0	14 008	7 499	4 057	29 400	118.5
2005	1 075	1 434	55.4	15 456	7 962	4 831	39 300	126.8
2006	1 168	1 494	49.0	11 931	6 218	5 699	33 860	113.0
2007	1 202	1 623	49.8	11 509	7 605	5 699	33 750	125.4
2008	1 307	1 855	67.9	16 155	7 718	5 125	32 208	128.8
2009	1 352	1 956	87.4	19 001	8 926	4 392	29 937	137.6
2010	1 600	2 467	94.2	19 957	8 962	1 662	29 336	150.2
2011	1 620	2 604	117.9	21 543	7 963		28 050	140.9

11-5　续表 2

年　份	排水管道长　度（公里）	路灯数（盏）	园林绿地面　积（公顷）	建成区绿化覆盖率（%）	公园数（个）	污水排放量（万吨）	垃圾粪便清运量（万吨）	公共厕所数（座）
1978	118	3 243	219	10.4				
1979	124	3 482	249	11.8				
1980	130	3 750	249	11.8				
1981	138	3 920	310	7.6				
1982	155	3 594	320	7.7				
1983	162	4 088	365	9.8				
1984	170	4 225	367	11.8				
1985	182	4 545	367	12.4				
1986	216	5 546	735	14.9				
1987	223	6 110	848	15.1				
1988	248	6 950	1 108	15.1				
1989	253	6 989	1 317	15.9	15		25	508
1990	257	7 507	1 214	27.4	15	9 965	23	503
1991	262	7 779	1 432	30.7	12	9 955	26	587
1992	281	8 551	2 358	30.8	13	7 964	28	537
1993	281	13 581	2 822	31.0	10	7 964	29	403
1994	326	11 688	2 822	31.6	14	9 700	28	448
1995	432	15 463	2 844	33.1	12	8 818	32	455
1996	395	16 140	2 881	33.2	15	7 846	38	328
1997	399	16 923	2 947	33.6	13	7 646	36	277
1998	403	20 393	3 048	33.7	13	7 682	29	258
1999	483	26 187	3 392	34.3	13	7 876	35	238
2000	643	30 937	3 662	34.4	13	5 931	36	225
2001	728	32 577	3 625	24.5	29	5 540	36	212
2002	825	36 836	3 889	26.6	31	5 620	37	266
2003	896	45 231	4 226	29.5	33	6 689	40	312
2004	926	46 087	6 455	36.6	33	7 692	45	249
2005	918	52 678	6 455	36.3	36	10 775	47	258
2006	930	53 000	6 659	37.6	30	11 704	49	297
2007	970	60 000	8 125	38.8	34	12 700	50	338
2008	1 198	56 798	9 242	40.1	40	13 924	45	482
2009	1 046	19 651	10 422	40.4	41	14 910	40	606
2010	1 334	50 723	12 913	41.3	60	18 106	48	592
2011	1 362	46 683	13 400	41.9	70	19 286	54	600

注:2009 年路灯盏数统计口径改变,与其它年份不可比,下同;2010 年公园数统计口径改变,与往年不可比,下同。

11-6 城市(市区)设施水平

年　份	用　水普及率(%)	煤气液化气普及率(%)	每万人拥有公共汽车辆(标台)	人均拥有铺装道路面积(平方米)	人均公共绿地面积(平方米)	每万人拥有公共厕所(座)	排水管道密　度(公里/平方公里)
1978	85.7				2.7		2.9
1979	83.3				2.7		2.9
1980	82.6				2.7		3.0
1981	93.8				1.5		3.1
1982	94.2				1.5		3.4
1983	95.0				2.0		3.6
1984	95.0	2.4			2.0		3.7
1985	94.2	6.7			2.4		3.9
1986	92.0	8.4			2.9		4.6
1987	94.2	17.8			2.9		4.7
1988	96.0	19.5			2.9		5.2
1989	98.0	22.2	3.2	3.3	2.9	6.6	5.2
1990	98.0	31.7	3.5	3.9	3.5	6.4	5.2
1991	100.0	37.8	4.1	3.9	6.3	7.4	4.1
1992	100.0	37.8	4.5	6.6	6.3	6.7	4.2
1993	100.0	61.6	4.9	6.9	7.4	4.9	4.2
1994	100.0	75.2	9.0	9.2	7.5	3.6	4.6
1995	100.0	84.0	9.2	9.8	7.9	4.7	7.3
1996	100.0	85.1	6.5	9.8	7.9	3.3	6.6
1997	100.0	86.4	7.0	9.8	9.5	2.7	6.5
1998	100.0	87.9	7.1	9.8	9.9	2.9	6.2
1999	100.0	90.1	7.7	10.2	10.2	2.8	7.2
2000	100.0	90.8	8.1	10.7	10.5	2.4	9.0
2001	100.0	75.8	10.1	10.0	6.6	2.3	9.3
2002	100.0	76.9	8.6	10.6	6.9	2.3	10.1
2003	100.0	90.2	9.1	11.0	7.0	2.6	10.1
2004	100.0	99.7	10.8	11.4	7.4	2.1	9.6
2005	100.0	96.5	9.8	10.9	8.0	2.0	7.8
2006	100.0	96.6	12.9	12.8	9.4	2.2	7.9
2007	100.0	100.0	18.1	12.9	12.1	2.7	6.1
2008	99.9	96.4	17.2	13.9	13.0	3.6	6.4
2009	98.5	98.5	17.9	14.0	13.6	4.4	5.1
2010	99.4	99.0	19.2	16.3	14.7	1.9	5.6
2011	97.8	94.2	11.5	17.7	16.0	1.9	5.5

注:2007 年及以后公共绿地面积统计口径改为公园绿地面积(下同)。

11-7　主要年份城市(市区)公用事业基本情况

指　　　　标	1990	1995	2000	2005	2009	2010	2011
城市用地及建筑物面积　（平方公里）							
城市面积	184.5	963.0	1 037.7	1 159.9	1 159.9	3 037.6	3 037.6
#建成区面积	61.8	59.1	71.7	118.0	205.6	239.0	249.0
城市建设用地面积	45.10	56.80	69.43	104.45	144.71	184.60	142.82
#居住用地	18.30	10.90	13.48	24.24	47.00	58.18	50.18
公共设施用地		4.70	8.75	16.43	26.02	31.79	28.45
工业用地	17.10	12.70	14.68	20.96	29.33	35.15	25.79
仓储用地	2.60	2.70	2.73	3.05	3.68	4.22	
对外交通用地	4.00	6.80	7.13	7.13	8.38	10.20	7.87
道路广场用地		2.70	4.56	13.39	19.55	23.06	18.05
市政公用设施用地		1.10	2.54	3.00	3.85	5.44	4.19
绿地		3.60	3.75	4.36	6.79	14.38	7.15
特殊用地		11.70	11.81	11.89	0.12	2.18	1.14
供水、供气及供热							
全社会供水							
供水综合生产能力　（万吨/日）	37.9	86.9	75.5	55.4	87.4	94.2	117.9
供水管道长度　（公里）	506	569	724	1 025	2 318	2 760	2 662
供水总量　（万立方米）	10 744	14 877	12 464	15 456	19 001	19 957	21 543
#生产用水量	5 684	7 867	3 574	3 478	7 704	8 036	10 769
生活用水量	4 328	7 010	6 926	7 962	8 926	8 962	7 963
人均日生活用水量　（升）	137	198	171	123	178	164	150
用水普及率　（%）	98.0	100.0	100.0	100.0	98.5	99.4	97.8
水厂个数　（个）	4	4	4	4	4	4	8
人工煤气							
储气能力(系统内)　（万立方米）	2	12	12	12	12		
煤气管道长度　（公里）	32	237	647	763	230	230	
供气总量　（万立方米）	464	2 830	4 585	4 831	4 392	1 662	
#家庭用量	437	1 899	3 326	3 562	3 056	1 205	
家庭用气户数　（户）	10 343	61 372	110 758	148 102	74 137	34 000	
用气人口数　（万人）	4.2	20.3	34.7	47.4	51.0	10.2	
液化石油气							
储气能力　（吨）	275	450	420	2 402	1 248	4 394	1 237
供气总量　（吨）	7 110	16 064	26 169	39 300	29 937	29 336	28 050
#家庭用量	7 074	15 084	23 158	35 100	24 575	23 466	22 800
家庭用气户数　（户）	60 706	146 628	155 723	289 500	212 720	193 243	197 050
用气人口数　（万人）	21.3	48.5	48.8	79.4	37.6	59.7	60.9
煤气和液化石油气普及率　（%）	31.7	84.0	90.8	96.5	98.5	99.0	94.2
天然气							
储气能力　（万立方米）					9	26	23
供气管道长度　（公里）					786	1 253	1 170
供气总量　（万立方米）					3 358	13 524	18 670
#家庭用量					1 029	2 927	3 272
家庭用气户数　（户）					137 093	270 824	264 239
用气人口数　（万人）					49	80	80
集中供热面积　（万平方米）				910	1 004	1 201	
#住宅					411	911	

注：2010年储气能力统计口径有调整，与往年不可比。

11-7 续表

指　　标		1990	1995	2000	2005	2009	2010	2011
城市市政设施情况								
实有道路长度	(公里)	297	579	621	1 075	1 352	1 600	1 620
道路面积	(万平方米)	263	802	987	1 434	1 956	2 467	2 604
人行道面积	(万平方米)	35	74	110	208	279	421	436
排水管道长度	(公里)	257	432	643	918	1 046	1 334	1 362
污水年排放量	(万立方米)	9 965	8 818	5 931	10 775	14 910	18 106	19 286
桥梁数	(座)	51	68	102	132	146	118	118
路灯盏数	(盏)	7 507	15 463	30 937	52 678	19 651	50 723	46 683
防洪堤长度	(公里)	27.0	52.0	34.1	44.6	42.0	67.0	67.0
公共交通								
公共汽车营运车数	(辆)	202	1 072	946	1 452	1 969	1 908	2 685
标准营运车数	(标台)	238	752	739	1 290	2 462	2 286	2 989
客运总量	(万人次)	8 511	10 740	17 040	25 750	28 903	33 436	32 997
平均每日客运量	(万人次)	23.3	29.4	46.7	70.5	79.2	96.1	90.4
出租汽车营运车数	(辆)	259	955	2 872	4 230	3 625	3 760	6 142
城市园林绿化								
绿化覆盖面积	(公顷)	1 324	2 927	3 823	7 017	11 754	14 726	13 900
# 建城区		891	1 956	2 463	4 283	8 309	9 680	10 425
园林绿地面积	(公顷)	1 324	2 844	3 662	6 455	10 422	12 913	13 400
# 公共绿地		235	647	961	1 046	1 907	2 234	2 395
公园个数	(个)	15	12	13	36	41	60	70
公园面积	(公顷)	104	521	650	358	946	198	338
游人量	(万人次)	1 054	463	323	2 340	182	210	250
人均公园绿地面积	(平方米)	3.5	7.9	10.5	8.0	13.6	14.7	16.0
建成区绿化覆盖率	(%)	27.4	33.1	34.4	36.3	40.4	41.3	41.9
城市房屋和住宅情况	**(万平方米)**							
实有房屋建筑面积		2 245	2751	3 507	5 994	6 597	13 368	7 581
实有住宅建筑面积		1 076	1325	1 787	4 196	4 307	8 972	5 003
当年房屋竣工建筑面积		110.2	110.0	182.9	286.8	356.2		
# 住宅		54.3	72.7	122.9	258.1	250.8		
当年房屋减少建筑面积		11.4	21.0	13.3	9.5	83.3		
# 住宅		8.9	13.0	7.8	3.5	72.0		
实有住宅使用面积		773.4	950	1 285	3 017	3 096.3		
实有住宅居住面积		492	606	817	1 919	1 969.34		
城市清洁卫生情况								
道路清扫保洁面积	(万平方米)	148	350	418	780	1243	2 032	2 052
生活垃圾清运量	(万吨)	21.4	30.0	34.6	47.0	39.5	44.4	49.5
粪便清运量	(万吨)	1.6	2.0	1.0		0.2	0.2	4.1
垃圾粪便无害化处理量	(万吨)		32.0	35.6	47.0	36.8	44.4	43.6
环卫机械总数	(台)	113	167	172	156	212	362	380
公共厕所数	(座)	503	455	225	258	606	592	600

注：2002 年及以后垃圾粪便无害化处理量仅指生活垃圾；2006 年及以后游人量统计口径为风景名胜区的游人量。

11-8 主要年份工业企业污染治理情况

单位:万元

指　　标		2001	2003	2005	2009	2010	2011
汇总单位数	**(个)**	**65**	**81**	**74**	**29**	**22**	**614**
当年施工项目投资来源		**6 272**	**18 228**	**47 263**	**40 671**	**12 516**	**13 538**
排污费补助					191	40	
政府其他补助					550	375	1 388
企业自筹					39 930	12 756	12 150
# 银行贷款					9 900	1 980	540
国家预算内资金		1	300	30			
环保专项资金		90	55	2 912			
银行贷款		150	1 396	2 580			
其他资金		6 031	16 476	44 321			
当年施工项目累计完成投资额		**6 272**	**18 228**	**47 263**	**40 671**	**13 171**	**13 538**
治理废水		4 142	9 640	7 396	9 523	3 907	5 073
治理废气		1 818	8 088	38 555	25 203	8 084	6 405
治理固体废物		292	500	330		1 000	
治理噪声		15		622			
其他		5		361	5 945	180	2 060
当年安排治理项目	**(个)**	**84**	**105**	**54**	**54**	**34**	
治理废水		42	26	34	17	11	
治理废气		36	78	38	32	21	
治理固体废物		3	1	3		1	
治理噪声		2		3			
其他		1		6	5	1	
当年竣工项目	**(个)**	**61**	**58**	**73**	**50**	**20**	**7**
治理废水		21	13	27	17	6	2
治理废气		35	44	35	31	14	3
治理固体废物		2	1	3			
治理噪声		2		3			
其他		1		5	2		2
当年竣工项目新增设计处理利用“三废”能力							
废水	(吨/日)	39 453	31 472	28 122	60 750	215 400	5 200
废气	(万标立方米/时)	84	130	234	83 870	129	147
固体废物	(吨/日)	358	180	305			
主要污染物减排情况							
化学需氧量(COD)	(万吨)			6.35	5.74	5.54	1.67
二氧化硫(SO_2)	(万吨)			20.01	9.28	8.96	14.30

注:2007 年及以后施工项目投资来源指标有调整,2010 年废气处理利用能力统计口径有调整,2011 年工业企业污染治理汇总单位数口径变化,与往年不可比。

11-9 重点工业企业"三废"排放及处理情况

（2011 年）

指 标 名 称	汇总工业企业数（个）	工业废水排放总量（吨）	工业化学需氧量产生量（吨）	工业化学需氧量排放量（吨）	工业氨氮产生量（吨）
总 计	**614**	**100 450 781**	**201 406**	**14 274**	**161 45**
煤炭开采和洗选业	24	35 455 615	5 023	2 885	275
农副食品加工业	53	4 347 434	7 709	2 411	329
食品制造业	18	1 411 192	1 485	309	35
饮料制造业					
烟草制品业					
纺织业	24	6 110 032	1 500	704	60
皮革、毛皮、羽毛(绒)及其制品业					
木材加工及木、竹、藤、棕、草制品业	18	53 092	11	8	
造纸及纸制品业	18	23 065 774	73 049	3 928	182
印刷业和记录媒介的复制					
文教体育用品制造业					
石油加工、炼焦及核燃料加工业	7	740 100	1 676	93	112
化学原料和化学制品制造业	60	7 533 969	6 347	662	3 262
医药制造业	28	2 341 471	1 607	497	76
橡胶制品业					
塑料制品业					
非金属矿物制品业	154	444 282	38	30	
黑色金属冶炼和压延加工业	36	2 031 105	7 498	149	119
有色金属冶炼和压延加工业	17	483 130	80	63	3
金属制品业	29	1 303 543	528	113	35
通用设备制造业	15	381 534	60	30	10
专用设备制造业	15	723 636	96	35	12
电气机械和器材制造业	20	431 844	38	15	1
通信设备、计算机及其他电子设备制造业					
废弃资源和废旧材料回收加工业					
电力、热力的生产和供应业	28	5 441 530	6 768	313	479
燃气生产和供应业					
其它行业	11	1 023 228	1 322	312	27

11-9 续表 1 （2011 年）

指 标 名 称	工业氨氮排放量（吨）	工业废气排放总量（万标立方米）	二氧化硫产生量（吨）	二氧化硫排放量（吨）	氮氧化物产生量（吨）	氮氧化物排放量（吨）
总　　计	**828**	**38 618 304**	**425 868**	**129 308**	**182 402**	**152 775**
煤炭开采和洗选业	210	75 461	551	551	215	215
农副食品加工业	114	702 372	859	849	301	301
食品制造业	10	22 722	286	286	98	98
饮料制造业						
烟草制品业						
纺织业	37	28 206	829	260	64	62
皮革、毛皮、羽毛(绒)及其制品业						
木材加工及木、竹、藤、棕、草制品业		439 819	669	669	116	116
造纸及纸制品业	78	222 126	771	511	154	113
印刷业和记录媒介的复制						
文教体育用品制造业						
石油加工、炼焦及核燃料加工业	3	1 126 949	6 351	5 293	1 561	1 561
化学原料和化学制品制造业	63	595 488	2 724	2 540	879	876
医药制造业	67	32 223	260	260	56	56
橡胶制品业						
塑料制品业						
非金属矿物制品业		7 186 006	8 811	8 811	13 079	13 079
黑色金属冶炼和压延加工业	12	7 144 128	10 601	10 601	6 570	6 570
有色金属冶炼和压延加工业	2	1 203 472	2 040	1 676	49	49
金属制品业	8	203 385	900	900	71	71
通用设备制造业		25 005	58	58	7	7
专用设备制造业	2	246 561	79	79	12	12
电气机械和器材制造业	1	160 858	201	201	42	42
通信设备、计算机及其他电子设备制造业						
废弃资源和废旧材料回收加工业						
电力、热力的生产和供应业	73	18 906 507	388 854	94 930	158 839	129 258
燃气生产和供应业						
其它行业	3	28 175	43	35	13	13

11-9 续表 2 （2011 年）

指 标 名 称	烟粉尘产生量（吨）	烟粉尘排放量（吨）	工业固体废物产生量（吨）	工业固体废物综合利用量（吨）	工业固体废物综合利用率（%）	工业固体废物处置量（吨）
总 计	**6 656 990**	**42 980**	**14 001 181**	**14 333 523**	**100.0**	**206 422**
煤炭开采和洗选业	1 434	257	3 237 268	3 237 268	100.0	160 000
农副食品加工业	1 748	467	15 006	15 006	100.0	
食品制造业	530	83	12 333	12 333	100.0	
饮料制造业						
烟草制品业						
纺织业	671	159	12 434	12 434	100.0	
皮革、毛皮、羽毛(绒)及其制品业						
木材加工及木、竹、藤、棕、草制品业	22 226	1 428	8 321	8 321	100.0	
造纸及纸制品业	3 985	608	76 199	52 192	68.5	35 942
印刷业和记录媒介的复制						
文教体育用品制造业						
石油加工、炼焦及核燃料加工业	25 081	1 955	251	251	100.0	
化学原料和化学制品制造业	66 364	2 008	380 999	379 879	99.7	1 120
医药制造业	412	253	5 909	5 891	99.7	18
橡胶制品业						
塑料制品业						
非金属矿物制品业	2 005 043	7 577	25 948	25 886	99.8	62
黑色金属冶炼和压延加工业	344 852	11 653	1 817 859	1 817 859	100.0	
有色金属冶炼和压延加工业	14 661	3 585	45 065	45 065	100.0	
金属制品业	3 018	584	29 790	29 790	100.0	
通用设备制造业	635	629	4 831	2 815	58.3	2 016
专用设备制造业	2 666	323	18 867	12 195	64.6	6 672
电气机械和器材制造业	340	98	3 009	2 990	99.4	
通信设备、计算机及其他电子设备制造业						
废弃资源和废旧材料回收加工业						
电力、热力的生产和供应业	4 157 748	10 980	8 118 940	8 485 788	100.0	
燃气生产和供应业						
其它行业	176	15	70 300	69 811	99.3	489

主要统计指标解释

自来水综合生产能力 指年底城建部门管理的自来水厂和各单位自备水源的取水、净化、送水、出厂输水干管等环节的实际生产能力。

全年供水总量 指公用自来水厂和社会单位自备水源全年的供水总量,包括有效供水量及损失水量。

城市人口用水普及率 指城市市区用水的非农业人口数(不包括临时人口和流动人口)与市区非农业人口总数之比。

煤气供气总量 指城市煤气企业向城市生产用户、生活用户和其他用户供应全部煤气量。包括外购煤气量的损失量。

城市气化率 指使用煤气(包括人工煤气、液化石油气)的市区非农业人口数(不包括临时人口和流动人口)与市区非农业人口总数之比。

年末实有铺装道路长度 指除土路外,路面经过铺装宽度在3.5米以上的道路,包括高级、次高级道路和普通道路。

营运标准车台 是指营运车数按标台换算系数折合的标准车台总数。用以综合反映公交企业的运输能力。标准车台是以每辆车长度10米为一标准台,如营运车长8.7米,折合0.87标台,营运车长14米,折合1.4标台。计算方法:

$$\text{标准车台(标　台)}=\frac{\text{各类营运车辆长度之和(米)}}{\text{标台换算系数(10米)}}$$

营运车数 是指经上级主管机关核准,可参加营运的全部车辆数。包括技术完好的、在修的、待修的、长期停驶的,以及拟报废尚未经上级主管机关批准的。但不包括非营运车辆,如架线车、货车、油灌车、工程车及其他专用车辆和借入的运客车辆。

营运线路长度 是指固定的营运线路长度,包括郊区营运线路长度,不包括临时行驾的线路长度。营运线路长度应以营运线路的起点站至终点站往返路程的二分之一长度计算。

公共绿地 指供游览休息的各种公园(包括植物园、陵园、游乐园和风景名胜公园等)、动物园、广场绿地、河(湖)滨绿地和宽在八米以上设置有行人休息设施的林荫道绿地等。

建成区绿化覆盖率 反映建成区的绿化覆盖情况,其计算方法:

$$\text{建成区绿化覆盖率}(\%)=\frac{\text{建成区园林绿化面积}+\text{建成区道路绿化面积}}{\text{建成区面积}}\times 100\%$$

工业废水排放总量 指经过工业企业厂区所有排放口排到企业外部的工业废水量。包括外排的直接冷却水、超标排放的矿井地下水和与工业废水混排的厂区生活污水,不包括外排的间接冷却水(清污不分流的间接冷却水应计算在内)。

工业废气排放总量 指工业企业厂区内燃料燃烧和生产工艺过程中排放的各种废气总量。以标准状态下(0℃,101325Pa)每年万标立方米表示(每小时排放量的算术平均值×年排放小时数)。

工业烟尘排放量 指工业企业在厂区内的燃料燃烧过程中排入环境的烟尘量。

工业粉尘排放量 指工业企业在生产工艺过程中排放的固体微粒总重量。如钢铁企业的耐火材料粉尘,焦化企业的筛焦系统粉尘、烧结机的粉尘,石灰窑的粉尘、建材企业的水泥粉尘等。不包括电厂排入大气的烟尘。

第 12 部分

农林牧渔业

AGRICULTURE, FORESTRY, ANIMAL HUSBANDRY AND FISHERY

版面负责人：魏垂成

编　　辑：顾元林　刘　畅

关于统计调查对象的统计资料管理制度的规定

第二十一条 国家机关、企业事业单位和其他组织等统计调查对象，应当按照国家有关规定设置原始记录、统计台账，建立健全统计资料的审核、签署、交接、归档等管理制度。

统计资料的审核、签署人员应当对其审核、签署的统计资料的真实性、准确性和完整性负责。

【释义】 本条是关于统计调查对象的统计资料管理制度的规定。

根据本法规定，统计调查对象应当依照《统计法》和国家有关规定，真实、准确、完整、及时地向统计机构、统计人员提供统计调查所需的资料。为了加强统计基础工作，保障统计资料来源的真实性、准确性、完整性和及时性，国家机关、企业事业单位和其他组织等统计调查对象应当按照本条规定，建立严格规范的统计资料管理制度。包括：

一、设置原始记录、统计台账。原始记录是指统计调查对象对其生产、经营、管理活动的过程和成果所作的记录。统计台账是统计调查对象根据填报统计调查表和本单位管理活动的需要而设置的一种系统积累统计资料的表册，是对原始记录进行整理汇总后的表册。要求统计调查对象按照国家有关规定设置原始记录、统计台账，有利于统计调查对象真实、准确地向统计机构和统计人员报送统计资料。

二、建立健全统计资料的审核、签署、交接、归档等管理制度。统计调查对象提供的统计资料，应当经本部门或者本单位统计负责人或者单位负责人审查、复核，经签署或者盖章后才能向统计机构和统计人员上报。统计资料的审核、签署制度是明确审核、签署人员统计责任的重要制度依据，也是保证原始统计资料真实性、准确性的重要保障。统计资料的交接、归档制度是指对统计资料的移交、接收、入库、存档的各项规定。建立完善的统计资料交接、归档制度，有利于保障企业统计工作的延续性，保障统计资料安全，防止统计资料毁损、灭失。

根据本条第二款的规定，统计资料的审核、签署人员应当对其审核、签署的统计资料的真实性、准确性和完整性负责。这一规定是修订后的《统计法》新增加的内容。主要目的是为了明确统计资料的审核、签署人员在统计工作中的责任，增强统计资料审核、签署人员的工作责任意识，防止本单位的其他人员违法干预统计工作，防止伪造、篡改统计资料的行为发生，并在发生统计违法行为时，及时确定和追究有关人员的法律责任。

编辑：张　霖

12–1 主要年份农村基层组织情况

指 标	1985	1990	1995	2000	2005	2009	2010	2011
农村组织情况 （个）								
乡个数	173	147	128					
镇个数(含城乡镇)	9	35	55	107	114	113	113	113
村委会个数	3 543	3 517	3 511	3 493	2 364	2 207	2 166	2 081
村民小组个数	26 723	27 041	27 028	26 793	22 033	21 646	21 716	21 015
乡村户数、人口								
乡村户数 （万户）	135.83	204.39	170.02	174.45	178.83	184.68	187.25	186.51
乡村人口 （万人）	595.82	656.06	674.08	680.81	690.39	698.81	703.90	702.40
乡村从业人员 （万人）	**271.99**	**321.78**	**330.58**	**335.71**	**348.00**	**358.75**	**366.23**	**365.05**
按性别分								
男性	143.32	169.35	170.48	173.80	182.87	190.33	196.59	196.29
女性	128.67	152.43	160.10	161.91	165.13	168.42	169.64	168.76
按行业分								
农林牧渔业	220.26	247.48	239.66	233.14	180.78	159.18	159.67	149.58
# 农业	203.74	227.10	213.35	207.14	163.24	140.79	140.59	130.09
工业	19.75	27.03	31.52	30.05	56.71	83.11	89.34	93.95
建筑业	13.04	19.38	24.65	27.32	35.32	43.24	46.21	48.16
交通运输、仓储业和邮电业	4.38	6.68	8.77	9.31	10.41	13.21	14.17	14.63
批发与零售业	4.41	6.89	7.65	11.90	13.72	17.33	18.80	20.68
金融、保险业		0.16	0.22	0.18	0.47	0.88	1.01	1.10
房地产、社会服务业	0.46	0.44	0.63	0.85	1.19	1.16	1.21	1.61
卫生、体育和社会福利业	1.06	1.09	1.18	1.32	1.41	1.68	1.74	1.80
教育、文化艺术和广播电视事业	2.43	2.61	2.39	2.50	2.11	2.57	2.74	2.89
科学研究和综合技术服务事业	0.12	0.20	0.17	0.15	0.24	0.37	0.42	0.45
乡经济组织管理业	0.46		1.49	1.47	1.27	0.80	0.84	0.83
其他非农业行业	5.62	9.82	12.25	17.52	44.37	35.22	30.08	29.37
# 外出合同工、临时工	2.03	3.90	6.81	9.54				

12–2 主要年份耕地面积

单位：千公顷

年 份	年末实有耕地面积	水田	旱地	年内减少	#国家基建占地	人均占有耕地(亩/人) 按乡村人口计算	按农林牧渔业劳动力计算
1949	836.89					3.68	
1952	859.85					3.56	
1957	834.76			25.09		3.12	
1962	701.87			23.06		2.56	
1965	678.81			5.90		2.34	
1970	672.84			5.95		1.99	
1975	651.79			21.05		1.78	
1978	642.93			9.24		1.69	
1979	640.61			1.87		1.68	
1980	637.80			2.88		1.66	
1981	635.89			1.65		1.63	
1982	634.57			2.33		1.60	
1983	633.74			0.34		1.58	4.41
1984	632.69			0.66		1.57	4.35
1985	630.46			2.82		1.56	4.29
1986	626.84	143.02	483.82	3.06	2.10	1.54	4.21
1987	625.33	150.71	474.62	1.50	1.08	1.52	4.19
1988	623.13	145.97	477.16	2.20	1.49	1.50	4.16
1989	621.90	153.86	468.04	1.23	1.13	1.48	3.99
1990	619.58	170.25	449.33	2.32	1.88	1.39	3.75
1991	617.73	184.04	433.69	1.88	1.10	1.37	3.69
1992	613.77	191.94	421.83	4.01	3.07	1.36	3.58
1993	611.15	161.03	450.12	2.62	1.24	1.35	3.73
1994	608.12	156.38	451.74	3.12	1.34	1.34	3.71
1995	604.63	161.10	442.23	4.79	1.31	1.33	3.78
1996	602.65	170.39	432.26	2.16	0.96	1.32	3.81
1997	615.40	186.44	428.96	1.17	0.85	1.35	3.87
1998	616.07	191.99	424.08	1.38	0.52	1.36	3.85
1999	615.52	213.85	401.67	1.54	1.03	1.36	3.95
2000	611.77	200.59	411.18	3.81	0.59	1.35	3.94
2001	609.69	195.31	414.38	2.72	1.63	1.33	4.01
2002	609.51	185.33	424.18	1.05	0.43	1.33	4.27
2003	609.00	205.05	403.95	3.35	0.63	1.33	4.70
2004	606.65	205.04	401.61	2.53	1.55	1.32	4.84
2005	599.64	207.82	124.97	1.87	1.39	1.30	4.98
2006	596.21	214.34	132.51	3.47	2.30	1.29	5.10
2007	594.78	210.18	135.90	2.62	1.78	1.28	5.40
2008	590.58	199.64	140.02	5.29	3.85	1.27	5.51
2009	589.90	197.55	157.75	2.17	1.03	1.27	5.56
2010	610.73	190.53	410.73	2.02		1.25	5.50
2011	610.48	190.07	411.00	2.01		1.30	6.12

注：2005 年及以后旱地不再统计，改为水浇地。

12-3 主要年份农林牧渔业总产值

（1990 年不变价格） 单位：万元

年 份	农林牧渔业总产值	农 业	#种植业	林 业	牧 业	渔 业	农林牧渔服务业
1949	80 236	65 097	61 773	2 218	12 040	881	
1952	95 905	78 558	74 838	3 212	12 971	1 164	
1957	102 414	78 186	74 224	4 835	18 055	1 338	
1962	96 791	72 700	69 868	3 662	19 008	1 421	
1965	125 348	92 907	90 004	8 997	21 106	2 338	
1970	158 029	118 837	105 566	4 644	32 891	1 657	
1975	228 677	178 457	172 547	10 942	37 175	2 103	
1978	248 804	191 076	187 732	14 128	40 533	3 067	
1979	288 101	223 399	212 121	16 178	45 551	2 973	
1980	308 986	243 256	238 217	13 413	48 123	4 194	
1981	329 627	262 760	257 207	10 473	51 967	4 427	
1982	373 565	289 122	283 967	12 941	66 584	4 918	
1983	432 382	344 386	335 209	13 184	69 111	5 701	
1984	503 683	388 672	375 586	14 530	94 357	6 124	
1985	509 617	366 471	354 254	15 818	119 353	7 975	
1986	539 701	388 306	373 140	14 658	125 615	11 122	
1987	558 965	395 672	378 105	15 192	135 192	12 909	
1988	575 531	383 071	361 932	14 627	163 882	13 951	
1989	584 300	388 451	359 628	15 261	165 123	15 465	
1990	617 106	388 974	360 044	14 882	196 316	16 934	
1991	653 321	407 091	384 372	11 738	215 982	18 510	
1992	714 847	435 995	401 506	13 686	244 515	20 651	
1993	796 478	453 399	413 499	21 894	295 714	25 471	
1994	871 817	482 183	441 390	22 290	337 104	30 240	
1995	1 027 284	555 518	500 806	29 108	401 517	41 141	
1996	1 137 525	605 564	548 022	28 439	459 140	44 382	
1997	1 034 702	659 292	593 339	28 712	300 797	45 901	
1998	1 102 308	688 264	621 433	29 955	331 947	52 142	
1999	1 173 788	724 032	652 241	32 957	359 148	57 651	
2000	1 231 562	754 514	676 985	33 273	379 129	64 646	
2001	1 314 282	804 945	738 517	35 204	405 637	68 496	
2002	1 394 896	862 345	795 933	36 692	423 099	72 760	
2003	1 355 438	730 532	730 532	39 101	455 613	72 950	57 242
2004	1 480 373	868 038	868 038	40 318	468 235	76 990	26 792
2005	1 539 166	878 862	878 862	42 879	499 465	84 986	32 974
2006	1 610 241	936 506	936 506	44 729	477 791	115 570	35 645
2007	1 698 325	988 077	988 077	46 628	499 172	120 259	44 189
2008	3 895 663	2 497 899	2 497 899	103 246	1 002 939	198 293	93 286
2009	4 477 204	2 692 058	2 682 058	104 233	1 353 905	237 703	89 305
2010	4 880 467	2 985 417	2 985 417	100 854	1 444 364	245 403	104 429
2011	5 427 137	3 353 732	3 303 831	103 234	1 584 936	253 732	131 503

注：2008 年及以后为可比价计算口径，与往年不可比。

12–4 农林牧渔业分项产值

（2011 年） 单位:万元

指　　标	总产值（当年价格）	构　成（%）
农林牧渔业总产值	**6 183 392**	**100.0**
农业总产值	**3 769 595**	**61.0**
种植业产值	3 713 506	
# 粮食	1 024 152	
油料	70 880	
棉花	117 232	
麻类		
糖料		
其他农作物		
蔬菜园艺作物	2 133 503	
茶、桑、水果	367 176	
药材	563	
林业产值	**111 080**	**1.8**
林木培养和种植	58 622	
竹木采运	46 716	
# 村及村以下竹木采伐	38 614	
林产品	5 742	
牧业产值	**1 901 923**	**30.8**
牲畜	899 990	
# 牛	24 185	
羊	164 451	
猪	628 671	
家禽的饲养	908 054	
捕猎		
其他动物产品	93 879	
渔业产值	**263 374**	**4.3**
# 淡水产品	263 374	
农林牧渔服务业产值	**137 420**	**2.2**

12-5 主要年份农林牧渔业总产值、中间消耗及增加值

（当年价格）

单位：万元

指　　标	1990	1995	2000	2005	2009	2010	2011
农林牧渔业总产值	**648 481**	**1 909 331**	**2 258 028**	**3 330 682**	**4 574 887**	**5 147 300**	**6 183 392**
农业产值	421 660	1 133 427	1 483 459	2 087 542	2 853 581	3 224 250	3 769 595
林业产值	14 643	45 823	58 415	88 590	100 065	102 871	111 080
牧业产值	194 679	669 430	588 828	905 295	1 286 209	1 458 808	1 901 923
渔业产值	17 499	60 651	127 326	181 405	244 834	252 765	263 374
农林牧渔服务业				67 850	90 198	108 606	137 420
农林牧渔业中间消耗	**265 505**	**899 941**	**1 072 317**	**1 631 111**	**2 075 600**	**2 391 135**	**2 838 032**
农业中间消耗	139 355	408 638	606 074	869 347	1 113 371	1 301 285	1 467 069
林业中间消耗	5 703	15 207	21 485	35 128	51 766	53 493	43 248
牧业中间消耗	116 534	443 072	386 418	609 154	760 866	875 858	1 175 643
渔业中间消耗	3 913	33 024	58 340	90 200	116 540	120 315	106 388
农林牧渔服务业				27 282	33 057	40 184	45 684
农林牧渔业增加值	**372 976**	**1 009 390**	**1 185 711**	**1 699 571**	**2 499 288**	**2 756 165**	**3 345 360**
农业增加值	271 509	724 789	877 385	1 218 195	1 740 211	1 922 965	2 302 526
林业增加值	8 939	30 616	36 930	53 462	48 298	49 378	67 832
牧业增加值	78 145	226 358	202 410	296 141	525 344	582 950	726 280
渔业增加值	14 383	27 627	68 986	91 205	128 294	132 450	156 986
农林牧渔服务业				40 568	57 141	68 422	91 736

注：2003 年及以后农林牧渔业总产值、中间消耗、增加值含农林牧渔服务业（下同）。

12-6 主要年份农林牧渔业总产值、中间消耗及增加值构成

（当年价格）

单位：%

指　　标	1990	1995	2000	2005	2009	2010	2011
农林牧渔业总产值	**100.0**	**100.0**	**100.0**	**100.0**	**100.0**	**100.0**	**100.0**
农业产值	65.0	59.4	65.7	62.7	62.4	62.6	61.0
林业产值	2.3	2.4	2.6	2.7	2.2	2.0	1.8
牧业产值	30.0	35.0	26.1	27.2	28.1	28.3	30.8
渔业产值	2.7	3.2	5.6	5.4	5.3	5.0	4.3
农林牧渔服务业				2.0	2.0	2.1	2.2
农林牧渔业中间消耗	**100.0**	**100.0**	**100.0**	**100.0**	**100.0**	**100.0**	**100.0**
农业中间消耗	52.5	45.4	56.5	53.3	53.6	54.4	51.7
林业中间消耗	2.1	1.7	2.0	2.2	2.5	2.2	1.5
牧业中间消耗	43.9	49.2	36.0	37.3	36.7	36.6	41.4
渔业中间消耗	1.5	3.7	5.5	5.5	5.6	5.1	3.7
农林牧渔服务业				1.7	1.6	1.7	1.6
农林牧渔业增加值	**100.0**	**100.0**	**100.0**	**100.0**	**100.0**	**100.0**	**100.0**
农业增加值	72.8	71.8	74.0	71.7	69.6	69.8	68.8
林业增加值	2.4	3.0	3.1	3.1	1.9	1.8	2.0
牧业增加值	21.0	22.4	17.1	17.4	21.0	21.1	21.7
渔业增加值	3.8	2.8	5.8	5.4	5.2	4.8	4.7
农林牧渔服务业				2.4	2.3	2.5	2.7

12-7 主要年份农作物播种面积

单位：千公顷

年 份	总播种面 积	粮食作物		在粮食作物播种面积中				
		播种面积	占总播种面积(%)	小麦	稻谷	薯类	玉米	大豆
1957	1 177.89	908.19	77.1	430.05	16.85	102.38	73.84	262.07
1962	950.53	738.01	77.6	328.84	4.69	157.03	56.30	182.15
1965	948.59	678.22	71.5	259.94	22.67	139.35	46.67	146.59
1970	901.52	701.41	77.8	315.96	63.93	126.21	45.11	129.20
1975	947.18	713.49	75.3	309.46	58.41	119.87	39.87	130.48
1978	951.43	705.09	74.1	296.74	79.95	147.32	78.10	90.07
1979	968.45	729.18	75.3	318.46	125.48	113.87	47.08	71.39
1980	942.88	729.57	77.4	306.49	179.40	102.33	46.32	83.03
1981	979.52	814.85	83.2	298.89	168.43	92.35	41.24	76.57
1982	969.44	831.59	85.8	365.49	127.95	76.38	118.47	65.49
1983	984.09	852.18	86.6	388.61	133.06	89.93	137.95	86.32
1984	1 014.64	872.44	86.0	417.20	150.06	77.11	136.81	74.39
1985	1 029.63	855.12	83.1	412.26	141.52	62.80	157.29	68.23
1986	1 037.58	873.57	84.2	417.35	137.65	60.62	172.19	72.44
1987	1 045.15	874.63	83.7	419.93	132.73	58.12	186.04	66.87
1988	1 023.02	845.62	82.7	414.33	134.01	56.93	163.01	56.63
1989	1 023.21	867.63	84.8	423.58	141.54	51.87	186.99	52.18
1990	988.39	850.59	86.1	427.27	157.77	47.15	174.55	34.87
1991	1 021.19	859.15	84.1	427.42	181.57	41.77	171.87	27.43
1992	1 022.63	848.47	83.0	424.84	187.59	36.48	163.96	27.41
1993	1 002.96	808.94	80.7	403.64	147.43	35.62	175.00	39.78
1994	988.14	768.44	77.8	378.34	141.85	30.96	168.50	39.72
1995	967.30	743.12	76.8	372.20	151.26	29.84	150.25	30.29
1996	967.11	744.03	77.0	370.00	164.40	31.91	139.52	29.53
1997	982.83	753.81	76.7	370.71	178.09	27.76	133.48	35.18
1998	1 014.34	745.58	73.5	360.92	185.69	25.10	136.21	31.93
1999	990.28	686.62	69.3	326.16	203.25	21.95	105.35	21.74
2000	990.73	587.54	59.3	276.33	158.30	21.67	87.70	35.09
2001	999.24	536.91	53.7	256.38	140.67	18.51	83.51	30.91
2002	1 001.78	512.26	51.1	240.85	134.71	18.36	82.19	28.91
2003	985.81	465.79	47.2	212.58	115.87	18.09	83.32	28.75
2004	1 001.27	539.29	53.9	238.34	161.72	14.90	89.53	28.98
2005	1 024.73	576.99	56.3	260.21	177.69	10.76	90.16	31.63
2006	1 015.26	613.22	60.4	279.82	184.78	8.92	101.92	32.77
2007	1 040.39	672.42	64.6	311.13	184.67	6.90	133.98	33.73
2008	1 010.10	666.84	66.2	307.82	185.77	6.29	127.55	37.57
2009	1 056.60	689.28	65.2	319.96	185.76	5.04	135.32	41.12
2010	1 099.09	714.05	65.0	340.15	184.93	4.33	143.51	39.23
2011	1 110.29	727.26	65.5	341.71	188.68	3.92	152.40	38.28

12-7 续表

单位：千公顷

年 份	经济作物		在经济作物播种面积中				其 它 作 物	
	播种面积	占总播种面积(%)	棉花	油菜籽	花生	甜菜		#蔬菜
1957	210.40	17.9	49.93	0.87	25.17		9.30	1.48
1962	200.32	21.3	29.04	0.29	14.23		10.20	3.94
1965	256.34	27.0	42.17		26.67		14.03	11.04
1970	182.27	20.2	52.05		8.75		17.84	13.45
1975	214.48	22.6	54.84	0.92	10.43		19.21	
1978	225.31	23.7	48.48	1.90	9.30		21.03	17.92
1979	217.95	22.5	54.65	2.01	10.57		20.87	14.80
1980	194.84	20.7	47.95	6.01	16.93		18.47	14.59
1981	165.47	16.9	59.48	7.81	13.62		23.59	17.25
1982	137.85	14.2	65.43	6.81	10.37		25.47	20.18
1983	104.08	10.6	69.17	14.59	14.31		27.83	18.02
1984	114.72	11.3	83.67	9.81	13.49		27.48	20.93
1985	137.25	13.3	77.32	23.02	24.26	0.33	37.26	28.17
1986	118.57	11.4	57.81	30.76	22.31		45.44	33.75
1987	123.99	11.9	68.53	30.92	18.62		46.53	35.01
1988	125.32	12.3	90.30	11.62	16.79		52.08	39.40
1989	100.59	9.8	64.83	9.37	16.08		54.99	43.78
1990	87.19	8.8	61.68	4.65	13.91		50.61	42.47
1991	114.15	11.2	77.80	9.83	15.55	0.40	47.89	39.99
1992	119.50	11.7	80.62	6.76	17.18		54.99	44.93
1993	90.45	9.0	57.68	5.46	21.14		103.57	73.81
1994	100.31	10.2	60.97	9.82	25.63	0.57	119.39	99.11
1995	95.85	9.9	62.15	7.10	23.81	0.17	128.33	113.38
1996	71.23	7.4	43.65	4.98	19.50	0.71	151.84	134.73
1997	67.17	6.8	37.54	3.35	21.64	0.08	161.85	138.68
1998	68.40	6.7	35.85	2.90	27.82	0.21	200.36	165.70
1999	68.55	6.9	23.48	2.90	38.33	0.05	235.11	215.05
2000	106.46	10.7	42.78	6.19	53.68	0.06	296.73	244.94
2001	131.18	13.1	61.51	7.54	57.26	0.20	331.15	299.16
2002	120.46	12.0	54.30	9.12	53.49	0.08	369.06	326.41
2003	141.16	14.3	72.23	9.96	50.83		370.85	338.12
2004	154.29	15.4	70.17	8.19	32.03	0.07	307.69	301.98
2005	133.26	13.0	53.33	8.83	43.75		314.48	310.97
2006	111.05	10.9	46.19	7.77	34.06		290.99	288.24
2007	74.30	7.1	40.89	5.43	27.98		293.67	270.63
2008	87.10	8.6	36.15	4.41	25.88		276.58	254.58
2009	84.72	8.0	30.45	5.41	27.76		282.08	280.08
2010	83.81	7.6	30.20	4.61	26.55		301.23	293.30
2011	81.00	7.3	29.40	3.62	25.22		302.03	297.20

12-8 农作物播种面积和产量

指　　标	2010			2011		
	播种面积（千公顷）	每公顷产量（公斤）	总产量（吨）	播种面积（千公顷）	每公顷产量（公斤）	总产量（吨）
农作物总播种面积	**1 099.09**			**1 110.29**		
粮食	714.05	6 165	4 401 984	727.26	6 260	4 552 978
夏收粮食	341.51	5 746	1 962 432	342.79	5 630	1 929 759
夏收谷物	341.09	5 750	1 961 384	342.37	5 634	1 928 767
# 小麦	340.15	5 751	1 956 133	341.71	5 634	1 925 317
大麦	0.94	5 586	5 251	0.45	5 224	2 351
夏收豆类	0.42	2 495	1 048	0.42	2 362	992
秋收粮食	372.54	6 548	2 439 552	384.47	6 823	2 623 219
秋收谷物	328.44	7 033	2 309 841	341.08	7 316	2 495 353
# 稻谷	184.93	8 121	1 501 772	188.68	8 317	1 569 184
# 籼稻	71.25	8 015	571 041	66.73	8 135	542 867
玉米	143.51	5 631	808 069	152.40	6 077	926 169
秋收豆类	39.77	2 541	101 062	39.47	2 579	101 787
# 大豆	39.23	2 561	100 458	38.28	2 642	101 149
秋收薯类	4.33	6 616	28 649	3.92	6 653	26 079
棉花	30.20	1 071	32 334	29.40	1 152	33 882
油料	31.19	3 881	121 053	28.86	3 697	114 498
# 花生	26.55	4 155	110 304	25.22	4 163	104 994
油菜籽	4.61	2 325	10 716	3.62	2 620	9 485
药材类	0.17			0.28		
蔬菜瓜类	315.55	32 081	10 123 102	319.66	33 661	10 759 918
# 蔬菜(含菜用瓜)	293.30	31 563	9 257 424	297.20	33 409	9 929 248
瓜类(果用瓜)	22.25	38 907	865 678	22.46	36 984	830 670
其它农作物	7.93			4.83		

12-9　主要年份主要农产品产量

年　份	粮　食（万吨）	棉　花（万吨）	油　料（万吨）	蚕　茧（吨）	水　果（万吨）	大牲畜年末数（万头）	生猪存栏（万头）	猪牛羊肉（万吨）	水产品（万吨）
1949	74.66	0.20	1.95	70	1.01	32.71	22.19	0.51	0.29
1952	97.42	0.40	2.52	90	1.25	38.80	25.85	0.50	0.37
1957	84.23	0.75	1.62	245	1.01	39.63	46.65	1.60	0.34
1962	76.21	0.39	0.78	110	0.50	29.56	47.66	1.36	0.34
1965	90.95	0.95	1.82	320	0.75	32.12	68.92	2.17	0.49
1970	124.85	2.97	1.05	255	1.48	38.21	80.08	2.38	0.17
1975	174.66	3.41	1.21	485	2.37	35.28	129.15	4.77	0.52
1978	206.15	2.47	1.59	525	2.62	31.47	149.25	5.18	0.72
1979	235.53	2.00	2.07	705	3.93	30.09	148.45	6.15	1.03
1980	249.94	4.46	3.14	885	3.74	28.20	144.07	7.18	1.20
1981	275.10	4.32	5.04	915	4.67	27.52	144.07	7.80	1.18
1982	293.46	5.69	7.54	990	4.66	26.32	146.64	10.20	0.99
1983	367.85	7.32	5.68	1 175	5.84	26.54	152.79	8.50	1.04
1984	405.71	9.32	5.09	1 675	5.93	24.38	149.46	10.24	1.18
1985	379.70	7.05	10.48	2 030	5.77	23.59	189.96	12.90	1.77
1986	410.34	6.24	10.63	2 715	7.76	25.58	189.36	13.11	2.44
1987	403.42	7.48	10.60	3 135	7.56	27.18	180.57	14.67	3.01
1988	370.10	8.84	4.81	3 784	12.83	29.53	158.27	16.08	3.16
1989	404.40	4.69	4.99	5 258	11.28	30.98	163.39	16.78	3.37
1990	399.00	5.57	4.77	6 022	14.13	32.06	170.36	18.73	3.70
1991	411.83	7.96	6.32	7 533	13.16	33.13	170.36	19.59	4.11
1992	418.87	5.45	5.52	11 838	16.61	36.15	172.42	21.11	4.62
1993	407.30	4.79	7.12	14 814	21.33	39.27	192.04	23.15	5.75
1994	378.99	4.23	9.33	22 410	24.03	43.36	203.01	26.14	6.92
1995	406.13	5.91	8.35	22 105	35.78	49.54	215.78	28.71	8.49
1996	423.01	4.94	6.38	14 424	49.15	53.30	216.89	36.17	9.80
1997	436.51	4.27	7.87	14 555	53.15	44.57	176.51	24.92	10.66
1998	386.00	3.92	9.55	14 230	65.27	24.50	209.82	26.79	12.02
1999	418.96	2.50	14.35	14 320	75.74	17.46	190.04	25.52	12.83
2000	319.50	5.08	20.28	15 176	81.91	17.92	201.07	27.51	13.52
2001	309.43	6.79	23.10	16 841	90.80	16.78	198.43	28.80	14.17
2002	297.55	6.34	22.23	16 560	92.93	19.10	206.02	28.60	14.57
2003	210.44	4.43	10.29	15 153	80.57	17.22	206.80	30.10	14.73
2004	319.02	8.37	19.91	14 788	90.46	17.73	207.35	31.79	15.57
2005	314.13	4.17	16.26	13 212	87.52	18.22	214.26	35.05	16.43
2006	357.87	4.92	14.63	14 270	93.99	18.55	180.57	32.41	17.26
2007	374.74	4.19	11.19	13 238	98.95	11.59	190.93	35.78	16.39
2008	389.34	4.17	10.70	9 966	104.58	16.07	220.49	31.90	16.65
2009	427.67	3.84	12.56	10 214	104.88	18.80	248.95	39.40	16.95
2010	440.20	3.23	12.11	6 805	106.31	20.99	293.19	46.58	17.04
2011	455.30	3.39	11.45	7 510	114.21	23.07	315.36	48.13	17.50

12-10 主要年份蚕桑、水果生产情况

单位：吨、公顷

指　　标	1978	1980	1985	1990	1995	2000	2005	2010	2011
蚕茧产量	**525**	**885**	**2 030**	**6 022**	**22 105**	**15 176**	**13 212**	**6 805**	**7 510**
水果产量	**26 210**	**37 355**	**576 545**	**141 335**	**357 761**	**819 139**	**875 179**	**1 063 147**	**1 142 072**
# 苹果	8 843	18 874	33 035	65 638	236 258	554 403	465 347	500 570	545 505
梨	11 339	10 512	17 441	21 662	35 992	131 368	184 550	229 087	234 411
葡萄				4 909	5 682	13 423	28 527	48 548	55 776
桃子	1 318	1 747	1 841	36 875	59 713	92 833	152 802	213 566	233 401
红枣				26	131	1 360	5 055	3 476	4 890
桑园面积	**1 307**	**1 467**	**2 700**	**11 100**	**43 333**	**13 667**	**13 307**	**7 734**	**7 733**
果园面积	**9 233**	**9 246**	**12 700**	**43 026**	**68 967**	**82 139**	**82 056**	**75 990**	**77 358**
# 苹果园		5 760	6 993	24 900	49 819	35 720	32 528	30 909	31 090
梨园					7 416	20 136	19 733	13 305	13 510
葡萄园					380	1 363	2 793	2 489	3 012

12-11 主要年份林业生产情况

单位：公顷

指　　标	1978	1980	1985	1990	1995	2000	2005	2010	2011
造林面积	4 847	3 747	7 787	3 353	5 590	4 300	7 450	5 999	6 375
# 用材林	3 453	2 006	4 620	2 240	2 218	1 893	2 346	1 459	105
经济林	993	313	2 800	466	3 354	2 387	2 538	1 003	1 294
防护林	401	1 428	367	620		20	2 566	3 538	4 805
林产品产量　（吨）									
板栗	23	650	380	465	1 678	2 203	3 096	2 690	2 017
白果	19	27	47	47	72	910	1 260	2 333	3 290
迹地更新面积			133	106	546	1 230	972	802	294
四旁植树　（万株）	4 734	4 208	3 108	1 776	1 538	1 493	1 790	2 202	1 007
林木种子采集量　（吨）						80	80	350	380
本年育苗面积	2 800	1 777	2 180	940	921	931	2 578	3 818	6 356
幼林抚育实际面积	2 900	3 613	14 100	6 080	9 318	16 460	33 004	12 380	26 320
成林抚育面积					7 789	24 456	36 500	47 275	36 981
低产林改造面积					187		24		500
木材采伐量　（万立方米）	5.05	11.55	13.79	21.42	53.00	41.68			39.50
年末实有林地面积	57 400	65 386	76 593	79 413	87 123	154 458			

12-12 主要年份畜牧业生产情况

指　　标	1978	1980	1985	1990	1995	2000	2005	2010	2011
牲畜年末头数　（万头）									
大牲畜	31.47	28.20	23.59	32.06	49.54	17.92	18.22	20.99	23.07
# 役畜					26.60	7.43	2.59	3.84	3.43
# 牛	21.00	18.12	11.27	17.17	33.70	8.82	15.34	17.54	17.75
马	3.88	4.67	3.03	1.70	1.68	0.63	0.21	0.20	0.18
驴	5.60	4.33	7.55	11.33	12.33	7.78	2.25	2.35	2.26
骡	0.99	1.08	1.74	1.86	1.83	0.69	0.42	0.90	0.89
猪	149.25	144.07	189.96	170.36	215.78	201.07	214.26	293.19	300.36
羊　（万只）	82.79	97.50	80.71	206.01	353.98	175.48	263.68	208.14	209.91
# 山羊	39.14	51.43	59.08	179.66	326.05	163.38	267.24	202.60	202.82
兔　（万只）			89.01	109.12	444.22	655.83	667.16	1 056.77	1 051.60
家禽　（万只）	491.80	600.27	1 613.08	2 403.44	4 298.00	3 545.39	4 735.11	9 270.77	9 300.46
畜产品产量									
肉猪出栏头数　（万头）	67.01	87.20	130.74	163.11	250.95	238.83	308.56	460.74	474.84
肉类总产量　（吨）			142 336	217 108	403 509	366 391	501 563	885 070	941 100
# 猪肉	51 847	67 699	123 325	161 363	248 224	240 487	293 027	414 173	428 902
牛肉		351	1 715	9 243	2 747	10 958	15 656	8 864	9 050
羊肉		3 724	3 948	16 685	36 107	23 665	41 844	42 736	43 299
禽肉			11 421	25 876	67 770	67 528	113 626	340 256	390 273
兔肉			1 927	2 635	18 736	19 739	24 524	60 603	62 475
其他畜产品产量　（吨）									
牛奶产量	3 814	4 996	6 997	9 889	20 821	59 035	183 851	266 981	270 953
羊奶产量									
绵羊毛产量	1 520	1 870	1 059	1 479	1 730	743	386	272 500	258 600
蜂蜜	121	156	283	1 035	335	120	289	556	573
禽蛋			71 541	148 806	325 152	354 001	422 021	486 249	491 472

12-13 主要年份水产品生产情况

指　　标	1978	1980	1985	1990	1995	2000	2005	2010	2011
水产品产量　（吨）	**7 160**	**11 969**	**17 745**	**36 897**	**84 928**	**135 168**	**164 298**	**170 395**	**175 043**
按生产性质分									
捕捞产量	1 825	3 051	4 523	9 574	18 409	19 061	25 140	16 306	16 901
养殖产量	5 335	8 918	13 222	27 323	66 519	116 107	139 158	154 089	158 142
按类别分									
鱼类	6 427	9 237	14 258	37 847	76 287	116 203	116 952	151 286	155 502
虾蟹类	39	52	41	72	177	14 967	19 665	15 240	15 489
贝类	746	836	926	1 587	2 972	2 957	629	1 974	2 009
其它	53	49	97	201	342	1 046	1 912	1 895	2 043
水产养殖面积　（公顷）	**9 493**	**12 396**	**17 309**	**16 751**	**26 787**	**31 363**	**35 879**	**25 694**	**26 393**

12-14 主要年份农业现代化情况

单位：千公顷

指标	1985	1990	1995	2000	2005	2009	2010	2011
农业机械化情况								
机耕面积	490.40	520.11	515.45	549.51	534.16	685.76	637.73	655.78
机播面种	100.00	212.00	325.98	277.65	253.76	401.28	413.29	461.78
# 机播小麦面积	161.38	198.74	325.55	254.22	231.76	282.30	275.05	278.96
机械开沟面积			206.56	206.08	159.38			
机械植保面积			227.29	522.48	575.64	683.64	625.67	652.29
机械收获面积		160.67	286.39	367.64	419.90	516.46	505.42	551.83
农村电气化情况								
农村用电量 （万千瓦小时）	29 675	75 513	185 943	163 273	297 446	462 664	502 295	585 975
农业化学化情况								
农用化肥施用量(折纯量) （吨）	250 379	314 738	440 900	567 001	671 296	696 985	703 405	688 432
# 氮肥	163 916	194 643	259 564	299 171	311 692	316 672	328 439	309 546
磷肥	60 658	94 386	98 522	114 582	122 556	104 933	104 733	101 153
钾肥	7 374	5 536	21 899	36 576	71 045	71 824	70 820	69 776
复合肥	18 430	17 502	60 916	116 672	166 003	203 556	199 413	207 957
每公顷耕地施用量 （公斤）	397	507	728	927	1 120	1 182	1 201	
农用塑料薄膜使用量 （吨）		7 343	6 948	8 583	9 057	12 150	12 934	12 690
农药使用量 （吨）		6 268	15 162	15 047	14 341	12 556	12 441	11 864
农田水利情况								
有效灌溉面积		443.28	444.67	461.12	495.45	480.08	491.98	510.00
旱涝保收面积			360.51	395.89	348.12	420.70	428.00	421.00
机电排灌面积			435.82	499.77	449.10	464.39	427.44	427.00
机电井数 （眼）			39 916	40 654		35 764	35 850	36 248
农村基础设施情况 （个）								
自来水受益村数			550	1 270	1 161	1 813	1 946	1 844
通汽车村数			3 006	3 453	2 360	2 201	2 151	2 081
通电话村数			2 228	3 493	2 364	2 207	2 166	2 081

12–15　主要年份主要农业机械拥有量

（年底数）

指　　标		1985	1990	1995	2000	2005	2009	2010	2011
农业机械总动力	**（万千瓦）**	**186.19**	**253.03**	**205.11**	**374.66**	**437.73**	**547.63**	**563.71**	**591.70**
# 柴油机		118.13	160.85	134.87	295.07	350.53	469.94	483.25	504.26
电动机		56.71	79.51	62.09	76.34	83.01	71.97	6.68	87.42
主要农业机械									
大中型拖拉机	（台）	6 285	6 439	4 335	7 574	7 101	11 332	13 772	16 329
	（万千瓦）	22.57	23.97	16.43	25.43	25.39	44.51	57.28	70.79
小型拖拉机	（台）	86 025	117 000	86 976	143 011	156 367	279 005	274 908	268 170
	（万千瓦）	76.21	106.80	77.22	129.96	143.47	250.64	250.64	247.13
农用排灌动力机械	（台）	35 681	51 300	51 576	52 506	60 907	59 669	61 047	64 354
	（万千瓦）	42.77	54.37	53.79	60.91	70.15	66.23	67.61	69.45
# 柴油机	（台）	7 460	10 800	12 154	12 339	18 720	21 553	22 276	24 163
	（万千瓦）	7.74	10.80	11.84	11.80	19.18	19.96	20.71	21.02
电动机	（台）	28 221	40 500	39 422	40 167	42 116	38 116	38 771	40 191
	（万千瓦）	35.07	43.57	41.94	49.11	50.76	46.27	46.91	48.43
农用水泵	（台）	34 062	48 000	50 561	77 396	71 639	79 572	82 443	93 609
喷灌机械	（套）	804	3 512	7 012	17 841	21 406	21 560	21 866	22 464
联合收割机	（台）	98	149	426	6 039	9 822	14 046	15 435	16 594
机动脱粒机	（台）	35 307	57 227	8 794	68 050	31 345	21 445	21 005	19 137
机动喷雾(粉)机	（万部）	0.44	0.45	0.88	1.62	1.87	2.24	2.50	3.37
农产品加工机械动力	（万千瓦）	19.36	37.49	21.37	22.11	22.48	25.83	25.33	26.64
农用载重汽车	（辆）	2 654	3 425	3 346	6 536		17 886	17 897	18 123
	（万千瓦）	16.85	25.24	25.14	11.69		29.25	28.98	33.23

12-16　主要年份农林牧渔业主要经济效益指标

指　　标	1985	1990	1995	2000	2005	2010	2011
每个农村劳动力创造的农村社会总产值（元）	1 928	4 262	19 694	31 703	42 309		36 373
每个农业劳动力创造的农林牧渔业总产值（元）	1 446	2 855	4 815	9 685	18 424	32 237	41 338
每个农业劳动力创造的农林牧渔业增加值（元）		1 161	3 053	5 086	9 401	17 262	22 365
每公顷耕地创造的种植业产值（元）		5 811	17 876	22 959	14 498	55 049	61 748
每公顷耕地创造的种植业增加值（元）		4 380	12 014	13 927	20 315	32 832	37 717
每个农业劳动力生产的粮食产量（公斤）	1 724	1 757	1 904	1 370	1 738	2 757	3 043
每个农业劳动力生产的棉花产量（公斤）	32	25	28	22	23	20	23
每个农业劳动力生产的油料产量（公斤）	47	21	39	87	81	76	77
每个农业劳动力生产的肉类产量（公斤）	64	82	146	157	277	554	640
每个农业劳动力生产的水产品产量（公斤）	8	16	40	58	91	107	116
农林牧渔业商品率（%）	57.07	58.35	63.06	71.89			
农业商品率		49.56	51.98	65.70			
林业商品率		45.28	74.47	75.00			
牧业商品率		76.61	79.58	84.48			
渔业商品率		77.92	79.19	84.33			
农民人均纯收入（元）	389	661	1 800	3 230	4 443	7 955	9 490

注：产值均为现行价格。

主要统计指标解释

乡村劳动力 是指乡村人口中经常参加合作经济组织(包括乡村办企业事业单位)和从事家庭经营生产劳动的整、半劳动力。凡是在农村由合作经济组织分配劳动任务或者承包各种生产任务,并从中直接取得实物、货币收入的劳动力,不管他们从事何种劳动,都统计为乡村劳动力。国家向乡村调用的建勤民工,由集体经费支付工资或补贴的乡村半脱产管理干部,乡村分配到全民所有制单位和城镇集体所有制单位工作而收入交合作经济组织,并从中取得实物、货币收入的合同工、临时工、亦工亦农人员;自行外出,但户口没有转出的劳动力,都包括在内。

16周岁以上的在校学生和由国家支付工资的职工都不统计为乡村劳动力。

农林牧渔业总产值 农林牧渔业总产值是以货币表现的农林牧渔业的全部产品总量和对农林牧渔业生产活动进行的各种支持性服务活动的价值。它反映一定时期内农林牧渔业生产总规模和总成果。

农林牧渔业的统计范围是:

(1)农业 包括谷物和其他作物种植业、蔬菜、园艺和水果、坚果、饮料、香料的生产经营,以及中药材种植业。

(2)林业 包括林木的培育和种植(不包括茶园、桑园和果园的栽培、管理和收获等活动)、林产品的采集和竹木采运。

(3)牧业 包括除渔业养殖以外的一切动物饲养和放牧以及野生动物的捕猎和饲养。

(4)渔业 包括水生动物和海藻类植物的养殖和捕捞。

从所有制看,包括国有经济的各种专业农(农、林、牧、渔)场以及国家各级机关团体学校、科研机构、部队经营的农业;集体所有制的乡镇村各级办农场;农村各种经济组织经营的农、林、牧、渔业以及工矿企业家属集体经营的农业;农民家庭自营的农林牧渔业及兼营商品性工业等。

农业总产值的计算方法通常是按农林牧渔业产品及其副产品的产量分别乘以各自单位产品价格求得,少数生产周期较长,当年没有产品或产品产量不易统计的,则采用间接方法匡算其产值,然后将四业产品产值相加即为农业总产值。

1957年以前的农业总产值中包括了厩肥和农民自给性手工业(如农民自制衣服、鞋、袜、自己从事粮食初步加工等)。1958年及以后的农业总产值,林业中增加了村及村以下竹木采伐产值;牧业中取消了厩肥产值;副业中取消了农民自给性手工业产值,增加了村及村以下办的工业产值;渔业中增加了海洋捕捞水产品产值。1980年及以后的农业总产值,在副业中增加了农民家庭兼营工业商品部分的产值。从1984年起村及村以下办工业产值划归工业。从1993年起,取消副业。将野生动物的捕猎划入牧业,野生植物采集和农民家庭兼营商品性工业划归农业。从2003年起,执行新的国民经济行业分类标准,农林牧渔业总产值中包括了农林牧渔服务业产值。林业中增加了森林采运业产值。农业中取消了家庭兼营商品性工业产值,将野生林产品的采集划归林业。

农林牧渔业增加值 指农、林、牧、渔及农林牧渔服务业在生产货物或提供服务活动的过程中而增加的价值,为农林牧渔业现价总产值扣除农林牧渔业现价中间投入后的余额,是指各单位生产经营的最终成果。

农林牧渔业中间消耗 是指当年在农林牧渔业生产过程中所投入或消耗的各种物质产品和劳务价值的总和。包括中间物质消耗和对非物质生产部门的劳务支出两部分。

农作物总产量 是指本年度内生产的各种农作物的总产量。不论计划内外,数量多少,耕地上还是非耕地〔包括荒山、坡及江、河、湖、海滩(涂)、十边隙地等〕上的农作物产量都统计在内。农作物产量是指全社会产量,不仅要把国营农场等全民所有制生产单位和乡、村集体所有制生产单位的农作物产量统计在内,农户自营地、工矿企业职工家属办的农场和其他经营单位的农作物产量也统计在内。不仅统计卖给国家的农作物产量,生产单位自产自用的农作物产量也统计在内。农作物产量只统计晒干入库的产量。

粮食产量 指全社会的产量。包括国有经济经营的、集体统一经营的和农民家庭经营的粮食产量,还包括工矿企业家属办的农场和其他生产单位的产量。粮食除包括稻谷、小麦、玉米、高粱、谷子及其他杂粮外,还包括薯类和大豆。其产量计算方法,豆类按去豆荚后的干豆计算;薯类(包括甘薯和马铃薯,不包括芋头和木薯)1963年以前按每4公斤鲜薯折1公斤粮食计算,从1964年开始及以后改为按5公斤鲜薯折1公斤粮食计算。城市郊区作为蔬菜的薯类(如马铃薯等)按鲜品计算,并且不作为粮食统计。其他粮食一律按脱粒后的原粮计算。

油料产量 指全部油料作物的生产量。包括花生、油菜籽、芝麻、向日葵籽、胡麻籽(亚麻籽)和其他油料。不包括大豆,也不包括木本油料和野生油料。花生以带壳干花生计算。

蚕茧产量 是指本年度内生产的全部蚕茧产量,不论自用的或出售的,都统计在内。在计算蚕茧产量时,把土茧、改良茧和种茧都包括在内。蚕茧产量均按鲜茧的重量计算。

猪、牛、羊肉产量 指当年出栏并已屠宰后除去头蹄下水后带骨肉(即胴体重)的重量。

水产品产量 是指人工养殖并捕捞的水产品和捕捞天然生产的水产品产量。不论自食的或出售的,都计算在内。用作继续扩大再生产的水产品(如鱼苗、苗种、亲鱼、鱼饵及转塘鱼、存塘鱼等)不作水产品产量统计。在渔业生产单位出售以前已经变质的水产品,不论是改作饲料、肥料还是其他用途,也不作水产品产量统计。

生猪出栏量 是指国营农场等全民所有制生产单位、乡(镇)、村各种合作经济组织和农户、机关、学校、工矿企业、部队以及城镇居民饲养的,可供屠宰并已出栏的全部肉猪数量。不仅包括卖给国家及其他购买者的肉猪,还包括集体和城乡居民自宰的肉猪。

期初(末)畜禽存栏头(只)数 指本期期初(末)农村各种合作经济组织和国营农场、农民个人、机关、团体、学校、工矿企业、部队等单位以及城镇居民饲养的大牲畜、猪、羊、家禽等畜禽的存栏头(只)数。

谷物 指籽实主要供作粮食的作物。这类作物包括稻谷、小麦、玉米、谷子、高粱和其他谷物,不包括豆类和薯类作物。

林产品产量 指不经砍伐竹木的根本而取得的各种林产品数量。包括生漆、棕片、五倍子、松脂、笋干、油桐籽、油茶籽、乌桕子、核桃、板栗、白果等各种林木籽实以及修剪竹木所获得的枝叶(如荆条、柳条、蒲葵叶)等。不包括桑叶、茶叶、水果。也不包括野生的林产品。

耕地面积 是指种植农作物,并经常进行耕锄的田地。统计范围包括熟地、当年新开荒地、连续撂荒未满三年的耕地和当年的休闲地(轮歇地)。以种植农作物为主并附带种植桑树、茶树、果树和其他林木的土地以及沿海、沿湖地区已围垦利用的"海涂"、"湖田"等也包括在内。但专业性的桑园、茶园、果园、果木苗圃、林地、芦苇地、天然草原等都不包括在内。

农作物播种面积 指实际播种或移植有农作物的面积。凡是实际种植有农作物的面积,不论种植在耕地上还是种植在非耕地上,均包括在农作物播种面积中,同时还包括因遭灾而重新改种和补种的农作物面积,种一公顷算一公顷。

有效灌溉面积 是指具有一定的水源,地块比较平整,灌溉工程或设备已经配套,在一般年景下当年能够进行正常灌溉的耕地面积。包括机灌、电灌和自流灌溉面积三部分。

造林面积 是指报告期内在荒山、荒地、沙丘等一切可以造林的土地上,采用人工播种、植苗、飞机播种等方法新植的成片乔木和灌木林面积,符合"造林技术规程"要求的株数,经过检查验收,成活率在85%以上的面积。四旁植树如一侧在四行以上,连续成片面积达一亩以上,也统计在造林面积内。在造林面积中,不包括补植面积、治沙种草面积、经济林复垦面积、迹地更新面积和低产林改造面积。

农用化肥施用量 指在本年度内实际用于农业生产的化肥数量。包括氮肥、磷肥、钾肥和复合肥。按折纯法计算化肥数量,即把氮肥、磷肥、钾肥分别按含氮、含五氧化二磷、含氧化钾100%折算。

农村用电量 是指在本年度内,扣除在农村中的全民所有制工业、交通、基建单位用电量以后农村生产和生活上的全年用电总量(按全年累计数统计)。从电的来源看,既包括国家电网的供电量,也包括农村自办电站的供电量。

农业机械总动力 是指主要用于农、林、牧、渔业生产和运输的所有动力机械的动力总和。包括耕作机械、排灌机械、收获机械、农产品加工机械、运输机械、植保机械、牧业机械、林业机械、渔业机械和其他机械[内燃机按引擎马力折成瓦(特)计算,电动机按功率折成瓦(特)计算]。不包括专门用于乡(镇)、村以及村以下办工业、基本建设、非农业运输、科学试验和教学等非农业生产方面用的动力机械和作业机械。但从事农副产品初级加工的村户工业的机械应统计在内。

农业机械年末拥有量 是指国有经济、集体经济农业生产单位和合作经济组织及农户在年末统计时实际拥有的各种农业机械设备数量。包括能用未用的、需要修复的(指中修、大修)、储存备用的。但已经损坏报废的、购买(或调进)而未提货的、从非农业生产单位调来临时支援的,均不包括在内。

农村社会总产值 指在一定时期内,农村各物质生产部门生产的以货币表现的全部产品价值总量。根据我国目前的农村经济现状,农村社会总产值的统计范围暂为:政社分设前的农村人民公社管辖范围内的各种合作经济组织和农户从事农林牧渔业、工业、建筑业、运输业、商业(包括饮食业)活动所生产的总产值和国营场圃生产的农林牧渔业总产值两部分。凡是在农村的国营以及县属集体的工业、建筑业、运输业、商业、饮食业所生产的产值均不计算在内。农民在县城以上(包括县城)办企业,从事工业、建筑业、运输业、商业(包括饮食业)活动所生产的产值,暂不计算在农村社会总产值中。

第 13 部分

工　业

INDUSTRY

版面负责人：李　燕

编　　　辑：殷溪晨

关于政府统计机构和有关部门之间互相提供有关资料的义务的规定

第二十二条 县级以上人民政府有关部门应当及时向本级人民政府统计机构提供统计所需的行政记录资料和国民经济核算所需的财务资料、财政资料及其他资料，按照统计调查制度的规定及时向本级人民政府统计机构报送其组织实施统计调查取得的有关资料。

县级以上人民政府统计机构应当及时向本级人民政府有关部门提供有关统计资料。

【释义】 本条是关于政府统计机构和有关部门之间互相提供有关资料的义务的规定。

政府统计机构和有关部门之间互相提供统计资料和其他有关资料，有利于发挥统计资料和其他行政资料的最大利用率，减少统计报表，减轻统计调查对象负担，降低统计成本，从而提高统计工作效率，保障政府统计调查和国民经济核算工作的顺利进行。

本条第一款规定，政府有关部门应当向本级政府统计机构提供以下资料：其一，提供统计所需的行政记录资料。行政记录资料，主要是指行政机关在行政管理活动中所取得的行政相对人的有关信息。行政机关掌握的行政记录涉及面广、资料准确性高，可以为统计调查提供调查对象的数量、分布等基本信息，在有些情况下还可以直接为统计调查提供数据资料。其二，提供国民经济核算所需的财务资料、财政资料和其他资料。国民经济核算是以整个国民经济为对象的宏观核算，是对某一国家或者地区在一定时期内的经济活动及其结果进行全面、系统的计算和测定的活动。目前，国家统计局负责全国国民经济核算工作，地方人民政府统计机构负责本地区国民经济核算工作。各级统计机构在组织开展国民经济核算时，需要政府有关部门尤其是财政、税务等部门提供有关的财政资料、财务资料以及其他资料。其三，按照统计调查制度的规定报送其组织实施统计调查取得的有关资料。有关部门组织实施一项统计调查，该项目的统计调查制度应当对报送的时间、方式等作出具体规定。有关部门按照统计调查制度的规定，将其组织实施统计调查取得的有关资料报送政府统计机构，是其法定义务，这有利于政府统计机构更好地管理各项统计调查，也有利于对本区域内的综合统计数据进行汇总整理。

本条第二款规定，县级以上人民政府统计机构应当依照本法规定及时向本级人民政府有关部门提供有关统计资料，为政府有关部门的管理和决策提供依据，避免重复调查。

编辑：张　霖

13-1　规模以上工业企业主要经济指标

单位:万元

年　份	企业个数（个）	工业总产值（当年价）	工业销售产值（当年价）	二项资金占用	资产合计	负债合计	主营业务收入
1998	638	4 074 137	3 935 975	1 005 882	5 070 971	3 649 935	3 478 097
1999	634	4 250 673	4 142 091	1 021 559	5 264 533	3 712 439	3 709 849
2000	675	4 664 445	4 559 926	950 855	5 291 391	3 544 562	4 076 443
2001	662	5 143 552	5 006 434	811 298	5 797 488	3 837 366	4 606 718
2002	743	6 004 465	5 881 437	939 259	5 917 323	3 745 659	5 407 551
2003	835	7 261 282	7 096 979	959 127	6 635 734	4 133 204	6 708 392
2004	1 223	9 240 199	9 034 730	1 143 367	8 052 514	5 251 043	9 023 167
2005	1 253	12 282 690	12 049 881	1 237 961	9 068 114	5 732 485	12 057 772
2006	1 586	16 325 467	15 995 354	1 462 580	10 941 023	6 741 424	15 867 073
2007	1 941	21 435 726	20 985 525	1 814 542	13 044 678	7 830 995	20 982 419
2008	2 289	28 466 782	27 834 669	2 569 139	18 702 529	10 307 054	27 764 584
2009	3 108	35 975 051	35 275 524	2 848 331	23 544 459	12 864 401	35 445 466
2010	3 412	51 129 660	50 174 214	4 196 654	30 388 366	15 785 192	51 021 414
2011	2 788	69 506 533	68 246 607	8 717 219	39 645 649	21 486 793	69 407 633

13-1　续表

单位:万元

年　份	亏损企业亏损总额	亏损企业个数（个）	利润总额	利税总额	本年应付工资总额	本年应交增值税	全部职工年平均人数（人）
1998	55 429	162	51 295	295 628	320 243	164 058	492 401
1999	57 131	147	62 171	317 247	317 580	171 032	518 859
2000	39 223	157	99 135	379 547	339 630	187 754	401 158
2001	40 063	138	124 653	449 361	336525	207 127	368 704
2002	33 123	126	191 770	601 687	361 629	251 984	367 149
2003	25 870	113	289 107	803 670	415 936	304 318	354 677
2004	58 968	301	434 646	1 179 748	540 145	416 170	380 727
2005	25 349	138	595 317	1 506 893	674 688	540 559	383 974
2006	21 781	112	870 389	2 032 883	832 027	699 112	424 627
2007	17 119	79	1 256 175	2 810 581	1 018 946	894 886	462 273
2008	180 810	79	2 156 619	4 515 412	1 506 205	1 547 597	559 395
2009	100 017	62	2 941 696	5 987 619		2 051 026	602 000
2010	55 180	60	4 578 037	8 244 983	2 448 742	2 549 410	671 931
2011	146 411	62	6 435 392	11 243 062	3 052 689	3 338 761	718 085

13-2 规模以上工业企业主要经济指标

（2011 年）　　单位:万元

指标名称	企业个数(个)	#亏损企业	工业总产值（当年价）	工业销售产值（当年价）	#出口交货值
总　计	**2 788**	**62**	**69 506 533**	**68 246 607**	**2 485 997**
按登记注册类型分组					
内资企业	2 609	42	60 453 935	59 418 955	1 503 755
国有企业	20	2	2 439 969	2 435 666	1 114
中央企业	7		382 945	379 397	
地方企业	13	2	2 057 024	2 056 269	1 114
集体企业	19		128 952	125 118	
股份合作企业	5		240 543	230 560	
联营企业	2		13 223	12 937	
国有联营企业					
集体联营企业					
国有与集体联营企业					
其他联营企业	2		13 223	12 937	
有限责任公司	265	19	13 479 464	13 427 522	606 792
国有独资公司	4		6 026 839	6 032 586	514 482
其他有限责任公司	261	19	7 452 626	7 394 936	92 310
股份有限公司	57	2	4 506 416	4 401 081	114 323
私营企业	2 217	18	39 353 430	38 496 475	779 733
私营独资企业	524	3	8 945 228	8 743 843	82 747
私营合伙企业	56	1	1 425 968	1 363 695	51 063
私营有限责任公司	1 570	14	27 528 383	26 951 822	614 387
私营股份有限公司	67		1 453 850	1 437 115	31 535
其他企业	24	1	291 939	289 595	1 794
港、澳、台商投资企业	75	10	4 501 527	4 433 385	449 496
合资经营企业(港或澳、台资)	41	7	2 677 395	2 627 293	387 614
合作经营企业(港或澳、台资)					
港澳台商独资经营企业	30	3	1 629 207	1 613 884	61 882
港澳台商投资股份有限公司	4		194 925	192 208	
外商投资企业	104	10	4 551 071	4 394 268	532 746
中外合资经营企业	69	4	2 283 255	2 257 822	132 109
中外合作经营企业	2		71 635	71 661	13 548
外资企业	32	6	2 178 832	2 047 646	387 089
外商投资股份有限公司	1 188	19	26 836 336	26 270 784	616 694

13-2　续表 1　（2011 年）　单位:万元

指标名称	企业个数	#亏损企业	工业总产值（当年价）	工业销售产值（当年价）	#出口交货值
按经济组织类型分组					
独资企业	625	14	15 322 188	14 966 157	532 833
国有企业	20	2	2 439 969	2 435 666	1 114
集体企业	19		128 952	125 118	
私营独资企业	524	3	8 945 228	8 743 843	82 747
港澳台商独资经营企业	184	9	5 901 874	5 623 286	504 557
外资企业	32	6	2 178 832	2 047 646	387 089
合作、合伙企业	89	2	2 043 308	1 968 448	66 405
股份合作企业	5		240 543	230 560	
国有联营企业					
集体联营企业					
国有与集体联营企业					
其他联营企业	2		13 223	12 937	
私营合伙企业	56	1	1 425 968	1 363 695	51 063
合作经营企业(港或澳、台资)					
中外合作经营企业	153	3	6 464 478	6 337 138	147 651
其他企业(内资)	24	1	291 939	289 595	1 794
股份有限公司	129	2	6 172 539	6 047 543	145 857
股份有限公司(内资)	2 021	44	53 661 460	52 943 507	2 286 919
私营股份有限公司	67		1 453 850	1 437 115	31 535
港澳台商投资股份有限公司	4		194 925	192 208	
外商投资股份有限公司	1		17 348	17 139	
有限责任公司	1 945	44	45 968 498	45 264 459	1 740 902
国有独资公司	4		6 026 839	6 032 586	514 482
私营有限责任公司	1 570	14	27 528 383	26 951 822	614 387
合资经营企业(港或澳、台资)	41	7	2 677 395	2 627 293	387 614
中外合资经营企业	69	4	2 283 255	2 257 822	132 109
其他有限责任公司	261	19	7 452 626	7 394 936	92 310
在总计中:亏损企业	62	62	2 116 223	2 137 253	171 659
在总计中:国有控股企业	39	8	10 632 421	10 617 814	515 596
按轻重工业分组					
轻工业	1 001	21	19 264 762	18 978 917	696 673
重工业	1 787	41	50 241 771	49 267 690	1 789 324
按企业规模分组					
大型企业	51	3	21 695 420	21 382 926	1 426 048
中型企业	314	16	14 838 804	14 634 424	573 738
小型企业	2 415	43	32 946 197	32 203 734	486 212
微型企业	8		26 113	25 524	

13-2　续表 2　　（2011 年）　　单位:万元

指标名称	企业个数(个)	# 亏损企业	工业总产值（当年价）	工业销售产值（当年价）	# 出口交货值
按行业分组	**2 788**	**62**	**69 506 533**	**68 246 607**	**2 485 997**
煤炭开采和洗选业	12		3 035 607	3 004 500	30
黑色金属矿采选业	10		160 243	159 569	
非金属矿采选业	38		359 324	350 378	7 304
农副食品加工业	235	3	3 423 507	3 364 450	78 684
食品制造业	51	1	591 577	582 699	36 995
饮料制造业	29	2	2 689 061	2 645 997	11 674
烟草制品业	1		1 546 291	1 546 212	
纺织业	266	5	3 231 453	3 170 549	36 886
纺织服装、鞋、帽制造业	72	1	629 484	620 326	7 400
皮革、毛皮、羽毛(绒)及其制品业	17		232 195	226 823	2 606
木材加工及木、竹、藤、棕、草制品业	482		6 607 613	6 407 190	703 927
家具制造业	32		295 229	289 314	
造纸及纸制品业	48	1	783 338	761 792	20 201
印刷业和记录媒介的复制	14	1	158 824	155 899	
文教体育用品制造业	15		208 863	205 940	60 834
石油加工、炼焦及核燃料加工业	12		1 247 139	1 226 259	
化学原料及化学制品制造业	229	4	9 658 790	9 477 955	151 460
医药制造业	53	3	1 775 583	1 766 757	18 918
化学纤维制造业	14		328 185	312 743	24 770
橡胶制品业	10	2	447 779	434 614	
塑料制品业	94		1 238 488	1 203 313	2 973
非金属矿物制品业	205	4	2 970 742	2 915 226	3 632
黑色金属冶炼及压延加工业	46	1	3 847 404	3 828 887	58 714
有色金属冶炼及压延加工业	55	3	1 479 263	1 427 258	5 216
金属制品业	123	2	1 779 739	1 762 583	26 705
通用设备制造业	180	7	6 827 125	6 801 834	538 835
专用设备制造业	102	4	2 896 835	2 726 801	433 793
交通运输设备制造业	53	2	1 133 446	1 127 170	65 537
电气机械及器材制造业	117	1	4 033 264	3 954 644	23 777
通信设备、计算机及其他电子设备	44	1	1 797 391	1 771 788	96 772
仪器仪表及文化、办公用机械制造	62	4	2 049 352	1 992 820	13 022
工艺品及其他制造业	34		240 841	237 044	55 333
废弃资源和废旧材料回收加工业	5	1	284 074	278 203	
电力、热力的生产和供应业	21	9	1 465 262	1 459 665	
燃气生产和供应业	1		21 432	18 008	
水的生产和供应业	6		31 791	31 404	

13-2　续表 3　（2011 年）　单位:万元

指 标 名 称	资产合计	#流动资产合计	#固定资产合计	#固定资产原值	累计折旧	固定资产净值	负债合计
总 计	**39 645 649**	**18 171 243**	**16 474 713**	**21 338 604**	**5 886 998**	**15 451 606**	**21 486 793**
按登记注册类型分组							
内资企业	31 546 769	14 983 447	12 667 407	16 323 678	4 639 834	1 1683 844	16 877 531
国有企业	3 317 823	1 676 125	1 349 102	1 807 386	458 390	1 348 996	1 463 043
中央企业	1 110 091	240 165	806 354	938 270	131 918	806 352	839 847
地方企业	2 207 732	1 435 960	542 749	869 116	326 472	542 644	623 195
集体企业	51 233	32 665	15 156	20 475	7 011	13 464	38 155
股份合作企业	89 246	60 925	18 028	24 396	7 560	16 836	71 258
联营企业	5 426	3 502	1 924	2 360	436	1 924	2 758
国有联营企业							
集体联营企业							
国有与集体联营企业							
其他联营企业	5 426	3 502	1 924	2 360	436	1 924	2 758
有限责任公司	14 659 447	7 002 734	5 456 697	6 938 832	2 180 646	4 758 186	9 098 423
国有独资公司	8 787 952	4 853 526	2 324 586	2 568 820	898 093	1 670 727	5 613 181
其他有限责任公司	5 871 495	2 149 209	3 132 111	4 370 013	1 282 553	3 087 460	3 485 242
股份有限公司	3 185 627	1 730 762	758 859	920 362	288 162	632 200	1 622 097
私营企业	10 048 868	4 364 000	4 995 328	6 525 187	1 671 817	4 853 370	4 509 799
私营独资企业	2 030 804	857 033	1 034 402	1 370 363	346 999	1 023 364	999 141
私营合伙企业	312 826	91 354	180 087	264 986	92 974	172 012	103 006
私营有限责任公司	7 155 317	3 284 735	3 372 442	4 394 514	1 129 836	3 264 678	3 233 869
私营股份有限公司	549 921	130 878	408 396	495 324	102 008	393 316	173 783
其他企业	189 099	112 735	72 313	84 680	25 812	58 868	71 998
港、澳、台商投资企业	5 553 536	1 711 238	3 007 031	3 857 077	862 406	2 994 671	3 264 175
合资经营企业(港或澳、台资)	2 189 230	879 465	900 443	1 345 526	452 199	893 327	1 373 439
合作经营企业(港或澳、台资)							
港澳台商独资经营企业	3 276 236	779 215	2 089 974	2 492 871	406 100	2 086 771	1 872 234
港澳台商投资股份有限公司	88 070	52 558	16 614	18 680	4 107	14 573	18 501
外商投资企业	2 545 344	1 476 559	800 275	1 157 849	384 759	773 090	1 345 088
中外合资经营企业	1 160 758	640 923	408 340	591 575	206 812	384 763	567 260
中外合作经营企业	12 763	5 799	6 264	7 644	2 656	4 988	4 390
外资企业	1 363 023	823 238	383 471	553 941	172 802	381 139	771 338
外商投资股份有限公司	15 438 978	6 734 098	7 270 767	9 443 260	2 203 702	7 239 558	7 644 249

13-2　续表 4　　（2011 年）　　单位:万元

指　标　名　称	资产合计	# 流动资产合计	# 固定资产合计	# 固定资产原值	累计折旧	固定资产净　值	负债合计
按经济组织类型分组							
独资企业	10 039 119	4 168 275	4 872 106	6 245 036	1 391 302	4 853 734	5 143 910
国有企业	3 317 823	1 676 125	1 349 102	1 807 386	458 390	1 348 996	1 463 043
集体企业	51 233	32 665	15 156	20 475	7 011	13 464	38 155
私营独资企业	2 030 804	857 033	1 034 402	1 370 363	346 999	1 023 364	999 141
港澳台商独资经营企业	2 379 880	1 253 333	862 125	1 229 748	403 210	826 538	1 201 771
外资企业	1 363 023	823 238	383 471	553 941	172 802	381 139	771 338
合作、合伙企业	609 360	274 314	278 616	384 065	129 438	254 627	253 411
股份合作企业	89 246	60 925	18 028	24 396	7 560	16 836	71 258
国有联营企业							
集体联营企业							
国有与集体联营企业							
其他联营企业	5 426	3 502	1 924	2 360	436	1 924	2 758
私营合伙企业	312 826	91 354	180 087	264 986	92 974	172 012	103 006
合作经营企业(港或澳、台资)							
中外合作经营企业	4 021 518	2 033 533	1 258 382	1 523 736	422 578	1 101 158	1 888 479
其他企业(内资)	189 099	112 735	72 313	84 680	25 812	58 868	71 998
股份有限公司	3 832 418	1 920 798	1 186 069	1 439 056	396 766	1 042 290	1 816 481
股份有限公司(内资)	34 599 495	16 851 418	12 889 718	16 357 961	4 976 189	11 381 772	20 080 557
私营股份有限公司	549 921	130 878	408 396	495 324	102 008	393 316	173 783
港澳台商投资股份有限公司	88 070	52 558	16 614	18 680	4 107	14 573	18 501
外商投资股份有限公司	8 800	6 600	2 200	4 689	2 489	2 200	2 100
有限责任公司	25 164 752	11 807 856	10 137 922	13 270 447	3 969 492	9 300 955	14 272 991
国有独资公司	8 787 952	4 853 526	2 324 586	2 568 820	898 093	1 670 727	5 613 181
私营有限责任公司	7 155 317	3 284 735	3 372 442	4 394 514	1 129 836	3 264 678	3 233 869
合资经营企业(港或澳、台资)	2 189 230	879 465	900 443	1 345 526	452 199	893 327	1 373 439
中外合资经营企业	1 160 758	640 923	408 340	591 575	206 812	384 763	567 260
其他有限责任公司	5 871 495	2 149 209	3 132 111	4 370 013	1 282 553	3 087 460	3 485 242
在总计中:亏损企业	2 645 722	1 072 488	1 425 802	2 068 542	657 988	1 410 554	2 209 322
在总计中:国有控股企业	14 805 443	7 375 417	5 283 466	7 084 250	2 457 558	4 626 692	8 788 437
按轻重工业分组							
轻工业	7 731 561	3 946 827	2 756 328	3 761 111	1 079 528	2 681 583	2 982 745
重工业	31 914 088	14 224 416	13 718 385	17 577 493	4 807 470	12 770 023	18 504 049
按企业规模分组							
大型企业	22 769 680	10 757 484	8 307 241	10 361 628	2 873 293	7 488 335	12 847 690
中型企业	6 621 711	2 957 634	3 120 169	4 238 403	1 218 003	3 020 400	3 771 891
小型企业	10 212 027	4 450 899	5 010 801	6 691 827	1 785 459	4 906 368	4 837 494
微型企业	42 231	5 227	36 502	46 746	10 243	36 503	29 719

13-2　续表 5　　（2011 年）　　单位:万元

指　标　名　称	资产合计	# 流动资产合计	# 固定资产合计	# 固定资产原值	累计折旧	固定资产净　值	负债合计
按行业分组	**39 645 649**	**18 171 243**	**16 474 713**	**21 338 604**	**5 886 998**	**15 451 606**	**21 486 793**
煤炭开采和洗选业	5 419 984	1871 108	2 451 766	3 361 413	1 272 822	2 088 591	3 345 166
黑色金属矿采选业	131 208	78 638	32 135	47 260	15 126	32 135	71 116
非金属矿采选业	98 377	39 666	57 526	69 581	12 055	57 526	26 939
农副食品加工业	952 256	471 883	435 715	551 386	139 304	412 082	492 257
食品制造业	196 789	103 603	80 560	121 196	41 838	79 358	100 863
饮料制造业	1 416 255	650 573	312 452	506 173	197 451	308 722	580 620
烟草制品业	1 517 583	1 210 007	168 808	339 088	170 280	168 808	199 363
纺织业	955 570	407 839	457 776	644 387	190 546	453 841	428 689
纺织服装、鞋、帽制造业	225 994	98 233	90 455	110 984	21 612	89 371	82 638
皮革、毛皮、羽毛(绒)及其制品业	136 751	108 488	22 278	32 944	10 955	21 989	77 237
木材加工及木、竹、藤、棕、草制品业	1 396 567	619 707	706 068	935 002	237 008	697 994	463 646
家具制造业	74 772	27 370	43 541	78 789	35 503	43 287	29 409
造纸及纸制品业	205 537	84 438	113 583	153 169	40 395	112 774	124 470
印刷业和记录媒介的复制	107 156	63 362	39 519	62 538	23119	39 419	48 467
文教体育用品制造业	60 656	40 000	20 535	36 688	17 681	19 006	33 403
石油加工、炼焦及核燃料加工业	1 141 038	698 816	289 860	281 943	70 396	211 547	774 424
化学原料及化学制品制造业	5 624 871	1 778 128	2 962 223	3 507 657	591 103	2 916 554	3 131 187
医药制造业	922 315	254 076	550 482	597 936	53 631	544 305	292 093
化学纤维制造业	106 063	37 578	51 648	61 696	10 682	51 014	44 938
橡胶制品业	181 459	101 135	73 316	121 436	49 136	72 300	99 590
塑料制品业	244 534	101 883	130 083	175 922	50 152	125 770	122 437
非金属矿物制品业	1 491 933	609 443	719 504	1 007 474	296 860	710 614	864 496
黑色金属冶炼及压延加工业	1 699 104	563 212	980 525	1 257 921	301 523	956 398	897 162
有色金属冶炼及压延加工业	596 795	319 127	238 748	280 807	43 530	237 276	383 285
金属制品业	735 901	434 799	259 997	339 258	86 372	252 885	393 468
通用设备制造业	6 221 829	4 197 089	1 134 178	1 185 547	371 309	814 238	3 648 302
专用设备制造业	1 240 913	811 982	294 666	398 652	114 034	284 618	571 677
交通运输设备制造业	399 194	236 152	113 524	140 945	43 790	97 155	204 134
电气机械及器材制造业	1 147 605	593 777	416 467	508 731	123 321	385 410	496 543
通信设备、计算机及其他电子设备	427 353	209 713	180 898	221 474	45 227	176 247	205 411
仪器仪表及文化、办公用机械制造	683 509	403 047	262 467	320 385	84 670	235 715	337 528
工艺品及其他制造业	94 611	48 983	41 027	47 958	11 327	36 631	45 532
废弃资源和废旧材料回收加工业	338 815	266 236	59 265	75 838	16 572	59 265	227 477
电力、热力的生产和供应业	3 274 374	579 735	2 593 392	3 642 092	1 064 269	2 577 823	2 518 427
燃气生产和供应业	55 190	12 937	28 013	46 952	18 939	28 013	35 251
水的生产和供应业	122 790	38 480	61 713	67 386	14 463	52 923	89 149

13-2 续表 6 （2011 年） 单位:万元

指 标 名 称	主营业务收入	# 主营业务成本	# 主营业务税金及附加	营业费用	管理费用	财务费用	# 利息支出
总 计	**69 407 633**	**57 635 624**	**1 462 872**	**1 195 874**	**1 938 340**	**608 476**	**552 571**
按登记注册类型分组							
内资企业	60 561 262	50 388 767	1 417 693	1 062 474	1 673 562	507 100	445 934
国有企业	2 418 126	1 056 602	894 429	44 146	111 595	10 991	20 165
中央企业	377 271	337 758	1 333	8 650	22 039	6 663	7 241
地方企业	2 040 856	718 845	893 096	35 496	89 556	4 327	12 925
集体企业	125 050	106 774	1 178	1 928	3 138	1 242	162
股份合作企业	219 709	194 051	1 993	4 889	3 831	3 068	830
联营企业	12 962	9 222	519	997	986	42	39
有限责任公司	13 930 311	11 570 437	118 442	235 223	699 194	190 456	204 309
国有独资公司	6 396 925	5 135 862	53 098	136 920	476 818	87 488	105 746
其他有限责任公司	7 533 386	6 434 575	65 344	98 303	222 376	102 968	98 564
股份有限公司	4 666 870	3 949 621	17 672	213 064	88 947	36 451	35 765
私营企业	38 898 867	33 258 846	381 218	557 195	752 521	263 883	184 017
私营独资企业	8 863 255	7 549 507	88 812	147 393	164 337	54 188	32 690
私营合伙企业	1 399 347	1 205 051	14 364	13 928	18 751	4 883	3 990
私营有限责任公司	27 175 352	23 301 799	264 962	381 476	540 606	196 066	141 471
私营股份有限公司	1 460 913	1 202 489	13 079	14 399	28 828	8 746	5 866
其他企业	289 367	243 214	2 244	5 032	13 351	968	647
港、澳、台商投资企业	4 384 902	3 543 154	19 874	40 967	106 090	76 028	80 106
合资经营企业(港或澳、台资)	2 617 031	2 304 433	10 636	19 941	52 513	44 885	47 093
合作经营企业(港或澳、台资)							
港澳台商独资经营企业	1 575 935	1 075 926	7 379	17 719	48 271	31 233	32 742
港澳台商投资股份有限公司	191 937	162 795	1 860	3 306	5 306	-91	272
外商投资企业	4 461 469	3 703 703	25 305	92 433	158 689	25 349	26 531
中外合资经营企业	2 310 336	1 922 026	16 692	47 644	76 286	13 983	11 066
中外合作经营企业	71 661	61 874	732	397	1 586	74	62
外资企业	2 062 333	1 708 468	7 727	43 605	77 765	11 280	15 391
外商投资股份有限公司	26 451 129	20 210 160	1 983 944	448 258	684 176	175 356	154 167

13-2　续表 7　　（2011 年）　　单位:万元

指　标　名　称	主营业务收　入	# 主营业务成本	# 主营业务税金及附加	营业费用	管理费用	财务费用	# 利息支出
按经济组织类型分组							
独资企业	15 044 698	11 497 277	999 525	254 791	405 106	108 935	101 150
国有企业	2 418 126	1 056 602	894 429	44 146	111 595	10 991	20 165
集体企业	125 050	106 774	1 178	1 928	3 138	1 242	162
私营独资企业	8 863 255	7 549 507	38 812	147 393	164 337	54 188	32 690
港澳台商独资经营企业	5 687 399	4 830 204	44 454	88 660	139 836	28 307	25 816
外资企业	2 062 333	1 708 468	7 727	43 605	77 765	11 280	15 391
合作、合伙企业	1 993 047	1 713 412	19 851	25 242	38 504	9 034	5 567
股份合作企业	219 709	194 051	1 993	4 889	3 831	3 068	830
私营合伙企业	1 399 347	1 205 051	14 364	13 928	18 751	4 883	3 990
合作经营企业(港或澳、台资)							
中外合作经营企业	6 626 225	5 569 453	35 009	236 588	139 483	46 086	42 562
其他企业(内资)	289 367	243 214	2 244	5 032	13 351	968	647
股份有限公司	6 336 858	5 326 239	32 765	231 556	126 132	45 118	41 915
股份有限公司(内资)	54 099 943	45 611 177	478 922	839 696	1 882 602	541 545	515 834
私营股份有限公司	1 460 913	1 202 489	13 079	14 399	28 828	8 746	5 866
港澳台商投资股份有限公司	191 937	162 795	1 860	3 306	5 306	–91	272
外商投资股份有限公司	17 139	11 335	154	786	3 052	12	12
有限责任公司	46 033 030	39 098 696	410 731	684 285	1 368 598	445 390	403 939
国有独资公司	6 396 925	5 135 862	53 098	136 920	476 818	87 488	105 746
私营有限责任公司	27 175 352	23 301 799	264 962	381 476	540 606	196 066	141 471
合资经营企业(港或澳、台资)	2 617 031	2 304 433	10 636	19 941	52 513	44 885	47 093
中外合资经营企业	2 310 336	1 922 026	16 692	47 644	76 286	13 983	11 066
其他有限责任公司	7 533 386	6 434 575	65 344	98 303	222 376	102 968	98 564
在总计中:亏损企业	2 129 182	2 094 635	8 570	40 090	52 673	85 598	85 526
在总计中:国有控股企业	10 956 717	8 021 973	965 655	202 869	687 803	152 282	178 252
按轻重工业分组							
轻工业	19 106 885	15 308 939	1 031 434	445 065	419 126	114 445	98 175
重工业	50 300 748	42 326 685	431 439	750 808	1 519 214	494 031	454 396
按企业规模分组							
大型企业	22 121 625	17 072 069	1 014 616	469 531	973 187	211 046	243 744
中型企业	14 711 678	12 588 615	119 558	264 751	333 947	140 281	119 580
小型企业	32 548 611	27 954 152	328 598	461 363	630 372	255 225	187 359
微型企业	25 719	20 788	101	229	834	1 925	1 888

13-2　续表 8　　（2011 年）　　单位:万元

指 标 名 称	主营业务收入	# 主营业务成本	# 主营业务税金及附加	营业费用	管理费用	财务费用	# 利息支出
按行业分组	**69 407 633**	**57 635 624**	**1 462 872**	**1 195 874**	**1 938 340**	**608 476**	**552 571**
煤炭开采和洗选业	3 068 265	2 241 347	56 810	45 877	372 667	26 598	37 336
黑色金属矿采选业	164 964	127 996	1 348	1 358	14 101	1 592	943
非金属矿采选业	355 314	291 564	11 164	5 163	7 633	2 378	1 242
农副食品加工业	3 399 908	2 939 404	30 789	51 097	55 735	26 107	17 032
食品制造业	587 226	496 292	4 815	19 763	15 436	4 711	2 943
饮料制造业	2 646 872	2 258 090	22 425	118 799	46 740	17 114	15 451
烟草制品业	1 546 418	322 518	885 545	19 770	62 917	−8 785	
纺织业	3 174 922	2 743 787	20 725	42 308	61 259	22 424	18 646
纺织服装、鞋、帽制造业	617 194	506 608	5 571	14 433	15 528	1 926	3 008
皮革、毛皮、羽毛(绒)及其制品业	228 959	195 612	768	2 963	3 524	420	130
木材加工及木、竹、藤、棕、草制品业	6 631 945	5 630 338	95 145	91 157	96 795	42 411	25 575
家具制造业	289 597	251 300	2 800	2 815	2 850	1 346	1 073
造纸及纸制品业	761 933	646 230	8 684	16 500	17 301	7 146	5 789
印刷业和记录媒介的复制	161 461	127 250	1 154	1 886	6 734	2 024	1 835
文教体育用品制造业	203 887	176 242	2 335	3 226	3 907	1 931	1 655
石油加工、炼焦及核燃料加工业	1 344 616	1 209 626	6 662	11 606	19 127	15 809	14 261
化学原料及化学制品制造业	9 509 544	7 908 640	66 699	117 416	187 570	103 766	99 250
医药制造业	1 856 396	1 540 468	17 047	88 236	38 252	12 086	10 537
化学纤维制造业	317 283	268 770	3 193	7 424	5 894	3 045	1 287
橡胶制品业	447 827	381 214	1 159	9 040	13 339	1 640	1 577
塑料制品业	1 205 536	1 049 039	8 533	10 128	28 313	5 886	4 954
非金属矿物制品业	2 923 312	2 457 776	24 349	54 803	71 281	33 508	27 134
黑色金属冶炼及压延加工业	3 902 669	3 342 561	24 294	56 024	82 232	27 972	27 043
有色金属冶炼及压延加工业	1 489 181	1 298 148	10 115	22 934	30 041	11 387	6 459
金属制品业	1 762 311	1 495 300	17 319	34 670	46 848	16 201	13 548
通用设备制造业	7 134 607	5 941 439	32 616	162 320	284 654	84 661	90 401
专用设备制造业	2 735 569	2 204 744	16 611	44 497	93 816	12 486	10 929
交通运输设备制造业	1 108 769	961 560	12 543	14 222	42 739	5 705	4 284
电气机械及器材制造业	4 000 242	3 424 776	27 897	54 934	81 703	24 458	16 346
通信设备、计算机及其他电子设备	1 764 899	1 542 390	15 854	23 679	39 545	9 037	7 436
仪器仪表及文化、办公用机械制造	2 024 188	1 722 097	17 817	33 077	42 366	9 786	6 060
工艺品及其他制造业	238 883	200 279	2 644	5 552	7 928	1 769	1 085
废弃资源和废旧材料回收加工业	278 130	271 680	229	696	2 411	9 981	9 088
电力、热力的生产和供应业	1 473 597	1 417 465	6 960	6 596	31 005	66 846	65 790
燃气生产和供应业	20 208	21 295	8	506	1 882	167	96
水的生产和供应业	31 002	21 782	249	400	4 272	2 940	2 347

13-2 续表 9 （2011 年） 单位:万元

指 标 名 称	营业利润	利润总额	亏损企业亏损总额	利税总额	营业外收 入	本年应交增 值 税	全部职工年 平 均人 数（人）
总 计	**5 280 543**	**6 435 392**	**146 411**	**11 243 062**	**87 771**	**3 338 761**	**718 085**
按登记注册类型分组							
内资企业	4 241 412	5 336 337	88 102	9 811 709	60 689	3 052 132	637 276
国有企业	315 447	338 550	10 004	1 473 960	21 578	240 981	14 289
中央企业	21 568	30 204		41 497	8 843	9 961	5 551
地方企业	293 880	308 347	10 004	1 432 463	12 736	231 020	8 738
集体企业	1 638	10 789		18 531		6 564	1 813
股份合作企业	20 714	20 093		36 935	27	14 850	886
联营企业	163	1 174		2 728		1 036	784
有限责任公司	1 042 324	1 107 901	68 506	1 829 180	29 787	598 219	167 918
国有独资公司	522 696	526 613		833 856	25 212	251 318	67 097
其他有限责任公司	519 628	581 288	68 506	995 324	4 575	346 901	100 821
股份有限公司	344 237	334 320	1 860	498 894	-4 853	146 901	43 330
私营企业	2 501 645	3 499 859	7 304	5 911 685	14 131	2 029 682	403 635
私营独资企业	606 890	827 826	5 091	1 362 194	3 261	445 540	102 014
私营合伙企业	119 159	136 917	22	236 384	110	85 103	14 452
私营有限责任公司	1 680 459	2 415 729	2 191	4 109 529	10 760	1 428 277	273 771
私营股份有限公司	95 137	119 387		203 578		70 763	13 398
其他企业	15 244	23 652	429	39 797	18	13 901	4 621
港、澳、台商投资企业	578 877	600 572	17 434	769 243	10 296	148 306	39 427
合资经营企业(港或澳、台资)	182 409	187 611	15 375	260 624	2 932	62 376	21 649
合作经营企业(港或澳、台资)							
港澳台商独资经营企业	380 861	393 540	2 059	477 544	6 944	76 137	16 143
港澳台商投资股份有限公司	15 608	19 421		31 074	420	9 793	1 635
外商投资企业	460 254	498 483	40 876	662 111	16 787	138 324	41 382
中外合资经营企业	237 477	260 598	2 581	387 156	6 783	109 866	23 929
中外合作经营企业	6 999	6 999		11 483		3 752	719
外资企业	213 979	229 086	38 294	260 748	10 005	23 934	16 603
外商投资股份有限公司	2 442 791	2 976 958	70 542	6 447 660	66 628	1 486 239	268 978

13-2 续表 10 （2011 年） 单位:万元

指 标 名 称	营业利润	利润总额	亏损企业亏损总额	利税总额	营业外收入	本年应交增值税	全部职工年平均人数（人）
按经济组织类型分组							
独资企业	1 518 816	1 799 792	55 448	3 592 976	41 788	793 155	150 862
国有企业	315 447	338 550	10 004	1 473 960	21 578	240 981	14 289
集体企业	1 638	10 789		18 531		6 564	1 813
私营独资企业	606 890	827 826	5 091	1 362 194	3 261	445 540	102 014
港澳台商独资经营企业	516 293	576 103	38 767	864 121	10 298	243 564	54 187
外资企业	213 979	229 086	38 294	260 748	10 005	23 934	16 603
合作、合伙企业	162 278	188 834	451	327 326	156	118 641	21 462
股份合作企业	20 714	20 093		36 935	27	14 850	886
其他联营企业	163	1 174		2 728		1 036	784
私营合伙企业	119 159	136 917	22	236 384	110	85 103	14 452
中外合作经营企业	472 025	498 578	2 288	776 068	–4 415	242 129	63 115
其他企业(内资)	15 244	23 652	429	39 797	18	13 901	4 621
股份有限公司	456 781	474 927	1 860	736 271	–4 433	228 228	58 494
股份有限公司(内资)	3 777 909	4 639 060	88 653	7 657 722	75 893	2 531 382	569 528
私营股份有限公司	95 137	119 387		203 578		70 763	13 398
港澳台商投资股份有限公司	15 608	19 421		31 074	420	9 793	1 635
外商投资股份有限公司	1 799	1 799		2 725		771	131
有限责任公司	3 142 669	3 971 840	88 653	6 586 489	50 261	2 198 737	487 267
国有独资公司	522 696	526 613		833 856	25 212	251 318	67 097
私营有限责任公司	1 680 459	2 415 729	2 191	4 109 529	10 760	1 428 277	273 771
合资经营企业(港或澳、台资)	182 409	187 611	15 375	260 624	2 932	62 376	21 649
中外合资经营企业	237 477	260 598	2 581	387 156	6 783	109 866	23 929
其他有限责任公司	519 628	581 288	68 506	995 324	4 575	346 901	100 821
在总计中:亏损企业	–141 287	–146 411	146 411	–95 517	6 790	42 323	23 097
在总计中:国有控股企业	984 974	1 013 139	66 378	2 607 035	52 865	623 814	111 716
按轻重工业分组							
轻工业	1 387 171	1 740 626	11 951	3 797 082	4 769	1 023 639	225 534
重工业	3 893 372	4 694 766	134 460	7 445 981	83 002	2 315 123	492 551
按企业规模分组							
大型企业	2 451 096	2 436 412	33 818	4 469 353	46 566	1 014 193	213 180
中型企业	1 206 545	1 252 031	74 053	2 064 842	23 759	692 439	168 778
小型企业	1 622 252	2 745 487	38 540	4 706 466	17 447	1 631 411	336 016
微型企业	650	1 462		2 402		719	111

13-2　续表 11　　　　（2011 年）　　　　单位:万元

指　标　名　称	营业利润	利润总额	亏损企业亏损总额	利税总额	营业外收　入	本年应交增 值 税	全部职工年 平 均人　　数（人）
按行业分组	**5 280 543**	**6 435 392**	**146 411**	**11 243 062**	**87 771**	**3 338 761**	**718 085**
煤炭开采和洗选业	349 897	348 922		663 953	11 474	254 090	87 849
黑色金属矿采选业	11 968	15 457		27 117	240	10 312	3 951
非金属矿采选业	1 052	31 052		65 588		23 371	8 929
农副食品加工业	187 181	284 402	752	474 671	–6 724	159 219	34 173
食品制造业	32 295	47 590	429	81 590	144	29 184	10 454
饮料制造业	177 626	185 995	903	293 358	2 917	84 913	24 716
烟草制品业	265 984	265 480		1 359 658	367	208 633	2 003
纺织业	181 045	255 341	5 016	436 610	3 486	160 244	59 353
纺织服装、鞋、帽制造业	52 863	70 787	28	108 595	150	31 749	16 387
皮革、毛皮、羽毛(绒)及其制品业	22 739	25 639		37 002	26	10 596	4 620
木材加工及木、竹、藤、棕、草制品业	454 674	662 450		1 109 855	1 777	352 188	93 858
家具制造业	21 455	25 731		41 746	145	13 215	3 955
造纸及纸制品业	49 765	67 161	497	113 933	863	38 088	8 244
印刷业和记录媒介的复制	21 878	23 153	116	33 291	148	8 984	1 941
文教体育用品制造业	9 949	13 948		25 400		9 115	2 951
石油加工、炼焦及核燃料加工业	75 107	73 419		120 911	179	40 829	6 101
化学原料及化学制品制造业	907 075	1 081 205	2 973	1 542 771	9 914	394 862	55 692
医药制造业	120 595	158 384	1 210	274 583	985	99 152	13 300
化学纤维制造业	18 781	28 274		47 633	17	16 166	4 041
橡胶制品业	50 544	48 674	2 198	70 174	56	20 341	6 278
塑料制品业	75 779	100 877		176 595		67 183	16 488
非金属矿物制品业	197 978	277 559	243	448 287	19 721	146 322	36 634
黑色金属冶炼及压延加工业	277 171	289 804	22 692	513 008	338	198 851	25 165
有色金属冶炼及压延加工业	76 915	107 868	5 157	181 796	131	63 686	9 220
金属制品业	113 283	151 504	637	248 943	–1 571	80 120	22 482
通用设备制造业	590 998	631 097	6 765	899 708	18 279	235 944	50 501
专用设备制造业	340 335	381 337	1 098	482 241	8 349	84 268	20 837
交通运输设备制造业	52 714	67 905	2 303	117 100	213	36 652	13 278
电气机械及器材制造业	315 857	391 415	360	631 778	3 038	212 455	29 328
通信设备、计算机及其他电子设备制造业	81 742	126 084	9 054	222 781	3 028	80 843	12 860
仪器仪表及文化、办公用机械制造业	163 424	191 150	2 755	303 698	971	94 731	15 155
工艺品及其他制造业	7 778	20 577		37 936	7	14 615	5 422
废弃资源和废旧材料回收加工业	–8 538	–6 562	8 333	–4 136	305	2 297	344
电力、热力的生产和供应业	–22 586	–14 418	72 895	46 664	8 251	54 001	9 682
燃气生产和供应业	1 150	1 241		1 249	118		510
水的生产和供应业	4 073	4 390		6 977	432	1 543	1 383

13–3 国有控股工业企业主要经济指标

（2011 年） 单位:万元

指 标 名 称	企业个数(个)	#亏损企业	工 业总产值（当年价）	工业销售产 值（当年价）	#出 口交货值
总 计	**39**	**8**	**10 632 421**	**10 617 814**	**515 596**
在总计中:亏损企业	8	8	634 494	631 442	
按隶属关系分组					
中央企业	7		382 945	379 397	
地方企业	13	2	2 057 024	2 056 269	1 114
按轻重工业分					
轻工业	12	2	1 842 566	1 841 656	1 114
重工业	27	6	8 789 856	8 776 159	514 482
按企业规模分					
大型企业	7		8 955 147	8 943 438	513 741
中型企业	13	2	864 896	875 164	1 855
小型企业	19	6	812 378	799 212	
微型企业					
按行业分组	**39**	**8**	**10 632 421**	**10 617 814**	**515 596**
煤炭开采和洗选业	2		2 545 752	2 524 181	30
黑色金属矿采选业	1		111 437	111 631	
非金属矿采选业	1		10 260	10 197	
农副食品加工业	2	1	123 966	123 154	
食品制造业	3		94 138	93 128	
饮料制造业	1		45 612	45 103	
烟草制品业	1		1 546 291	1 546 212	
纺织业	1		8 120	9 813	1 114
印刷业和记录媒介的复制	1	1	6 289	6 289	
化学原料及化学制品制造业	3		33 062	32 237	
非金属矿物制品业	3	1	328 600	328 799	
有色金属冶炼及压延加工业	1		6 720	6 720	
金属制品业	1		31 980	46 918	
通用设备制造业	2		4 476 991	4 485 540	514 452
专用设备制造业	3		64 074	60 466	
电气机械及器材制造业	1		221 787	212 457	
仪器仪表及文化、办公用机械制造业	1		2 120	2 120	
电力、热力的生产和供应业	8	5	957 073	954 893	
水的生产和供应业	3		18 150	17 956	

13-3　续表 1　　（2011 年）　　单位:万元

指标名称	资产合计	#流动资产合计	#固定资产合计	#固定资产原值	累计折旧	固定资产净值	负债合计
总　计	**14 805 443**	**7 375 417**	**5 283 466**	**7 084 250**	**2 457 558**	**4 626 692**	**8 788 437**
在总计中:亏损企业	1 164 876	202 251	934 072	1 362 620	428 539	934 081	1 058 419
按隶属关系分组							
中央企业	1 110 091	240 165	806 354	938 270	131 918	806 352	839 847
地方企业	2 207 732	1 435 960	542 749	869 116	326 472	542 644	623 195
按轻重工业分							
轻工业	1 768 338	1 335 214	278 182	475 695	206 313	269 382	363 184
重工业	13 037 105	6 040 203	5 005 284	6 608 555	2 251 245	4 357 310	8 425 253
按企业规模分							
大型企业	12 593 455	6 703 983	3 875 478	4 865 148	1 632 252	3 232 896	7 044 861
中型企业	1 526 503	409 245	1 010 050	1 420 028	418 582	1 001 446	1 261 753
小型企业	685 484	262 189	397 938	799 074	406 724	392 350	481 822
微型企业							
按行业分组	14 805 443	7 375 417	5 283 466	7 084 250	2 457 558	4 626 692	8 788 437
煤炭开采和洗选业	5 023 195	1 732 148	2 275 428	3 077 756	1 165 503	1 912 253	3 074 016
黑色金属矿采选业	95 626	53 438	27 020	39 587	12 568	27 020	42 979
非金属矿采选业	3 687	2 032	1 655	1 915	260	1 655	865
农副食品加工业	51 994	45 467	5 017	5 806	789	5 017	48 156
食品制造业	33 132	11 555	18 427	30 800	12 477	18 323	21 379
饮料制造业	39 953	18 906	18 518	23 555	5 037	18 518	7 481
烟草制品业	1 517 583	1 210 007	168 808	339 088	170 280	168 808	199 363
纺织业	17 227	10 966	1 718	4 853	3 135	1 718	7 148
印刷业和记录媒介的复制	8 701	2 631	5 802	7 653	1 851	5 802	7 504
化学原料及化学制品制造业	4 781	1 396	2 057	3 208	1 491	1 718	2 857
非金属矿物制品业	515 752	146 243	285 622	377 074	91 452	285 622	310 176
有色金属冶炼及压延加工业	5 816	5 287	313	801	489	313	371
金属制品业	46 770	33 952	7 180	10 655	3 472	7 183	37 313
通用设备制造业	4 985 261	3 563 157	630 191	522 186	171 424	350 762	2 984 380
专用设备制造业	87 911	61 990	16 213	23 223	7 012	16 211	67 272
电气机械及器材制造业	78 693	54 250	14 689	18 890	5 273	13 617	64 209
仪器仪表及文化、办公用机械制造业	1 223	1 040	183	287	104	183	790
电力、热力的生产和供应业	2 188 392	384 770	1 744 734	2 532 973	792 200	1 740 774	1 840 026
水的生产和供应业	99 748	35 582	59 891	63 940	12 744	51 196	72 153

13-3 续表 2 （2011 年） 单位:万元

指标名称	主营业务收入	# 主营业务成本	# 主营业务税金及附加	营业费用	管理费用	财务费用	# 利息支出
总 计	**10 956 717**	**8 021 973**	**965 655**	**202 869**	**687 803**	**152 282**	**178 252**
在总计中:亏损企业	630 617	647 406	2 604	832	1 901	48 489	48 500
按隶属关系分组							
中央企业	377 271	337 758	1 333	8 650	22 039	6 663	7 241
地方企业	2 040 856	718 845	893 096	35 496	89 556	4 327	12 925
按轻重工业分							
轻工业	1 821 311	557 031	890 704	33 455	75 816	–6 124	2 757
重工业	9 135 406	7 464 942	74 952	169 414	611 987	158 406	175 495
按企业规模分							
大型企业	9 300 490	6 486 896	953 473	174 396	646 140	85 919	113 752
中型企业	870 160	793 113	7 419	17 146	26 053	49 255	48 988
小型企业	786 068	741 963	4 763	11 327	15 610	17 108	15 512
微型企业							
按行业分组	10 956 717	8 021 973	965 655	202 869	687 803	152 282	178 252
煤炭开采和洗选业	2 558 006	1 849 856	51 069	34 448	345 396	24 593	35 576
黑色金属矿采选业	116 594	86 357	1 036	892	12 758	891	652
非金属矿采选业	10 197	7 820	489	319	528	29	18
农副食品加工业	123 187	116 925	192	2 388	1 312	332	814
食品制造业	90 572	72 005	620	9 973	3 459	218	214
饮料制造业	29 620	23 495	4 116	16	1 333	–148	
烟草制品业	1 546 418	322 518	885 545	19 770	62 917	–8 785	
纺织业	8 388	4 566	44	919	2 684	35	
印刷业和记录媒介的复制	5 689	5 222	22	209	373	19	39
化学原料及化学制品制造业	31 689	28 290	528	439	405	138	74
非金属矿物制品业	324 522	239 043	1 267	12 100	12 480	10 808	11 072
有色金属冶炼及压延加工业	6 256	6 088	39	91	496	–11	5
金属制品业	39 490	34 802	36	457	1 914	1 955	1 938
通用设备制造业	4 825 304	3 995 496	14 945	115 225	213 087	63 403	71 403
专用设备制造业	62 878	55 150	174	948	5 297	200	353
电气机械及器材制造业	202 457	179 851	1 774	4 494	3 335	2 853	646
仪器仪表及文化、办公用机械制造业	2 100	1 575	8		116	36	
电力、热力的生产和供应业	955 913	980 614	3 589		16 176	53 513	53 757
水的生产和供应业	17 438	12 300	166	180	3 739	2 205	1 691

13-3　续表 3　　（2011 年）　　单位:万元

指 标 名 称	营业利润	利润总额	亏损企业亏损总额	利税总额	营业外收　入	本年应交增 值 税	全部职工年 平 均人　数（人）
总　计	**984 974**	**1 013 139**	**66 378**	**2 607 035**	**52 865**	**623 814**	**111 716**
在总计中:亏损企业	-66 242	-66 378	66 378	-42 624	1 055	21 149	2 491
按隶属关系分组							
中央企业	21 568	30 204		41 497	8 843	9 961	5 551
地方企业	293 880	308 347	10 004	1 432 463	12 736	231 020	8 738
按轻重工业分							
轻工业	273 361	276 928	299	1 384 343	3 012	216 417	6 064
重工业	711 613	736 211	66 079	1 222 692	49 853	407 398	105 652
按企业规模分							
大型企业	995 820	1 008 055		2 528 423	39 047	562 764	101 068
中型企业	-21 686	-9 219	53 865	27 725	12 493	29 229	7 695
小型企业	10 841	14 303	12 513	50 887	1 326	31 821	2 953
微型企业							
按行业分组	984 974	1 013 139	66 378	2 607 035	52 865	623 814	111 716
煤炭开采和洗选业	276 589	282 524		550 578	14 283	212 855	74 749
黑色金属矿采选业	11 404	11 549		20 684	240	8 099	3 250
非金属矿采选业		1 012		2 287		786	560
农副食品加工业	1 895	1 730	183	2 371	18	450	406
食品制造业	3 364	4 925		8 182	11	2 638	1 389
饮料制造业	340	2 482		9 784	2 164	3 186	410
烟草制品业	265 984	265 480		1 359 658	367	208 633	2 003
纺织业	19	36		368	20	289	557
印刷业和记录媒介的复制	-109	-116	116	88	1	182	252
化学原料及化学制品制造业	68	1 596		4 005		1 882	192
非金属矿物制品业	45 939	60 767	11	73 259	14 843	11 225	1 900
有色金属冶炼及压延加工业	322	360		485	88	86	59
金属制品业	854	861		1 252	9	355	330
通用设备制造业	423 421	421 537		563 220	15 623	126 639	17 539
专用设备制造业	1 141	1 136		2 629	33	1 319	1 284
电气机械及器材制造业	19 303	18 478		34 238	27	13 987	298
仪器仪表及文化、办公用机械制造业	365	365		377		4	32
电力、热力的生产和供应业	-67 793	-64 073	66 068	-30 323	4 706	30 160	5 459
水的生产和供应业	1 868	2 391		3 891	432	1 039	1 047

13-4 规模以上集体工业企业主要经济指标

（2011 年） 单位:万元

指 标 名 称	企业个数（个）	#亏损企业	工 业 总产值（当年价）	工业销售产 值（当年价）
总 计	**19**		**128 952**	**125 118**
在总计中:亏损企业				
在总计中:农村工业	1		6 685	6 521
按登记注册类型分组				
内资企业	19		128 952	125 118
集体企业	19		128 952	125 118
按经济组织类型分组				
独资企业	19		128 952	125 118
集体企业	19		128 952	125 118
按轻重工业分				
轻工业	3		11 585	11 380
重工业	16		117 367	113 738
按企业规模分				
大型企业				
中型企业				
小型企业	19		128 952	125 118
微型企业				
按行业分组	19		128 952	125 118
黑色金属矿采选业	5		19 811	18 917
非金属矿采选业	2		20 144	19 967
纺织服装、鞋、帽制造业	1		2 675	2 675
木材加工及木、竹、藤、棕、草制品业	3		15 466	14 811
造纸及纸制品业	1		2 260	2 176
非金属矿物制品业	1		6 685	6 521
黑色金属冶炼及压延加工业	1		2 524	2 367
有色金属冶炼及压延加工业	1		6 457	6 457
金属制品业	1		5 443	5 410
交通运输设备制造业	1		10 738	10 539
仪器仪表及文化、办公用机械制造业	1		30 100	28 749
工艺品及其他制造业	1		6 649	6 529

13-4　续表 1　　（2011 年）　　单位:万元

指　标　名　称	资产合计	# 流动资产合计	# 固定资产合计	# 固定资产原值	累计折旧	固定资产净　值	负债合计
总　计	**51 233**	**32 665**	**15 156**	**20 475**	**7 011**	**13 464**	**38 155**
在总计中:亏损企业							
在总计中:农村工业	2 368	260	2 108	2 993	885	2 108	1 013
按登记注册类型分组							
内资企业	51 233	32 665	15 156	20 475	7 011	13 464	38 155
集体企业	51 233	32 665	15 156	20 475	7 011	13 464	38 155
按经济组织类型分组							
独资企业	51 233	32 665	15 156	20 475	7 011	13 464	38 155
集体企业	51 233	32 665	15 156	20 475	7 011	13 464	38 155
按轻重工业分							
轻工业	4 061	2 128	1 933	2 453	520	1 933	2 252
重工业	47 172	30 536	13 223	18 023	6 491	11 532	35 903
按企业规模分							
大型企业							
中型企业							
小型企业	51 233	32 665	15 156	20 475	7 011	13 464	38 155
微型企业							
按行业分组	51 233	32 665	15 156	20 475	7 011	13 464	38 155
黑色金属矿采选业	28 216	22 950	1 874	3 055	1 181	1 874	25 301
非金属矿采选业	3 719	2 131	1 588	2 350	762	1 588	1 504
纺织服装、鞋、帽制造业	685	286	399	441	42	399	245
木材加工及木、竹、藤、棕、草制品业	3 115	1 408	1 707	2 307	600	1 707	1 659
造纸及纸制品业	2 201	1 551	651	960	310	651	1 072
非金属矿物制品业	2 368	260	2 108	2 993	885	2 108	1 013
黑色金属冶炼及压延加工业	1 243	1 052	171	236	65	171	821
有色金属冶炼及压延加工业	867	688	179	188	9	179	704
金属制品业	1 624	565	1 059	1 299	240	1 059	1 082
交通运输设备制造业	2 765	886	1 879	2 528	2 341	187	1 814
仪器仪表及文化、办公用机械制造业	3 255	597	2 658	3 066	409	2 658	2 004
工艺品及其他制造业	1 175	292	883	1 051	168	883	935

13-4　续表 2　（2011 年）　单位:万元

指　标　名　称	主营业务收　　入	# 主营业务成本	# 主营业务税金及附加	营业费用	管理费用	财务费用	# 利息支出
总　计	**125 050**	**106 774**	**1 178**	**1 928**	**3 138**	**1 242**	**162**
在总计中:亏损企业							
在总计中:农村工业	6 521	5 473	136	198	146		
按登记注册类型分组							
内资企业	125 050	106 774	1 178	1 928	3 138	1 242	162
集体企业	125 050	106 774	1 178	1 928	3 138	1 242	162
按经济组织类型分组							
独资企业	125 050	106 774	1 178	1 928	3 138	1 242	162
集体企业	125 050	106 774	1 178	1 928	3 138	1 242	162
按轻重工业分							
轻工业	11 380	9 803	112	259	226	59	17
重工业	113 670	96 971	1 066	1 669	2 912	1 184	145
按企业规模分							
大型企业							
中型企业							
小型企业	125 050	106 774	1 178	1 928	3 138	1 242	162
微型企业							
按行业分组	125 050	106 774	1 178	1 928	3 138	1 242	162
黑色金属矿采选业	18 917	16 188	125	52	664	389	
非金属矿采选业	19 967	16 879	199	420	860	75	75
纺织服装、鞋、帽制造业	2 675	2 327	27	59	62		
木材加工及木、竹、藤、棕、草制品业	14 870	12 967	114	132	231	44	43
造纸及纸制品业	2 176	1 849	20	17	21	40	
非金属矿物制品业	6 521	5 473	136	198	146		
黑色金属冶炼及压延加工业	2 367	1 960	21	22	166	9	
有色金属冶炼及压延加工业	6 045	5 400	60	42	45	15	15
金属制品业	5 410	4 735	46	32	59	12	12
交通运输设备制造业	10 824	8 934	77	283	262	169	
仪器仪表及文化、办公用机械制造业	28 749	24 436	287	489	479	471	
工艺品及其他制造业	6 529	5 628	65	184	144	19	17

13-4　续表 3　　　　　　（2011 年）　　　　　　单位:万元

指　标　名　称	营业利润	利润总额	亏损企业亏损总额	利税总额	营业外收入	本年应交增值税	全部职工年平均人数（人）
总　计	**1 638**	**10 789**		**18 531**		**6 564**	**1 813**
在总计中:亏损企业							
在总计中:农村工业	568	568		1 179		475	286
按登记注册类型分组							
内资企业	1 638	10 789		18 531		6 564	1 813
集体企业	1 638	10 789		18 531		6 564	1 813
按经济组织类型分组							
独资企业	1 638	10 789		18 531		6 564	1 813
集体企业	1 638	10 789		18 531		6 564	1 813
按轻重工业分							
轻工业		921		1 590		558	409
重工业	1 638	9 869		16 941		6 006	1 404
按企业规模分							
大型企业							
中型企业							
小型企业	1 638	10 789		18 531		6 564	1 813
微型企业							
按行业分组	1 638	10 789		18 531		6 564	1 813
黑色金属矿采选业		1 499		2 443		819	309
非金属矿采选业		1 534		2 732		998	164
纺织服装、鞋、帽制造业		202		362		134	61
木材加工及木、竹、藤、棕、草制品业	1 070	1 382		2 270		774	237
造纸及纸制品业		229		347		98	264
非金属矿物制品业	568	568		1 179		475	286
黑色金属冶炼及压延加工业		189		321		111	21
有色金属冶炼及压延加工业		483		846		302	52
金属制品业		526		1 082		510	70
交通运输设备制造业		1 100		1 756		579	65
仪器仪表及文化、办公用机械制造业		2 587		4 312		1 437	200
工艺品及其他制造业		490		881		326	84

13-5 规模以上“三资”工业企业主要经济指标

（2011 年） 单位:万元

指标名称	企业个数（个）	#亏损企业	工业总产值（当年价）	工业销售产值（当年价）	#出口交货值
总　计	**179**	**20**	**9 052 597**	**8 827 652**	**982 243**
在总计中:亏损企业	20	20	1 078 506	1 099 047	168 319
在总计中:国有控股企业	1		238 566	238 566	
在总计中:农村工业	1		26 484	26 217	18 562
按登记注册类型分组					
港、澳、台商投资企业	75	10	4 501 527	4 433 385	449 496
合资经营企业(港或澳、台资)	41	7	2 677 395	2 627 293	387 614
港澳台商独资经营企业	30	3	1 629 207	1 613 884	61 882
港澳台商投资股份有限公司	4		194 925	192 208	
外商投资企业	104	10	4 551 071	4 394 268	532 746
中外合资经营企业	69	4	2 283 255	2 257 822	132 109
中外合作经营企业	2		71 635	71 661	13 548
外资企业	32	6	2 178 832	2 047 646	387 089
外商投资股份有限公司	62	9	3 808 039	3 661 530	448 972
按轻重工业分组					
轻工业	85	6	2 200 791	2 161 940	459 734
重工业	94	14	6 851 806	6 665 712	522 508
按企业规模分组					
大型企业	17	3	5 306 103	5 151 355	562 771
中型企业	47	6	1 589 821	1 587 617	248 543
小型企业	115	11	2 156 674	2 088 680	170 929
微型企业					
按行业分组					
农副食品加工业	15		291 160	286 010	19 019
食品制造业	6		44 004	45 215	2 371
饮料制造业	4		92 918	89 300	11 059
纺织业	7	1	348 272	342 470	28 769
纺织服装、鞋、帽制造业	8	1	137 697	135 918	2 438
皮革、毛皮、羽毛(绒)及其制品业	8		176 977	173 248	2 606
木材加工及木、竹、藤、棕、草制品业	19		453 744	439 656	126 161
造纸及纸制品业	3	1	113 718	112 286	
印刷业和记录媒介的复制	4		54 808	52 910	
文教体育用品制造业	3		67 584	65 537	
石油加工、炼焦及核燃料加工业	1		245 709	254 495	
化学原料及化学制品制造业	11	2	1 966 475	1 938 100	21 565
医药制造业	5		175 399	169 729	
化学纤维制造业	1		28 463	28 269	24 770
橡胶制品业	3	1	372 514	360 590	
塑料制品业	3		23 430	22 979	
非金属矿物制品业	3		35 709	34 957	1 500
黑色金属冶炼及压延加工业	2	1	468 839	499 079	58 714
有色金属冶炼及压延加工业	3		106 698	105 748	5 096
金属制品业	4	1	18 850	17 637	
通用设备制造业	12	1	328 402	349 611	22 777
专用设备制造业	10	2	1 672 497	1 518 375	427 311
交通运输设备制造业	4	2	81 647	81 269	64 456
电气机械及器材制造业	9	1	100 784	107 346	13 326
通信设备、计算机及其他电子设备制造业	6	1	426 259	411 166	96 772
仪器仪表及文化、办公用机械制造业	7	3	262 437	239 319	8 117
工艺品及其他制造业	10		79 187	78 451	45 416
废弃资源和废旧材料回收加工业	1	1	264 388	258 558	
电力、热力的生产和供应业	6	1	592 596	591 417	
燃气生产和供应业	1		21 432	18 008	

13-5　续表 1　（2011 年）　单位:万元

指 标 名 称	资产合计	# 流动资产合计	# 固定资产合计	# 固定资产原值	累计折旧	固定资产净值	负债合计
总　计	**8 098 880**	**3 187 797**	**3 807 306**	**5 014 926**	**1 247 165**	**3 767 761**	**4 609 262**
在总计中:亏损企业	1 105 489	663 342	361 511	520 879	163 578	357 301	831 282
在总计中:国有控股企业	235 281	77 002	158 279	440 096	285 772	154 324	140 826
在总计中:农村工业	3 096	1 485	1 611	2 811	1 200	1 611	910
按登记注册类型分组							
港、澳、台商投资企业	5 553 536	1 711 238	3 007 031	3 857 077	862 406	2 994 671	3 264 175
合资经营企业(港或澳、台资)	2 189 230	879 465	900 443	1 345 526	452 199	893 327	1 373 439
港澳台商独资经营企业	3 276 236	779 215	2 089 974	2 492 871	406 100	2 086 771	1 872 234
港澳台商投资股份有限公司	88 070	52 558	16 614	18 680	4 107	14 573	18 501
外商投资企业	2 545 344	1476 559	800 275	1 157 849	384 759	773 090	1 345 088
中外合资经营企业	1 160 758	640 923	408 340	591 575	206 812	384 763	567 260
中外合作经营企业	12 763	5 799	6 264	7 644	2 656	4 988	4 390
外资企业	1 363 023	823 238	333 471	553 941	172 802	381 139	771 338
外商投资股份有限公司	4 639 259	1 602 453	2 473 445	3 046 812	578 902	2 467 910	2 643 572
按轻重工业分组							
轻工业	871 569	457 149	348052	473 162	132 832	340 330	371 865
重工业	7 227 311	2 730 647	3459254	4 541 763	1 114 333	3 427 430	4 237 398
按企业规模分组							
大型企业	5 407 790	1 732 934	2805461	3 429 012	646 197	2 782 815	3 170 925
中型企业	1 207 446	635 135	398124	558 722	170 805	387 917	613 122
小型企业	1 483 644	819 678	603721	1 027 192	430 163	597 029	825 215
微型企业							
按行业分组							
农副食品加工业	59 841	32 453	25326	35 063	9 975	25 088	36 189
食品制造业	36 065	22 679	11827	19 298	7 673	11 626	15 675
饮料制造业	56 461	29 945	23852	36 281	12 429	23 852	27 578
纺织业	216 830	113 157	93247	128 574	36 565	92 008	82 921
纺织服装、鞋、帽制造业	100 177	39 595	29016	33 470	4 455	29 016	17 721
皮革、毛皮、羽毛(绒)及其制品业	85 123	68 831	11279	19 265	7 987	11 278	39 848
木材加工及木、竹、藤、棕、草制品业	94 076	42 569	41025	62 839	21 814	41 025	33 660
造纸及纸制品业	55 258	23 484	31665	41 117	11 584	29 533	46 318
印刷业和记录媒介的复制	59 984	38 579	20865	37 394	16 629	20 765	26 941
文教体育用品制造业	16 575	10 336	6239	7 265	1 737	5 528	7 240
石油加工、炼焦及核燃料加工业	46 856	8 234	18829	39 169	20 340	18 829	17 219
化学原料及化学制品制造业	3 381 606	848 557	1804466	2 036 813	232 349	1 804 463	2 113 186
医药制造业	19 983	6 707	9623	13 142	3 519	9 623	8 366
化学纤维制造业	4 935	1 180	3755	3 970	215	3 755	1 260
橡胶制品业	152 131	85 684	62774	103 884	42 126	61 758	77 395
塑料制品业	9 993	6 255	3709	4 775	1 066	3 709	4 238
非金属矿物制品业	6 569	3 422	3146	4 085	939	3 146	3 199
黑色金属冶炼及压延加工业	404 428	226 571	112044	181 773	75 297	106 476	328 312
有色金属冶炼及压延加工业	49 493	12 532	35920	41 585	5 963	35 622	24 795
金属制品业	23 178	13 953	8694	11 536	2 488	9 049	14 633
通用设备制造业	398 355	204 689	172832	227 015	55 595	171 420	204 139
专用设备制造业	715 162	478 814	136194	199 613	67 584	132 030	266 317
交通运输设备制造业	117 082	73 326	18638	23 613	4 975	18 638	56 044
电气机械及器材制造业	143 582	80 544	60232	74 446	21 492	52 953	39 930
通信设备、计算机及其他电子设备制造业	176 429	87 632	65716	75 013	13 850	61 163	90 124
仪器仪表及文化、办公用机械制造业	194 097	143 724	42658	49 467	12 016	37 451	110 004
工艺品及其他制造业	23 973	11 445	10580	12 047	1 728	10 319	8 987
废弃资源和废旧材料回收加工业	332 377	263 050	56039	72 216	16 177	56 039	224 079
电力、热力的生产和供应业	1 063 070	196 905	859107	1 373 248	519 659	853 588	647 693
燃气生产和供应业	55 190	12 937	28013	46 952	18 939	28 013	35 251

13-5 续表 2 （2011 年） 单位:万元

指 标 名 称	主营业务收 入	# 主营业务成本	# 主营业务税金及附加	营业费用	管理费用	财务费用	# 利息支出
总 计	**8 846 371**	**7 246 857**	**45 179**	**133 399**	**264 779**	**101 377**	**106 637**
在总计中:亏损企业	1 101 069	1 069 132	1 125	31 312	34 827	24 029	25 404
在总计中:国有控股企业	239 663	231 792	964		4 636	4 347	4 489
在总计中:农村工业	26 217	22 989	252	85	138	61	50
按登记注册类型分组							
港、澳、台商投资企业	4 384 902	3 543 154	19 874	40 967	106 090	76 028	80 106
合资经营企业(港或澳、台资)	2 617 031	2 304 433	10 636	19 941	52 513	44 885	47 093
港澳台商独资经营企业	1 575 935	1 075 926	7 379	17 719	48 271	31 233	32 742
港澳台商投资股份有限公司	191 937	162 795	1 860	3 306	5 306	-91	272
外商投资企业	4 461 469	3703 703	25 305	92 433	158 689	25 349	26 531
中外合资经营企业	2 310 336	1922 026	16 692	47 644	76 286	13 983	11 066
中外合作经营企业	71 661	61 874	732	397	1 586	74	62
外资企业	2 062 333	1 708 468	7 727	43 605	77 765	11 280	15 391
外商投资股份有限公司	3 638 268	2 784 394	15 106	61 325	126 036	42 514	48 133
按轻重工业分组							
轻工业	2 156 350	1 819 015	17 895	43 413	55 729	14 012	15 298
重工业	6 690 021	5 427 841	27 284	89 986	209 049	87 365	91 339
按企业规模分组							
大型企业	5 139 706	4 088 979	18 023	61 733	150 567	63 257	69 713
中型企业	1 589 377	1 327 194	12 030	35 532	56 666	9 565	10 970
小型企业	2 117 288	1 830 684	15 126	36 134	57 546	28 554	25 954
微型企业							
按行业分组							
农副食品加工业	286 115	243 607	2 501	6 617	5 081	1 229	1 009
食品制造业	46 062	38 657	353	1 077	1 939	254	238
饮料制造业	88 489	75 050	815	2 626	1 789	620	345
纺织业	347 579	303 685	3 467	6 273	8 017	3 831	4 363
纺织服装、鞋、帽制造业	134 931	95 148	666	6 124	6 270	-1 299	510
皮革、毛皮、羽毛(绒)及其制品业	174 573	148 885	438	2 505	2 289	-89	40
木材加工及木、竹、藤、棕、草制品业	450 758	377 866	5 481	5 418	7 076	2 002	1 202
造纸及纸制品业	105 071	88 781	934	2 607	4 323	1 407	1 407
印刷业和记录媒介的复制	50 459	37 825	425	763	4 390	1 236	1 230
文教体育用品制造业	65 367	56 731	1 049	629	682	408	403
石油加工、炼焦及核燃料加工业	254 495	215 739	2 189	2 952	4 928	1 280	1 280
化学原料及化学制品制造业	1 879 668	1 372 890	4 264	5 754	47 828	45 593	50 326
医药制造业	169 124	151 740	1 861	1 167	1 068	699	551
化学纤维制造业	28 269	24 569	263	250	260	103	55
橡胶制品业	372 442	315 701	766	6 827	10 295	795	857
塑料制品业	23 186	19 358	357	271	1 106	43	43
非金属矿物制品业	34 422	29 664	310	758	565	187	168
黑色金属冶炼及压延加工业	502 718	485 729	709	18 070	12 343	7 753	8 447
有色金属冶炼及压延加工业	107 549	90 400	760	3 414	4 695	932	864
金属制品业	18 595	16 847	127	381	601	303	236
通用设备制造业	347 017	277 596	1 535	10 343	14 956	3 713	5 400
专用设备制造业	1 514 239	1 157 062	7 660	23 105	61 503	5 453	5 436
交通运输设备制造业	81 213	74 695	59	924	3 210	249	64
电气机械及器材制造业	140 388	105 700	679	3 841	10 400	2 611	1 745
通信设备、计算机及其他电子设备制造业	407 668	362 893	2 769	7 960	16 904	1 490	2 028
仪器仪表及文化、办公用机械制造业	257 985	200 849	1 196	3 982	10 537	360	422
工艺品及其他制造业	80 194	67 026	964	1 473	3 184	485	329
废弃资源和废旧材料回收加工业	258 558	254 938	-180	439	2 048	9 851	8 958
电力、热力的生产和供应业	599 031	535 931	2 756	6 346	14 612	9 710	8 586
燃气生产和供应业	20 208	21 295	8	506	1 882	167	96

13-5 续表 3 （2011 年） 单位:万元

指 标 名 称	营业利润	利润总额	亏损企业亏损总额	利税总额	营业外收 入	本年应交增 值 税	全部职工年 平 均人 数（人）
总 计	**1 039 131**	**1 099 055**	**58 309**	**1 431 354**	**27 083**	**286 629**	**80 809**
在总计中:亏损企业	−59 824	−58 309	58 309	−48 208	3 872	8 976	14 290
在总计中:国有控股企业	1 727	1 711		12 407	116	9 732	227
在总计中:农村工业	2 692	2 891		4 449	199	1 306	851
按登记注册类型分组							
港、澳、台商投资企业	578 877	600 572	17 434	769 243	10 296	148 306	39 427
合资经营企业(港或澳、台资)	182 409	187 611	15 375	260 624	2 932	62 376	21 649
港澳台商独资经营企业	380 861	393 540	2 059	477 544	6 944	76 137	16 143
港澳台商投资股份有限公司	15 608	19 421		31 074	420	9 793	1 635
外商投资企业	460 254	498 483	40 876	662 111	16 787	138 324	41 382
中外合资经营企业	237 477	260 598	2 581	387 156	6 783	109 866	23 929
中外合作经营企业	6 999	6 999		11 483		3 752	719
外资企业	213 979	229 036	38 294	260 748	10 005	23 934	16 603
外商投资股份有限公司	594 840	622 626	40 353	738 291	16 948	100 071	32 746
按轻重工业分组							
轻工业	172 775	205 858	5 574	330 088	6 320	105 847	32 334
重工业	866 356	893 197	52 735	1 101 265	20 762	180 782	48 475
按企业规模分组							
大型企业	777 127	785 100	33 818	940 321	19 168	137 198	34 086
中型企业	156 194	158 972	12 248	239 104	3 802	67 614	28 812
小型企业	105 810	154 933	12 244	251 928	4 113	81 818	17 911
微型企业							
按行业分组							
农副食品加工业	19 605	27 630		46 112	664	15 981	2 445
食品制造业	2 301	4 118		6 471	118	2 000	1 618
饮料制造业	6 626	8 604		14 575	73	5 156	756
纺织业	16 011	18 582	2 072	36 800	3 005	14 751	7 183
纺织服装、鞋、帽制造业	26 873	27 384	28	36 006	131	7 467	3 213
皮革、毛皮、羽毛(绒)及其制品业	20 302	20 570		28 993	26	7 985	3 639
木材加工及木、竹、藤、棕、草制品业	44 658	48 521		75 485	199	21 482	6 554
造纸及纸制品业	6 729	7 924	497	14 220	729	5 361	1 935
印刷业和记录媒介的复制	6 028	6 524		10 367	146	3 418	546
文教体育用品制造业	3 699	4 639		8 175		2 486	796
石油加工、炼焦及核燃料加工业	27 408	27 408		47 864		18 268	1 181
化学原料及化学制品制造业	402 249	404 718	2 646	446 405	6 166	37 423	10 671
医药制造业	4 028	12 057		22 833		8 914	741
化学纤维制造业	2 825	2 825		4 483		1 396	550
橡胶制品业	49 662	45 991	1 851	64 938	50	18 181	4 379
塑料制品业		2 250		3 828		1 221	616
非金属矿物制品业	2 938	2 633		4 705		1 762	313
黑色金属冶炼及压延加工业	−21 502	−21 649	22 692	−16 905	238	4 035	4 620
有色金属冶炼及压延加工业	1 875	7 374		12 785		4 652	959
金属制品业	−92	583	612	1 317	55	608	541
通用设备制造业	44 107	46 183	4 201	59 074	1 950	11 356	3 732
专用设备制造业	267 782	276 092	1 037	313 067	8 168	29 314	5 351
交通运输设备制造业	2 372	2 477	2 303	2 822	119	287	1 239
电气机械及器材制造业	19 020	19 703	360	25 460	280	5 076	3 195
通信设备、计算机及其他电子设备制造业	15 711	18 375	9 054	35 101	2 656	13 956	4 892
仪器仪表及文化、办公用机械制造业	39 263	42 623	2 511	50 991	1 771	7 171	2 806
工艺品及其他制造业	2 006	6 387		12 476		5 125	2 530
废弃资源和废旧材料回收加工业	−8 538	−8 333	8 333	−6 972	305	1 540	140
电力、热力的生产和供应业	34 037	35 619	114	68 631	116	30 256	3 158
燃气生产和供应业	1 150	1 241		1 249	118		510

13–6　主要年份主要工业产品产量

单位：万吨

年　份	铁矿石（成品矿）	生　铁	原　煤	发电量（亿千瓦小时）	铝　锭（吨）	硫　酸（吨）	合成氨	农用化肥（折100%）	水　泥
1949			81	0.07					
1952	21.93		112	0.20					
1957	38.57	0.13	180	0.90					
1962	39.39	1.66	447	3.76	672			0.01	1.06
1965	45.98	1.63	472	4.43	930	5 594	0.05	0.32	14.52
1970	31.69	4.61	633	7.24	1 453	7 746	1.03	0.89	23.09
1975	25.12	11.08	899	15.99	2 103	10 840	3.41	2.68	33.29
1978	40.95	15.19	1 445	27.08	3 135	22 162	7.07	4.91	66.68
1979	44.49	18.16	1 510	38.65	3 616	21 559	9.72	6.96	79.77
1980	29.55	16.36	1 506	47.78	2 721	31 856	12.40	9.96	93.68
1981	23.36	12.18	1 451	50.48	3 686	21 690	12.64	10.14	109.32
1982	24.74	11.71	1 492	52.37	3 614	34 902	12.98	10.67	133.52
1983	30.02	14.73	1 580	53.70	3 378	50 119	14.12	11.99	152.45
1984	30.80	15.74	1 682	54.84	3 210	44 138	15.07	12.45	169.47
1985	30.48	16.52	1 803	58.35	3 062	35 469	14.33	11.59	203.03
1986	30.75	19.90	1 770	74.67	5 629	34 370	14.03	12.65	249.80
1987	33.59	22.82	1 866	89.98	5 649	46 067	15.05	14.03	293.35
1988	47.35	24.80	1 931	102.97	5 574	51 157	14.11	13.38	344.49
1989	51.57	23.39	2 042	105.64	5 929	56 695	13.50	13.22	291.01
1990	27.62	29.22	2 032	104.40	7 568	62 041	13.40	12.52	297.67
1991	26.25	28.60	2 118	106.75	8 096	83 813	11.32	13.17	348.87
1992	32.33	31.84	2 115	103.74	11 241	77 784	9.42	10.89	437.21
1993	98.53	35.63	2 138	111.92	12 081	60 200	11.68	10.68	542.69
1994	113.60	41.34	1 967	114.37	12 347	65 275	14.75	16.73	590.36
1995	95.00	52.00	2 344	119.38	19 385	85 610	14.86	19.76	1 031.48
1996	110.91	48.96	2 301	118.91	11 735	67 841	14.28	24.60	1 040.45
1997	49.62	55.78	2 243	139.17	11 294	87 388	16.98	24.01	975.83
1998	17.82	49.89	2 134	134.55	10 321	81 131	19.22	20.13	864.35
1999	17.82	40.36	2 089	136.65	11 828	3 746	16.69	16.68	937.84
2000	43.30	37.10	2 271	146.87	5 002		19.16	15.42	983.36
2001	15.34	51.05	2 261	155.29	12 055		19.08	16.49	892.69
2002	14.63	48.75	2 404	170.31	12 354	45 100	22.66	19.96	1 008.34
2003	15.54	95.10	2 572	198.95	12 566	50 000	21.55	17.89	1 134.82
2004	24.77	136.69	2 528	235.10	12 866	72 000	17.75	21.89	1 285.58
2005	14.45	152.53	2 597	309.97	10 764	66 600	36.96	29.58	1 295.66
2006	19.69	230.72	2 827	363.02	69 741	116 000	52.11	38.00	1 538.60
2007	21.74	245.76	2 363	316.56	98 474	249 105	55.97	38.15	1 812.31
2008	23.86	194.85	2 314	342.44	100 007	181 950	62.36	41.88	1 867.36
2009	50.31	246.60	2 236	330.77	106 997	64 400	61.11	43.93	2 654.32
2010	65.64	304.92	2 072	399.57	108 668	37 100	66.40	48.05	3 205.35
2011	75.18	337.63	2 025	453.66	109 980	77 200	82.35	52.73	2 850.29

13-6　续表　　　　单位:万吨

年　份	纱	布（万米）	机制纸及纸板	卷烟（万箱）	饮料酒（万千升）	合成洗涤剂	锻压机械（吨）	汽车起重机（台）	装载机（辆）	压路机（台）
1949	…			0.86	0.02					
1952	0.03	129	…	2.73	0.15					
1957	0.04	291	0.23	2.47	0.30					
1962	0.10	493	0.40	2.60	0.35					
1965	0.41	796	0.36	6.89	0.31					
1970	0.84	1 811	0.91	10.93	0.49	0.09				
1975	1.12	3 474	1.12	12.00	0.90	0.70				
1978	1.68	5 474	2.47	14.74	1.35	1.27				
1979	1.87	5 873	2.56	16.72	1.64	2.02				
1980	2.11	7 487	3.15	19.45	2.02	2.04				
1981	2.26	8 604	3.35	22.26	2.51	2.48		321		362
1982	2.45	8 860	4.19	26.23	2.67	3.00		245		485
1983	2.28	7 979	4.85	23.03	2.82	3.47		256		413
1984	2.29	7 307	5.69	26.04	2.54	4.08		244		520
1985	2.43	7 350	6.48	26.10	2.84	4.91		325		730
1986	2.67	7 954	8.61	30.12	3.23	5.47		414		957
1987	3.07	8 981	11.62	31.02	3.88	5.51		382		1 247
1988	3.54	11 032	13.87	32.22	4.38	5.72		438		1 224
1989	4.36	13 504	15.31	33.00	4.96	6.86		428		858
1990	3.63	12 112	16.44	33.50	4.99	7.25		419		802
1991	3.25	10 769	17.66	34.00	5.66	7.26		496		993
1992	3.93	11 938	18.83	34.00	6.85	6.31		696	723	1 392
1993	3.65	12 790	22.36	35.06	7.66	6.60		1 067	1 026	2 281
1994	4.20	11 673	32.13	33.09	9.80	6.83		1 005	929	2 183
1995	4.64	13 883	71.60	34.00	11.42	11.00		683	1 298	1 897
1996	5.16	12 807	69.65	34.02	13.85	9.86	14 977	414	1 358	1 979
1997	5.48	9 077	79.33	34.00	13.31	7.88	12 329	480	1 739	2 066
1998	4.49	7 361	44.67	34.50	13.18	7.08	9 451	516	1 706	2 478
1999	5.70	7 721	23.53	34.50	9.00	5.40	7 392	710	1 890	3 110
2000	7.16	8 196	32.65	34.40	8.50	11.72	11 942	1 087	1 777	2 466
2001	7.36	6 954	28.41	36.50	14.47	11.35	12 669	1 586	2 791	2 832
2002	8.89	6 315	43.52	37.80	14.43	7.20	13 430	2 961	3 997	3 816
2003	11.30	6 884	48.88	40.00	16.69	5.33	16 297	4 664	8 098	5 825
2004	47.38	7 231	58.74	55.20	42.16	6.67	12 653	5 264	10 146	4 724
2005	23.01	10 551	48.91	57.57	20.28	10.25	19 847	5 368	9 442	2 434
2006	33.64	7 800	69.62	57.45	21.50	10.00	24 119	7 298	8 799	2 697
2007	44.14	14 832	129.81	60.48	27.26	11.60	30 218	10 349	11 010	2 025
2008	48.84	13 016	99.11	56.68	27.99	7.75	22 668	12 932	11 623	2 721
2009	61.75	16 591	122.40	59.00	30.11	4.34	16 353	16 053	9 494	4 675
2010	81.58	16 056	105.54	60.94	45.73	1.44		18 623	15 212	6 874
2011	77.76	11 064	79.13	64.01	52.37	1.78		18 695	23 895	5 070

13–7　主要工业产品产量

（2011 年）

产品名称		产量	产品名称		产量
原煤	（万吨）	2 025.16	# 氮肥	（万吨）	50.88
洗煤	（万吨）	1 182.93	磷肥	（万吨）	1.85
铁矿石成品矿	（万吨）	75.18	化学农药	（万吨）	11.97
发电量	（亿千瓦 / 时）	453.66	塑料树脂及共聚物	（万吨）	6.27
配合饲料	（万吨）	35.70	合成洗涤剂	（万吨）	1.78
发酵酒精（商品量）	（万吨）	17.75	轮胎外胎	（万条）	175.84
饮料酒（商品量）	（万千升）	52.37	塑料制品	（万吨）	16.59
卷烟	（万箱）	64.01	# 农业用薄膜	（万吨）	2.97
纱	（万吨）	77.76	水泥	（万吨）	2 850.29
布	（万米）	11 064	生铁	（万吨）	337.64
# 棉布	（万米）	9 326	软饮料	（万吨）	91.95
帘子布	（吨）	709	成品钢材	（万吨）	292.01
家用电冰箱	（万台）	466.08	# 焊接钢管	（万吨）	9.82
丝	（吨）	816.00	铝	（万吨）	11.00
多晶硅	（吨）	29 426	铝材	（万吨）	20.05
服装	（万件）	2 617.61	汽车起重机	（台）	18 695
鞣制皮革	（万平方米）	582.02	矿山设备	（吨）	7 145
液体乳	（吨）	615 573	人造板	（万立方米）	1 787.24
机制纸及纸板	（万吨）	79.13	装载机	（辆）	23 895
焦炭	（万吨）	474.24	压路机	（台）	5 070
盐酸（含量 31%以上）	（吨）		组合音响	（万台）	146.63
氢氧化钠（折 100%）	（吨）	50 974	摩托车	（万辆）	55.04
碳化钙	（吨）	7 693			
合成氨	（万吨）	82.35			
农用化学肥料	（万吨）	52.73			

主要统计指标解释

工业 指从事自然资源的开采，对采掘品和农产品进行加工和再加工的物质生产部门。具体包括：(1)对自然资源的开采，如采矿、晒盐、森林采伐等(但不包括禽兽捕猎和水产捕捞)；(2)对农副产品的加工、再加工，如粮油加工、食品加工、轧花、缫丝、纺织、制革等；(3)对采掘品的加工、再加工，如炼铁、炼钢、化工生产、石油加工、机器制造、木材加工等，以及电力、自来水、煤气的生产和供应等；(4)对工业品的修理、翻新，如机器设备的修理、交通运输工具(包括小卧车)的修理等。

1984年以前农村的村及村以下办工业归属农业，1984年以后划归工业。

国有及国有控股企业 指国有企业加上国有控股企业。国有企业(即过去的全民所有制工业或国营工业)是指企业全部资产归国家所有，并按《中华人民共和国企业法人登记管理条例》规定登记注册的非公司制的经济组织。包括国有企业、国有独资公司和国有联营企业。1957年以前的公私合营和私营工业，后均改造为国营工业，1992年改为国有工业，这部分工业的资料不单独分列时，均包括在国有企业内。国有控股企业是对混合所有制经济的企业进行的“国有控股”分类。它是指这些企业的全部资产中国有资产(股份)相对其他所有者中的任何一个所有者占资(股)最多的企业。该分组反映了国有经济控股情况。

集体企业 指企业资产归集体所有，并按《中华人民共和国企业法人登记管理条例》规定登记注册的经济组织。是社会主义公有制经济的组成部分。包括城乡所有使用集体投资举办的企业，以及部分个人通过集资自愿放弃所有权并依法经工商行政管理机关认定为集体所有制的企业。

股份合作企业 指以合作制为基础，由企业职工共同出资入股，吸收一定比例的社会资产投资组建，实行自主经营，自负盈亏，共同劳动，民主管理，按劳分配与按股分红相结合的一种集体经济组织。

联营企业 指两个及两个以上相同或不同所有制性质的企业法人或事业单位法人，按自愿、平等、互利的原则，共同投资组成的经济组织。联营企业包括：

国有联营企业指国有企业与国有企业间的联营；

集体联营企业指集体企业与集体企业间的联营；

国有与集体联营企业指国有企业与集体企业间的联营。

有限责任公司 指根据《中华人民共和国公司登记管理条例》规定登记注册，由两个以上，五十个以下的股东共同出资，每个股东以其所认缴的出资额对公司承担有限责任，公司以其全部资产对其债务承担责任的经济组织。

有限责任公司包括国有独资公司以及其他有限责任公司。

股份有限公司 指根据《中华人民共和国企业法人登记管理条例》规定登记注册，其全部注册资本由等额股份构成并通过发行股票筹集资本，股东以其认购的股份对公司承担有限责任，公司以其全部资产对其债务承担责任的经济组织。

私营企业 指由自然人投资设立或由自然人控股，以雇佣劳动为基础的营利性经济组织。包括按照《公司法》、《合伙企业法》、《私营企业暂行条例》规定登记注册的私营有限责任公司、私营股份有限公司、私营合伙企业和私营独资企业。

港、澳、台商投资 指企业注册登记类型中的港、澳、台资合资、合作、独资经营企业和股份有限公司之和。

外商投资企业 指企业注册登记类型中的中外合资、合作经营企业、外资企业和外商投资股份有限公司之和。

“三资”企业系指港、澳、台商投资企业和外资企业的简称。

轻工业 指主要提供生活消费品和制作手工工具的工业。按其所使用的原料不同，可分为两大类：(1)以农产品为原料的轻工业是指直接或间接以农产品为基本原料的轻工业。主要包括食品制造、饮料制造、烟草加工、纺织、缝纫、皮革和毛皮制作，造纸以及印刷等工业；(2)以非农产品为原料的轻工业，是指以工业品为原料的轻工业。主要包括文教体育用品、化学药品制造、合成纤维制造、日用化学制品、日用玻璃制品、日用金属制品、手工工具制造、医疗器械制造、文化和办公用机械制造等工业。

重工业 是指为国民经济各部门提供物质技术基础的主要生产资料的工业。按其生产性质和产品用途，可以分为下列三类：(1)采掘(伐)工业，是指对自然资源的开采，包括石油开采、煤炭开采、金属矿开采、非金属矿开采和木材采伐等工业；(2)原材料工业，指向国民经济各部门提供基本材料、动力和燃料的工业。包括金属冶炼及加工、炼焦及焦炭化学、化工原料、水泥、人造板以及电力、石油和煤炭加工等工业；(3)加工工业，是指对工业原材料进行再加工制造的工业。包括装备国民经济各部门的机械设备制造工业、金属结构、水泥制品等工业，以及为农业提供的生产资料如化肥、农药等工业。

根据上述划分原则，修理业中以重工业产品为修理作业对象的划为重工业，反之划为轻工业。

工业总产值 是以货币表现的工业企业在一定时期内生产的已出售或可供出售工业产品总量，它反映一定时间内工业生产的总规模和总水平。它包括：在本企业内不再进行加工，经检验、包装入库(规定不需包装的产品除外)的成品价值，工业性作业价值，自制半成品、在产品期末期初差额价值(生产周期较长的企业计算)。工业总产值采用“工厂法”计算，即以工厂作为一个整体，按企业工业生产活动的最终成果来计算，企业内部不允许重复计算，不能把企业内部各个车间(分厂)生产的成果相加。但在企业之间、行业之间、地区之间存在着重复计算。

轻重工业总产值的划分也是按“工厂法”计算的，即一个工业企业在正常情况下生产的主要产品的性质属于轻工业，则该企业的全部总产值作为轻工业总产值；一个工业企业生产的主要产品的性质属于重工业，则该企业的全部总产值作为重工业总产值。

工业总产值(现行价格、新规定)与工业总产值(现行价格、原规定)的区别：

一是计算价格不同：新规定按不含增值税(销项税额)的价格计算；原规定按含增值税(销项税额)的价格计算。

二是全价与加工费的计算原则不同：新规定凡自备原材料，不论其生产繁简程度如何，一律按全价计算总产值，凡来料加工，一律按加工费计算总产值；原规定对此则有一些特殊规定，某些加工，允许按全价计算总产值，某些自备原材料生产只允许按加工费计算总产值，有关这些详细的特殊规定可参阅《工业统计主要指标解释》。

三是自制半成品、在产品期末期初差额价值的计算原则不同：新规定要求会计在产品成本核算时计算了这部分价值，工业总产值则应包括，否则，可不包括，原规定则是区分生产周期是否在六个月以上，凡生产周期在六个月以上，工业总产值包括这部分价值。否则，可不包括这部分价值。

工业总产值（1990 年不变价格、新规定）与工业总产值（1990 年不变价格、原规定）的区别：

一是对外加工费收入中，按现价计算部分的计算价格不同：新规定按不含增值税（销项税额）的价格计算对外加工费收入，原规定按含增值税（销项税额）的价格计算对外加工费收入。

二是全价与加工费的计算原则不同（同上）。

三是自制半成品、在产品期末期初差额价值的计算原则不同（同上）。

工业销售产值 是以货币表现的工业企业在一定时期内销售的本企业生产的工业产品产量。包括已销售的成品、半成品价值，对外提供的工业性作业价值和本单位基本建设部门、生活福利部门等提供的产品和工业性作业及自制设备的价值。已销售的成品、半成品不论是本期生产的、还是上期生产的，只要是本期销售出去的均包括在内。对外提供的工业性作业是指企业按合同对外提供的工业性劳务。企业为本单位基本建设部门、生活福利部门等提供的产品和工业性作业及自制设备也应视同销售，这部分也作为销售统计。

工业销售产值的计算范围、计算价格和计算方法与工业总产值一致，但两者计算的基础不同：工业销售产值计算的基础是产品销售总量，工业总产值计算的基础是工业产品生产总量。

工业增加值 是指工业企业在报告期内以货币表现的工业生产活动的最终成果。

固定资产原值 固定资产原值指企业在建造、购置、安装、改建、扩建、技术改造某项固定资产时所支出的全部货币总额。它一般包括买价、包装费、运杂费和安装费等。

固定资产净值 是指固定资产原价减去历年已提折旧额后的净额。

流动资产 流动资产是指可以在一年或者超过一年的一个营业周期内变现或者耗用的资产，包括现金及各种存款、短期投资、应收及预付货款、存货等。

利税总额 指产品销售税金及附加和利润总额之和。

资金利税率 指在一定时期内已实现的利润、税金总额与同期的资产（固定资产净值和流动资产）之比。计算公式：

$$\text{资金利税率}(\%)=\frac{\text{报告期累计实现利税总额}}{\text{固定资产净值平均余额}+\text{流动资产平均余额}}\times 100\%$$

税率反映每单位（通常是每万元）资金所提供的利润税金额。它是考察和评价部门或企业资金运用的经济效益、分析资金投入效果的主要分析指标。

工业成本利润率 指在一定时期内实现的利润与成本费用之比，是反映工业生产成本及费用投入的经济效益指标，同时也是反映降低成本的经济效益的指标。计算公式：

$$\text{工业成本费用利润率}(\%)=\frac{\text{利润总额}}{\text{成本费用总额}}\times 100\%$$

工业增加值率 指在一定时期内工业增加值占同期工业总产值的比重，反映降低中间消耗的经济效益。计算公式：

$$\text{工业增加值率}(\%)=\frac{\text{工业增加值（现价）}}{\text{工业总产值（现价）}}\times 100\%$$

流动资产周转次数 指在一定时期内流动资产的周转次数，反映流动资产的周转速度。计算公式：

$$\text{流动资金周转次数}=\frac{\text{产品销售收入}}{\text{全部流动资产平均余额}}\times 100\%$$

产品销售率 指一定时期内销售产值与同期全部工业总产值之比，反映工业产品生产已实现销售的程度。计算公式：

$$\text{工业产品销售率}(\%)=\frac{\text{报告期现价工业销售产值}}{\text{报告期现价工业总产值}}\times 100\%$$

产品销售收入 指企业销售产品的销售收入和提供劳务等主要经营业务取得的业务总额。

产品销售工厂成本 指企业销售产品和提供劳务等主要经营业务的实际成本。

全员劳动生产率 指根据产品的价值量指标计算的平均每一个职工在单位时间内的产品生产量。是考核企业经济活动的重要指标，是企业生产技术水平、经营管理水平、职工技术熟练程度和劳动积极性的综合表现。目前我国的全员劳动生产率是将工业企业的工业增加值除以同一时期全部职工的平均人数来计算的。计算公式：

$$\text{全员劳动生产率}=\frac{\text{工业增加值}}{\text{全部职工平均人数}}$$

资本金 指企业在工商行政管理部门登记的注册资金合计。企业资本金按投资主体可分为国家资本金、法人资本金、个人资本金和外商资本金等。资本金合计包括企业各种投资主体注册的全部资本金。

总资产 指企业拥有或控制的全部资产。包括流动资产、长期投资、固定资产、无形及递延资产、其他长期资产等，即为企业资产负债表的资产总计项。

（1）流动资产 指企业可以在一年内或者超过一年的一个生产周期内变现或耗用的资产合计。包括现金及各种存款、短期投资、应收及预付款项、存货等。

（2）固定资产 指企业固定资产净值、固定资产清理、在建工程、待处理固定资产损失所占用的资金合计。

（3）无形资产指企业长期使用而没有实物形态的资产。包括专利权、非专利技术、商标权、著作权、土地使用权、商誉等。

总负债 指企业承担并需要偿还的全部债务。包括流动负债和长期负债等，即为企业资产负债表的负债合计项。

（1）流动负债指企业在一年内或者超过一年的一个营业周期内需要偿还的债务合计，其中包括短期借款，应付及预收款项、应付工资、应交税金和应交利润等。

（2）长期负债指企业在一年以上或者超过一年的一个生产周期以上需要偿还的债务合计，其中包括长期借款、应付债务、长期应付款项等。

所有者权益 指企业投资人对企业净资产的所有权。企业净资产等于企业全部资产减去全部负债后的余额，其中包括投资者对企业的最初投入，以及资本公积金、盈余公积金和未分配利润，对股份制企业即为股东权益。

第 14 部分

建　筑　业

CONSTRUCTION

版面负责人：许　清

编　　　辑：刘云祥

关于政府有关部门公布统计资料的规定

第二十四条 县级以上人民政府有关部门统计调查取得的统计资料，由本部门按照国家有关规定公布。

【释义】 本条是关于政府有关部门公布统计资料的规定。

根据本法第十一条、第十二条的规定，国务院有关部门可以制定部门统计调查项目，县级以上地方人民政府有关部门可以制定地方统计调查项目，依法开展统计调查。政府有关部门统计调查取得的统计资料也应当公布，使社会公众了解、知晓，为社会公众提供服务。县级以上人民政府有关部门公布统计资料应当遵守本法和其他法律、法规以及国务院和地方政府关于统计资料公布权限、程序、期限等的规定。政府有关部门公布统计资料应当经本部门统计机构、统计负责人核定，并经本部门负责人签署。对于经常性的统计调查，政府有关部门应当按照统计调查制度规定的内容和方式，定期公布统计资料。

在当前的统计工作中，由于统计口径、统计方法、资料来源等的不同，客观上存在政府有关部门统计调查取得的数据与政府统计机构统计调查取得的数据不一致的情况，为了维护政府统计数据的公信力，避免给社会公众造成困惑和误解，在出现上述情况时，政府有关部门应当按照国家有关规定妥善处理。

关于统计信息公开制度的规定

第二十六条 县级以上人民政府统计机构和有关部门统计调查取得的统计资料，除依法应当保密的外，应当及时公开，供社会公众查询。

【释义】 本条是关于统计信息公开制度的规定。

统计资料作为统计活动的成果，具有重要的社会价值，不仅有助于政府管理部门科学决策，也有利于企业了解经济发展情况和市场信息，为其经营管理确定方向，还可以为公民个人的投资、择业和科学研究等行为提供参考依据。为了提高统计资料的利用效率，充分发挥统计在服务经济社会发展中的重要作用，政府统计机构和有关部门统计调查取得的统计资料，应当依法及时公开，为社会公众提供查询服务。当然，统计资料中涉及国家秘密、商业秘密或者个人信息的，《统计法》也明确规定了应当予以保密，政府统计机构和有关部门不得公开。

本条规定确立了“统计信息公开是原则，保密是例外”这一基本法律原则，不仅是统计立法的重要突破，也是政府信息公开立法的重要突破。统计信息是现代社会的基础信息，是公民和经济社会组织参与经济社会活动的重要基础。统计信息作为公共产品，具有很强的正外部性。《政府信息公开条例》第十条将国民经济和社会发展统计信息作为应当主动公开的11类重点信息中的第三类，排在法律信息和规划信息之后。将“公开是原则，保密是例外”写入新《统计法》是顺理成章的。

编辑：张　霖

14-1 建筑业企业生产情况

（2011 年）

单位：千元

项　　　目	企业个数（个）	签订的合同额	上年结转合同额	本年新签合同额	直接从建设单位承揽工程完成的产值	自行完成施工产值	分包出去工程产值
总　计	**347**	**83 620 697**	**18 896 317**	**64 724 380**	**63 750 100**	**63 267 720**	**482 380**
# 国有及国有控股企业	48	15 617 881	3 484 587	12 133 294	13 464 566	13 030 115	434 451
按登记注册类型分组							
内资企业	345	83 526 675	18 894 517	64 632 158	63 655 458	63 173 778	481 680
国有企业	37	11 929 410	3 099 401	8 830 009	10 975 086	10 540 635	434 451
集体企业	29	2 549 467	205 497	2 343 970	2 204 727	2 193 057	11 670
股份合作企业	6	412 723	69 547	343 176	214 036	214 036	
联营企业	2	177 361	15 900	160 461	132 747	132 747	
国有联营企业							
集体联营企业							
国有与集体联营企业							
其他联营企业	2	177 361	15 900	160 461	132 747	132 747	
有限责任公司	130	37 589 143	8 378 297	29 210 846	28 063 616	28 033 424	30 192
国有独资公司	1	621 421	49 780	571 641	137 556	137 556	
其他有限责任公司	129	36 967 722	8 328 517	28 639 205	27 926 060	27 895 868	30 192
股份有限公司	38	3 037 301	645 435	2 391 866	2 352 433	2 349 208	3 225
私营企业	102	27 679 283	6 425 473	21 253 810	19 682 443	19 680 301	2 142
私营独资企业	8	738 725	73 889	664 836	622 234	620 734	1 500
私营合伙企业	2	29 203	7 192	22 011	26 370	26 370	
私营有限责任公司	85	25 584 741	6 187 030	19 397 711	17 988 082	17 987 440	642
私营股份有限公司	7	1 326 614	157 362	1 169 252	1 045 757	1 045 757	
其他企业	1	151 987	53 967	98 020	30 370	30 370	
港、澳、台商投资企业	1	8 500	1 800	6 700	9 120	8 420	700
合资经营企业(港或澳、台资)	1	8 500	1 800	6 700	9 120	8 420	700
合作经营企业(港或澳、台资)							
港、澳、台商独资经营企业							
港、澳、台商投资股份有限公司							
外商投资企业	1	85 522		85 522	85 522	85 522	
中外合资经营企业	1	85 522		85 522	85 522	85 522	
中外合作经营企业							
外资企业							
外商投资股份有限公司							

注：本表资料包括有工作量的施工总承包和专业承包企业，不含劳务分包企业。

14-1 续表 1 （2011 年） 单位：千元

项目	企业个数（个）	签订的合同额	上年结转合同额	本年新签合同额	直接从建设单位承揽工程完成的产值	自行完成施工产值	分包出去工程产值
按国民经济行业分组							
房屋和土木工程建筑业	224	76 176 826	18 034 040	58 142 786	57 942 216	57 474 165	468 051
房屋工程建筑	171	65 455 871	15 176 779	50 279 092	47 558 926	47 090 914	468 012
土木工程建筑	53	10 720 955	2 857 261	7 863 694	10 383 290	10 383 251	39
铁路道路隧道和桥梁工程	23	4 228 905	1 568 847	2 660 058	3 390 643	3 390 604	39
水利和港口工程建筑	10	1 529 420	160 880	1 368 540	1 123 098	1 123 098	
工矿工程建筑	4	3 544 944	1 038 584	2 506 360	4 784 107	4 784 107	
架线和管道工程建筑	8	578 596	19 930	558 666	501 336	501 336	
其他土木工程建筑	8	839 090	69 020	770 070	584 106	584 106	
建筑安装业	51	3 090 712	446 221	2 644 491	2 512 983	2 500 277	12 706
建筑装饰业	39	2 077 546	105 634	1 971 912	1 918 606	1 918 483	123
其它建筑业	33	2 275 613	310 422	1 965 191	1 376 295	1 374 795	1 500
工程准备	11	903 374	152 558	750 816	261 933	261 933	
提供工程设备服务	3	103 548	12 494	91 054	95 441	95 441	
其它未列明的建筑活动	19	1 268 691	145 370	1 123 321	1 018 921	1 017 421	1 500
按隶属关系分组							
中央	4	3 820 410	1 172 272	2 648 138	5 043 952	5 043 952	
省（自治区、直辖市）	10	1 899 987	276 237	1 623 750	1 149 336	1 136 111	13 225
地（区、市、州、盟）	25	4 331 958	1 293 340	3 038 618	3 649 390	3 649 054	336
县（区、市、旗）及县以下	161	41 258 843	9 036 625	32 222 218	30 666 243	30 202 686	463 557
镇	4	36 440	15 000	21 440	30 250	30 250	
其他	143	32 273 059	7 102 843	25 170 216	23 210 929	23 205 667	5 262
按企业资质等级分组							
施工总承包	210	76 075 386	17 265 228	58 810 158	57 652 088	57 185 267	466 821
特 级	1	3 403 789	1 026 755	2 377 034	4 728 126	4 728 126	
一 级	22	37 956 309	9 548 787	28 407 522	27 999 744	27 999 705	39
二 级	71	20 015 852	4 191 554	15 824 298	13 946 999	13 486 199	460 800
三级及以下	116	14 699 436	2 498 132	12 201 304	10 977 219	10 971 237	5 982
专业承包	137	7 545 311	1 631 089	5 914 222	6 098 012	6 082 453	15 559
一 级	17	4 087 047	1 114 955	2 972 092	2 968 691	2 968 691	
二 级	44	2 159 909	382 415	1 777 494	1 925 086	1 923 927	1 159
三级及以下	76	1 298 355	133 719	1 164 636	1 204 235	1 189 835	14 400
按控股情况分							
国有控股	48	15 617 881	3 484 587	12 133 294	13 464 566	13 030 115	434 451
集体控股	45	4 544 378	336 143	4 208 235	3 606 232	3 594 562	11 670
私人控股	245	62 595 229	14 907 971	47 687 258	46 028 115	45 992 556	35 559
港澳台商控股	2	10 500	1 800	8 700	10 570	9 870	700
外商控股	1	85 522		85 522	85 522	85 522	
其他	6	767 187	165 816	601 371	555 095	555 095	

14-1 续表 2 （2011 年） 单位:千元

项 目	从建设单位以外承揽工程完成的产值	建筑业总产值	建筑工程产值	安装工程产值	其他产值	竣工产值
总 计	**1 539 516**	**64 807 236**	**63 159 285**	**1 185 689**	**462 262**	**49 771 768**
# 国有及国有控股企业	402 688	13 432 803	13 245 912	64 560	122 331	8 759 671
按登记注册类型分组						
内资企业	1 531 696	64 705 474	63 067 163	1 176 949	461 362	49 674 446
国有企业	371 488	10 912 123	10 760 748	51 030	100 345	7 144 482
集体企业	124 021	2 317 078	2 115 886	156 469	44 723	1 679 780
股份合作企业	29 838	243 874	243 874			276 886
联营企业		132 747	132 747			87 665
国有联营企业						
集体联营企业						
国有与集体联营企业						
其他联营企业		132 747	132 747			87 665
有限责任公司	280 165	28 313 589	27 497 340	690 074	126 175	22 259 056
国有独资公司		137 556	137 556			305
其他有限责任公司	280 165	28 176 033	27 359 784	690 074	126 175	22 258 751
股份有限公司	103 104	2 452 312	2 407 882	21 179	23 251	2 266 571
私营企业	623 080	20 303 381	19 878 316	258 197	166 868	15 916 655
私营独资企业	1 824	622 558	620 768		1 790	491 480
私营合伙企业		26 370	2 920	23 450		35 511
私营有限责任公司	620 458	18 607 898	18 217 223	234 747	155 928	14 468 655
私营股份有限公司	798	1 046 555	1 037 405		9 150	921 009
其他企业		30 370	30 370			43 351
港、澳、台商投资企业	4 720	13 140	3 500	8 740	900	8 700
合资经营企业(港或澳、台资)	4 720	13 140	3 500	8 740	900	8 700
合作经营企业(港或澳、台资)						
港、澳、台商独资经营企业						
港、澳、台商投资股份有限公司						
外商投资企业	3 100	88 622	88 622			88 622
中外合资经营企业	3 100	88 622	88 622			88 622
中外合作经营企业						
外资企业						
外商投资股份有限公司						

14-1　续表3　　（2011年）　　单位：千元

项　　目	从建设单位以外承揽工程完成的产值	建筑业总产值	建筑工程产　值	安装工程产　值	其他产值	竣工产值
按国民经济行业分组						
房屋和土木工程建筑业	1 114 752	58 588 917	57 725 232	415 601	448 084	44 018 422
房屋工程建筑	394 711	47 485 625	46 829 086	306 445	350 094	36 959 904
土木工程建筑	720 041	11 103 292	10 896 146	109 156	97 990	7 058 518
铁路道路隧道和桥梁工程	387 228	3 777 832	3 777 822		10	3 439 106
水利和港口工程建筑		1 123 098	1 114 856	242	8 000	945 847
工矿工程建筑	111 058	4 895 165	4 802 804	2 381	89 980	1 706 061
架线和管道工程建筑	2 964	504 300	397 767	106 533		481 251
其他土木工程建筑	218 791	802 897	802 897			486 253
建筑安装业	258 923	2 759 200	2 028 668	720 309	10 223	2 757 335
建筑装饰业	1 384	1 919 867	1 917 412		2 455	1 788 008
其它建筑业	164 457	1 539 252	1 487 973	49 779	1 500	1 208 003
工程准备	34 058	295 991	295 991			107 274
提供工程设备服务	34 972	130 413	128 091	2 322		146 971
其它未列明的建筑活动	95 427	1 112 848	1 063 891	47 457	1 500	953 758
按隶属关系分组						
中央	111 058	5 155 010	5 063 670	1 360	89 980	1 833 579
省（自治区、直辖市）	81 066	1 217 177	1 107 658	80 325	29 194	990 298
地（区、市、州、盟）	220 524	3 869 578	3 417 527	450 531	1 520	3 864 278
县（区、市、旗）及县以下	393 794	30 596 480	30 071 734	350 946	173 800	23 991 586
镇	68 988	99 238	99 238			97 058
其他	664 086	23 869 753	23 399 458	302 527	167 768	18 994 969
按企业资质等级分组						
施工总承包	768 236	57 953 503	57 173 676	333 579	446 248	43 591 412
特　级	111 058	4 839 184	4 747 844	1 360	89 980	1 573 870
一　级	57 968	28 057 673	27 650 525	179 928	227 220	19 824 366
二　级	351 350	13 837 549	13 642 463	83 822	111 264	12 103 319
三级及以下	247 860	11 219 097	11132 844	68 469	17 784	10 089 857
专业承包	771 280	6 853 733	5 985 609	852 110	16 014	6 180 356
一　级	450 864	3 419 555	2 981 462	436 267	1 826	3 066 770
二　级	114 843	2 038 770	1 872 278	165 582	910	1 852 525
三级及以下	205 573	1 395 408	1 131 869	250 261	13 278	1 261 061
按控股情况分						
国有控股	402 688	13 432 803	13 245 912	64 560	122 331	8 759 671
集体控股	153 859	3 748 421	3 547 229	156 469	44 723	2 934 836
私人控股	874 714	46 867 270	45 969 263	603 699	294 308	37 394 406
港澳台商控股	4 720	14 590	4 950	8 740	900	8 700
外商控股	3 100	88 622	88 622			88 622
其他	100 435	655 530	303 309	352 221		585 533

14-1 续表4 （2011年）

项目	房屋建筑施工面积（平方米）	#本年新开工面积	#实行投标承包	期末从业人数（人）	#工程技术人员	#一级建造师
总计	**55 170 178**	**31 454 833**	**51 545 577**	**403 721**	**37 393**	**1 474**
#国有及国有控股企业	5 353 481	3 344 670	4 837 331	69 256	6 508	362
按登记注册类型分组						
内资企业	54 999 550	31 284 205	51 475 049	403 517	37 341	1 467
国有企业	3 861 279	2 200 407	3 414 129	53 610	4 790	247
集体企业	1 371 109	1 239 472	1 193 188	14 339	1 958	49
股份合作企业	254 200	153 900	192 400	1 502	233	1
联营企业	194 105	178 505	192 605	965	175	31
国有联营企业						
集体联营企业						
国有与集体联营企业						
其他联营企业	194 105	178 505	192 605	965	175	31
有限责任公司	30 017 812	14 415 016	28 365 682	203 615	18 259	658
国有独资公司				493	65	8
其他有限责任公司	30 017 812	14 415 016	28 365 682	203 122	18 194	650
股份有限公司	2 506 796	1 797 035	2 080 845	17 900	2 254	77
私营企业	16 709 424	11 263 270	15 951 375	111 486	9 652	404
私营独资企业	495 771	397 748	457 765	2 632	561	22
私营合伙企业				429	51	1
私营有限责任公司	14 557 985	9 636 598	13 949 281	100 969	8 146	363
私营股份有限公司	1 655 668	1 228 924	1 544 329	7 456	894	18
其他企业	84 825	36 600	84 825	100	20	
港、澳、台商投资企业				39	16	6
合资经营企业(港或澳、台资)				39	16	6
合作经营企业(港或澳、台资)						
港、澳、台商独资经营企业						
港、澳、台商投资股份有限公司						
外商投资企业	170 628	170 628	70 528	165	36	1
中外合资经营企业	170 628	170 628	70 528	165	36	1
中外合作经营企业						
外资企业						
外商投资股份有限公司						

14-1 续表 5 （2011 年）

项 目	房屋建筑施工面 积（平方米）	# 本年新开工面积	# 实行投标承包	期末从业人数（人）	# 工 程技术人员	# 一级建造师
按国民经济行业分组						
房屋和土木工程建筑业	54 314 927	31 066 947	51 018 954	371 266	32 212	1 130
房屋工程建筑	53 732 416	30 811 233	50 459 908	333 595	26 602	773
土木工程建筑	582 511	255 714	559 046	37 671	5 610	357
铁路道路隧道和桥梁工程	48 613	48 613	29 648	13 299	2 445	190
水利和港口工程建筑	69 868	60 308	69 868	8 765	1 068	25
工矿工程建筑	406 830	93 393	402 330	10 007	1 351	96
架线和管道工程建筑				1 988	418	37
其他土木工程建筑	57 200	53 400	57 200	3 612	328	9
建筑安装业	855 251	387 886	526 623	14 860	2 716	139
建筑装饰业				9 420	1 098	103
其它建筑业				8 175	1 367	102
工程准备				1 579	224	39
提供工程设备服务				307	89	6
其它未列明的建筑活动				6 289	1 054	57
按隶属关系分组						
中央	534 074	93 393	529 574	11 333	1 487	128
省（自治区、直辖市）	335 240	335 240	335 240	2 969	700	73
地（区、市、州、盟）	1092 860	392 296	613 834	20 070	2 699	168
县（区、市、旗）及县以下	33 851 438	17 537 608	31 629 130	230 392	19 573	543
镇	29 100	11 600	29 100	934	254	7
其他	19 327 466	13 084 696	18 408 699	138 023	12 680	555
按企业资质等级分组						
施工总承包	54 324 600	31 165 292	51 312 203	370 086	32 565	1 130
特 级	406 830	93 393	402 330	9 731	1 279	95
一 级	28 892 310	14 471 112	27 888 214	162 579	10 684	477
二 级	12 143 587	7 549 517	11 246 622	105 051	11 948	349
三级及以下	12 881 873	9 051 270	11 775 037	92 725	8 654	209
专业承包	845 578	289 541	233 374	33 635	4 828	344
一 级	108 895	47 288	8 330	14 646	1 587	170
二 级	416 348	16 348	16 048	9 894	1 972	125
三级及以下	320 335	225 905	208 996	9 095	1 269	49
按控股情况分						
国有控股	5 353 481	3 344 670	4 837 331	69 256	6 508	362
集体控股	1 675 309	1 393 372	1 385 588	20 332	2 902	117
私人控股	47 637 275	26 406 403	45 021 145	309 005	27 421	967
港澳台商控股				56	18	7
外商控股	170 628	170 628	70 528	165	36	1
其他	333 485	139 760	230 985	4 907	508	20

14-2 建筑业企业财务状况

（2011 年） 单位：千元

项目	年初存货	流动资产合计	#存货	固定资产合计	#累计折旧	#本年折旧	#在建工程
总计	**5 144 152**	**24 775 057**	**7 797 085**	**5 988 765**	**3 053 192**	**510 842**	**536 519**
#国有及国有控股企业	882 877	8 060 802	1 979 497	2 275 739	1 378 321	245 958	170 596
按登记注册类型分组							
内资企业	5 136 917	24 695 415	7 752 448	5 945 824	3 042 923	508 010	536 519
国有企业	687 229	6 990 659	1 653 780	1 807 501	944 491	181 788	168 618
集体企业	284 615	923 940	338 434	280 348	197 526	20 895	73 309
股份合作企业	3 981	64 641	20 372	30 439	5 106	2 021	
有限责任公司	2 807 707	9 658 941	3 292 694	2 419 205	1 274 868	190 098	162 562
国有独资公司	1 702	154 892	2 213	18 658	34 296	7 809	
其他有限责任公司	2 806 005	9 504 049	3 290 481	2 400 547	1 240 572	182 289	162 562
股份有限公司	217 923	1 073 043	286 208	251 375	94 064	15 465	39 553
私营企业	1 107 962	5 873 001	2 135 055	1 145 145	526 797	97 686	88 177
私营独资企业	13 879	243 699	96 204	62 395	7 059	1 777	13 505
私营合伙企业	200	18 979	4 103	1 959	178	27	
私营有限责任公司	1 072 335	5 316 372	1 932 604	986 581	505 177	93 332	74 672
私营股份有限公司	21 548	293 951	102 144	94 210	14 383	2 550	
其他企业		13 840	1 105	4 081	6	1	4 000
港、澳、台商投资企业	7 235	7 240	5 980	10 704	4 285	715	
合资经营企业(港或澳、台资)	7 235	7 240	5 980	10 704	4 285	715	
港、澳、台商独资经营企业							
外商投资企业		72 402	28 657	32 237	5 984	2 117	
中外合资经营企业		72 402	28 657	32 237	5 984	2 117	
按国民经济行业分组							
房屋和土木工程建筑业	4 658 041	21 443 257	7 131 249	5 165 441	2 372 053	430 198	504 756
房屋工程建筑	4 119 525	14 199 006	5 399 772	3 062 214	1 381 422	214 166	407 731
土木工程建筑	538 516	7 244 251	1 731 477	2 103 227	990 631	216 032	97 025
铁路道路隧道和桥梁工程	352 944	2 197 476	502 529	687 109	511 089	51 591	27 954
水利和港口工程建筑	41 688	324 719	41 108	201 191	83 712	9 834	68 213
工矿工程建筑	1 624	4 063 187	1 053 615	1 030 569	313 271	138 626	858
架线和管道工程建筑	97 923	532 215	99 333	126 252	49 536	10 371	
其他土木工程建筑	44 337	126 664	34 892	58 106	33 023	5 610	

注：本表资料包括有工作量的施工总承包和专业承包企业，不含劳务分包企业。

14-2　续表 1　　（2011 年）　　单位：千元

项　　目	年初存货	流动资产合计	# 存货	固定资产合计	# 累计折旧	# 本年折旧	# 在建工程
建筑安装业	189 277	1 664 383	259 203	415 794	351 255	40 645	30 974
建筑装饰业	148 409	786 452	212 223	176 465	108 945	15 854	789
其它建筑业	148 425	880 955	194 410	231 065	220 939	24 145	
工程准备	10 400	248 207	14 954	53 429	66 983	12 258	
提供工程设备服务	9 875	49 705	10 371	15 204	12 908	3 246	
其它未列明的建筑活动	128 150	583 043	169 085	162 432	141 048	8 641	
按隶属关系分组							
中　央	1 028	4 186 832	1 055 360	1 065 903	335 698	140 819	1 296
省（自治区、直辖市）	54 297	856 216	132 782	185 875	183 550	27 601	
地区（州、盟、省辖市）	297 314	2 062 574	418 966	471 614	424 502	33 656	15 242
县（区、市、旗）	3 376 777	10 555 771	3 699 584	2 751 237	1 414 605	187 930	370 957
镇	8 406	40 733	12 957	22 803	14 798	3 617	
其　他	1 406 330	7 072 931	2 477 436	1 491 333	680 039	117 219	149 024
按地区分							
鼓楼区	263 964	1 151 065	251 854	170 480	112 610	8 712	2 938
云龙区	334 977	1 670 085	529 482	299 759	322 866	20 244	588
贾汪区	69 368	411 659	132 618	42 660	39 168	4 523	15 242
泉山区	369 722	7 367 018	2 155 686	1 644 550	792 337	212 327	9 156
铜山区	1 935 633	5 745 273	2 209 800	1 587 354	559 715	70 276	227 469
丰　县	383 179	1 599 241	516 831	333 537	188 202	21 041	97 095
沛　县	500 984	2 144 817	690 884	619 087	274 617	43 306	6 852
睢宁县	337 945	942 039	180 280	294 918	128 875	18 190	141 495
新沂市	438 794	1 316 931	471 197	389 502	243 155	38 750	31 221
邳州市	430 373	1 389 245	566 660	410 712	255 934	52 867	2 663
开发区	79 213	1 037 684	91 793	196 206	135 713	20 606	1 800
按控股情况分							
国有控股	882 877	8 060 802	1 979 497	2 275 739	1 378 321	245 958	170 596
集体控股	376 509	1 742 331	555 766	479 921	331 706	37 719	73 309
私人控股	3 808 886	14 588 998	5 112 368	3 149 729	1 293 830	220 869	288 558
港澳台商控股	7 235	7 921	5 980	10 770	4 337	723	
外商控股		72 402	28 657	32 237	5 984	2 117	
其　他	68 645	302 603	114 817	40 369	39 014	3 456	4 056

14-2 续表 2 （2011 年） 单位：千元

项　　目	资产合计	流动负债合计	负债合计	所有者权益合计	营业收入
总　计	**33 189 457**	**15 539 812**	**15 998 250**	**17 191 207**	**60 433 618**
# 国有及国有控股企业	11 534 469	6 209 410	6 350 958	5 183 511	13 673 058
按登记注册类型分组					
内资企业	33 059 973	15 447 822	15 906 002	17 153 971	60 328 766
国有企业	9 918 978	5 458 574	5 588 791	4 330 187	10 993 193
集体企业	1 218 162	406 557	408 057	810 105	2 236 768
股份合作企业	95 080	43 129	43 130	51 950	300 706
有限责任公司	12 476 973	5 373 410	5 470 322	7 006 651	24 158 135
国有独资公司	174 289	134 068	134 068	40 221	358 524
其他有限责任公司	12 302 684	5 239 342	5 336 254	6 966 430	23 799 611
股份有限公司	1 623 111	643 674	730 821	892 290	2 407 306
私营企业	7 604 668	3 484 317	3 606 720	3 997 948	20 126 098
私营独资企业	307 552	88 677	94 361	213 191	613 627
私营合伙企业	20 938	3 938	3 938	17 000	34 511
私营有限责任公司	6 773 031	3 223 760	3 229 628	3 543 403	18 461 425
私营股份有限公司	503 147	167 942	278 793	224 354	1 016 535
其他企业	17 921	4 201	4 201	13 720	300
港、澳、台商投资企业	18 247	10 855	10 855	7 392	7 580
合资经营企业(港或澳、台资)	18 247	10 855	10 855	7 392	7 580
港、澳、台商独资经营企业					
外商投资企业	111 237	81 135	81 393	29 844	97 272
中外合资经营企业	111 237	81 135	81 393	29 844	97 272
按国民经济行业分组					
房屋和土木工程建筑业	28 756 129	13 446 066	13 872 908	14 883 221	53 821 401
房屋工程建筑	18 999 073	7 735 319	8 070 456	10 928 617	42 371 903
土木工程建筑	9 757 056	5 710 747	5 802 452	3 954 604	11 449 498
铁路道路隧道和桥梁工程	3 172 315	1 551 568	1 616 538	1 555 777	3 594 709
水利和港口工程建筑	552 587	255 807	256 897	295 690	1 270 357
工矿工程建筑	5 180 069	3 460 750	3 486 395	1 693 674	5 480 937
架线和管道工程建筑	667 315	367 175	367 175	300 140	619 830
其他土木工程建筑	184 770	75 447	75 447	109 323	483 665

14-2 续表 3 （2011 年） 单位:千元

项　　目	资产合计	流动负债合　　计	负债合计	所有者权益 合 计	营业收入
建筑安装业	2 198 022	1 095 387	1 118 068	1 079 954	2 869 339
建筑装饰业	1 089 102	545 196	554 041	535 061	1 907 005
其它建筑业	1 146 204	453 163	453 233	692 971	1 835 873
工程准备	302 892	146 299	146 299	156 593	643 409
提供工程设备服务	64 910	20 047	20 047	44 863	118 858
其它未列明的建筑活动	778 402	286 817	286 887	491 515	1 073 606
按隶属关系分组					
中　央	5 347 181	3 573 050	3 598 695	1 748 486	5 745 318
省（自治区、直辖市）	1 389 560	819 242	903 422	486 138	1 725 394
地区（州、盟、省辖市）	2 638 789	1 198 712	1 262 595	1 376 194	3 776 808
县（区、市、旗）	14 484 445	5 703 297	5 861 951	8 622 494	25 426 407
镇	67 099	24 152	24 152	42 947	88 909
其　他	9 262 383	4 221 359	4 347 435	4 914 948	23 670 782
按地区分					
鼓楼区	1 511 146	872 766	873 181	637 965	2 192 845
云龙区	2 152 772	1 001 868	1 157 764	995 008	3 440 341
贾汪区	456 897	211 888	211 888	245 009	379 722
泉山区	9 722 234	5 685 536	5 816 847	3 905 387	16 111 323
铜山区	7 396 379	3 099 705	3 113 903	4 282 476	13 926 697
丰　县	1 967 304	664 595	686 619	1 280 685	4 344 852
沛　县	2 787 943	962 393	1 012 710	1 775 233	9 233 697
睢宁县	2 211 327	690 951	761 263	1 450 064	2 578 014
新沂市	1 751 126	540 051	547 448	1 203 678	3 437 995
邳州市	1 869 239	960 299	966 834	902 405	2 944 605
开发区	1 363 090	849 760	849 793	513 297	1 843 527
按控股情况分					
国有控股	11 534 469	6 209 410	6 350 958	5 183 511	13 673 058
集体控股	2 333 825	986 985	997 331	1 336 494	3 790 639
私人控股	18 843 617	8 122 383	8 428 669	10 414 948	42 307 459
港澳台商控股	19 073	10 855	10 855	8 218	9 030
外商控股	111 237	81 135	81 393	29 844	97 272
其　他	347 236	129 044	129 044	218 192	556 160

14-2 续表 4 （2011 年） 单位:千元

项 目	营业成本	营业税金及附加	管理费用	财务费用	营业利润	利润总额
总 计	**52 410 432**	**2 069 656**	**2 476 041**	**214 340**	**2 849 807**	**2 833 288**
# 国有及国有控股企业	11 889 934	449 296	677 344	54 029	522 400	526 090
按登记注册类型分组						
内资企业	52 335 776	2 067 126	2 466 901	212 643	2 835 308	2 818 778
国有企业	9 498 942	364 083	568 651	48 904	432 434	433 814
集体企业	1 903 713	75 259	151 316	5 425	97 146	97 702
股份合作企业	270 449	8 045	9 761	433	11 706	11 706
有限责任公司	20 791 695	860 439	895 059	74 860	1 378 335	1 361 970
国有独资公司	315 991	12 155	24 974	–66	5 617	5 860
其他有限责任公司	20 475 704	848 324	870 085	74 926	1 372 718	1 356 110
股份有限公司	1 993 682	83 648	156 220	8 965	149 681	146 924
私营企业	17 784 165	672 026	684 182	73 491	761 189	761 556
私营独资企业	532 820	17 938	17 051	1 266	39 167	39 167
私营合伙企业	23 897	110	1 857	8	8 636	8 609
私营有限责任公司	16 333 663	620 415	628 763	70 757	680 406	680 800
私营股份有限公司	893 785	33 563	36 511	1 460	32 980	32 980
其他企业	50	16	132	3	99	388
港、澳、台商投资企业	6 064	62	468	17	778	789
合资经营企业(港或澳、台资)	6 064	62	468	17	778	789
港、澳、台商独资经营企业						
外商投资企业	68 592	2 468	8 672	1 680	13 721	13 721
中外合资经营企业	68 592	2 468	8 672	1 680	13 721	13 721
按国民经济行业分组						
房屋和土木工程建筑业	46 844 077	1 856 854	2 030 635	194 652	2 523 652	2 498 944
房屋工程建筑	37 054 538	1 474 952	1 387 904	132 102	1 993 119	1 963 900
土木工程建筑	9 789 539	381 902	642 731	62 550	530 533	535 044
铁路道路隧道和桥梁工程	3 091 769	120 805	160 739	34 030	174 081	173 994
水利和港口工程建筑	1 081 737	41 864	97 591	3 225	45 090	43 596
工矿工程建筑	4 742 049	183 138	251 099	21 259	255 566	258 658
架线和管道工程建筑	484 594	19 936	67 347	2 493	45 486	48 486
其他土木工程建筑	389 390	16 159	65 955	1 543	10 310	10 310

14-2 续表 5 （2011 年） 单位：千元

项目	营业成本	营业税金及附加	管理费用	财务费用	营业利润	利润总额
建筑安装业	2 429 621	85 859	193 111	9 162	137 155	144 953
建筑装饰业	1 558 157	64 047	171 880	5 760	92 228	91 395
其它建筑业	1 578 577	62 896	80 415	4 766	96 772	97 996
工程准备	572 210	21 555	35 110	691	10 356	10 599
提供工程设备服务	102 561	3 977	6 542	31	4 232	4 232
其它未列明的建筑活动	903 806	37 364	38 763	4 044	82 184	83 165
按隶属关系分组						
中　央	4 959 705	188 266	295 724	21 291	250 432	252 946
省（自治区、直辖市）	1 466 888	48 946	178 106	920	31 510	32 443
地区（州、盟、省辖市）	3 207 778	135 836	177 345	8 730	224 940	230 266
县（区、市、旗）	21 809 924	895 619	975 200	95 543	1 446 434	1 423 799
镇	75 004	3 356	5 120	1 196	2 500	2 500
其　他	20 891 133	797 633	844 546	86 660	893 991	891 334
按地区分						
鼓楼区	1 963 324	71 601	82 438	8 825	63 839	62 541
云龙区	2 927 175	120 931	178 995	7 406	157 936	157 944
贾汪区	328 292	12 998	26 706	2 096	9 449	9 283
泉山区	14 130 859	532 839	650 784	54 425	681 492	682 221
铜山区	11 894 220	501 149	385 937	46 537	986 136	967 117
丰　县	3 752 715	143 527	244 555	13 176	183 145	182 192
沛　县	8 079 910	302 132	492 921	23 674	268 843	266 566
睢宁县	2 208 375	90 898	106 828	21 036	91 866	92 758
新沂市	3 008 894	130 610	107 803	14 750	150 085	146 703
邳州市	2 505 887	103 796	105 846	14 380	203 132	203 249
开发区	1 610 781	59 175	93 228	8 035	53 884	62 714
按控股情况分						
国有控股	11 889 934	449 296	677 344	54 029	522 400	526 090
集体控股	3 131 289	122 229	314 795	5 459	212 436	212 806
私人控股	36 831 266	1 476 906	1 459 702	152 484	2 070 919	2 050 042
港澳台商控股	7 241	121	570	16	891	902
外商控股	68 592	2 468	8 672	1 680	13 721	13 721
其　他	482 110	18 636	14 958	672	29 440	29 727

14-2 续表 6 （2011 年） 单位:千元

项 目	利润总额	#应交所得税	应付职工薪酬	全部从业人员年平均人数（人）
总 计	**2 833 288**	**568 467**	**10 256 299**	**370 928**
#国有及国有控股企业	526 090	73 630	1 699 134	57 634
按登记注册类型分组				
内资企业	2 818 778	568 196	10 246 519	370 740
国有企业	433 814	50 837	1 263 500	43 252
集体企业	97 702	23 349	401 173	16 641
股份合作企业	11 706	1 914	57 854	1 804
有限责任公司	1 361 970	283 225	4 185 582	175 251
国有独资公司	5 860	4 106	43 576	391
其他有限责任公司	1 356 110	279 119	4 142 006	174 860
股份有限公司	146 924	24 205	353 439	16 209
私营企业	761 556	182 492	3 960 739	116 840
私营独资企业	39 167	7 863	97 352	3 596
私营合伙企业	8 609	2 022	4 683	235
私营有限责任公司	680 800	165 953	3 696 453	106 330
私营股份有限公司	32 980	6 654	162 251	6 679
其他企业	388	72	3 082	179
港、澳、台商投资企业	789	268	1 140	41
合资经营企业(港或澳、台资)	789	268	1 140	41
港、澳、台商独资经营企业				
外商投资企业	13 721	3	8 640	147
中外合资经营企业	13 721	3	8 640	147
按国民经济行业分组				
房屋和土木工程建筑业	2 498 944	490 280	9 236 053	339 091
房屋工程建筑	1 963 900	419 852	8 080 684	297 762
土木工程建筑	535 044	70 428	1 155 369	41 329
铁路道路隧道和桥梁工程	173 994	32 880	281 312	14 847
水利和港口工程建筑	43 596	12 517	214 362	7 828
工矿工程建筑	258 658	10 258	502 318	10 113
架线和管道工程建筑	48 486	13 136	71 517	3 573
其他土木工程建筑	10 310	1 637	85 860	4 968

14-2 续表 7 （2011 年） 单位：千元

项目	利润总额	#应交所得税	应付职工薪酬	全部从业人员年平均人数（人）
建筑安装业	144 953	32 076	513 379	13 159
建筑装饰业	91 395	20 530	298 756	9 761
其它建筑业	97 996	25 581	208 111	8 917
工程准备	10 599	5 013	57 827	1 374
提供工程设备服务	4 232	985	8 757	377
其它未列明的建筑活动	83 165	19 583	141 527	7 166
按隶属关系分组				
中　央	252 946	12 427	552 353	11 296
省（自治区、直辖市）	32 443	12 244	214 845	4 900
地区（州、盟、省辖市）	230 266	56 801	467 647	15 412
县（区、市、旗）	1 423 799	284 992	4 573 723	196 832
镇	2 500	102	19 600	552
其　他	891 334	201 901	4 428 131	141 936
按地区分				
鼓楼区	62 541	14 490	331 502	18 075
云龙区	157 944	38 351	572 563	20 231
贾汪区	9 283	2 033	41 281	3 024
泉山区	682 221	124 637	2 107 341	48 439
铜山区	967 117	197 769	2 363 179	88 347
丰　县	182 192	43 821	871 388	41 493
沛　县	266 566	57 134	1 889 910	72 607
睢宁县	92 758	6 067	365 543	8 740
新沂市	146 703	31 055	775 511	30 912
邳州市	203 249	36 954	672 348	31 621
开发区	62 714	16 156	265 733	7 439
按控股情况分				
国有控股	526 090	73 630	1 699 134	57 634
集体控股	212 806	51 177	639 260	23 866
私人控股	2 050 042	436 161	7 798 365	286 750
港澳台商控股	902	304	1 329	58
外商控股	13 721	3	8 640	147
其　他	29 727	7 192	109 571	2 473

14-3 建筑业企业主要经济指标

项目	2007	2008	2009	2010	2011
企业个数 （个）	349	449	425	364	347
# 国有及国有控股企业	63	53	54	45	48
# 内资企业	342	446	424	363	345
港、澳、台商投资企业	2	3	1	1	1
外商投资企业	1				1
期末从业人数 （人）	315 712	277 214	314 073	337 490	403 721
建筑业总产值 （亿元）	310.26	376.89	431.58	535.72	648.07
# 建筑工程	298.17	342.16	400.52	510.88	631.59
安装工程	10.14	28.03	28.38	22.55	11.85
竣工产值 （亿元）	267.95	313.18	358.54	419.39	497.72
利润总额 （亿元）	19.08	17.49	19.53	24.50	28.33
税金总额 （亿元）	3.82	11.16	11.99	15.13	20.70
房屋建筑施工面积 （万平方米）	3 401.18	3 933.17	4 381.23	4 872.40	5 517.02
# 本年新开工面积	2 274.18	2 280.08	2 795.05	3 120.05	3 145.48
房屋建筑竣工面积 （万平方米）		2 365.29	2 414.14	2 530.61	2 584.80
房屋建筑面积竣工率 （%）		60.10	55.10	51.90	46.90

注:本表资料包括有工作量的施工总承包和专业承包企业,不含劳务分包企业。

主要统计指标解释

建筑业总产值(即自行完成施工产值) 指建筑业企业或附属施工单位自行完成的按工程进度计算的建筑安装生产总值。施工产值包括:

①建筑工程产值:指列入建筑工程预算内的各种工程价值。

②设备安装工程产值:指设备安装工程价值。

③房屋、构筑物修理产值:指房屋、构筑物修理所完成的价值,但不包括被修理房屋、构筑物本身的价值和生产设备的修理价值。

④非标准设备制造产值:指加工制造没有定型的、非标准的生产设备的加工费和原材料价值,不论是现场还是附属加工厂为本单位承建工程制造的非标准设备的价值,都应计算产值。

竣工产值 指在报告期内,按照设计所规定的工程内容全部完成,达到了设计规定的交工条件,经有关部门检查验收鉴定合格的单位工程价值之和。

房屋建筑施工面积 指在报告期内施工的全部房屋建筑面积。包括本期内新开工的、上期施工跨入本期继续施工、上期停建本期复工的房屋建筑面积;不包括上期开工后又停工,本期未施工的房屋建筑面积。

房屋建筑竣工面积 指在报告期内,按照设计所规定的工程内容全部完成,达到了设计规定的交工条件,经有关部门检查验收鉴定合格的房屋建筑面积。

住宅竣工面积 指房屋建筑竣工面积中供居住用的房屋建筑竣工面积。

自有机械设备年末总台数 指归本企业(或单位)所有,属于本企业固定资产的生产性机械设备年末总台数。包括施工机械、生产设备、运输设备以及其他设备。

自有机械设备年末总功率 指本企业(或单位)自有施工机械、生产设备、运输设备以及其他设备等列为在册固定资产的生产性机械设备年末总功率,按设定能力或查定能力计算。包括机械本身的动力和为该机械服务的单独动力设备,如电动机等。计算单位用千瓦,动力换算可按1马力=0.735千瓦折合成千瓦数。电焊机、变压器、锅炉不计算动力。

工程结算收入 指企业(或单位)按工程的分部分项自行完成的建筑产品价值并已与甲方在报告期内办理结算手续的工程价款收入,以及向甲方收取的除工程价款以外的按规定列作营业收入的各种款项,如临时设施费、劳动保险费、施工机械调迁费等以及向甲方收取的各种索赔款。

工程结算利润 指已结算工程实现的利润,如为亏损以"–"号表示。其计算公式为:

工程结算利润 = 工程结算收入
– 工程结算成本
– 工程结算税金及附加

企业总收入 指与企业生产经营直接有关的各项收入,包括工程结算收入和其他业务收入,即:

企业总收入 = 工程结算收入
+ 其他业务收入

第 15 部分

交通运输和邮电

TRANSPORTATION, POSTAL AND TELECOMMUNICATIONS SERVICES

版面负责人：张玉强

编　　　辑：徐　燕

关于政府统计机构和乡镇统计工作岗位的设置及其职责的规定

第二十七条 国务院设立国家统计局,依法组织领导和协调全国的统计工作。

国家统计局根据工作需要设立的派出调查机构,承担国家统计局布置的统计调查等任务。

县级以上地方人民政府设立独立的统计机构,乡、镇人民政府设置统计工作岗位,配备专职或者兼职统计人员,依法管理、开展统计工作,实施统计调查。

【释义】 本条是关于政府统计机构和乡镇统计工作岗位的设置及其职责的规定。

为了组织领导和协调全国的统计工作,本条规定国务院设立了专门的统计机构 -- 国家统计局。国家统计局的具体职责在《国务院办公厅关于印发国家统计局主要职责内设机构和人员编制规定的通知》中进行了具体规定。

为了完成国家统计调查任务,全面准确地了解经济社会发展情况,国家统计局需要设立相应的统计调查机构。国家统计局各级调查队是国家统计局的派出机构,独立于地方人民政府,其主要职责是依法承担国家统计局布置的统计调查任务,向国家统计局直接上报统计调查结果,并负责查处其组织实施的统计调查活动中发生的违法行为。目前,国家统计局在全国 31 个省、自治区、直辖市以及新疆生产建设兵团、15 个副省级城市、318 个市(地、州、盟)以及 887 个县(市、区、旗)设有派出调查队。

为了保障统计工作的独立性,本条规定,县级以上人民政府应当设立独立的统计机构。根据这一要求,县级以上地方各级人民政府必须设立专门的独立行使职权的统计机构,不得随意撤并,不能将统计机构作为其它部门的内设机构,或者接受其他部门的领导。考虑到乡、镇人民政府人员编制和经费有限,本条第三款规定,乡、镇人民政府应当设置统计工作岗位,即要安排从事统计工作的人员,但具体是配备专职还是兼职统计人员,可以由乡、镇政府根据本地区经济发展的实际情况以及统计工作的任务量确定。

编辑:张　霖

15-1 全社会客、货运量

年 份	全社会客运量（万人）	# 铁路	# 公路	全社会货运量（万吨）	# 铁路	# 公路	# 水运
1978	2 030	636	1 394	2 608	1 480	652	.93
1979	2 305	671	1 634	3 154	1 555	681	89
1980	2 724	712	2 012	3 252	1 588	724	75
1981	2 958	741	2 217	3 026	1 468	703	59
1982	3 174	806	2 368	3 230	1 561	825	72
1983	3 133	859	2 274	3 605	1 642	894	71
1984	3 358	943	2 415	5 428	1 727	2 314	100
1985	3 590	967	2 617	6 280	1 814	2 643	326
1986	3 570	964	2 600	7 866	1 850	4 264	335
1987	3 602	1 073	2 528	6 962	1 944	2 966	649
1988	3 790	1 166	2 624	7 022	2 007	2 996	550
1989	3 471	985	2 486	6 394	2 078	2 673	330
1990	3 156	800	2 356	6 073	2 021	2 115	350
1991	2 962	809	2 153	6 189	2 040	2 789	351
1992	3 766	846	2 920	11 069	2 041	7 289	611
1993	4 288	852	3 435	8 832	2 127	4 475	780
1994	4 652	839	3 811	10 350	2 051	6 760	564
1995	6 071	852	5 216	10 859	2 022	6 717	1 182
1996	8 396	703	7 691	8 792	1 981	5 184	1 170
1997	7 552	764	6 786	7 851	1 736	4 396	754
1998	6 863	807	6 048	8 573	1 558	4 608	514
1999	6 647	827	5 812	8 884	1 663	4 367	655
2000	7 255	802	6 443	9 669	1 700	4 788	565
2001	7 411	793	6 610	9 785	1 613	4 906	605
2002	7 544	753	6 775	9 907	1 561	5 004	611
2003	7 056	755	6 292	10 066	1 543	5 052	620
2004	7 391	775	6 601	11 348	1 535	5 225	662
2005	8 099	873	7 202	14 022	1 487	6 114	889
2006	8 688	945	7 712	16 459	1 635	7 494	1 006
2007	10 007	1 074	8 892	18 480	1 924	8 678	1 211
2008	21 787	1 218	20 529	23 852	2 264	11 508	1 982
2009	24 042	1 263	22 728	25 708	2 191	12 577	2 133
2010	27 761	1 770	25 926	37 227	9 944	14 758	2 548
2011	23 238	1 879	21 275	35 772	5 582	16 829	2 870

注:铁路货运量统计口径为发货量;2008 年及以后公路客货运量统计口径变化,与往年不可比,下同。

15-2 全社会客、货运周转量

年 份	全社会旅客周转量（万人公里）	#铁路	#公路	全社会货物周转量（万吨公里）	#铁路	#公路	#水运
1978	249 885	209 321	40 564	1 461 029	1 211 408	8 148	4 175
1979	280 183	232 768	47 415	1 945 564	1 257 756	7 108	4 254
1980	328 530	271 097	27 433	2 035 244	1 306 257	8 292	5 341
1981	354 602	291 774	62 828	2 014 909	1 313 585	8 012	6 048
1982	396 156	324 347	71 089	2 153 718	1 427 133	27 578	27 401
1983	446 877	370 740	76 137	2 443 326	1 550 139	30 261	29 023
1984	524 323	435 110	89 213	2 769 988	1 659 775	31 759	39 641
1985	636 545	519 962	116 583	3 972 158	1 885 098	86 866	60 720
1986	700 973	566 359	134 614	3 357 828	2 028 709	117 208	64 142
1987	761 646	622 238	139 408	3 513 177	2 166 558	107 961	159 184
1988	863 036	698 324	164 712	3 757 313	2 292 214	120 665	157 360
1989	811 599	655 742	155 857	3 692 471	2 411 734	118 930	75 266
1990	731 765	594 649	137 116	3 646 275	2 440 213	100 950	85 224
1991	765 362	641 282	124 080	3 640 834	2 448 681	105 308	129 739
1992	876 627	690 096	186 531	4 104 274	2 616 319	335 316	247 925
1993	952 195	703 043	249 152	3 982 741	2 585 799	289 800	294 285
1994	975 802	733 088	241 388	4 387 480	2 751 855	510 032	357 622
1995	1 133 265	722 493	410 772	4 532 499	2 913 515	418 798	482 039
1996	1 255 579	649 085	606 494	4 351 716	2 881 365	453 610	303 121
1997	1 169 395	672 572	492 123	4 217 829	2 738 316	374 707	424 301
1998	1 124 114	682 681	433 247	4 347 608	2 616 333	379 284	262 986
1999	1 085 420	750 026	326 643	4 545 083	2 596 163	315 891	339 687
2000	1 245 191	798 664	436 691	5 144 815	2 932 469	360 929	290 348
2001	1 275 512	798 041	468 827	5 328 880	2 986 021	380 641	284 023
2002	1 320 343	827 071	482 892	5 442 417	3 133 544	388 254	288 283
2003	1 226 127	777 297	440 100	5 665 478	3 291 712	380 600	292 100
2004	1 433 951	952 020	466 991	6 287 747	3 387 300	393 350	313 013
2005	910 143	390 075	500 744	5 472 847	2 043 649	415 973	322 130
2006	983 361	420 286	533 069	7 882 829	3 247 052	494 458	370 967
2007	1 134 788	477 154	616 228	9 197 322	3 820 996	576 538	438 112
2008	1 894 734	541 130	1 313 499	10 979 772	4 496 224	1 310 599	595 947
2009	2 071 224	560 914	1 459 164	11 297 204	4 351 249	1 435 633	642 617
2010	2 525 059	786 149	1 673 070	27 608 783	19 747 916	1 787 616	781 570
2011	2 141 370	891 641	1 165 102	32 106 411	23 393 492	2 173 726	914 555

注：铁路客、货运周转量 2005 年以前为徐州铁路分局辖区数，2005 年及以后为徐州铁路段辖区数。

15-3 主要年份运输线路长度

单位：公里

指标	1990	1995	2000	2005	2007	2008	2009	2010	2011
民用航空									
民用航空线条数 （条）	4	2	13	13	17	20	22	22	21
民用航空线里程 （万公里）	0.2	0.13	1.3	1.3	1.7	2.0	2.2	2.2	2.1
铁路									
铁路正线延展里程	465	465	711	736	736	736			
铁路营业里程	258	258	359	381	381	381		1 018	1 018
公路线路里程									
按技术级别分类									
等级公路里程	2 964	2 930	2 658	10 167	12 146	13 602	14 380	14 965	15 028
高速				299	350	350	350	412	412
一级		435	634	732	815	879	906	1 039	1 101
二级	616	378	581	1 273	1 439	1 512	1 523	1 527	1 530
三级	214	344	572	996	1 201	1 157	1 141	1 195	1 183
四级	1 781	1 507	871	6 867	8 341	9 705	10 460	10 792	10 802
等外公路	353	266		739	3 077	1 800	1 381	1 210	
按行政级别分类									
国道	307	306	362	589	589	737	735	730	730
省道	515	518	466	703	768	647	647	735	732
县道	892	872	842	693	2 244	2 269	2 269	2 309	2 309
乡道	1 049	1 073	988	8 921	5 928	5 892	5 889	5 888	5 887
内河航道通航里程	**534**	**540**	**639**	**1 039**	**1 039**	**1 039**	**1 039**	**1 039**	**1 039**
输油管道里程									
管道条数 （条）	3	3	8	14	21	28	28	28	29
延展长度	1 252	1 252	2 375	4 652	5 295	5 823	5 891	5 891	6 265

注：公路线路里程 2000 年以前为交通部门养管里程，2001 年及以后为全社会口径；2007 年开展县道网规划，将低级公路升级为县道；输油管道为中石化全公司口径。

15-4 全社会交通运输量

（2011年）

指　　标	客运量（万人）	旅客周转量（万人公里）	货运量（万吨）	货物周转量（万吨公里）
全市合计	23 238	2 141 370	35 772	32 106 411
航空	85	84 627	…	494
铁路	1 879	891 641	5 582	23 393 492
公路	21275	1 165 102	16 829	2 173 726
水运			2 870	914 555
管道			10 491	5 624 145
内河港口吞吐量			**6 662**	

15-5 市区全社会交通运输量

（2011年）

指　　标	客运量（万人）	旅客周转量（万人公里）	货运量（万吨）	货物周转量（万吨公里）
合　计	14 123	1 596 221	23 354	29 360 239
航　空	85	84 627	…	494
铁　路	1 879	891 493	5 582	23 361 785
公　路	12 160	620 101	7 145	366 155
水　运			136	7 661
管　道			10 491	5 624 145
内河港口吞吐量			**3 291**	

注:铁路客、货运周转量是指徐州铁路段辖区数,管道运量及周转量为中石化储运公司全辖数。

15-6 主要年份全社会民用车辆船舶数

指　　标	1990	1995	2000	2005	2008	2009	2010	2011
机动车总计 （辆）	**105 958**	**194 285**	**497 359**	**752 002**	**908 605**	**1 032 867**	**1 136 878**	**1 128 630**
#私人车辆拥有量	78 370	139 813	433 885	701 767	839 348	955 669	1 050 715	1 031 943
汽车	39 949	78 185	214 713	308 628	297 154	362 723	432 612	526 776
#私人车辆拥有量	2 872	7 446	19 412	262 656	234 265	293 346	356 532	441 700
#载客汽车	7 674	17 748	29 031	78 349	162 169	219 507	160 323	220 992
#大(中)型	1 390	1 940	2 574	8 023	10 166	11 303	293 120	383 701
小(微)型	6 282	15 808	26 457	70 326	152 003	208 204	11 865	12 606
载货汽车	21 773	39 651	35 666	36 177	49 067	71 092	281 255	371 095
#重(中)型	16 109	27 592	24 086	20 319	26 033	42 804	87 464	101 461
轻(微)型	5 664	12 059	11 580	15 858	23 034	28 288	53 111	61 868
其他汽车	10 502	20 786	150 016	194 102	85 918	72 124	34 353	39 593
摩托车	14 361	48 131	253 357	438 479	602 256	657 498	687 361	581 717
全挂车	5 655	7 446	2 955	658	631	623	545	457
半挂车			4 465	4 234	8 561	12 020	16 357	19 677
运输船舶总计 （艘）		**5 751**	**6 740**	**5 428**	**5 592**	**5 088**	**4 374**	**5 287**
机动船		3 045	2 176	655	857	755	806	931
（吨位）		146 701	177 780	54 583	162 008	147 891	311 516	524 603
#货船		2 705	1 679	351	455	401	518	618
（吨位）		146 701	177 780	45 234	162 008	147 891	311 516	524 603
拖船		340	441	304	402	354	288	313
非机动船		2 706	4 564	4 773	4 735	4 333	3 568	4 356
#驳船		2 706	4 564	4 773	4 735	4 333	3 568	3 425
（吨位）		223 321	645 466	1 625 614	1 926 654	1 842 591	1 591 410	1 631 804

注：2004 年以前载客汽车和载货汽车均未含专用(特种)车；2007 年运输船舶按现有检验次数统计。

15–7 主要年份邮政电信情况

指　　标	1990	1995	2000	2005	2007	2008	2009	2010	2011
邮电局总数（处）	262	316	372	812	788	316	443		241
邮路总长度（公里）	4 002	5 047	5 368	5 900	7 144	7 184	7 137	5 753	5 980
农村投递线路长度（公里）	20 477	21 706	21 961	21 666		22 491	23 106	25 495	25 725
电话局用交换机总容量（万门）	5.04	45.35	136.25	348.78	875.71	1 185.08	1 449.07	1 131 .70	362.27
本地电话年末用户（万户）	7.23	29.45	77.51	278.53	281.81	238.88	187.04	177.21	232.53
# 城市	5.61	23.19	39.05	165.65	161.60	122.44	108.96	86.09	166.03
# 移动市话				77.82	85.56	64.89	39.41	22.24	89.76
# 住宅	0.86	17.12	66.01	164.57	159.20	142.35	117.45	139.83	110.84
移动电话（万户）		1.36	32.27	154.97	262.42	368.80	516.58	600.72	681.97
国际互联网用户（万户）				21.41	36.51	48.80	59.18	70.10	76.83
邮电业务总量（亿元）	0.62	3.88	17.73	36.26	45.82	51.62	53.14	73.39	55.62
邮电业务收入（亿元）			13.06	27.05	32.80	32.04	45.19	48.14	55.41
计费函件(不含广告)（万件）	2 463	2 579	2 289	2 041	1 902	3 202	3 407	4 728	4 770
包　件（万件）	26	71	39	49	42	33	41	26	16
汇　票（万张）	97	108	96	71	116	146	237		178
订销报刊累计（万份）	10 291	17 075	16 451	9 116	9 643	16 640	15 307	10 845	10 133
集　邮（万枚）	301	1 257	4 525	533	6 647	753	301	42	262
特快专递（万件）	…	44	34	78	122	177	316	306	292

注：1995 年以前本地电话年末用户为年末电话机数；2005 年前电话局用交换机总容量为电信局一家数据；2006 年及以后为所有电信部门的数据；2011 年邮电业务总量按 2010 年价格计算。

主要统计指标解释

铁路营业里程 又称营业长度，指办理客货运输业务的铁路正线总长度。凡是全线或部分建成双线及以上的线路，以第一线的实际长度计算；复线、站线、段管线、岔线和特殊用途线以及不计算运费的联络线都不计算营业里程。铁路营业里程是反映铁路运输业基础设施发展水平的重要指标，也是计算客货周转量、运输密度和机车车辆运用效率等指标的基础资料。

公路里程 指在一定时期内实际达到《公路工程技术标准 JTJO1-88》规定的等级公路，并经公路主管部门正式验收交付使用的公路里程数。它包括大中城市的郊区公路以及通过小城镇街道部分的公路里程，也包括桥梁、渡口的长度，但不包括大中城市的街道、厂矿、林区生产用道和农业生产用道的里程。两条或多条公路共同经由同一路段，只计算一次，不得重复计算里程长度。公路里程是反映公路建设发展规模的重要指标，也是计算运输网密度等指标的基础资料。

内河航道里程 也称“内河通航里程”，是反映内河水运网规模、水平和发展情况的主要指标，是指在一定时期内，能通航运输船舶及排筏的天然河流、湖泊水库、运河及通航渠道的长度。包括全年季节性通航累计三个月以上的航道，但不包括仅供零散流放竹、木排的河道。

输油（气）管道长度 也称“输油（气）里程”，是反映管道运输发展规模和水平的主要指标，是指油品（或天然气）的实际输送距离，一般按输油（气）管道的单线长度计算。若包括复线和备用线长度则称为输油（气）管道延展长度，是指管道铺设的实际长度。我们通常使用的是不包括复线的“输油（气）管道里程”。

货（客）运量 指在一定时期内，各运输部门实际运送的货（旅客）数量。是反映运输业为国民经济和人民生活服务的数量指标，也是制定和检查运输生产计划，研究运输发展规模和速度的重要指标。货运按吨计算，客运按人计算。货物不论运输距离长短，货物类别，均按实际重量统计；旅客不论行程远近或票价多少，均按一人一次作为客运量统计。半价票、小孩票也按一人统计。

货物（旅客）周转量 指在一定时期内，由各种运输工具运送的货物（旅客）数量与其相应运输距离的乘积之总和，是反映运输业生产总成果的重要指标，也是编制和检查运输生产计划，计算运输效率、劳动生产率以及核算运输单位成本的主要基础资料。通常以吨公里和人公里为计算单位。计算货物周转量通常按发出站与到达站之间的最短距离，也就是计费距离计算。

内河主要港口货物吞吐量 指由水运进出内河主要港区范围，并经过装卸的货物数量。吞吐量可以分为进口、出口，又可以分为国内贸易和对外贸易。货物吞吐量的货种分类及其主要流向流量，反映了港口在国内外物资交流和对外贸易运输中的地位和作用。

邮电业务总量 指以价值量形式表现的邮电通信企业为社会提供各类邮电通信服务的总数量。邮电业务量按专业分类包括函件、包件、汇票、报刊发行、邮政快件、特快专递，邮政储蓄、集邮、公众电报、用户电报、传真、长途电话、出租电路、无线寻呼、移动电话、分组交换数据通信、出租代维等。计算方法为各类产品乘以相应的平均单价（不变价）之和，再加上出租电路和设备、代用户维护电话交换机和线路等的服务收入。它综合反映了一定时期邮电业务发展的总成果，是研究邮电业务量构成和发展趋势的重要指标。计算公式为：

$$\text{邮电业务总量} = \sum(\text{各类邮电业务量} \times \text{不变单价}) + \text{出租代维及其他业务收入} = \text{邮政业务总量} + \text{电信业务总量}$$

移动电话用户 是指通过移动电话交换机进入移动电话网、占用移动电话号码的电话用户。用户数量以报告期末在移动电话营业部门实际办理登记手续进入移动电话网的户数进行计算，一部移动电话统计为一户。

电话用户 指接入国家公众固定电话网，并按固定电话业务进行经营管理的电话用户。1997 年以前，电话用户分为市内电话用户和农村电话用户。“市内电话用户”是指接入县城及县以上城市的电话网上的电话用户；“农村电话用户”是指接入县邮电局农话台及县以下农村电话交换点，以县城为中心（除市话用户外）联通县、乡（镇）、行政村，村民小组的用户。从 1997 年起，电话用户数分组调整为以用户所在区域划分为“城市电话用户”和“乡村电话用户”，与过去的按市内电话和农村电话划分方法不同，而电话用户总数、电话机总部数统计范围不变。

城市电话用户 指直辖市、省辖市、地级市、县级市的市区、市郊区及县城（包括县人民政府所在地的县城关区或行政建制相当于县人民政府所在地的镇）范围内接入局用交换机的电话用户数，包括分布在农村地区的独立工矿区、林区、驻军等接入局用交换机的电话用户数。

第 16 部分 批发零售和住宿餐饮业

WHOLESALE, RETAIL AND ACCOMMDATIONS CATERING INDUSTRY

版面负责人：牛坚强

编　　辑：吕延婷

关于统计人员进行统计调查时的权力和义务的规定

第三十条 统计人员进行统计调查时，有权就与统计有关的问题询问有关人员，要求其如实提供有关情况、资料并改正不真实、不准确的资料。

统计人员进行统计调查时，应当出示县级以上人民政府统计机构或者有关部门颁发的工作证件；未出示的，统计调查对象有权拒绝调查。

【释义】 本条是关于统计人员进行统计调查时的权力和义务的规定。

统计调查是统计人员最主要的职责和任务。为了保障统计调查工作的顺利进行，需要对统计人员在统计调查活动中享有的权力和应当履行的义务作出明确规定。

依照本条第一款规定，统计人员进行统计调查时具有以下权力：1.有权就与统计有关的问题询问有关人员，以核实统计调查对象提供的资料是否真实、准确、完整。2.有权要求有关人员如实提供有关情况、资料，即要求有关人员根据实际情况，实事求是地填报统计调查表并提供有关情况。3.当统计调查对象提供的统计资料不真实、不准确时，统计人员有权要求其改正。

依照本条第二款规定，统计人员进行统计调查时，应当出示工作证件，向统计调查对象表明身份。要求统计人员在进行调查时出示工作证件，有利于维护统计调查对象的合法权益，防止统计人员以外的其他人员假冒其名义，非法开展统计调查。如果统计人员在进行调查时没有依法出示工作证件，统计调查对象有权拒绝调查。

编辑：张　霖

16-1 主要年份社会消费品零售总额

单位:万元

年 份	社会消费品零售总额	按地区分			按行业分				
		市的零售额	县的零售额	县以下的零售额	批发零售贸易业	餐饮业	住宿业	制造业	其他行业
1949	9 756		6 521						
1952	11 421		5 531						
1957	22 284		9 574						
1962	28 486		14 124						
1965	29 808		12 426						
1970	34 332		13 706						
1975	57 492		23 318						
1978	77 058		31 480		64 672	2 955		6 196	3 235
1979	92 351		37 555		72 497	4 201		10 787	4 866
1980	109 523		46 069		85 005	4 626		14 022	5 870
1981	123 791		52 831		91 751	5 244		17 841	8 955
1982	138 439		59 336		105 869	5 455		15 607	11 508
1983	150 638	64 850	27 128	58 660	114 633	6 005		18 157	11 843
1984	176 386	77 927	31 616	66 843	130 149	7 393		25 637	13 207
1985	233 620	106 745	43 967	82 908	166 598	12 733		33 341	20 948
1986	266 086	119 792	52 153	94 141	188 243	14 597		36 897	26 349
1987	304 226	137 513	51 646	115 067	211 763	17 205		44 859	30 399
1988	370 405	173 147	66 514	130 744	255 523	19 743		56 087	39 052
1989	410 589	202 384	71 509	136 696	282 528	20 163		60 085	47 813
1990	422 271	227 011	59 028	136 232	285 048	19 888		58 860	58 475
1991	458 294	255 898	62 850	139 546	308 487	22 575		60 204	67 028
1992	511 243	320 843	48 975	141 425	330 716	26 823		71 835	81 869
1993	657 693	413 770	64 829	179 094	440 102	32 992		78 998	105 601
1994	879 531	597 230	74 582	207 719	570 080	66 236		85 336	157 879
1995	1 150 671	773 854	104 733	272 084	728 544	97 733		110 399	213 995
1996	1 379 729	918 002	119 829	341 898	870 375	116 992		136 101	256 261
1997	1 526 381	999 463	134 445	392 473	958 246	132 721		152 337	283 077
1998	1 606 304	1 047 323	153 199	405 782	1 048 472	145 036		135 393	277 403
1999	1 714 930	1 109 165	168 614	437 151	1 152 717	173 997		116 007	272 209
2000	1 852 142	1 180 955	177 242	493 945	1 273 493	209 461		101 421	267 767
2001	2 020 066	1 260 580	205 746	553 740	1 423 869	223 782		99 677	272 738
2002	2 239 285	1 370 267	236 261	632 756	1 574 478	258 964		110 753	295 088
2003	2 354 214	1 478 128	230 347	645 739	2 022 477	298 711			33 026
2004	3 424 611	2 131 470	381 456	911 685	2 979 537	407 099	12 733		25 242
2005	3 960 400	2 472 673	462 407	1 025 320	3 449 516	452 634	29 385		28 865
2006	4 600 776	2 883 889	537 190	1 179 697	3 938 344	590 342	40 767		31 323
2007	5 430 057	3 421 347	621 082	1 387 628	4 646 839	683 272	61 987		37 959
2008	7 005 000	4 414 184	811 491	1 779 325	5 865 763	974 335	110 408		54 494
2009	8 059 883	5 085 736	936 828	2 037 319	6 799 143	1 135 550	125 189		
2010	9 569 888	7 648 059	1 921 829		8 516 095	987 888	65 905		
2011	11 418 882	9 106 061	2 312 821		10 161 072	1 152 907	104 903		

注:2003 年及以后按行业划分的批发零售贸易业中包括原制造业和其它行业中原农民对非农业居民的零售额。2004 及 2008 年为经济普查数据。2010 年后的数据为省局年报修订数据。

16-2 市区社会消费品零售总额

单位:万元

年份	社会消费品零售总额	按行业分				
		批发零售贸易业	餐饮业	住宿业	制造业	其他行业
1978	31 480	25 956	1 373		2 327	1 824
1979	37 555	30 176	1 786		3 214	2 379
1980	46 069	34 685	2 398		5 835	3 151
1981	52 831	39 758	2 683		6 501	3 889
1982	59 336	46 294	2 709		5 775	4 558
1983	63 751	50 417	2 741		5 989	4 604
1984	76 175	57 009	3 099		10 318	5 749
1985	104 827	73 051	6 071		14 954	10 751
1986	117 965	82 599	6 462		15 130	13 774
1987	135 320	97 190	7 038		14 772	16 320
1988	169 583	120 988	8 250		19 756	20 589
1989	198 822	141 665	8 326		19 760	29 071
1990	210 156	148 845	9 103		16 750	35 458
1991	236 824	165 088	10 795		17 056	43 885
1992	274 203	186 380	14 520		19 042	54 261
1993	361 783	245 956	16 727		23 007	76 093
1994	520 845	345 014	41 842		18 521	115 468
1995	677 103	428 043	57 854		36 106	155 100
1996	799 102	499 385	71 500		39 889	188 328
1997	866 994	521 321	81 664		53 319	210 690
1998	909 671	553 957	94 665		53 159	207 890
1999	959 836	621 498	109 058		31 686	197 594
2000	1 019 913	696 416	133 386		13 576	176 535
2001	1 081 720	766 967	130 272		8 001	176 480
2002	1 168 355	826 551	144 899		7 023	189 882
2003	1 252 978	1 068 575	165 293			19 110
2004	1 832 812	1 625 315	177 740	9 229		20 528
2005	2 144 371	1 875 688	217 815	28 477		22 391
2006	2 492 194	2 169 774	268 415	2 7827		26 178
2007	2 965 333	2 597 729	298 245	43 780		25 579
2008	3 821 000	3 249 861	457 822	65 386		47 931
2009	4 392 408	3 784 107	534 994	73 307		
2010	6 052 895	5 533 213	483 775	35 907		
2011	7 210 901	6 579 220	589 311	42 370		

16-3 限额以上批发和零售业、住宿和餐饮业基本情况

（2011 年）

项　　目	法人企业数（个）	产业活动单位数（个）	其他行业及外省法人所属限额以上批零住餐产业活动单位(个)	餐饮或零售营业面积（平方米）	年末从业人员（人）
总　计	**1 338**	**1 458**	**32**	**2 179 449**	**71 211**
批发和零售业小计	**1 137**	**1 253**	**21**	**1 820 537**	**57 032**
批发业	**318**	**326**	**3**	**148 412**	**15 140**
# 国有控股	18	25	1	16 220	2 544
按登记注册类型分组					
内资企业	312	320	3	147 532	14 880
国有企业	15	22		16 220	2 295
集体企业	2	2		570	85
有限责任公司	62	62	2	12 878	2 309
股份有限公司	8	8		1 300	1 524
联营企业	2	2			242
私营企业	216	217	1	87 824	8 236
# 私营有限责任公司	143	144	1	48 218	5 181
其他企业	7	7		28 740	189
港、澳、台商投资企业	2	2			33
外商投资企业	4	4		880	227
按国民经济行业分组					
农畜产品批发	16	16		3 511	521
食品、饮料及烟草制品批发	37	44	1	31 159	3 753
# 米、面制品及食用油批发	10	10	1	8 860	679
烟草制品批发	2	9			1 340
纺织、服装及日用品批发	8	8		1 493	176
# 纺织品、针织品及原料批发	3	3		1 070	54
文化、体育用品及器材批发					
医药及医疗器材批发	8	8		4 610	2 701
矿产品、建材及化工产品批发	184	184		65 997	5 011
# 煤炭及制品批发	56	56		30 352	1 645
石油及制品批发	2	2		1 500	57
金属及金属矿批发	50	50		2 435	1 392
机械设备、五金交电及电子产品批发	35	36	2	11 812	1 622
# 农业机械批发	8	8		6 085	267
汽车、摩托车及零配件批发	1	1			53
其他批发	29	29		29 830	1 331
零售业	**819**	**927**	**18**	**1 672 125**	**41 892**
# 国有控股	25	55	10	146 515	7 191
按经济注册类型分组					
内资企业	814	922	18	1 634 336	40 993
国有企业	19	19	8	110 238	4 664

16-3 续表 1 （2011 年）

项　　目	法人企业数（个）	产业活动单位数（个）	其他行业及外省法人所属限额以上批零住餐产业活动单位(个)	餐饮或零售营业面积（平方米）	年末从业人员（人）
集体企业	31	33	2	79 933	1 700
股份合作企业	2	2		30 000	578
有限责任公司	101	180	2	284 794	8 789
股份有限公司	22	26		68 346	2 081
私营企业	628	651	5	1 046 910	22 747
其他企业	10	10	1	12 245	404
港、澳、台商投资企业	1	1		23 773	374
外商投资企业	4	4		14 016	525
按国民经济行业分组					
综合零售	161	221	3	666 918	16 552
#百货零售	87	87	2	296 189	7 037
超级市场零售	74	134	1	370 729	9 515
其他综合零售					
食品、饮料及烟草制品专门零售	73	73	1	59 314	3 411
纺织、服装及日用品专门零售	54	54	1	66 560	1 524
文化、体育用品及器材专门零售	24	24	3	54 572	1 204
#图书零售	8	8	1	26 380	600
医药及医疗器材专门零售	28	66	1	34 633	2 311
汽车、摩托车、燃料及零配件专门零售	243	244		405 072	7 447
#汽车零售	191	192		370 534	6 473
家用电器及电子产品专门零售	123	132	1	142 183	5 103
#家用电器零售	59	67		101 850	3 373
计算机、软件及辅助设备零售	51	52		25 835	1 053
五金、家具及室内装修材料专门零售	88	88	1	147 260	2 613
#五金零售	36	36		33 871	879
家具零售	26	26		67 541	851
无店铺及其他零售	25	25	7	95 613	1 727
按经营方式分组					
独立门店	627	679	11	1 345 044	30 693
连锁总店(总部)	5	47		42 951	1 242
连锁门店	9	19	1	57 325	2 026
其他	178	182	6	226 805	7 931
按零售业态分组					
百货商店	87	87	1	292 989	7 009
超级市场	53	72	1	188 066	5 412
大型超市	20	61	1	185 363	4 073
仓储会员店					
专业店	449	487	10	598 957	15 469
专卖店	146	151	2	239 823	5 853
住宿和餐饮业小计					
住宿业	**201**	**205**	**11**	**358 912**	**14 179**
#国有控股	46	46	4	117 997	5 157

16-3 续表 2

2011 年

项 目	法人企业数（个）	产业活动单位数（个）	其他行业及外省法人所属限额以上批零住餐产业活动单位(个)	餐饮或零售营业面积（平方米）	年末从业人员（人）
按登记注册类型分组					
内资企业	45	45	4	115 141	5 095
国有企业	9	9	1	21 605	1 328
集体企业	3	3		6 700	285
有限责任公司	5	5	1	14 000	706
私营企业	26	26	2	72 291	2 690
其他企业					
按国民经济行业分组					
旅游饭店	35	35	3	106 457	4 724
一般旅馆	11	11	1	11 540	433
按星级等级分组					
一星	1	1		1 200	33
二星	10	10		26 695	1 158
三星	11	11	1	31 302	1 331
四星	4	4	1	9 315	714
五星	1	1		8 456	615
其他	19	19	2	41 029	1 306
按经营方式分组					
独立门店	41	41	3	102 897	4 425
餐饮业	**155**	**159**	**7**	**240 915**	**9 022**
# 国有控股	5	5	1	10 430	347
按登记注册类型分组					
内资企业	154	158	6	238 655	8 822
国有企业	5	5	1	10 430	347
集体企业			2	2 220	28
有限责任公司	16	17		31 438	1 333
股份有限公司	3	3		3 720	179
私营企业	126	129	3	183 397	6 651
# 私营独资企业	61	61	1	85 582	2 719
私营有限责任公司	56	56	2	87 935	3 591
其他企业	3	3		5 450	197
外商投资企业	1	1	1	2 260	200
按国民经济行业分组					
正餐服务	145	149	6	223 570	8 486
快餐服务	4	4		7 600	124
饮料及冷饮服务			1	445	20
其他餐饮服务	6	6		9 300	392
按经营方式分组					
独立经营	144	148	5	227 702	8 433
连锁店总店(总部)					
连锁门店	3	3	1	2 118	237
其他	8	8	1	11 095	352

16-4 限额以上批发和零售业商品销售、库存总额

（2011 年） 单位：万元

项目	销售总额	批发	零售	年末库存总额
总 计	**14 276 907**	**7 231 411**	**7 045 496**	**687 709**
批发业	**8 048 971**	**7 073 744**	**975 227**	**319 306**
# 国有控股	3 008 790	2 904 811	103 979	174 585
按登记注册类型分组				
内资企业	7 934 449	6 964 774	969 675	317 787
国有企业	1 386 499	1 354 242	32 257	100 516
集体企业	23 491	19 322	4 169	400
股份合作企业				
有限责任公司	2 944 444	2 784 868	159 576	50 973
# 其他有限责任公司	2 944 444	2 784 868	159 576	50 973
股份有限公司	235 256	203 334	31 922	7 389
私营企业	2 917 077	2 253 425	663 651	100 857
# 私营有限责任公司	1 634 083	1 346 434	287 650	67 379
港、澳、台商投资企业	82 212	82 212		195
外商投资企业	32 310	26 759	5 551	1 324
按国民经济行业分组				
农畜产品批发	120 172	77 630	42 542	3 782
食品、饮料及烟草制品批发	1 551 672	1 279 998	271 673	102 369
# 米、面制品及食用油批发	542 237	417 318	124 919	76 211
烟草制品批发	537 867	537 867		18 647
纺织、服装及日用品批发	43 764	31 251	12 513	898
# 纺织品、针织品及原料批发	26 056	15 543	10 513	64
医药及医疗器材批发	603 405	505 010	98 395	27 088
矿产品、建材及化工产品批发	4 379 923	3 930 196	449 727	92 655
# 煤炭及制品批发	1 585 154	1 407 537	177 617	24 708
石油及制品批发	9 976	9 806	170	377
机械设备、五金交电及电子产品批发	1 043 000	974 959	68 040	84 009
其他批发	298 290	265 953	32 338	7 925
零售业	**6 227 936**	**157 667**	**6 070 269**	**368 403**
# 国有控股	503 530	3 111	500 419	50 495
按登记注册类型分组				
内资企业	6 147 523	157 667	5 989 856	362 152
国有企业	323 864	3 111	320 753	33 159
集体企业	210 615	18 059	192 556	19 690

16-4 续表 （2011 年） 单位:万元

项目	销售总额	批发	零售	年末库存总额
股份合作企业	18 150		18 150	3 111
有限责任公司	1 356 180	93 308	1 262 873	75 671
#其他有限责任公司	1 356 180	93 308	1 262 873	75 671
股份有限公司	281 257	300	280 957	39 036
私营企业	3 902 206	37 275	3 864 931	187 970
#私营有限责任公司	3 109 992	27 679	3 082 313	139 166
其他企业	54 484	5 615	48 870	3 417
港、澳、台商投资企业	21 579		21 579	2 751
外商投资企业	58 834		58 834	3 501
按国民经济行业分组				
综合零售	1 439 108	30 391	1 408 717	122 505
#百货零售	853 909	22 418	831 491	64 708
超级市场零售	585 199	7 973	577 226	57 797
食品、饮料及烟草制品专门零售	306 204	8 295	297 909	8 950
纺织、服装及日用品专门零售	261 754	644	261 110	7 338
文化、体育用品及器材专门零售	89 275		89 275	21 873
#图书零售	58 296		58 296	16 404
医药及医疗器材专门零售	201 215	2 719	198 496	11 839
汽车、摩托车、燃料及零配件专门零售	2 481 983	4 119	2 477 865	123 087
#汽车零售	2 268 435	2 804	2 265 631	116 313
家用电器及电子产品专门零售	644 900	7 741	637 159	45 517
#家用电器零售	413 389	5 233	408 157	34 293
五金、家具及室内装修材料专门零售	636 150	96 453	539 697	20 223
无店铺及其他零售	167 348	7 306	160 042	7 072
按经营方式分组				
独立门店	4 963 404	148 482	4 814 922	277 735
连锁总店（总部）	104 526	2 292	102 234	25 516
连锁门店	203 945	3 670	200 274	19 025
其他	956 062	3 224	952 839	46 127
按零售业态分组				
百货商店	848 176	22 418	825 758	64 424
超级	319 507	7 962	311 545	36 922
大型超市	268 473	11	268 462	20 901
专业店	2 774 996	13 361	2 761 635	149 793
专卖店	1 157 516	5 276	1 152 240	78 000

16–5 限额以上住宿餐饮业经营情况

（2011 年）　　单位：万元

指标名称	营业额	客房收入	餐费收入	商品销售收入	其他收入	年末拥有客房数（间）	年末拥有床位数（个）	年末拥有餐位数（个）
总　计	**291 694**	**71 668**	**190 104**	**25 992**	**3 930**	**8 678**	**15 402**	**73 912**
住宿业	**101 597**	**50 213**	**37 783**	**11 581**	**2 019**	**5 071**	**9 204**	**16 335**
# 国有控股	22 040	9 587	10 661	1 488	304	1 156	2 279	3 290
按登记注册类型分组								
内资企业	100 753	49 773	37 385	11 577	2 019	4 945	8 952	16 035
国有企业	22 040	9 587	10 661	1 488	304	1 156	2 279	3 290
集体企业	2 082	795	912	222	153	152	348	830
有限责任公司	8 952	5 934	2 401	458	159	719	1 280	2 360
其他有限责任公司	8 952	5 934	2 401	458	159	719	1 280	2 360
股份有限公司	632	421	26	6	179	101	195	28
私营企业	67 048	33 037	23 384	9 403	1 225	2 817	4 850	9 527
# 私营有限责任公司	22 520	10 980	8 217	2 529	794	1 224	2 293	4 420
其他企业								
按国民经济行业分组								
旅游饭店	94 244	46 253	35 285	10 720	1 986	4 421	7 923	14 217
一般旅馆	7 353	3 961	2 498	861	33	650	1 281	2 118
按星级登记分组								
五星	15 838	7 804	7 018	1 016		381	578	1 119
四星	14 390	6 064	6 946	1109	272	759	1 327	1 670
三星	17 670	7 325	8 437	939	969	1 083	2 118	4 460
二星	17 992	9 224	6 037	2 443	288	876	1 880	3 580
其他	808	165	643			40	120	340
餐饮业	**190 098**	**21 454**	**152 321**	**14 411**	**1 912**	**3 607**	**6 198**	**57 577**
# 国有控股	6 819	2 082	3 759	158	819	335	578	1 390
按登记注册类型分组								
内资企业	185 741	20 912	148 803	14 411	1 615	3 479	6 018	56 784
国有企业	6 819	2 082	3 759	158	819	335	578	1 390
集体企业	1 279		984	264	31			1 942
有限责任公司	19 291	2 588	16 632	22	50	437	687	5 604
# 其他有限责任公司	19 291	2 588	16 632	22	50	437	687	5 604
股份有限公司	3 967		3 939	27	1			2 718
私营企业	148 974	14 478	120 442	13 603	452	2 453	4 300	43 640
# 私营独资企业	65 518	3 008	55 386	7 116	8	470	795	20 842
私营有限责任公司	77 040	9 951	60 208	6 438	444	1 686	2 915	20 913
其他企业	4 812	1 633	2 603	314	263	204	365	1 140
外商投资企业	4 357	543	3 518		296	128	180	793
按国民经济行业分组								
正餐服务	175 994	19 422	142 001	12 945	1 626	3 210	5 408	51 283
快餐服务	3 413	199	2 734	480		60	120	1 266
其他餐饮服务	10 188	1 833	7 084	986	285	337	670	4 928
按经营方式分组								
独立经营	177 358	19 252	143 179	14 097	830	3 225	5 550	55 415
连锁总店（总部）								
连锁门店	3 434	125	3 309			57	72	541
其他	9 305	2 077	5 832	314	1 082	325	576	1 621

16-6　亿元以上商品交易市场基本情况

（2012 年）

指　标　名　称	市场个数（个）	营业面积（平方米）	摊位总量（个）	已出租摊　位	出租率（%）
合　计	**28**	**2 876 279**	**35 482**	**34 635**	**97.6**
按经营环境分					
露天式	6	781 439	8 462	8 416	99.5
封闭式	19	1 539 340	26 265	25 464	97.0
其他	3	555 500	755	755	100.0
按经营方式分					
批发	18	2 336 573	22 788	22 216	97.5
零售	10	539 706	12 694	12 419	97.8
按市场类别分					
综合市场	4	707 900	7 428	6 982	94.0
生产资料综合市场	2	658 800	5 878	5 467	92.7
农产品综合市场	2	49 100	1 530	1 515	99.0
专业市场	24	2 168 379	28 054	27 653	98.6
纺织品服装鞋帽市场	4	237 600	10 991	10 965	99.8
家具市场	1	38 154	370	360	97.3
金属材料市场	2	203 000	2 030	1 967	96.9
煤炭市场	1	200 000	33	33	100.0
木材市场	2	284 097	185	182	98.4
建材市场	2	337 500	2 148	2 116	98.5
干鲜果品市场	1	190 000	4 800	4 800	100.0
蔬菜市场	1	80 000	2 000	2 000	100.0
计算机及辅助设备市场	1	2 610	282	275	97.5
其他市场					

16-7 亿元以上商品交易市场成交情况

（2011 年）

单位:万元

指 标 名 称	本期商品成交额	#全年消费品零售额	本年市场交易业主缴纳税金总额	年末交易市场业主从业人员（人）
合 计	**7 455 030**	**697 241**	**16 263**	**92 110**
按经营环境分				
露天式	1 907 842	84 248	854	14 260
封闭式	5 422 288	607 614	15 343	75 582
其他	124 900	5 379	67	2 268
按经营方式分				
批发	6 615 239	354 599	15 138	58 282
零售	839 791	342 642	1 125	33 828
按市场类别分				
综合市场	1 373 630	75 833	7 734	9 545
生产资料综合市场	1 301 534	30 133	7 682	7 020
农产品综合市场	72 097	45 700	52	2 525
专业市场	6 081 399	621 408	8 529	82 565
纺织品服装鞋帽市场	1 595 119	53 872	754	32 902
家具市场	27 160		407	780
金属材料市场	2 140 262	200 000	3 245	4 708
煤炭市场	126 000		209	112
木材市场	61 970	35 459	27	852
建材装饰材料市场	408 925	158 311	390	6 877
干鲜果品市场	263 000	40 600	370	3 250
蔬菜市场	323 500		24	8 000
计算机及辅助设备市场	59 700	40 000	27	560
其他市场				

16-8 限额以上批发零售业企业财务状况

（2011 年）　　单位：万元

指标名称	年末资产负债						
	流动资产合计	# 存货	固定资产原价	累计折旧	# 本年折旧	资产总计	负债合计
总计	**2 950 532**	**666 812**	**703 735**	**159 432**	**37 140**	**3 844 412**	**2 457 901**
批发业	**1 825 793**	**323 662**	**255 526**	**54 661**	**12 221**	**2 154 345**	**1 418 857**
# 国有控股	977 209	171 988	37 748	26 874	5 140	1 055 736	807 437
按登记注册类型分组							
内资企业	1 816 805	322 181	244 010	54 134	12 001	2 131 444	1 416 576
国有企业	709 798	98 106	37 605	26 825	5 109	788 206	544 505
集体企业	3 677	402	793	199	54	4 701	2 329
股份合作企业							
联营企业	102 825	56 462	701	453	69	103 083	98 397
有限责任公司	444 327	47 781	19 728	4 034	838	473 417	293 510
股份有限公司	48 691	7 389	1 350	720	103	54 360	50 559
私营企业	500 776	110 852	125 254	21 670	5 679	691 987	421 930
# 私营有限责任公司	370 028	67 486	75 299	14 819	3 852	478 331	302 231
其他企业	6 711	1 191	8 580	231	149	15 691	5 346
港、澳、台商投资企业	1 072	186	9 978	376	111	12 655	-3 124
外商投资企业	7 917	1 295	1 538	151	109	10 246	5 405
按国民经济行业分组							
农畜产品批发	18 805	3 736	12 494	1 458	433	32 436	16 015
食品、饮料及烟草制品批发	378 986	113 427	114 019	31 105	6 073	515 711	245 936
# 米、面制品及食用油批发	162 403	86 261	14 036	4 166	466	212 930	181 297
烟草制品批发	182 148	16 215	72 835	22 122	4 525	236 317	28 786
纺织、服装及日用品批发	9 358	843	1 777	450	94	11 547	3 431
# 纺织品、针织品及原料批发	3 601	64	929	384	57	4 846	2 434
医药及医疗器材批发	111 850	25 570	12 701	2 291	661	134 420	111 745
矿产品、建材及化工产品批发	695 870	88 338	76 118	10 576	3 612	795 426	472 972
# 煤炭及制品批发	257 233	23 558	18 360	4 236	1 173	279 679	93 392
金属及金属矿批发	173 670	23 350	27 054	3 122	1 125	218 995	148 910
机械设备、五金交电及电子产品批发	549 691	83 283	20 825	6 653	806	587 808	527 072
# 农业机械批发	9 072	2 437	2 415	555	84	12 689	9 140
汽车、摩托车及零配件批发	4 190	3 032	65	9		4 245	312
其他机械设备及电子产品批发	523 693	74 056	13 592	4 849	433	553 822	505 636
其他批发	56 719	7 833	17 555	2 096	534	72 475	37 448
按经营方式分组							
独立门店	1 091 198	167 106	208 693	44 768	10 278	1 336 262	743 195
连锁总店（总部）							
连锁门店	1 891	435	2 033	905	230	3 678	1 044
其他	732 704	156 121	44 801	8 988	1 713	814 406	674 619

16-8 续表 1 （2011 年） 单位:万元

指 标 名 称	年末资产负债						
	流动资产合计	# 存货	固定资产原价	累计折旧	# 本年折旧	资产总计	负债合计
零售业	**1 124 739**	**343 150**	**448 209**	**104 771**	**24 918**	**1 690 066**	**1 039 044**
# 国有控股	113 657	34 615	59 597	22 187	5 060	202 152	156 543
按登记注册类型分类							
内资企业	1 105 985	339 673	431 439	99 900	23 746	1 658 804	1 019 554
国有企业	57 467	19 328	42 271	16 053	4 487	106 505	78 177
集体企业	33 362	18 825	21 445	7 804	987	51 720	32 657
股份合作企业	4 441	2 731	3 843	1 321	172	8 097	11 982
联营企业	384	97	395	13	3	768	386
有限责任公司	265 430	74 429	84 278	19 680	4 598	374 380	244 851
股份有限公司	96 189	34 717	33 259	10 998	496	157 533	116 501
私营企业	640 881	186 654	245 320	43 786	12 954	949 511	530 126
# 私营有限责任公司	483 564	140 805	158 603	30 587	8 679	700 777	412 156
其他企业	7 831	2 891	629	245	50	10 290	4 873
港、澳、台商投资企业	930		4 547	555	555	4 923	3 242
外商投资企业	17 823	3 477	12 223	4 317	618	26 340	16 248
按国民经济行业分组							
综合零售	332 231	103 163	183 925	53 106	10 025	540 370	362 686
# 百货零售	182 727	50 478	99 791	28 272	4 725	303 297	203 479
超级市场零售	149 504	52 685	84 135	24 834	5 300	237 073	159 207
食品、饮料及烟草制品专门零售	30 946	9 592	19 782	3 521	1 351	54 905	26 584
纺织、服装及日用品专门零售	21 126	7 015	16 608	2 434	1 003	50 544	14 637
文化、体育用品及器材专门零售	35 569	17 788	15 776	5 743	2 026	63 179	37 233
# 图书零售	28 862	13 388	11 947	5 039	1 796	53 062	31 667
医药及医疗器材专门零售	65 801	16 319	15 749	5 511	401	92 204	70 489
汽车、摩托车、燃料及零配件专门零售	416 092	119 687	108 435	22 985	6 278	540 064	350 859
# 汽车零售	389 639	113 058	98 613	21 649	5 756	502 844	332 683
家用电器及电子产品专门零售	114 189	47 391	24 867	4 806	1 381	171 739	91 328
# 家用电器零售	56 142	34 315	15 337	2 688	924	100 541	56 898
计算机、软件及辅助设备零售	32 914	10 448	8 080	1 543	343	44 315	17 538
五金、家具及室内装修材料专门零售	93 766	19 179	44 672	5 434	1 981	142 003	70 118
# 五金零售	53 748	5 116	9 012	825	422	68 194	37 617
家具零售	11 935	5 473	14 269	2 041	893	25 339	10 204
无店铺及其他零售	15 018	3 016	18 396	1 232	472	35 059	15 112
按经营方式分组							
独立门店	879 002	261 133	350 286	77 125	19 440	1 330 160	790 451
连锁总店(总部)	31 578	25 539	8 071	4 376	429	35 434	34 369
连锁门店	47 913	17 090	16 463	3 925	945	66 859	54 029
其他	166 246	39 388	73 389	19 345	4 104	257 613	160 194
按零售业态分组							
超 市	93 530	35 030	46 396	11 104	2 506	146 201	79 471
大型超市	55 716	17 397	37 731	13 726	2 793	90 610	79 678
仓储会员店							
百货店	182 727	50 478	99 791	28 272	4 725	303 297	203 479
专业店	465 204	149 179	161 145	29 469	9 648	686 026	373 854
专卖店	243 509	74 696	70 581	17 376	3 655	335 844	232 389

16-8 续表 2 （2011 年） 单位：万元

指标名称	年末资产负债							
	所有者权益合计	实收资本	国家资本	集体资本	法人资本	个人资本	港澳台资本	外商资本
总　计	**1 386 511**	**635 915**	**41 461**	**26 453**	**97 575**	**456 820**	**4 912**	**8 694**
批发业	**735 489**	**252 478**	**25 534**	**11 855**	**32 242**	**174 211**	**4 905**	**3 731**
# 国有控股	248 299	26 116	25 534		349	234		
按登记注册类型分组								
内资企业	714 868	232 546	25 534	649	32 242	174 122		
国有企业	243 701	24 517	23 994		349	174		
集体企业	2 372	649		649				
股份合作企业								
联营企业	4 686	2 500	500		1 900	100		
有限责任公司	179 907	37 730	1 040		19 567	17 123		
股份有限公司	3 801	5 601			2 050	3 551		
私营企业	270 057	152 690			8 126	144 564		
# 私营有限责任公司	176 100	109 529			1 265	108 264		
其他企业	10 345	8 860			250	8 610		
港、澳、台商投资企业	15 779	16 111		11 206			4 905	
外商投资企业	4 841	3 821				90		3 731
按国民经济行业分组								
农畜产品批发	16 422	7 324	646		500	6 178		
食品、饮料及烟草制品批发	269 775	29 549	9 441		1 832	18 275		
# 米、面制品及食用油批发	31 633	4 944	3 632		932	379		
烟草制品批发	207 531	5 309	5 309					
纺织、服装及日用品批发	8 116	5 219			150	2 675		2 394
# 纺织品、针织品及原料批发	2 413	2 165				2 165		
医药及医疗器材批发	22 675	19 344	397		4 000	14 947		
矿产品、建材及化工产品批发	322 454	131 600	1 040	11 406	21 837	91 090	4 905	1 322
# 煤炭及制品批发	186 286	37 144	140	200	8 021	28 783		
金属及金属矿批发	70 085	62 494		11 206	5 400	39 661	4 905	1 322
机械设备、五金交电及电子产品批发	60 737	31 907	14 010		3 672	14 210		15
# 农业机械批发	3 550	2 267	10		170	2 086		
汽车、摩托车及零配件批发	3 933	500				500		
其他机械设备及电子产品批发	48 186	23 077	14 000		2 902	6 160		15
其他批发	35 028	27 236		449	250	26 537		
按经营方式分组								
独立门店	593 068	188 334	5 777	11 655	25 047	137 219	4 905	3 731
连锁总店（总部）								
连锁门店	2 634	600	600					
其他	139 787	63 544	19 157	200	7 195	36 992		

16-8 续表 3　　　　（2011 年）　　　　单位：万元

指标名称	年末资产负债							
	所有者权益合计	实收资本	国家资本	集体资本	法人资本	个人资本	港澳台资本	外商资本
零售业	**651 022**	**383 437**	**15 927**	**14 598**	**65 333**	**282 609**	**7**	**4 963**
# 国有控股	**45 609**	**20 417**	**15 927**		**1 120**	**3 370**		
按登记注册类型分类								
内资企业	639 250	377 102	15 927	14 598	63 941	282 609	7	20
国有企业	28 327	12 347	8 966		1 120	2 261		
集体企业	19 063	12 836		12 636	10	190		
股份合作企业	−3 885	300		102		198		
联营企业	382	50		50				
有限责任公司	129 529	75 611	2 450	1 789	23 064	48 288		20
股份有限公司	41 031	30 456	4 511	22	14 864	11 058		
私营企业	419 385	240 770			20 683	220 080	7	
# 私营有限责任公司	288 621	166 967			14 757	152 203	7	
其他企业	5 417	4 734			4 200	534		
港、澳、台商投资企业	1 681	1 356						1 356
外商投资企业	10 091	4 979			1 392			3 587
按国民经济行业分组								
综合零售	177 684	101 344	7 329	11 490	30 011	49 071		3 444
# 百货零售	99 818	55 254	7 275	5 983	20 024	21 973		
超级市场零售	77 866	46 091	54	5 508	9 987	27 098		3 444
食品、饮料及烟草制品专门零售	28 321	13 902	416	1 355	705	11 427		
纺织、服装及日用品专门零售	35 908	27 787	43		4 126	23 611	7	
文化、体育用品及器材专门零售	25 946	5 156	2 060	322	210	2 564		
# 图书零售	21 395	2 090	2 060			30		
医药及医疗器材专门零售	21 715	14 646	5 892		541	8 212		
汽车、摩托车、燃料及零配件专门零售	189 205	114 182	50	1 360	16 337	96 436		
# 汽车零售	170 161	104 176		1 000	16 050	87 125		
家用电器及电子产品专门零售	80 411	43 146		11	6 711	36 403		20
# 家用电器零售	43 644	16 862		11	340	16 491		20
计算机、软件及辅助设备零售	26 778	17 163			4 396	12 767		
五金、家具及室内装修材料专门零售	71 886	51 311	87	60	6 693	44 240		230
# 五金零售	30 578	24 257	87	60	300	23 789		20
家具零售	15 135	8 698				8 488		210
无店铺及其他零售	19 947	11 964	50			10 645		1 269
按经营方式分组								
独立门店	539 708	329 727	9 702	12 915	60 288	243 352	7	3 464
连锁总店（总部）	1 065	2 712	1 000	1 060		652		
连锁门店	12 830	6 094	4		1 620	4 470		
其他	97 419	44 904	5 221	623	3 425	34 136		1 499
按零售业态分组								
超　市	66 730	30 062	54	3 969	5 495	20 544		
大型超市	10 933	15 978		1 539	4 492	6 504		3 444
仓储会员店								
百货店	99 818	55 254	7 275	5 983	20 024	21 973		
专业店	312 173	170 753	3 310	1 553	17 939	146 635	7	1 309
专卖店	103 455	70 153	4 862	300	14 548	50 233		210

16-8 续表 4 （2011 年） 单位:万元

指标名称	损益及分配							
	主营业务收入	主营业务成本	主营业务税金及附加	主营业务利润	其他业务利润	营业费用	管理费用	# 税金
总　计	**12 447 233**	**10 983 387**	**85 629**	**821 908**	**35 643**	**332 288**	**208 687**	**8 612**
批发业	**7 215 346**	**6 355 657**	**51 088**	**528 430**	**2 125**	**166 598**	**94 842**	**3 606**
# 国有控股	2 681 405	2 510 045	25 280	101 614	298	18 529	27 054	1 018
按登记注册类型分组								
内资企业	7 112 105	6 259 944	50 343	524 904	1 803	165 291	92 824	3 465
国有企业	1 305 975	1 145 351	25 154	98 357	207	17 779	25 292	825
集体企业	23 543	20 228	317	1 987		513	371	3
股份合作企业								
联营企业	338 905	329 597	58	1 498		1 620	641	96
有限责任公司	2 572 441	2 327 884	5 748	185 765	1 075	42 776	9 655	405
股份有限公司	207 074	165 714	933	1 057	105	37 545	1 523	80
私营企业	2 641 577	2 252 939	17 525	234 328	417	64 141	54 605	2 020
# 私营有限责任公司	1 493 880	1 302 228	8 481	87 711	299	45 068	38 448	1 027
其他企业	22 590	18 231	608	1 913		919	737	36
港、澳、台商投资企业	73 299	70 240	235	1 420	50	475	825	119
外商投资企业	29 942	25 473	510	2 106	271	831	1 192	22
按国民经济行业分组								
农畜产品批发	113 196	93 205	1 559	13 552		1 987	1 889	52
食品、饮料及烟草制品批发	1 349 596	1 116 816	27 139	143 734	511	25 108	28 219	1 259
# 米、面制品及食用油批发	464 912	427 889	1 000	22 714		1 708	3 152	299
烟草制品批发	461 949	342 549	24 398	71 610	99	6 718	19 042	486
纺织、服装及日用品批发	42 236	36 059	252	4 926		399	507	38
# 纺织品、针织品及原料批发	24 304	21 471	144	2 385		81	157	11
医药及医疗器材批发	515 774	461 073	1 020	4 754	105	44 687	3 210	110
矿产品、建材及化工产品批发	3 917 692	3 484 085	16 297	287 825	701	70 854	47 526	1 477
# 煤炭及制品批发	1 405 412	1 141 407	6 482	215 865	10	26 816	11 436	560
金属及金属矿批发	625 848	551 406	3 855	17 629	321	22 736	24 583	346
机械设备、五金交电及电子产品批发	988 137	938 357	1 563	26 444	795	18 600	8 806	248
# 农业机械批发	46 621	42 372	328	1 676	131	998	1 096	34
汽车、摩托车及零配件批发	24 357	22 766	3	258		558	773	
其他机械设备及电子产品批发	867 446	829 058	580	23 373	230	14 589	5 389	167
其他批发	279 969	218 157	3 258	47 190	13	4 477	4 427	420
按经营方式分组								
独立门店	5043 016	4 373 917	42 759	396 308	1 828	136 114	79 810	2 682
连锁总店(总部)								
连锁门店	36 427	32 501	144	1 999		104	959	165
其他	2 135 904	1 949 239	8 184	130 123	296	30 380	14 073	760

16-8 续表5 （2011年） 单位：万元

指标名称	损益及分配							
	主营业务收入	主营业务成本	主营业务税金及附加	主营业务利润	其他业务利润	营业费用	管理费用	#税金
零售业	**5 231 887**	**4 627 730**	**34 542**	**293 478**	**33 519**	**165 690**	**113 845**	**5 006**
#国有控股	303 933	260 601	1 048	10 008	6 865	19 853	16 007	430
按登记注册类型分类								
内资企业	5 162 762	4 568 419	34 353	288 354	28 500	157 736	112 084	4 993
国有企业	189 901	161 771	774	6 694	5 585	14 503	9 970	174
集体企业	200 046	168 427	2 314	14 174	1 985	9 686	5 917	141
股份合作企业	15 513	13 661	57	−1 356	40	1 056	2 053	40
联营企业	658	461	1	52		66	78	3
有限责任公司	1 143 365	1 017 639	5 830	61 213	12 219	41 989	22 164	898
股份有限公司	243 301	213 566	2 179	10 251	1 044	8 180	8 637	339
私营企业	3 326 638	2 953 761	23 002	195 302	7 629	81 255	62 608	3 384
#私营有限责任公司	2 606 388	2 325 767	17 213	146 472	6 730	63 901	45 981	2 334
其他企业	43 340	39 135	196	2 024		1 002	657	13
港、澳、台商投资企业	18 601	16 313	149	454	2 135	3 761	29	3
外商投资企业	50 524	42 998	40	4 670	2 883	4 193	1 732	9
按国民经济行业分组								
综合零售	1203 629	1 030 711	10 607	75 570	25 242	64 144	39 955	1 187
#百货零售	683 022	582 885	7 882	53 868	12 373	25 753	20 440	782
超级市场零售	520 607	447 826	2 726	21 702	12 868	38 392	19 515	405
食品、饮料及烟草制品专门零售	230 247	195 994	1 162	18 842	400	6 612	6 714	384
纺织、服装及日用品专门零售	154 525	127 819	2 229	13 836	16	4 827	4 545	259
文化、体育用品及器材专门零售	74 110	59 402	417	6 294	943	3 984	4 832	239
#图书零售	47 952	38 118	190	3 711	943	3 369	3 498	192
医药及医疗器材专门零售	167 757	142 011	878	10 976	1 878	6 305	6 812	253
汽车、摩托车、燃料及零配件专门零售	2186 387	1 998 845	8 399	97 978	1 731	42 739	30 097	1 537
#汽车零售	1992 407	1 831 043	5 109	83 426	1 731	38 897	26 898	1 280
家用电器及电子产品专门零售	564 655	489 603	5 615	35 514	3 248	22 132	10 860	547
#家用电器零售	374 407	324 411	4 201	23 790	867	15 778	5 931	257
计算机、软件及辅助设备零售	135 220	115 148	1 151	9 639	758	3 824	3 827	213
五金、家具及室内装修材料专门零售	587 178	527 901	4 673	29 764	51	14 004	8 657	445
#五金零售	218 140	206 271	625	5 663		2 939	2 000	73
家具零售	50 156	40 274	683	5 982	51	1 651	1 186	157
无店铺及其他零售	63 399	55 445	561	4 706	11	943	1 374	155
按经营方式分组								
独立门店	4 223 583	3 754 818	28 975	227 427	28 198	128 730	87 984	3 731
连锁总店（总部）	92 813	79 816	1 147	3 983	2 027	6 595	3 198	3
连锁门店	176 547	157 054	175	4 387	1 790	8 925	6 427	61
其他	738 944	636 042	4 244	57 681	1 504	21 440	16 236	1 211
按零售业态分组								
超　市	279 590	233 945	2 211	16 674	3 262	16 944	10 134	310
大型超市	237 452	211 742	494	4 080	9 606	21 044	9 365	94
仓储会员店								
百货店	683 022	582 885	7 882	53 868	12 373	25 753	20 440	782
专业店	2 323 986	2 047 392	12 762	150 089	5 585	61 403	44 552	2 657
专卖店	1 040 287	944 357	6 011	39 711	1 728	24 220	20 593	820

16-8 续表 6 （2011 年） 单位：万元

指标名称	损益及分配						
	#差旅费	#工会经费	财务费用	#利息支出	营业利润	利润总额	应交所得税
总 计	**7 681**	**1 211**	**59 658**	**20 990**	**821 908**	**740 260**	**149 295**
批发业	**3 047**	**495**	**32 465**	**11 494**	**528 430**	**491 684**	**102 747**
#国有控股	341	224	11 071	5 735	101 614	103 665	18 008
按登记注册类型分组							
内资企业	2 827	491	32 209	11 441	524 904	488 160	101 812
国有企业	301	215	6 139	943	98 357	99 963	16 563
集体企业			127		1 987	1 987	497
股份合作企业							
联营企业	14	2	5 491	4 517	1 498	1 952	990
有限责任公司	356	34	1 702	906	185 765	185 539	45 166
股份有限公司	17	0	243	336	1 057	1 154	388
私营企业	2 070	237	18 324	4 711	234 328	195 903	37 826
#私营有限责任公司	1 078	134	12 255	3 834	87 711	86 335	15 826
其他企业	70	3	182	28	1 913	1 663	383
港、澳、台商投资企业	1		155		1 420	1 420	406
外商投资企业	218	5	101	53	2 106	2 104	530
按国民经济行业分组							
农畜产品批发	107	15	1 006	177	13 552	13 552	2 271
食品、饮料及烟草制品批发	547	248	9 091	3 912	143 734	110 097	20 827
#米、面制品及食用油批发	35	11	8 449	5 482	22 714	4 411	1 362
烟草制品批发	249	190	−2 269	−2 279	71 610	71 696	14 382
纺织、服装及日用品批发	109	1	94	80	4 926	4 285	892
#纺织品、针织品及原料批发	17		67	58	2 385	2 385	596
医药及医疗器材批发	42		982	1 328	4 754	4 163	985
矿产品、建材及化工产品批发	1 645	157	11 820	3 537	287 825	286 095	64 515
#煤炭及制品批发	651	64	3 430	803	215 865	214 968	49 700
金属及金属矿批发	385	20	5 961	2 088	17 629	17 575	4 052
机械设备、五金交电及电子产品批发	188	25	6 909	2 214	26 444	26 298	2 004
#农业机械批发	42	3	282	45	1 676	1 663	372
汽车、摩托车及零配件批发					258	258	5
其他机械设备及电子产品批发	132	17	6 435	2 153	23 373	23 291	1 516
其他批发	384	49	2 473	246	47 190	47 190	11 253
按经营方式分组							
独立门店	2 209	422	15 797	4 459	396 308	382 658	86 442
连锁总店（总部）							
连锁门店			720	20	1 999	1 999	133
其他	838	73	15 948	7 015	130 123	107 027	16 173

16-8 续表 7 （2011 年） 单位:万元

指 标 名 称	损益及分配						
	# 差旅费	# 工会经费	财务费用	# 利息支出	营业利润	利润总额	应 交 所得税
零售业	**4 635**	**716**	**27 194**	**9 496**	**293 478**	**248 576**	**46 548**
# 国有控股	198	96	2 948	1 248	10 008	8 812	1 103
按登记注册类型分类							
内资企业	4 584	715	27 389	9 481	288 354	243 502	45 247
国有企业	97	62	1 755	1 316	6 694	6 338	484
集体企业	216	56	1 513	779	14 174	14 384	3 373
股份合作企业	25	3	82	13	–1 356	–1 365	20
联营企业	3	1			52	52	10
有限责任公司	492	144	4 662	1 335	61 213	50 828	11 222
股份有限公司	91	74	1 279	198	10 251	8 895	1 871
私营企业	3 590	375	17 773	5 575	195 302	162 664	28 035
# 私营有限责任公司	2 492	239	13 396	4 432	146 472	119 681	20 194
其他企业	70		326	266	2 024	1 707	230
港、澳、台商投资企业	16		31		454	454	110
外商投资企业	35	1	–226	15	4 670	4 620	1 191
按国民经济行业分组							
综合零售	831	291	7 878	3 721	75 570	66 302	15 916
# 百货零售	509	214	4 573	1 056	53 868	49 159	12 090
超级市场零售	322	77	3 305	2 666	21 702	17 143	3 826
食品、饮料及烟草制品专门零售	387	80	1 275	678	18 842	13 432	2 079
纺织、服装及日用品专门零售	308	47	1 286	117	13 836	13 018	2 870
文化、体育用品及器材专门零售	226	58	21	–11	6 294	6 271	634
# 图书零售	103	55	–96	–29	3 711	3 679	256
医药及医疗器材专门零售	135	20	1 747	119	10 976	4 221	1 047
汽车、摩托车、燃料及零配件专门零售	1 329	120	9 865	3 000	97 978	80 087	12 291
# 汽车零售	1 145	105	8 727	2 556	83 426	66 330	10 531
家用电器及电子产品专门零售	697	40	2 344	1 244	35 514	32 474	5 755
# 家用电器零售	258	17	1 042	183	23 790	23 663	3 340
计算机、软件及辅助设备零售	361	21	673	369	9 639	7 362	1 824
五金、家具及室内装修材料专门零售	567	38	2 177	438	29 764	28 762	5 164
# 五金零售	124	5	642	107	5 663	5 462	753
家具零售	140	22	377	121	5 982	5 275	574
无店铺及其他零售	154	22	601	190	4 706	4 009	790
按经营方式分组							
独立门店	3 542	583	21 355	7 442	227 427	186 817	37 042
连锁总店(总部)			101		3 983	3 991	705
连锁门店	89	21	1 368	1 237	4 387	3 180	236
其他	1 004	111	4 369	817	57 681	54 587	8 565
按零售业态分组							
超 市	259	61	2 933	2 575	16 674	14 435	2 177
大型超市	63	15	334	90	4 080	1 760	1 648
仓储会员店							
百货店	509	214	4 573	1 056	53 868	49 159	12 090
专业店	2 668	307	10 576	4 108	150 089	121 752	19 361
专卖店	766	101	6 791	1 404	39 711	33 613	5 875

16-8 续表 8 （2011 年） 单位：万元

指 标 名 称	工资、增值税		本企业年平均无偿使用厂方促销人员（指未列入从业人员及工资总额统计的）	附报资料	
	本年应付工 资	本年应交增 值 税		亏损企业数（个）	亏损总额
总 计	**140 089**	**183 957**	**4 517**	**72**	**16 242**
批发业	**53 538**	**109 283**	**1 484**	**18**	**4 625**
# 国有控股	17 075	20 467	1 226	3	246
按登记注册类型分组					
内资企业	52 801	108 254	1 484	17	4 420
国有企业	15 810	19 330	1 226	3	246
集体企业	135	644			
股份合作企业					
联营企业	848	638			
有限责任公司	7 432	36 321	39	4	862
股份有限公司	8 637	5 741		2	62
私营企业	19 478	44 050	219	8	3 251
# 私营有限责任公司	12 337	19 912	56	8	3 251
其他企业	462	1 530			
港、澳、台商投资企业	123	546		1	205
外商投资企业	614	483			
按国民经济行业分组					
农畜产品批发	1 306	3 262	7	1	1
食品、饮料及烟草制品批发	17 902	26 373	1 382	4	1 053
# 米、面制品及食用油批发	1 812	1 390	84	3	246
烟草制品批发	10 960	17 395	1 226		
纺织、服装及日用品批发	405	1 165			
# 纺织品、针织品及原料批发	113	70			
医药及医疗器材批发	11 656	5 424		1	61
矿产品、建材及化工产品批发	13 289	58 330	70	9	3 406
# 煤炭及制品批发	4 754	38 655	41	3	627
金属及金属矿批发	3 625	4 311	1	6	2 779
机械设备、五金交电及电子产品批发	6 152	3 017	25	3	105
# 农业机械批发	450	325			
汽车、摩托车及零配件批发	167	23			
其他机械设备及电子产品批发	4 895	1 511	5	1	96
其他批发	2 740	11 712			
按经营方式分组					
独立门店	43 071	96 873	1 339	16	4 564
连锁总店（总部）					
连锁门店	165	657			
其他	10 302	11 753	145	2	61

16-8 续表 9 （2011 年） 单位:万元

指 标 名 称	工资、增值税		全部从业人员年平均人数（人）	附报资料	
	本年应付工资	本年应交增值税		亏损企业数（个）	亏损总额
零售业	**86 551**	**74 675**	**3 033**	**54**	**11 617**
#国有控股	11 682	2 590	1 117	7	1 444
按登记注册类型分类					
内资企业	84 652	73 142	3 033	53	11 617
国有企业	8 310	1 856	1 112	6	1 310
集体企业	4 013	4 374	47	1	1 002
股份合作企业	946	428		1	1 453
联营企业	62	13			
有限责任公司	15 614	17 415	755	12	3 299
股份有限公司	6 252	2 836		1	82
私营企业	48 644	45 679	1 119	31	4 417
#私营有限责任公司	35 156	34 194	1 002	27	4 054
其他企业	812	542		1	54
港、澳、台商投资企业	1 081	340			
外商投资企业	818	1 193		1	1
按国民经济行业分组					
综合零售	33 610	26 083	2 116	14	8 985
#百货零售	16 864	18 217	1 435	6	2 406
超级市场零售	16 745	7 866	681	8	6 578
食品、饮料及烟草制品专门零售	4 143	3 230		5	520
纺织、服装及日用品专门零售	2 965	2 940	24	3	64
文化、体育用品及器材专门零售	3 802	1 376	108		
#图书零售	2 834	863			
医药及医疗器材专门零售	4 671	2 308		1	
汽车、摩托车、燃料及零配件专门零售	20 836	22 939	98	19	1 545
#汽车零售	18 750	18 257	98	18	1 464
家用电器及电子产品专门零售	9 625	6 688	610	8	227
#家用电器零售	6 341	4 002	550		
计算机、软件及辅助设备零售	2 315	2 198	10	6	142
五金、家具及室内装修材料专门零售	5 671	7 501	33	4	277
#五金零售	1 486	1 722		3	272
家具零售	1 803	912	33		
无店铺及其他零售	1 229	1 609	44		
按经营方式分组					
独立门店	68 946	62 177	2416	43	8 114
连锁总店（总部）	2 605	1 648		1	1 002
连锁门店	3 220	855	359	2	1 606
其他	11 780	9 995	258	8	895
按零售业态分组					
超 市	8 840	3 835	611	2	498
大型超市	7 859	3 615	70	6	6 081
仓储会员店					
百货店	16 864	18 217	1 435	6	2 406
专业店	32 039	28 636	148	26	1 408
专卖店	14 510	12 739	199	10	948

16-9 限额以上住宿餐饮业企业财务状况

（2011 年） 单位：万元

指标名称	年末资产负债					资产总计	负债合计
	流动资产合计	# 存货	固定资产原价	累计折旧	# 本年折旧		
总　计	**109 871**	**8 388**	**145 525**	**49 643**	**7 951**	**295 321**	**162 692**
住宿业	**34 303**	**1 837**	**67 226**	**33 237**	**4 231**	**125 012**	**62 587**
# 国有控股	9 277	551	27 326	10 237	1 729	51 519	12 275
按登记注册类型分组							
内资企业	34 156	1 814	67 082	33 008	4 207	124 721	62 407
国有企业	9 277	551	27 326	10 237	1 729	51 519	12 275
集体企业	643	88	720	334	50	1 764	846
有限责任公司	9 118	204	847	3 889	213	14 544	3 470
股份有限公司	249	9	741	903	34	1 063	859
私营企业	14 868	963	37 448	17 645	2 181	55 831	44 957
其他企业							
按国民经济行业分组							
旅游饭店	32 680	1 711	64 834	31 867	4 106	120 237	59 858
一般旅馆	1 623	125	2 392	1 371	125	4 775	2 728
按星级等级分组							
五星	890	162	23 719	8 822	1 164	24 608	29 532
四星	5 439	482	16 878	3 292	1 311	36 813	5 169
三星	9 923	446	8 587	7 262	573	20 925	11 090
二星	13 336	217	9 536	10 422	894	26 542	5 669
其他	303	24	94	54	26	462	298
餐饮业	**75 568**	**6 552**	**78 299**	**16 406**	**3 720**	**170 309**	**100 105**
# 国有控股	1 140	193	7 481	3 215	150	11 401	7 484
按登记注册类型分组							
内资企业	73 764	6 456	77 476	16 284	3 605	167 622	98 654
国有企业	1 140	193	7 481	3 215	150	11 401	7 484
集体企业							
有限责任公司	11 576	1 024	2 662	939	382	17 182	6 884
股份有限公司	493	32	1 816	201	68	2 669	133
私营企业	58 598	4 958	56 683	9 867	2 384	125 489	81 815
私营独资企业	17 536	2 235	29 819	4 503	899	49 465	25 488
私营有限责任公司	39 465	2 480	25 929	5 129	1423	72 968	54 356
其他	1 729	226	8 293	2 023	621	10 044	1 923
按国民经济行业分组							
正餐服务	71 852	5 457	73 735	15 633	3 489	161 136	96 053
快餐服务	1 611	232	2 878	487	146	4 992	2 138
其他餐饮服务	2 105	863	1 686	286	86	4 181	1 914
按经营方式							
独立门店	72 186	5 909	68 002	13 766	2 915	156 084	96 807
连锁总店（总部）							
连锁门店	619	98	168	217	37	792	220
其他	2 763	545	10 129	2 423	768	13 433	3 078

16-9 续表 1 （2011 年） 单位:万元

指 标 名 称	年末资产负债						港澳台资 本	外商资本	主营业务收 入
	所有者权益合计	实收资本	国家资本	集体资本	法人资本	个人资本			
总 计	**132 630**	**123 257**	**36 142**	**1 137**	**27 639**	**55 786**	**100**	**2 453**	**262 848**
住宿业	**62 426**	**60 707**	**33 755**	**887**	**6 193**	**19 772**	**100**		**87 898**
# 国有控股	39 244	34 333	33 755			579			20 038
按登记注册类型分组									
内资企业	62 314	60 607	33 755	887	6 193	19 772			87 121
国有企业	39 244	34 333	33 755			579			20 038
集体企业	918	697		677		20			1 578
有限责任公司	11 074	9 918		80	800	9 038			8 394
股份有限公司	205	133		130	3				631
私营企业	10 874	15 526			5 390	10 136			56 481
其他企业									
按国民经济行业分组									
旅游饭店	60 379	59 497	33 755	887	5 703	19 053	100		81 269
一般旅馆	2 047	1 210			490	720			6 629
按星级等级分组									
五星	–4 924	5 000			4 900	100			14 398
四星	31 644	32 207	32 207						13 132
三星	9 835	6 718	693	50		5 876	100		14 621
二星	20 873	13 595	855	660	3	12 077			16 582
其他	164	120				120			808
餐饮业	**70 204**	**62 550**	**2 387**	**250**	**21 446**	**36 014**		**2453**	**174 950**
# 国有控股	3 917	5 350	2 387		662	2 300			6 287
按登记注册类型分组									
内资企业	68 968	60 110	2 387	250	21 431	36 014		29	172 408
国有企业	3 917	5 350	2 387		662	2 300			6 287
集体企业									
有限责任公司	10 299	8 141			4 711	3 431			17 813
股份有限公司	2 536	2 030				2 030			3 674
私营企业	43 674	32 715			4 485	28 202		29	139 311
私营独资企业	23 977	19 345			3 400	15 945			61 917
私营有限责任公司	18 612	12 294			1 085	11 209			71 046
其他	8 121	11 453			11 423	30			4 776
按国民经济行业分组									
正餐服务	65 083	59 080	2 387	250	19 866	34 124		2 453	164 116
快餐服务	2 854	1 990			1 480	510			3 282
其他餐饮服务	2 267	1 480			100	1 380			7 552
按经营方式									
独立门店	59 278	49 473	2 337	250	8 933	35 529		2 424	164 614
连锁总店(总部)									
连锁门店	572	261			60	172		29	1 599
其他	10 355	12 816	50		12 453	313			8 737

16-9 续表 2 （2011 年） 单位：万元

指 标 名 称	损益及分配									
	主营业务成本	主营业务税金及附加	主营业务利润	其他业务利润	营业费用	管理费用	# 税金	# 差旅费	# 工会经费	财务费用
总 计	**163 862**	**9 567**	**21 353**	**1 566**	**37 239**	**28 829**	**1628**	**391**	**113**	**3 551**
住宿业	**49 319**	**3 140**	**5 789**	**73**	**15 670**	**12 611**	**689**	**80**	**29**	**1 454**
# 国有控股	9 429	874	268	63	5 404	3 999	101	20	7	127
按登记注册类型分组										
内资企业	49 015	3 112	5 648	73	15 443	12 538	689	80	29	1 451
国有企业	9 429	874	268	63	5 404	3 999	101	20	7	127
集体企业	1 020	53	-69	1	279	240	24	16	3	56
有限责任公司	4 769	223	480		1 177	1 742	46	6	8	3
股份有限公司	128	31	7	1	367	98	7	1	2	
私营企业	33 669	1 931	4 961	8	8 216	6 459	512	38	9	1 264
其他企业										
按国民经济行业分组										
旅游饭店	45 096	2 811	4 957	73	15 142	12 061	655	78	29	1 288
一般旅馆	4 224	330	831		528	550	35	2		166
按星级等级分组										
五星	7 613	633	-420		3 966	1 638	327	7	6	968
四星	5 686	649	-131	63	4 053	2 829	33	14	3	109
三星	8 558	491	1 740	9	1 629	2 187	122	19	8	39
二星	8 293	730	943	1	3 148	3 366	123	24	9	102
其他	419	6	190		142	50	4	2		1
餐饮业	**114 543**	**6 427**	**15 564**	**1 493**	**21 569**	**16 218**	**939**	**311**	**84**	**2 096**
# 国有控股	4 017	356	255	90	787	868	4	22	7	93
按登记注册类型分组										
内资企业	113 654	6 282	16 521	1 447	20 502	14 792	939	311	84	2 078
国有企业	4 017	356	255	90	787	868	4	22	7	93
集体企业										
有限责任公司	10 377	694	1 760	756	3 346	2 010	193	80	13	381
股份有限公司	2 111	42	974		367	178	19	1		3
私营企业	92 923	4 964	13 736	598	15 633	11 066	650	197	62	1 565
私营独资企业	43 781	1 840	6 972	60	5 235	3 641	248	85	30	486
私营有限责任公司	45 875	2 803	5 994	538	9 382	6 472	360	92	29	1 058
其他	4 051	195	-216		111	595	72	11	3	36
按国民经济行业分组										
正餐服务	108 769	6 046	13 704	1 493	20 435	14 674	745	274	53	1 956
快餐服务	2 099	141	284		193	449	173	10	13	116
其他餐饮服务	3 676	240	1 576		941	1 095	21	26	19	25
按经营方式										
独立门店	107 693	5 927	15 207	1 493	20 515	14 862	698	301	78	1 881
连锁总店（总部）										
连锁门店	849	84	225		375	52	8	1		13
其他	6 001	416	133		679	1 303	233	8	6	203

16-9　续表 3　　　　（2011 年）　　　　单位:万元

指 标 名 称	损益及分配				本　　年 应付工资	本企业年平均无偿使用厂方促销人员（指未列入从业人员及工资总额统计的）	附报资料	
	#利息支出	营业利润	利润总额	应交所得税			亏损企业数（个）	亏损总额
总　计	**1 024**	**21 353**	**17 120**	**2 923**	**27 886**	**252**	**25**	**5 128**
住宿业	**75**	**5 789**	**4 732**	**736**	**9 510**	**101**	**10**	**1 966**
#国有控股		268	116	100	2 816	101	2	788
按登记注册类型分组								
内资企业	75	5 648	4 592	736	9 440	101	10	1 966
国有企业		268	116	100	2 816	101	2	788
集体企业		–69	–77	4	347		2	77
有限责任公司		480	490	62	1 038		3	470
股份有限公司		7	7	2	147			
私营企业	75	4 961	4 056	568	5 092		3	632
其他企业								
按国民经济行业分组								
旅游饭店	58	4 957	4 171	617	8 764	101	9	1 962
一般旅馆	17	831	561	119	746		1	5
按星级等级分组								
五星		–420	–420		1 765		1	420
四星		–131	–110	80	1 880		1	786
三星	23	1 740	1 727	89	2 083		1	207
二星	32	943	151	71	1 791	101	5	546
其他		190	190	18	86			
餐饮业	**949**	**15 564**	**12 388**	**2 186**	**18 376**	**151**	**15**	**3 162**
#国有控股	1	255	256	74	724		1	5
按登记注册类型分组								
内资企业	949	16 521	13 348	2 186	18 136	151	14	2 202
国有企业	1	255	256	74	724		1	5
集体企业								
有限责任公司	65	1 760	607	241	2 427			
股份有限公司		974	974	239	313			
私营企业	884	13 736	11 769	1 629	14 025	151	12	1 898
私营独资企业	50	6 972	5 703	931	5 244	89	3	572
私营有限责任公司	833	5 994	5 478	634	7 883	62	8	1 179
其他		–216	–266	1	504		1	298
按国民经济行业分组								
正餐服务	861	13 704	10 837	1 851	17 206	151	14	3 015
快餐服务	85	284	284	102	262			
其他餐饮服务	4	1 576	1 267	233	907		1	147
按经营方式								
独立门店	876	15 207	12 028	1 982	17 125	151	13	2 849
连锁总店(总部)								
连锁门店	1	225	225	72	285		1	15
其他	73	133	135	132	966		1	298

主要统计指标解释

社会消费品零售额 是指各种经济类型的批发零售贸易业、餐饮业、制造业和其他行业对城乡居民和社会集团的消费品零售额和农民对非农业居民的零售额总和。这个指标反映通过各种商品流通渠道向居民和社会集团供应生活消费品来满足他们生活需要的情况,是研究人民生活、社会消费品购买力、货币流通等问题的重要指标。

批发零售贸易业 是指专门从事批发和零售贸易活动的经济部门。

批发零售贸易业商品购销存总额 是指除个体经济以外的各种经济类型的独立核算批发零售贸易业法人企业以及其他独立核算法人企业和单位附营的各类批发零售贸易单位的商品购销存总额。

商品购进总额 指批发零售贸易业各企业(附营单位)从本企业(单位)以外的单位和个人购进(包括从国外直接进口)作为转卖或加工后转卖的商品。本指标由从生产者购进额、从批发零售贸易业购进额、进口额和其他购进额项目组成。这个指标反映批发零售贸易业从国内、国外市场上购进商品总量。

商品销售总额 指批发零售贸易业各企业(附营单位)对本企业(单位)以外的单位和个人出售(包括对国(境)外直接出口)的商品(包括售给本单位消费用的商品)。本指标由对生产经营单位批发额、对批发零售贸易业批发额、出口额和对居民和社会集团商品零售额项目组成。这个指标反映批发零售贸易业在国内市场上销售商品以及出口商品的总量。

期末库存 指批发零售贸易企业(附营单位)已取得所有权的全部商品。这个指标反映批发零售贸易企业的商品库存情况,对市场商品供应的保证程度。

资本金总额 是指批发零售贸易业、餐饮业企业在工商行政管理部门登记的注册资金。资本金按投资主体分为国家资本金、法人资本金、个人资本金和外商资本金等。

流动资产 指可以在一年内或者超过一年的一个营业周期内变现或者耗用的资产。包括货币资产、短期投资、应收票据、应收帐款、坏帐准备、应收帐款净额、预付帐款、其他应收款、存货、待转其他业务支出、待摊费用、待处理流动资产净损失、一年内到期的长期债券投资、其他流动资产等项。

商品销售收入 指批发零售贸易企业商品销售收入、接受其他单位委托代销商品的收入和餐饮企业的营业收入(包括餐费收入、冷热饮收入、服务收入和其他收入)。

商品销售成本 指批发零售贸易企业已销商品应负担的进货原价和餐饮企业的原材料成本,商品进价成本。

利润总额 指企业全年实现的利润。包括营业利润、投资净收益以及营业外收支净额。

第 17 部分

科技和教育

SCIENCE AND TECHNOLOGY, EDUCATION

版面负责人：周天恩　张玉强　李　燕
编　　　辑：梅　灿　鹿　燕　殷溪晨

关于保障统计人员专业素质的规定

第三十一条 国家实行统计专业技术职务资格考试、评聘制度，提高统计人员的专业素质，保障统计队伍的稳定性。

统计人员应当具备与其从事的统计工作相适应的专业知识和业务能力。

县级以上人民政府统计机构和有关部门应当加强对统计人员的专业培训和职业道德教育。

【释义】 本条是关于保障统计人员专业素质的规定。

统计人员的专业素质直接关系到政府统计工作的质量和水平。为了保障统计工作的顺利开展，需要有一支业务水平过硬的统计队伍。本条主要从以下三个方面对提高统计人员专业素质作了规定：

一是国家实行统计专业技术职务资格考试、评聘制度。根据国家有关规定，统计专业技术职务资格实行全国统一考试制度。统计专业技术职务资格考试由人力资源和社会保障部与国家统计局共同负责。统计专业技术职务资格考试设初级资格、中级资格和高级资格三个级别。统计专业技术职务包括高级统计师、统计师、助理统计师、统计员。助理统计师和统计员为初级资格，统计师为中级资格，高级统计师为高级资格。

通过全国统一考试取得统计专业初、中级资格的人员，用人单位可以根据工作需要和取得资格人员的业务能力决定其职务。取得全国统一组织的高级统计师考试合格证的人员，经过高级统计师资格评审合格后，获得高级统计师任职资格，用人单位根据工作需要和取得资格人员的业务能力决定聘任其职务。国家实行统计专业技术职务资格考试、评聘制度，有利于提高统计人员的专业素质，保障统计队伍的稳定性。

二是统计人员应当具备与所从事统计工作相适应的专业知识和业务能力。统计人员的专业知识涉及经济、统计、计算机、法律等多个方面；统计人员的业务能力包括设计统计调查制度的能力、组织开展统计调查的能力、整理和分析统计资料的能力、提出统计咨询意见的能力、查处统计违法行为的能力等。

三是县级以上人民政府统计机构应当加强对统计人员的专业培训和职业道德教育，以提高统计人员的专业素质、业务能力和职业道德水平。统计人员作为统计资料的填报者、搜集者、整理者，他们的专业素质、业务能力、职业道德水平直接关系到统计数据的真实、准确、完整、及时，而县级以上人民政府统计机构是组织和管理我国统计工作的政府职能部门，有义务保障统计数据质量，维护统计工作正常秩序。因此，统计机构应当根据具体情况，采取各种方式来开展统计人员的专业培训和职业道德教育，如举办统计知识宣传，举办培训班、专题讲座等。

编辑：张　霖

17-1 主要年份科学技术事业情况

指 标	1985	1990	1995	1998	1999	2000	2001	2002
科学研究机构 （个）								
国有独立科研机构	21	28	26	32	31	30	30	30
民办科技型企业	3	76	139	258	288	460	472	644
各类专业技术人员 （人）	**60 726**	**125 300**	**184 010**	**216 220**	**223 796**	**228 441**	**226 876**	**214 707**
# 中级职称以上人员	5 992	32 568	55 036	68 407	71 513	87 954	84 245	84 712
每万名职工中拥有专业技术人员	778	1 434	1 992	2 782	2 981	3 217	3 354	3 476
每万人中拥有专业技术人员	86	155	216	247	255	255	252	237
科学研究成果 （项）								
通过鉴定成果	48	61	55	319	120	192	172	144
# 达到国际水平	1	1	1	14	8	15	11	35
填补国内空白	3	12	18	45	23	37	34	21
达到省内先进水平	8	32	51	100	105	76	80	65
填补省内空白	10	2	47	69	28	17	10	16
专利申请受理量	38	143	456	456	387	474	708	710

17-1 续表

指 标	2003	2004	2005	2006	2007	2008	2009	2010	2011
科学研究机构 （个）									
国有独立科研机构	30	25	25	26	22	24	23	20	19
民办科技型企业	708	816	896	890	986	1 196	1 498	1 470	2 534
各类专业技术人员 （人）	**210 056**	**232 886**	**217 572**	**265 268**	**265 856**	**248 283**	**248 915**	**271 799**	**396 344**
# 中级职称以上人员	87 569	96 124	76 264	96 523	100 951	102 022	102 682	113 977	134 448
每万名职工中拥有专业技术人员	3 551	4 136	3 880	4 661	4 619	4 255	4 271	4 656	7 024
每万人中拥有专业技术人员	231	254	235	284	283	262	260	279	406
科学研究成果 （项）									
通过鉴定成果	141	163	131	116	128	152	186	203	179
完成科技成果	247	163	156	179	214	218	264		
# 达到国际水平	9	10	12	10	18	12	75	66	39
填补国内空白	12	12	96	13	49	54	32	52	51
达到省内先进水平	69	89	20	86	52	82	78	81	
填补省内空白	1	2	3	7	9	4	1	4	
专利申请受理量	1 336	1 355	2 205	3 389	6 174	6 839	6 898	9 927	14 729

17-2 规模以上工业企业办科技机构情况

（2011 年）

指标名称	机构数（个）	机构人员合计（人）	#博士毕业	硕士毕业	本科毕业	机构经费支出（万元）	仪器和设备原价（万元）	#进口	境外机构数（个）
总计	**1 224**	**16 137**	**308**	**2 232**	**9 458**	**330 643**	**219 423**	**26 370**	**4**
按企业规模分组									
大中型企业	304	8 930	155	1 502	5 319	261 891	182 733	23 157	4
大型	64	4 918	65	1 016	3 012	208 963	139 966	16 103	4
中型	240	4 012	90	486	2 307	52 928	42 767	7 054	
小型	918	7 193	153	729	4 130	68 706	36 658	3 213	
微型	2	14		1	9	46	31		
按隶属关系分组									
中央	6	436	10	82	215	5 288	14 502	76	
地方	1 218	15 701	298	2 150	9 243	325 355	204 921	26 294	4
按登记注册类型分组									
内资企业	1 122	14 260	264	2 046	8 257	298 519	205 531	24 160	2
国有企业	9	291	9	55	128	2 040	6 074	1 497	
集体企业	2	9	1	1	6	5	2		
股份合作企业	2	29	1	5	20	1 311	3		
联营企业	2	20			18	45	142		
有限责任公司	157	4 733	84	960	2 668	192 392	110 841	14 094	2
国有独资公司	17	2 317	33	742	1 231	157 408	83 773	12 554	2
其他有限责任公司	140	2 416	51	218	1 437	34 984	27 069	1 540	
股份有限公司	42	1 609	37	241	1 131	22 487	31 651	2 463	
私营企业	898	7 495	131	776	4 233	79 583	48 740	4 306	
私营独资企业	183	1 316	18	148	816	16 726	10 447	148	
私营合伙企业	20	199	4	24	120	4 336	5 930	2 413	
私营有限责任公司	667	5 772	100	568	3 176	56 313	31 608	1 714	
私营股份有限公司	28	208	9	36	121	2 208	755	30	
其他企业	10	74	1	8	53	656	8 078	1 800	
港、澳、台商投资企业	48	815	25	105	474	14 043	5 316	634	1
合资经营企业（港或澳、台资）	26	397	16	41	212	7 405	2 744	610	
合作经营企业（港或澳、台资）									
港、澳、台商独资经营企业	19	330	5	57	225	5 068	2 513		1
港、澳、台商投资股份有限公司	3	88	4	7	37	1 571	60	24	
外商投资企业	54	1 062	19	81	727	18 081	8 576	1 576	1
中外合资经营企业	40	851	17	64	571	16 464	7 841	1 506	
中外合作经营企业									
外资企业	14	211	2	17	156	1 617	735	70	1
外商投资股份有限公司									
按国民经济行业分组									
采矿业	21	792	21	113	459	10 568	13 899		
煤炭开采和洗选业	9	581	19	89	320	9 721	12 998		
石油和天然气开采业									
黑色金属矿采选业	1	5		2	3	3			

17-2 续表 （2011 年）

指 标 名 称	机构数（个）	机构人员合计（人）	#博士毕业	硕士毕业	本科毕业	机构经费支出（万元）	仪器和设备原价（万元）	#进口	境外机构数（个）
有色金属矿采选业									
非金属矿采选业	11	206	2	22	136	844	901		
其他采矿业									
制造业	1 193	15 216	285	2 106	8 918	315 115	203 571	25 106	
农副食品加工业	103	667	20	79	385	4 563	2 530	405	4
食品制造业	29	297	10	29	199	2 866	1 012	163	
饮料制造业	19	825	4	44	700	9 874	7 436	40	
烟草制品业	1	44		7	18	1 341	1 854	1 198	
纺织业	121	915	5	81	528	8 173	3 745	118	
纺织服装、鞋、帽制造业	16	92		12	54	307	343	11	
皮革、毛皮、羽毛(绒)及其制品业	10	74		11	47	569	211		
木材加工及木、竹、藤、棕、草制品业	124	1 161	11	122	694	22 756	9 040	131	
家具制造业	12	54		3	35	135	90		
造纸及纸制品业	12	129	3	16	49	578	265		
印刷业和记录媒介的复制	3	17		1	14	40	17		
文教体育用品制造业	8	63		4	40	393	217		
石油加工、炼焦及核燃料加工业	6	22	1	1	13	62	26		
化学原料及化学制品制造业	124	1 650	27	166	887	20 757	11 437	370	
医药制造业	34	738	36	186	363	9 080	25 400	2 485	1
化学纤维制造业	5	125	8	9	56	2 564	832		
橡胶制品业	9	143		9	63	5 499	369	20	
塑料制品业	62	367	6	36	215	2 736	1 067	20	
非金属矿物制品业	66	504	10	78	282	5 202	7 689	276	
黑色金属冶炼及压延加工业	25	298	5	36	178	3 786	5 595	2 497	
有色金属冶炼及压延加工业	21	187	15	30	113	2 052	3 520	40	1
金属制品业	36	321	3	44	196	3 971	1 515	258	
通用设备制造业	106	3 172	37	787	1 777	165 654	90 450	13 216	
专用设备制造业	58	786	35	78	447	7 025	2 005	3	2
交通运输设备制造业	32	567	6	36	230	5 449	3 261	600	
电气机械及器材制造业	71	1 013	12	100	677	14 370	7 705	1 741	
电气机械及器材制造业	27	420	9	38	316	6 064	5 402	193	
仪器仪表及文化、办公用机械制造业	38	411	17	51	246	8 241	9 887	1 221	
工艺品及其他制造业	15	154	5	12	96	1 008	651	100	
废弃资源和废旧材料回收加工业									
电力、燃气及水的生产和供应业	10	129	2	13	81	4 959	1 953	1 264	
电力、热力的生产和供应业	6	53	2	8	33	4 277	1 863	1 264	
燃气生产和供应业	1	7		1	2	400	80		
水的生产和供应业	3	69		4	46	283	10		
按企业控股情况分组									
国有控股	35	3 047	53	844	1 612	170 540	102 466	15 315	
集体控股	11	120	7	14	64	4 733	747	10	2
私人控股	1 094	10 931	211	1 190	6 474	119 018	100 228	8 845	
港澳台商控股	43	760	13	106	468	13 976	6 422	239	
外商控股	25	567	4	39	446	7 942	5 812	1 556	1
其 他	16	712	20	39	394	14 434	3 749	406	1

17-3 规模以上工业企业科技活动人员情况

（2011 年）　　单位：人

指 标 名 称	科技活动人员	#大学本科及以上学历
总 计	**33 993**	**11 998**
按隶属关系分组		
中央	4 193	307
地方	29 800	11 691
按登记注册类型分组		
内资企业	30 229	10 567
国有企业	715	192
集体企业	9	8
股份合作企业	41	26
联营企业	22	18
有限责任公司	14 296	3 712
国有独资公司	6 477	2 006
其他有限责任公司	7 819	1 706
股份有限公司	3 328	1 409
私营企业	11 604	5 140
私营独资企业	2 133	982
私营合伙企业	370	148
私营有限责任公司	8 687	3 844
私营股份有限公司	414	166
其他企业	214	62
港、澳、台商投资企业	1 999	604
合资经营企业(港或澳、台资)	1 067	269
港、澳、台商独资经营企业	741	287
港、澳、台商投资股份有限公司	191	48
外商投资企业	1 765	827
中外合资经营企业	1 415	652
中外合作经营企业		
外资企业	350	175
外商投资股份有限公司		
按国民经济行业分组		
采矿业	5 558	593
煤炭开采和洗选业	5 324	428
黑色金属矿采选业	5	5
非金属矿采选业	229	160

17-3 续表 （2011年） 单位：人

指 标 名 称	科技活动人员	# 大学本科及以上学历
制造业	28 211	11 309
农副食品加工业	904	484
食品制造业	552	238
饮料制造业	1 832	748
烟草制品业	44	25
纺织业	1 433	614
纺织服装、鞋、帽制造业	107	66
皮革、毛皮、羽毛(绒)及其制品业	119	58
木材加工及木、竹、藤、棕、草制品业	1 332	827
家具制造业	62	38
造纸及纸制品业	150	68
印刷业和记录媒介的复制	17	15
文教体育用品制造业	63	44
石油加工、炼焦及核燃料加工业	22	15
化学原料及化学制品制造业	3 055	1 080
医药制造业	1 105	585
化学纤维制造业	140	73
橡胶制品业	308	72
塑料制品业	462	257
非金属矿物制品业	732	370
黑色金属冶炼及压延加工业	825	219
有色金属冶炼及压延加工业	395	158
金属制品业	485	243
通用设备制造业	7 464	2 601
专用设备制造业	1 306	560
交通运输设备制造业	1 111	272
电气机械及器材制造业	1 846	789
通信设备、计算机及其他电子设备制造业	1 097	363
仪器仪表及文化、办公用机械制造业	1 067	314
工艺品及其他制造业	176	113
废弃资源和废旧材料回收加工业		
电力、燃气及水的生产和供应业	224	96
电力、热力的生产和供应业	135	43
燃气生产和供应业	7	3
水的生产和供应业	82	50

17-4 规模以上工业企业 R&D 经费情况

（2011 年） 单位：万元

指标名称	R&D 经费内部支出合计	按活动类型分组		按资金来源分组			
		应用研究支出	试验发展支出	政府资金	企业资金	境外资金	其他资金
总计	**491 610**	**448**	**491 162**	**13 129**	**473 135**	**594**	**4 752**
按企业规模分组							
大中型	396 296		396 296	9 905	382 323	32	4 035
大型	289 776		289 776	7 325	282 419	32	
中型	106 520		106 520	2 580	99 904		4 035
小型	95 314	448	94 866	3 224	90 812	561	717
微型							
按隶属关系分组							
中央	39 253		39 253	124	39 129		
地方	27 002		27 002	24	26 978		
按登记注册类型分组							
内资企业	445 831		445 831	11 741	429 337		4 752
国有企业	5 817		5 817	65	4 718		1 035
集体企业							
股份合作企业	1 503		1 503		1 503		
有限责任公司	245 128		245 128	7 609	237 456		62
国有独资公司	159 619		159 619	990	158 629		
其他有限责任公司	85 509		85 509	6 619	78 827		62
股份有限公司	56 560		56 560	1 999	54 561		
私营企业	129 505		129 505	1 988	126 863		655
私营独资企业	20 345		20 345	65	20 280		
私营合伙企业	7 753		7 753	8	7 745		
私营有限责任公司	98 447		98 447	1 867	95 940		641
私营股份有限公司	2 960		2 960	48	2 898		14
其他企业	7 317		7 317	80	4 236		3 001
港、澳、台商投资企业	22 547		22 547	425	21 529	594	
合资经营企业(港或澳、台资)	12 827		12 827	136	12 130	561	
合作经营企业(港或澳、台资)							
港、澳、台商独资经营企业	7 453		7 453	20	7 434		
港、澳、台商投资股份有限公司	2 267		2 267	269	1 966	32	
外商投资企业	23 232	448	22 784	963	22 269		
中外合资经营企业	18 197	448	17 750	963	17 235		
中外合作经营企业							
外资企业	5 034		5 034		5 034		
外商投资股份有限公司							
按国民经济行业分组							
采矿业	64 546		64 546	185	64 361		
煤炭开采和洗选业	62 841		62 841	135	62 706		
黑色金属矿采选业							
非金属矿采选业	1 705		1 705	50	1 655		

17-4 续表 （2011 年） 单位：万元

指标名称	R&D 经费内部支出合计	按活动类型分组		按资金来源分组			
		应用研究支出	试验发展支出	政府资金	企业资金	境外资金	其他资金
制造业	422 773	448	422 325	12 873	404 554	594	4 752
农副食品加工业	6 065		6 065	108	5 396	561	
食品制造业	4 493		4 493	175	4 125		193
饮料制造业	43 505		43 505	1 465	41 876		164
烟草制品业	590		590		590		
纺织业	12 348		12 348		12 348		
纺织服装、鞋、帽制造业	145		145		145		
皮革、毛皮、羽毛(绒)及其制品业	2 385		2 385		2 385		
木材加工及木、竹、藤、棕、草制品业	22 746		22 746	176	22 570		
家具制造业	37		37		37		
造纸及纸制品业	2 203		2 203		2 203		
印刷业和记录媒介的复制	64		64		64		
文教体育用品制造业	169		169		169		
石油加工、炼焦及核燃料加工业							
化学原料及化学制品制造业	38 635		38 635	5 053	33 568		14
医药制造业	12 004		12 004	683	10 844		477
化学纤维制造业	3 064		3 064	174	2 890		
橡胶制品业	1 280		1 280		1 280		
塑料制品业	7 566	448	7 119	83	7 483		
非金属矿物制品业	12 802		12 802	325	11 636		841
黑色金属冶炼及压延加工业	14 200		14 200	26	14 174		
有色金属冶炼及压延加工业	5 358		5 358	433	4 926		
金属制品业	4 356		4 356		4 356		
通用设备制造业	153 000		153 000	1 884	151 054		62
专用设备制造业	12 532		12 532	510	12 021		
交通运输设备制造业	6 811		6 811	88	6 723		
电气机械及器材制造业	28 235		28 235	607	27 628		
电气机械及器材制造业	11 023		11 023	139	10 852	32	
仪器仪表及文化、办公用机械制造业	16 825		16 825	924	12 901		3 001
工艺品及其他制造业	332		332	20	312		
废弃资源和废旧材料回收加工业							
电力、燃气及水的生产和供应业	4 291		4 291	71	4 220		
电力、热力的生产和供应业	3 643		3 643	58	3 585		
燃气生产和供应业	426		426		426		
水的生产和供应业	222		222	13	210		
按企业控股情况分组							
国有控股	206 243		206 243	1 207	204 002		1 035
集体控股	4 175		4 175	6	4 169		
私人控股	235 405	448	234 957	10 908	220 779		3 718
港澳台商控股	19 689		19 689	135	18 961	594	
外商控股	12 892		12 892		12 892		
其他	13 206		13 206	873	12 333		

17-5 规模以上工业企业新产品产出和专利情况

（2011 年） 单位：万元

指 标 名 称	新产品开发项目数（项）	新产品开发经费支出	新产品产值	新产品销售收入	#出口
总 计	**1 467**	**478 222**	**5 915 491**	**5 841 103**	**504 418**
按企业规模分组					
大中型	953	382 162	5 281 964	5 246 015	491 925
大型	607	278 965	4 548 578	4 464 683	466 527
中型	346	103 197	733 385	781 332	25 398
小型	514	96 060	633 528	595 088	12 492
微型					
按隶属关系分组					
中央	38	7 313	46 203	46 017	
地方	1 429	470 909	5 869 288	5 795 086	504 417
按登记注册类型分组					
内资企业	1 308	393 168	4 633 817	4 584 362	476 850
国有企业	23	3 854	36 994	35 634	
集体企业					
股份合作企业	5	1 503			
有限责任公司	638	200 914	3 173 506	3 148 077	381 747
国有独资公司	449	153 646	2 513 323	2 516 674	375 570
其他有限责任公司	189	47 268	660 183	631 403	6 177
股份有限公司	112	63 212	641 276	609 462	71 608
私营企业	510	114 680	768 216	778 632	21 203
私营独资企业	94	17 937	112 122	104 708	2 888
私营合伙企业	13	4 371	47 581	46 245	
私营有限责任公司	385	88 461	597 104	618 560	17 771
私营股份有限公司	18	3 912	11 409	9 119	544
其他企业	20	9 005	13 826	12 558	2 292
港、澳、台商投资企业	81	57 720	987 978	948 807	23 220
合资经营企业(港或澳、台资)	35	48 492	120 131	141 166	7 221
合作经营企业(港或澳、台资)					
港、澳、台商独资经营企业	15	7 012	851 939	792 052	14 782
港、澳、台商投资股份有限公司	31	2 216	15 908	15 590	1 218
外商投资企业	78	27 334	293 696	307 934	4 347
中外合资经营企业	63	22 527	199 623	213 811	4 197
中外合作经营企业					
外资企业	15	4 807	94 073	94 123	150
外商投资股份有限公司					
按国民经济行业分组					
采矿业	50	12 507	14 862	15 732	
煤炭开采和洗选业	45	11 177	13 062	13 932	
黑色金属矿采选业					
非金属矿采选业	5	1 330	1 800	1 800	

17-5　续表　（2011 年）　单位：万元

指 标 名 称	新产品开发项目数（项）	新产品开发经费支出	新产品产值	新产品销售收入	#出口
制造业	1 413	464 014	5 894 302	5 820 661	501 932
农副食品加工业	29	6 271	32 235	33 689	4 975
食品制造业	15	3 908	16 962	19 000	7 304
饮料制造业	69	48 224	285 372	280 412	3 997
烟草制品业					
纺织业	41	14 707	101 232	100 495	759
纺织服装、鞋、帽制造业	2	55	660	601	
皮革、毛皮、羽毛(绒)及其制品业	6	2 335	63 698	57 759	
木材加工及木、竹、藤、棕、草制品业	58	26 536	46 330	43 877	4 939
家具制造业	1	37	1 000	800	
造纸及纸制品业	6	1 493	12 039	11 657	240
印刷业和记录媒介的复制					
文教体育用品制造业	1	159			
石油加工、炼焦及核燃料加工业					
化学原料及化学制品制造业	85	64 705	1 282 067	1 226 608	85 249
医药制造业	48	13 825	204 805	193 243	205
化学纤维制造业	4	1 753	38 000	37 200	
橡胶制品业	11	2 256	75 938	81 930	90
塑料制品业	9	1 952	7 590	7 209	
非金属矿物制品业	29	8 134	44 412	42 512	752
黑色金属冶炼及压延加工业	18	10 005	95 925	91 913	87
有色金属冶炼及压延加工业	8	3 951	152 537	129 011	12
金属制品业	23	4 010	44 839	43 431	2 908
通用设备制造业	596	164 880	2 599 498	2 586 225	376 825
专用设备制造业	98	16 003	87 680	84 939	1 479
交通运输设备制造业	27	7 456	144 341	140 642	2 040
电气机械及器材制造业	73	23 659	294 439	289 762	1 732
电气机械及器材制造业	75	15 746	165 382	185 207	6 739
仪器仪表及文化、办公用机械制造业	71	20 545	95 617	131 138	1 600
工艺品及其他制造业	10	1 278	1 705	1 401	
废弃资源和废旧材料回收加工业					
电力、燃气及水的生产和供应业	4	1 702	6 327	4 710	2 486
电力、热力的生产和供应业	2	1 682	6 264	4 648	2 486
燃气生产和供应业					
水的生产和供应业	2	20	63	62	
按企业控股情况分组					
国有控股	512	16 5651	2 579 475	2 579 849	378 056
集体控股	10	5 157	80 373	78 133	49 619
私人控股	782	219 672	1 859 259	1 812 279	49 602
港澳台商控股	66	55 248	973 667	936 228	24 825
外商控股	36	14 883	201 089	207 739	1 266
其他	61	17 613	221 629	226 875	1 050

17-6 规模以上工业企业自主知识产权保护情况

（2011 年）

指 标 名 称	专利申请数（件）	发明专利	有效发明专利数（件）	境外授权	专利所有权转让及许可数（项）
总 计	**2 128**	**755**	**658**	**9**	**37**
按企业规模分组					
大中型	1 231	358	418	5	12
大型	793	193	167	2	5
中型	438	165	251	3	7
小型	897	397	240	4	25
微型					
按隶属关系分组					
中央	55	14	17		
地方	2 073	741	641	9	37
按登记注册类型分组					
内资企业	1 868	667	505	9	29
国有企业	26	7	23		1
集体企业	6	4			
股份合作企业					
有限责任公司	1 004	305	165	2	9
国有独资公司	625	135	41	2	
其他有限责任公司	379	170	124		9
股份有限公司	104	64	61	6	
私营企业	674	263	239	1	19
私营独资企业	89	49	27		4
私营合伙企业	9	8	8		8
私营有限责任公司	567	200	204	1	7
私营股份有限公司	9	6			
其他企业	54	24	17		
港、澳、台商投资企业	127	43	57		7
合资经营企业（港或澳、台资）	61	22	15		1
合作经营企业（港或澳、台资）					
港、澳、台商独资经营企业	29	17	40		5
港、澳、台商投资股份有限公司	37	4	2		1
外商投资企业	133	45	96		1
中外合资经营企业	110	42	83		1
中外合作经营企业					
外资企业	23	3	13		
外商投资股份有限公司					
按国民经济行业分组					
采矿业	72	10	27		
煤炭开采和洗选业	52	10	16		
黑色金属矿采选业					
非金属矿采选业	20		11		

17-6　续表　　　　（2011年）

指 标 名 称	专利申请数（件）	发明专利	有效发明专利数（件）	境外授权	专利所有权转让及许可数（项）
制造业	**2 026**	**726**	**609**	**9**	**37**
农副食品加工业	44	19	10		2
食品制造业	25	16	10		1
饮料制造业	11	3	7		
烟草制品业	4		4		
纺织业	42	17	6		
纺织服装、鞋、帽制造业	1				
皮革、毛皮、羽毛(绒)及其制品业	13	11			
木材加工及木、竹、藤、棕、草制品业	70	42	4		
家具制造业					
造纸及纸制品业	2	1			
印刷业和记录媒介的复制					
文教体育用品制造业					
石油加工、炼焦及核燃料加工业					
化学原料及化学制品制造业	147	81	86		7
医药制造业	57	36	38	2	
化学纤维制造业	10	5	5		
橡胶制品业	8	1	9		
塑料制品业	21	12	2		
非金属矿物制品业	53	27	24		4
黑色金属冶炼及压延加工业	8	5			
有色金属冶炼及压延加工业	27	12	1		
金属制品业	44	20	14		
通用设备制造业	782	131	134	2	17
专用设备制造业	173	55	46		2
交通运输设备制造业	72	23	31		
电气机械及器材制造业	111	55	39	5	
电气机械及器材制造业	128	30	67		
仪器仪表及文化、办公用机械制造业	143	54	52		4
工艺品及其他制造业	30	10	20		
废弃资源和废旧材料回收加工业					
电力、燃气及水的生产和供应业	30	19	22		
电力、热力的生产和供应业	30	19	22		
燃气生产和供应业					
水的生产和供应业					
按企业控股情况分组					
国有控股	719	169	85	2	1
集体控股	7	5	6		
私人控股	1 138	487	387	7	28
港澳台商控股	94	43	66		8
外商控股	30	3	31		
其他	140	48	83		

17-7 规模以上工业企业技术改造、技术获取情况

（2011年）　　单位：万元

指标名称	引进技术经费支出	消化吸收经费支出	购买国内技术经费支出	技术改造经费支出
总　计	**14 027**	**12 334**	**4 111**	**392 353**
按企业规模分组				
大中型	13 925	10 774	3 160	381 913
大型	11 937	7 452	1 476	359 068
中型	1 988	3 322	1 684	22 845
小型	102	1 561	951	10 440
微型				
按隶属关系分组				
中央		1 644		28 791
地方	14 027	10 690	4 111	363 562
按登记注册类型分组				
内资企业	13 967	10 891	4 080	360 375
国有企业		138	68	17 933
集体企业				
股份合作企业				
有限责任公司	11 523	4 684	1 781	285 679
国有独资公司	11 037	1 540		253 773
其他有限责任公司	487	3 144	1 781	31 906
股份有限公司	1 530	3 188	1 256	13 932
私营企业	914	2 881	975	40 988
私营独资企业	8	1 095	42	1 036
私营合伙企业				2 103
私营有限责任公司	906	1 499	646	36 704
私营股份有限公司		287	287	1 145
其他企业				1 843
港、澳、台商投资企业		1 404	21	27 484
合资经营企业(港或澳、台资)		1 033	21	6 159
合作经营企业(港或澳、台资)				
港、澳、台商独资经营企业		350		21 315
港、澳、台商投资股份有限公司		21		10
外商投资企业	60	39	10	4 494
中外合资经营企业		9		4 430
中外合作经营企业				
外资企业	60	30	10	63
外商投资股份有限公司				
按国民经济行业分组				
采矿业	11 037	3 819	356	86 955
煤炭开采和洗选业	11 037	3 819	356	86 955
黑色金属矿采选业				
非金属矿采选业				

17-7 续表 （2011 年） 单位:万元

指标名称	引进技术经费支出	消化吸收经费支出	购买国内技术经费支出	技术改造经费支出
制造业	2 504	8 269	3 409	303 699
农副食品加工业		455	21	360
食品制造业	40	138	68	1 006
饮料制造业	500	160	300	7 108
烟草制品业				76
纺织业		315		4 085
纺织服装、鞋、帽制造业		198		
皮革、毛皮、羽毛(绒)及其制品业				
木材加工及木、竹、藤、棕、草制品业		1 066		1 855
家具制造业				
造纸及纸制品业				35
印刷业和记录媒介的复制				
文教体育用品制造业				43
石油加工、炼焦及核燃料加工业				
化学原料及化学制品制造业	460	3 480	1 660	38 533
医药制造业	630	1 006	426	3 839
化学纤维制造业				254
橡胶制品业				2 590
塑料制品业				
非金属矿物制品业	8	3	42	16 892
黑色金属冶炼及压延加工业		287	287	31 878
有色金属冶炼及压延加工业		489	489	6 047
金属制品业	100	50	68	830
通用设备制造业	6	440	7	182 011
专用设备制造业		5	26	1 978
交通运输设备制造业				2 323
电气机械及器材制造业	28	32	15	150
电气机械及器材制造业		21		116
仪器仪表及文化、办公用机械制造业	732	125		1 675
工艺品及其他制造业				15
废弃资源和废旧材料回收加工业				
电力、燃气及水的生产和供应业	487	247	346	1 699
电力、热力的生产和供应业	487	247	346	1 219
燃气生产和供应业				400
水的生产和供应业				80
按企业控股情况分组				
国有控股	11 523	3 568	414	284 520
集体控股	400	2 100	320	1 091
私人控股	2 044	4 552	2 990	72 813
港澳台商控股		2 084	377	27 155
外商控股	60	30	10	63
其他				6 711

17–8 规模以上工业企业 R&D 项目情况

（2011 年）

指标名称	项目数（项）	参加项目人员（人）	项目人员折合全时当量（人年）	全部项目经费内部支出（万元）
总　计	**1 583**	**19 425**	**15 619**	**440 346**
按企业规模分组				
大中型	1 134	14 884	12 272	360 315
大型	763	10 455	9 096	270 587
中型	371	4 429	3 176	89 728
小型	449	4 541	3 347	80 031
微型				
按隶属关系分组				
中央	168	3 524	3 464	38 824
地方	1 415	15 901	12 156	401 522
按登记注册类型分组				
内资企业	1 424	17 521	14 182	403 610
国有企业	30	346	239	4 679
集体企业				
股份合作企业	5	32	25	1 301
有限责任公司	773	9 422	8 637	228 139
国有独资公司	466	4 054	3 835	151 022
其他有限责任公司	307	5 368	4 802	77 118
股份有限公司	95	2 029	1 242	52 865
私营企业	506	5 581	3 995	110 956
私营独资企业	116	1 209	918	18 699
私营合伙企业	12	205	159	7 027
私营有限责任公司	361	3 970	2 759	82 547
私营股份有限公司	17	197	159	2 683
其他企业	15	111	45	5 670
港、澳、台商投资企业	88	1 041	678	19 757
合资经营企业(港或澳、台资)	37	575	368	11 436
合作经营企业(港或澳、台资)				
港、澳、台商独资经营企业	17	314	176	7 129
港、澳、台商投资股份有限公司	34	152	134	1 191
外商投资企业	71	863	758	16 979
中外合资经营企业	55	608	524	13 222
中外合作经营企业				
外资企业	16	255	234	3 757
外商投资股份有限公司				
按国民经济行业分组				
采矿业	199	4 072	3 964	63 438
煤炭开采和洗选业	192	3 930	3 877	61 812
黑色金属矿采选业				
非金属矿采选业	7	142	87	1 626

17-8　续表　　　　　　　　　　（2011 年）

指　标　名　称	项目数（项）	参加项目人员（人）	项目人员折合全时当量（人年）	全部项目经费内部支出（万元）
制造业	1 368	15 227	11 581	372 685
农副食品加工业	31	309	241	5 686
食品制造业	16	291	218	3 775
饮料制造业	67	1 517	823	42 219
烟草制品业	1	10	7	62
纺织业	40	534	451	10 978
纺织服装、鞋、帽制造业	4	24	22	128
皮革、毛皮、羽毛(绒)及其制品业	6	64	60	2 371
木材加工及木、竹、藤、棕、草制品业	56	570	439	18 419
家具制造业	1	8	6	34
造纸及纸制品业	7	56	45	2 104
印刷业和记录媒介的复制	1	5	5	55
文教体育用品制造业	1	7	4	135
石油加工、炼焦及核燃料加工业				
化学原料及化学制品制造业	97	1 245	816	31 539
医药制造业	43	593	545	8 606
化学纤维制造业	3	81	81	2 351
橡胶制品业	9	97	52	1 209
塑料制品业	13	133	84	6 056
非金属矿物制品业	44	389	279	10 955
黑色金属冶炼及压延加工业	26	525	307	13 594
有色金属冶炼及压延加工业	14	213	154	4 907
金属制品业	22	196	114	4 019
通用设备制造业	542	4 734	4 068	141 641
专用设备制造业	88	642	476	9 731
交通运输设备制造业	27	430	297	6 284
电气机械及器材制造业	73	1 171	951	25 557
电气机械及器材制造业	64	647	512	7 753
仪器仪表及文化、办公用机械制造业	69	704	497	12 243
工艺品及其他制造业	3	32	28	274
废弃资源和废旧材料回收加工业				
电力、燃气及水的生产和供应业	16	126	74	4 223
电力、热力的生产和供应业	10	74	24	3 602
燃气生产和供应业	1	6	6	400
水的生产和供应业	5	46	44	221
按企业控股情况分组				
国有控股	659	7 888	7 498	196 200
集体控股	6	102	82	3 982
私人控股	758	9 324	6 471	201 038
港澳台商控股	79	902	630	18 546
外商控股	32	553	491	9 416
其他	49	656	447	11 164

17-9 规模以上工业企业政府相关政策落实情况

（2011 年） 单位：万元

指标名称	使用来自政府部门的科技活动资金	研究开发费用加计扣除减免税	高新技术企业减免税
总计	**25 138**	**16 659**	**45 410**
按企业规模分组			
大中型	20 956	14 749	42 387
大型	17 243	13 281	40 289
中型	3 713	1 468	2 098
小型	4 182	1 910	3 023
微型			
按隶属关系分组			
中央	130	897	196
地方	25 008	15 762	45 214
按登记注册类型分组			
内资企业	23 068	16 027	44 164
国有企业	75	529	196
集体企业			
股份合作企业			
有限责任公司	17 817	13 636	41 000
国有独资公司	1 306	12 123	39 761
其他有限责任公司	16 512	1 513	1 239
股份有限公司	2 438	553	1 755
私营企业	2 657	1 256	405
私营独资企业	65	36	3
私营合伙企业	20		
私营有限责任公司	2 524	1 220	402
私营股份有限公司	48		
其他企业	80	53	809
港、澳、台商投资企业	709	100	312
合资经营企业(港或澳、台资)	140	100	23
合作经营企业(港或澳、台资)			
港、澳、台商独资经营企业	300		
港、澳、台商投资股份有限公司	269		289
外商投资企业	1 362	532	933
中外合资经营企业	1 361	363	933
中外合作经营企业			
外资企业		170	
外商投资股份有限公司			
按国民经济行业分组			
采矿业	227	832	
煤炭开采和洗选业	167	832	
黑色金属矿采选业			
非金属矿采选业	60		

17-9 续表 （2011 年） 单位：万元

指 标 名 称	使用来自政府部门的科技活动资金	研究开发费用加计扣除减免税	高新技术企业减免税
制造业	24 827	15 827	45 410
农副食品加工业	128	28	
食品制造业	175	82	
饮料制造业	1 680	200	
烟草制品业			
纺织业	22	445	63
纺织服装、鞋、帽制造业			
皮革、毛皮、羽毛(绒)及其制品业			
木材加工及木、竹、藤、棕、草制品业	176		
家具制造业			
造纸及纸制品业			
印刷业和记录媒介的复制			
文教体育用品制造业			
石油加工、炼焦及核燃料加工业			
化学原料及化学制品制造业	14 848	613	695
医药制造业	796	353	603
化学纤维制造业	215	485	674
橡胶制品业			
塑料制品业	100		
非金属矿物制品业	416	51	3
黑色金属冶炼及压延加工业	26		
有色金属冶炼及压延加工业	863		
金属制品业	5	100	100
通用设备制造业	2 237	12 916	40 804
专用设备制造业	675	192	746
交通运输设备制造业	88		283
电气机械及器材制造业	646	28	646
电气机械及器材制造业	526	281	
仪器仪表及文化、办公用机械制造业	1 165	53	793
工艺品及其他制造业	40		
废弃资源和废旧材料回收加工业			
电力、燃气及水的生产和供应业	83		
电力、热力的生产和供应业	68		
燃气生产和供应业			
水的生产和供应业	15		
按企业控股情况分组			
国有控股	1 549	13 484	39 957
集体控股	6		882
私人控股	21 637	2 533	4 208
港澳台商控股	727	79	74
外商控股		281	
其他	1 219	281	289

17–10 高新技术产业情况

（2010 年）　　单位:万元

指　　标	从业人员年平均人数（人）	工业总产值	产品销售收入	出口交货值	利税总额
全市总计	**66 537**	**10 611 300**	**9 610 293**	**325 259**	**1 585 918**
电子及通信设备制造业	8 725	1 721 639	1 621 168	8 421	409 094
医药制造业	11 700	1 359 072	1 410 763	212 934	220 396
专用科学仪器设备制造业	6 543	1 133 116	1 086 981		150 335
电气机械及设备制造业	14 474	1 896 707	1 793 489		267 294
新材料制造业	25 095	3 825 366	3 697 892	103 904	538 798
新能源		675 400			

17–11 高新技术产业情况

（2011 年）　　单位:万元

指　　标	从业人员年平均人数（人）	工业总产值	产品销售收入	出口交货值	利税总额
全市总计	**120 766**	**20 000 145**	**19 445 241**	**685 576**	**3 020 864**
计算机及办公设备制造业	40	3 047	3 049		19
电子及通信设备制造业	11 376	1 839 877	1 742 076	96 728	219 078
医药制造业	16 710	2 363 548	2 415 941	334 439	387 404
专用科学仪器设备制造业	14 540	2 060 424	2 049 003	7 894	308 114
电气机械及设备制造业	23 287	3 734 008	3 550 069		567 588
新材料制造业	50 368	9 505 710	9 196 176	245 567	1 505 531
新能源	4 445	493 531	488 928	948	33 130

17-12 主要年份各类学校数

单位:所

年 份	普通高等学校	中等专业学校	技工学校	农职业中学	普通中学	小学
1949		4			16	1 803
1952		8			21	2 641
1957		5			62	3 109
1962	3	7			140	3 773
1965	2	11			142	4 390
1970	2	2			179	5 183
1975	2	9			228	5 113
1978	2	14	9		234	4 260
1979	2	14	9		236	4 115
1980	2	13	10		274	3 446
1981	3	13	10		395	4 316
1982	3	14	10		478	3 964
1983	4	14	10		494	3 822
1984	5	15	11	18	512	3 674
1985	5	17	11	36	551	3 618
1986	5	16	11	28	612	3 490
1987	5	17	11	29	643	3 413
1988	5	17	11	31	648	3 472
1989	4	17	12	41	654	3 441
1990	4	16	12	43	640	3 409
1991	4	15	11	45	639	3 408
1992	4	15	14	55	621	3 391
1993	4	15	14	49	610	3 390
1994	4	16	14	51	581	3 347
1995	4	16	14	52	553	3 338
1996	4	16	14	50	546	3 305
1997	4	16	14	52	525	3 288
1998	4	16	13	48	523	3 250
1999	5	14	14	47	513	3 147
2000	5	13	13	42	492	2 902
2001	5	12	10	41	498	2 710
2002	6	11	10	35	476	2 333
2003	6	11	11	31	371	945
2004	7	11	11	28	366	908
2005	7	11	11	21	367	902
2006	7	12	8	25	369	907
2007	7	12	8	26	367	917
2008	7	12	8	25	357	899
2009	7	12	8	25	350	879
2010	7	11	8	21	331	871
2011	8	11	8	18	326	856

注:2006 年及以后农职业中学即职业高中口径,下同。

17-13 主要年份各类学校在校学生数

单位：人

年份	普通高等学校	中等专业学校	技工学校	农职业中学	普通中学	小学（万人）
1949		737			6 679	14.31
1952		1 645			13 117	27.25
1957		2 312			37 302	40.85
1962	2 797	2 402			59 064	44.14
1965	1 027	1 913			59 971	67.94
1970					175 039	61.87
1975	1 455	2 903			224 829	103.54
1978	2 080	2 869	1 826		459 841	95.62
1979	2 704	5 063	2 070		408 046	98.81
1980	2 585	6 382	3 510		362 789	96.94
1981	5 634	4 573	2 919		298 335	95.27
1982	4 260	4 810	2 859		289 862	91.28
1983	6 109	5 606	2 580		290 956	91.98
1984	7 173	6 884	2 716	6 913	292 253	90.41
1985	9 955	8 708	2 915	10 369	311 015	88.01
1986	10 486	8 880	3 659	13 577	328 873	85.69
1987	11 410	9 711	3 454	14 355	327 280	83.44
1988	11 886	10 339	3 609	11 882	314 401	81.65
1989	11 783	11 101	4 151	12 344	317 647	81.92
1990	11 586	11 091	4 898	14 440	313 758	84.77
1991	12 507	11 670	5 086	17 497	309 649	89.90
1992	12 962	12 176	5 918	20 398	313 487	93.66
1993	14 238	12 918	7 639	20 098	327 372	97.07
1994	16 354	16 127	10 211	20 401	374 698	103.31
1995	18 590	24 480	10 971	22 459	424 685	110.34
1996	19 720	36 831	11 181	24 848	463 226	118.08
1997	21 162	43 831	11 793	24 969	481 154	127.42
1998	24 763	45 113	11 970	22 549	512 475	130.99
1999	32 236	42 072	10 133	19 832	543 390	129.32
2000	46 091	34 072	10 317	19 334	584 255	126.06
2001	58 730	29 616	11 362	21 425	638 488	119.84
2002	67 863	31 610	14 175	21 222	718 597	109.43
2003	71 811	33 368	18 500	21 821	802 270	96.28
2004	86 858	40 989	23 117	27 028	831 882	83.06
2005	92 666	51 166	23 000	40 492	815 113	72.24
2006	104 140	59 648	26 900	65 365	777 895	64.62
2007	113 774	59 787	26 086	72 768	733 413	58.75
2008	120 094	62 043	27 421	56 712	670 459	53.72
2009	125 676	57 091	26 922	57 385	593 875	51.79
2010	118 828	57 543	24 553	60 233	520 662	53.02
2011	131 747	39 331	23 936	53 811	463 610	57.10

17–14　各类学校专任教师数

单位：人

年　份	普通高等学校	中等专业学校	技工学校	农职业中学	普通中学	小学
1978	423		83			
1979	444		184		16 932	37 511
1980	451		336			
1981	1 178	591	364		15 910	38 804
1982	1 441	686	398		15 341	38 004
1983	1 512	813	419		14 643	32 669
1984	1 740	843	444	270	14 568	32 295
1985	1 803	984	444	528	15 785	31 831
1986	2 073	1 053	476	661	16 859	33 445
1987	2 210	1 173	441	759	17 162	32 519
1988	2 135	1 142	596	862	17 668	32 948
1989	2 170	1 114	659	890	18 380	33 787
1990	2 086	1 087	642	1 047	19 097	34 520
1991	2 065	1 112	661	1 144	19 371	35 723
1992	2 020	1 110	725	1 377	19 502	36 367
1993	2 037	1 083	677	1 348	19 741	36 499
1994	2 028	1 074	848	1 440	20 416	37 915
1995	2 160	1 102	845	1 575	21 642	38 649
1996	2 045	1 165	843	1 688	22 987	39 911
1997	2 117	1 204	762	1 983	24 222	40 670
1998	2 244	1 270	951	2 053	24 944	42 305
1999	2 681	1 242	820	1 965	26 165	44 577
2000	2 883	1 236	801	1 816	27 658	45 798
2001	3 198	1 357	807	1 586	29 200	46 575
2002	3 635	1 133	587	1 461	32 131	44 837
2003	4 061	1 041	680	1 575	34 232	41 806
2004	4 686	1 114	789	1 431	35 744	39 864
2005	5 298	1 251	785	1 718	37 644	39 156
2006	5 586	1 456	711	2 185	38 821	38 719
2007	6 203	1 693	966	2 375	39 686	38 350
2008	6 433	1 766	957	2 556	39 514	36 999
2009	6 670	1 959	1 005	2 489	39 112	36 553
2010	6 257	1 926	987	2 524	38 379	33 991
2011	7 015	1 808	1 047	2 279	37 714	33 517

17-15 每一专任教师平均负担在校学生数

单位：人

年 份	普通高等学校	中等专业学校	技工学校	农职业中学	普通中学	小学
1978	4.9		22.0			
1979	6.1		11.3			
1980	5.7		10.4		21.4	25.8
1981	4.8	7.7	8.0		18.8	24.6
1982	3.0	7.0	7.2		18.9	24.0
1983	4.0	6.9	6.2		19.9	28.2
1984	4.1	8.2	6.1	25.6	20.1	28.0
1985	5.5	8.8	6.6	19.6	19.7	27.6
1986	5.1	8.4	7.7	20.5	19.5	25.6
1987	5.2	8.3	7.8	18.9	19.1	25.7
1988	5.6	9.1	16.1	13.8	17.8	24.8
1989	5.4	10.0	6.3	13.9	17.3	24.2
1990	5.6	10.2	7.6	13.8	16.4	24.6
1991	6.1	10.5	7.7	15.3	16.0	25.2
1992	6.4	11.0	8.2	14.8	16.1	25.8
1993	7.0	11.9	11.3	15.0	16.6	26.6
1994	8.1	15.0	12.0	14.2	18.4	27.2
1995	8.6	22.2	13.0	14.3	19.6	28.5
1996	9.6	31.6	13.3	14.7	20.2	29.6
1997	10.0	36.4	15.5	12.6	19.9	31.3
1998	11.0	35.5	12.6	11.0	20.5	31.0
1999	12.1	33.9	12.4	10.1	20.8	29.0
2000	16.0	27.6	12.9	10.6	21.1	27.5
2001	18.4	21.8	14.1	13.5	21.9	25.7
2002	18.7	27.9	24.1	14.5	22.4	24.4
2003	17.7	32.1	27.2	13.9	23.4	23.0
2004	18.5	36.8	29.3	18.9	23.3	20.8
2005	17.5	40.9	29.3	23.6	21.7	18.4
2006	18.6	41.0	37.8	26.6	20.0	16.7
2007	18.3	35.3	27.0	30.6	18.5	15.3
2008	18.7	35.1	28.7	22.2	17.0	14.5
2009	18.8	29.1	26.8	23.1	15.2	14.2
2010	19.0	29.9	24.9	23.9	13.6	15.6
2011	18.8	21.8	22.9	23.6	12.3	17.0

17-16 各级各类教育事业

（2011 年） 单位：人

指标	学校数（所）	毕业生数	招生数	在校学生数	教职工数	#专任教师
普通高等学校	8	33 479	38 068	131 747	10 691	7 015
全日制研究生		2 406	3 445	10 327		
普通本专科生		31 073	34 623	121 420		
中等专业学校	11	8 848	13 900	39 331	2 494	1 808
中等职业学校	5	7 157	11 811	32 090	1 668	1 207
中等技术学校	3	954	615	2 287	429	329
中等师范学校	3	737	1 474	4 954	397	272
#幼儿师范	1	95	302	1 518		
普通中学	326	198 150	141 269	463 610	46 848	37 714
高中	82	66 572	55 832	171 624	18 113	12 283
初中	244	131 578	85 437	291 986	28 735	25 431
职业高中	18	13 916	17 692	53 811	2 871	2 279
技工学校	8	6 712	10 147	23 936	1 505	1 047
小学	856	85 337	124 501	571 036	34 165	33 517
特殊教育学校	13	729	1 072	6 013	552	435
幼儿园	540	115 669	132 089	338 150	17 217	11 260
成人高等学校	1	217	386	713	107	34
成人中等专业学校	9	3 498	2 611	7 183	594	377
#教师进修学校	3				142	88
职业技术培训机构	877	315 194		327 145	4 180	2 681

注：徐州市广播电视大学为省电大分校，未统计在徐州普通高等学校各项指标之内。

17-17 普通高等学校和中等专业学校基本情况

（2011 年） 单位：人

指 标	毕业生数	招生数	在 校 学生数	教职工数	# 专任教师
普通高等学校					
中国矿业大学	7 993	8 740	33 608	3 015	1 732
中国矿业大学徐海学院	1 900	1 938	6 911	425	294
江苏师范大学	4 697	5 693	20 295	2 221	1 388
江苏师范大学科文学院	2 223	2 292	7 960	558	442
徐州医学院	1 913	2 687	10 729	1 165	623
徐州医学院华方学院	613	419	2 290		
徐州工程学院	3 854	5 387	19 379	1 313	1 044
江苏建筑职业技术学院	4 021	4 296	12 244	720	502
徐州工业职业技术学院	4 149	3 821	10 952	678	540
九州职业技术学院	1 574	1 578	5 200	308	208
徐州幼儿高等专科学校	542	1 409	2 179	288	242
中等专业学校					
徐州生物工程高等职业学校	1 423	1 284	4 737	344	261
徐州机电工程高等职业学校	3 663	5 640	12 530	569	332
江苏省徐州医药高等职业学校	275	1 263	4 189	292	240
江苏省徐州财经高等职业技术学校	887	2 022	5 878	243	198
徐州经贸高等职业学校	909	1 602	4 756	220	176
徐州市职业教育中心	801	460	1 683	283	244
徐州体育运动学校	98	83	305	57	24
徐州文化艺术学校	55	72	299	89	61
运河高等师范学校		567	1 675	179	119
徐州高等师范学校	642	605	1 761	218	153
徐州幼儿高等专科学校	95	302	1 518		

17-18 成人高等学校和成人中等专业学校基本情况

（2011 年）

单位：人

指　　标	毕业生数	招生数	在校学生数	教职工数	#专任教师
成人高等学校					
徐州市委党校	217	386	713	107	34
中国矿业大学成人教育学院	3 561	6 051	14 649		
徐州师范大学成人教育学院	2 631	3 049	8 353		
徐州医学院成教处	2 261	1 205	5 803		
徐州工程学院成教处	1 190	2 614	7 669		
徐州建筑职业技术学院成教处	99	47	187		
九州职业技术学院	9	39	63		
成人中等专业学校					
徐州能源工业学校	832	51	334	116	73
徐州机电工程学校	1 311	2 036	5 013	145	105
徐州市电子技术学校	383		244	43	25
徐州市商业职工中专学校	310			22	13
徐州市农业干部中专学校	86		18	88	57
徐州建筑职工中专学校	576	524	1 574	38	16
沛县教师进修学校				46	26
江苏省铜山区教师进修学校				47	29
新沂市教师进修学校				49	33

17-19　各阶段教育入学、升学情况

（2011 年）　　　　单位：%

地　区	入　学　率		升　学　率	
	小学阶段入学率	初中阶段入学率	小学毕业生升　学　率	初中毕业生升　学　率
全　市	100.0	100.0	100.0	96.7
市　区	100.0	100.0	100.0	98.1
丰　县	100.0	100.0	100.0	96.2
沛　县	100.0	100.0	100.0	96.8
铜山区	100.0	100.0	100.0	96.1
睢宁县	100.0	100.0	100.0	96.6
新沂市	100.0	100.0	100.0	96.2
邳州市	100.0	100.0	100.0	96.9

主要统计指标解释

独立研究与开发机构 指有明确的任务和研究方向，有一定学术水平的业务骨干和一定数量的研究人员，具有研究、开发、开展学术工作的基本条件，主要进行科学研究与技术开发活动，并且在行政上有独立的组织形式，财务上独立核算盈亏，有权与其他单位签订合同，在银行有单独户头的单位。包括国务院各部门、中国科学院、中国社会科学院和各省、自治区、直辖市以及地(市)以上[含地(市)]各部门所属的国有独立的科学研究与技术开发机构。

独立研究与开发机构职工 指在科学研究与技术开发机构工作，并由其支付工资的各种人员。包括长期职工和临时职工，不包括编制以外的离休、退休人员和停薪留职人员，但包括招聘人员。

研究与发展经费支出 指报告期内用于研究与试验发展课题活动(基础研究、应用研究、试验发展)的全部实支出。包括用于研究与发展课题活动的直接支出，还包括间接用于研究与发展活动的一切支出(院、所管理费及维持院、所正常运转的必需费用和与研究发展有关的基本建设支出)。

其他科技人员 指大专、中专毕业和具有初级职称的从事科技活动人员。

自然科学技术人员 指已取得科学技术职称，或大学、中专的理、工、农、医科系毕业，以及国民经济各部门从工作实践中提拔，从事理、工、农、医等自然科学技术的研究、教学、生产的专业人员和在机关、企业、事业中从事科学技术业务管理工作的专业人员。

工程技术人员 指在国民经济各行业从事工程技术工作的自然科学技术专业人员，包括：高级工程师、工程师、助理工程师、技术员和未评定职称的技术人员。

农业技术人员 指在国民经济各行业从事农业技术工作的自然科学技术专业人员，包括：高级农艺师、农艺师、助理农艺师、技术员和未评定职称的技术人员。

科学研究人员 指在国民经济各行业从事科学技术活动的自然科学技术专业人员，包括：正副研究员、助理研究员、研究实习员、技术员和未评定职称的技术人员。

教学人员 指在国民经济各行业从事自然科学技术方面教学活动的专业人员，包括：正副教授、讲师、助教、教师和在中学从事自然科学技术方面教学活动的人员。

发明 专利法及其实施细则所称的发明是指对有关产品、方法或其改进所提出的新的技术方案。

普通高等学校 指按照国家规定的设置标准和审批程序批准举办，通过国家统一招生考试，招收高中毕业生为主要培养对象，实施高等教育的全日制大学、独立设置的学院和高等专科学校、短期职业大学。

成人高等学校 指按照国家有关规定审批，招收通过全国成人高教统一招生考试的具有高中毕业或同等学历的在职从业人员利用脱产、半脱产、业余或函授等多种形式对其实施高等学历教育，培养高等教育专科或本科毕业水平的专门人才，修业年限、课程设置和总学时数均按高等学历教育要求付诸实施的学校。包括广播电视大学、职工高等学校、农民高等学校、管理干部学院、教育学院、独立设置的函授学院等。

小学学龄儿童入学率 指调查范围内已入小学学习的学龄儿童占校内外学龄儿童总数(包括弱智儿童在内，但不包括盲聋哑儿童)的比重，计算公式：

$$\text{小学学龄儿童入学率}(\%)=\frac{\text{已入学的小学学龄儿童}}{\text{校内外小学学龄儿童总数}}\times 100\%$$

招生数 指新学年开学时，一年级实际招收入学的新生数。不包括留级生和复学生数。

在校学生数 指学年初具有学籍的在校学生总数。

专任教师数 指主要从事教育工作的人员数。包括临时(一年以内)调去帮助做其他工作的教学人员。高等学校函授部、夜大学的专任教师和承担科研任务、未担任教学工作仍属教师编制的人员，也计入专任教师中。专任教师不包括调离教学岗位，担任行政领导工作或其他工作的原教学人员。

第 18 部分

卫生和社会服务

PUBLIC HEALTH AND SOCIAL SERVICES

版面负责人：张玉强

编　　辑：徐　燕

关于政府统计机构和有关部门查处统计违法行为职责的规定

第三十三条 国家统计局组织管理全国统计工作的监督检查，查处重大统计违法行为。

县级以上地方人民政府统计机构依法查处本行政区域内发生的统计违法行为。但是，国家统计局派出的调查机构组织实施的统计调查活动中发生的统计违法行为，由组织实施该项统计调查的调查机构负责查处。

法律、行政法规对有关部门查处统计违法行为另有规定的，从其规定。

【释义】 本条是关于政府统计机构和有关部门查处统计违法行为职责的规定。

国家统计局作为国务院的直属机构，依法组织领导和协调全国的统计工作，承担着确保统计数据真实、准确、完整、及时的责任。因此，本条第一款赋予国家统计局对全国统计工作实施监督检查和查处重大统计违法行为的职责。国家统计局组织管理全国统计工作的监督检查，主要是指对统计法律、行政法规、规章、政策、统计规划和统计调查制度的执行情况进行监督检查，包括：对领导干部是否存在违法干预统计机构和统计人员独立行使统计职权的情况等进行监督检查；对统计调查的组织实施情况及统计资料的真实性、准确性、完整性、及时性进行监督检查；对统计机构和统计人员依法履行职责的情况进行监督检查，等等。国家统计局对在监督检查中发现的重大统计违法行为要依法及时查处。

根据属地管辖原则，县级以上地方人民政府统计机构对本行政区域内发生的统计违法行为予以查处。同时，由于国家统计局在有关地方设有派出调查机构，根据国务院规定的国家统计局派出调查机构的职责权限，本条第二款规定，国家统计局派出的调查机构组织实施的统计调查活动中发生的统计违法行为，由组织实施该项统计调查的调查机构负责查处。

根据有关法律、行政法规的规定，除政府统计机构以外，一些政府部门对其组织实施的统计调查活动中发生的统计违法行为也具有查处权。例如，海关法和海关统计条例、商业银行法分别赋予了海关对海关统计违法行为、中国人民银行对商业银行的金融统计违法行为的查处权。因此，基于法律适用中特别法优于一般法原则，本条第三款规定，法律、行政法规对有关部门查处统计违法行为另有规定的，应当根据其规定执行。

编辑：张　霖

18-1 卫生机构数

单位:个

年 份	总 计	医 院 卫生院	#医 院	疗养院、所	门诊部、所
1978	652				
1979	683				
1980	858				
1981	952				
1982	969	231	35	1	678
1983	1 004	232	42	1	712
1984	1 027	233	43	1	734
1985	1 053	237	48	1	753
1986	1 030	236	47	1	731
1987	1 024	234	47	1	727
1988	1 023	228	47	1	732
1989	1 042	229	47	1	751
1990	1 058	228	46	1	767
1991	1 088	228	46	1	798
1992	1 049	228	46	1	759
1993	1 051	228	46	1	761
1994	1 051	231	46	1	758
1995	1 052	231	46	1	758
1996	1 052	231	45	1	757
1997	1 053	232	42	1	757
1998	1 261	233	43	1	966
1999	954	275	43	1	456
2000	993	274	42	1	473
2001	1 071	211	43	1	449
2002	1 047	226	113		778
2003	1 120	229	116	1	847
2004	1 344	232	119	1	926
2005	1 384	230	119	1	1105
2006	1 327	227	116	1	917
2007	1 483	238	117	1	921
2008	1 116	251	108	1	732
2009	1 169	268	102	1	828
2010	1 213	256	99	1	864
2011	1 365	266	108	1	1 009

18-1　续表　　　　单位：个

年　　份	专科防治所、站	卫生防疫站	妇幼保健院、所、站	药品检验所、站	医学研究机构	其他卫生机构
1978						
1979						
1980						
1981						
1982		14				
1983	4	15	10	7	2	17
1984	4	15	10	7	2	17
1985	9	15	12	7	2	13
1986	10	15	12	7	2	12
1987	10	14	12	7	2	13
1988	10	14	12	7	2	13
1989	9	14	12	7	2	13
1990	10	14	12	7	2	13
1991	10	15	12	7	2	12
1992	10	14	12	7	2	13
1993	9	14	13	7	2	7
1994	8	14	14	7	2	7
1995	8	14	14	7	2	8
1996	9	14	13	7	3	8
1997	9	14	13	7	3	8
1998	8	14	13	7	3	8
1999	8	14	14	7	3	9
2000	8	14	14	7	3	9
2001	8	14	14		3	9
2002	8	14	13		3	5
2003	6	14	14		3	6
2004		14	14		3	154
2005		14	14		3	17
2006		14	14		3	151
2007		14	13		3	293
2008		14	13		3	102
2009		14	13		3	42
2010		13	12		3	64
2011		13	12		3	61

注：1998 年以后门诊部所中包括个体开业，2009 年包括卫生所、医务室、社区卫生服务站等；2001 年以前医院为县及县以上医院数；2008 年及以后村卫生室不再作为卫生机构统计。

18–2 卫生机构人员数

单位：人

年 份	总 计	卫生技术人员						每千人口医生数
			#医 生	中 医	中医师	西医士	#护师护士	
1978		15 690	4 857					0.9
1979		16 477	4 982					0.8
1980		17 095	5 765					0.8
1981	22 581	17 696	6 542		3 117		2 888	1.0
1982	23 956	18 539	7 203	574	3 310		3 496	1.1
1983	25 237	19 267	7 635	1 079	3 639	2 917	4 298	1.1
1984	25 885	19 694	7 671	1 085	3 668	2 918	4 366	1.1
1985	27 354	20 602	7 881	1 080	3 679	3 122	4 603	1.1
1986	28 234	21 295	8 097	1 094	3 747	3 256	4 799	1.1
1987	28 710	21 337	8 023	1 017	3 677	3 329	4 917	1.1
1988	29 477	22 381	8 804	1 176	5 174	2 454	5 438	1.2
1989	30 960	23 615	9 598	1 158	6 715	1 725	6 430	1.3
1990	32 029	24 427	9 888	1 169	6 965	1 754	6 914	1.2
1991	33 771	25 818	10 298	1 108	7 205	1 985	7 289	1.3
1992	35 051	26 825	10 216	1 062	7 101	2 053	7 351	1.2
1993	36 383	27 895	10 488	1 101	7 211	2 176	7 617	1.3
1994	37 741	28 928	10 891	1 074	7 474	2 343	7 881	1.3
1995	38 533	29 380	11 204	1 082	7 605	2 517	8 167	1.3
1996	39 027	29 771	11 525	1 046	7 762	2 717	8 277	1.3
1997	40 472	31 125	12 025	1 044	7 998	2 938	8 424	1.4
1998	40 454	31 188	11 756	986	7 897	2 810	8 350	1.3
1999	39 411	30 394	11 349	933	7 843	2 515	8 421	1.3
2000	39 366	30 481	11 622	925	8 077	2 529	8 720	1.3
2001	39 099	30 275	11 635	963	8 041	2 536	8 863	1.3
2002	36 997	29 282	11 396					1.3
2003	35 369	28 030	10 692		725		8 421	1.2
2004	36 163	28 297	10 480		705		8 479	1.1
2005	35 809	28 284	10 494	721	597	124	8 574	1.1
2006	36 174	28 922	10 532	723	604		8 677	1.2
2007	38 048	29 668	11 137				9 329	1.2
2008	38 746	30 396	11 557				9 985	1.2
2009	39 408	30 821	11 613				10 801	1.0
2010	41 238	32 368	12 165				11 961	1.0
2011	43 623	35 303	12 273				13 411	1.1

18-3 卫生机构床位数

单位：张

年份	总计	医院卫生院	#医院	疗养院	门诊部、所	其他卫生机构	每千人口医院病床位数
1978	11 325						
1979	11 971						
1980	12 299						
1981	13 392						
1982	13 644						
1983	14 067	12 167	7 185	200	1 550	150	1.8
1984	15 046	13 133	8 109	200	1 473	240	1.9
1985	15 432	13 269	8 608	200	1 762	200	1.9
1986	15 771	13 653	8 925	200	1 718	200	1.9
1987	16 147	13 845	9 107	200	1 802	300	1.9
1988	16 809	14 390	9 549	200	1 919	300	1.9
1989	17 004	14 483	9 609	200	1 921	400	1.9
1990	17 303	14 660	9 630	200	2 043	400	1.8
1991	17 557	15 059	10 186	200	1 898	400	1.8
1992	18 100	15 490	10 459	200	1 987	400	1.9
1993	18 747	15 813	10 668	200	2 310	400	1.9
1994	18 650	15 686	10 791	200	2 310	400	1.9
1995	18 596	15 647	10 783	200	2 310	400	1.8
1996	18 733	15 814	10 883	200	2 310	370	1.8
1997	18 700	15 751	10 713	200	2 310	400	1.8
1998	18 637	15 703	10 645	200	2 310	400	1.8
1999	17 992	17 368	10 621	200		400	2.0
2000	17 736	17 091	10 562	200		400	1.9
2001	17 505	16 964	10 417	200		317	1.9
2002	18 210	18 210	13 944				2.0
2003	18 487	17 961	13 650	200		326	2.0
2004	18 792	18 252	13 905	200		340	2.1
2005	19 888	19 287	14 647	200	5	104	2.2
2006	20 264	19 749	14 975	40		475	2.2
2007	21 488	20 238	15 737	40		1 210	2.3
2008	24 430	23 248	17 614	40		1 142	2.6
2009	26 600	25 081	18 852	40	28	1 451	2.8
2010	30 500	27 783	21 496	40	130	2 547	2.9
2011	32 960	30 283	23 119	40	148	2 601	3.4

18-4 卫生机构、床位、人员数

（2011 年）

机构类别	机构数（个）	床位数（张）	诊疗人数（万人）	入院人数（万人）	工作人员数（人）	#卫生技术人员	执业医师数
总　计	**1 365**	**32 960**	**3 273.55**	**100.01**	**43 623**	**35 303**	**10 597**
医院合计	108	23 119	1 398.42	68.34	23 642	19 327	5 993
综合医院	67	16 580	983.23	50.03	16 872	13 921	4 376
中医医院	8	2 936	250.04	10.16	3 782	3 168	899
中西医结合医院	1	50	4.96	0.19	101	80	32
专科医院	32	3 553	160.19	7.96	2 887	2 158	686
#口腔医院	5	40	19.58	0.03	336	227	120
耳鼻喉科医院	1	50	1.08	0.05	17	12	4
肿瘤医院	1		0.19		18	15	6
儿童医院	1	875	74.34	4.78	826	667	166
精神病医院	4	993	14.69	0.73	514	364	122
传染病医院	2	374	5.97	0.5	297	215	59
皮肤病医院	1		4.89		39	32	8
职业病医院	2	312	3.57	0.1	75	66	29
康复医院	5	148	7.11	0.11	124	96	20
美容医院	1	15	0.37	0.12	47	33	6
其他专科医院	6	666	24.06	1.36	516	375	124
疗养院	1	40	1.69	0.05	54	18	4
社区卫生服务中心	45	1 878	272.74	3.34	3 614	2 849	771
卫生院	158	7 164	954.79	25.45	11 678	8 585	2 066
门诊部、所	1 009	148	540.86		2 605	2 259	1 264
#私营门诊部、所							
急救中心（站）	3		4.97		90	43	4
采供血机构	1				75	32	17
妇幼保健院（所、站）	12	611	99.43	2.78	772	593	230
妇幼保健院	1	556	68.22	2.53	540	419	137
妇幼保健所	11	55	31.21	0.25	232	174	93
疾病预防控制中心（防疫站）	13				627	459	205
卫生监督所	11				337	291	
医学科学研究机构	3				124	84	42
其他卫生机构	1		0.65	0.05	5	3	1

18-4 续表 （2011 年）

机构类别	执业助理医师数	注册护士	药剂人员	技师	其他	其他技术人员	管理人员	工勤人员
总计	**1 676**	**13 411**	**2 213**	**1 940**	**4 706**	**2 012**	**2 702**	**4 366**
医院合计	334	9 014	1 168	985	1 833	756	1 610	1 949
综合医院	230	6 603	781	750	1 181	451	1 220	1 280
中医医院	45	1 345	277	128	474	173	157	284
中西医结合医院	6	34	3	5			7	14
专科医院	53	1 032	107	102	178	132	226	371
# 口腔医院	17	62	7	4	17	26	24	59
耳鼻喉科医院		6	1	1			5	
肿瘤医院	1	4	2	2			3	
儿童医院	3	393	19	16	70	54	18	87
精神病医院	12	172	23	19	16	14	38	98
传染病医院		109	19	19	9	1	38	43
皮肤病医院	1	15	3		5	2	3	2
职业病医院		29	3	3	2	5	1	3
康复医院	8	42	6	3	17	7	11	10
美容医院		17	1	1	8	6	6	2
其他专科医院	6	165	20	27	33	9	72	60
疗养院		11	1	1	1	4	9	23
社区卫生服务中心	191	1 054	250	179	404	178	208	379
卫生院	1 011	2 433	627	557	1 891	853	587	1 653
门诊部、所	104	595	118	51	126	80	70	196
# 私营门诊部、所								9
急救中心（站）	1	19		19		19	4	32
采供血机构	3	9		2	1	12	14	48
妇幼保健院（所、站）	16	242	30	41	34	26	105	34
妇幼保健院	2	203	27	30	20	6	81	14
妇幼保健所	14	39	3	11	14	20	24	58
疾病预防控制中心（防疫站）	15	21	17	89	112	58	52	8
卫生监督所					291	13	25	10
医学科学研究机构		11	2	16	13	13	17	
其他卫生机构	1	1					1	1

18–5　市区卫生机构、床位、人员数

指　　标	2011	指　　标	2011
卫生机构数　（个）	**840**	#疗养院、所	40
医院	68	卫生院	1 751
#疗养院、所	1	**卫生机构人员　（人）**	**25 604**
卫生院	32	卫生技术人员	18 716
门诊部、所	36	执业医师	6 272
专科防治所、站	1	执业助理医师	590
疾病预防控制中心	8	注册护士	7 878
妇幼保健院(所、站)	7	药剂人员	1 163
卫生监督所	6	技师	1 059
医学科学研究机构	3	其他卫生技术人员	1 754
急救站和采供血机构	2	其他技术人员	874
病床数　（张）	**19 504**	管理人员	1 626
医院	15 709	工勤人员	2 143

18–6　医院诊疗基本情况

（2011 年）

指　　标	县及县以上医院合计	非营利性	营利性	乡(镇)卫生院合计
诊疗人次　（万人次）	1 174.98	1 174.98		948.52
#门、急诊	1 102.31	1 102.31		917.82
入院人数　（人）	570 588	570 588		249 587
每百门急诊的入院人数　（人）	5.2	5.2		2.7
治愈率　（%）	50.89	50.89		78.52
好转率　（%）	45.26	45.26		20.58
病床周转次数　（次）	34.9	34.9		38.3
病床工作日　（日）	383.2	383.2		273.9
病床使用率　（%）	104.99	104.99		75.04
出院者平均住院日　（日）	10.6	10.6		6.7

18–7　城市(市区)前十位疾病死亡原因和构成

(2010 年)

顺位	合计		男性		女性	
	死因	占死亡总数(%)	死因	占死亡总数(%)	死因	占死亡总数(%)
	十种死因合计	**98.32**	**十种死因合计**	**98.48**	**十种死因合计**	**98.15**
1	循环系统疾病	52.89	循环系统疾病	48.98	循环系统疾病	58.54
2	肿瘤	25.26	肿瘤	27.68	肿瘤	21.75
3	损伤和中毒	7.01	损伤和中毒	8.61	呼吸系统疾病	5.58
4	呼吸系统疾病	6.21	呼吸系统疾病	6.65	损伤和中毒	4.69
5	内分泌,营养和代谢的其他疾病	2.54	消化系统疾病	2.06	内分泌,营养和代谢的其他疾病	3.48
6	消化系统疾病	1.96	内分泌,营养和代谢的其他疾病	1.89	消化系统疾病	1.81
7	神经系统疾病	0.85	神经系统疾病	0.86	神经系统疾病	0.83
8	泌尿生殖系统疾病	0.67	传染病和寄生虫病	0.74	泌尿生殖系统疾病	0.69
9	传染病和寄生虫病	0.57	泌尿生殖系统疾病	0.66	血液和造血器官及免疫的其他疾病	0.45
10	血液和造血器官及免疫的其他疾病	0.36	起源于围生期的某些情况	0.35	传染病和寄生虫病	0.33

18–8　城市(市区)前十位疾病死亡原因和构成

(2011 年)

顺位	合计		男性		女性	
	死因	占死亡总数(%)	死因	占死亡总数(%)	死因	占死亡总数(%)
	十种死因合计	**98.70**	**十种死因合计**	**98.91**	**十种死因合计**	**98.41**
1	循环系统疾病	57.16	循环系统疾病	57.16	循环系统疾病	62.38
2	肿瘤	20.70	肿瘤	20.70	肿瘤	16.71
3	损伤和中毒	6.69	损伤和中毒	6.69	呼吸系统疾病	6.42
4	呼吸系统疾病	6.48	呼吸系统疾病	6.48	损伤和中毒	4.93
5	内分泌,营养和代谢的其他疾病	2.74	消化系统疾病	2.47	内分泌,营养和代谢的其他疾病	3.39
6	消化系统疾病	2.47	内分泌,营养和代谢的其他疾病	2.74	消化系统疾病	2.27
7	神经系统疾病	0.76	神经系统疾病	0.76	神经系统疾病	0.69
8	泌尿生殖系统疾病	0.69	传染病和寄生虫病	0.69	泌尿生殖系统疾病	0.67
9	传染病和寄生虫病	0.53	泌尿生殖系统疾病	0.53	血液和造血器官及免疫的其他疾病	0.50
10	血液和造血器官及免疫的其他疾病	0.48	起源于围生期的某些情况	0.48	传染病和寄生虫病	0.45

18-9 主要年份民政事业发展情况

指标		2000	2005	2006	2007	2008	2009	2010	2011
民政事业、企业情况									
收养类单位数	(个)	368	230	214	264	267	250	250	284
职工人数	(人)	1 812	1 416	1 830	2 723	3 027	2 457	2 458	2 879
社会福利企业单位数	(个)	297	196	209	183	144	159	117	118
职工人数	(人)	14 824	7 430	7 781	5 318	6 727	14 502	10 952	7 626
优抚安置单位数	(个)	18	20	19	20	20	22	22	22
职工人数	(人)	280	199	275	200	301	299	314	294
救助类单位数	(个)	2	2	2	3	3	3	3	2
职工人数	(人)	76	65	68	85	81	72	72	71
殡仪服务事业单位数	(个)	11	19	20	19	19	20	20	20
职工人数	(人)	335	405	443	462	477	501	486	485
彩票募捐单位数	(个)	8	10	10	8	7	8	8	8
职工人数	(人)	45	67	69	66	71	75	76	76
社区服务单位数	(个)	30	40	46	47	96	73	84	875
职工人数	(人)	655	321	225	207	574	454	519	4 767
老龄事业单位数	(个)			12	12	12	12	11	11
职工人数	(人)			59	56	61	61	62	61
婚姻登记服务单位	(个)			4	1	4	4	4	4
职工人数	(人)			64	6	69	69	67	72
优抚对象优待抚恤情况									
享受定期抚恤金人数	(人)	3 506	2 873	2 598	2 586	2 473	2 933	2 143	1 892
# 城镇			377	349	340	366	316	272	272
# 烈属		2 271	2 065	1 860	1 855	2 107	1 454	1 349	1 150
享受定期补助人数	(人)	16 491	14 027	13 972	16 320	19 984	19 718	21 550	47 174
# 在乡复员军人		12 937	9 301	9 062	9 043	9 517	8 532	8 784	8 317
优待优抚对象户数	(户)	34 696	31 597	25 058	21 375	19 360	18 283	21 404	23 288
社会救济情况									
城镇居民最低生活保障人数	(人)	7 496	49 437	49 832	51 416	52 102	53 800	43 193	43 352
# 失业人员		1 154	9 959	8 040	12 335	11 189	11 371	9 573	19 156
城镇居民最低生活保障家庭数	(户)		18 460	19 114	20 101	21 007	22 770	18 729	19 156
农村居民最低生活保障人数	(人)	30 136	122 710	188 193	195 992	220 875	247 580	231 938	244 538
农村居民最低生活保障家庭数	(户)		65 051	104 021	106 808	126 312	147 240	116 162	109 499
城镇临时救济人次数	(人次)	19 578	7 206	7 000	77	1 832	1 916	199	363
农村临时救济人次数	(人次)	187 629	152 990	299 900	92 585	1 039	154	796	3 044
农村定期救济人数	(人)	4 227	33 413		4 968	4 712	4 356	4 524	33 168
农村五保供养户数	(户)		25 289	45 685	45 501	45 719	43 642	42 580	37 101
城镇社区服务情况									
城镇社区服务设施数	(个)	1 033	2 872	2 881	1 502	1 770	1 740	3 462	950
城镇社区服务从业人员	(人)	7 767	45 409	4 200	8 545	3 490	2 018	5 561	7 279
城镇便民、利民服务网点数	(个)	4 809	7 255		5 640	33 516	7 355	11 756	25 836
社会团体机构情况									
年末实有社团数	(个)	721	1 061	1 563	1 678	1 666	1 706	1 727	3 179
# 地级社团机构数		274	333	353	361	367	388	400	732

注:2007 年及以后社会救济城镇低保失业人员为登记失业人员、彩票募捐单位数为福利彩票发行单位数。

18–10 社会福利事业基本情况

（2011 年）

指　　标	院数（个）	年末职工人数（人）	年末床位（张）	年末在院人员（人）
总　计	**284**	**3 298**	**36 168**	**31 272**
社会福利院	8	146	2 250	1 558
光荣院	5	64	531	334
社会福利医院	2	271	460	457
城镇收养性老年福利机构	22	207	1 376	1 166
农村五保供养服务机构	196	2 364	30 155	25 567

18–11 社会福利企业基本情况

(2011 年)

指　　标	单位数（个）	年末职工人数（人）		年销售(营业）收入(万元）
			#残疾职工	
总　计	**118**	**7 626**	**4 920**	**177 392**
社会福利工厂	110	6 364	4 610	149 229
其他福利企业	8	1 262	310	28 163

18–12 主要年份自然灾害情况

指　　标	1990	1995	2000	2005	2007	2008	2009	2010	2011
受灾面积　（千公顷）	**383.43**	**303.98**	**463.18**	**48.19**	**188.62**	**117.30**	**394.09**	**412.06**	**314.78**
#旱灾	88.93	54.88	359.45				293.00	319.35	251.28
水灾	249.43	22.52	26.50	19.42	163.20	70.34	43.30	57.95	55.63
风雹灾	27.13	133.67	54.57	4.67	25.42	46.96	57.79	34.58	7.87
霜冻	7.47	34.33	22.66					0.18	
病虫	60.43	28.49							
成灾面积　（千公顷）	**317.05**	**235.20**	**256.01**	**31.13**		**65.81**	**225.96**	**235.16**	**154.12**
#旱灾	32.39	45.87	188.57				163.40	184.76	123.92
水灾	205.88	17.54	19.67	12.93		40.64	34.36	33.41	25.18
风雹灾	21.69	103.36	33.77	2.64		25.17	28.20	16.96	5.03
霜冻	5.53	25.67	14.00					0.03	
病虫	54.54	19.06							
因灾损失情况									
经济损失总值　（万元）		86 146	18 448	155 890	120 268	39 307	138 017	249 142	98 342
死亡人口　（人）	22	8	7		8	2	18	1	1
减产粮食　（万吨）	39.03	35.95	52.07	22.65	24.29	21.24			
死亡大牲畜　（头）	893	424	4	15	60		27		
倒塌房屋　（间）	45 814	5 289	2 841	6 972	3 553	2 737	3 779	386	270
损坏房屋　（间）	52 870	15 521	6 498	24 183	7 628	2 401	19 135	2 627	633
成灾人口　（万人）	**353.58**	**238.83**	**370.96**	**139.66**	**245.10**	**160.63**	**560.46**	**611.85**	**455.81**
因灾缺粮人口　（万人）	123.33	123.64	119.82	65.12	33.30	26.13	44.46	49.84	55.02
因灾缺粮数量　（吨）	67 360	81 778	51 168	13 681	7 500	15 645	14 517	29 905	26 780
得到国家救济人次数　（人次）	**1 087 266**	**764 550**	**328 076**	**96 080**	**330 000**	**323 300**	**484 147**	**498 400**	**352 359**

18-13　职工基本养老保险情况

单位：人

年　份	在职职工人　　数	企　业	事业、机关	其　他	离休、退休退职人员数	企　业	事业、机关	其　他
1987	377 943	377 943			65 317	65 317		
1988	500 278	500 278			82 466	82 466		
1989	576 379	572 999		3 380	93 430	93 430		
1990	580 996	574 437		6 559	95 435	95 435		
1991	635 907	626 848		9 059	100 668	100 668		
1992	593 063	592 998		65	105 992	105 992		
1993	464 939	464 939			97 979	97 979		
1994	606 073	605 999		74	119 593	119 593		
1995	601 093	601 020		73	121 249	121 249		
1996	588 555	588 482		73	128 265	128 265		
1997	779 430	589 567	189 790	73	168 099	135 144	32 955	
1998	759 978	567 398	191 890	690	180 354	143 652	36 702	
1999	745 830	573 526	168 664	3 640	184 275	151 910	32 307	58
2000	691 112	558 247	121 154	11 711	188 876	161 900	26 733	243
2001	692 144	535 201	112 134	44 809	193 605	170 241	23 195	169
2002	673 307	498 608	87 419	87 280	200 480	181 011	19 217	252
2003	661 950	471 888	64 099	125 963	207 514	190 284	16 455	775
2004	633 583	410 727	55 236	167 620	217 615	199 374	15 991	2 250
2005	654 863	602 574	52 289		227 905	211 607	16 298	
2006	713 907	661 822	52 085		237 805	221 466	16 339	
2007	769 214	714 570	54 644		259 488	240 812	18 676	
2008	824 778	770 052	54 726		273 659	254 314	19 345	
2009	886 247	832 302	53 945		287 908	268 259	19 649	
2010	928 684	875 018	53 666		300 249	280 125	20 124	
2011	1 005 339	951 248	54 091		313 181	292 477	20 704	

18-14 农村养老保险基本情况

年　份	基金积累（万元）	当年保费收入（万元）	当年参保人数（万人）	总参保人数（万人）	当年领取人数（万人）
1992	610	570	3.24	3.24	0.01
1993	1 668	1 090	8.52	11.76	0.04
1994	4 014	2 163	14.32	26.08	0.10
1995	9 051	3 556	18.16	44.24	0.11
1996	11 660	1 558	16.89	61.13	0.13
1997	13 238	1 327	7.47	68.60	0.14
1998	14 367	670	1.35	69.95	0.15
1999	14 899	322	0.60	70.55	0.18
2000	14 960	180	0.20	70.75	0.20
2001	14 963	165	0.16	70.91	0.23
2002	15 160	162	0.56	71.47	0.36
2003	15 375	149	0.14	71.61	0.56
2004	15 625	236	0.25	71.86	0.70
2005	15 887	385	0.18	72.04	0.86
2006	17 041	1 290	0.38	72.03	1.03
2007	20 155	3 154	0.18	73.22	1.25
2008	22 517	3 012	4.68	77.33	1.40
2009	30 314	8 646	28.80	95.69	1.92
2010	80 886	52 488	119.67	215.37	88 .21
2011	123 331	35 626	5.31	220.69	97.32

18-15 婚姻登记和离婚情况

年　份	登记结婚（对）	初　婚（人）	再　婚（人）	离婚数（对）	结婚离婚比（%）
1985	52 770	104 502	1 038	669	1.27
1986	49 855	98 120	1 590	419	0.84
1987	61 529	121 365	1 653	571	0.93
1988	55 849	110 225	1 473	652	1.17
1989	54 392	106 673	2 111	665	1.22
1990	68 904	135 874	1 934	442	0.64
1991	64 793	127 810	1 777	495	0.76
1992	64 821	127 488	2 154	646	1.00
1993	58 176	114 149	2 203	907	1.56
1994	66 369	130 332	2 406	877	1.32
1995	65 505	127 837	2 173	1 056	1.61
1996	57 001	111 626	2 376	862	1.51
1997	54 954	107 133	2 775	1 196	2.18
1998	56 604	109 832	3 376	1 699	3.00
1999	55 743	108 213	3 273	1 424	2.55
2000	55 664	106 774	4 438	1 514	2.72
2001	48 820	93 764	3 708	1 729	3.54
2002	45 622	87 011	4 113	3 459	7.58
2003	46 016	88 199	3 695	2 342	5.09
2004	51 629	96 765	6 493	5 051	9.80
2005	53 419	98 829	8 009	6 085	11.40
2006	62 626	118 172	7 080	7 131	11.39
2007	68 003	127 551	8 455	8 658	12.73
2008	78 814	149 336	8 292	9 614	12.20
2009	93 612	172 923	14 301	10 261	10.96
2010	101 907	193 626	10 188	11 101	10.89
2011	117 345	214 029	20 661	12 820	10.93

主要统计指标解释

医院 指名称为医院，设有固定床位、能收容病人住院并能为病人提供医疗、护理服务的医疗机构。包括县及县以上医院、农村乡卫生院、其他医院三部分。按所属性质分为卫生部门、工业及其他部门，集体经济单位三类。其中县及县以上医院按业务性质分为综合医院和专科医院。

卫生技术人员 指卫生事业机构支付工资的全部固定职工和合同制职工中现任职务为卫生技术工作的专业人员。包括中医师、西医师、中西医结合高级医师、护师、中药师、西药师、检验师、其他技师、中医士、西医士、助产士、中药剂士、西药剂士、检验士、其他技士、其他中医、护理员、中药剂员、西药剂员、检验员，其他初级卫生技术人员。

医生 指经卫生部门审查合格，从事医疗工作的专业人员。分为中医医生和西医医生。包括卫生技术人员中的中医师、西医师、中西医结合高级医师、中医士、西医士和其他中医。

卫生机构床位 指年末卫生机构实有固定床位数，包括正规、简易和正在消毒、修理的床位以及因扩建或大修而停用的床位，不包括产科的新生儿床、库存床、观察床、临时增设的床位、病人家属的陪侍床、接产室的待产床。

社会福利事业单位 指集中收养社会孤、老、残、幼的机构。包括由民政部门管理的社会福利院、儿童福利院、精神病人福利院和城镇集体办的福利院，以及农村集体举办的敬老院。

社会福利事业单位收养人数 包括民政部门管理的和城镇及农村集体举办的社会福利事业单位中收养的老人、少年儿童、缺乏生活自理能力的残疾人员和精神病人。

社会福利企业单位 指以安置城镇有一定劳动能力的盲、聋、哑和肢体残疾人员就业为目的，享受国家减免税待遇的国有或集体经济性质的企业。包括福利工厂、福利商业服务业、假肢厂和安置农场等单位。

农村五保户 指农村中既无劳动能力，又无经济来源的老、弱、孤、残的农民生活由集体供养、实行保吃、保穿、保住、保医、保葬(孤儿保教)，简称:“五保”。享受五保待遇的家庭叫五保户。

双扶户 包括被扶持的优扶户和贫困户。主要是对其具有一定劳动能力且生活困难的两户给予一定的救济金以扶持其通过生产自救达到脱贫的目的。

第19部分

文化和体育

CULTURE AND SPORTS

版面负责人：张玉强

编　　　辑：鹿　燕　徐　燕

关于政府统计机构开展监督检查的职权和职责的规定

第三十五条 县级以上人民政府统计机构在调查统计违法行为或者核查统计数据时，有权采取下列措施：

（一）发出统计检查查询书，向检查对象查询有关事项；

（二）要求检查对象提供有关原始记录和凭证、统计台账、统计调查表、会计资料及其他相关证明和资料；

（三）就与检查有关的事项询问有关人员；

（四）进入检查对象的业务场所和统计数据处理信息系统进行检查、核对；

（五）经本机构负责人批准，登记保存检查对象的有关原始记录和凭证、统计台账、统计调查表、会计资料及其他相关证明和资料；

（六）对与检查事项有关的情况和资料进行记录、录音、录像、照相和复制。

县级以上人民政府统计机构进行监督检查时，监督检查人员不得少于二人，并应当出示执法证件；未出示的，有关单位和个人有权拒绝检查。

【释义】 本条是关于政府统计机构开展监督检查的职权和职责的规定。

为保障统计资料的真实、准确、完整、及时，确保统计违法行为受到依法追究，维护统计工作的正常秩序，统计法应当赋予政府统计机构必要的监督检查权。依照本条第一款的规定，县级以上人民政府统计机构在调查统计违法行为或者核查统计数据时，有权采取下列措施：1.查询权，即有权向有关单位和个人发出统计检查查询书，向检查对象查询有关事项；2.要求提供资料权，即有权要求有关单位和个人提供与调查的统计违法行为或者核查的统计数据有关的原始记录和凭证、统计台账、统计调查表、会计资料及其他相关证明和资料；3.询问权，即有权就与检查有关的事项询问有关人员，了解情况；4.现场检查权，即有权进入检查对象的业务场所和统计数据处理信息系统进行检查、核对；5.登记保存证明和资料的权力，即经统计机构负责人批准，有权登记保存检查对象的有关原始记录和凭证、统计台账、统计调查表、会计资料及其他相关证明和资料；6.存证权，即有权对与检查事项有关的情况和资料进行记录、录音、录像、照相和复制。

为了保证政府统计机构的监督检查人员依法履行职责，防止损害被检查人权益的行为发生，本条第二款对监督检查人员在履行职责时的基本要求作出规定，包括：一是监督检查人员应当至少有二人，以形成一定的监督和制约；二是监督检查人员应当向检查对象出示执法证件，以表明其合法身份并接受监督。监督检查人员未出示执法证件的，有关单位和个人有权拒绝检查。

编辑：张　霖

19-1　文化事业情况

单位：个

年　份	公办文化馆　站	公　共图书馆	公共图书馆藏　书（千册）	博物馆	新华书店	电影放映单　位	#电影院影剧院	电影观众人　数（万人次）
1982	105	7		1	9	640	57	20 436
1983	105	7		2	7	690		22 886
1984	112	7	1 022	2	7	877	62	25 755
1985	112	7	1 085	4	7	919	58	20 157
1986	101	7	1 036	4	7	903	56	21 078
1987	101	7	1 079	5	7	892	55	22 545
1988	101	7	1 097	6	7	777	54	
1989	101	7	1 128	8	7	781	54	17 437
1990	101	7	1 182	8	10	767	62	17 802
1991	118	7	1 240	9	7	641	75	16 496
1992	113	7	1 375	9	7	579	80	10 317
1993	113	7	1 398	9	14	567	77	2 251
1994	125	7	1 432	9	14	553	70	382
1995	113	7	1 464	10	7	408	76	1 092
1996	113	7	1 476	10	7	433	94	1 243
1997	113	7	1 473	10	7	445	126	1 296
1998	113	7	1 509	10	7	324	132	1 676
1999	113	7	1 520	10	7	327	132	832
2000	85	7	1 565	10	7	310	103	608
2001	86	7	1 587	10	7	196	95	438
2002	86	7	1 639	10	7	196	94	366
2003	114	7	1 501	10	7	192	90	324
2004	127	7	1 533	11	7	96	96	382
2005	127	7	1 533	11	7	57	57	425
2006	125	7	1 518	13	7	21	8	50
2007	125	7	1 542	11	7	24	9	34
2008	126	7	1 626	14	7	22	6	30
2009	130	7	1 691	16	68	6	4	77
2010	157	7	2 698	17	68	6		79
2011	157	8	2 416	21	68	6	6	81

注：2009、2010 年新华书店为全社会口径，与往年不可比；2009、2010 年电影放映单位为市文化局备案单位数。

19–2　主要年份广播、电视事业情况

指　　标		1990	1995	2000	2005	2007	2008	2009	2010	2011
广播电视台	**（座）**	**1**	**8**	**1**	**7**	**8**	**8**	**8**	**8**	**8**
广播事业										
发射台及转播台(中波)	（座）	1	2	2	2	2	2	2	2	2
发射机功率(中波)	（部 / 千瓦）	3/21	4/22	4/31	2/31	2/32	5/65	5/66	5/65	5/66
节目	（套）	2	10	9	9	13	11	10	10	10
平均每日播音时间	（小时）	18	92	97	139	168	193	137	189	191
广播人口覆盖率	（%）	93.0	88.3	100	100	100	100	100	100	100
制作节目时间	（小时）	1 323	8 235	20 754	32 913	46 595	49 149	49 464	50 415	56 750
# 新闻节目		193	1 249	1 317	4 125	11 333	6 914	5 936	7 075	7 550
文艺节目		379	3 869	9 595	5 427		8 836	12 424	28 159	29 031
教育节目		183	26	96			629	836	1 126	1 328
电视事业										
发射台及转播台	（座）	6	1	8		8	10	9	8	8
发射机功率(全部)	（部 / 千瓦）	20/19.55	28/50.20	30/53.25		30/54.45	33/53.95	33/60.55	33/60.55	33/60.56
节目	（套）	1	8	8	10	12	11	11	11	11
平均每周播出时间	（小时）	83	444	572	1 019	167	217	238	1 134	1 155
电视人口覆盖率	（%）	77.0	99.3	98.7	100	100	100	100	100	100
制作节目时间	（小时）	307	3 509	3 694	13 696	13 927	11 328	12 323	11 160	12 715
# 新闻节目		75	387	555	2 827	1 670	2 603	2 698	3 196	3 268
文艺节目		62	485	518	2 242		1 227	1 644	2 051	2 248
教育节目			13	9			365	429	639	165
有线电视用户	（万户）		12.66	25.52	80.70	123.48	167.17	186.05	218.11	241.19
有线电视入户率	（%）					52.2	53.2	64.4	78.3	87.0
县级广播电视台	（座）			6	6	7	7	7	7	7
数字电视用户	（万户）					1.62	1.75	13.00	43.80	73.2

注：1998 年及以后广播电台、电视台数根据省广播电视厅要求只统计地市级，县级电台、电视台合并统计为广播电视台。

19-3 主要年份体育事业基本情况

项目		1990	1995	2000	2005	2007	2008	2009	2010	2011
体育设施	**(所)**									
体育场		1	1	7	2	18	7	9	13	16
体育馆		1	1		1	5	4	12	12	15
游泳馆			1	3	2	2	3	9	9	27
体育教育										
体育运动学校	(所)	1	1	1	1	1	1	1	1	1
普通业余体校	(所)	6	6	12	14	1	6	1	1	11
在校学生数	(人)	350	680	1 506	2 603	670	595	641	1 617	2 374
体委系统职工人数	**(人)**	**289**	**295**	**411**						
运动员				1 556	2 612		2 407	3 515	3 555	2 308
专职教练员		82	79	130	206	78	73	80	49	36
专职文化教师		31	42	46	204	26	17	19	89	68
科技人员		2	2	6	8	4	4	4	2	5
医务人员		4	4	2	8	4	2	2	1	3
管理人员		83	79	141	264	62	92	98	123	173
其他		87	89	86	216	158	77	78	88	134
等级运动员	**(人)**	**135**	**200**	**1 120**			**251**	**214**	**110**	**139**
# 一级		5	50	65		23	10	13	6	15
二级		130	150	320	329	303	225	201	104	124
等级裁判员	**(人)**	**44**	**72**	**1 106**		**156**	**194**	**200**	**448**	**2 048**
# 一级		6	17	162		31	33	20	54	729
二级		38	25	295	190	125	161	180	394	1 319
三级			30	638						
各级体委举办运动会情况										
运动会次数	(次)	65	85	110			4	9		40
参加运动会的运动员人数	(万人)	0.60	0.96	12.00			0.16	0.17		1.2
获国内外奖章(牌)										
金质奖章(牌)	(枚)	5	7		11	115.5	127.5	118	104	132
银质奖章(牌)	(枚)	2	5			140	97	112	66	112
铜质奖章(牌)	(枚)	6	4			165	120	118	98.5	
体彩情况										
体育彩票销售点个数	(个)					776	834	898	1 000	1 082
年从业人员数	(人)					1572	1 668	1 796	2 000	2 300
体育彩票发行额	(万元)					783.52	828.33	995.31	1 149	1 455
体彩全年销售额	(亿元)					2.55	3.34	4.28	5.36	8.99
百万以上大奖个数	(个)					3	4	8	6	10

注:一、二级运动员 2001 年以后为当年新晋升数;2007、2008 年奖章数为省级以上比赛奖牌数(含国际性比赛);2008 年部分指标由于统计口径变化,数据相应调整。

主要统计指标解释

文化事业机构 指从事专业文化工作和为专业文化工作服务的独立建制的单独核算的单位。不包括这些单位另外举办独立核算的其他机构和各部门的业余文化组织。

艺术表演团体 指从事戏曲、音乐、舞蹈、杂费等专业艺术表演,有独立帐户,实行单独核算的团体。不包括半工半艺、半农半艺的业余剧团。

电影放映单位 指具有放映机器设备、固定或不固定的放映场所与专职或兼职的放映技术人员，经有关部门登记批准,经常为一定的观众对象放映电影的机构。包括经批准对外开放进行营业，并与电影发行放映管理机构分帐的专用放映单位和军委系统租片单位。

电影观众人数(人次) 指各类型放映单位及军委系统租片单位映出的观众人次数。一个观众连续看了一部长片或短片专场规定的短片,为二人次。

艺术表演观众人数(人次) 指售票、包场演出或民族地区免费演出的艺术表演观众人次数。不包括彩排审查和内部观摩演出的观看人次数。

公共图书馆 文化部门举办的面向社会服务的独立的图书馆。不包括文化馆的图书室。

电视人口覆盖率 指电视覆盖人口与总人口的比率。电视覆盖人口是指能够用普通电视接收机、室外天线在离地面四米高处,在晚上收看电视,并且收视效果能达到图像基本稳定、清晰,能看清人物的形象、动作的地区内的人口数。计算公式为:

$$\text{电视人口覆盖率}(\%)=\frac{\text{年末电视覆盖人口数}}{\text{年末总人口数}}\times 100\%$$

广播人口覆盖率 指广播覆盖人口与总人口的比率。广播覆盖(或中波覆盖)人口是指能够用普通收音机在中午收听中波广播节目，并且收听效果能达到听清完整的节目内容的地区的人口数,包括只能收听外省中波广播的人口数在内。计算公式为:

$$\text{广播人口覆盖率}(\%)=\frac{\text{年末广播覆盖人口数}}{\text{年末总人口数}}\times 100\%$$

等级运动员人数 指经考核正式批准授予等级运动员称号的人数。运动员等级分为国际级运动健将、运动健将、一级运动员、二级运动员、三级运动员、少年级运动员。

等级裁判员人数 指经考核正式批准授予等级裁判员称号的人数。裁判员等级分为国际裁判、国家级裁判、一级裁判、二级裁判、三级裁判。

体育场 指有400米跑道(中心含足球场),有固定道牙,跑道6条以上,并有固定看台的室外田径场地。以看台容纳观众人数分：甲级25000人以上，乙级15000-25000人，丙级5000-15000人,丁级5000人以下。

体育馆 指有固定看台,可供篮球、排球、羽毛球、乒乓球、体操等项目比赛活动用的室内运动场地。以看台容纳观众人数分：甲级6000人以上，乙级4000-6000人，丙级2000-4000人,丁级2000人以下。

第 20 部分

公共管理及其他

PUBLIC MANAGEMENT AND OTHERS

版面负责人：张玉强

编　　辑：徐　燕

关于有关单位和个人配合统计机构履行监督检查职责义务的规定

第三十六条　县级以上人民政府统计机构履行监督检查职责时，有关单位和个人应当如实反映情况，提供相关证明和资料，不得拒绝、阻碍检查，不得转移、隐匿、篡改、毁弃原始记录和凭证、统计台账、统计调查表、会计资料及其他相关证明和资料。

【释义】　本条是关于有关单位和个人配合统计机构履行监督检查职责义务的规定。

县级以上人民政府统计机构的监督检查职责是其法定职责，有关单位和个人应当予以配合。本条规定的有关单位和个人配合检查的义务主要包括三项：一是有关单位和个人应当如实反映情况，提供相关证明和资料。如实反映情况，也就是检查对象应当按照政府统计机构的要求，将自己所掌握的有关监督检查所需要的情况，以及相关证明和资料，实事求是地向统计机构提供。二是不得拒绝、阻碍检查。在接受检查时，被检查的有关单位和个人要为政府统计机构依法履行监督检查职权提供便利，不能消极应付，更不能采取任何方式阻碍检查。三是不得转移、隐匿、篡改、毁弃原始记录和凭证、统计台账、统计调查表、会计资料及其他相关证明和资料。对拒不配合统计机构检查的单位和个人，应当根据统计法第四十一条的规定依法追究其法律责任。

编辑：张　霖

20-1　主要年份律师、公证、调解工作情况

单位：件

项　　目	1990	1995	2000	2005	2007	2008	2009	2010	2011
律师工作									
律师事务所　（个）	14	36	44	59	67	72	82	86	93
律师　（人）	151	224	543	736	722	786	881	999	1 105
# 专职律师	123	143	247	650	703	769	859	976	1 086
# 女性	27	31	31	93	103	128	132	164	224
兼职律师	7	52	25	15	19	17	22	23	19
聘任担任常年法律顾问的单位　（处）	507	1 659	1 494	1 347	1 198	1 214	1 278	1 664	2 791
民事诉讼代理	784	1 755	4 026	6 045	6 881	7 329	7 295	9 483	17 242
经济诉讼代理	348	1 157	2 065	1 712	2 347	3 135	3 313	4 306	5 410
刑事辩护	1 281	1 145	1 850	1 662	1 799	1 644	2 199	2 320	1 800
行政诉讼代理	22	103	242	102	153	245	399	518	284
非诉讼法律事务	159	1 269	1 107	1 154	7 065	1 622	1 717	2 232	3 092
涉外法律事务	29	3	5	11	12	6			10
解答法律咨询	7 748	15 459	32 156	45 350	43 618	20 844	23 943	25 210	28 750
代写法律事务文书	1 192	2 577	3 132	5 195	3 502	2 602	3 193	2 930	3 600
公证工作									
公证处　（个）	8	10	12	12	12	12	13	13	12
公证人员　（人）	59	56	76	87	82	95	89	111	115
# 公证员	30	38	52	50	46	49	42	56	53
公证员助理	13	7	24	30	27	42	31	28	31
办理公证文书	20 702	23 006	44 501	60 805	29 095	32 483	39 540	58 572	32 905
人民调解工作									
专职司法助理人员　（人）	215	183	182	388	482	479	542		
人民调解委员会　（个）	4 648	4 595	4 800	3 212	3 186	3 186	3 123	3 185	3 174
调解人员　（人）	94 920	116 844	98 456	73 216	73 352	26 090	34 817	35 494	26 557
调解民事纠纷	32 719	31 160	25 562	16 449	18 043	16 839	18 104	32 621	41 808

注：调解人员 2008 年及以后不包括调解信息员。

20-2 主要年份国内公证文书分类

分 类	办证件数(件)					各类公证所占比重(%)				
	1995	2000	2009	2010	2011	1995	2000	2009	2010	2011
经济公证合计	**13 727**	**27 696**	**14 741**	**27 445**	**40 410**	**100.0**	**100.0**	**100.0**	**100.0**	**100.0**
购 销	185	223	9	16 876		1.4	0.8	0.1	61.5	
联 营				3	3				…	…
拍 卖	3	519	5		13	…	1.9	…		…
贷 款	3 299	7 196	7 717	6 779	29 846	24.0	26.0	52.4	24.7	73.9
担 保	42	560	304	147	2 029	0.3	2.0	2.1	0.5	5.0
招标、投标	6	606	305	553	821	…	2.2	2.1	2.0	2.0
科技合同	18	23				0.1	0.1			
供用电	66	43				0.5	0.2			
劳务合同	4 058	1 210		224		29.6	4.4		0.8	
建筑工程承包	106	302		543	348	0.8	1.1		2.0	0.9
工商服务业承包	272	594				2.0	2.1			
农林牧渔业承包	1 443	1 489		1		10.5	5.4		…	
企业承包	96	136			1	0.7	0.5			…
财产租赁	1 098	4 716		1		8.0	17.0			
企业租赁	34	643				0.3	2.3			
资产经营协议	16	20				0.1	0.1			
其他经济合同	1 265	2 426	220	330	1 158	9.2	8.8	1.5	1.2	2.9
法人(代表人)资格	249	119	8	1	5	1.8	0.4	0.1	…	…
法人委托书	83	118	529	234	477	0.6	0.4	3.6	0.9	1.2
公司章程	5	51	127	164	433	…	0.2	0.9	0.6	1.1
执行许可证明	3	12			234	…	…			0.6
提 存	5	12	8	3	41	…	…	0.1	…	0.1
其 他	1 267	6 543	5 509	1 586	5 001	9.2	23.6	37.4	5.8	12.4
民事法律关系公证合计	**7 262**	**13 811**	**15 643**	**23 087**	**32 905**	**100.0**	**100.0**	**100.0**	**100.0**	**100.0**
收 养	151	100	46	93	30	2.1	0.7	0.3	0.4	0.1
解除收养	18	6	1		1	0.3	…	…		
继承权	121	313	1 662	1 353	1 860	1.7	2.3	10.6	5.9	5.7
遗 嘱	96	227	89	381	285	1.3	1.6	0.6	1.7	0.9
产 权	78	152		130		1.1	1.1		0.6	
亲属关系	39	114	125	163	198	0.5	0.8	0.8	0.7	0.6
死 亡	4	12		4	15	0.1	0.1		…	
房屋买卖	187	367	27	887	113	2.6	2.7	0.2	3.8	0.3
房屋租赁	326	142		12	36	4.5	1.0		0.1	0.1
留学协议	9	32		43	66	0.1	0.2		0.2	0.2
遗赠扶养协议	87	162	39	25	21	1.2	1.2	0.2	0.1	0.1
其他民事协议	1 241	1 221	2 279			17.1	8.8	14.6		
委托书	299	201	2 408	6 985	7 549	4.1	1.5	15.4	30.3	22.9
赠与书	328	533	308	480	385	4.5	3.9	2.0	2.1	1.2
声明书	800	203	3 097	4 285	4 767	11.0	1.5	19.8	18.6	14.5
现场监督	94	82	52	385	34	1.3	0.6	0.3	1.7	0.1
副本等与原本相符	31	90	28	528	494	0.4	0.7	0.2	2.3	1.5
宅基地使用权	126	47		15		1.7	0.3		0.1	
证据保全	20	96	166	207	413	0.3	0.7	1.1	0.9	1.3
其 他	3 205	9 711	5 316	7 111	16 638	44.1	70.3	34.0	30.8	50.6

20-3 主要年份涉外(含港澳台)公证文书分类

分 类	办证件数(件)						各类公证所占比重(%)					
	1995	2000	2008	2009	2010	2011	1995	2000	2008	2009	2010	2011
合 计	**2 007**	**2 994**	**7 728**	**9 156**	**8 037**	**6 045**	**100.0**	**100.0**	**100.0**	**100.0**	**100.0**	**100.0**
收 养	3	3		2			0.2	0.1		…		
遗 嘱				1	12					…	0.1	
出 生	193	347	937	721	1 682	761	9.6	11.6	12.1	7.9	20.9	12.6
死 亡	30	15	23	10	18	97	1.5	0.5	0.3	0.1	0.2	1.6
生存、居住	60	76	1	31	84	89	3.0	2.5	…	0.3	1.0	1.5
学 历	162	312	1 493	886	1 306	763	8.1	10.4	19.3	9.7	16.2	12.6
经 历	116	123	4	31	68	220	5.8	4.1	0.1	0.3	0.8	3.6
国 籍	5	10	365	16	3	29	0.3	0.3	4.7	0.2	…	0.5
婚姻状况	124	201	663	38	928	210	6.2	6.7	8.6	0.4	11.5	3.5
亲属关系	316	337	835	779	1 321	652	15.7	11.3	10.8	8.5	16.4	10.8
继承权		2	2	5	31	78	33.8	0.1	…	0.1	0.4	1.3
受、未受刑事处分	678	284	1 225	749	1 352	1 149	0.4	9.5	15.9	8.2	16.8	19.0
声明书	8	17	16	165	330	96	2.9	0.6	0.2	1.8	4.1	1.6
委托书	58	54	26	18	180	268	0.1	1.8	0.3	0.2	2.2	4.4
营业证书	2	5	1	1	47	213	0.1	0.2	…	…	0.6	3.5
公司章程	1		1		2	16			…		…	0.3
其他法律文书		4		4	16	224	0.5	0.1		…	0.2	3.7
职 称	10	9	3			170	0.1	0.3	…			2.8
法人资格	2	2			15	184		0.1			0.2	3.0
商标注册		1				3		…				
贷 款												
担 保	1	6	4		2		0.1	0.2	0.1		…	
其他经济合同	10	25					0.5	0.8				
副本等与原本相等	38	199	137	249	201	200	1.9	6.6	1.8	2.7	2.5	3.3
其 他	190	962	1 992	5 450	439	623	9.5	32.1	25.8	59.5	5.5	10.3

20-4 主要年份调解民间纠纷分类

分类	调解纠纷(件)						各类纠纷所占比重(%)					
	1995	2000	2008	2009	2010	2011	1995	2000	2008	2009	2010	2011
合　计	**31 160**	**25 562**	**16 839**	**18 104**	**32 621**	**41 808**	**100.0**	**100.0**	**100.0**	**100.0**	**100.0**	**100.0**
婚姻家庭	10 805	10 143	3 156	3 941	8 860	11 838	34.7	39.7	18.7	21.8	27.2	28.3
婚　姻	4 136	3 870					13.3	15.1				
继　承	1 179	1 327	335				3.8	5.2	2.0			
赡养扶养	2 892	2 466					9.3	9.6				
其　他	2 598	2 480					8.3	9.7				
房屋、宅基地	4 815	2 706	1 775	1 986	3 703	4 380	15.5	10.6	10.5	11.0	11.4	10.5
合　同	2 848	3 039	605	783	2 003	3 094	9.1	11.9	3.6	4.3	6.1	7.4
工地承包			2 396	1 440	2 696	1 492			14.2	8.0	8.3	3.6
邻　里	6 169	3 548	4 126	4 223	8 877	12 241	19.8	13.9	24.5	23.3	27.2	29.3
损害赔偿	1 832	2 225	920	1 376	3 562	3 427	5.9	8.7	5.5	7.6	10.9	8.2
其　他	4 691	3 901	3 861	4 355	2 920	5 336	15.1	15.3	22.9	24.1	9.0	12.8

20-5 政治协商会议徐州市委员会历届委员人数

届　次	委员总数(人)	中国共产党代表(人)	占代表总数比重(%)	少数民族代表(人)	占代表总数比重(%)
一届(1955 年 7 月)	83	6	7.2	1	1.2
二届(1957 年 5 月)	130	10	7.7	2	1.5
三届(1959 年 12 月)	170	12	7.1	5	2.9
四届(1961 年 5 月)	190	12	6.3	5	2.6
五届(1963 年 11 月)	190	12	6.3	4	2.1
六届(1966 年 2 月)	210	12	5.7	5	2.4
七届(1981 年 4 月)	357	18	5.0	10	2.8
八届(1983 年 12 月)	456	21	4.6	11	2.4
九届(1988 年 1 月)	461	20	4.3	11	2.4
十届(1993 年 3 月)	459	22	4.8	13	2.8
十一届(1998 年 1 月)	460	26	5.7	13	2.8
十二届(2003 年 1 月)	480	21	4.4	8	1.7
十三届(2008 年 1 月)	558	24	4.3	8	1.4

20-6 妇联组织情况

单位：个

年份	各级妇联总计	#镇、街道级	基层妇代会总计	#农村	机关及事业单位妇委会数	各类妇女联谊组织数
1988	229	218				
1989	236	218			7	
1990	236	218			7	
1991	236	218			7	1
1992	236	218			7	1
1993	236	218	3 775	3 429	7	1
1994	236	217	3 775	3 429	7	1
1995	238	217	3 778	3 429	10	2
1996	233	221	3 820	3 440	10	2
1997	230	218	3 754	3 430	11	2
1998	231	219	4 101	3 430	71	6
1999	235	223	4 097	3 430	71	6
2000	169	157	3 527	3 062	71	6
2001	176	164	2 727	2 255	72	6
2002	176	164	2 727	2 255	76	6
2003	181	169	2 616	2 264	92	6
2004	174	162	2 617	2 295	92	6
2005	166	154	2 842	2 295	393	322
2006	164	152	2 980	2 294	396	216
2007	167	155	2 853	2 262	290	234
2008	167	155	2 619	2 271	320	30
2009	167	155	2 776	2 257	281	23
2010	167	155	1 649	2 250	316	13
2011	167	155	2 672	2 318	282	43

20-7 交通事故发生情况

年份	交通事故发生数（起）	交通事故死伤人数（人）	#死亡人数	每十万人交通事故发生数（起）	每起交通事故死伤人数(人)
1984	518	520	156	7.4	1.0
1985	541	501	156	7.6	0.9
1986	529	576	199	7.4	1.1
1987	1 999	1 631	448	27.5	0.8
1988	1 382	787	342	18.6	0.6
1989	1 139	825	291	15.0	0.7
1990	1 104	887	235	13.7	0.8
1991	1 374	1 071	289	16.8	0.8
1992	1 436	1 316	320	17.4	0.9
1993	1 475	1 398	337	17.8	0.9
1994	1 601	1 365	339	19.1	0.9
1995	1 383	1 396	351	16.3	1.0
1996	1 107	1 167	319	12.9	1.1
1997	1 094	1 253	319	12.6	1.1
1998	1 063	1 271	360	12.1	1.2
1999	775	1 095	326	8.8	1.4
2000	3 557	3 700	773	39.7	1.0
2001	2 099	2 407	518	23.3	1.1
2002	1 730	2 100	459	19.2	1.2
2003	1 569	1 993	458	17.3	1.3
2004	1 506	1 824	521	16.5	1.2
2005	1 289	1 619	487	13.9	1.3
2006	1 123	1 431	448	12.0	1.3
2007	1 007	1 336	373	10.7	1.3
2008	1 038	1 425	374	11.0	1.4
2009	969	1 343	371	10.1	1.4
2010	852	1 140	357	8.8	1.3
2011	733	994	364	8.6	1.4

20–8 主要年份火灾事故发生情况

年 份	火灾发生数（起）	火灾死伤人数（人）	#死亡人数	直接经济损失（万元）	平均每起火灾损失（元）
1985	118	35	11	47.72	4 044
1990	284	21	5	205.80	7 246
1991	142	19	7	122.40	8 620
1992	162	24	6	223.04	13 768
1993	108	81	23	192.45	17 819
1994	140	53	20	271.71	19 408
1995	185	75	13	345.42	18 671
1996	204	34	8	394.36	19 331
1997	903	33	15	449.65	4 980
1998	841	55	23	307.41	3 655
1999	799	60	11	289.74	3 626
2000	858	62	12	322.25	3 756
2001	1 122	42	15	244.52	2 179
2002	1 360	46	19	293.29	2 157
2003	1 103	22	10	417.76	3 787
2004	1 346	46	18	394.66	2 932
2005	1 728	36	21	488.26	2 826
2006	1 504	23	14	348.03	2 314
2007	1 123	20	17	408.91	3 641
2008	1 029	7	4	314.82	3 059
2009	884	11	8	544.95	6 165
2010	856	10	7	447.45	5 227
2011	763	9	9	387.30	5 076

20–9 火灾事故发生情况

（2011 年）

项 目	合 计	按事故发生程度分			按事故发生地区分	
		特大	重大	一般	市区	县(市)
火灾发生数（起）	763			763	588	175
死伤人数（人）	9			9	8	1
#死亡人数	9			9	8	1
直接经济损失（万元）	387.30			387.30	227.75	160.00
平均每起火灾损失（元）	5 076.02			5076.02	3 873.30	9 117.14

主要统计指标解释

律师 指受聘参加法律顾问处工作，担任法律顾问、刑(民)事代理人、刑事辩护人，办理非诉讼事件、解答法律询问、代定法律事务文书等主要从事律师业务的专职法律工作者和兼职律师。

公证人员 指在国家公证机关依法办理公证事务的司法人员。包括公证员、助理公证员和在公证处工作的其他人员。

办理公证文书 指公证处在一定时期内办结的公证文书件数。公证文书系按司法部门规定或批准的格式制作。包括国内公证和涉外公证两部分。其中国内公证分为经济合同公证和民事法律关系公证两大类。

调解人员 在人民调解委员会担负调解民间一般民事纠纷和轻微违法行为所引起的纠纷的工作人员。包括调解委员会的委员和调解小组的调解员。

调解民间纠纷 指调解委员会依照法律规定，根据自愿原则，用说服教育的方法调解民间发生的有关民事权利和义务的争执，促成当事双方达到协议的谅解，解决纠纷。包括婚姻家庭纠纷，财产权益纠纷等。不包括法院受理调解的民事案件数。

第 21 部分

县(市)社会经济(1978-2011)

SOCLAL ECONOMIC OF COUNTIES(CITIES)

版面负责人：张玉强

编　　辑：鹿　燕

关于地方人民政府、政府统计机构或者有关部门、单位的负责人违法行为及法律责任的规定

第三十七条 地方人民政府、政府统计机构或者有关部门、单位的负责人有下列行为之一的，由任免机关或者监察机关依法给予处分，并由县级以上人民政府统计机构予以通报：

（一）自行修改统计资料、编造虚假统计数据的；

（二）要求统计机构、统计人员或者其他机构、人员伪造、篡改统计资料的；

（三）对依法履行职责或者拒绝、抵制统计违法行为的统计人员打击报复的；

（四）对本地方、本部门、本单位发生的严重统计违法行为失察的。

【释义】 本条是关于地方人民政府、政府统计机构或者有关部门、单位的负责人违法行为及法律责任的规定。

本条规定地方各级人民政府、政府统计机构或者有关部门、各单位的负责人有下列违法行为之一的，应当承担法律责任：一是自行修改统计资料、编造虚假统计数据。自行修改统计资料，是指没有按照规定的权限、程序和要求，擅自修改统计资料的行为；编造虚假统计数据，是指没有事实根据，凭主观臆测捏造不真实的统计数据的行为。地方、部门、单位的负责人无权对统计资料进行修改，如果统计数据有错误，只能由统计机构、统计人员依照法定权限和程序进行核实订正。二是不得要求统计机构、统计人员或者其他有关机构、人员伪造、篡改统计资料。要求统计机构、统计人员或者其他机构、人员伪造、篡改统计资料，是指利用职权强令、授意或者以其他方式，要求他人编造虚假的统计资料或者没有根据地修改统计资料。三是不得对依法履行职责或者拒绝、抵制统计违法行为的统计人员打击报复。统计人员依法履行职责的行为受法律保护，有关负责人不得通过调动工作、撤换职务、进行处罚以及其他任何方式，对依法履行职责或者拒绝、抵制统计违法行为的统计人员进行打击报复。四是对本地方、本部门、本单位发生的严重统计违法行为失察。该行为是指当本地方、本部门、本单位发生严重的统计违法行为时，由于有关负责人工作上的疏失没有发现，或者发现后不立即予以纠正，而是听之任之，造成不良后果的行为。

对于有上述违法行为的地方政府、部门、单位的负责人，由任免机关或者监察机关依法给予处分。依照行政监察法、公务员法、行政机关公务员处分条例等法律、行政法规的规定，对国家工作人员给予处分，由任免机关或者监察机关按照管理权限决定。处分分为警告、记过、记大过、降级、撤职、开除六种。具体应当给予何种处分，由处分决定机关根据违法行为的性质、情节及危害程度决定。对上述负责人的违法行为，除由任免机关或者监察机关依法给予处分外，还应由县级以上人民政府统计机构予以通报，即在一定范围内以一定方式对违法行为及其处理情况予以公开，对违法行为人予以警戒。

编辑：张　霖

21-1 历年地区生产总值

（当年价格） 单位:亿元

年 份	丰 县	沛 县	铜山区	睢宁县	新沂市	邳州市
1978	1.72	2.04	3.18	2.12	2.21	2.42
1979	1.99	2.24	4.08	2.21	2.24	2.82
1980	2.32	2.54	4.18	2.69	2.38	3.11
1981	2.42	2.80	4.83	2.91	2.62	3.23
1982	3.04	3.39	5.76	3.41	2.82	3.73
1983	3.53	3.78	6.96	3.61	3.55	4.93
1984	4.14	4.85	7.95	4.90	4.27	5.69
1985	3.87	5.88	8.89	5.30	5.02	6.46
1986	4.48	6.36	10.20	5.58	5.80	7.99
1987	4.86	7.11	12.35	5.70	6.85	8.94
1988	5.37	8.96	15.29	6.26	8.46	11.29
1989	7.06	8.59	15.13	6.88	9.49	12.04
1990	7.51	9.37	16.37	8.49	10.10	13.55
1991	9.28	13.18	18.29	9.46	11.42	14.70
1992	9.77	15.56	16.38	11.45	12.69	17.10
1993	12.42	20.07	21.79	15.28	17.41	20.75
1994	14.61	25.42	32.37	22.07	28.50	29.79
1995	16.36	32.33	45.67	29.53	32.51	34.59
1996	17.13	35.81	50.37	32.59	36.50	38.94
1997	17.91	38.88	55.55	30.29	39.51	44.48
1998	19.47	43.86	60.70	32.69	43.30	50.71
1999	22.78	49.23	64.65	34.31	44.53	55.96
2000	26.28	60.15	70.91	36.61	38.91	62.68
2001	30.40	68.00	77.75	41.35	43.66	69.05
2002	34.91	76.41	86.21	47.03	47.96	76.46
2003	40.50	86.57	99.00	53.20	54.24	88.07
2004	48.89	104.75	117.39	54.04	64.55	102.26
2005	57.94	125.22	147.69	64.26	82.99	128.93
2006	68.58	150.82	131.08	78.12	103.83	161.98
2007	81.08	179.50	229.31	95.58	129.32	198.55
2008	102.43	218.89	290.58	129.93	168.66	257.13
2009	120.15	249.98	338.11	151.15	195.53	298.46
2010	150.18	301.60	452.75	200.10	241.20	365.39
2011	190.61	376.98	570.57	252.36	301.37	448.86

注:1993-2004 年为按 2004 年经济普查调整修订数据;2006-2008 年数据是全国第二次经济普查调整修订后的数据。

21-2　历年地区生产总值指数

（按可比价格计算、以 1978 年为 100）

年　　份	丰　县	沛　县	铜山区	睢宁县	新沂市	邳州市
1978	100.0	100.0	100.0	100.0	100.0	100.0
1979	99.0	95.5	110.3	90.8	89.5	99.9
1980	114.1	107.5	113.7	109.2	93.8	108.5
1981	117.5	117.6	128.3	115.8	101.1	110.1
1982	140.8	138.1	150.4	129.6	105.9	122.6
1983	161.0	151.6	181.0	134.8	129.7	159.3
1984	181.9	188.0	200.2	174.3	151.6	175.9
1985	158.6	210.8	209.6	173.2	165.0	189.4
1986	170.4	219.0	226.2	178.9	180.5	215.1
1987	171.9	228.4	256.3	173.1	195.7	224.0
1988	167.7	254.6	289.7	169.6	221.8	241.7
1989	199.1	221.2	249.8	169.8	240.8	238.1
1990	202.1	224.3	261.3	195.9	254.7	248.8
1991	241.7	304.8	283.8	212.9	277.1	269.7
1992	245.3	347.5	359.3	249.7	312.3	308.0
1993	274.5	376.0	395.6	283.9	360.7	363.7
1994	326.4	418.9	447.0	343.5	445.8	432.1
1995	378.0	517.8	596.3	401.6	465.9	523.7
1996	408.6	577.3	647.6	425.6	515.3	573.5
1997	455.6	665.6	736.3	435.9	563.7	543.1
1998	506.2	752.1	832.8	471.6	635.3	608.8
1999	569.5	843.1	934.4	509.3	688.7	679.4
2000	632.1	936.7	1 047.5	547.0	739.7	754.8
2001	704.8	1 041.6	1 153.3	618.1	828.5	841.6
2002	787.3	1 172.8	1 287.1	685.5	927.1	943.4
2003	866.0	1 322.9	1 455.7	760.9	1 043.0	1 069.8
2004	976.0	1 504.1	1 669.7	858.3	1 185.9	1 227.1
2005	1 107.8	1 729.7	1 928.5	974.2	1 361.4	1 422.2
2006	1 275.1	2 006.5	2 250.6	1 120.3	1 575.1	1 659.7
2007	1 469.9	2 321.0	2 604.9	1 290.7	1 816.0	1 920.2
2008	1 678.6	2 664.5	2 993.0	1 474.0	2 077.5	2 204.4
2009	1 916.9	3 056.2	3 439.0	1 690.7	2 385.0	2 532.9
2010	2 183.8	3 508.5	3 941.0	1 937.5	2 740.1	2 904.7
2011	2 476.7	4 003.3	4 504.6	2 204.8	3 136.0	3 314.3

21-3 历年地区生产总值指数

(按可比价格计算、以上年为100)

年份	丰县	沛县	铜山区	睢宁县	新沂市	邳州市
1978						
1979	99.0	95.5	110.3	90.8	89.5	99.9
1980	115.3	112.6	103.1	120.3	104.8	108.6
1981	103.0	109.4	112.8	106.0	107.8	101.5
1982	119.8	117.4	117.2	111.9	104.7	111.4
1983	114.3	109.8	120.3	104.0	122.5	129.9
1984	113.0	124.0	110.6	129.3	116.9	110.4
1985	87.2	112.1	104.7	99.4	108.8	107.7
1986	107.4	103.9	107.9	103.3	109.4	113.6
1987	100.9	104.3	113.3	96.8	108.4	104.1
1988	97.6	111.5	113.0	98.0	113.3	107.9
1989	118.7	86.9	86.2	100.1	108.6	98.5
1990	101.5	101.4	104.6	115.4	106.5	104.5
1991	119.6	135.9	108.6	108.7	113.0	108.4
1992	101.5	114.0	126.6	117.3	111.1	114.2
1993	111.9	108.2	110.1	113.7	122.7	118.1
1994	118.9	111.4	113.0	121.0	123.6	118.8
1995	115.8	123.6	133.4	116.9	104.5	121.2
1996	108.1	111.5	108.6	106.0	110.6	109.5
1997	111.5	115.3	113.7	102.4	109.4	94.7
1998	111.1	113.0	113.1	108.2	112.7	112.1
1999	112.5	112.1	112.2	108.0	108.4	111.6
2000	111.0	111.1	112.1	107.4	107.4	111.1
2001	111.5	111.2	110.1	113.0	112.0	111.5
2002	111.7	112.6	111.6	110.9	111.9	112.1
2003	110.0	112.8	113.1	111.0	112.5	113.4
2004	112.7	113.7	114.7	112.8	113.7	114.7
2005	113.5	115.0	115.5	113.5	114.8	115.9
2006	115.1	116.0	116.7	115.0	115.7	116.7
2007	115.3	115.7	115.7	115.2	115.3	115.7
2008	114.2	114.8	114.9	114.2	114.4	114.9
2009	114.2	114.7	114.9	114.7	114.8	114.9
2010	113.9	114.8	114.6	114.6	114.9	114.7
2011	113.4	114.1	114.3	113.8	114.4	114.1

21-4 历年人均地区生产总值

（当年价格）

年　份	丰　县	沛　县	铜山区	睢宁县	新沂市	邳州市
1978	215	254	236	224	310	213
1979	246	274	300	232	313	246
1980	284	307	305	280	330	269
1981	294	332	348	300	359	277
1982	363	292	408	347	381	315
1983	417	429	486	364	474	410
1984	486	546	549	490	562	367
1985	451	660	607	526	653	524
1986	518	700	692	550	746	641
1987	557	777	827	557	872	707
1988	608	951	1 001	603	1 058	874
1989	785	879	1 304	649	1 248	913
1990	805	916	1 345	767	1 289	985
1991	960	1 241	1 450	817	1 398	1 025
1992	997	1 445	1 878	973	1 612	1 234
1993	1 250	1 846	1 938	1 287	2 094	1 415
1994	1 451	2 299	2 863	1 845	3 150	2 013
1995	1 611	2 880	4 004	2 447	3 577	2 320
1996	1 677	3 169	4 387	2 679	3 941	2 598
1997	1 718	3 427	4 819	2 471	4 177	2 960
1998	1 845	3 834	5 221	2 647	4 515	3 375
1999	2 149	4 263	5 529	2 776	4 718	3 691
2000	2 403	4 776	6 044	2 917	4 075	4 066
2001	2 770	5 465	6 592	3 221	4 511	4 429
2002	3 179	6 302	7 292	3 648	4 949	4 888
2003	3 698	7 328	8 378	4 108	5 646	5 774
2004	4 811	8 991	10 368	4 130	6 723	6 892
2005	5 702	10 928	13 206	4 856	9 001	8 766
2006	6 722	13 091	16 158	6 616	11 038	10 903
2007	8 044	15 789	20 788	8 193	13 941	13 542
2008	10 182	19 402	26 603	11 285	18 439	17 531
2009	12 130	22 322	31 289	13 328	21 480	20 616
2010	15 414	26 727	40 362	18 498	26 360	25 186
2011	19 867	33 335	50 982	24 366	32 861	30 972

21-5 历年年末总人口

单位:万人

年份	丰县	沛县	铜山区	睢宁县	新沂市	邳州市
1978	80.53	81.07	135.85	95.06	71.53	114.30
1979	81.10	82.03	136.27	95.71	71.85	114.92
1980	81.78	83.46	137.36	96.22	72.38	115.81
1981	83.00	85.64	139.90	97.56	73.38	117.58
1982	84.21	87.43	142.58	98.95	74.48	119.51
1983	84.94	88.88	143.99	99.74	75.22	120.89
1984	85.50	88.59	145.73	100.48	76.31	122.79
1985	86.13	89.66	146.90	101.07	77.25	124.07
1986	86.68	90.93	147.97	101.96	78.28	125.51
1987	87.62	92.20	150.68	102.96	79.38	127.47
1988	89.08	96.18	154.90	104.84	80.69	130.89
1989	90.78	99.28	160.13	107.03	82.36	132.96
1990	95.78	105.36	170.35	114.40	88.37	142.22
1991	97.61	107.16	172.16	117.23	89.44	144.71
1992	98.51	108.15	172.38	118.26	89.74	146.06
1993	99.39	109.29	173.29	119.15	90.33	147.32
1994	100.67	111.84	128.56	120.09	90.62	148.59
1995	101.51	112.66	129.90	121.21	91.13	149.60
1996	102.14	113.32	130.30	122.12	94.10	150.11
1997	104.28	113.62	131.34	123.08	95.05	150.45
1998	105.57	115.16	132.77	124.25	96.15	150.02
1999	106.04	115.79	133.00	122.96	94.59	152.74
2000	109.38	118.13	128.34	128.06	96.34	155.59
2001	109.74	118.48	128.90	128.71	97.22	156.25
2002	109.80	118.92	128.94	129.09	96.58	156.56
2003	109.51	119.50	128.80	129.93	95.55	158.04
2004	110.24	120.34	129.19	131.76	96.48	161.43
2005	111.03	120.48	119.60	132.89	97.47	163.96
2006	112.11	121.74	120.72	134.04	99.06	165.46
2007	113.30	123.59	120.47	132.89	99.11	168.66
2008	114.03	123.80	122.11	132.51	100.31	169.70
2009	114.58	125.81	124.21	132.91	101.95	171.93
2010	116.49	127.94	129.27	133.12	104.01	178.62
2011	115.08	127.12	131.07	135.46	104.70	178.63

21-6 历年年末农业人口

单位:万人

年 份	丰 县	沛 县	铜山区	睢宁县	新沂市	邳州市
1978	78.34	76.75	132.80	92.61	68.32	111.00
1979	78.77	77.47	133.36	93.08	68.45	111.23
1980	79.32	78.39	134.26	93.45	68.85	112.03
1981	80.39	79.99	136.72	94.61	69.69	113.56
1982	81.40	81.42	139.37	95.74	70.66	115.27
1983	81.98	82.04	140.96	96.45	71.22	116.55
1984	82.29	81.39	142.46	96.95	72.01	118.15
1985	82.28	81.39	143.21	97.13	72.49	118.85
1986	82.64	82.12	143.88	97.90	73.27	120.38
1987	83.13	82.80	145.43	98.59	74.26	122.01
1988	83.61	85.46	145.78	98.90	74.88	123.42
1989	84.68	87.23	148.35	99.98	75.10	124.39
1990	89.28	92.58	156.87	106.85	80.56	132.65
1991	90.74	92.83	156.98	109.39	81.11	134.64
1992	91.28	93.41	155.94	110.19	81.06	135.39
1993	91.78	94.01	155.17	110.64	80.98	136.11
1994	92.77	95.73	116.63	111.30	80.90	136.69
1995	93.12	95.89	116.09	111.74	80.68	136.36
1996	93.22	95.88	115.72	112.30	82.85	135.79
1997	94.82	95.57	115.94	112.93	83.21	135.14
1998	95.62	96.11	117.04	113.70	83.40	134.10
1999	95.75	95.95	116.88	112.04	81.24	135.60
2000	94.02	96.88	111.68	111.56	77.95	121.74
2001	93.62	97.27	110.92	111.67	76.27	120.89
2002	93.48	97.42	110.85	111.68	75.92	121.32
2003	90.54	87.09	101.09	113.29	75.80	124.46
2004	88.15	87.56	101.00	110.86	76.35	121.62
2005	88.40	87.48	94.56	109.91	77.14	121.72
2006	89.47	88.69	95.92	110.95	78.13	122.92
2007	90.20	94.09	91.06	109.99	79.70	125.60
2008	80.75	93.64	91.82	110.26	80.89	126.45
2009	65.10	81.04	85.55	110.68	82.30	127.49
2010	65.22	79.67	83.65	100.83	43.69	129.62
2011	50.45	54.62	52.69	60.95	46.11	68.45

21-7 历年人口出生率

单位:‰

年 份	丰 县	沛 县	铜山区	睢宁县	新沂市	邳州市
1978	18.96	19.40	15.94	15.36	16.94	14.67
1979	13.03	15.91	13.58	12.35	12.34	11.93
1980	17.51	25.44	22.86	17.35	15.19	17.48
1981	16.88	19.30	21.51	14.19	18.08	16.79
1982	15.41	17.87	20.46	14.64	17.58	18.05
1983	13.44	12.81	16.46	12.05	14.46	15.63
1984	12.52	16.54	14.42	11.71	15.99	15.28
1985	11.79	11.50	12.50	9.99	14.91	12.86
1986	13.25	13.34	13.48	11.14	16.98	13.72
1987	15.89	15.08	16.52	12.02	16.30	15.33
1988	19.13	44.33	25.48	13.18	19.01	22.87
1989	21.83	31.63	31.69	15.49	19.22	18.90
1990	19.77	23.92	28.08	17.19	18.90	18.50
1991	21.24	19.90	18.31	26.21	16.72	20.93
1992	13.20	13.29	12.22	14.08	11.52	12.77
1993	13.78	15.92	12.37	10.76	10.08	11.26
1994	16.73	22.94	14.20	10.78	9.26	10.96
1995	12.67	10.68	10.75	9.90	8.29	8.75
1996	10.64	9.28	8.88	10.85	12.57	7.92
1997	23.83	8.28	13.83	10.74	9.03	7.77
1998	13.64	9.60	13.54	8.88	8.23	9.67
1999	9.49	7.73	8.32	7.49	8.00	8.44
2000	35.54	24.04	13.86	18.66	13.15	15.28
2001	7.74	8.17	7.85	6.96	8.10	8.47
2002	7.31	7.17	8.72	7.04	6.65	9.59
2003	6.45	8.92	8.85	13.76	6.91	13.18
2004	15.74	11.69	9.18	19.10	15.70	22.63
2005	13.07	9.23	14.50	14.01	15.32	19.52
2006	15.24	15.58	14.68	15.03	16.50	17.92
2007	20.13	21.01	18.86	14.67	22.31	32.02
2008	17.09	18.93	20.62	13.85	21.24	23.21
2009	17.34	19.14	20.67	14.30	16.24	30.79
2010	26.31	24.14	18.09	15.69	23.33	26.77
2011	19.17	18.51	26.52	25.46	20.70	9.13

注:各县(市、区)出生人口中包含往年补报出生人口,下同。

21-8 历年人口自然增长率

单位:‰

年份	丰县	沛县	铜山区	睢宁县	新沂市	邳州市
1978	13.44	14.30	10.35	9.50	10.82	9.11
1979	7.55	11.13	8.16	6.60	6.36	6.52
1980	11.53	17.81	15.24	9.61	8.65	11.07
1981	11.76	14.10	15.00	9.05	11.86	11.88
1982	10.71	13.13	15.66	9.54	12.50	13.12
1983	8.55	7.72	11.59	7.16	9.38	11.13
1984	7.09	11.01	9.23	6.31	10.98	10.75
1985	6.62	6.81	7.29	5.20	9.96	8.31
1986	8.08	8.74	8.47	6.63	11.93	9.17
1987	10.76	10.73	11.38	7.49	11.36	11.06
1988	13.77	39.92	20.19	8.80	13.80	18.23
1989	16.48	27.40	27.02	11.28	14.38	14.61
1990	15.14	19.70	23.08	12.51	13.70	14.27
1991	17.07	15.42	13.00	20.70	11.60	15.66
1992	8.16	8.65	6.60	8.67	6.36	7.34
1993	8.93	11.42	6.93	5.20	4.79	5.94
1994	11.43	18.14	8.44	5.44	4.06	5.55
1995	7.83	6.42	5.97	5.02	3.42	3.63
1996	5.82	4.90	2.96	5.67	8.25	2.46
1997	19.26	4.42	7.81	5.55	4.93	2.84
1998	9.09	6.17	8.04	3.82	3.52	5.47
1999	5.69	4.80	2.86	3.22	4.18	5.04
2000	30.15	18.83	7.50	14.38	9.06	11.18
2001	4.37	4.29	4.14	4.03	4.99	5.32
2002	3.51	4.27	4.63	4.18	0.68	5.71
2003	2.85	5.47	2.97	10.06	4.67	9.29
2004	10.18	6.84	4.32	14.54	11.13	17.91
2005	10.58	5.92	11.83	12.22	13.91	17.33
2006	10.82	12.64	10.66	12.40	14.86	11.60
2007	11.82	14.06	-2.70	-6.91	1.37	17.24
2008	7.01	1.66	11.93	-2.16	11.50	9.56
2009	5.54	15.37	16.11	2.85	14.97	17.57
2010	17.19	16.66	2.84	5.89	17.79	21.40
2011	11.59	13.53	20.97	20.80	12.32	-3.36

注:2007年死亡人口中含有往年未销户人口。

21-9 历年从业人员

单位:万人

年　份	丰　县	沛　县	铜山区	睢宁县	新沂市	邳州市
1978	34.29	32.05	57.76	40.84	29.23	45.71
1979	31.55	31.76	57.82	40.14	29.59	45.20
1980	32.83	34.16	59.44	41.92	30.15	46.46
1981	34.33	36.01	61.67	43.22	30.45	47.78
1982	35.75	38.04	62.54	44.42	32.74	50.07
1983	36.00	39.20	64.85	44.83	32.37	51.67
1984	38.19	41.00	68.50	46.10	34.02	53.93
1985	39.44	41.72	70.57	48.16	34.37	56.64
1986	39.98	43.20	72.07	49.64	36.18	57.70
1987	41.69	43.83	72.48	52.21	37.06	60.27
1988	43.18	46.23	75.02	53.25	38.46	63.87
1989	44.02	47.28	77.43	54.45	40.58	65.20
1990	46.85	49.73	80.08	57.42	42.66	69.25
1991	47.98	50.97	81.50	59.21	42.76	73.44
1992	48.65	51.39	82.72	58.40	43.12	74.17
1993	49.49	49.25	81.91	60.03	43.78	74.98
1994	50.34	49.81	61.46	59.55	46.18	75.89
1995	50.75	48.46	58.56	60.95	47.23	76.59
1996	51.22	49.64	58.67	61.28	47.74	77.50
1997	51.60	51.42	59.47	61.14	48.41	77.99
1998	50.93	51.45	58.22	61.28	47.10	77.72
1999	51.69	50.24	58.01	62.73	45.86	78.83
2000	52.03	55.75	55.60	63.62	44.79	73.71
2001	54.01	55.21	54.10	61.92	44.68	73.05
2002	54.02	52.73	52.44	57.15	41.37	70.88
2003	53.77	51.74	50.23	52.69	39.82	71.03
2004	53.43	51.85	52.51	52.91	42.30	71.13
2005	58.09	56.39	52.48	66.72	48.65	78.77
2006	58.74	57.52	54.37	68.38	48.67	80.73
2007	58.97	58.55	59.13	71.12	50.47	82.55
2008	59.71	57.01	62.28	72.85	50.10	84.93
2009	61.30	58.18	64.69	73.32	52.43	87.41
2010	62.76	60.80	68.38	73.09	55.57	89.61
2011	66.17	62.09	70.40	72.63	58.19	90.26

21-10 历年在岗职工人数

单位:万人

年　份	丰　县	沛　县	铜山区	睢宁县	新沂市	邳州市
1978	2.72	3.46	4.44	3.30	3.11	3.89
1979	2.72	2.86	4.02	3.31	3.23	3.68
1980	2.95	3.66	4.58	3.73	3.58	3.76
1981	3.21	3.86	4.82	3.89	3.55	3.89
1982	3.29	4.04	5.03	3.86	3.61	3.99
1983	3.29	4.00	5.04	3.97	3.53	3.97
1984	3.61	4.37	5.52	4.00	4.12	5.02
1985	3.77	4.52	5.39	4.28	4.06	4.62
1986	3.71	4.97	5.56	4.48	4.27	4.73
1987	3.86	4.90	5.68	4.83	4.41	5.13
1988	4.25	5.41	5.84	5.21	4.70	6.40
1989	4.32	5.14	5.92	5.15	4.86	5.99
1990	4.73	5.24	6.14	5.14	4.91	6.14
1991	4.84	5.55	6.46	5.42	4.86	6.41
1992	4.80	5.79	6.69	5.44	4.91	6.44
1993	5.00	6.15	7.16	5.10	5.47	6.81
1994	5.15	6.05	6.49	5.39	5.56	7.00
1995	5.22	6.04	7.00	5.45	5.87	6.89
1996	4.99	6.53	7.53	5.63	5.99	7.36
1997	5.03	6.32	7.51	5.56	6.03	7.42
1998	3.86	5.61	7.11	4.65	5.14	6.64
1999	3.76	5.40	6.76	4.48	5.12	6.70
2000	3.80	5.06	6.41	4.31	4.94	6.41
2001	3.41	4.84	6.03	4.03	4.94	6.27
2002	3.28	4.44	5.46	3.58	4.73	5.93
2003	3.13	4.44	5.17	3.41	4.77	5.56
2004	3.03	4.03	5.04	3.44	4.88	5.17
2005	3.11	4.14	4.82	3.51	4.90	5.24
2006	3.25	4.17	5.17	3.66	5.11	5.36
2007	3.62	4.12	5.25	3.73	4.86	5.44
2008	3.67	4.07	5.63	3.84	4.97	5.85
2009	3.76	4.04	5.39	4.06	4.89	6.15
2010	3.84	3.99	5.48	4.16	4.95	6.23
2011	3.99	3.85	5.52	4.34	5.29	6.47

21-11 历年乡村劳动者

单位:万人

年 份	丰 县	沛 县	铜山区	睢宁县	新沂市	邳州市
1978	31.57	28.59	53.32	37.54	26.12	41.82
1979	28.79	28.81	53.80	36.82	26.36	41.49
1980	29.84	30.36	54.86	38.00	23.54	42.69
1981	31.02	31.92	56.85	39.21	26.81	43.88
1982	32.43	33.96	57.51	40.53	29.10	46.06
1983	32.68	35.14	59.81	40.80	28.80	46.69
1984	34.55	36.52	62.98	41.99	29.83	48.88
1985	35.64	37.14	65.18	43.77	30.17	51.98
1986	36.24	38.13	66.51	45.04	31.78	52.92
1987	37.79	33.80	66.81	47.24	32.55	55.08
1988	38.89	40.73	69.18	47.95	33.66	57.40
1989	39.65	41.91	71.51	49.20	34.74	59.13
1990	42.07	44.27	73.94	52.15	36.78	63.04
1991	43.02	45.21	75.04	53.64	37.79	66.95
1992	43.76	45.35	75.87	52.78	37.90	67.63
1993	44.26	42.65	74.71	54.73	37.63	67.98
1994	44.96	43.06	54.86	53.90	39.66	68.63
1995	45.19	41.80	51.46	55.18	39.96	69.01
1996	45.85	42.33	51.00	55.11	40.03	69.44
1997	46.43	44.21	51.93	57.54	41.46	71.06
1998	46.62	44.34	51.13	58.26	41.51	71.06
1999	46.48	42.43	50.41	56.71	39.35	70.01
2000	46.59	47.84	48.33	57.68	38.16	66.55
2001	49.04	47.79	47.62	56.29	37.61	65.64
2002	49.90	48.73	48.73	59.33	38.33	69.56
2003	50.87	49.61	46.87	60.18	38.31	68.66
2004	51.50	50.24	50.37	61.48	39.55	70.30
2005	53.24	49.99	45.83	61.64	40.36	68.75
2006	53.48	50.40	46.73	62.76	40.37	68.76
2007	51.38	49.74	49.91	63.96	40.40	69.76
2008	51.53	47.26	51.46	64.38	40.36	69.71
2009	52.00	47.61	52.62	63.66	41.72	69.70
2010	52.81	49.46	54.41	62.83	43.43	69.50
2011	54.36	49.64	55.42	60.87	43.71	67.65

21-12　历年固定资产投资

单位：万元

年　份	丰　县	沛　县	铜山区	睢宁县	新沂市	邳州市
1978	846	381	932	257	721	927
1979	830	575	1 394	468	1 040	1 036
1980	654	795	1 817	1 054	810	844
1981	456	552	1 226	577	726	613
1982	811	956	2 377	637	846	1 134
1983	640	1 255	2 114	538	1 137	1 485
1984	572	2 036	1 871	863	946	1 530
1985	1 016	1 917	4 021	1 034	1 609	2 983
1986	5 058	8 509	30 918	6 564	16 901	6 136
1987	6 794	9 879	26 961	8 976	18 966	26 902
1988	8 435	11 978	31 727	10 496	23 567	14 313
1989	6 587	11 901	35 441	8 836	24 988	30 930
1990	9 373	12 345	38 817	10 194	30 595	15 335
1991	14 560	16 841	52 059	11 899	34 845	17 397
1992	19 873	19 901	71 959	15 199	36 754	41 934
1993	30 578	30 026	94 013	45 751	46 133	55 851
1994	46 867	42 717	141 040	62 722	66 874	84 525
1995	63 137	79 776	190 435	82 607	92 935	88 830
1996	80 677	94 540	238 234	91 157	94 616	163 509
1997	86 698	113 573	239 240	84 216	91 756	116 662
1998	96 895	112 588	211 505	76 037	129 451	137 538
1999	109 440	144 693	214 600	102 185	155 269	165 504
2000	125 324	159 146	229 307	110 264	129 970	195 998
2001	142 671	175 018	260 666	132 805	173 082	227 638
2002	172 107	208 096	295 093	175 419	197 020	258 616
2003	247 625	310 271	395 956	240 029	236 778	383 732
2004	323 756	480 920	537 958	301 340	461 986	523 462
2005	310 470	607 311	717 791	325 584	608 550	950 910
2006	413 310	750 129	1 050 982	402 385	785 000	1 082 000
2007	505 000	1 001 518	1 469 954	508 178	922 500	1 465 814
2008	516 480	1 138 254	1 819 519	617 000	1 184 300	1 816 780
2009	650 120	1 586 504	2 397 838	1 058 325	1 583 500	2 602 000
2010	901 750	2 140 020	3 351 370	1 345 338	2 101 912	3 349 981
2011	1 039 371	2 372 031	3 473 398	1 247 240	2 207 210	3 213 528

注：2011 年起不再统计全社会固定资产投资，统计口径改为 500 万元以上固定资产投资

21-13 历年财政收入

单位:万元

年　份	丰　县	沛　县	铜山区	睢宁县	新沂市	邳州市
1978	1 326	1 612	1 831	1 839	1 491	1 625
1979	962	1 417	1 611	1 538	1 377	1 498
1980	1 003	1 322	1 818	1 604	1 546	1 608
1981	1 014	1 400	2 251	1 879	1 617	1 615
1982	1 341	1 751	3 609	1 820	1 800	2 123
1983	1 441	2 008	4 025	2 029	1 736	2 156
1984	1 503	2 132	4 841	2 285	1 954	2 489
1985	1 852	2 829	5 401	2 692	2 375	2 941
1986	2 195	2 944	6 336	2 960	2 622	3 400
1987	2 509	3 517	6 316	3 275	3 045	3 726
1988	2 853	4 465	7 737	3 778	3 819	4 264
1989	2 483	4 552	11 609	3 769	3 434	3 927
1990	2 831	5 227	12 021	3 879	3 721	4 309
1991	3 004	5 928	12 122	3 672	4 151	4 375
1992	3 570	6 579	12 551	3 886	4 431	4 963
1993	5 331	9 350	16 627	5 212	7 367	7 462
1994	7 851	13 335	18 225	7 574	10 702	11 575
1995	12 054	18 003	23 454	11 252	12 468	15 183
1996	14 308	21 534	30 026	14 002	15 125	19 222
1997	15 559	26 208	34 911	14 259	16 772	22 055
1998	16 586	28 004	38 507	15 360	18 204	24 271
1999	17 620	30 039	43 062	16 906	19 410	26 726
2000	17 886	33 018	43 118	16 330	20 605	29 060
2001	18 508	36 320	55 685	18 008	24 463	34 442
2002	19 662	44 582	62 452	21 137	27 284	42 168
2003	25 318	50 609	75 398	26 139	33 342	56 998
2004	27 724	63 601	92 668	29 502	40 227	80 058
2005	35 221	85 008	115 500	35 016	50 576	95 826
2006	49 318	120 271	156 800	47 073	75 278	131 022
2007	59 755	157 645	185 086	55 122	89 561	150 777
2008	81 671	203 279	236 725	78 109	114 918	188 589
2009	122 515	261 124	295 654	115 424	153 260	253 046
2010	169 252	353 923	387 417	183 819	236 023	307900
2011	252 468	481 652	568 925	282 610	346 516	463 876

注:2007 年及以后财政收入及支出中不包括基金性收入和支出,与往年不可比(下同)。

21–14 历年财政支出

单位：万元

年　　份	丰　县	沛　县	铜山区	睢宁县	新沂市	邳州市
1978	1 590	1 314	2 088	1 680	1 447	1 684
1979	2 018	1 675	2 529	1 840	1 531	2 237
1980	1 667	1 709	2 315	1 973	1 479	2 125
1981	1 693	1 724	2 174	1 951	1 522	2 160
1982	1 896	2 182	3 082	2 127	2 016	2 371
1983	2 429	2 554	3 416	2 629	2 256	2 858
1984	2 840	3 802	3 706	2 738	2 531	3 153
1985	2 742	3 950	4 536	2 940	2 682	3 488
1986	3 653	5 073	5 628	4 067	3 538	4 495
1987	4 290	5 118	6 212	4 199	3 975	4 661
1988	5 181	6 501	7 952	5 170	5 187	5 465
1989	5 924	7 687	10 851	6 605	6 168	6 678
1990	6 896	8 989	13 543	7 252	6 811	7 556
1991	7 614	9 556	15 276	7 886	7 771	8 476
1992	7 586	9 506	15 621	8 056	8 303	9 014
1993	10 265	13 261	16 591	10 324	10 355	10 811
1994	12 891	13 324	16 611	12 675	11 454	14 275
1995	16 217	18 621	20 332	16 013	14 375	16 403
1996	20 248	21 725	27 532	19 392	17 820	21 464
1997	24 032	25 682	32 493	21 162	19 223	24 898
1998	26 558	27 162	35 526	23 762	21 683	29 529
1999	26 651	29 588	39 390	26 580	24 986	34 094
2000	29 667	31 180	40 284	26 386	28 064	36 627
2001	35 393	36 889	44 391	33 568	34 858	42 889
2002	37 866	45 020	50 338	39 808	39 122	49 543
2003	45 639	53 456	62 569	46 134	48 682	66 217
2004	55 325	67 373	78 394	54 676	58 307	84 928
2005	72 979	88 488	107 780	77 545	79 123	113 430
2006	91 672	116 118	145 418	96 865	99 903	143 508
2007	116 415	168 273	162 830	117 449	113 104	173 183
2008	157 929	203 316	224 738	167 227	157 278	237 026
2009	208 700	271 959	285 893	217 116	221 451	311 689
2010	276 883	360 103	382 972	284 511	303 498	411 118
2011	403 976	507 852	521 982	423 914	431 830	534 465

21-15 历年常用耕地面积

（年底数） 单位：千公顷

年份	丰县	沛县	铜山区	睢宁县	新沂市	邳州市
1978	89.29	83.81	159.38	103.04	84.12	118.23
1979	89.07	83.64	158.77	102.47	84.04	117.75
1980	88.30	83.03	157.90	102.43	83.76	117.66
1981	87.80	82.87	157.07	102.27	83.73	117.60
1982	87.76	82.73	156.29	102.22	83.55	117.57
1983	88.00	82.67	156.00	102.00	83.33	117.33
1984	88.03	82.46	155.15	102.08	83.49	117.23
1985	88.01	81.19	154.73	102.03	83.48	117.01
1986	88.01	81.12	151.88	102.03	83.35	116.53
1987	87.93	80.86	151.32	101.95	83.21	116.32
1988	87.81	80.77	150.63	101.91	82.54	115.79
1989	87.63	80.73	149.94	101.89	82.32	115.73
1990	87.61	80.62	148.89	101.82	82.15	114.83
1991	87.51	80.45	148.33	101.25	82.10	114.67
1992	86.01	80.38	147.53	100.79	81.63	114.16
1993	86.00	80.20	145.79	100.52	81.55	112.86
1994	85.85	79.97	115.52	100.09	81.42	112.45
1995	85.85	77.97	115.38	99.92	81.07	111.88
1996	85.68	77.91	115.15	99.62	80.47	111.44
1997	76.65	77.44	117.47	100.79	79.37	122.66
1998	76.60	77.03	117.40	100.67	80.65	122.83
1999	76.64	77.05	117.66	100.63	80.14	122.48
2000	76.70	77.22	115.99	100.63	80.57	121.37
2001	76.25	77.13	116.05	100.10	79.90	121.16
2002	76.41	76.93	116.31	100.05	79.85	121.17
2003	76.10	76.72	113.19	100.08	79.70	112.70
2004	76.09	76.56	108.97	100.08	79.57	111.84
2005	76.28	76.44	109.43	100.08	79.37	111.39
2006	75.34	75.92	109.31	99.84	79.02	112.38
2007	75.51	75.80	109.37	99.76	79.00	111.79
2008	75.72	75.48	106.52	100.00	78.76	110.68
2009	75.67	73.57	105.10	99.40	78.64	111.86
2010	75.67	75.51	106.52	97.46	78.43	111.96
2011	79.58	81.09	106.53	103.47	80.41	116.31

21-16 历年农业机械总动力

（年底数） 单位：万千瓦

年 份	丰 县	沛 县	铜山区	睢宁县	新沂市	邳州市
1978	12.44	12.95	23.21	11.44	10.47	13.70
1979	12.86	14.47	26.21	12.64	14.28	14.87
1980	15.96	15.65	29.45	14.10	15.65	16.74
1981	16.77	17.27	30.82	16.04	17.15	18.35
1982	18.95	19.29	35.35	18.84	18.47	22.39
1983	20.59	21.80	40.13	20.18	20.05	25.99
1984	24.02	23.91	49.46	21.56	19.99	29.12
1985	25.74	24.32	56.19	22.93	19.91	30.07
1986	27.61	25.54	60.61	25.00	21.27	34.61
1987	30.40	28.50	72.00	26.84	22.76	36.96
1988	32.50	29.16	86.62	28.11	23.23	38.18
1989	34.39	27.70	93.14	26.25	23.44	39.96
1990	30.27	34.42	93.52	25.27	23.15	39.81
1991	30.49	34.29	72.86	25.19	22.34	40.40
1992	28.09	33.17	65.23	24.79	22.66	36.61
1993	29.56	32.81	63.29	25.59	22.73	34.90
1994	29.51	32.73	39.84	25.89	23.66	33.58
1995	30.34	34.52	36.93	23.55	24.74	29.72
1996	31.80	35.32	36.37	24.55	25.02	31.54
1997	44.92	40.34	54.86	26.98	29.97	38.24
1998	47.90	41.96	58.19	29.92	32.61	41.47
1999	50.58	43.30	72.20	31.33	36.55	46.83
2000	57.51	65.59	70.67	45.85	41.18	57.97
2001	58.11	67.20	71.06	48.66	43.09	65.02
2002	57.81	68.52	73.14	50.93	44.58	70.80
2003	59.37	69.07	73.85	53.43	46.42	75.55
2004	59.98	70.25	73.95	55.83	46.62	78.06
2005	60.44	74.62	67.30	60.02	49.76	83.15
2006	61.66	78.44	70.46	65.01	53.91	88.34
2007	62.13	79.94	71.50	66.99	56.71	94.46
2008	66.25	82.31	91.90	82.07	60.40	96.80
2009	69.13	84.10	93.90	86.26	65.84	101.40
2010	69.93	85.65	96.20	89.37	69.03	104.10
2011	73.80	89.13	98.79	96.96	72.61	111.13

21–17　历年农林牧渔业总产值

（当年价格）　　单位:万元

年　份	丰　县	沛　县	铜山区	睢宁县	新沂市	邳州市
1978	15 810	18 382	31 848	18 356	18 265	24 491
1979	20 724	19 705	42 217	18 880	18 612	28 479
1980	23 182	21 854	37 976	23 603	18 598	31 461
1981	24 163	24 754	37 987	26 421	21 157	34 168
1982	29 770	27 695	47 763	33 934	26 418	38 514
1983	35 419	33 163	60 996	35 885	33 330	43 581
1984	43 388	40 732	66 347	47 968	37 414	55 344
1985	41 474	42 583	75 225	49 402	41 786	59 884
1986	45 200	55 998	85 209	51 449	50 860	76 645
1987	52 613	62 592	94 380	51 600	63 375	83 140
1988	64 426	73 268	146 023	54 879	78 355	110 264
1989	69 328	73 819	147 659	66 570	87 884	110 596
1990	78 230	91 721	163 381	80 470	94 180	128 027
1991	91 766	93 687	175 889	89 271	104 601	135 059
1992	91 465	91 402	209 745	102 009	119 878	142 777
1993	131 067	122 049	257 302	135 878	154 151	171 199
1994	180 928	197 257	320 311	217 635	213 544	292 885
1995	239 818	247 827	399 924	269 129	256 031	384 102
1996	280 443	324 758	454 553	317 969	293 759	461 242
1997	256 802	333 973	384 232	296 479	285 292	426 967
1998	266 865	348 366	401 055	282 536	303 556	450 727
1999	279 736	354 591	381 167	278 597	312 216	459 072
2000	300 605	363 461	400 294	273 376	321 307	486 340
2001	320 867	381 637	431 471	289 274	339 682	516 544
2002	342 465	405 504	460 307	314 341	360 180	552 480
2003	366 826	422 362	405 606	325 021	308 914	580 636
2004	414 977	483 373	473 627	399 044	380 824	599 434
2005	355 373	566 218	464 871	389 692	414 548	695 374
2006	395 859	594 072	501 253	413 557	446 353	779 016
2007	437 125	651 825	541 433	442 820	507 574	830 250
2008	530 887	673 930	599 778	519 253	503 328	882 368
2009	580 693	751 617	670 996	665 887	615 434	991 811
2010	649 355	903 156	684 373	787 066	694 783	1 100 101
2011	775 231	1 090 245	856 960	950 728	806 247	1 327 479

21-18 历年粮食产量

单位:万吨

年　份	丰　县	沛　县	铜山区	睢宁县	新沂市	邳州市
1978	24.82	29.08	51.50	30.57	31.47	36.94
1979	28.59	33.87	60.73	32.04	36.83	41.14
1980	30.81	32.71	63.44	37.69	38.98	44.22
1981	31.30	35.49	69.80	45.39	41.40	49.93
1982	35.09	36.30	68.95	52.62	45.55	53.33
1983	42.13	49.79	95.67	57.79	55.16	65.35
1984	49.19	56.51	103.18	64.08	58.77	71.22
1985	49.41	48.94	94.84	62.97	54.68	67.14
1986	51.27	55.30	105.80	66.17	57.32	72.59
1987	45.11	54.20	100.12	68.25	58.89	74.99
1988	38.92	52.38	94.04	59.29	52.50	71.34
1989	43.55	55.97	104.71	68.58	54.27	75.44
1990	43.72	55.69	107.60	67.29	51.54	71.20
1991	48.70	55.82	108.48	66.88	55.30	74.62
1992	46.11	55.63	111.70	68.27	55.47	79.67
1993	50.15	59.30	105.65	60.79	54.54	74.86
1994	46.64	52.62	72.63	61.02	50.61	70.92
1995	51.24	58.58	76.75	63.66	54.20	76.10
1996	52.24	62.25	79.94	69.76	54.29	78.25
1997	53.44	62.50	82.56	73.80	56.55	81.10
1998	44.19	51.91	75.87	64.62	49.79	73.00
1999	54.93	56.89	81.88	73.62	50.74	75.66
2000	40.34	45.60	56.63	53.92	39.00	64.57
2001	38.25	44.43	54.17	51.53	37.55	65.30
2002	38.06	45.22	48.88	49.49	37.69	60.38
2003	23.83	36.22	33.28	39.70	25.74	36.80
2004	43.17	47.35	51.32	58.48	35.07	62.03
2005	38.08	48.19	53.30	53.68	36.80	60.65
2006	42.77	48.03	61.58	65.47	41.98	60.30
2007	40.03	46.29	65.43	61.34	49.12	66.11
2008	43.91	51.76	65.43	74.67	52.94	69.93
2009	49.43	55.62	71.37	84.29	59.93	73.75
2010	46.01	58.11	79.20	85.31	62.67	75.88
2011	51.10	59.89	81.61	88.51	63.58	79.50

注:2006 年数据根据农普资料进行了调整。

21-19 历年棉花产量

单位:万吨

年 份	丰 县	沛 县	铜山区	睢宁县	新沂市	邳州市
1978	0.25	0.37	0.73	0.64	0.07	0.41
1979	0.32	0.31	0.60	0.41	0.01	0.35
1980	0.71	0.73	1.22	1.00	0.01	0.79
1981	0.63	0.75	1.26	0.93	0.01	0.75
1982	1.15	1.07	1.73	0.94		0.80
1983	1.43	1.25	2.33	1.28		1.04
1984	2.33	1.40	2.56	1.68		1.36
1985	1.45	1.04	1.97	1.06		1.53
1986	1.77	0.77	1.63	0.76		1.31
1987	2.05	1.09	1.94	0.85		1.56
1988	1.94	1.18	2.55	1.15	0.04	1.97
1989	1.25	0.30	1.23	0.72	0.03	1.16
1990	1.62	0.42	1.51	0.84	0.01	1.18
1991	1.98	0.86	2.36	1.05		1.70
1992	1.00	0.41	1.81	0.98		1.26
1993	1.12	0.55	1.74	0.60		0.78
1994	0.80	0.32	1.04	0.71		1.10
1995	1.01	0.55	1.54	0.85		1.69
1996	0.90	0.61	1.25	0.68		1.17
1997	0.80	0.40	0.86	0.68		1.20
1998	0.71	0.23	1.02	0.57		1.07
1999	0.36	0.09	0.71	0.39		0.70
2000	1.53	0.26	1.24	0.62		1.12
2001	1.66	0.47	1.43	1.02		1.80
2002	1.71	0.49	1.16	1.10		1.51
2003	1.45	0.31	0.78	0.58		1.03
2004	2.31	1.02	1.65	0.99		1.95
2005	0.95	0.39	0.84	0.62		1.04
2006	1.05	0.31	0.54	0.37		0.78
2007	1.60	0.52	0.63	0.34		0.86
2008	1.68	0.45	0.81	0.25		0.86
2009	1.61	0.42	0.80	0.14		0.77
2010	1.10	0.34	0.79	0.21		0.68
2011	1.30	0.38	0.71	0.17		0.70

21-20 历年油料产量

单位:万吨

年份	丰县	沛县	铜山区	睢宁县	新沂市	邳州市
1978	0.11	0.08	0.35	0.19	0.73	0.12
1979	0.17	0.12	0.32	0.29	0.99	0.18
1980	0.28	0.23	0.50	0.44	1.37	0.33
1981	0.41	0.24	0.67	0.96	2.20	0.56
1982	0.44	0.21	0.83	2.63	2.67	0.77
1983	0.27	0.11	0.53	1.86	2.49	0.43
1984	0.30	0.26	0.52	1.69	1.92	0.41
1985	0.79	0.74	1.41	3.67	3.09	0.79
1986	1.00	0.78	1.29	3.75	3.05	0.76
1987	0.68	0.61	1.28	4.53	2.71	0.80
1988	0.36	0.46	0.40	0.61	2.67	0.31
1989	0.44	0.47	0.50	0.87	2.34	0.38
1990	0.51	0.57	0.57	0.62	2.08	0.41
1991	0.49	0.60	0.70	1.18	2.53	0.82
1992	0.50	0.43	0.66	0.97	2.21	0.75
1993	0.62	0.50	0.86	1.44	3.14	0.57
1994	0.68	0.40	0.45	2.15	4.04	1.33
1995	0.63	0.55	0.35	1.42	3.91	1.22
1996	0.68	0.70	0.32	0.96	2.75	0.70
1997	0.86	0.75	0.36	1.22	3.83	0.58
1998	1.18	1.01	0.23	2.11	4.03	0.61
1999	1.73	1.07	1.00	3.43	5.79	0.78
2000	2.68	1.44	1.40	5.28	7.65	1.21
2001	3.50	1.46	1.13	4.83	8.78	2.54
2002	2.20	1.60	1.42	5.52	9.09	1.92
2003	1.12	0.86	0.93	3.01	2.78	1.09
2004	1.56	0.81	1.78	4.73	8.67	1.97
2005	0.60	0.62	1.19	3.33	8.43	1.62
2006	0.70	0.68	0.95	2.20	6.11	1.33
2007	0.68	0.35	0.96	1.75	5.76	1.60
2008	0.62	0.36	0.73	1.95	5.40	1.47
2009	0.61	0.40	0.68	2.06	7.04	1.49
2010	0.51	0.24	0.64	1.60	7.44	1.48
2011	0.47	0.20	0.68	1.58	6.57	1.76

21-21　历年肉类总产量

单位:万吨

年　份	丰　县	沛　县	铜山区	睢宁县	新沂市	邳州市
1978						
1979						
1980						
1981						
1982						
1983						
1984						
1985	1.71	1.83	2.65	2.53	2.39	2.81
1986	1.79	1.70	2.86	2.88	2.40	2.36
1987	2.52	1.68	3.58	2.72	2.49	3.01
1988	2.78	2.27	4.33	3.25	2.72	3.05
1989	2.83	2.27	4.48	3.17	2.58	3.38
1990	3.03	2.61	5.12	3.56	2.86	4.13
1991	3.66	2.86	5.37	3.65	2.90	4.54
1992	3.98	2.96	6.09	4.14	3.16	5.10
1993	4.45	3.49	7.32	4.99	3.64	5.30
1994	4.55	3.81	6.56	6.17	4.93	6.23
1995	5.03	4.67	8.15	7.25	5.32	7.67
1996	7.48	6.32	9.16	8.92	5.15	8.98
1997	3.14	5.19	4.78	6.06	5.29	6.20
1998	4.76	5.67	4.55	4.82	5.58	7.26
1999	4.35	5.49	5.06	4.06	5.01	6.84
2000	4.56	6.30	5.63	3.97	6.20	7.45
2001	5.10	6.87	5.79	4.36	6.89	8.06
2002	5.23	6.94	6.03	5.32	6.11	8.26
2003	5.60	6.94	6.61	5.34	6.30	8.81
2004	5.63	7.15	6.82	6.22	6.30	9.38
2005	6.32	8.17	6.40	7.06	6.86	10.17
2006	4.29	11.36	7.14	6.43	7.34	10.56
2007	4.23	9.90	6.42	5.48	5.89	8.83
2008	7.86	11.94	7.30	7.22	7.80	13.36
2009	10.57	12.67	8.74	9.24	9.88	17.48
2010	12.01	17.61	10.23	11.04	12.70	20.42
2011	13.32	19.54	11.49	12.91	12.63	19.55

21-22 历年工业产品销售收入

单位:万元

年份	丰县	沛县	铜山区	睢宁县	新沂市	邳州市
1978	6 093	5 539	6 942	4 038	3 789	3 597
1979	5 521	4 748	8 234	6 101	5 110	7 643
1980	7 288	5 914	13 371	9 432	7 945	9 448
1981	7 594	7 593	10 992	9 663	8 080	11 276
1982	9 037	7 635	21 254	12 244	11 178	11 518
1983	9 940	8 399	23 379	13 468	12 296	12 670
1984	10 442	10 412	24 848	13 830	13 966	15 216
1985	12 089	12 889	29 743	16 709	17 718	19 573
1986	12 978	15 635	34 276	19 551	22 452	23 271
1987	17 426	19 654	43 188	24 516	28 916	26 512
1988	25 030	27 617	65 925	33 840	46 398	40 831
1989	31 697	32 552	81 245	42 265	52 302	49 290
1990	30 066	31 251	82 778	34 802	53 081	53 643
1991	30 698	36 702	91 081	39 554	55 867	59 475
1992	40 842	47 562	127 876	47 105	71 612	78 587
1993	54 946	54 946	194 665	73 764	108 146	124 530
1994	74 415	101 265	228 878	110 356	144 329	166 624
1995	123 593	167 353	463 747	155 227	195 580	271 147
1996	160 092	216 443	626 225	202 132	236 024	291 125
1997	196 218	279 907	740 342	119 934	285 216	185 141
1998	137 860	151 483	837 798	61 014	135 734	135 609
1999	155 166	163 600	942 589	68 148	152 031	158 264
2000	160 578	176 848	1 020 779	74 519	170 343	168 582
2001	173 585	193 699	1 141 803	88 199	202 297	196 712
2002	130 208	221 719	1 312 678	126 891	239 156	256 489
2003	200 799	285 100	1 209 910	181 201	287 972	352 189
2004	217 832	431 470	1 502 553	257 885	412 006	596 828
2005	288 579	659 600	1 961 668	397 786	637 953	957 120
2006	365 312	946 365	2 927 393	537 142	889 313	1 364 986
2007	494 401	1 445 039	4 188 926	661 268	1 216 672	2 014 706
2008	697 564	2 025 139	6 173 759	839 734	1 705 810	3 057 777
2009	961 436	3 100 737	8 737 012	1 414 594	2 344 880	4 524 177
2010	1 352 859	5 207 771	12 668 254	2 328 915	3 824 086	6 977 492
2011	2 164 308	7 736 896	17 578 572	3 752 484	6 014 427	10 500 899

注:根据《企业会计制度》修订要求,该指标统计口径即为主营业务收入。

21-23 历年工业利税总额

单位:万元

年 份	丰 县	沛 县	铜山区	睢宁县	新沂市	邳州市
1978	654	751	1 294	1 088	1 173	937
1979	765	802	1 552	1 212	1 156	1 026
1980	1 070	770	2 821	1 680	1 338	1 488
1981	1 215	906	3 095	1 936	1 593	1 318
1982	1 077	1 064	3 851	1 667	1 541	1 325
1983	1 178	1 053	3 696	1 810	1 860	1 487
1984	1 352	1 920	4 086	2 334	2 422	2 485
1985	1 303	1 550	4 072	2 272	2 175	2 197
1986	936	1 688	3 224	2 257	2 383	2 545
1987	1 677	2 169	3 689	2 633	3 523	2 527
1988	2 401	3 245	6 385	3 710	5 661	3 314
1989	2 812	3 588	7 147	3 052	5 513	3 207
1990	2 332	2 153	2 400	1 743	5 400	3 149
1991	1 859	3 355	4 765	2 195	4 609	3 928
1992	3 032	4 080	9 292	2 933	6 333	5 415
1993	2 463	2 463	14 971	3 622	8 603	8 609
1994	5 903	8 184	22 357	6 591	13 445	14 062
1995	8 234	13 999	55 036	8 154	14 785	16 898
1996	11 377	13 885	54 521	11 171	11 742	19 740
1997	12 760	17 344	59 679	243	13 488	11 367
1998	6 654	10 021	67 158	-413	2 789	11 542
1999	7 112	8 777	72 330	1 191	3 545	10 051
2000	7 272	10 420	76 355	5 287	4 502	12 594
2001	7 699	12 794	90 875	6 819	6 460	13 449
2002	5 287	15 460	121 167	10 308	7 624	18 588
2003	8 287	20 846	103 248	13 715	16 006	23 195
2004	13 409	19 761	139 549	21 430	25 108	35 289
2005	18 137	33 090	194 102	30 257	38 674	59 337
2006	27 396	63 530	329 099	39 931	66 066	98 171
2007	39 878	79 715	505 331	46 627	101 417	161 090
2008	64 581	266 504	976 394	125 773	158 478	552 478
2009	122 028	453 514	1 287 571	232 828	248 118	793 915
2010	203 384	705 335	1 936 434	384 522	466 113	1 054 324
2011	331 167	1 055 409	2 651 766	616 100	785 797	1 713 339

21-24 历年邮电业务总量

单位:万元

年　份	丰　县	沛　县	铜山区	睢宁县	新沂市	邳州市
1978	53	66	72	65	67	72
1979	56	74	70	70	78	73
1980	63	79	80	76	84	82
1981	68	88	89	82	97	94
1982	69	92	95	82	101	97
1983	74	100	107	87	106	99
1984	81	113	107	98	110	114
1985	93	130	122	112	126	128
1986	97	148	128	119	148	142
1987	108	165	128	138	162	163
1988	131	199	153	176	199	216
1989	139	213	172	193	217	222
1990	325	483	206	430	477	480
1991	386	529	593	544	543	596
1992	511	763	774	752	840	829
1993	722	1 207	1 154	1 008	1 259	1 227
1994	1 356	1 750	1 398	1 598	1 834	2 090
1995	2 200	2 594	2 335	2 575	3 405	3 354
1996	2 994	3 779	3 735	3 464	4 087	4 463
1997	4 520	5 628	4 880	5 169	5 614	6 272
1998	5 851	6 986	1 084	6 756	7 227	8 534
1999	6 981	9 140	1 164	8 144	8 275	10 724
2000	10 487	14 645	1 638	10 763	13 269	17 517
2001	10 308	12 875	2 010	11 297	11 784	16 573
2002	10 742	13 486	2 488	11 767	11 986	16 611
2003	12 905	15 924	9 207	13 946	14 313	19 077
2004	6 234	8 340	11 043	7 227	7 245	10 789
2005	7 235	9 905	5 233	8 630	9 111	12 756
2006	10 181	13 059	14 502	11 904	11 399	16 508
2007	26 922	37 403	45 696	33 023	33 868	49 353
2008	30 719	38 781	58 462	37 780	39 634	56 284
2009	40 988	51 202	46 242	46 782	44 708	59 252
2010	56 228	69 137	58 455	60 394	60 718	79 485
2011	42 916	55 635	55 410	49 128	50 933	65 536

注:2006 年及以前邮电业务总量中电信业务总量以电信业务收入代替;2011 年邮电业务总量按 2010 年价格计算。

21-25 历年年末本地电话用户

单位:户

年 份	丰 县	沛 县	铜山区	睢宁县	新沂市	邳州市
1978	992	2 044		1 517	1 391	1 716
1979	1 110	2 130		1 563	1 483	1 809
1980	1 186	2 130		1 674	1 705	1 881
1981	1 250	2 162		1 729	1 774	1 898
1982	1 229	2 237		1 799	2 132	1 863
1983	1 152	2 374		1 815	2 253	1 917
1984	1 224	2 500		1 907	2 508	2 076
1985	1 353	2 744		2 028	2 833	2 310
1986	1 462	3 122		2 167	2 965	2 348
1987	1 547	3 579		2 304	3 288	2 611
1988	1 800	4 141		2 625	3 650	2 946
1989	1 961	5 059		3 189	4 060	3 418
1990	2 256	6 011		3 659	4 316	3 791
1991	2 848	6 767		4 779	4 953	4 502
1992	3 133	8 601		5 393	7 452	5 845
1993	3 627	11 141		6 763	9 206	7 883
1994	6 910	16 834		10 704	11 529	11 767
1995	12 173	22 799		16 219	20 675	22 594
1996	21 588	33 719		29 817	39 309	34 371
1997	36 893	53 963		40 811	54 080	48 738
1998	49 871	70 380		61 097	75 566	82 685
1999	44 267	59 464		52 052	58 453	70 343
2000	65 944	81 326		73 890	80 146	100 162
2001	94 810	106 240		106 927	98 699	134 368
2002	124 422	140 187		134 598	129 540	175 820
2003	165 988	187 204	198 979	177 939	168 802	229 143
2004	208 672	239 275	282 600	228 993	209 109	293 284
2005	239 468	275 750	295 707	273 883	257 232	353 097
2006	248 726	288 165	270 251	298 558	266 937	372 969
2007	242 158	235 777	272 056	297 598	270 527	353 257
2008	220 611	230 571	241 018	270 364	237 400	312 135
2009	145 540	167 392	180 008	199 079	160 805	202 749
2010	137 603	157 466	173 708	188 348	150 520	190 971
2011	140 462	197 216	239 038	187 160	207 733	221 426

21-26 历年社会消费品零售总额

单位:万元

年份	丰县	沛县	铜山区	睢宁县	新沂市	邳州市
1978	5 581	6 587	11 569	7 448	6 594	7 799
1979	6 981	8 136	12 704	9 037	7 842	10 096
1980	8 962	9 357	13 144	10 741	8 968	12 282
1981	10 167	10 934	14 478	11 616	10 625	13 140
1982	11 883	12 036	16 486	12 343	12 169	14 186
1983	12 191	13 541	18 637	13 945	13 490	15 083
1984	14 000	16 071	21 802	16 575	14 216	17 547
1985	18 465	19 762	27 613	21 199	18 869	22 883
1986	20 579	22 168	32 365	23 307	22 833	26 869
1987	23 555	26 658	37 441	25 849	25 821	29 582
1988	28 620	31 213	43 827	30 628	30 630	35 904
1989	31 599	33 343	44 445	31 893	31 650	38 837
1990	32 267	32 521	42 464	31 685	32 118	40 060
1991	32 403	34 096	49 490	31 180	32 383	41 918
1992	34 881	35 409	53 118	32 751	34 459	46 422
1993	41 004	50 429	67 999	38 870	42 663	54 945
1994	54 011	61 581	64 651	51 600	58 291	68 552
1995	74 978	85 502	85 414	63 669	77 231	86 774
1996	91 807	104 356	110 087	72 042	90 872	111 463
1997	105 186	119 155	129 757	77 511	102 264	125 514
1998	115 033	128 715	135 971	76 110	110 139	130 665
1999	123 018	137 866	151 757	78 839	119 568	144 046
2000	134 526	156 215	164 494	82 276	131 226	163 492
2001	153 120	173 339	182 109	93 115	147 012	189 651
2002	173 596	191 614	200 440	127 452	163 521	214 305
2003	168 067	185 347	191 502	140 192	178 210	237 918
2004	190 284	347 448	281 052	233 373	228 244	295 771
2005	218 489	401 302	322 648	268 379	262 708	342 503
2006	253 188	465 918	374 434	310 894	304 810	399 337
2007	294 141	545 168	438 068	362 246	355 990	469 111
2008	374 000	701 000	575 000	460 000	455 000	619 000
2009	429 748	807 965	664 348	528 884	523 198	713 333
2010	508 844	921 280	871 283	629 654	613 273	843 942
2011	613 797	1 094 873	1 024 992	757 458	738 148	1 003 705

注:2004 及 2009 年数据为经济普查调整数。

21-27 历年实际利用外资

单位:万美元

年 份	丰 县	沛 县	铜山区	睢宁县	新沂市	邳州市
1978						
1979						
1980						
1981						
1982						
1983						
1984						
1985						
1986						
1987						
1988						
1989						
1990		58				10
1991		61	19		143	
1992	531	62	154	29	44	52
1993		142		127	528	150
1994	112	330	552	47	711	265
1995	23	316	1 734	659	1 067	70
1996	520	878	1 544	604	608	820
1997	42	632	878	253	717	118
1998	426	759	1 294	91	762	280
1999	377	821	1 624	10	143	15
2000	3 477	5 240	3 448	1 164	453	464
2001	1 843	1 345	2 360	881	913	784
2002	1 518	1 840	2 458	1 242	1 828	2 586
2003	2 129	3 110	3 817	1 750	1 945	4 030
2004	701	2 037	3 254	1 998	2 859	4 811
2005	453	793	3 709	1 698	914	3 337
2006	669	1 813	3 006	385	1 197	3 940
2007	119	955	4 279	1 310	1 930	3 910
2008	482	2 394	6 073	1 134	1 326	3 012
2009	1 098	1 981	8 080	2 667	2 604	6 653
2010	3 548	8 186	5 013	5 351	4 214	4 227
2011	4 240	10 677	16 287	10 472	6 599	16 734

21-28 历年金融机构存款余额

（年底数） 单位：万元

年份	丰县	沛县	铜山区	睢宁县	新沂市	邳州市
1978	1 837	3 136	5 345		2 316	3 106
1979	2 399	3 284	4 902		3 120	3 100
1980	2 875	4 200	9 832		4 069	1 961
1981	5 022	6 940	14 116	4 877	5 027	6 553
1982	5 088	7 023	20 008	4 838	6 008	6 372
1983	6 797	10 208	22 421	6 141	7 317	8 638
1984	8 901	14 301	29 211	8 842	8 902	13 061
1985	9 533	15 979	27 026	8 953	7 778	12 967
1986	14 755	23 518	36 338	13 134	13 392	18 106
1987	21 314	31 463	42 162	15 096	16 638	23 157
1988	33 930	50 916	101 302	26 576	24 604	38 244
1989	41 592	54 235	101 385	30 909	28 825	45 297
1990	45 540	72 942	130 105	30 578	37 086	51 235
1991	58 389	91 595	163 671	43 924	44 799	63 715
1992	68 038	109 118	191 854	56 667	53 151	76 573
1993	82 111	138 413	235 212	69 903	65 805	98 074
1994	101 203	177 476	227 397	89 463	84 266	133 823
1995	126 259	228 300	299 449	108 597	114 259	170 289
1996	160 051	282 481	397 126	129 704	144 377	212 096
1997	184 294	334 381	466 258	155 819	172 473	265 491
1998	202 842	375 402	479 798	176 429	189 829	290 241
1999	214 309	399 968	447 114	195 967	200 851	327 727
2000	234 947	435 149		232 361	211 738	376 325
2001	267 706	515 503		277 154	238 487	416 461
2002	313 444	591 085		328 267	286 770	465 173
2003	342 292	650 666	782 659	376 152	339 602	531 812
2004	381 379	766 597	1 005 189	450 926	401 685	640 338
2005	464 517	894 761	1 227 538	541 638	459 154	714 438
2006	579 389	1 022 218	1 448 235	648 257	542 146	832 182
2007	685 879	1 160 059	1 673 637	748 577	634 831	965 045
2008	818 346	1 449 307	2 102 891	874 589	762 853	1 117 426
2009	1 012 609	1 802 697	2 713 274	1 203 225	1 022 393	1 412 470
2010	1 237 618	2 105 658	3 500 298	1 552 054	1 367 829	1 777 676
2011	1 456 157	2 464 859	3 757 705	1 868 564	1 580 320	2 053 286

21–29　历年金融机构贷款余额

（年底数）　　　　单位：万元

年　份	丰　县	沛　县	铜山区	睢宁县	新沂市	邳州市
1978	5 797	5 147	7 531		6 539	7 389
1979	6 557	6 056	507		9 046	8 416
1980	8 608	8 320	1[illegible] 041		11 117	5 693
1981	10 657	10 164	14 552	14 950	12 047	12 502
1982	11 838	11 047	18 971	16 873	12 806	13 666
1983	14 961	14 973	23 631	18 659	15 731	17 608
1984	22 800	20 272	33 537	26 554	20 597	23 621
1985	23 955	21 811	30 849	26 556	21 967	24 260
1986	23 619	25 493	34 318	30 139	25 202	28 473
1987	30 051	34 615	43 078	35 710	27 659	35 065
1988	40 078	42 129	72 414	42 454	33 682	45 529
1989	42 760	48 419	30 092	45 644	39 567	51 291
1990	54 344	60 156	97 147	48 158	47 492	63 296
1991	68 054	75 465	122 990	65 786	60 662	78 020
1992	71 953	87 955	137 975	72 499	70 518	82 859
1993	83 172	104 424	165 564	81 590	82 763	93 846
1994	101 478	123 824	172 538	101 536	99 263	119 778
1995	122 433	156 109	229 780	119 301	116 298	146 597
1996	139 456	199 805	288 921	127 800	144 036	165 083
1997	162 500	270 044	340 406	154 744	194 145	210 939
1998	177 176	290 329	389 318	174 750	214 116	228 154
1999	185 233	300 287	356 499	169 663	211 732	232 973
2000	172 863	290 188		143 036	192 087	221 341
2001	186 201	302 386		158 528	200 594	358 097
2002	186 511	317 655		175 184	208 252	416 690
2003	196 355	378 965	541 456	193 408	243 692	461 613
2004	180 528	372 238	536 723	201 152	269 633	500 891
2005	190 997	344 037	630 614	217 166	275 663	495 003
2006	245 075	357 974	721 496	271 389	353 228	567 831
2007	238 736	347 166	873 131	312 390	435 818	619 833
2008	289 367	346 410	990 968	369 949	539 993	679 753
2009	466 892	520 922	1 471 172	593 081	842 694	975 664
2010	638 501	706 312	2 075 650	808 866	1 067 845	1 241 637
2010	848 770	892 845	2 426 655	982 607	1 304 818	1 498 377

21-30 历年各类专业技术人员

单位:万人

年 份	丰 县	沛 县	铜山区	睢宁县	新沂市	邳州市
1978	0.24	0.21	0.32	0.16	0.18	0.25
1979	0.27	0.24	0.35	0.18	0.20	0.27
1980	0.29	0.27	0.39	0.21	0.23	0.30
1981	0.32	0.30	0.43	0.24	0.26	0.33
1982	0.36	0.33	0.47	0.27	0.29	0.36
1983	0.39	0.38	0.52	0.30	0.32	0.39
1984	0.43	0.42	0.57	0.34	0.36	0.43
1985	0.44	0.44	0.65	0.41	0.31	0.51
1986	0.45	0.49	0.68	0.44	0.38	0.50
1987	0.55	0.51	0.77	0.52	0.45	0.57
1988	0.65	0.63	0.79	0.63	0.53	0.66
1989	0.78	0.81	0.93	0.87	0.66	0.84
1990	0.82	0.82	0.98	0.91	0.68	0.89
1991	0.97	0.94	1.08	0.92	0.72	0.99
1992	1.00	0.93	1.18	0.98	0.77	0.85
1993	1.01	1.04	1.29	1.04	0.86	1.08
1994	1.01	1.16	1.12	1.04	0.88	1.12
1995	1.18	1.50	1.57	1.29	1.00	1.28
1996	1.40	1.56	1.70	1.43	1.43	1.29
1997	1.53	1.81	1.76	1.65	1.58	1.77
1998	1.58	2.00	1.83	1.79	1.69	2.05
1999	1.62	2.05	1.87	1.81	1.74	2.23
2000	1.67	2.16	1.95	1.86	1.91	2.39
2001	1.67	2.06	1.93	1.88	1.89	2.57
2002	1.71	2.04	1.86	1.76	1.94	2.46
2003	1.63	2.05	1.87	1.80	1.77	2.38
2004	1.40	2.87	1.88	1.80	1.65	2.10
2005	1.51	1.92	2.13	1.79	2.09	2.60
2006	1.83	3.30	2.59	1.83	2.57	3.29
2007	1.84	3.31	2.59	1.84	2.58	3.30
2008	2.27	2.51	2.25	2.60	3.39	2.55
2009	2.27	2.52	2.25	2.61	3.40	2.56
2010	2.53	2.74	2.65	2.74	3.76	2.79
2011	3.17	3.98	4.77	3.98	3.84	4.52

21-31 历年普通中学在校学生

单位:万人

年份	丰县	沛县	铜山区	睢宁县	新沂市	邳州市
1978	9.57	5.64	7.31	5.54	4.21	6.52
1979	8.45	5.28	6.34	5.00	4.02	5.48
1980	7.69	4.32	5.74	4.61	3.80	4.40
1981	4.28	4.18	5.45	3.88	3.16	3.60
1982	4.05	3.75	5.45	3.52	3.09	3.51
1983	3.73	3.61	5.71	3.39	3.13	4.01
1984	3.71	3.65	6.18	3.57	3.06	4.08
1985	4.00	3.88	6.77	3.95	3.47	4.44
1986	4.16	4.16	6.98	4.24	3.57	5.31
1987	4.16	4.28	6.90	4.11	3.43	5.18
1988	3.94	4.32	6.73	3.84	3.31	5.10
1989	3.90	4.50	6.96	3.82	3.23	5.15
1990	3.69	4.15	7.45	3.72	3.02	5.15
1991	3.20	3.79	7.71	3.48	3.22	5.50
1992	3.31	3.89	7.74	3.61	3.38	5.51
1993	3.41	4.20	7.89	3.76	3.51	5.84
1994	4.06	5.49	6.56	4.20	3.57	6.73
1995	4.72	6.30	7.29	4.85	3.95	7.80
1996	5.28	7.05	8.18	5.66	4.49	7.67
1997	5.84	7.00	8.76	6.10	5.15	7.08
1998	6.25	7.22	9.53	6.73	5.70	7.67
1999	6.65	7.65	9.04	7.23	6.14	8.96
2000	7.14	8.06	8.21	7.82	5.89	10.85
2001	7.59	8.51	8.21	8.94	7.72	12.15
2002	8.20	9.45	9.53	10.24	8.84	13.94
2003	8.83	10.69	11.30	11.62	9.71	15.86
2004	9.42	11.49	11.92	12.62	9.97	15.80
2005	9.69	11.78	10.26	12.54	9.48	15.18
2006	10.17	11.34	10.29	12.21	8.83	13.94
2007	10.47	10.63	9.60	11.55	7.93	12.64
2008	10.12	9.93	8.28	10.95	6.93	11.27
2009	8.99	8.57	7.01	10.00	5.78	10.02
2010	7.94	7.17	5.85	8.95	4.72	9.00
2011	6.72	5.97	4.68	8.34	4.08	8.20

21-32 历年小学在校学生

单位:万人

年 份	丰 县	沛 县	铜山区	睢宁县	新沂市	邳州市
1978	8.85	13.91	21.36	14.47	12.32	16.60
1979	9.72	13.61	21.67	14.57	12.34	18.80
1980	9.99	12.86	22.34	14.11	12.50	17.17
1981	12.75	12.67	21.26	12.96	11.61	16.29
1982	12.09	12.15	20.58	12.59	10.68	15.52
1983	11.97	11.82	19.96	13.21	10.55	16.82
1984	11.67	11.59	19.65	12.45	10.27	16.84
1985	11.29	11.14	19.63	12.23	9.72	16.38
1986	10.92	10.82	18.67	12.15	9.32	16.10
1987	10.57	11.18	17.41	11.84	9.28	15.53
1988	10.38	11.48	16.93	11.50	9.10	14.51
1989	10.55	11.75	16.84	11.30	9.21	14.30
1990	10.40	12.66	16.87	12.19	9.58	15.03
1991	11.35	14.01	17.80	13.15	10.00	15.45
1992	11.56	14.31	18.73	13.78	10.59	16.51
1993	11.76	14.34	19.56	13.90	11.41	17.61
1994	12.30	14.79	15.04	15.05	12.46	19.09
1995	12.73	15.32	15.94	16.43	13.51	21.12
1996	13.24	15.94	16.51	17.50	14.72	24.18
1997	13.86	16.69	17.46	19.13	15.79	27.42
1998	14.38	17.41	17.98	20.29	16.00	27.95
1999	14.56	17.96	17.77	20.33	14.89	27.29
2000	14.69	17.82	18.29	20.17	13.92	25.05
2001	14.90	17.68	17.16	19.32	12.89	22.25
2002	14.55	16.46	15.51	17.96	11.43	19.39
2003	13.53	14.73	13.37	16.04	9.60	16.15
2004	12.24	12.70	11.01	13.95	7.97	13.47
2005	10.83	10.59	8.09	12.27	7.00	11.78
2006	9.63	8.73	6.89	10.97	6.21	11.21
2007	8.32	7.42	5.90	9.88	5.78	10.70
2008	7.11	6.78	5.36	8.62	4.96	10.68
2009	6.43	6.37	5.22	7.60	4.88	11.17
2010	6.34	6.53	5.53	7.19	5.37	11.87
2011	6.50	6.98	6.30	7.54	6.25	12.82

21-33 历年卫生机构数

单位:个

年份	丰县	沛县	铜山区	睢宁县	新沂市	邳州市
1978	50	28	46	15	51	44
1979	50	28	46	15	51	46
1980	51	57	98	58	62	70
1981	59	66	102	69	67	76
1982	64	66	105	69	65	76
1983	64	71	96	71	77	74
1984	67	70	96	72	76	73
1985	71	70	101	74	77	73
1986	74	70	96	73	62	72
1987	74	70	92	74	62	73
1988	74	70	102	66	63	73
1989	74	79	102	70	69	77
1990	74	79	111	70	65	77
1991	74	79	149	72	65	77
1992	74	77	132	72	68	78
1993	82	109	144	72	68	82
1994	82	109	123	71	68	82
1995	82	109	123	71	68	82
1996	82	109	123	69	67	83
1997	82	109	123	69	67	84
1998	94	169	136	67	67	86
1999	86	69	61	56	47	86
2000	85	80	72	68	50	111
2001	91	89	65	56	40	101
2002	85	102	73	30	46	94
2003	152	125	71	22	51	91
2004	192	217	66	29	50	149
2005	192	192	63	29	60	149
2006	159	192	64	29	62	149
2007	154	188	63	28	187	149
2008	144	67	63	27	61	96
2009	177	66	63	37	60	138
2010	194	70	90	51	64	136
2011	530	487	498	647	440	807

注:2011 年卫生机构数包括村卫生室。

21-34 历年卫生技术人员

单位:万人

年 份	丰 县	沛 县	铜山区	睢宁县	新沂市	邳州市
1978	0.11	0.12	0.14	0.14	0.12	0.14
1979	0.10	0.13	0.14	0.14	0.12	0.18
1980	0.10	0.13	0.13	0.14	0.13	0.16
1981	0.10	0.13	0.15	0.14	0.13	0.12
1982	0.11	0.13	0.15	0.14	0.13	0.15
1983	0.11	0.13	0.15	0.14	0.14	0.14
1984	0.11	0.13	0.17	0.14	0.14	0.15
1985	0.12	0.14	0.19	0.14	0.14	0.16
1986	0.12	0.15	0.20	0.14	0.15	0.17
1987	0.12	0.15	0.20	0.15	0.14	0.17
1988	0.14	0.16	0.23	0.15	0.14	0.18
1989	0.14	0.18	0.24	0.16	0.16	0.18
1990	0.15	0.19	0.26	0.17	0.16	0.18
1991	0.16	0.21	0.29	0.18	0.17	0.20
1992	0.17	0.21	0.31	0.19	0.18	0.23
1993	0.18	0.33	0.32	0.19	0.19	0.24
1994	0.18	0.35	0.26	0.19	0.20	0.29
1995	0.19	0.36	0.27	0.19	0.20	0.31
1996	0.19	0.37	0.27	0.19	0.20	0.34
1997	0.19	0.38	0.28	0.21	0.21	0.40
1998	0.19	0.39	0.28	0.21	0.22	0.40
1999	0.19	0.38	0.28	0.21	0.22	0.43
2000	0.19	0.37	0.28	0.20	0.22	0.47
2001	0.20	0.37	0.27	0.20	0.22	0.48
2002	0.18	0.35	0.27	0.19	0.21	0.48
2003	0.19	0.33	0.28	0.19	0.16	0.47
2004	0.20	0.34	0.27	0.19	0.18	0.48
2005	0.18	0.31	0.26	0.19	0.21	0.46
2006	0.19	0.32	0.27	0.19	0.22	0.47
2007	0.20	0.33	0.25	0.19	0.22	0.48
2008	0.22	0.32	0.25	0.20	0.23	0.47
2009	0.22	0.32	0.26	0.19	0.24	0.47
2010	0.22	0.34	0.28	0.22	0.27	0.46
2011	0.23	0.36	0.29	0.24	0.29	0.53

21-35　历年医院、卫生院床位数

单位:万张

年　份	丰　县	沛　县	铜山区	睢宁县	新沂市	邳州市
1978	0.06	0.10	0.15	0.11	0.10	0.10
1979	0.06	0.11	0.15	0.12	0.11	0.11
1980	0.06	0.11	0.15	0.12	0.11	0.10
1981	0.08	0.11	0.15	0.12	0.11	0.10
1982	0.08	0.11	0.15	0.13	0.11	0.10
1983	0.08	0.11	0.15	0.13	0.11	0.09
1984	0.08	0.11	0.15	0.11	0.11	0.10
1985	0.08	0.10	0.16	0.11	0.12	0.10
1986	0.08	0.12	0.16	0.11	0.12	0.10
1987	0.09	0.11	0.16	0.11	0.11	0.10
1988	0.10	0.11	0.17	0.11	0.12	0.10
1989	0.10	0.11	0.17	0.11	0.12	0.10
1990	0.10	0.11	0.17	0.11	0.13	0.10
1991	0.10	0.12	0.17	0.12	0.13	0.10
1992	0.11	0.13	0.18	0.12	0.12	0.11
1993	0.10	0.17	0.18	0.12	0.12	0.13
1994	0.11	0.17	0.15	0.11	0.11	0.12
1995	0.10	0.17	0.15	0.11	0.12	0.13
1996	0.10	0.17	0.15	0.12	0.12	0.12
1997	0.10	0.17	0.14	0.11	0.11	0.12
1998	0.11	0.17	0.15	0.12	0.11	0.13
1999	0.10	0.20	0.14	0.11	0.12	0.15
2000	0.10	0.20	0.14	0.11	0.12	0.16
2001	0.10	0.20	0.14	0.11	0.13	0.15
2002	0.10	0.19	0.14	0.12	0.12	0.14
2003	0.10	0.19	0.13	0.12	0.12	0.15
2004	0.11	0.19	0.14	0.12	0.12	0.15
2005	0.11	0.20	0.14	0.12	0.13	0.15
2006	0.11	0.21	0.15	0.12	0.14	0.15
2007	0.11	0.23	0.14	0.12	0.15	0.18
2008	0.15	0.25	0.16	0.13	0.14	0.19
2009	0.18	0.26	0.17	0.15	0.18	0.21
2010	0.20	0.29	0.21	0.18	0.17	0.25
2011	0.23	0.32	0.24	0.24	0.17	0.32

21-36 历年职工平均工资

单位:元

年　份	丰　县	沛　县	铜山区	睢宁县	新沂市	邳州市
1978	403	381	442	364	472	471
1979	503	454	464	451	496	501
1980	584	547	598	551	564	565
1981	609	548	581	541	571	587
1982	640	596	608	578	621	625
1983	635	606	616	576	641	634
1984	870	902	936	786	971	861
1985	943	1 101	960	914	995	941
1986	1 106	1 072	1 134	1 079	1 106	1 124
1987	1 164	1 141	1 160	1 132	1 217	1 174
1988	1 541	1 487	1 416	1 355	1 517	1 590
1989	1 558	1 520	1 568	1 551	1 549	1 480
1990	1 691	1 647	1 751	1 700	1 787	1 653
1991	1 725	1 837	1 838	1 742	1 928	1 777
1992	2 159	2 118	1 961	2 042	2 243	2 047
1993	2 676	2 328	2 339	2 328	2 638	2 506
1994	3 422	3 081	3 464	3 203	3 841	3 755
1995	4 071	3 890	4 442	3 964	4 580	3 964
1996	4 789	4 411	5 379	4 416	5 151	5 035
1997	4 719	5 111	5 997	4 193	5 024	4 832
1998	5 625	6 108	6 678	5 148	5 974	5 972
1999	6 264	6 687	7 260	5 476	6 533	6 382
2000	6 669	7 234	7 862	5 693	7 047	7 002
2001	7 200	7 765	8 441	5 868	7 519	7 560
2002	7 568	8 202	9 012	7 331	7 998	8 085
2003	8 254	8 838	9 708	8 242	8 313	8 659
2004	9 455	9 950	10 938	8 987	9 525	9 485
2005	11 220	11 950	13 235	10 658	11 659	11 625
2006	12 530	13 688	15 604	11 984	13 423	13 412
2007	14 406	16 128	18 725	13 825	15 855	15 746
2008	17 389	18 688	21 845	17 136	18 483	18 722
2009	20 791	22 166	25 393	20 694	22 156	22 168
2010	24 090	25 786	30 525	22 993	26 061	26 130
2011	29 872	30 713	36 726	26 606	31 986	30 633

21-37 历年城乡居民储蓄存款余额

（年底数） 单位：万元

年份	丰县	沛县	铜山区	睢宁县	新沂市	邳州市
1978	586	624	1 507	539	632	734
1979	1 336	898	2 432	777	1 101	937
1980	1 615	1 810	3 539	1 512	1 649	1 603
1981	2 382	2 559	4 356	2 133	2 130	2 326
1982	2 958	3 404	7 008	2 539	2 681	3 036
1983	4 103	5 190	12 165	3 434	3 964	4 214
1984	6 131	7 736	17 268	5 428	4 794	6 706
1985	8 368	10 594	21 242	6 057	5 823	7 973
1986	12 708	16 225	30 893	8 861	8 585	12 290
1987	16 501	23 200	41 731	11 992	11 733	16 771
1988	21 174	32 136	52 867	15 390	14 500	22 296
1989	25 950	41 532	70 538	19 006	18 521	26 550
1990	34 202	56 573	94 683	25 825	25 157	35 367
1991	43 926	72 169	117 328	32 366	31 235	44 820
1992	49 950	86 495	139 644	41 025	37 116	55 914
1993	66 718	113 260	178 720	55 765	47 034	76 298
1994	80 922	142 420	167 956	76 328	63 093	103 133
1995	99 477	184 149	223 857	90 917	87 749	136 143
1996	123 305	232 008	275 204	107 658	108 385	169 884
1997	147 178	278 504	313 763	126 611	125 355	201 070
1998	165 461	314 558	344 175	147 203	136 191	220 552
1999	177 192	347 884	322 766	161 323	140 484	244 637
2000	198 535	374 997		190 522	159 261	274 035
2001	229 579	416 814		227 229	186 972	313 571
2002	264 249	474 533		268 767	222 142	345 541
2003	289 921	535 110	660 774	308 658	261 334	402 443
2004	330 664	611 413	778 962	372 365	310 294	492 403
2005	395 565	710 275	896 873	457 046	362 101	583 793
2006	479 684	786 261	1 030 057	532 538	404 096	648 887
2007	544 418	863 847	1 197 030	592 255	463 567	736 551
2008	659 610	1 065 308	1 526 967	719 016	559 798	890 588
2009	764 610	1 222 173	1 509 486	857 904	611 631	1 030 206
2010	924 204	1 439 169		1 065 322	710 413	1 195 898
2011	1 038 767	1 615 171	1 946 720	1 281 978	978 517	1 355 304

21-38 历年农民人均纯收入

单位:元

年 份	丰 县	沛 县	铜山区	睢宁县	新沂市	邳州市
1978	84	131	120	54	72	55
1979	121	149	176	56	77	64
1980	117	170	205	74	163	76
1981	129	193	268	109	199	92
1982	144	215	342	164	282	123
1983	307	373	377	325	308	257
1984	419	425	478	379	424	345
1985	422	428	412	316	356	345
1986	412	451	522	378	426	427
1987	454	498	567	369	443	476
1988	462	578	646	460	535	576
1989	491	682	785	448	624	639
1990	504	613	832	519	610	648
1991	595	739	873	559	729	783
1992	669	758	982	638	760	815
1993	777	919	1 142	761	890	893
1994	1 067	1 170	1 451	1 022	1 291	1 259
1995	1 545	1 751	2 038	1 513	1 764	1 706
1996	2 162	2 362	2 770	2 121	2 301	2 360
1997	2 561	2 852	3 202	2 427	2 643	2 604
1998	2 807	3 109	3 428	2 551	2 857	2 847
1999	3 003	3 241	3 590	2 661	3 016	3 001
2000	3 129	3 365	3 748	2 664	2 814	3 121
2001	3 034	3 544	3 943	2 850	2 959	3 295
2002	3 479	3 735	3 780	3 050	3 123	3 475
2003	3 611	3 880	3 930	3 163	3 231	3 613
2004	4 027	4 325	4 402	3 465	3 613	4 004
2005	4 026	4 550	4 920	3 845	4 025	4 477
2006	4 537	5 143	5 591	4 314	4 516	5 088
2007	5 104	5 831	6 340	4 849	5 076	5 770
2008	5 724	6 593	7 167	5 452	5 698	6 526
2009	6 369	7 342	7 988	6 077	6 340	7 267
2010	7 258	8 378	9 173	7 022	7 231	8 331
2011	8 642	10 001	10 934	8 384	8 634	9 931

21-39 历年农民人均生活消费支出

单位:元

年份	丰县	沛县	铜山区	睢宁县	新沂市	邳州市
1978	71		109		65	
1979	85		148		71	
1980	116		160		148	
1981	175		221		177	
1982	211		239		225	
1983	253	210	272	247	289	223
1984	294	272	311	278	350	247
1985	363	343	353	269	347	285
1986	398	362	390	334	424	353
1987	418	415	443	370	400	448
1988	500	511	544	386	450	447
1989	585	611	622	423	590	598
1990	565	510	575	425	537	550
1991	663	622	536	497	530	603
1992	526	579	582	546	512	684
1993	594	955	690	499	606	679
1994	864	938	927	891	1 039	992
1995	917	1 227	1 040	1 073	1 361	1 192
1996	1 455	1 699	1 610	1 325	1 344	1 467
1997	1 605	1 714	1 943	1 555	1 393	1 311
1998	1 586	1 576	1 258	1 466	1 538	1 227
1999	1 685	1 603	1 459	1 286	1 496	1 258
2000	1 468	1 741	1 384	1 429	1 358	1 583
2001	1 596	1 913	1 582	1 395	1 453	1 381
2002	1 912	2 296	1 674	1 588	1 552	1 311
2003	1 933	2 510	1 881	1 648	1 915	1 361
2004	2 230	2 110	2 200	1 861	1 862	1 257
2005	3 082	3 282	2 961	2 567	2 501	2 630
2006	3 118	3 666	3 515	2 932	3 145	3 027
2007	3 461	4 695	4 311	3 432	3 565	3 528
2008	4 085	5 318	4 807	3 746	3 756	4 218
2009	4 695	5 814	4 957	4 079	3 951	4 761
2010	5 306	6 572	5 513	4 436	4 651	4 937
2011	6 288	7 587	6 496	4 987	5 766	5 188

21-40 县(市)社会经济主要指标

(2011 年)

指 标 名 称	丰 县	沛 县	铜山区	睢宁县	新沂市	邳州市
人口、就业及土地面积						
年末总人口 (万人)	115.08	127.12	131.07	135.46	104.70	178.63
年平均人口 (万人)	115.78	127.53	130.17	134.29	104.36	178.63
当年出生人口 (人)	9 873	10 209	14 581	17 152	11 317	7 335
当年死亡人口 (人)	8 774	6 112	7 224	6 260	8 741	22 302
年末总户数 (万户)	31.00	37.50	38.10	33.51	31.81	44.63
从业人员 (万人)	66.17	62.09	70.40	72.63	58.19	90.26
第一产业	30.36	17.96	24.48	24.86	19.61	23.91
第二产业	20.54	27.76	24.74	27.06	21.88	36.85
第三产业	15.27	16.37	21.18	20.70	16.70	29.50
年末单位从业人员 (人)	43 453	42 985	58 573	45 505	54 120	67 021
按国民经济行业分组						
第一产业(农林牧渔业)	350	5 392	6 661		635	1 073
第二产业	12 201	3 390	23 732	14 798	22 448	22 990
第三产业	30 902	34 203	28 180	30 707	31 037	42 958
按登记注册类型分组						
# 国有单位	29 990	35 866	31 702	28 717	23 986	36 939
城镇集体单位	4 304	4 837	4 571	3 015	3 720	4 422
港澳台商投资单位	789			4 795	1 142	6 218
外商投资单位	663			356	2 685	6 048
在岗职工人数 (人)	39 915	38 464	55 185	43 433	52 861	64 692
在岗职工平均人数 (人)	39 757	40 830	54 971	42 676	52 602	65 449
私营企业从业人员 (人)	62 856	105 189	88 873	86 247	223 528	139 983
个体从业人员 (人)	24 379	40 313	28 674	34 540	34 142	53 980
年末城镇登记失业人员数 (人)	2 630	2 630	2 817	2 108	2 501	4 846
行政区域土地面积 (平方公里)	1 446	1 349	1 909	1 767	1 571	2 088
综合经济						
地区生产总值 (亿元)	190.61	376.98	570.57	252.36	301.37	448.86
第一产业	40.28	59.80	43.97	50.90	42.14	69.92
第二产业	86.98	181.09	323.25	109.35	129.94	198.50
工业	61.46	146.89	273.66	87.06	110.21	161.93
第三产业	63.35	136.09	203.35	92.11	129.29	180.44
地区生产总值指数(上年 =100)	113.4	114.1	114.3	113.8	114.4	114.1
第一产业	105.0	105.1	106.0	105.2	102.3	104.0
第二产业	116.4	117.4	114.9	116.8	117.6	116.5
# 工业	118.0	117.9	115.5	118.1	118.7	117.5
第三产业	115.2	113.8	115.1	115.3	115.5	115.7
固定资产投资						
固定资产投资 (亿元)	103.94	237.20	347.34	124.72	220.72	321.35
# 房地产开发投资	12.40	20.02	17.47	13.45	33.02	24.45

21-40　续表 1

（2011 年）

指 标 名 称		丰 县	沛 县	铜山区	睢宁县	新沂市	邳州市
商品房销售面积	（万平方米）	59.65	58.67	33.45	49.34	62.32	50.17
#住宅		50.84	52.52	32.39	41.48	48.04	50.07
空置面积	（万平方米）	0.65	1.25	5.85	0.71		5.03
#住宅		0.65	0.37	3.91	0.27		5.03
财政、金融、保险							
上划中央收入	（亿元）	5.59	16.26	15.79	8.06	8.14	11.31
公共财政预算收入	（亿元）	19.66	31.90	41.10	20.20	26.51	35.08
#税收收入		15.85	25.38	29.17	16.04	20.15	25.74
#增值税(25%)		1.11	3.62	3.31	1.83	1.50	3.03
营业税		8.35	9.50	9.86	8.09	9.38	10.07
企业所得税(40%)		0.99	2.61	2.63	0.84	1.35	0.94
个人所得税(40%)		0.40	0.74	1.14	0.62	0.69	0.37
公共财政预算支出	（亿元）	40.40	50.79	52.20	42.39	43.18	53.45
#一般公共服务		4.43	5.20	5.38	4.87	3.56	5.12
科学技术		0.27	1.42	1.59	0.70	0.53	0.48
教育		8.28	10.09	11.04	8.95	7.27	13.93
文化体育与传媒		0.27	0.63	0.38	0.29	0.24	0.32
社会保障和就业		4.46	4.05	3.35	4.03	3.70	4.89
医疗卫生		3.67	4.20	4.19	4.22	3.37	4.62
环境保护		1.28	1.52	1.49	0.36	0.92	0.41
城乡社区事务		6.01	8.23	4.38	6.43	11.39	7.71
交通运输		1.54	0.58	0.72	0.52	1.21	1.37
农林水事务		4.71	10.15	12.21	6.05	6.63	10.60
年末金融机构各项存款余额	（亿元）	145.62	246.49	375.77	186.86	158.03	205.33
#居民储蓄存款		103.88	161.52	194.67	128.20	97.85	135.53
年末金融机构各项贷款余额	（亿元）	84.88	89.28	242.67	98.26	130.48	149.84
保费收入	（亿元）	5.77	6.86	5.48	5.38	4.06	7.57
财产险		1.61	1.47	2.13	1.64	1.89	2.63
人寿险		4.16	5.38	3.35	3.74	2.18	4.94
赔款和给付	（亿元）	0.87	0.88	1.15	0.87	0.94	1.39
财产险		0.71	0.65	0.92	0.68	0.83	1.12
人寿险		0.16	0.23	0.23	0.20	0.12	0.27
农业							
乡村户数	（万户）	26.57	24.60	30.19	26.90	22.68	35.90
乡村人口数	（万人）	101.46	95.60	109.22	107.98	83.04	135.40
乡村从业人数	（万人）	54.36	49.64	55.40	60.87	43.71	67.65
#农林牧渔业		30.24	17.27	23.67	24.75	19.39	23.50
耕地面积	（千公顷）	79.58	81.09	106.53	103.47	80.41	116.31

21-40 续表 2 （2011 年）

指 标 名 称		丰 县	沛 县	铜山区	睢宁县	新沂市	邳州市
农林牧渔业总产值(当年价)	(万元)	775 231	1 090 245	856 960	950 728	806 247	1 327 479
农业		574 586	654 101	504 352	519 551	417 890	818 661
林业		5 550	3 625	8 836	18 041	27 620	26 938
牧业		166 926	372 642	282 992	363 251	242 762	389 480
渔业		6 668	21 877	46 280	32 575	96 745	66 242
农林牧渔服务业		21 501	38 000	14 500	17 310	21 230	26 158
农作物总播种面积	(千公顷)	143.06	144.23	189.16	188.82	149.25	227.70
# 粮食作物		85.41	87.40	132.24	149.35	97.81	122.88
粮食总产量	(万吨)	51.10	59.89	81.61	88.51	63.58	79.50
油料产量	(万吨)	0.47	0.20	0.68	1.58	6.57	1.76
棉花产量	(万吨)	1.30	0.38	0.71	0.17		0.70
肉类总产量	(万吨)	13.32	19.54	11.49	12.91	12.63	19.55
# 猪肉		5.58	5.38	7.03	6.73	7.44	7.83
牛肉		0.07	0.18	0.21	0.10	0.11	0.14
羊肉		0.98	0.53	0.61	1.19	0.42	0.39
水产品产量	(万吨)	0.45	1.40	5.00	2.21	4.62	2.78
农民居民人均纯收入	(元)	8 642	10 001	10 934	8 384	8 634	9 931
农民人均生活消费支出	(元)	6 288	7 587	6 496	4 987	5 766	5 188
# 食品		2 396	2 349	2 448	2 036	2 095	1 835
农民人均住房面积	(平方米)	42.20	46.90	46.30	42.00	44.10	46.20
规模以上工业、建筑业							
规模以上工业企业单位数	(个)	271	463	464	235	426	539
内资企业		247	452	446	222	412	502
港澳台商投资企业		9	8	6	9	6	15
外商投资企业		15	3	12	4	8	22
工业总产值(当年价)	(亿元)	221.28	788.07	1 780.33	380.46	604.30	1 049.04
内资企业		201.20	770.41	1 630.38	328.04	575.50	938.79
港澳台商投资企业		7.52	14.29	59.01	45.72	8.90	61.46
外商投资企业		12.56	3.37	90.94	6.70	19.90	48.78
主营业务收入	(亿元)	216.43	773.69	1 757.86	375.25	601.44	1 050.09
# 主营业务税金及附加		1.44	4.29	12.75	2.51	5.70	17.51
利润总额	(亿元)	18.40	56.53	162.97	42.87	45.36	98.81
亏损企业亏损总额	(亿元)	0.01	1.18	1.01	0.21	0.28	4.06
利税总额	(亿元)	33.12	105.54	265.18	61.61	78.58	171.33
本年应交增值税	(亿元)	13.27	44.70	89.45	16.23	27.52	54.99
全部从业人员年平均人数	(万人)	3.04	8.87	16.76	4.45	6.10	11.69
建筑企业单位数	(个)	28	70	59	19	62	30
建筑企业期末从业人员	(万人)	3.15	6.91	12.17	1.37	3.10	3.79
建筑业总产值	(亿元)	65.08	117.73	15.56	28.25	33.53	35.00

21-40　续表 3　　　　　　　　　　　（2011 年）

指标名称		丰县	沛县	铜山区	睢宁县	新沂市	邳州市
交通运输、邮电通信、电力							
公路里程	（公里）	1 803	2 283	2 543	2 404	2 773	3 021
# 等级公路		1 803	2 283	2 430	2 211	2 265	2 682
# 高速公路		16	34	159	59	83	39
一级公路		105	134	238	157	157	129
公路客运量	（万人）	1 428	2 027	2 742	1 580	1 522	2 558
公路货运量	（万吨）	1 623	1 525	3 131	1 781	2 239	2 516
民用汽车拥有量	（万辆）	4.61	4.39	77.23	4.61	3.97	6.99
# 私人汽车拥有量		4.09	3.68	6.86	4.08	3.38	6.18
邮政局所数	（处）	26	30		32	33	43
邮电业务总量	（亿元）	4.29	5.56	5.54	4.91	5.09	6.55
# 邮政业务总量		0.60	0.65	0.78	0.51	0.45	0.78
邮政业务收入	（亿元）	0.99	0.94	0.67	0.86	0.69	0.87
电信业务收入	（亿元）	3.66	4.88	4.10	4.38	4.57	5.77
本地电话用户	（万户）	14.05	19.72	23.90	18.72	20.77	22.14
住宅电话用户	（万户）	6.63	9.30	11.38	8.83	9.80	10.45
移动电话年末用户	（万户）	64.04	75.64	70.89	65.90	65.18	87.99
国际互联网用户	（万户）	4.31	6.17	5.16	5.80	6.63	7.42
全年用电量	（亿千瓦时）	10.76	26.64	44.48	18.42	34.62	24.24
# 工业用电		5.51	21.15	37.98	13.43	29.64	17.05
城乡居民生活用电		3.28	3.16	3.64	3.13	2.77	4.16
批发零售贸易、外经、旅游							
社会消费品零售总额	（亿元）	61.38	109.49	103.50	75.75	73.81	100.37
# 城镇		30.92	59.35	84.19	29.81	36.05	54.49
农村		30.46	50.14	19.31	45.94	37.76	45.88
# 批发和零售业		53.91	93.02	91.67	68.74	65.13	82.23
住宿和餐饮业		7.47	16.47	11.83	7.01	8.68	18.14
进出口总额(海关数)	（亿美元）	1.11	2.88	3.28	3.56	2.83	10.13
# 出口总额		1.04	2.84	2.75	2.25	2.25	9.79
外国和港、澳、台地区在华直接投资							
新签项目(合同)个数	（个）	18	21	27	42	20	22
合同外资金额	（亿美元）	1.37	3.02	2.08	3.00	2.10	1.78
实际到帐外资(商务部口径)	（亿美元）	0.42	1.07	1.63	1.05	0.66	1.67

注：此表中的公路客货运量为营业性口径，下同；邮电业务总量按 2010 年价格计算。

21-40 续表 4

（2011 年）

指标名称		丰县	沛县	铜山区	睢宁县	新沂市	邳州市
市政公用事业、环境保护（城市）							
城市维护建设资金支出	（亿元）	1.68	9.81		4.26	1.80	0.83
供水综合生产能力（包括自备水源）	（万吨 / 日）	5	7		8	20	24
供水总量	（万吨）	1 391	2 443		1 832	2 650	3 120
售水量		1 381	2 196		1 682	2 242	2 927
# 居民家庭用水		731	1 239		970	470	1 042
用水人口	（万人）	17	29		25	28	35
公共汽（电）车运营车辆数	（辆）	40	58	113	45	148	147
公共汽（电）车客运总量	（万人次）	310	810		581	438	1 712
出租汽车数	（辆）	302	626		598	365	536
煤气（人工煤气、天然气）供气总量	（万立方米）		798		33	20	600
# 家庭用量			320		18	16	150
煤气用气人口	（万人）		9.60		0.95	0.80	4.00
液化石油气供气总量	（吨）	4 396	6 628		13 300	14 580	5 800
# 家庭用量		4 326	6 628		12 000	14 043	5 800
液化石油气用气人口	（万人）	15.95	18.50		24.25	26.80	30.00
道路面积	（万平方米）	334	556		432	602	532
排水管道长度	（公里）	210	566		152	320	529
建成区绿化覆盖面积	（公顷）	822	1 437		1 173	1 318	1 675
绿地面积		1 043	1 370		1 465	1 859	1 556
公园绿地面积	（公顷）	252	369		274	280	420
污水处理厂数	（座）	1			1	2	1
垃圾处理站数	（个）	1	1		1	1	1
生活垃圾无害化处理率	（%）	70.2	86.7		83.3	100.0	91.9
污水处理率	（%）	86.3	82.0		68.7	68.6	59.7
自然保护区个数	（个）		1	1		2	4
自然保护区面积	（公顷）		23 700	15 330		26 591	28 723
工业废水排放量	（万吨）	498	1 778	2 102	513	1 772	468
工业二氧化硫排放量	（吨）	4 422	32 468	45 164	2 195	4 501	16 293
化学需氧量排放量	（吨）	1 532	2 795	2 372	974	2 606	579
工业烟尘排放量	（吨）	923	5 433	14 606	1 406	3 777	2 301

21-40 续表 5

（2011 年）

指 标 名 称		丰 县	沛 县	铜山区	睢宁县	新沂市	邳州市
工业废气排放量	（亿标米）	84	395	1 647	62	96	367
工业固体废物产生量	（万吨）	12	422	582	3	43	134
工业固体废物综合利用率	（%）	100.0	100.0	100.0	100.0	100.0	100.0
环境污染治理本年投资总额	（万元）			6 724	300		
教育、科技、卫生							
学校总数	（个）	154	162	160	193	135	221
# 普通高等学校							
普通中等专业学校							1
普通中学		43	40	40	47	37	54
职业高中		1	2	2	4		3
技工学校							
小学		108	119	118	141	97	161
在校学生总数	（万人）	13.86	14.56	11.85	16.64	10.44	22.15
# 普通高等学校							
普通中等专业学校							0.17
普通中学		6.72	5.97	4.68	8.34	4.08	8.20
职业高中		0.58	1.50	0.83	0.71		0.89
技工学校							
小学		6.50	6.98	6.30	7.54	6.25	12.82
专任教师总数	（人）	9 507	8 826	927	11 685	7 636	132 87
# 普通高等学校							
普通中等专业学校							119
普通中学		5 017	4 571	4 900	5 866	4 147	6 531
职业高中		251	383	408	389		363
技工学校							
小学		4 202	3 823	3 969	5 378	3 449	6 226
幼儿园数	（个）	56	45	45	69	114	77
在园幼儿数	（万人）	4.05	5.28	0.52	3.66	5.03	4.74
学龄儿童入学率	（%）	100.0	100.0	100.0	100.0	100.0	100.0
小学毕业生升学率	（%）	100.0	100.0	100.0	100.0	100.0	100.0
初中毕业生升学率	（%）	96.2	96.8	96.1	96.6	96.2	96.9
各类专业技术人员数	（万人）	3.17	3.98	4.77	3.98	3.84	4.52
# 中级技术职称以上人员		1.49	1.69	1.50	1.41	1.55	1.90
专利申请受理量	（件）	1 178	1 497	3 130	694	893	731
专利申请授权量	（件）	269	957	1 023	284	353	392
# 发明		19	5	31		6	8

21-40 续表6 （2011年）

指 标 名 称		丰 县	沛 县	铜山区	睢宁县	新沂市	邳州市
广播覆盖率	（%）	100.0	100.0	100.0	100.0	100.0	100.0
电视覆盖率	（%）	100.0	100.0	100.0	100.0	100.0	100.0
有线电视入户率	（%）	97.0	84.8	81.8	75.4	90.7	72.6
剧场、影剧院数	（个）	1	2	1	2	1	1
公共图书馆	（个）	1	1	1	1	1	1
公共图书馆图书总藏量	（千册、件）	161	271	278	367	124	210
卫生机构数	（个）	530	487	498	647	440	807
# 医院		3	9	14	8	8	12
卫生院		26	27	25	24	18	31
卫生机构床位数	（张）	2 279	3 247	2 387	2 509	1 978	3 443
# 医院		1 086	1 779	1 100	1 372	1 183	1 990
卫生院		1 174	1 468	1 277	1 027	542	1 202
卫生技术人员	（人）	2 346	3 572	2 929	2 402	2 927	5 340
# 执业（助理）医师		1 103	1 530	1 156	796	940	1 514
注册护士		724	1 265	1 043	894	1 183	1 620
# 卫生防疫人员		47	76	55	48	58	92
人民生活							
在岗职工工资总额	（亿元）	11.88	12.54	20.19	11.35	16.83	20.05
城镇居民人均可支配收入	（元）	14 261	16 910	20 059	14 465	15 508	18 083
城镇居民人均消费性支出	（元）	10 219	11 366	13 486	9 524	13 384	9 827
# 食品		3 410	3 928	4 067	3 678	4 774	3 682
衣着		1 298	1 536	1 545	1 179	2 171	1 076
居住		777	738	907	686	830	626
家庭设备用品及服务		710	824	994	574	847	713
医疗保健		302	783	860	326	550	807
交通和通讯		1 305	993	1 491	1 047	1 251	881
娱乐教育文化及服务		1 955	2 259	3 281	1 715	2 546	1 833
城镇企业职工基本养老保险参保人数	（万人）	5.52	6.91	5.63	5.47	5.37	7.94
城镇职工基本医疗保险参保人数	（万人）	6.94	7.51	6.63	4.59	6.74	11.19
城镇失业保险参保人数	（万人）	3.65	7.24	5.64	4.38	5.11	6.66
社会福利收养性单位数	（个）	29	28	78	31	23	34
社会福利收养性单位床位数	（张）	4 101	5 015	4 910	4 700	4 411	5 912
社区服务设施数	（个）	10	304	60	6	74	231
社会治安							
刑事案件立案数	（件）	443	520	768	584	714	803
民事案件发案数	（件）	3 313	6 745	6 846	6 112	8 477	7 835
交通事故发生数	（起）	59	51	222	76	77	132
交通事故死伤人数	（人）	98	66	317	109	96	172
火灾事故发生数	（起）	24	53	167	28	53	17
火灾死伤人数	（人）			1	1		

第 22 部分

乡镇基本情况

BASIC CONDITIONS OF COUNTRY AND TOWN

版面负责人：魏垂成

编　　　辑：刘　畅

关于作为统计调查对象的国家机关、企业事业单位或者其他组织在统计调查和执法检查活动中的违法行为和法律责任的规定

第四十一条 作为统计调查对象的国家机关、企业事业单位或者其他组织有下列行为之一的，由县级以上人民政府统计机构责令改正，给予警告，可以予以通报；其直接负责的主管人员和其他直接责任人员属于国家工作人员的，由任免机关或者监察机关依法给予处分：

（一）拒绝提供统计资料或者经催报后仍未按时提供统计资料的；

（二）提供不真实或者不完整的统计资料的；

（三）拒绝答复或者不如实答复统计检查查询书的；

（四）拒绝、阻碍统计调查、统计检查的；

（五）转移、隐匿、篡改、毁弃或者拒绝提供原始记录和凭证、统计台账、统计调查表及其他相关证明和资料的。

企业事业单位或者其他组织有前款所列行为之一的，可以并处五万元以下的罚款；情节严重的，并处五万元以上二十万元以下的罚款。

个体工商户有本条第一款所列行为之一的，由县级以上人民政府统计机构责令改正，给予警告，可以并处一万元以下的罚款。

【释义】 本条是关于作为统计调查对象的国家机关、企业事业单位或者其他组织在统计调查和执法检查活动中的违法行为和法律责任的规定。

作为统计调查对象的国家机关、企业事业单位和其他组织以及个体工商户违反上述义务，有下列违法行为之一的，应当承担法律责任：1.拒绝提供统计资料，是指明确表示不提供统计资料；2.经催报后仍未按时提供统计资料，是指虽没有明确表示不提供统计资料，但未按时提供，且经催报后仍不提供；3.提供不真实或者不完整的统计资料，是指所提供的统计资料与实际情况不符或者没有全面反映实际情况；4.拒绝答复或者不如实答复统计检查查询书，是指明确表示不答复统计检查查询书或者虽然答复了但答复内容与实际情况不符；5.拒绝、阻碍统计调查、统计检查，是指明确表示不接受统计调查、统计检查，或者使用暴力、威胁等各种方式阻挠、抗拒统计调查、统计检查。6.转移、隐匿、篡改、毁弃或者拒绝提供有关证明和资料。

作为统计调查对象的国家机关、企业事业单位或者其他组织、个体工商户，在统计调查和执法检查活动中有上述违法行为之一的，应当承担下列责任：1.违法主体是国家机关的，由县级以上人民政府统计机构责令改正，给予警告，可以予以通报；对其直接负责的主管人员和其他直接责任人员，由任免机关或者监察机关依法给予处分。2.违法主体是企业事业单位和其他组织的，由县级以上人民政府统计机构责令改正，给予警告，可以予以通报，并可以处五万元以下的罚款；情节严重的，并处五万元以上二十万元以下的罚款；其直接负责的主管人员和其他直接责任人员属于国家工作人员的，由任免机关或者监察机关依法给予处分。3.违法主体是个体工商户的，由县级以上人民政府统计机构责令改正，给予警告，可以并处一万元以下的罚款。本条没有对作为统计调查对象的国家机关规定罚款处罚，主要是考虑国家机关的经费来源于各级财政，对其给予罚款处罚，达不到惩戒目的，而应当通过给予处分追究其直接负责的主管人员和其他直接责任人员的责任。

编辑：张　霖

22-1　分镇主要经济指标

（2011 年）

乡镇名称	居委会数（个）	村委会数（个）	通公路村数（个）	通自来水村（个）	通有线电视村（个）	乡镇行政区域面积（公顷）	年末常用耕地面积（公顷）	年末有效灌溉面积（公顷）	农业机械总动力（千瓦）	乡村用电量（万度）
贾汪区										
贾汪镇	2	10	10	10	10	7 956	2 350	454	49 210	1 887
青山泉镇	6	13	13	13	13	8 366	4 097	2 653	47 819	42 070
大吴镇	15	11	11	11	11	6 620	1 758	1 652	40 856	40 856
紫庄镇	3	15	15	13	15	6 668	3 200	2 373	66 139	4 507
塔山镇	3	20	20	18	20	9 468	5 507	4 600	54 400	3 806
汴塘镇		18	18	9	18	10 500	4 568	4 200	61 580	2 422
江庄镇		11	11	6	11	7 496	4 228	1 120	28 360	1 261
金山桥										
大黄山镇	2	12	12	12	12	4 300	1 089	419	10 800	17 408
大庙镇	2	16	16	16	16	8 346	2 686	2 686	51 100	17 539
丰　县										
凤城镇	8	17	17	17	16	6 197	2 638	2 600	30 505	3 101
首羡镇		33	33	31	33	12 176	7 429	7 429	67 556	3 015
顺河镇		22	22	16	22	8 648	5 831	5 810	53 456	1 290
常店镇		27	27	27	27	7 727	5 019	5 019	40 988	3 182
欢口镇		27	27	27	27	10 500	6 561	6 561	75 979	5 102
师寨镇		36	36	35	36	10 450	6 500	5 450	72 350	1 753
华山镇		28	28	28	28	11 300	4 198	4 198	69 120	2 623
梁寨镇		20	20	18	20	8 680	4 592	4 592	67 360	3 067
范楼镇		31	31	30	31	11 610	7 331	6 694	68 694	2 485
孙楼镇		19	19	18	19	6 608	3 800	3 800	26 975	4 130
宋楼镇		32	32	17	32	12 214	3 345	3 110	50 168	4 412
大沙河镇		19	19	19	19	8 150	2 054	2 054	44 125	3 001
王沟镇		31	31	31	31	12 621	8 088	8 088	68 044	2 400
赵庄镇		18	18	18	18	9 100	5 090	4 563	61 150	2 600
沛　县										
龙固镇	12	11	11	11	11	5 302	2 659	2 659	65 166	17 189
杨屯镇	12	9	9	6	9	4 100	2 025	2 025	68 760	11 000
大屯镇	15	11	11	11	11	5 540	2 906	2 906	59 532	5 320
沛城镇	16	21	21	19	20	10 560	4 260	4 250	67 520	8 930
胡寨镇	4	10	10	10	10	4 594	2 731	2 731	69 890	660
魏庙镇	1	16	16	7	15	5 200	3 950	3 490	55 820	1 126
五段镇	2	15	15	15	15	4 700	2 800	2 400	9 800	3 360
张庄镇	8	24	24	24	21	11 200	6 149	6 000	92 400	3 183
张寨镇	3	26	26	23	21	10 634	7 372	2 860	5 450	3 005
敬安镇	7	19	19	19	19	9 600	5 021	5 021	19 560	2 469
河口镇	2	16	16	10	16	8 257	5 330	5 200	63 000	2 217
栖山镇	4	18	18	16	17	8 951	6 359	6 012	41 950	1 320
鹿楼镇		24	24	11	24	12 540	5 996	5 716	75 391	7 680
朱寨镇	2	20	20	5	20	7 900	4 482	3 842	43 543	1 399
安国镇	8	23	23	23	23	13 328	5 535	5 320	54 415	15 620

22-1 续表 1 （2011 年）

乡镇名称	居委会数（个）	村委会数（个）	通公路村数（个）	通自来水村（个）	通有线电视村（个）	乡镇行政区域面积（公顷）	年末常用耕地面积（公顷）	年末有效灌溉面积（公顷）	农业机械总动力（千瓦）	乡村用电量（万度）
铜山区										
铜山镇	7	4	4	4	4	5 000	614	300	600	33 345
何桥镇		15	15	11	15	7 400	5 353	3 893	38 521	1 555
黄集镇		18	18	18	18	8 340	4 566	3 890	36 699	3 461
马坡镇		12	12	1	12	6 900	3 342	2 882	64 153	6 497
郑集镇		10	10	10	10	6 800	5 062	4 440	67 880	4 186
柳新镇		19	19	19	19	8 500	4 112	3 745	37 680	14 516
刘集镇		15	15	15	15	8 360	4 053	3 546	58 341	3 079
大彭镇		14	14	9	14	7 600	3 029	2 400	38 500	6 006
汉王镇		12	12	12	12	9 300	2 945	2 354	24 805	6 400
三堡镇	6	6	6	6	6	7 157	3 656	2 205	56 409	14 790
棠张镇		18	18	17	18	8 500	4 567	4 567	45 340	7 240
张集镇	1	19	19	19	19	14 800	7 933	7 521	63 468	8 360
房村镇		20	20	18	20	13 600	7 987	7 600	87 600	2 760
伊庄镇		15	15	10	15	8 560	3 340	3 340	56 350	1 710
单集镇		21	21	18	21	13 210	7 384	2 417	57 963	2 224
徐庄镇		22	22	20	22	13 259	6 260	3 042	56 720	4 122
大许镇		23	23	15	23	12 900	6 284	4 333	102 815	4 442
茅村镇		13	13	10	13	8 396	3 856	2 225	68 760	14 600
柳泉镇	1	17	17	17	17	10 520	3 410	1 500	26 100	22 980
利国镇	2	11	11	11	11	7 769	2 583	1 186	21 980	146 190
睢宁县										
睢城镇	19	6	6	6	6	9 600	3 204	2 708	42 660	12 522
王集镇	11	17	17	17	17	13 152	7 183	4 825	68 823	2 531
双沟镇	2	18	18	9	18	9 827	5 320	2 910	33 615	13 633
岚山镇	2	19	19	10	19	12 837	8 454	5 500	92 940	2 250
李集镇	3	12	12	12	12	6 368	3 511	2 755	42 280	4 037
桃元镇	5	22	22	22	22	10 900	5 989	3 935	48 730	3 174
官山镇	6	18	18	16	18	12 528	7 200	7 200	59 948	1 868
高作镇	9	11	11	11	11	6 227	3 513	2 558	35 454	20 856
沙集镇	2	15	15	10	15	4 000	3 430	2 800	31 000	3 200
凌城镇	4	21	21	21	21	9 365	5 381	4 134	58 500	3 200
邱集镇	3	30	30	20	30	14 079	8 875	8 000	68 500	3 037
古邳镇	4	22	22	22	22	10 666	4 800	4 400	40 000	2 553
姚集镇	5	31	31	31	31	16 700	6 700	1 640	57 800	2 100
魏集镇	5	22	22	22	22	12 938	7 134	4 131	37 900	1 307
梁集镇	8	14	14	14	14	11 036	5 946	2 845	33 190	6 780
庆安镇	6	20	20	20	20	11 571	6 180	5 760	49 800	3 240

22-1 续表 2 （2011 年）

乡镇名称	居委会数（个）	村委会数（个）	通公路村数（个）	通自来水村（个）	通有线电视村（个）	乡镇行政区域面积（公顷）	年末常用耕地面积（公顷）	年末有效灌溉面积（公顷）	农业机械总动力（千瓦）	乡村用电量（万度）
新沂市										
新安镇	10	12	12	12	12	7 856	3 550	2 380	42 360	25 840
瓦窑镇		12	12	12	12	6 172	3 378	3 227	23 022	21 012
港头镇		12	12	12	12	7 818	3 647	2 661	42 526	1 786
唐店镇		11	11	11	11	8 260	3 797	2 480	44 829	5 284
合沟镇		20	20	10	20	6 172	2 845	2 734	36 200	2 112
草桥镇		16	16	16	16	10 025	3 631	2 658	27 000	4 503
窑湾镇	1	21	21	21	21	11 597	4 366	3 080	34 378	4 660
棋盘镇		28	28	26	28	16 735	8 054	2 100	50 230	2 563
新店镇		15	15	15	15	12 800	5 110	2 180	54 960	1 620
邵店镇		14	14	14	14	5 845	2 654	1 360	20 112	1 280
北沟镇		7	7	7	7	3 400	1 252	1 124	4 658	4 208
时集镇		18	18	18	18	12 119	6 552	4 241	72 203	2 100
高流镇		14	14	14	14	12 190	8 570	7 400	65 258	2 120
阿湖镇		18	18	17	18	12 545	5 500	3 600	74 000	4 620
双唐镇		14	14	14	14	9 200	3 541	2 950	35 931	7 085
马陵山镇		17	17	17	17	10 600	4 100	1 980	61 040	2 679
邳州市										
运河镇	17	12	12	12	12	7 565	2 767	1 455	41 305	12 469
邳城镇	1	22	22	20	22	9 028	5 034	3 510	32 620	2 600
官湖镇		27	27	27	27	8 880	2 338	2 197	20 143	9 807
四户镇		17	17	17	17	8 100	4 880	4 820	72 630	4 393
宿羊山镇	1	24	24	20	24	9 013	4 543	4 543	75 100	2 014
八义集镇	1	25	25	20	25	9 112	8 327	3 100	95 600	5 530
土山镇		21	21	21	21	6 380	3 542	3 326	46 856	2 313
碾庄镇	1	27	27	27	27	12 100	7 117	6 458	57 216	9 213
港上镇	3	19	19	19	19	6 400	3 098	2 880	88 330	4 000
邹庄镇	1	16	16	16	16	7 366	5 980	5 726	32 135	1 426
占城镇		18	13	6	12	8 900	4 200	1 900	31 000	1 804
新河镇		19	19	19	19	9 797	4 500	3 400	18 500	2 500
八路镇		14	14	8	14	6 695	3 667	3 110	32 480	8 130
炮车镇	5	7	7	7	7	6 225	2 932	1 913	31 053	10 105
铁富镇		30	30	24	15	12 444	6 020	6 020	26 987	4 122
岔河镇		12	12	7	12	7 030	3 480	3 480	37 520	1 988
戴圩镇		11	11	11	7	3 478	2 106	1 785	21 587	2 019
陈楼镇		9	9	9	9	3 667	1 840	380	3 190	3 190
邢楼镇		18	18	14	18	9 650	5 510	5 510	90 000	1 000
戴庄镇		16	16	12	16	7 373	3 524	1 926	12 000	3 450
车辐山镇		16	16	13	14	9 500	5 250	4 325	58 700	3 560
燕子埠镇		16	16	16	16	7 700	4 000	1 500	11 025	4 100
赵墩镇		28	28	22	28	12 000	5 600	3 010	40 200	2 950
议堂镇	3	12	12	12	12	5 760	2 633	2 205	35 415	7 458

22-1　续表 3　　　　（2011 年）

乡镇名称	乡镇总户数（户）	乡镇总人口（人）	#外来人口	乡镇从业人员数（人）	#外来从业人员	离开本乡镇6个月以上从业人员（人）	经济总收入（万元）	#出售产品收入	农民人均纯收入（元）
贾汪区									
贾汪镇	16 510	52 390	228	21 960	220	2 819	223 147	40 806	8 213
青山泉镇	17 351	58 716	4 129	33 427	4 126	875	1 551 670	1 486 465	13 091
大吴镇	24 099	86 347	4 687	39 219	2 024	3 820	1 018 396	392 832	13 105
紫庄镇	16 841	50 517	215	25 982	121	8 238	236 755	164 714	9 941
塔山镇	18 468	69 936	892	28 571	1 297	11 478	98 405	69 125	9 512
汴塘镇	15 055	58 549	249	18 566	33	7 018	90 652	52 781	7 179
江庄镇	9 820	34 924	381	13 130	270	3 800	59 968	47 572	9 941
金山桥									
大黄山镇	12 906	49 243	3 143	23 817	1 586	2 981	641 480	90 213	12 389
大庙镇	20 640	77 367	10 000	37 985	3 016	5 880	82 474	3 266	12 577
丰　县									
凤城镇	17 357	62 847	2 905	31 872	1 621	6 985	106 446	44 054	12 273
首羡镇	24 379	93 048	1 065	48 528	1 630	12 358	86 033	50 508	8 616
顺河镇	15 876	58 983	276	32 276	263	13 120	85 414	62 352	7 105
常店镇	17 222	66 041	83	29 716	200	6 250	76 380	36 000	7 568
欢口镇	28 246	101 240	3 010	53 992	1 973	22 814	106 648	98 363	10 110
师寨镇	20 017	80 082	2 071	43 415	1 100	14 020	84 073	58 855	7 401
华山镇	26 472	87 825	1 640	51 213	1 579	7 800	88 536	51 054	9 142
梁寨镇	19 327	65 837	2 310	32 078	600	9 986	113 860	76 213	7 853
范楼镇	22 997	82 567	206	45 200	156	11 125	97 537	85 832	7 714
孙楼镇	14 002	52 580	271	26 647	584	8 265	56 682	25 767	8 894
宋楼镇	23 895	92 251	1 080	44 871	1 813	6 220	83 270	54 125	8 575
大沙河镇	13 925	61 054	612	28 207	538	2 541	49 363	43 057	9 174
王沟镇	26 561	102 994	500	56 467	843	21 500	94 480	66 113	7 327
赵庄镇	17 256	69 656	350	42 040	410	15 700	78 147	34 588	7 386
沛　县									
龙固镇	14 312	61 038	4 520	29 967	3 580	10 658	758 096	724 952	11 217
杨屯镇	16 308	58 958	847	31 296	941	2 644	308 311	246 649	9 960
大屯镇	19 423	67 305	3 780	32 300	3 640	9 135	1 072 690	933 240	10 740
沛城镇	62 169	183 600	14 620	92 214	10 210	18 120	1 296 081	1 024 817	11 250
胡寨镇	10 216	40 336	400	22 642	180	8 160	52 408	38 861	9 785
魏庙镇	16 420	58 560	580	31 410	280	14 920	123 410	102 898	10 072
五段镇	11 359	45 821	398	24 227	305	8 012	165 128	129 594	9 580
张庄镇	27 081	100 380	689	57 790	1 740	29 530	624 770	557 860	10 316
张寨镇	24 960	100 096	4 853	37 942	1 890	24 320	111 063	89 340	9 737
敬安镇	15 524	63 229	481	33 516	377	12 810	932 353	501 980	9 975
河口镇	15 168	58 756	312	32 611	251	10 530	478 530	409 250	9 803
栖山镇	15 680	64 476	180	31 405	85	13 150	85 363	42 778	9 968
鹿楼镇	21 208	75 032	133	46 716	115	16 384	112 515	61 869	9 389
朱寨镇	15 487	60 146		26 516	268	18 050	117 239	77 103	10 021
安国镇	21 298	81 702	1 055	45 574	1 055	8 185	152 800	121 800	10 488

22-1 续表 4 （2011 年）

乡镇名称	乡镇总户数（户）	乡镇总人口（人）	#外来人口	乡镇从业人员数（人）	#外来从业人员	离开本乡镇6个月以上从业人员（人）	经济总收入（万元）	#出售产品收入	农民人均纯收入（元）
铜山区									
铜山镇	42 533	157 109	76 564	72 452	30 003	29 500	3 992 251	3 193 801	15 115
何桥镇	15 977	50 234	381	28 912	146	12 611	42 881	18 621	8 829
黄集镇	16 814	57 751	680	32 840	500	18 510	135 847	78 031	9 445
马坡镇	13 362	49 704	856	22 001	467	7 412	125 554	72 181	10 003
郑集镇	16 210	50 772	912	27 650	300	7 720	194 889	145 520	10 243
柳新镇	21 391	72 659	4 664	37 048	4 621	5 120	1 007 366	836 113	15 348
刘集镇	19 845	64 946	2 235	29 367	1 712	14 778	257 342	210 570	10 434
大彭镇	19 800	64 981	3 220	42 239	2 710	1 200	317 455	229 837	11 026
汉王镇	14 388	53 548	885	25 302	840	16 482	60 800	26 455	10 482
三堡镇	13 584	45 558	884	23 214	2 593	3 594	183 001	111 580	14 115
棠张镇	16 676	57 555	6 580	33 540	6 700	8 390	130 553	88 372	12 553
张集镇	23 462	78 652	2 810	32 872	2 650	7 162	462 798	353 294	12 552
房村镇	18 995	73 286	1 711	37 643	607	9 578	234 181	159 007	9 138
伊庄镇	12 120	47 030	506	20 258	358	9 112	53 757	25 474	8 734
单集镇	18 533	66 515	365	29 391	39	11 331	106 793	77 264	8 195
徐庄镇	18 052	66 321	676	32 116	396	16 256	78 854	60 243	9 275
大许镇	20 939	82 344	4 655	33 442	2 233	19 109	89 466	66 219	8 866
茅村镇	20 578	70 383	1 376	32 946	572	2 872	146 091	69 853	12 260
柳泉镇	18 220	59 160	2 267	32 861	1 280	12 840	142 658	78 054	12 008
利国镇	19 020	57 315	9 956	23 684	1 420	4 217	782 310	571 710	15 565
睢宁县									
睢城镇	76 516	245 248	69 184	147 854	36 251	23 390	1 860 292	1 136 175	11 568
王集镇	20 359	77 550	983	45 895	983	25 858	145 720	33 500	8 516
双沟镇	14 182	58 382	1 397	34 175	1 371	13 261	78 701	62 662	8 482
岚山镇	19 763	88 316	571	47 340	241	24 728	95 383	63 312	7 518
李集镇	13 235	53 672	1 136	28 768	947	17 676	189 842	151 754	9 440
桃元镇	20 328	74 232	783	38 013	754	15 409	75 698	29 049	8 260
官山镇	19 138	75 921	468	48 579	426	21 201	190 748	125 438	7 741
高作镇	14 563	67 723	2 803	36 521	3 803	9 775	227 726	72 885	10 748
沙集镇	13 400	58 600	275	28 420	115	7 600	145 627	91 375	7 973
凌城镇	18 356	77 430	345	38 442	365	23 452	92 416	27 962	7 938
邱集镇	25 766	106 092	150	53 606	120	29 100	168 090	91 353	8 083
古邳镇	18 673	73 322	1 200	47 658	1 050	18 620	161 502	39 157	7 641
姚集镇	21 892	94 881	512	46 001	512	28 900	121 898	48 417	7 561
魏集镇	18 209	73 793	157	38 421	130	18 870	127 106	105 700	8 083
梁集镇	20 347	86 075	4 889	40 565	5 860	15 240	135 267	57 627	7 892
庆安镇	16 480	71 343	1 810	46 340	1 510	25 130	225 150	123 740	7 619

22-1 续表 5 （2011 年）

乡镇名称	乡镇总户数（户）	乡镇总人口（人）	#外来人口	乡镇从业人员数（人）	#外来从业人员	离开本乡镇6个月以上从业人员（人）	经济总收入（万元）	#出售产品收入	农民人均纯收入（元）
新沂市									
新安镇	89 724	232 095	14 588	133 238	8 514	5 324	1 098 180	800 035	12 733
瓦窑镇	10 718	37 015	1 462	24 944	1 322	10 026	129 830	93 830	9 207
港头镇	11 572	42 342	672	20 835	672	13 485	49 341	34 122	7 188
唐店镇	13 945	48 971	135	28 215	3 550	5 560	37 461	27 372	6 922
合沟镇	15 356	59 752	433	29 778	971	15 478	87 571	58 320	9 080
草桥镇	20 020	70 023	2 897	36 077	3 820	5 500	76 654	63 969	9 109
窑湾镇	19 910	65 417	200	29 718	200	6 900	85 517	34 380	8 795
棋盘镇	19 848	75 519	556	40 445	439	21 886	42 909	24 053	6 404
新店镇	15 800	52 708	2 474	27 673	2 474	5 580	36 451	30 200	7 298
邵店镇	10 346	38 755	214	17 296	214	7 751	41 924	29 347	8 425
北沟镇	20 873	61 861	2 244	25 666	2 234	4 004	42 037	13 463	9 845
时集镇	12 668	52 150	29	27 123	29	12 000	34 799	23 490	7 244
高流镇	13 720	56 675	1 100	30 100	1 100	7 600	65 818	46 580	8 948
阿湖镇	17 750	61 000	500	32 000	2 500	7 000	55 365	27 582	7 839
双唐镇	10 496	36 898	1 558	25 600	1 558	15 403	40 507	25 670	7 715
马陵山镇	18 510	55 814	163	28 640	128	12 000	46 394	44 250	9 805
邳州市									
运河镇	72 866	239 489	32 605	110 797	7 440	15 786	892 869	723 882	12 682
邳城镇	19 438	79 248	231	38 628	146	9 868	102 335	76 352	8 334
官湖镇	29 850	106 381	13 612	68 924	19 231	2 981	2 653 168	2016 156	13 413
四户镇	12 284	54 236	510	26 198	500	10 838	126 420	90 229	10 274
宿羊山镇	19 539	74 930	4 212	39 705	2 598	13 015	364 689	271 242	12 656
八义集镇	18 153	79 967	323	42 249	437	12 763	134 712	63 548	10 208
土山镇	13 232	54 116	2 851	33 962	1 012	8 193	118 107	76 640	9 627
碾庄镇	23 781	86 818	1 312	36 951	1 109	8 123	118 937	84 464	10 332
港上镇	15 352	58 320	175	31 500	1 089	9 102	165 100	125 913	9 778
邹庄镇	12 103	58 000	755	32 480	726	25 000	137 595	98 750	9 700
占城镇	10 775	41 907	500	19 640	421	4 205	143 206	96 500	8 860
新河镇	14 500	59 000	530	33 100	450	13 250	102 300	32 000	8 282
八路镇	12 920	49 820	385	25 900	315	13 350	61 990	29 950	9 933
炮车镇	14 377	52 828	2 300	34 064	1 155	10 050	74 918	25 124	11 444
铁富镇	28 096	113 352	1 736	54 136	716	25 269	221 706	137 166	11 442
岔河镇	9 254	39 800	153	21 326	148	6 973	142 000	99 400	9 524
戴圩镇	7 856	22 000	385	12 669	276	2 965	209 781	145 431	11 427
陈楼镇	10 572	42 050	411	24 993	416	1 790	201 876	190 263	11 271
邢楼镇	11 325	47 100	1 200	34 000	300	8 600	95 600	76 500	9 725
戴庄镇	11 314	51 103	615	29 432	615	9 860	51 787	39 650	8 120
车辐山镇	11 962	51 890	3 125	31 580	2 150	12 563	112 580	46 760	10 394
燕子埠镇	9 100	35 900	300	23 900	300	10 500	78 000	62 000	8 039
赵墩镇	21 250	94 200	520	52 465	320	8 230	158 780	15 878	8 860
议堂镇	10 833	32 817	1 649	17 057	983	4 627	86 276	38 612	9 466

22-1　续表 6　　（2011 年）

乡镇名称	农作物总播种面积（公顷）	#粮食播种面积	粮食总产量（吨）	棉花总产量（吨）	油料总产量（吨）	肉类总产量（吨）	#猪肉产量
贾汪区							
贾汪镇	4 050	3 600	23 059	170	75	3 820	1 500
青山泉镇	7 002	6 055	27 344	90	263	5 102	4 021
大吴镇	3 865	3 526	24 794			3 868	2 868
紫庄镇	8 405	5 748	42 687			9 043	5 498
塔山镇	10 773	6 257	46556	531		7 404	6 250
汴塘镇	9 400	7 208	35 633	556	688	3 371	3 194
江庄镇	8 055	6 621	25 781	176	1 000	9 200	4 300
金山桥							
大黄山镇	2 742	2 208	13 464			6 085	4 020
大庙镇	5 730	5 110	35 160			7 110	7 000
丰　县							
凤城镇	4 776	4 143	24 145	38		8 710	3 250
首羡镇	14 649	1 781	10 640	6 255	43	5 260	4 830
顺河镇	10 066	4 829	29 653	2 910		4 610	2 420
常店镇	8 305	6 571	45 706	840	64	9 152	4 598
欢口镇	12 556	10 845	78 313	467		7 607	3 257
师寨镇	10 871	9 319	64 860	601	49	5 600	2 500
华山镇	8 829	4 859	26 378	568	796	12 850	7 200
梁寨镇	8 738	5 194	30 198	1 161	622	9 450	3 100
范楼镇	12 564	7 239	42 995	439	16	5 825	2 772
孙楼镇	6 249	5 114	28 347	142	153	4 600	2 412
宋楼镇	5 923	4 828	25 179	214	706	7 750	5 348
大沙河镇	3 650	2 353	11 125	45	508	5 462	3 721
王沟镇	13 104	10 508	57 275	583	632	9 650	5 260
赵庄镇	10 412	4 926	28 434	2 199	106	9 499	5 632
沛　县							
龙固镇	5 820	4 200	32 118	48	140	4 629	3 510
杨屯镇	4 792	4 500	31 787			5 195	4 550
大屯镇	7 683	5 902	44 704	2		9 850	9 600
沛城镇	9 580	6 833	52 534			9 282	7 335
胡寨镇	6 985	5 518	40 594			9 180	7 450
魏庙镇	13 820	9 580	51 640	455	185	6 800	6 800
五段镇	7 994	5 934	59 245			9 131	4 747
张庄镇	16 366	8 133	51 810	200	39	9 931	8 450
张寨镇	14 562	9 083	62 654	238	295	9 900	8 900
敬安镇	10 560	4 900	30 257	135	380	9 910	4 218
河口镇	11 547	3 473	21 447	110	325	9 987	6 500
栖山镇	12 808	5 408	31 510	220		7 900	6 200
鹿楼镇	15 298	10 200	65 571	579	78	9 970	9 810
朱寨镇	9 492	5 158	36 552	240		9 680	5 550
安国镇	12 900	6 333	46 370	5 100	130	9 980	7 800

22-1　续表 7　　（2011 年）

乡镇名称	农作物总播种面积（公顷）	#粮食播种面积	粮食总产量（吨）	棉花总产量（吨）	油料总产量（吨）	肉类总产量（吨）	#猪肉产量
铜山区							
铜山镇	773	548	2 514	12		800	720
何桥镇	9 833	5 300	26 967			2 241	1 356
黄集镇	11 205	8 330	49 183	232	480	10 200	8 200
马坡镇	12 152	8 099	57 005			5 331	2 832
郑集镇	8 168	6 699	44 904	150	60	12 150	9 150
柳新镇	8 034	7 488	58 015			1 660	1 290
刘集镇	9 750	6 878	39 047	389	122	6 609	3 326
大彭镇	8 554	4 871	32 710	90		4 950	4 950
汉王镇	7 011	4 145	21 630	28	44	1 288	1 012
三堡镇	8 792	4 901	41 760	2	15	1 720	830
棠张镇	8 790	4 036	27 737	82		5 100	4 500
张集镇	12 930	9 099	57 741	1 251	259	9 250	5 620
房村镇	15 093	10 559	66 303	1 151	340	3 999	3 216
伊庄镇	6 848	5 084	34 927	845	368	1 710	430
单集镇	12 655	8 416	53 396	1 433	2 556	8 721	7 267
徐庄镇	15 054	12 172	80 816	429	710	6 894	5 564
大许镇	13 509	11 043	60 397	650	34	9 435	8 956
茅村镇	5 588	5 391	33 494	31	78	4 920	2 240
柳泉镇	8 481	6 552	38 834	244	862	6 550	5 588
利国镇	5 293	4 175	20 257	14	1 083	4 035	1 819
睢宁县							
睢城镇	7 013	6 553	39 089		35	3 778	2 987
王集镇	15 648	9 311	49 119	949	5 284	9 533	5 753
双沟镇	10 582	8 685	40 412	328	2 085	6 844	5 073
岚山镇	13 175	11 570	59 493	295	617	8 563	5 466
李集镇	6 652	6 236	31 865	0.5	33	1 836	994
桃元镇	12 584	9 796	54 579	165	916	6 800	3 480
官山镇	14 045	12 499	65 960		29	6 940	4 003
高作镇	6 774	5 803	31 268	3	111	5 503	3 390
沙集镇	7 012	6 620	36 800	5	55	2 700	1 650
凌城镇	10 552	9 538	60 723		35	3 110	1 765
邱集镇	17 040	14 421	88 694		188	7 171	3 578
古邳镇	11 800	9 990	49 000	30	1 400	3 000	750
姚集镇	13 191	11 618	58 851	166	1 540	8 151	3 820
魏集镇	13 008	10 881	59 608	96	4 650	9 960	5 325
梁集镇	13 525	9 028	84 591	560	2 010	5 030	2 035
庆安镇	12 030	9 708	55 420	570	830	7 980	5 410

22-1 续表 8 （2011 年）

乡镇名称	农作物总播种面积（公顷）	#粮食播种面积	粮食总产量（吨）	棉花总产量（吨）	油料总产量（吨）	肉类总产量（吨）	#猪肉产量
新沂市							
新安镇	6 168	5 423	28 177		380	7 450	5 640
瓦窑镇	4 726	4 338	28 526			10 330	9 860
港头镇	9 161	7 350	46 058		200	6 489	1 972
唐店镇	8 591	7 117	41 343		700	2 700	2 000
合沟镇	4 834	4 804	26 950		88	4 740	4 219
草桥镇	9 222	6 526	45 345		297	8 110	5 624
窑湾镇	8 508	7 390	50 421		256	3 020	2 800
棋盘镇	13 780	12 801	54 900		2 490	14 260	10 560
新店镇	7 929	7 719	59 600		754	9 300	8 600
邵店镇	5 348	4 577	25 470		72	2 980	1 282
北沟镇	1 822	1 804	10 780		325	486	466
时集镇	12 708	11 172	60 320		5 097	5 500	4 800
高流镇	9 871	7 800	47 200		8 250	9 100	7 120
阿湖镇	10 000	8 800	68 650		6 600	10 000	6 500
双唐镇	8 461	6 615	34 174		4 250	5 725	5 200
马陵山镇	11 026	8 450	61 817		6 752	10 216	4 921
邳州市							
运河镇	4 154	3 538	25 376			9 258	6 064
邳城镇	7 072	3 805	23 229	732	301	11 566	6 968
官湖镇	3 382	2 316	19 965			14 815	8 755
四户镇	9 378	7 727	52 425	64	131.4	5 788	2 940
宿羊山镇	9 337	4 530	31 329	771	829	7 153	4 670
八义集镇	17 510	10 258	46 020	1 766	408	14 580	10 280
土山镇	7 855	2 805	28 548	703	1 242	4 428	3 236
碾庄镇	15 412	6 268	39 879	1 972	201	9 315	7 985
港上镇	2 902	1 594	9 000	220	340	4 700	3 000
邹庄镇	5 260	4 930	32 856	380	1 132	8 929.2	7 198
占城镇	7 996	5 187	29 453	340	2 170	1 450	1 100
新河镇	12 600	9 400	45 600	120	1 950	8 700	6 300
八路镇	6 190	4 878	31 880	80	110	34 280	15 385
炮车镇	4 918	3 390	22 030		33	7 853	5 702
铁富镇	7 886	5 546	33 789	168	539	11 356	7 286
岔河镇	7 816	6 740	43 131	21	678	4 200	3 500
戴圩镇	2 992	2 292	16 783			3 601	2 521
陈楼镇	1 312	1 076	5 458		84	269	222
邢楼镇	7 463	5 500	35 200	1 500	7 000	6 000	6 000
戴庄镇	6 585	5 800	35 135	85	1 700	1 150	850
车辐山镇	4 150	2 650	18 920	220	320	10 890	10 620
燕子埠镇	7 100	4 400	35 000	200	600	7 200	6 000
赵墩镇	13 980	7 455	48 565	90		9 850	9 015
议堂镇	5 181	4 323	26 347	98		2 937	2 126

22-1 续表 9 （2011 年）

乡镇名称	牛奶产量（吨）	禽蛋产量（吨）	水产品产量（吨）	企业个数（个）	#工业企业	企业从业人员（人）	#工业企业	企业营业收入总额（万元）	企业年净利润总额（万元）	企业实交税金总额（万元）
贾汪区										
贾汪镇	1 520	410	300	290	81	10 250	6 012	267 939	8 920	13 512
青山泉镇	90	1 440	420	242	170	24 087	21 437	1 606 069	84 365	57 518
大吴镇	4	360	3 200	525	265	33 400	26 700	1 264 057	52 910	40 278
紫庄镇	27	898	1 532	153	111	7 291	5 665	201 398	6 834	2 836
塔山镇		8 440	696	193	112	5 983	4 432	111 371	1 414	2 425
汴塘镇		3 462	1 891	237	145	4 024	3 003	71 000	1 488	1 250
江庄镇	300	2 670	40	482	100	5 600	4 820	495 794	7 431	17 177
金山桥										
大黄山镇	280	6 750	414	108	86	17 124	12 405	513 860	9 781	21 352
大庙镇	2 000	2 050	595	165	130	13 900	11 000	1 677 622	80 329	49 331
丰　县										
凤城镇	5	276	65	2 499	1 849	33 143	21 136	974 508	65 633	41 224
首羡镇	36	1 885	89	1 420	703	16 280	14 470	324 692	26 821	29 650
顺河镇	5 120	2 000	700	2 320	720	29 100	20 200	309 000	22 182	5 260
常店镇	99	1 639	561	1 080	876	18 286	15 120	276 651	13 048	6 268
欢口镇		33 052	882	1 757	1 518	23 526	20 760	442 049	67 802	19 215
师寨镇	240	2 530		1 740	918	17 480	12 190	335 650	23 890	15 690
华山镇	126	9 367	836	2 118	1 220	23 430	16 930	320 537	10 419	5 153
梁寨镇		1 638	180	1 183	540	14 382	11 232	132 092	7 835	5 218
范楼镇		2 236	17	1 176	778	14 480	10 810	228 096	17 938	11 873
孙楼镇		3 426	100	1 610	1 245	24 200	22 100	296 600	33 350	6 610
宋楼镇		6 560	540	2 040	1 685	29 500	22 000	317 200	36 440	4 200
大沙河镇	1	1 430	1 665	1 230	730	13 569	11 169	282 403	18 308	6 560
王沟镇		9 230	115	1 608	1 108	15 655	13 385	268 375	12 836	3 310
赵庄镇	12	6 892	144	3 405	1 790	27 252	17 919	231 320	11 407	6 130
沛　县										
龙固镇	21	2 552	2 126	1 121	862	19 859	14 570	702 950	71 430	21 939
杨屯镇		3 425	18 521	786	478	16 174	11 468	546 840	26 342	11 222
大屯镇	20	13 955	13 294	771	377	54 733	30 184	816 285	49 392	30 202
沛城镇	300	7 172	5 179	6 701	1 945	56 599	29 113	2 140 313	233 017	38 517
胡寨镇	160	7 450	3 799	544	368	8 840	7 266	401 820	32 180	22 240
魏庙镇	2 400	4 005	660	484	304	9 474	7 036	586 540	39 330	1 468
五段镇	33	7 402	7 315	687	481	4 989	4 853	179 693	1 698	1 284
张庄镇	11	4 800	4 738	1 786	1 180	18 212	11 875	391 430	16 924	8 012
张寨镇	1 350	14 100	2 454	303	179	5 669	4 173	140 000	5 200	2 700
敬安镇	96	5 710	3 160	1 070	536	10 522	8 043	1 124 245	46 207	4 521
河口镇	30	1 200	305	1 206	548	11 345	7 943	466 845	33 806	20 550
栖山镇	80	1 800	42	960	636	10 500	8 300	374 016	21 880	10 570
鹿楼镇	136	7 815	84	1 132	591	10 692	9 130	253 410	15 323	5 815
朱寨镇	5 000	10 093	274	1 133	773	13 445	11 645	335 736	17 881	25 939
安国镇		6 800	342	148	96	7 182	6 219	26 183	16 318	2 180

22-1 续表 10 （2011 年）

乡镇名称	牛奶产量（吨）	禽蛋产量（吨）	水产品产 量（吨）	企业个数（个）	#工业企业	企业从业人员（人）	#工业企业	企业营业收入总额（万元）	企业年净利润总额（万元）	企业实交税金总额（万元）
铜山区										
铜山镇	41	4		2 590	312	48 632	27 253	4 006 657	395 203	126 471
何桥镇	840	5 986	1 295	98	63	8 182	2 859	67 000	4 169	1 189
黄集镇	14	540	1 100	730	170	9 580	7 390	139 580	6 250	2 348
马坡镇	155	2 375	1 193	223	166	8 323	6 208	228 575	7 992	7 833
郑集镇	315	2 150	7 800	190	38	17 100	8 289	131 275	8 827	4 137
柳新镇	1 860	466	3 310	1 096	310	19 210	11 845	931 500	104 826	29 593
刘集镇	11	6 213	13 072	1 143	955	14 785	14 231	245 792	12 479	10 372
大彭镇	1 250	25 800	2 320	331	178	7 682	6 150	422 000	3 980	3 908
汉王镇	1 182	914	370	862	314	10 453	8 345	56 570	5 639	1 028
三堡镇	115	279	436	782	122	16 118	9 123	940 863	28 205	6 672
棠张镇	5 540	4 200	880	780	530	8 950	7 160	315 020	10 865	4 470
张集镇	12 560	8 150	3 670	1 108	950	22 402	19 650	831 330	33 225	13 990
房村镇	5 700	10 550	2 745	782	379	6 661	5 150	2 320 400	24 738	20 819
伊庄镇	426	298	339	457	177	6 973	3 489	177 925	14 042	10 297
单集镇	9 533	3 061	1 118	465	321	6 017	3 614	133 841	11 016	2 191
徐庄镇	272	33 468	470	467	244	5 100	3 124	261 440	15 210	5 109
大许镇	852	5 596	1 697	490	295	13 152	11 975	350 096	20 066	14 211
茅村镇	972	4 320	2 382	330	281	15 780	13 348	987 300	58 800	70 000
柳泉镇	2 113	4 785	2 554	671	536	18 967	14 980	697 059	71 867	29 896
利国镇	3 614	3 317	8 814	2 104	1 199	23 280	14 215	1 853 710	96 327	102 131
睢宁县										
睢城镇	1 053	5 364	1 729	1 321	781	82 995	30 747	1 738 558	142 953	106 198
王集镇	16 608	8 675	1 120	125	70	11 580	5 290	153 530	20 188	6 973
双沟镇	7 843	9 378	1 710	589	375	5 769	3 484	119 018	5 772	2 385
岚山镇	167	5 682	740	136	96	3 595	3 426	67 813	6 815	1 567
李集镇		2 241	1 611	352	296	12 387	7 125	115 482	15 012	6 047
桃园镇	10	4 923	1 786	149	127	6 683	6 098	232 558	28 338	7 078
官山镇		4 950	2 164	111	106	2 426	2 125	77 221	6 011	1 998
高作镇		10 265	879	123	85	14 058	9 012	418 685	39 914	13 450
沙集镇	68	710	905	590	325	6 200	4 900	83 593	4 200	2 650
凌城镇	6	1 506	2 022	115	78	5 530	4 382	90 070	4 952	3 979
邱集镇	225	8 906	1 586	128	112	2 595	2 123	50 838	6 098	2 674
古邳镇		1 600	16 000	780	430	9 100	7 200	60 317	9 000	3 439
姚集镇	42	4 204	960	365	352	6 300	5 900	58 000	4 700	1 100
魏集镇	8 000	850	1 450	902	748	11 594	7 653	39 647	2 896	1 798
梁集镇		7 954	8 269	125	119	7 671	5 995	335 862	42 354	3 786
庆安镇	600	3 320	2 330	129	84	6 510	5 335	228 630	103 460	6 170

22-1 续表 11 （2011 年）

乡镇名称	牛奶产量（吨）	禽蛋产量（吨）	水产品产量（吨）	企业个数（个）	#工业企业	企业从业人员（人）	#工业企业	企业营业收入总额（万元）	企业年净利润总额（万元）	企业实交税金总额（万元）
新沂市										
新安镇	7 660	5 369	710	1 936	215	82 195	31 180	1 870 800	130 956	74 832
瓦窑镇		5 110	2 067	492	369	6 916	6 025	187 900	12 960	11 110
港头镇	198	6 213	6 630	332	118	8 625	8 322	184 232	7 369	3 624
唐店镇		2 700	1 442	1 248	189	14 128	10 842	208 660	10 460	7 028
合沟镇		17 060	1 914	818	399	8 250	4 075	91 000	890	2 120
草桥镇		2 796	13 010	2 012	1 155	17 271	12 530	352 650	15 420	14 600
窑湾镇	7	15 672	31 712	1 500	657	12 870	9 996	225 809	22 580	34 950
棋盘镇		5 210	13 950	472	342	9 173	8 400	225 520	6 675	5 208
新店镇		3 600	9 800	225	120	3 969	2 607	75 683	3 531	1 715
邵店镇		1 512	92	96	44	5 690	1 870	59 520	5 952	2 650
北沟镇		210	115	97	82	8 532	5 242	403 125	17 190	12 106
时集镇	152	5 500	250	545	82	7 226	4 450	136 110	7 215	3 510
高流镇		1 310	1 520	865	394	11 000	5 700	44 950	1 122	612
阿湖镇	40	1 500	895	1 728	1 080	11 000	7 500	266 000	7 000	4 000
双唐镇	136	6 500	570	806	552	10 200	9 800	180 780	11 209	15 299
马陵山镇	380	11 271	7 620	310	194	7 210	3 640	276 700	2 220	3 420
邳州市										
运河镇	20	2 962	7 424	5 316	1 310	74 404	32 122	1 662 265	119 002	100 542
邳城镇	138	1 126	1 968	278	182	4 826	2 468	313 430	31 250	5 862
官湖镇	45	10 163	8 511	2 088	1 481	56 350	50 936	2 086 154	119 816	34 181
四户镇		3 070	352	614	167	8 728	5 620	151 032	13 100	6 950
宿羊山镇		850	3 445	379	284	10 021	6 987	320 124	79 150	6 124
八义集镇	186	6 120	1 160	1 861	531	18 930	8 640	183 210	14 300	1 880
土山镇	12	5 813	3 204	948	258	18 732	13 865	278 603	21 291	19 713
碾庄镇		7 863	4 296	1 565	219	18 594	11 362	751 396	94 461	37 129
港上镇		8 032	511	830	511	12 845	5 620	11 500	5 000	2 702
邹庄镇		276.12	1 300	128	53	5 600	4 500	83 074	12 980	1 400
占城镇		1 360	731	96	72	2 230	1 820	93 680	5 160	655
新河镇		1 560	6 700	360	160	6 500	5 600	125 600	2 500	2 860
八路镇		4 578	4 128	253	168	6 520	3 630	35 430	4 580	2 809
炮车镇	305	15 200	5 300	840	439	15 200	13 120	2 905 500	28 577	21 354
铁富镇		10 539	2 786	699	89	10 968	2 560	133 770	4 150	2 566
岔河镇		11 300	678	281	262	3 750	3 200	120 783	63 150	4 072
戴圩镇		6 023	2 289	259	223	6 276	5 186	96 531	15 893	3 856
陈楼镇	159	4 309	621	1 298	809	21 549	18 953	266 455	15 469	10 810
邢楼镇	1 500	20 000	900	525	360	15 000	14 000	100 500	4 500	2 200
戴庄镇		8 000	150	36	25	6 500	3 200	62 100	8 200	4 130
车辐山镇		3 856	1 223	650	341	11 580	6 450	14 760	920	2 080
燕子埠镇		3 000	1	123	101	1 550	1 300	50 000	1 300	900
赵墩镇		9 845	4 940	112	98	4 850	3 015	64 980	3 985	1 850
议堂镇		2 239	1 082	281	246	6 583	6 214	541 287	39 562	9 388

22-1　续表 12　　　　（2011 年）

乡镇名称	乡(镇)固定资产原值(万元)	固定资产投资完成额(万元)	# 农业投资完成额	机构在职财政供给人数(人)	公务员	事业编制	其他人员	机构在职财政供给人员工资总额(万元)	机构在职非财政供给人数(人)	机构在职非财政供给人员工资总额(万元)	财政总收入(万元)
贾汪区											
贾汪镇	53 791	101 303	960	71	27	44		223	39	46	20 148
青山泉镇	934 570	423 178	2 800	140	31	109		422	148	137	61 227
大吴镇	628 621	489 428	15 213	109	33	41	35	552	35	38	55 289
紫庄镇	55 030	39 668	5 030	63	30	33		227	4	6	2 836
塔山镇	60 921	90 515	6 405	87	39	48		323	76	140	3 791
汴塘镇	30 050	38 240	2 120	39	19	20		177	15	21	1 713
江庄镇	369 653	326 256	660	58	21	29	8	235	29	35	24 577
金山桥											
大黄山镇	732 835	205 776	260	103	28	37	38	306	38	66	43 422
大庙镇	1 746 414	643 125		191	36	54	101	847			49 727
丰　县											
凤城镇	514 000	1 152 650	70 716	165	86	69	10	510	15	20	94 451
首羡镇	227 182	54 270	2 166	111	37	61	13	317	18	37	23 423
顺河镇	51 320	72 800	3 500	95	32	63		223			6 602
常店镇	65 600	58 720	820	94	33	36	25	560			6 981
欢口镇	60 895	131 100	4 330	109	43	44	17	396	19	40	10 080
师寨镇	56 060	65 600	3 100	86	39	29	18	197			5 941
华山镇	59 410	32 000	12 200	90	44	38	8	201	6	8	7 983
梁寨镇	50 523	46 000	18 324	122	41	53	28	342	8	20	8 810
范楼镇	55 728	35 187	7 918	87	36	47	4	223	17	16	7 099
孙楼镇	39 860	41 320	10 320	89	36	33	20	239	9	27	6 381
宋楼镇	66 750	30 484	6 580	110	44	47	19	446	21	32	5 411
大沙河镇	38 311	68 128	1 012	97	33	47	17	202	9	13	4 897
王沟镇	65 280	42 320	2 200	116	38	58	20	312	23	35	4 562
赵庄镇	49 660	101 140	11 600	86	38	48		310			5 323
沛　县											
龙固镇	168 916	267 980	6 729	111	41	56	14	310	21	49	33 042
杨屯镇	101 000	164 620	990	91	36	51	4	256	54	71	15 451
大屯镇	445 627	513 200	9 545	191	58	84	49	593	62	193	59 119
沛城镇	215 135	268 136	9 100	313	69	214	30	1 170	92	195	70 806
胡寨镇	35 100	150 351	4 514	87	21	58	8	279	48	124	8 344
魏庙镇	88 460	136 000	960	112	23	80	9	280	30	60	9 203
五段镇	9 226	13 911	5 023	261	46	211	4	226	57	180	8 377
张庄镇	99 890	160 000	10 030	231	24	127	80	427			13 478
张寨镇	159 600	158 300	20 300	108	42	55	11	270	58	107	8 314
敬安镇	322 960	386 000	15 160	170	52	112	6	596	178	534	19 031
河口镇	122 760	135 700		114	51	55	8	268	59	107	6 871
栖山镇	15 000	150 600	9 800	122	45	68	9	380	32	89	5 915
鹿楼镇	37 010	9 815	1 953	210	94	109	7	768	7	8	8 158
朱寨镇	21 700	154 370	17 100	129	66	55	8	335	91	88	11 164
安国镇	224 296	39 300		93	39	54		194			14 265

22-1 续表 13 （2011 年）

乡镇名称	乡(镇)固定资产原值(万元)	固定资产投资完成额(万元)		机构在职财政供给人数(人)				机构在职财政供给人员工资总额(万元)	机构在职非财政供给人数(人)	机构在职非财政供给人员工资总额(万元)	财政总收入(万元)
			#农业投资完成额		公务员	事业编制	其他人员				
铜山区											
铜山镇	1 360 562	1 339 329		241	22	37	182	532	10	20	291 831
何桥镇	61 000	494 300	41 000	76	30	30	16	575			4 641
黄集镇	103 500	146 300	42 350	43	27	12	4	189			6 299
马坡镇	191 219	61 357	39 296	64	38	23	3	254	6	14	7 521
郑集镇	241 964	213 914	25 128	56	26	30		247	5	5	8 573
柳新镇	514 362	235 480	680	139	51	34	54	406			35 484
刘集镇	98 560	72 560	27 859	83	34	39	10	252	10	10	8 406
大彭镇	384 350	124 800	68 000	89	32	44	13	270	8	18	9 392
汉王镇	127 095	230 305	29 097	56	32	23	1	247	40	80	16 411
三堡镇	326 419	587 499	342	127	47	30	50	310	16	21	16 154
棠张镇	210 988	276 000	76 500	70	32	38		261			11 728
张集镇	351 103	265 600	21 380	113	45	52	16	223	3	2	13 465
房村镇	12 316	211 695	460	61	24	36	1	260	3	4	6 749
伊庄镇	57 080	391 880	595	56	33	22	1	119	7	17	4 194
单集镇	72 550	105 511	2 059	64	23	31	10	236	21	45	5 959
徐庄镇	448 500	306 464	1 213	74	37	37		246	9	27	6 098
大许镇	102 141	453 850	46 785	59	27	25	7	206	19	29	4 809
茅村镇	1 500 000	470 000	2 200	66	30	27	9	275	8	16	12 324
柳泉镇	32 201	778 027	2 201	65	27	29	9	290			20 115
利国镇	452 810	492 500	4 720	89	34	35	20	373	9	20	56 812
睢宁县											
睢城镇	196 690	131 200	1 220	274	121	117	36	880			65 400
王集镇	213 626	56 450	11 050	92	31	61		393	150	240	4 870
双沟镇	98 885	54 441	13 600	141	51	50	40	324	96	263	7 552
岚山镇	143 213	61 863	15 841	120	34	66	20	302	92	416	4 720
李集镇	98 241	76 585	6 753	85	33	40	12	185	73	126	7 147
桃元镇	41 278	49 798	12 258	241	76	90	75	462			6 745
官山镇	178 218	59 041	9 852	115	43	36	36	286	63	165	4 528
高作镇	52 056	96 525	8 210	121	36	54	31	276			13 963
沙集镇	313 200	84 200	180	112	26	86		730			5 928
凌城镇	44 850	62 700	8 700	107	23	58	26	218	25	42	7 677
邱集镇	90 120	62 930	7 060	98	28	70		202	50	40	5 614
古邳镇	74 600	38 000	7 000	85	53	32		150	18	20	3 800
姚集镇	207 000	60 000	2 100	140	42	56	42	513	26	15	3 844
魏集镇	99 860	41 678	5 560	106	32	54	20	294	8	16	5 056
梁集镇	46 521	103 000	2 915	115	28	31	56	356	46	48	10 955
庆安镇	194 310	76 712	20 110	189	42	139	8	767	8	12	6 608

22-1 续表 14 （2011 年）

乡镇名称	乡(镇)固定资产原值(万元)	固定资产投资完成额(万元)	#农业投资完成额	机构在职财政供给人数(人)	公务员	事业编制	其他人员	机构在职财政供给人员工资总额(万元)	机构在职非财政供给人数(人)	机构在职非财政供给人员工资总额(万元)	财政总收入(万元)
新沂市											
新安镇	189 640	1 101 000	26 012	250	60	45	145	518			67 541
瓦窑镇	145 750	158 000	15 370	106	36	37	33	240	6	6	21 354
港头镇	7 489	168 500	58 000	103	44	33	26	242			8 794
唐店镇	74 350	217 784	17 500	77	38	29	10	258			10 194
合沟镇	55 698	18 691	1 587	67	30	23	14	315	7	12	9 426
草桥镇	190 950	491 485	4 200	122	51	51	20	372			11 335
窑湾镇	30 530	68 969	2 900	81	35	28	18	210			11 216
棋盘镇	219 000	153 300	8 570	114	43	68	3	325	56	59	8 398
新店镇	67 010	64 857	530	100	43	37	20	361	20	20	4 240
邵店镇	139 800	123 300	77 038	106	32	46	28	190			7 204
北沟镇	57 565	40 120		91	35	36	20	260	22	21	7 993
时集镇	103 320	65 000	1 680	65	38	26	1	150	41	28	5 891
高流镇	40 450	27 000	15 240	64	28	29	7	288			7 929
阿湖镇	145 000	10 000	400	117	51	57	9	270			8 123
双唐镇	263 700	145 500	19 500	93	53	40		228	9	7	14 195
马陵山镇	76 000	197 000	24 000	134	42	52	40	266	15	11	7 040
邳州市											
运河镇	1 329 927	737 790	24 595	275	106	169		1 507			97 257
邳城镇	138 628	83 630	3 126	86	48	28	10	168			6 884
官湖镇	412 615	298 165	7 316	196	50	146		394	55	58	42 555
四户镇	457 870	8 300	470	82	33	40	9	216			11 546
宿羊山镇	11 460	162 153		371	29	314	28	489	420	428	8 903
八义集镇	50 000	150 938	63 000	113	43	34	36	276			6 500
土山镇	126 402	123 568	31 425	94	33	47	14	291	23	38	4 750
碾庄镇	253 910	240 900	1 528	123	55	68		623	28	49	20 262
港上镇	35 035	10 920	2 850	124	66	35	23	235	50	38	13 044
邹庄镇	43 870	80 340	45 300	79	41	30	8	168	5	10	8 860
占城镇	38 360	42 310	450	89	38	43	8	156	8	10	3 221
新河镇	35 000	45 000	12 600	75	45	25	5	120	47	45	4 680
八路镇	198 900	70 950	25 780	111	39	69	3	196			4 205
炮车镇	700 000	450 000	4 750	95	45	38	12	260			27 787
铁富镇	78 800	108 966	780	91	45	46		265	32	126	17 535
岔河镇	69 000	79 500	43 000	57	34	2	21	263	30	39	9 113
戴圩镇	12 358	163 541	4 926	89	23	56	10	958	16	15	6 942
陈楼镇	249 205	159 635	12 000	79	30	42	7	197	34	57	14 847
邢楼镇	85 000	10 000	400	70	44	20	6	175			7 000
戴庄镇	256 000	56 000	38 000	81	31	50		205	27	54	3 837
车辐山镇	52 638	7 256	350	69	36	28	5	180	35	43	4 441
燕子埠镇	5 700	40 000	18 000	91	39	42	10	200	45	90	3 825
赵墩镇	121 000	54 390	105	190	46	13	131	1 310	9	10	10 766
议堂镇	39 467	268 126	6 724	102	48	37	17	607	24	35	13 015

22-1 续表 15 （2011 年）

乡镇名称	预算内收入（万元）	#公共财政预算收入	预算外资金收入（万元）	本乡镇可用财政收入（万元）	财政支出（万元）	年末各项存款余额（万元）	#居民储蓄存款余额	年末各项贷款余额（万元）	#农业贷款	年末资产总额（万元）
贾汪区										
贾汪镇	19 465	8 130	305	2 180	1 478	26 546	16 710	15 920	11 304	7 923
青山泉镇	60 682	35 581	322	2 590	4 780	70 741	62 050	40 720	26 798	1 573
大吴镇	54 524	34 626	346	1 165	5 238	136 327	101 672	57 393	23 345	7 923
紫庄镇	2 523	1 848	96	161	2 635	46 395	36 863	22 971	19 458	5 107
塔山镇	2 316	963	177	1 343	3 802	48 659	42 873	37 894	30 395	8 119
汴塘镇	1 028	1 028	506	779	3 509	15 021	14 350	13 150	12 459	1 754
江庄镇	22 892	15 648	305	362	1 526	22 652	6 908	27 271	6 606	3 281
金山桥										
大黄山镇	42 299	19 578	1 123	3 322	4 352	81 377	58 998	26 073	7 882	1 188
大庙镇	34 944	29 576	360	44 578	5 050	114 835	92 502	20 463	12 208	1 903
丰　县										
凤城镇	84 628	84 628		26 452	60 751	23 200	19 050	14 950	2 430	3 765
首羡镇	20 926	10 366		3 297	6 148	56 956	50 978	23 625	15 659	5 612
顺河镇	4 114	4 114		4 277	4 413	45 500	42 000	16 000	12 000	2 863
常店镇	4 837	4 837		4 714	4 714	31 520	31 520	14 231	9 300	3 522
欢口镇	7 048	5 935		5 311	7 410	73 237	72 100	19 359	17 963	530
师寨镇	4 698	4 698		2 361	4 428	32 780	24 531	7 942	4 840	2 053
华山镇	5 043	5 043		4 147	4 861	19 855	17 205	8 630	7 431	5 230
梁寨镇	5 836	5 836		5 329	5 578	26 380	19 836	9 937	3 200	4 260
范楼镇	4 857	4 857		4 550	7 093	25 640	21 450	20 120	2 290	2 346
孙楼镇	4 764	4 764		4 192	4 547	18 000	15 000	18 900	11 000	2 894
宋楼镇	4 126	4 126		3 590	6 802	18 350	15 630	17 820	14 100	2 120
大沙河镇	3 169	3 169		2 668	4 243	36 648	24 790	13 036	12 036	6 054
王沟镇	3 375	3 375		3 937	7 677	44 008	43 294	19 180	18 310	2 986
赵庄镇	2 984	2 984		2 912	5 011	50 000	47 900	8 500	7 900	1 815
沛　县										
龙固镇	30 833	21 548	183	15 210	15 135	88 996	83 852	14 210	6 015	6 326
杨屯镇	12 865	12 253	583	9 172	10 677	52 900	52 900	34 315	19 764	2 540
大屯镇	54 659	34 028	1 172	25 936	25 935	95 129	90 181	27 413	21 649	25 469
沛城镇	64 739	55 647	794	61 714	61 096	189 235	161 731	112 546	2 519	1 617
胡寨镇	5 766	4 932	423	4 776	4 773	16 051	11 506	3 200	2 100	1 180
魏庙镇	5 867	3 909	1 344	7 120	7 120	32 920	10 158	25 106	13 860	4 026
五段镇	3 892	3 892	102	3 324	3 281	16 741	14 763	10 204	8 279	928
张庄镇	8 806	7 527	1 482	6 707	6 707	95 932	41 792	23 044	287	1 620
张寨镇	5 468	4 724	314	4 724	5 369	68 400	68 400	9 282	9 282	1 310
敬安镇	10 736	10 736	279	10 736	7 495	25 160	23 510	7 865	810	2 320
河口镇	4 287	4 287	565	4 256	4 305	41 675	35 520	6 084	5 170	1 385
栖山镇	5 061	5 061	809	5 061	5 915	29 900	26 880	7 800	6 900	4 462
鹿楼镇	5 186	5 186	301	3 750	4 609	29 859	29 859	8 080	6 930	665
朱寨镇	7 724	7 724	831	7 324	7 324	42 032	10 735	13 364	10 545	3 449
安国镇	10 739	10 739	706	9 137	13 478	29 036	28 020	5 991	4 900	1 071

22-1　续表 16　　　　　　　　　　　　　　　　(2011 年)

乡镇名称	预算内收　入(万元)	# 公共财政预算收　入	预 算 外资金收入(万元)	本乡镇可用财政收入(万元)	财政支出(万元)	年末各项存款余额(万元)	# 居　民储蓄存款余额	年末各项贷款余额(万元)	# 农业贷款	年末资产总　额(万元)
铜山区										
铜山镇	182 982	141 813	59	27 600	35 360	1 874 715	905 785	964 320	219 526	6 264
何桥镇	2 528	2 507	20	365	6 354	26 000	25 720	7 500	6 500	3 529
黄集镇	3 756	3 756	37	1 388	4 228	28 480	21 550	19 120	5 150	4 580
马坡镇	4 606	3 458	406	1 533	8 563	7 264	6 682	4 598	3 738	5 407
郑集镇	5 073	5 073	714	2 176	6 517	18 450	14 105	14 020	1 950	1 950
柳新镇	33 987	23 140	515	3 279	9 190	45 610	36 182	39 210	4 950	26 157
刘集镇	5 004	5 004	410	1 326	5 025	32 483	22 945	19 668	1 365	5 464
大彭镇	6 367	6 367	225	2 750	6 391	31 200	25 300	16 850	2 430	670
汉王镇	14 191	14 191	199	9 910	18 488	58 599	48 400	17 700	12 500	3 889
三堡镇	11 723	11 723	604	6 776	9 045	69 438	65 088	35 438	9 956	3 789
棠张镇	7 007	7 007	678	1 822	7 782	39 625	36 900	28 400	19 680	5 900
张集镇	10 012	8 192	893	2 001	12 574	21 325	19 410	8 953	1 131	9 965
房村镇	3 646	3 114	344	407	4 573	25 625	17 644	16 272	12 350	11 621
伊庄镇	2 586	2 586	202	820	4 104	9 865	9 440	9 987	9 324	1 785
单集镇	3 654	2 953	71	1 158	5 848	16 507	14 895	13 952	3 589	2 599
徐庄镇	3 503	3 117	301	502	4 232	16 240	11 623	8 845	4 962	1 049
大许镇	3 829	3 829	467	1 129	5 000	36 600	36 000	9 867	5 367	6 148
茅村镇	12 074	8 823	150	2 787	7 714	113 910	99 780	14 760	7 021	1 059
柳泉镇	16 111	13 024	1 172	8 944	8 063	46 525	31 500	25 600	9 000	10 370
利国镇	48 811	27 964	1 563	4 393	12 513	42 381	33 892	34 172	10 210	4 813
睢宁县										
睢城镇	43 909	43 909	841	43 629	43 533	934 318	241 593	400 011	48 000	11 425
王集镇	2 909	2 078	65	1 824	2 421	69 545	51 448	14 471	13 010	1 050
双沟镇	4 788	4 788	203	4 924	5 508	63 335	61 257	14 701	13 259	3 020
岚山镇	2 832	2 832	81	1 665	2 562	45 504	40 398	16 483	15 932	5 939
李集镇	4 902	3 146	443	2 980	4 015	62 637	54 813	24 803	14 465	1 870
桃元镇	4 423	4 423	182	2 438	2 455	60 899	50 856	15 241	13 286	2 621
官山镇	2 795	2 349	51	2 512	4 586	35 024	33 128	16 859	7 950	2 025
高作镇	9 299	9 299	2 326	5 561	8 143	53 100	43 210	43 410	18 200	5 419
沙集镇	4 148	2 820	230	1 900	7 480	19 800	17 600	9 100	6 300	2 500
凌城镇	5 580	2 426	304	2 507	2 585	39 362	35 280	16 840	15 140	2 075
邱集镇	3 062	2 320	220	1 813	2 772	50 079	43 000	20 100	11 000	2 248
古邳镇	2 277	2 277	250	185	2 514	42 000	40 000	34 491	2 000	1 375
姚集镇	2 359	2 359	40	180	3 860	57 500	57 500	16 100	14 500	6 150
魏集镇	3 605	3 605	90	2 000	2 667	39 860	39 550	38 675	30 107	2 574
梁集镇	6 646	6 646	183	2 978	3 567	19 582	16 523	7 099	698	6 593
庆安镇	4 380	3 424	153	2 390	7 270	42 385	41 680	19 310	16 180	1 510

22-1　续表 17　　　　　　　　　　　　（2011 年）

乡镇名称	预算内收入（万元）	# 公共财政预算收入	预算外资金收入（万元）	本乡镇可用财政收入（万元）	财政支出（万元）	年末各项存款余额（万元）	# 居民储蓄存款余额	年末各项贷款余额（万元）	# 农业贷款	年末资产总额（万元）
新沂市										
新安镇	64 606	51 622	2 535	30 251	30 251	44 413	17 604	25 582	3 000	9 205
瓦窑镇	15 739	12 655	35	12 827	11 163	8 245	6 625	8 102	7 326	2 779
港头镇	7 373	6 112	1042	5 662	5 856	14 526	13 273	13 968	13 126	1 847
唐店镇	9 202	8 570	32	7 437	2 000	14 986	12 829	14 524	13 657	6 289
合沟镇	7 718	5 302	238	8 152	5 762	11 820	9 350	9 065	2 550	2 196
草桥镇	8 936	6 036	440	5 207	5 691	27 800	25 800	26 800	24 900	100
窑湾镇	7 190	7 190	678	7 190	7 685	25 440	18 671	22 385	8 890	970
棋盘镇	7 180	6 640	1 218	7 180	7 298	12 110	9 142	12 760	12 760	2 842
新店镇	3 711	3 254	349	3 236	4 273	35 592	26 300	16 260	11 500	2 173
邵店镇	5 571	5 571	558	2 628	4 393	24 800	9 928	8 800	6 600	1 520
北沟镇	4 373	4 373	2 770	755	1 200	10 264	4 132	9 645	5 882	285
时集镇	4 201	4 201	164	4 917	4 917	12 070	9 800	11 300	10 550	2 096
高流镇	5 587	5 587	610	4 947	6 216	12 600	9 100	9 200	6 100	1 500
阿湖镇	5 800	5 800	85	6 179	7 625	17 000	14 000	12 000	8 000	4 000
双唐镇	11 663	11 663	2 000	10 592	10 592	14 593	8 500	11 676	3 000	6 324
马陵山镇	4 650	4 580	1 790	7 000	2 700	18 610	16 756	13 458	13 400	1 358
邳州市										
运河镇	88 472	70 001	60	20 700	20 900	479 254	350 626	365 101	46 662	10 077
邳城镇	5 015	4 078	268	4 435	4 652	18 200	14 280	9 820	6 930	1 551
官湖镇	42 555	34 182		14 804	14 785	91 395	51 813	20 168	8 935	2 781
四户镇	11 546	10 024		9 306	9 306	20 030	12 500	1 870	1 750	2 500
宿羊山镇	5 744	5 744		2 491	5 679	9 102	8 459	3 785	2 600	2 415
八义集镇	5 700	5 141	800	6 500	5 990	17 230	15 870	3 230	830	4 020
土山镇	3 765	3 686	985	4 281	4 462	50 456	30 274	17 209	6 539	4 511
碾庄镇	17 213	17 213		18 263	16 369	48 623	44 135	23 672	19 652	4 703
港上镇	5 773	4 342	1 165	4 342	9 339	20 380	17 470	8 850	5 200	2 236
邹庄镇	7 500	4 911	980	4 200	6 980	18 976	18 000	7 600	4 500	2 100
占城镇	2 667	2 667	72	1 580	2 480	3 021	2 360	101	55	1 273
新河镇	2 560	450	780	230	1 980	12 500	7 800	6 500	4 500	3 620
八路镇	3 145	3 145	780	1 150	1 080	7 520	5 560	4 880	3 500	752
炮车镇	23 622	23 622	257	21 050	14 980	27 030	15 970	8 950	799	8 905
铁富镇	8 992	8 992	3 565	9 932	10 228	26 698	26 366	10 136	6 369	8 850
岔河镇	6 693	5 427	1 072	6 200	5 819	18 080	1 405	168	98	960
戴圩镇	6 327	5 043	73	6 521	6 923	5 416	5 236	3 925	3 723	3 188
陈楼镇	14 527	14 527	14	8 960	8 259	12 300	2 200	8 560	2 400	4 026
邢楼镇	6 600	5 996	200	4 000	3 500	9 100	8 000	1 800	1 700	2 100
戴庄镇	3 837	3 837		2 000	3 680	9 200	8 100	1 820	730	3 650
车辐山镇	4 075	4 074	136	3 000	3 000	6 580	6 580	6 230	5 800	3 100
燕子埠镇	3 275	3 275	400	180	2 500	2 800	2 000	1 500	1 500	674
赵墩镇	6 511	6 511	1 725	510	6 780	28 950	19 230	7 000	5 800	3 010
议堂镇	13 015	11 931		11 500	11 500	19 855	12 267	1 350	780	4 668

22-1　续表 18　　　　　　　　（2011 年）

乡镇名称	年末累计负债金额（万元）	# 当年负债	# 乡镇财政负债	本乡镇公路里程（公里）	市场个数（个）	集贸市场成交额（万元）	公园个数（个）	小汽车拥有量（辆）	各类科技人员（人）	农技推广服务从业人员（个）	农业专业合作经济组织个数（个）	农业专业合作经济组织成员（户）
贾汪区												
贾汪镇	9 557	530	502	131	1	15 026	1	350	890	15	35	781
青山泉镇	2 323		2 323	110	2	13 181	2	1 456	2 736	40	34	6 992
大吴镇	7 133			195	6	110 864	1	2 338	3 012	38	46	320
紫庄镇	13 598	2 384	13 598	171	2	5 667		559	617	10	48	479
塔山镇	13 169	2 928	1 512	210	5	40 230		231	860	35	47	8 300
汴塘镇	5 962	1 191	1 191	266	3	410		724	547	7	54	1 877
江庄镇	6 736			96	1	13 970	1	510	350	15	10	350
金山桥												
大黄山镇	7 259		816	178	2	9 830		1 139	450	22	26	169
大庙镇	1 730		1 7297	224	5	22 000	2	1 500	1 167	22	18	16 282
丰　县												
凤城镇	4 359			318	5	122 356	3	1 452	1 476	56	24	3 985
首羡镇	6 262	1 084	4 859	212	4	13 786		556	896	11	42	338
顺河镇	2 058			230	1	16 250		412	642	15	27	7 965
常店镇	2 439	1 424	930	167	3	5 970		325	1 020	10	42	782
欢口镇	2 900		1 200	278	4	29 300		620	1 098	12	52	21 860
师寨镇	2 229	198	1 641	270	2	9 700		300	620	16	61	16 605
华山镇	3 501		2 684	360	5	33 000	1	960	970	10	30	4 750
梁寨镇	5 764	1 820	1 820	302	4	21 736	1	896	923	14	35	829
范楼镇	5 007	798	5 007	160	3	25 320		300	656	11	47	9 765
孙楼镇	2 179	233	233	165	1	6 500		578	490	15	51	11 089
宋楼镇	9 091	1 378	7 633	380	4	14 120		1 800	1 355	19	61	32 849
大沙河镇	12 036	978.5	12 036	196	2	11 650	1	358	589	21	37	2 568
王沟镇	3 051	482	3 051	235	2	10 500		1 500	950	10	50	15 540
赵庄镇	3 114	492		150	2	28 876		696	660	12	49	38 200
沛　县												
龙固镇	2 612		2 612	198	1	24 986	1	986	792	76	52	5 960
杨屯镇	1 780	657	603	59	3	39 155		220	598	8	65	10 747
大屯镇	15 086	4 259	15 086	66	8	50 868	5	2 139	3 898	14	64	18 200
沛城镇	6 753			215	6	63 217	3	5 892	25	19	63	10 111
胡寨镇	5 187	1 580		77	1	2 400		130	38	19	30	1 821
魏庙镇	866	840		156	7	760		342	620	15	46	10 350
五段镇	785	38	785	40	2	1 603	1	109	895	48	22	115
张庄镇	7 857	2 229	5 638	182	3	15 800		896	950	24	90	7 699
张寨镇	5 348	1 407	1 407	168	3	28 500		230	1 346	12	65	11 670
敬安镇	6 001	1 442	6 001	159	3	14 620	2	249	792	17	65	16 002
河口镇	6 795	1 982	6 795	40	2	12 580		369	98	18	15	239
栖山镇	4 452	1 229	4 452	15	3	2 400		750	6	3	25	380
鹿楼镇	6 697	1 376	499	78	2	16 511		287	916	18	26	616
朱寨镇	4 477	1 288	1 288	29	4	45		81	1 159	5	45	358
安国镇	3 521			140	3	24 000		318	872	6	64	344

22-1 续表 19 （2011 年）

乡镇名称	年末累计负债金额（万元）	#当年负债	#乡镇财政负债	本乡镇公路里程（公里）	市场个数（个）	集贸市场成交额（万元）	公园个数（个）	小汽车拥有量（辆）	各类科技人员（人）	农技推广服务从业人员（人）	农业专业合作经济组织个数（个）	农业专业合作经济组织成员（户）
铜山区												
铜山镇	10 272	2 880	2 116	125	3	71 265	1	7 200	8 736	4	6	566
何桥镇	7 784	3 248	7 783	65	3	2 299		201	500	12	18	479
黄集镇	1 041	984	1 041	215	4	2 240	3	710	880	15	64	3 201
马坡镇	12 907	2 899	12 907	110	3	1 627		155	438	17	37	465
郑集镇	13 631	2 919		171	4	15 000	3	765	1 376	30	34	4 677
柳新镇	31 817	11 388	11 388	229	6	186 100	1	2 080	1 021	10	4	116
刘集镇	5 729	3 648	5 679	182	4	8 125		284	675	41	14	387
大彭镇	9 996	9 996	9 996	35	2	3 900		900	1 100	13	20	150
汉王镇	6 520		3 070	165	3	11 047	1	1 017	663	18	15	987
三堡镇	6 818	2 191	5 255	477	2	60 878	3	326	652	16	57	5 333
棠张镇	8 096	3 909	7 998	120	3	55 000	2	3 200	66	32	35	5 990
张集镇	13 156			185	5	51 250		1 250	1 652	18	18	3 020
房村镇	18 557	7 842	18 557	81	2	4 492	1	149	722	15	59	2 315
伊庄镇	13 810	805	9 112	267	6	46 217		518	334	58	11	68
单集镇	8 412	184	8 228	380	4	31 752	1	403	720	34	49	306
徐庄镇	14 369	2 311		260	5	6 221		1 012	730	18	22	196
大许镇	13 500		179	210	4	19 860	1	1 120	1 113	19	54	8 881
茅村镇	16 469		1 330	216	1	17 250	4	2 658	729	49	46	10 230
柳泉镇	10 859	2 015	2 756	115	3	25 600		2 780	556	6	28	120
利国镇	35 297	13 656		142	6	118 517	5	784	1 617	15	12	107
睢宁县												
睢城镇	3 048			110	22	17 420	8	11 750	3 630	10	6	3 100
王集镇	6 551	2 651	4 379	389	9	56 400		383	1 647	22	51	3 870
双沟镇	4 636	1 200	2 255	106	4	15 728	1	108	783	26	33	9 158
岚山镇	10 205	1 801	430	203	5	46 512		573	986	18	30	17 869
李集镇	1 400	1 000	1 000	95	3	12 500	1	522	910	34	29	8 912
桃元镇	5 818	805	5 818	77	3	24 160		468	868	15	34	764
官山镇	6 426		3 729	112	4	7 315		178	838	17	47	9 856
高作镇	2 555	184	2 555	200	3	70 784	1	1 596	1 240	19	32	10 316
沙集镇	1 330	35	1 320	270	3	39 900		480	620	13	13	410
凌城镇	3 124	232	2 727	213	3	5 970	1	310	935	25	10	2 050
邱集镇	6 365	1 177	933	260	5	11 000		210	1 670	20	37	843
古邳镇	3 218	200	250	56	2	4 000		346	160	50	42	220
姚集镇	6 050	50	6 050	230	5	36 000		185	1 245	12	16	90
魏集镇	500	290	280	78	2	40 000		90	886	25	56	4 000
梁集镇	5 937			406	10	7 895	1	260	1 075	36	20	6 231
庆安镇	2 114	581	2 114	160	5	29 890	1	306	1 039	34	26	8 305

22-1　续表 20　　　　（2011 年）

乡镇名称	年末累计负债金额（万元）	#当年负债	#乡镇财政负债	本乡镇公路里程（公里）	市场个数（个）	集贸市场成交额（万元）	公园个数（个）	小汽车拥有量（辆）	各类科技人员（人）	农技推广服务从业人员（人）	农业专业合作经济组织个数（个）	农业专业合作经济组织成员（户）
新沂市												
新安镇	14 730		14 100	60	15	85 282	2	13 156	1 367	26	14	1 750
瓦窑镇	2 990	220	2 990	15	5	5 326		160	697	23	48	3 452
港头镇	3 802		1 200	50	4	24 685		192	584	18	62	2 160
唐店镇	3 248	715	3 248	50	4	29 430		549	614	11	20	1 633
合沟镇	2 959			28	3	670		386	587	6	1	10
草桥镇	3 119	648	3 119	48	5	21 685	4	688	1 981	24	16	2 978
窑湾镇	970			95	2	24 015		549	886	66	65	1 290
棋盘镇	6 016	250	6 000	378	8	1 520		414	1 024	14	22	3 562
新店镇	1 594	85	565	52	4	9 800		320	70	10	64	2 516
邵店镇	1 403		1 398	102	2	46 280	14	399	48	10	36	2 230
北沟镇	6 327		526	48	3	29 882		434	1 200	13	1	60
时集镇	2 380	230	230	91	3	6 120	1	128	605	10	64	8 607
高流镇	1 270			190	4	13 270		750	930	12	16	2 120
阿湖镇	2 561	270	510	160	6	600		213	650	6	55	5 000
双唐镇	1 036			75	6	30 000		750	435	13	14	148
马陵山镇	1 330	130		96	2	23 000	1	490	1 863	10	36	3 000
邳州市												
运河镇	11 722		11 722	669	25	265 749	26	31 370	7 328	116	5	200
邳城镇	1 043			135	3	18 326		638	121	12	32	5 566
官湖镇	6 948			250	5	3 057 110	3	1 259	1 613	20	36	18 321
四户镇	681		110.3	87	6	9 300		285	439	10	23	4 710
宿羊山镇	4 490	201		10	4	6 879		297	1 090	100	1	90
八义集镇	2 161	26	25	120	5	14 600	2	281	32	20	20	5 675
土山镇	2 729	400	2 729	532	3	17 083	3	1 281	1 225	16	42	15 023
碾庄镇	3 494	815	3 494	285	4	1 296	3	569	1 117	29	48	3 756
港上镇	3 368	215	3 367	230	2	8 800	4	450	685	20	12	14 910
邹庄镇	258			55	5	1 700	1	1 000	100	40	20	3 000
占城镇	2 437		2 000	140	3	3 026		320	130	14	5	307
新河镇	2 080	78	150	180	2	15 600	1	150	62	13	25	3 500
八路镇	1 360	60	720	132	1	598	1	728	295	22	13	645
炮车镇	4 350		4 350	190	3	25 013	1	400	270	15	48	3 700
铁富镇	5 636			185	5	1 896	1	1 640	335	66	38	8 236
岔河镇	642	95	560	186	4	6 000	3	276	100	12	36	10 900
戴圩镇	391			65	1	9 121	1	241	368	26	6	53
陈楼镇	3 890	1 750	3 890	168	5	46 450	1	1 256	75	24	20	4 260
邢楼镇	420	150	420	85	5	8 600	1	670	440	10	18	480
戴庄镇	960			146	3	22 000		216	80	35	4	840
车辐山镇	3 300	1 230	135	152	1	1 820	1	310	56	26	7	380
燕子埠镇	700	77	700	84	2	9 000		360	400	7	22	4 000
赵墩镇	4 892	935	955	126	4	1 125		185	175	51	2	10
议堂镇				165	1	2 013		358	177	15	12	1 343

22-1 续表 21 （2011 年）

乡镇名称	学校总数（个）	在校学生总数（人）	教师总数（人）	影剧院（个）	幼儿园、托儿所（个）	医院、卫生院（个）	医生数（人）	病床数（张）	固定电话装机数量（部）	移动电话拥有数量（部）
贾汪区										
贾汪镇	9	10 215	570	2	17	2	121	147	4 290	4 782
青山泉镇	9	6 566	492	1	7	2	60	70	11 106	21 134
大吴镇	11	5 875	704	2	17	4	108	120	18 012	33 987
紫庄镇	10	6 149	450		11	2	97	120	8 037	28 936
塔山镇	11	7 848	670	1	10	2	52	100	8 530	14 000
汴塘镇	10	4 513	346	1	5	1	57	126	10 196	16 719
江庄镇	5	3 140	227	1	6	2	45	72	3 685	8 300
金山桥										
大黄山镇	6	3 631	361		4	2	19	60	11 900	15 314
大庙镇	8	11 539	1 036	1	34	3	250	460	13 000	32 500
丰　县										
凤城镇	19	24 880	1 013	1	47	4	348	652	14 555	56 320
首羡镇	11	6 088	490		27	2	44	160	8 065	15 068
顺河镇	8	11 200	517	1	24	1	68	110	9 830	11 215
常店镇	8	3 477	471		25	2	85	122	8 015	11 012
欢口镇	12	12 951	792	1	28	2	76	105	9 800	39 400
师寨镇	12	5 446	548		13	2	64	102	7 500	20 920
华山镇	14	14 320	981	1	30	2	95	135	9 960	12 000
梁寨镇	14	8 416	679		17	2	95	160	5 868	9 320
范楼镇	13	5 638	660		28	2	67	100	9 656	18 465
孙楼镇	6	1 948	315		9	1	69	99	6 700	23 750
宋楼镇	11	13 183	822		37	2	148	185	12 980	22 510
大沙河镇	7	4 411	379		9	2	50	100	6 500	13 675
王沟镇	12	6 056	809		13	2	88	100	9 169	35 250
赵庄镇	10	3 785	420		20	1	65	88	12 500	22 358
沛　县										
龙固镇	10	7 821	578	1	14	1	48	88	12 981	21 795
杨屯镇	7	3 268	379	1	1	1	43	40	9 265	6 537
大屯镇	14	4 694	775	1	20	2	209	226	19 546	38 950
沛城镇	18	13 215	1 048	1	15	9	2 120	2 208	31 210	61 325
胡寨镇	6	6 404	327		11	2	65	110	3 120	7 655
魏庙镇	7	3 280	326		23	1	74	98	12 345	13 839
五段镇	7	8 753	572	1	8	1	92	98	11 954	6 841
张庄镇	15	9 385	613	1	20	2	158	172	22 130	18 450
张寨镇	13	13 700	853		25	2	108	116	16 100	24 250
敬安镇	9	3 620	461		29	1	31	76	10 850	31 260
河口镇	8	4 895	381	2	17	2	135	122	6 650	12 320
栖山镇	12	3 961	427	1	2	2	139	148	10 580	18 660
鹿楼镇	17	5 789	528	1	18	2	190	138	11 021	11 072
朱寨镇	9	3 594	674		6	2	86	110	6 800	9 728
安国镇	12	6 108	455		15	2	108	136	10 780	18 789

22-1 续表 22 （2011 年）

乡镇名称	学校总数（个）	在校学生总数（人）	教师总数（人）	影剧院（个）	幼儿园、托儿所（个）	医院、卫生院（个）	医生数（人）	病床数（张）	固定电话装机数量（部）	移动电话拥有数量（部）
铜山区										
铜山镇	20	15 413	1 455		26	2	110	300	50 172	147 513
何桥镇	8	3 827	291		21	1	64	30	8 542	9 935
黄集镇	10	2 868	389	1	6	1	40	70	10 112	8 640
马坡镇	5	4 627	382		16	1	64	32	6 168	6 018
郑集镇	9	14 326	985	1	13	1	209	200	12 015	21 850
柳新镇	12	8 921	730	1	7	1	56	79	17 736	41 660
刘集镇	6	4 858	545		13	1	67	52	9 385	35 084
大彭镇	8	8 353	579	1	12	1	40	60	41 030	12 056
汉王镇	6	2 325	295	1	19	1	45	100	6 723	14 212
三堡镇	5	2 914	272	1	12	1	63	108	9 641	10 589
棠张镇	6	7 670	653	1	9	1	129	130	10 800	29 250
张集镇	11	17 200	1 187	2	8	2	116	150	14 350	11 420
房村镇	8	4 513	512		20	2	54	120	7 537	15 010
伊庄镇	7	2 579	275		12	2	28	52	7 027	13 987
单集镇	10	8 530	398		4	2	26	66	12 318	19 776
徐庄镇	9	4 160	408		29	2	32	56	12 740	29 841
大许镇	12	8 675	742		12	3	205	215	13 315	45 610
茅村镇	9	7 571	618		32	1	48	50	11 028	45 960
柳泉镇	5	3 486	325		2	1	35	40	7 870	20 372
利国镇	8	6 180	422		8	2	152	100	17 082	28 950
睢宁县										
睢城镇	34	55 621	3 465	1	30	7	746	760	75 036	165 549
王集镇	17	12 543	972		4	3	88	151	16 358	34 890
双沟镇	9	5 949	491		7	1	20	85	7 321	22 810
岚山镇	15	5 126	482	1	22	2	127	130	8 216	33 402
李集镇	8	10 274	709		10	1	53	125	14 246	35 984
桃元镇	17	7 928	625		16	2	52	60	14 100	28 360
官山镇	10	6 586	577		16	2	106	160	13 278	17 950
高作镇	8	3 360	503		3	1	90	100	18 204	29 032
沙集镇	9	3 040	365		8	1	70	120	11 220	9 200
凌城镇	12	7 728	495		3	1	135	140	9 780	23 840
邱集镇	16	6 610	705	1	15	3	159	220	16 490	25 010
古邳镇	10	6 500	440			1	100	120	13 000	35 000
姚集镇	16	7 470	504		4	4	163	180	19 100	27 000
魏集镇	12	10 109	639	1	5	2	96	108	8 650	19 200
梁集镇	30	10 690	662	1	26	2	163	200	16 019	36 451
庆安镇	11	7 370	545		24	2	168	183	9 823	31 690

22-1 续表 23 （2011 年）

乡镇名称	学校总数（个）	在校学生总数（人）	教师总数（人）	影剧院（个）	幼儿园、托儿所（个）	医院、卫生院（个）	医生数（人）	病床数（张）	固定电话装机数量（部）	移动电话拥有数量（部）
新沂市										
新安镇	13	10 369	1 040	2	15	20	137	1 115	63 697	103 294
瓦窑镇	5	3 913	425		4	1	76	136	6 852	6 144
港头镇	7	3 009	311	1	1	1	48	50	7 526	13 972
唐店镇	5	3 686	380		14	1	80	112	11 190	17 880
合沟镇	7	6 739	310		5	1	34	102	9 230	18 334
草桥镇	11	4 183	492		28	2	137	148	15 240	22 176
窑湾镇	9	12 875	637	1	4	2	101	108	8 219	11 012
棋盘镇	14	6 987	597	1	20	2	169	188	13 562	21 070
新店镇	8	3 338	350	1	5	2	65	76	5 940	23 790
邵店镇	6	2 663	243		3	1	58	160	7 230	19 899
北沟镇	10	15 022	1 426		4	2	80	95	14 583	15 624
时集镇	11	4 518	445		4	2	101	115	6 772	19 093
高流镇	9	11 900	652		9	10	141	260	8 200	17 000
阿湖镇	10	4 500	375		10	2	180	220	10 000	26 450
双唐镇	4	2 750	301		20	2	116	120	8 300	25 000
马陵山镇	8	7 600	649	1	12	2	40	60	7 964	39 480
邳州市										
运河镇	30	67 888	4 340	3	58	10	2 150	932	80 055	284 938
邳城镇	11	6 480	524		20	2	231	82	6 266	19 380
官湖镇	24	16 733	1 091	2	61	3	146	215	21 073	63 482
四户镇	6	4 879	273	1	8	1	72	35	4 410	6 250
宿羊山镇	10	7 633	973		12	1	160	150	10 325	30 985
八义集镇	17	18 130	706	1	22	1	182	90	11 730	13 940
土山镇	9	9 678	831		5	2	306	225	7 388	19 974
碾庄镇	10	9 402	536		20	2	189	70	13 682	12 853
港上镇	7	5 620	486	1	9	1	87	60	11 000	7 300
邹庄镇	7	1 400	60		5	1	44	47	6 441	19 633
占城镇	10	3 126	362	1	5	1	90	70	1 696	5 860
新河镇	10	9 800	485	1	6	1	120	20	2 800	23 000
八路镇	6	4 580	385		3	1	98	89	3 600	29 890
炮车镇	7	12 330	1 210		8	1	255	60	14 000	14 100
铁富镇	21	12 939	894		33	1	98	156	14 168	28 639
岔河镇	9	4 290	418	1	6	1	26	90	5 640	9 170
戴圩镇	7	5 876	456		13	1	197	240	2 413	15 897
陈楼镇	7	3 985	425		12	1	123	13	7 321	18 950
邢楼镇	6	5 500	195	1	8	1	65	50	3 400	1 500
戴庄镇	6	4 100	358		15	1	52	50	4 650	17 800
车辐山镇	7	13 200	550		8	1	90	80	8 625	13 250
燕子埠镇	7	2 578	282		1	1	26	36	5 000	7 900
赵墩镇	9	13 550	925		16	2	78	52	13 350	14 550
议堂镇	10	3 183	351		5	1	143	20	2 734	11 286

22-1 续表 24 （2011 年）

乡镇名称	自来水普及率（%）	生活用燃气普及率（%）	有线电视入户率（%）	农户享有卫生厕所比重（%）	住楼房户比重（%）	平均人口预期寿命（岁）	敬老院、福利院（个）	现收养人数（人）	参加农村养老保险的人数（人）	参加农村新型合作医疗人数（人）	享受最低生活保障人数（人）
贾汪区											
贾汪镇	95	30	80	75	90	78	3	122	19 286	40 271	952
青山泉镇	98	55	25	15	30	76	2	100	29 714	47 973	315
大吴镇	100	89	78	60	47	77	1	111	27 533	60 771	417
紫庄镇	89	63	62	9	55	78	1	177	21 270	47 799	692
塔山镇	60	25	36	8	35	73	4	259	26 949	59 928	1 402
汴塘镇	42	37	91	37	32	75	6	262	22 066	46 725	994
江庄镇	60	65	98	38	37	76	1	72	15 270	34 280	838
金山桥											
大黄山镇	85	55	59	90	82	76			8 384	34 182	598
大庙镇	100	100	100	100	95	80	1	41	35 900	76 593	849
丰　县											
凤城镇	90	95	90	19	55	75	1	132	16 415	61 230	2 153
首羡镇	79	58	50	30	17	79	2	40	44 120	80 393	3 747
顺河镇	65	60	80	18	20	75	1	96	21 200	48 720	2 515
常店镇	85	70	80	30	35	78	1	65	16 568	55 692	3 400
欢口镇	61	70	70	23	25	75	1	200	28 035	80 862	3 945
师寨镇	65	85	95	24	24	75	2	90	22 839	68 960	3 412
华山镇	87	80	90	32	40	76	2	261	27 618	83 010	3 484
梁寨镇	60	60	80	20	23	75	2	98	27 678	59 832	3 100
范楼镇	55	50	80	20	32	77	2	40	26 554	66 830	2 643
孙楼镇	80	70	90	21	30	75	1	88	16 007	50 973	2 074
宋楼镇	50	50	68	40	18	74	1	200	30 245	80 554	4 748
大沙河镇	75	60	85	9	25	75	1	63	18 765	50 327	2 438
王沟镇	75	50	70	25	18	75	1	125	27 294	87 628	5 051
赵庄镇	85	80	75	35	38	75	2	98	21 400	57 599	2 970
沛　县											
龙固镇	60	59	90	55	54	80	2	67	26 124	58 396	2 229
杨屯镇	63	56	70	72	64	76	1	104	17 859	54 402	1 862
大屯镇	95	93	78	68	57	80	2	147	18 333	57 285	1 779
沛城镇	71	65	59	78	61	79	6	168	20 895	100 277	11 026
胡寨镇	60	75	64	55	60	76	1	8	12 785	36 890	2 116
魏庙镇	65	96	65	98	65	76	2	140	14 279	57 200	1 375
五段镇	97	92	93	70	85	72	1	65	2 145	45 672	793
张庄镇	77	81	67	56	68	79	3	247	38 819	89 530	2 320
张寨镇	60	60	70	55	52	78	2	150	31 134	82 650	2 351
敬安镇	85	55	80	60	60	76	1	192	18 512	56 542	2 100
河口镇	52	52	55	53	53	78	2	71	15 012	56 580	2 272
栖山镇	79	77	75	55	52	75	1	110	17 800	60 680	2 395
鹿楼镇	58	60	57	59	54	77	1	86	9 010	75 032	2 488
朱寨镇	54	53	55	51	52	75	2	259	26 960	57 145	2 031
安国镇	78	61	62	56	55	77	2	115	30 880	79 221	2 246

22-1 续表 25 （2011 年）

乡镇名称	自来水普及率（%）	生活用燃气普及率（%）	有线电视入户率（%）	农户享有卫生厕所比重(%)	住楼房户比重（%）	平均人口预期寿命（岁）	敬老院、福利院（个）	现收养人数（人）	参加农村养老保险的人数（人）	参加农村新型合作医疗人数（人）	享受最低生活保障人数（人）
铜山区											
铜山镇	100	95	100	93	93	82	1	55	5 213	46 350	7 565
何桥镇	70	48	68	50	48	75	3	120	16 089	43 966	1 375
黄集镇	94	93	99	38	80	77	2	241	21 500	48 764	1 370
马坡镇	9	39	42	94	72	78	5	100	7 083	42 907	1 326
郑集镇	100	95	99	77	88	76	3	185	16 000	48 550	1 282
柳新镇	58	96	96	65	75	72	5	160	22 107	68 520	845
刘集镇	36	80	93	41	63	77	4	164	2 578	61 780	1 520
大彭镇	70	80	80	55	60	80	1	130	2 784	55 579	1 420
汉王镇	89	51	98	62	82	73	5	116	1 835	48 638	1 310
三堡镇	70	94	80	83	65	78	2	142	14 323	38 341	1 163
棠张镇	90	97	92	87	82	70	9	180	3 800	52 300	1 220
张集镇	50	52	89	95	48	76	3	194	2 250	70 230	4 925
房村镇	27	33	67	21	62	75	6	415	23 816	68 112	2 457
伊庄镇	55	79	89	53	88	76	5	390	14 568	40 110	2 102
单集镇	90	65	85	70	52	80	4	339	27 809	63 317	3 420
徐庄镇	68	50	57	92	50	71	5	262	15 844	63 487	2 043
大许镇	75	80	97	45	60	72	3	370	26 000	67 426	2 462
茅村镇	52	72	58	59	74	71	4	108	18 736	56 643	837
柳泉镇	98	98	93	76	75	76	2	68	23 758	44 928	1 658
利国镇	99	98	95	90	94	74	6	360	2 214	57 280	897
睢宁县											
睢城镇	78	79	97	10	57	77	8	215	59 270	117 732	7 820
王集镇	55	58	75	44	33	75	2	166	22 500	75 855	3 101
双沟镇	50	56	87	26	32	75	1	68	17 535	57 332	2 152
岚山镇	50	90	92	30	22	73	2	154	34 521	78 342	3 192
李集镇	98	72	95	98	73	75	1	205	15 480	49 931	2 262
桃元镇	92	53	74	92	38	75	2	160	24 260	71 477	3 809
官山镇	50	52	54	31	16	75	1	95	20 720	73 658	3 410
高作镇	53	52	70	70	31	73	1	60	14 832	52 885	2 802
沙集镇	55	80	60	50	35	72	1	70	38 000	51 000	2 600
凌城镇	76	50	53	18	16	76	1	178	1 711	72 345	3 314
邱集镇	52	50	52	12	26	73	2	192	38 587	98 500	3 984
古邳镇	95	86	99	75	45	80	1	50	1 812	68 000	3 500
姚集镇	87	89	89	37	14	79	1	80	51 000	91 000	1 670
魏集镇	63	50	65	38	22	73	1	145	3 120	65 226	3 305
梁集镇	50	50	50	40	26	74	1	168	9 328	64 250	3 880
庆安镇	97	91	78	36	39	75	2	110	30 334	63 210	3 650

22-1　续表 26　　　　　　　　　　（2011 年）

乡镇名称	自来水普及率（%）	生活用燃气普及率（%）	有线电视入户率（%）	农户享有卫生厕所比重（%）	住楼房户比重（%）	平均人口预期寿命（岁）	敬老院、福利院（个）	现收养人数（人）	参加农村养老保险的人数（人）	参加农村新型合作医疗人数（人）	享受最低生活保障人数（人）
新沂市											
新安镇	94	96	97	48	64	75	4	154	13 682	64 793	6 654
瓦窑镇	85	68	100	24	32	75	1	296	10 623	34 676	2 480
港头镇	80	85	95	52	62	75	1	201	9 253	42 000	2 622
唐店镇	90	92	92	66	35	74	1	176	14 450	46 200	2 313
合沟镇	43	21	95	50	18	74	1	43	46 870	58 457	2 168
草桥镇	96	95	95	35	40	79	2	278	6 170	62 100	4 770
窑湾镇	59	55	78	40	42	77	1	144	8 816	61 274	2 650
棋盘镇	86	63	74	18	15	73	2	386	29 083	73 182	2 986
新店镇	85	95	98	48	18	75	1	372	16 580	41 222	1 600
邵店镇	92	80	98	80	18	72	1	105	12 062	32 568	1 264
北沟镇	60	50	90	100	33	73	1	92	5 990	30 516	1 612
时集镇	60	60	88	42	20	73	2	174	11 180	47 723	2 634
高流镇	93	86	99	53	31	72	1	82	940	56 670	320
阿湖镇	85	70	95	35	37	72	3	280	7 980	53 475	3 000
双唐镇	91	70	90	40	25	73	1	140	12 475	36 000	1 658
马陵山镇	96	94	96	36	35	75	2	163	19 500	55 814	2 279
邳州市											
运河镇	90	91	85	75	87	79	2	58	85 876	176 220	69 517
邳城镇	91	45	58	36	51	77	2	112	20 053	63 826	1 136
官湖镇	99	91	88	70	56	78	3	200	50 237	96 132	2 415
四户镇	75	43	45	30	8	72	2	110	14 500	47 500	1 305
宿羊山镇	50	90	85	51	41	80	1	142	2 000	63 000	1 230
八义集镇	80	65	85	3	6	76	3	145	32 598	65 946	1 328
土山镇	98	85	88	77	29	74	1	228	14 535	53 065	1 956
碾庄镇	82	83	69	60	33	75	2	356	33 117	77 618	1 530
港上镇	100	42	85	85	47	78	1	83	34 100	58 020	1 270
邹庄镇	80	96	98	75	70	78	2	53	12 000	47 617	20
占城镇	30	6	36	14	20	72	1	34	2 060	40 268	310
新河镇	85	56	85	70	45	78	2	250	16 500	58 600	350
八路镇	85	38	69	35	28	75	1	145	6 120	48 920	215
炮车镇	85	71	98	30	40	72	2	127	14 150	52 828	2 610
铁富镇	68	62	28	29	48	78	1	108	26 589	98 980	2 016
岔河镇	60	95	85	62	41	78	1	96	378	39 800	1 050
戴圩镇	100	63	80	33	17	74	1	38	467	22 000	540
陈楼镇	93	76	83	19	46	75	1	23	16 236	37 999	695
邢楼镇	55	90	92	17	10	76	1	120	420	45 000	280
戴庄镇	70	40	86	85	25	72	1	76	35 200	47 000	586
车辐山镇	36	16	83	35	30	76	2	115	2 350	38 560	630
燕子埠镇	90	48	24	10	13	77	1	110	1 000	33 000	1 368
赵墩镇	71	33	25	33	7	71	1	28	23 700	87 550	3 200
议堂镇	60	81	40	10	27	74	1	51	10 486	32 817	1 611

22–2　分镇建成区主要经济指标

（2011 年）

乡镇名称	建成区占地面积（公顷）	工业园区面积（公顷）	公共绿地面积（公顷）	建成区总户数（户）	建成区总人口（人）	暂住人口（人）	建成区从业人员数（人）	#从事二三产业人员	固定资产投资完成额(万元)	建成区企业营业收入(万元)	自来水普及率（%）
贾汪区											
贾汪镇	192		58	4 431	14 328	96	6 425	6 316	10 142	22 913	100
青山泉镇	658	412	303	12 402	42 649	2 026	15 902	14 805	312 862	1 042 800	100
大吴镇	534	90	259	16 398	52 061	2 172	19 518	16 543	101 328	78 998	100
紫庄镇	649	27	175	4 965	16 493	54	8 542	7 170	10 980	16 974	100
塔山镇	550	30	140	4 375	15 205	320	8 795	6 335	26 933	19 217	100
汴塘镇	348		84	2 374	8 517	62	5 877	3 716	6 300	387	89
江庄镇	320	180	96	920	3 880	130	2 500	1 700	38 190	68 690	80
金山桥											
大黄山镇	400	180	120	6 235	22 489	1 217	11 426	10 815	165 360	341 785	97
大庙镇	660	58	380	16 392	58 800		26 925	23 666	628 341	1 535 294	100
丰　县											
凤城镇	182	48	58	4 127	14 510	195	12 158	9 561	61 200	21 523	87
首羡镇	213	53	26	3 362	9 985	899	4 085	2 598	15 325	23 687	90
顺河镇	320	121	48	2 861	11 136	260	6 126	4 721	20 815	63 824	80
常店镇	270	30	32	2 650	8 970	50	4 990	3 895	18 750	15 500	95
欢口镇	461	300	69	13 037	39 646	2 360	18 300	14 520	114 000	393 200	100
师寨镇	157	60	22	2 030	9 598	470	3 670	3 400	15 000	16 040	95
华山镇	415	90	83	9 187	34 800	720	13 000	9 600	15 122	26 120	100
梁寨镇	270	30	49	5 637	16 832	1 150	9 836	7 088	18 600	32 080	80
范楼镇	201	31	32	2 519	9 585	165	3 782	2 566	1 786	7 880	80
孙楼镇	140	47	28	2 518	6 252	90	4 689	4 092	11 032	19 737	50
宋楼镇	226	52	34	3 940	9 988	545	4 388	4 122	11 020	7 920	85
大沙河镇	174	45	35	2 045	9 220	418	3 462	2 892	20 764	21 070	95
王沟镇	195	50	23	2 750	10 850	480	4 580	2 080	5 700	28 500	80
赵庄镇	295	115	44	4 600	17 400	200	10 890	9 870	29 190	89 500	100
沛　县											
龙固镇	618	320	284	9 560	42 516	5 800	21 026	17 850	20 210	341 000	100
杨屯镇	175	46	56	5 674	19 600	505	10 512	7 550	25 200	196 200	59
大屯镇	460	87	195	8 753	36 299	1 008	13 293	13 155	286 520	528 900	99
沛城镇	980	80	100	53 675	134 215	6 700	69 127	63 029	192 135	354 612	100
胡寨镇	134	15	6	870	3 400	300	1 200	800	8 840	11 964	92
魏庙镇	156	38	24	3 390	10 270	1 260	5 300	3 300	18 879	77 642	89
五段镇	95	22	10	1 842	7 021	458	4 123	2 951	1 254	51 094	100
张庄镇	506	300	68	7 892	25 256	4 127	15 380	11 320	64 918	21 340	100
张寨镇	71	20	8	1 219	5 565	12	2 950	2 445	13 200	11 600	95
敬安镇	360	200	100	9 264	32 425	210	14 322	11 210	95 000	334 530	96
河口镇	105	28	33	1 235	5 210	187	3 460	2 615	17 500	20 150	55
栖山镇	65	50	25	1 760	6 730	115	22 620	18 050	8 900	20 300	98
鹿楼镇	135	9	15	2 519	9 860	21	4 862	3 013	5 050	610	54
朱寨镇	100	8	10	1 517	5 890		2 894	2 599	3 500	3 200	80
安国镇	245	18	25	7 416	25 199	782	5 318	4 978	11 000	25 000	100

22-2　续表 1　　　　（2011 年）

乡镇名称	建成区占地面积（公顷）	工业园区面积（公顷）	公共绿地面积（公顷）	建成区总户数（户）	建成区总人口（人）	暂住人口（人）	建成区从业人员数（人）	# 从事二三产业人员	固定资产投资完成额（万元）	建成区企业营业收入（万元）	自来水普及率（%）
铜山区											
铜山镇	4 133	1 330	1 510	39 136	150 001	5 000	65 200	53 000	300 456	1 537 852	100
何桥镇	295	50	73	1 663	4 210	186	2 230	1 960	7 950	3 100	50
黄集镇	550	400	90	3 500	12 080	424	4 200	3 000	27 000	42 000	99
马坡镇	229	220	11	2 342	10 405	558	4 795	2 100	6 554	41 350	45
郑集镇	220	16	99	7 500	35 150	735	13 680	8 578	65 000	83 180	100
柳新镇	610	126	250	4 276	27 106	4 300	13 100	9 530	9 310	212 160	95
刘集镇	718	46	42	2 765	11 034	512	8 479	1 924	17 245	89 367	91
大彭镇	250	70	6	2 118	8 124	574	5 356	2 880	21 010	18 500	100
汉王镇	335	223	164	1 729	8 600	975	3 259	2 479	10 495	10 953	99
三堡镇	400	212	88	5 968	18 500	507	7 693	5 098	11 578	27 012	100
棠张镇	450	180	390	8 200	16 500	3 200	15 800	11 200	173 000	201 000	100
张集镇	410	330	40	3 250	6 720	2 810	3 850	2 500	12 560	20 560	57
房村镇	215	34	21	2 169	8 781	172	5 116	4 127	3 670	44 290	63
伊庄镇	220	150	13	2 365	7 274	699	2 764	1 550	36 120	45 328	99
单集镇	246	155	10	4 596	13 402	307	5 039	4 725	69 764	44 624	100
徐庄镇	320	206	68	7 634	29 436	758	14 022	5 792	16 720	5 206	79
大许镇	410	213	60	7 560	28 750	9 675	9 120	7 235	205 170	55 610	98
茅村镇	320	146	114	13 728	34 560	1 530	12 250	9 028	12 300	82 600	100
柳泉镇	283	226	17	3 770	21 200	1 226	12 810	5 510	569 450	647 531	100
利国镇	323	72	30	6 027	26 160	258	11 824	9 317	401 720	1 761 410	100
睢宁县											
睢城镇	3 720	1 900	402	63 375	202 800	40 142	80 060	73 010	105 430	237 750	97
王集镇	475		58	3 572	18 377	1 078	12 115	8 514	13 450	58 470	99
双沟镇	500	200	52	4 620	16 539	230	12 229	7 947	12 610	36 170	80
岚山镇	732	100	6	6 946	25 671	113	4 976	2 150	29 123	12 632	93
李集镇	508	80	240	6 889	24 817	713	10 808	9 205	61 204	88 539	100
桃元镇	345	155	4	4 923	19 812	596	9 642	6 106	20 225	145 020	96
官山镇	345	15	6	2 074	6 582	385	5 328	3 410	8 522	46 268	92
高作镇	260	95	50	5 924	17 976	1 307	12 856	11 323	6 214	20 431	90
沙集镇	480	210	90	4 100	15 950		11 500	10 600	11 420	34 900	50
凌城镇	350	68	3	4 853	19 782	263	9 685	7 870	19 000	17 400	80
邱集镇	353	30	30	5 600	21 000	220	11 000	8 050	10 500	40 130	98
古邳镇	680	289	67	5 433	30 438	2 500	22 100	11 300	14 500	33 600	99
姚集镇	580	120	16	4 170	18 715	110	9 000	8 700	18 000	750	99
魏集镇	725	20	4	6 350	16 810	141	7 180	5 500	14 000	20 150	83
梁集镇	229	71	10	2 635	10 526	2 360	6 998	3 489	6 954	56 987	40
庆安镇	298	40	72	3 870	16 230	1 190	8 670	6 232	31 680	81 200	98

22-2 续表 2 （2011 年）

乡镇名称	建成区占地面积（公顷）	工业园区面积（公顷）	公共绿地面积（公顷）	建成区总户数（户）	建成区总人口（人）	暂住人口（人）	建成区从业人员数（人）	#从事二三产业人员	固定资产投资完成额（万元）	建成区企业营业收入（万元）	自来水普及率（%）
新沂市											
新安镇	985		328	20 835	74 985	10 483	24 212	19 246	97 183	181 387	98
瓦窑镇	256	243	45	4 203	16 254	1 126	9 850	8 375	32 050	110 320	100
港头镇	260	41	76	1 844	7 312	562	5 786	4 722	52 143	65 932	93
唐店镇	420	800	102	4 715	15 248	1 222	5 528	4 362	31 280	51 042	100
合沟镇	400	60	121	923	5 987	109	2 684	2 115	1 102	870	95
草桥镇	687	278	158	6 917	38 717	4 264	26 851	25 672	24 240	75 630	100
窑湾镇	410		139	8 239	26 454	1 800	9 908	6 539	48 950	58 800	97
棋盘镇	512	400	186	6 586	20 900	326	8 126	2 689	9 860	32 120	99
新店镇	260		46	2 180	8 500	2 200	4 500	4 100	960	9 500	100
邵店镇	395		108	3 780	11 350	214	3 680	3 516	16 530	33 560	96
北沟镇	1 000	800	184	1 108	5 049	2 103	4 277	4 156	34 024	11 093	100
时集镇	178	200	42	2 451	8 640	136	6 421	3 286	4 200	65 000	87
高流镇	440		127	5 810	17 300	1 100	9 200	6 800	18 000	37 100	94
阿湖镇	500	360	120	2 100	6 300	800	3 100	2 800	5 700	1 400	100
双唐镇	365	230	76	2 200	5 005	350	3 207	2 924	13 000	43 800	80
马陵山镇	300		103	11 205	33 048	1 128	14 782	13 240	150 000	96 000	100
邳州市											
运河镇	4 208	427	344	65 623	210 109	24 782	95 729	92 255	589 634	1 219 306	95
邳城镇	47		31	6 118	31 698		15 858	12 982	11 200	90 766	95
官湖镇	998	416	168	9 028	45 211	19 381	43 815	40 185	51 386	813 652	100
四户镇	400	9	8	2 180	7 950	267	6 100	5 360	7 260	17 500	92
宿羊山镇	62		32	3 014	10 910	1 477	11 402	11 402	138 750	133 500	90
八义集镇	335	6	5	1 490	6 842	310	3 520	3 396	27 680	23 600	50
土山镇	312	110	58	3 060	18 947	1 346	8 647	6 365	22 692	112 531	100
碾庄镇	266	108	85	7 069	25 346	1 129	12 923	11 056	89 260	192 150	100
港上镇	350	120	85	3 270	15 400	330	9 974	7 144	10 900	11 000	100
邹庄镇	500	340	50	2 148	7 691	723	6 180	3 485	45 000	29 000	99
占城镇	180	20	1	596	2 036	46	505	312	4 650	1 980	55
新河镇	360	25	10	1 500	6 550	350	3 200	2 100	22 000	98 000	95
八路镇	165	22	28	2 175	12 830	320	4 106	3 870	37 890	27 450	75
炮车镇	600	600	87	6 318	25 100	3 313	18 117	15 756	10 571	100 571	99
铁富镇	680	215	48	1 260	6 896	1 890	8 636	5 086	28 500	68 600	88
岔河镇	110	40	28	2 020	8 170	260	4 210	2 850	10 200	7 550	100
戴圩镇	86	10	2	1 888	9 600	922	5 346	3 987	2 703	7 231	100
陈楼镇	320	260	76	2 600	6 952	223	4 963	4 200	39 600	266 455	86
邢楼镇	170	13	23	900	3 800		3 600	3 500	860	70 000	96
戴庄镇	180	100	21	1 688	7 180	320	5 200	2 850	32 000	17 600	100
车辐山镇	395	32	11	1 810	7 650	170	4 905	4 200	6 302	5 560	83
燕子埠镇	90	25	25	920	3 655	279	1 800	900	10 200	26 000	90
赵墩镇	410	300	85	1 595	8 210	75	4 550	1 720	29 050	56 740	25
议堂镇	250	100	52	1 496	6 378	1 205	5 961	5 961	86 553	88 274	100

22-2 续表 3 （2011 年）

乡镇名称	生活用燃气普及率（%）	有线电视入户率（%）	绿化覆盖率（%）	排水管道覆盖率（%）	污水处理率（%）	人均住房面积（平方米）	人均年生活用电量（度）	互联网上网用户（户）
贾汪区								
贾汪镇	98	98	30	70	70	32	186	208
青山泉镇	93	94	46	78	79	36	198	3 129
大吴镇	98	98	49	100	94	35	238	4 312
紫庄镇	98	99	27	96		40	228	1 469
塔山镇	50	75	26	96	22	40	240	1 848
汴塘镇	97	98	24	49		32	79	91
江庄镇	72	98	30	42		35	115	126
金山桥								
大黄山镇	59	96	30	72		36	490	2 129
大庙镇	100	99	58	100	100	50	380	7 800
丰　县								
凤城镇	95	95	32	48		34	160	1 500
首羡镇	60	92	12	40		30	191	426
顺河镇	95	98	15	75		45	160	752
常店镇	90	97	12	70		37	170	480
欢口镇	92	95	15	100		39	155	1 360
师寨镇	95	100	14	60		30	160	1 300
华山镇	98	98	20	60		36	166	1 500
梁寨镇	92	92	18	65		33	150	580
范楼镇	71	95	16	73		30	195	128
孙楼镇	60	90	20	50		30	150	1 120
宋楼镇	60	90	15	38		35	145	1 560
大沙河镇	80	80	20	40		30	160	740
王沟镇	65	80	12	20		30	130	1 660
赵庄镇	98	98	15	55		38	180	1 200
沛　县								
龙固镇	80	95	46	100		30	265	1 980
杨屯镇	58	93	32	100		25	150	910
大屯镇	97	83	42	100	100	50	365	7 500
沛城镇	98	92	10	81	92	37	393	23 917
胡寨镇	96	85	12	90		40	306	460
魏庙镇	98	70	15	100		30	165	550
五段镇	100	95	11	95		60	168	523
张庄镇	96	81	13	98	28	53	274	2 589
张寨镇	75	95	11	25		35	300	580
敬安镇	85	98	28	90		42	272	2 100
河口镇	53	61	31	37		48	105	750
栖山镇	89	85	39	20	10	48	395	790
鹿楼镇	60	78	11	22	83	22	37	137
朱寨镇	64	85	10	4		41	232	60
安国镇	86	88	10	98		22	348	2 218

22-2 续表 4 （2011 年）

乡镇名称	生活用燃气普及率（%）	有线电视入户率（%）	绿化覆盖率（%）	排水管道覆盖率（%）	污水处理率（%）	人均住房面积（平方米）	人均年生活用电量（度）	互联网上网用户（户）
铜山区								
铜山镇	100	100	37	100	100	72	303	27 603
何桥镇	90	100	25	95	93	51	284	1 350
黄集镇	93	99	16	98	75	28	260	980
马坡镇	96	86	5	100	35	42	271	605
郑集镇	100	100	45	100	100	57	377	4 390
柳新镇	100	100	41	100	95	41	320	3 200
刘集镇	97	98	6	92	69	48	367	367
大彭镇	90	95	2	100	90	45	322	410
汉王镇	86	98	49	97	99	37	317	689
三堡镇	100	96	22	100	78	48	268	3 252
棠张镇	100	100	87	95	100	48	350	2 640
张集镇	75	95	10	90	36	61	302	820
房村镇	92	83	10	100	61	40	377	321
伊庄镇	88	93	6	58	46	48	364	1 047
单集镇	80	95	4	100	50	50	469	1 470
徐庄镇	63	71	21	70	68	37	426	524
大许镇	97	97	15	95	90	45	370	2 550
茅村镇	78	95	36	100	66	47	540	5 520
柳泉镇	99	98	6	90	60	65	310	990
利国镇	98	99	9	100	70	49	402	2 915
睢宁县								
睢城镇	98	97	11	97	50	45	200	11 070
王集镇	99	99	12	99		40	173	1 895
双沟镇	82	85	10	33	12	40	298	1 296
岚山镇	93	100	5	50	29	30	200	215
李集镇	95	97	47	94	40	48	52	100
桃元镇	58	86	5	82	20	40	66	825
官山镇	97	90	5	100	21	40	200	682
高作镇	99	99	19	86		65	336	2 125
沙集镇	90	90	19	95		48	280	4 000
凌城镇	88	85	5	85	18	30	328	680
邱集镇	80	90	10	85	32	32	91	650
古邳镇	99	99	11	92	46	72	156	951
姚集镇	95	98	7	90	50	38	62	75
魏集镇	63	78	4	59	13	39	149	156
梁集镇	95	65	9	30	30	42	114	380
庆安镇	92	88	24	86		54	280	413

22-2　续表 5　　（2011 年）

乡镇名称	生活用燃气普及率（%）	有线电视入户率（%）	绿化覆盖率（%）	排水管道覆盖率（%）	污水处理率（%）	人均住房面积（平方米）	人均年生活用电量（度）	互联网上网用户（户）
新沂市								
新安镇	98	97	33	95	96	64	320	13 916
瓦窑镇	97	100	17	97	85	55	255	756
港头镇	95	98	29	88	9	65	145	522
唐店镇	98	100	24	85	75	42	270	1 850
合沟镇	65	100	30	95	20	48	142	899
草桥镇	100	100	22	100	100	58	270	910
窑湾镇	98	99	33	87	22	36	220	1 200
棋盘镇	98	98	36	65		32	162	656
新店镇	100	100	17	94	90	42	252	2 000
邵店镇	95	98	27	75	15	36	110	2 100
北沟镇	90	95	18	16		45	402	436
时集镇	89	100	23	100		51	240	1 008
高流镇	93	100	28	98	98	40	260	990
阿湖镇	95	100	24	50		32	140	1 060
双唐镇	98	98	20	75	50	30	350	744
马陵山镇	100	100	34	96	35	69	250	4 700
邳州市								
运河镇	96	95	8	92	95	34	245	34 876
邳城镇	68	68	66	76	55	31	364	1 365
官湖镇	95	95	17	90	90	46	165	5 300
四户镇	57	58	2	75		30	72	230
宿羊山镇	90	95	52	90		35	401	551
八义集镇	92	70	2	80	10	53	73	530
土山镇	92	100	19	95	72	44	102	2 968
碾庄镇	92	91	32	90	90	42	136	823
港上镇	80	100	24	100	100	35	125	507
邹庄镇	99	100	10	100	100	60	70	1 856
占城镇	53	72	1	33	20	35	155	405
新河镇	98	96	3	95	30	45	150	350
八路镇	61	95	17	91		30	98	1 890
炮车镇	99	100	15	98	20	38	190	1 750
铁富镇	69	56	7	78		48	68	780
岔河镇	100	100	25	70	70	29	136	310
戴圩镇	60	88	2	92		32	162	428
陈楼镇	88	96	24	26		31	100	1 980
邢楼镇	97	95	14	100	100	50	45	450
戴庄镇	100	100	12	100	85	36	110	712
车辐山镇	66	100	3	95	20	83	150	620
燕子埠镇	80	100	28	35	30	36	220	380
赵墩镇	38	33	21	82	33	44	102	142
议堂镇	99	100	21	94	11	37	130	866

22-3　分镇主要经济指标排序(2011年)

行政区域面积

排序	乡镇名称	绝对量（公顷）	排序	乡镇名称	绝对量（公顷）	排序	乡镇名称	绝对量（公顷）
1	新沂市棋盘镇	16 735	39	丰县师寨镇	10 450	77	丰县常店镇	7 727
2	睢宁县姚集镇	16 700	40	新沂市草桥镇	10 025	78	邳州市燕子埠镇	7 700
3	铜山区张集镇	14 800	41	睢宁县双沟镇	9 827	79	铜山区大彭镇	7 600
4	睢宁县邱集镇	14 079	42	邳州市新河镇	9 797	80	邳州市运河镇	7 565
5	铜山区房村镇	13 600	43	邳州市邢楼镇	9 650	81	贾汪区江庄镇	7 496
6	沛县安国镇	13 328	44	沛县敬安镇	9 600	82	铜山区何桥镇	7 400
7	铜山区徐庄镇	13 259	44	睢宁县睢城镇	9 600	83	邳州市戴庄镇	7 373
8	铜山区单集镇	13 210	46	邳州市车辐山镇	9 500	84	邳州市邹庄镇	7 366
9	睢宁县王集镇	13 152	47	贾汪区塔山镇	9 468	85	铜山区三堡镇	7 157
10	睢宁县魏集镇	12 938	48	睢宁县凌城镇	9 365	86	邳州市岔河镇	7 030
11	铜山区大许镇	12 900	49	铜山区汉王镇	9 300	87	铜山区马坡镇	6 900
12	睢宁县岚山镇	12 837	50	新沂市双唐镇	9 200	88	铜山区郑集镇	6 800
13	新沂市新店镇	12 800	51	邳州市八义集镇	9 112	89	邳州市八路镇	6 695
14	丰县王沟镇	12 621	52	丰县赵庄镇	9 100	90	贾汪区紫庄镇	6 668
15	新沂市阿湖镇	12 545	53	邳州市邳城镇	9 028	91	贾汪区大吴镇	6 620
16	沛县鹿楼镇	12 540	54	邳州市宿羊山镇	9 013	92	丰县孙楼镇	6 608
17	睢宁县官山镇	12 528	55	沛县栖山镇	8 951	93	邳州市港上镇	6 400
18	邳州市铁富镇	12 444	56	邳州市占城镇	8 900	94	邳州市土山镇	6 380
19	丰县宋楼镇	12 214	57	邳州市官湖镇	8 880	95	睢宁县李集镇	6 368
20	新沂市高流镇	12 190	58	丰县梁寨镇	8 680	96	睢宁县高作镇	6 227
21	丰县首羡镇	12 176	59	丰县顺河镇	8 648	97	邳州市炮车镇	6 225
22	新沂市时集镇	12 119	60	铜山区伊庄镇	8 560	98	丰县凤城镇	6 197
23	邳州市碾庄镇	12 100	61	铜山区柳新镇	8 500	99	新沂市瓦窑镇	6 172
23	邳州市赵墩镇	12 000	61	铜山区棠张镇	8 500	99	新沂市合沟镇	6 172
25	丰县范楼镇	11 610	63	铜山区茅村镇	8 396	101	新沂市邵店镇	5 845
26	新沂市窑湾镇	11 597	64	贾汪区青山泉镇	8 366	102	邳州市议堂镇	5 760
27	睢宁县庆安镇	11 571	65	铜山区刘集镇	8 360	103	沛县大屯镇	5 540
28	丰县华山镇	11 300	66	金山桥开发区大庙镇	8 346	104	沛县龙固镇	5 302
29	沛县张庄镇	11 200	67	铜山区黄集镇	8 340	105	沛县魏庙镇	5 200
30	睢宁县梁集镇	11 036	68	新沂市唐店镇	8 260	106	铜山区铜山镇	5 000
31	睢宁县桃园镇	10 900	69	沛县河口镇	8 257	107	沛县五段镇	4 700
32	睢宁县古邳镇	10 666	70	丰县大沙河镇	8 150	108	沛县胡寨镇	4 594
33	沛县张寨镇	10 634	71	邳州市四户镇	8 100	109	金山桥开发区大黄山镇	4 300
34	新沂市马陵山镇	10 600	72	贾汪区贾汪镇	7 956	110	沛县杨屯镇	4 100
35	沛县沛城镇	10 560	73	沛县朱寨镇	7 900	111	睢宁县沙集镇	4 000
36	铜山区柳泉镇	10 520	74	新沂市新安镇	7 856	112	邳州市陈楼镇	3 667
37	贾汪区汴塘镇	10 500	75	新沂市港头镇	7 818	113	邳州市戴圩镇	3 478
37	丰县欢口镇	10 500	76	铜山区利国镇	7 769	114	新沂市北沟镇	3 400

22-3 续表 1

财政总收入

排序	乡镇名称	绝对量（万元）	排序	乡镇名称	绝对量（万元）	排序	乡镇名称	绝对量（万元）
1	铜山区铜山镇	291 831	39	新沂市草桥镇	11 335	77	铜山区房村镇	6 749
2	邳州市运河镇	97 257	40	新沂市窑湾镇	11 216	78	睢宁县桃园镇	6 745
3	丰县凤城镇	94 451	41	沛县朱寨镇	11 164	79	睢宁县庆安镇	6 608
4	沛县沛城镇	70 806	42	睢宁县梁集镇	10 955	80	丰县顺河镇	6 602
5	新沂市新安镇	67 541	43	邳州市赵墩镇	10 766	81	邳州市八义集镇	6 500
6	睢宁县睢城镇	65 400	44	新沂市唐店镇	10 194	82	丰县孙楼镇	6 381
7	贾汪区青山泉镇	61 227	45	丰县欢口镇	10 080	83	铜山区黄集镇	6 299
8	沛县大屯镇	59 119	46	新沂市合沟镇	9 426	84	铜山区徐庄镇	6 098
9	铜山区利国镇	56 812	47	铜山区大彭镇	9 392	85	铜山区单集镇	5 959
10	贾汪区大吴镇	55 289	48	沛县魏庙镇	9 203	86	丰县师寨镇	5 941
11	金山桥开发区大庙镇	49 727	49	邳州市岔河镇	9 113	87	睢宁县沙集镇	5 928
12	金山桥开发区大黄山镇	43 422	50	邳州市宿羊山镇	8 903	88	沛县栖山镇	5 915
13	邳州市官湖镇	42 555	51	邳州市邹庄镇	8 860	89	新沂市时集镇	5 891
14	铜山区柳新镇	35 484	52	丰县梁寨镇	8 810	90	睢宁县邱集镇	5 614
15	沛县龙固镇	33 042	53	新沂市港头镇	8 794	91	丰县宋楼镇	5 411
16	邳州市炮车镇	27 787	54	铜山区郑集镇	8 573	92	丰县赵庄镇	5 323
17	贾汪区江庄镇	24 577	55	铜山区刘集镇	8 406	93	睢宁县魏集镇	5 056
18	丰县首羡镇	23 423	56	新沂市棋盘镇	8 398	94	丰县大沙河镇	4 897
19	新沂市瓦窑镇	21 354	57	沛县五段镇	8 377	95	睢宁县王集镇	4 870
20	邳州市碾庄镇	20 262	58	沛县胡寨镇	8 344	96	铜山区大许镇	4 809
21	贾汪区贾汪镇	20 148	59	沛县张寨镇	8 314	97	邳州市土山镇	4 750
22	铜山区柳泉镇	20 115	60	沛县鹿楼镇	8 158	98	睢宁县岚山镇	4 720
23	沛县敬安镇	19 031	61	新沂市阿湖镇	8 123	99	邳州市新河镇	4 680
24	邳州市铁富镇	17 535	62	新沂市北沟镇	7 993	100	铜山区何桥镇	4 641
25	铜山区汉王镇	16 411	63	丰县华山镇	7 983	101	丰县王沟镇	4 562
26	铜山区三堡镇	16 154	64	新沂市高流镇	7 929	102	睢宁县官山镇	4 528
27	沛县杨屯镇	15 451	65	睢宁县凌城镇	7 677	103	邳州市车辐山镇	4 441
28	邳州市陈楼镇	14 847	66	睢宁县双沟镇	7 552	104	新沂市新店镇	4 240
29	沛县安国镇	14 265	67	铜山区马坡镇	7 521	105	邳州市八路镇	4 205
30	新沂市双唐镇	14 195	68	新沂市邵店镇	7 204	106	铜山区伊庄镇	4 194
31	睢宁县高作镇	13 963	69	睢宁县李集镇	7 147	107	睢宁县姚集镇	3 844
32	沛县张庄镇	13 478	70	丰县范楼镇	7 099	108	邳州市戴庄镇	3 837
33	铜山区张集镇	13 465	71	新沂市马陵山镇	7 040	109	邳州市燕子埠镇	3 825
34	邳州市港上镇	13 044	72	邳州市邢楼镇	7 000	110	睢宁县古邳镇	3 800
35	邳州市议堂镇	13 015	73	丰县常店镇	6 981	111	贾汪区塔山镇	3 791
36	铜山区茅村镇	12 324	74	邳州市戴圩镇	6 942	112	邳州市占城镇	3 221
37	铜山区棠张镇	11 728	75	邳州市邳城镇	6 884	113	贾汪区紫庄镇	2 836
38	邳州市四户镇	11 546	76	沛县河口镇	6 871	114	贾汪区汴塘镇	1 713

22-3 续表 2

固定资产投资完成额

排序	乡镇名称	绝对量（万元）	排序	乡镇名称	绝对量（万元）	排序	乡镇名称	绝对量（万元）
1	铜山区铜山镇	1 339 329	39	沛县张庄镇	160 000	77	新沂市新店镇	64 857
2	丰县凤城镇	1 152 650	40	邳州市陈楼镇	159 635	78	睢宁县邱集镇	62 930
3	新沂市新安镇	1 101 000	41	沛县张寨镇	158 300	79	睢宁县凌城镇	62 700
4	铜山区柳泉镇	778 027	42	新沂市瓦窑镇	158 000	80	睢宁县岚山镇	61 863
5	邳州市运河镇	737 790	43	沛县朱寨镇	154 370	81	铜山区马坡镇	61 357
6	金山桥开发区大庙镇	643 125	44	新沂市棋盘镇	153 300	82	睢宁县姚集镇	60 000
7	铜山区三堡镇	587 499	45	邳州市八义集镇	150 938	83	睢宁县官山镇	59 041
8	沛县大屯镇	513 200	46	沛县栖山镇	150 600	84	丰县常店镇	58 720
9	铜山区何桥镇	494 300	47	沛县胡寨镇	150 351	85	睢宁县王集镇	56 450
10	铜山区利国镇	492 500	48	铜山区黄集镇	146 300	86	邳州市戴庄镇	56 000
11	新沂市草桥镇	491 485	49	新沂市双唐镇	145 500	87	睢宁县双沟镇	54 441
12	贾汪区大吴镇	489 428	50	沛县魏庙镇	136 000	88	邳州市赵墩镇	54 390
13	铜山区茅村镇	470 000	51	沛县河口镇	135 700	89	丰县首羡镇	54 270
14	铜山区大许镇	453 850	52	睢宁县睢城镇	131 200	90	睢宁县桃园镇	49 798
15	邳州市炮车镇	450 000	53	丰县欢口镇	131 100	91	丰县梁寨镇	46 000
16	贾汪区青山泉镇	423 178	54	铜山区大彭镇	124 800	92	邳州市新河镇	45 000
17	铜山区伊庄镇	391 880	55	邳州市土山镇	123 568	93	丰县王沟镇	42 320
18	沛县敬安镇	386 000	56	新沂市邵店镇	123 300	94	邳州市占城镇	42 310
19	贾汪区江庄镇	326 256	57	邳州市铁富镇	108 966	95	睢宁县魏集镇	41 678
20	铜山区徐庄镇	306 464	58	铜山区单集镇	105 511	96	丰县孙楼镇	41 320
21	邳州市官湖镇	298 165	59	睢宁县梁集镇	103 000	97	新沂市北沟镇	40 120
22	铜山区棠张镇	276 000	60	贾汪区贾汪镇	101 303	98	邳州市燕子埠镇	40 000
23	沛县沛城镇	268 136	61	丰县赵庄镇	101 140	99	贾汪区紫庄镇	39 668
24	邳州市议堂镇	268 126	62	睢宁县高作镇	96 525	100	沛县安国镇	39 300
25	沛县龙固镇	267 980	63	贾汪区塔山镇	90 515	101	贾汪区汴塘镇	38 240
26	铜山区张集镇	265 600	64	睢宁县沙集镇	84 200	102	睢宁县古邳镇	38 000
27	邳州市碾庄镇	240 900	65	邳州市邳城镇	83 630	103	丰县范楼镇	35 187
28	铜山区柳新镇	235 480	66	邳州市邹庄镇	80 340	104	丰县华山镇	32 000
29	铜山区汉王镇	230 305	67	邳州市岔河镇	79 500	105	丰县宋楼镇	30 484
30	新沂市唐店镇	217 784	68	睢宁县庆安镇	76 712	106	新沂市高流镇	27 000
31	铜山区郑集镇	213 914	69	睢宁县李集镇	76 585	107	新沂市合沟镇	18 691
32	铜山区房村镇	211 695	70	丰县顺河镇	72 800	108	沛县五段镇	13 911
33	金山桥开发区大黄山镇	205 776	71	铜山区刘集镇	72 560	109	邳州市港上镇	10 920
34	新沂市马陵山镇	197 000	72	邳州市八路镇	70 950	110	邳州市邢楼镇	10 000
35	新沂市港头镇	168 500	73	新沂市窑湾镇	68 969	110	新沂市阿湖镇	10 000
36	沛县杨屯镇	164 620	74	丰县大沙河镇	68 128	112	沛县鹿楼镇	9 815
37	邳州市戴圩镇	163 541	75	丰县师寨镇	65 600	113	邳州市四户镇	8 300
38	邳州市宿羊山镇	162 153	76	新沂市时集镇	65 000	114	邳州市车辐山镇	7 256

22-3　续表 3

年末各项存款余额

排序	乡镇名称	绝对量（万元）	排序	乡镇名称	绝对量（万元）	排序	乡镇名称	绝对量（万元）
1	铜山区铜山镇	1 874 715	39	铜山区利国镇	42 381	76	丰县华山镇	19 855
2	睢宁县睢城镇	934 318	40	沛县朱寨镇	42 032	78	睢宁县沙集镇	19 800
3	邳州市运河镇	479 254	41	睢宁县古邳镇	42 000	79	睢宁县梁集镇	19 582
4	沛县沛城镇	189 235	42	沛县河口镇	41 675	80	邳州市邹庄镇	18 976
5	贾汪区大吴镇	136 327	43	睢宁县魏集镇	39 860	81	新沂市马陵山镇	18 610
6	金山桥开发区大庙镇	114 835	44	铜山区棠张镇	39 625	82	铜山区郑集镇	18 450
7	铜山区茅村镇	113 910	45	睢宁县凌城镇	39 362	83	丰县宋楼镇	18 350
8	沛县张庄镇	95 932	46	丰县大沙河镇	36 648	84	邳州市邳城镇	18 200
9	沛县大屯镇	95 129	47	铜山区大许镇	36 600	85	邳州市岔河镇	18 080
9	邳州市官湖镇	91 395	48	新沂市新店镇	35 592	86	丰县孙楼镇	18 000
11	沛县龙固镇	88 996	49	睢宁县官山镇	35 024	87	邳州市八义集镇	17 230
12	金山桥开发区大黄山镇	81 377	50	沛县魏庙镇	32 920	88	新沂市阿湖镇	17 000
13	丰县欢口镇	73 237	51	丰县师寨镇	32 780	89	沛县五段镇	16 741
14	贾汪区青山泉镇	70 741	52	铜山区刘集镇	32 483	90	铜山区单集镇	16 507
15	睢宁县王集镇	69 545	53	丰县常店镇	31 520	91	铜山区徐庄镇	16 240
16	铜山区三堡镇	69 438	54	铜山区大彭镇	31 200	92	沛县胡寨镇	16 051
17	沛县张寨镇	68 400	55	沛县栖山镇	29 900	93	贾汪区汴塘镇	15 021
18	睢宁县双沟镇	63 335	56	沛县鹿楼镇	29 859	94	新沂市唐店镇	14 986
19	睢宁县李集镇	62 637	57	沛县安国镇	29 036	95	新沂市双唐镇	14 593
20	睢宁县桃园镇	60 899	58	邳州市赵墩镇	28 950	96	新沂市港头镇	14 526
21	铜山区汉王镇	58 599	59	铜山区黄集镇	28 480	97	新沂市高流镇	12 600
22	睢宁县姚集镇	57 500	60	新沂市草桥镇	27 800	98	邳州市新河镇	12 500
23	丰县首羡镇	56 956	61	邳州市炮车镇	27 030	99	邳州市陈楼镇	12 300
24	睢宁县高作镇	53 100	62	邳州市铁富镇	26 698	100	新沂市棋盘镇	12 110
25	沛县杨屯镇	52 900	63	贾汪区贾汪镇	26 546	101	新沂市时集镇	12 070
26	邳州市土山镇	50 456	64	丰县梁寨镇	26 380	102	新沂市合沟镇	11 820
27	睢宁县邱集镇	50 079	65	铜山区何桥镇	26 000	103	新沂市北沟镇	10 264
28	丰县赵庄镇	50 000	66	丰县范楼镇	25 640	104	铜山区伊庄镇	9 865
29	贾汪区塔山镇	48 659	67	铜山区房村镇	25 625	105	邳州市戴庄镇	9 200
30	邳州市碾庄镇	48 623	68	新沂市窑湾镇	25 440	106	邳州市宿羊山镇	9 102
31	铜山区柳泉镇	46 525	69	沛县敬安镇	25 160	107	邳州市邢楼镇	9 100
32	贾汪区紫庄镇	46 395	70	新沂市邵店镇	24 800	108	新沂市瓦窑镇	8 245
33	铜山区柳新镇	45 610	71	丰县凤城镇	23 200	109	邳州市八路镇	7 520
34	睢宁县岚山镇	45 504	72	贾汪区江庄镇	22 652	110	铜山区马坡镇	7 264
35	丰县顺河镇	45 500	73	铜山区张集镇	21 325	111	邳州市车辐山镇	6 580
36	新沂市新安镇	44 413	74	邳州市港上镇	20 380	112	邳州市戴圩镇	5 416
37	丰县王沟镇	44 008	75	邳州市四户镇	20 030	113	邳州市占城镇	3 021
38	睢宁县庆安镇	42 385	76	邳州市议堂镇	19 855	114	邳州市燕子埠镇	2 800

农民人均纯收入

22-3 续表 4

排序	乡镇名称	绝对量（元）	排序	乡镇名称	绝对量（元）	排序	乡镇名称	绝对量（元）
1	铜山区利国镇	15 565	39	沛县朱寨镇	10 021	77	铜山区伊庄镇	8 734
2	铜山区柳新镇	15 348	40	铜山区马坡镇	10 003	78	丰县首羡镇	8 616
3	铜山区铜山镇	15 115	41	沛县敬安镇	9 975	79	丰县宋楼镇	8 575
4	铜山区三堡镇	14 115	42	沛县栖山镇	9 968	80	睢宁县王集镇	8 516
5	邳州市官湖镇	13 413	43	沛县杨屯镇	9 960	81	睢宁县双沟镇	8 482
6	贾汪区大吴镇	13 105	44	贾汪区江庄镇	9 941	82	新沂市邵店镇	8 425
7	贾汪区青山泉镇	13 091	44	贾汪区紫庄镇	9 941	83	邳州市邳城镇	8 334
8	新沂市新安镇	12 733	46	邳州市八路镇	9 933	84	邳州市新河镇	8 282
9	邳州市运河镇	12 682	47	新沂市北沟镇	9 845	85	睢宁县桃园镇	8 260
10	邳州市宿羊山镇	12 656	48	新沂市马陵山镇	9 805	86	贾汪区贾汪镇	8 213
11	金山桥开发区大庙镇	12 577	49	沛县河口镇	9 803	87	铜山区单集镇	8 195
12	铜山区棠张镇	12 553	50	沛县胡寨镇	9 785	88	邳州市戴庄镇	8 120
13	铜山区张集镇	12 552	51	邳州市港上镇	9 778	89	睢宁县邱集镇	8 083
14	金山桥开发区大黄山镇	12 389	52	沛县张寨镇	9 737	89	睢宁县魏集镇	8 083
15	丰县凤城镇	12 273	53	邳州市邢楼镇	9 725	91	邳州市燕子埠镇	8 039
16	铜山区茅村镇	12 260	54	邳州市邹庄镇	9 700	92	睢宁县沙集镇	7 973
17	铜山区柳泉镇	12 008	55	邳州市土山镇	9 627	93	睢宁县凌城镇	7 938
18	睢宁县睢城镇	11 568	56	沛县五段镇	9 580	94	睢宁县梁集镇	7 892
19	邳州市炮车镇	11 444	57	邳州市岔河镇	9 524	95	丰县梁寨镇	7 853
20	邳州市铁富镇	11 442	58	贾汪区塔山镇	9 512	96	新沂市阿湖镇	7 839
21	邳州市戴圩镇	11 427	59	邳州市议堂镇	9 466	97	睢宁县官山镇	7 741
22	邳州市陈楼镇	11 271	60	铜山区黄集镇	9 445	98	新沂市双唐镇	7 715
23	沛县沛城镇	11 250	61	睢宁县李集镇	9 440	99	丰县范楼镇	7 714
24	沛县龙固镇	11 217	62	沛县鹿楼镇	9 389	100	睢宁县古邳镇	7 641
25	铜山区大彭镇	11 026	63	铜山区徐庄镇	9 275	101	睢宁县庆安镇	7 619
26	睢宁县高作镇	10 748	64	新沂市瓦窑镇	9 207	102	丰县常店镇	7 568
27	沛县大屯镇	10 740	65	丰县大沙河镇	9 174	103	睢宁县姚集镇	7 561
28	沛县安国镇	10 488	66	丰县华山镇	9 142	104	睢宁县岚山镇	7 518
29	铜山区汉王镇	10 482	67	铜山区房村镇	9 138	105	丰县师寨镇	7 401
30	铜山区刘集镇	10 434	68	新沂市草桥镇	9 109	106	丰县赵庄镇	7 386
31	邳州市车辐山镇	10 394	69	新沂市合沟镇	9 080	107	丰县王沟镇	7 327
32	邳州市碾庄镇	10 332	70	新沂市高流镇	8 948	108	新沂市新店镇	7 298
33	沛县张庄镇	10 316	71	丰县孙楼镇	8 894	109	新沂市时集镇	7 244
34	邳州市四户镇	10 274	72	铜山区大许镇	8 866	110	新沂市港头镇	7 188
35	铜山区郑集镇	10 243	73	邳州市赵墩镇	8 860	111	贾汪区汴塘镇	7 179
36	邳州市八义集镇	10 208	73	邳州市占城镇	8 860	112	丰县顺河镇	7 105
37	丰县欢口镇	10 110	75	铜山区何桥镇	8 829	113	新沂市唐店镇	6 922
38	沛县魏庙镇	10 072	76	新沂市窑湾镇	8 795	114	新沂市棋盘镇	6 404

附录一 小康社会进程监测(2004-2011年)

PROCESS INVESTIGATION OF WELL-OFF SOCIETY

版面负责人：张玉强

编　　　辑：唐子午

关于迟报或未设置原始记录、统计台账的法律责任的规定

第四十二条 作为统计调查对象的国家机关、企业事业单位或者其他组织迟报统计资料，或者未按照国家有关规定设置原始记录、统计台账的，由县级以上人民政府统计机构责令改正，给予警告。

企业事业单位或者其他组织有前款所列行为之一的，可以并处一万元以下的罚款。

个体工商户迟报统计资料的，由县级以上人民政府统计机构责令改正，给予警告，可以并处一千元以下的罚款。

【释义】 本条是关于作为统计调查对象的国家机关、企业事业单位或者其他组织以及个体工商户，迟报统计资料或者未按照规定设置原始记录、统计台账的法律责任的规定。

本条规定了两类统计违法行为：一是国家机关、企业事业单位或者其他组织、个体工商户等统计调查对象迟报统计资料。迟报统计资料，是指统计调查对象违反本法及其他有关法律、法规、规章和统计调查制度的规定，没有按时报送统计资料的违法行为。二是国家机关、企业事业单位或者其他组织未依法设置原始记录和统计台账。原始记录、统计台账是保障统计调查对象真实、准确、及时、完整履行资料报送义务的基础，国家机关、企业事业单位或者其他组织未按照国家有关规定设置原始记录和统计台账的，属于本条所规定的违法行为，应当承担法律责任。

作为统计调查对象的国家机关、企业事业单位或者其他组织、个体工商户，有上述违法行为之一的，应当承担下列责任：国家机关迟报统计资料或者未按照国家有关规定设置原始记录、统计台账的，由县级以上人民政府统计机构责令改正，给予警告；企业事业单位或者其他组织迟报统计资料或者未按照国家有关规定设置原始记录、统计台账的，由县级以上人民政府统计机构责令改正，给予警告，可以并处一万元以下的罚款；个体工商户迟报统计资料的，由县级以上人民政府统计机构责令改正，给予警告，可以并处一千元以下的罚款。

编辑：张　霖

2011年徐州市全面建设小康社会进程测算表

指标名称	代码	单位	目标值	2011年实现值	2010年实现值	比上年增减值	年均应完成进度		时序进度情况	
							按省定时间	按自定时间	省定时间	市定时间
一、经济发展										
1.人均地区生产总值	1	元	≥24 000	41 407	34 084	7 323	—	—	√	√
2.二、三产业增加值占GDP比重	2	%	≥92	90.6	90.4	0.2	0.3	1.6	△	△
3.城市化水平	3	%	55	55.4	53.9	1.5	0.2	1.1	√	√
4.城镇登记失业率	4	%	<5	2.6	2.6	0.0	—	—	√	√
二、生活水平										
5.居民收入										
（1）城镇居民人均可支配收入	5	元	≥16 000	19 206	16 762	2 444	—	—	√	√
（2）农村居民人均纯收入	6	元	≥8 000	9 490	7 955	1 535	9	45	√	√
6.居民住房										
（1）城镇人均住房建筑面积	7	M^2	30	34.7	32.9	1.8	—	—	√	√
（2）农村人均钢筋、砖木结构住房面积	8	M^2	40	43.6	41.4	2.2	—	—	√	√
7.居民出行										
（1）农村行政村通灰黑公路（或航道）比重	9	%	100	100	100	0.0	—	—	√	√
（2）城镇人均拥有道路面积	10	M^2	12	17.7	16.0	1.7	—	—	√	√
8.居民信息化普及程度										
（1）百户家庭电话拥有量	11	部	200	268.8	268.1	0.7	—	—	√	√
（2）百户家庭电脑拥有量	12	台	40	59.6	46.5	13.1	—	—	√	√
9.居民文教娱乐服务支出占家庭消费支出比重	13	%	18	18.6	14.6	4.0	0.7	3.4	√	√
10.恩格尔系数	14	%	<40	35.5	36.3	-0.8	—	—	√	√
三、社会发展										
11.R&D经费支出占GDP比重	15	%	≥1.5	1.59	1.50	0.09	—	—	√	√
12.高中阶段教育毛入学率	16	%	≥90	93.6	93.5	0.1	—	—	√	√
13.卫生服务体系健全率	17	%	≥90	100.0	99.6	0.4	—	—	√	√
14.社会保障										
（1）城镇劳动保障三大保险各自覆盖面	18	%	≥95	96.2	96.8	-0.6	—	—	√	√
# 城镇基本养老保险		%	≥95	97.4	97.5	-0.1	—	—	√	√
城镇失业保险		%	≥95	96.1	97.5	-1.4	—	—	√	√
城镇基本医疗保险		%	≥95	95.0	95.3	-0.3	—	—	√	√
（2）新型农村合作医疗覆盖面	19	%	≥85	99.2	99.2	0.0	—	—	√	√
15.人民群众对社会治安的满意率	20	%	90	90.0	87.8	2.2	0.44	2.20	√	√
16.城乡村（居）民依法自治										
（1）城镇社区居委会依法自治达标率	21	%	90	98.4	97.2	1.2	—	—	√	√
（2）农村村委会依法自治达标率	22	%	95	99.1	98.7	0.4	—	—	√	√
四、生态环境										
17.绿化水平										
（1）城市绿化覆盖率	23	%	40	40.8	40.3	0.5	—	—	√	√
（2）森林覆盖率	24	%	20	31.3	30.9	0.4	—	—	√	√
18.环境质量综合指数	25	分	80	86.6	85.6	1.0	—	—	√	√

注：1、表中"--"表示该指标上年总体已达到目标值；"√"表示当年达到时序进度，总体达标视同当年达到时序进度；"△"表示未达到时序进度。

2、徐州市省定与市自定实现目标时间分别为2017年和2011年。

3、人民群众对社会治安满意率调查方法自2011年起作了调整，与往年不可比。

2010 年徐州市全面建设小康社会进程测算表

指标名称	代码	单位	目标值	2010 年实现值	2009 年实现值	比上年增减值	年均应完成进度		时序进度情况	
							按省定时间	按自定时间	省定时间	市定时间
一、经济发展										
1.人均地区生产总值	1	元	≥24 000	34 084	27 514	6 570	—	—	√	√
2.二、三产业增加值占 GDP 比重	2	%	≥92	90.4	89.5	0.9	0.3	1.2	√	△
3.城市化水平	3	%	55	53.9	49.1	4.0	0.7	3.0	√	√
4.城镇登记失业率	4	%	< 5	2.6	2.9	–0.3	—	—	√	√
二、生活水平										
5.居民收入										
(1)城镇居民人均可支配收入	5	元	≥16 000	16 762	14 798	1 964	150	601	√	√
(2)农村居民人均纯收入	6	元	≥8 000	7 955	6 951	1 004	131	525	√	√
6.居民住房										
(1)城镇人均住房建筑面积	7	M^2	30	32.9	32.5	0.4	—	—	√	√
(2)农村人均钢筋、砖木结构住房面积	8	M^2	40	41.4	37.2	4.2	0.4	1.4	√	√
7.居民出行										
(1)农村行政村通灰黑公路(或航道)比重	9	%	100	100	100	0.0	—	—	√	√
(2)城镇人均拥有道路面积	10	M^2	12	16.0	16.7	–0.7	—	—	√	√
8.居民信息化普及程度										
(1)百户家庭电话拥有量	11	部	200	268.1	256.8	11.3	—	—	√	√
(2)百户家庭电脑拥有量	12	台	40	46.5	37.1	9.4	0.4	1.5	√	√
9.居民文教娱乐服务支出占家庭消费支出比重	13	%	18	14.6	14.5	0.1	0.4	1.8	△	△
10.恩格尔系数	14	%	< 40	36.3	36.9	–0.6	—	—	√	√
三、社会发展										
11.R&D 经费支出占 GDP 比重	15	%	≥1.5	1.50	1.33	0.17	0.02	0.09	√	√
12.高中阶段教育毛入学率	16	%	≥90	93.5	89.2	4.3	0.1	0.4	√	√
13.卫生服务体系健全率	17	%	≥90	99.6	99.5	0.1	—	—	√	√
14.社会保障										
(1)城镇劳动保障三大保险各自覆盖面	18	%	≥95	96.8	96.5	0.3	—	—	√	√
# 城镇基本养老保险		%	≥95	97.5	97.4	0.1	—	—	√	√
城镇失业保险		%	≥95	97.5	97.5	0.0	—	—	√	√
城镇基本医疗保险		%	≥95	95.3	94.5	0.8	0.1	0.3	√	√
(2)新型农村合作医疗覆盖面	19	%	≥85	99.2	99.0	0.2	—	—	√	√
15.人民群众对社会治安的满意率	20	%	90	98.6	98.0	0.6	—	—	√	√
16.城乡村(居)民依法自治										
(1)城镇社区居委会依法自治达标率	21	%	90	97.2	96.2	1.0	—	—	√	√
(2)农村村委会依法自治达标率	22	%	95	98.7	97.7	1.0	—	—	√	√
四、生态环境										
17.绿化水平										
(1)城市绿化覆盖率	23	%	40	40.3	39.2	1.1	0.1	0.4	√	√
(2)森林覆盖率	24	%	20	30.9	28.7	2.2	—	—	√	√
18.环境质量综合指数	25	分	80	85.6	80.1	5.5	—	—	√	√

注:1、表中“--”表示该指标上年总体已达到目标值;“√”表示当年达到时序进度,总体达标视同当年达到时序进度;“△”表示未达到时序进度。

2、徐州市省定与市自定实现目标时间分别为 2017 年和 2011 年。

3、由于区划调整 2010 年城市绿化覆盖率与往年不可比。

2009年徐州市全面建设小康社会进程测算表

指标名称	代码	单位	目标值	2009年实现值	2008年实现值	比上年增减值	年均应完成进度		时序进度情况	
							按省定时间	按自定时间	省定时间	市定时间
一、经济发展										
1.人均地区生产总值	1	元	≥24 000	27 514	24 350	3 164	—	—	√	√
2.二、三产业增加值占GDP比重	2	%	≥92	89.5	89.0	0.5	0.3	1.0	√	△
3.城市化水平	3	%	55	49.1	47.2	1.9	0.9	2.6	√	△
4.城镇登记失业率	4	%	<5	2.9	2.7	0.2	—	—	√	√
二、生活水平										
5.居民收入										
（1）城镇居民人均可支配收入	5	元	≥16 000	14 798	13 205	1 593	311	932	√	√
（2）农村居民人均纯收入	6	元	≥8 000	6 951	6 240	711	196	587	√	√
6.居民住房										
（1）城镇人均住房建筑面积	7	M²	30	32.5	32.1	0.4	—	—	√	√
（2）农村人均钢筋、砖木结构住房面积	8	M²	40	37.2	35.0	2.2	0.6	1.7	√	√
7.居民出行										
（1）农村行政村通灰黑公路（或航道）比重	9	%	100	100	100	0.0	—	—	√	√
（2）城镇人均拥有道路面积	10	M²	12	16.7	13.9	2.8	—	—	√	√
8.居民信息化普及程度										
（1）百户家庭电话拥有量	11	部	200	256.8	238.1	18.7	—	—	√	√
（2）百户家庭电脑拥有量	12	台	40	37.1	29.7	7.4	1.1	3.4	√	√
9.居民文教娱乐服务支出占家庭消费支出比重	13	%	18	14.5	13.8	0.7	0.5	1.4	√	△
10.恩格尔系数	14	%	<40	36.9	38.6	-1.7	—	—	√	√
三、社会发展										
11.R&D经费支出占GDP比重	15	%	≥1.5	1.33	1.32	0.01	0.02	0.06	√	√
12.高中阶段教育毛入学率	16	%	≥90	89.2	82.9	6.3	0.8	2.4	√	√
13.卫生服务体系健全率	17	%	≥90	99.5	98.6	0.9	—	—	√	√
14.社会保障										
（1）城镇劳动保障三大保险各自覆盖面	18	%	≥95	96.5	94.2	2.3	0.1	0.3	√	√
#城镇基本养老保险		%	≥95	97.4	95.7	1.7	—	—	√	√
城镇失业保险		%	≥95	97.5	97.3	0.2	—	—	√	√
城镇基本医疗保险		%	≥95	94.5	89.7	4.8	0.6	1.8	√	√
（2）新型农村合作医疗覆盖面	19	%	≥85	99.0	97.6	1.4	—	—	√	√
15.人民群众对社会治安的满意率	20	%	90	98.0	99.0	-1.0	—	—	√	√
16.城乡村（居）民依法自治										
（1）城镇社区居委会依法自治达标率	21	%	90	96.2	93.4	2.8	—	—	√	√
（2）农村村委会依法自治达标率	22	%	95	97.7	96.4	1.3	—	—	√	√
四、生态环境										
17.绿化水平										
（1）城市绿化覆盖率	23	%	40	39.2	40.1	-0.9	—	—	√	√
（2）森林覆盖率	24	%	20	28.7	27.6	1.1	—	—	√	√
18.环境质量综合指数	25	分	80	80.1	79.7	0.4	0.0	0.1	√	√

注：1、表中“--”表示该指标上年总体已达到目标值；“√”表示当年达到时序进度，总体达标视同当年达到时序进度；“△”表示未达到时序进度。

2、徐州市省定与市自定实现目标时间分别为2017年和2011年。

3、本表2008年人均地区生产总值、二三产业增加值占GDP比重为2008年经济普查调整数。

2008年徐州市全面建设小康社会进程测算表

指标名称	代码	单位	目标值	2008年实现值	2007年实现值	比上年增减值	年均应完成进度		时序进度情况	
							按省定时间	按自定时间	省定时间	市定时间
一、经济发展										
1.人均地区生产总值	1	元	≥24 000	23 069	19 221	3 847	478	11 95	√	√
2.二、三产业增加值占GDP比重	2	%	≥92	89.5	88.5	1.0	0.3	0.9	√	√
3.城市化水平	3	%	55	47.2	45.8	1.4	0.9	2.3	√	△
4.城镇登记失业率	4	%	<5	2.7	2.8	-0.1	—	—	√	√
二、生活水平										
5.居民收入										
(1)城镇居民人均可支配收入	5	元	≥16 000	13 205	11 418	1 787	458	1 145	√	√
(2)农村居民人均纯收入	6	元	≥8 000	6 240	5 534	706	247	617	√	√
6.居民住房										
(1)城镇人均住房建筑面积	7	M^2	30	32.1	31.5	0.6	—	—	√	√
(2)农村人均钢筋、砖木结构住房面积	8	M^2	40	35.0	33.8	1.2	0.6	1.6	√	△
7.居民出行										
(1)农村行政村通灰黑公路(或航道)比重	9	%	100	100	100	0.0	—	—	√	√
(2)城镇人均拥有道路面积	10	M^2	12	15.7	15.1	0.6	—	—	√	√
8.居民信息化普及程度										
(1)百户家庭电话拥有量	11	部	200	238.1	224.3	13.8	—	—	√	√
(2)百户家庭电脑拥有量	12	台	40	29.7	23.3	6.4	1.7	4.2	√	√
9.居民文教娱乐服务支出占家庭消费支出比重	13	%	18	13.8	14.4	-0.6	0.4	0.9	△	△
10.恩格尔系数	14	%	<40	38.6	38.2	0.3	—	—	√	√
三、社会发展										
11.R&D经费支出占GDP比重	15	%	≥1.5	1.22	1.12	0.10	0.04	0.10	√	√
12.高中阶段教育毛入学率	16	%	≥90	82.9	70.1	12.9	2.0	5.0	√	√
13.卫生服务体系健全率	17	%	≥90	98.5	97.0	1.6	—	—	√	√
14.社会保障										
(1)城镇劳动保障三大保险各自覆盖面	18	%	≥95	94.2	93.1	1.1	0.2	0.5	√	√
#城镇基本养老保险		%	≥95	95.7	95.3	0.4	—	—	√	√
城镇失业保险		%	≥95	97.3	98.0	-0.7	—	—	√	√
城镇基本医疗保险		%	≥95	89.7	86.1	3.6	0.9	2.2	√	√
(2)新型农村合作医疗覆盖面	19	%	≥85	97.6	95.0	2.6	—	—	√	√
15.人民群众对社会治安的满意率	20	%	90	99.0	97.6	1.4	—	—	√	√
16.城乡村(居)民依法自治										
(1)城镇社区居委会依法自治达标率	21	%	90	93.4	92.7	0.7	—	—	√	√
(2)农村村委会依法自治达标率	22	%	95	96.4	95.8	0.6	—	—	√	√
四、生态环境										
17.绿化水平									√	√
(1)城市绿化覆盖率	23	%	40	40.1	38.2	1.9	0.2	0.5	√	√
(2)森林覆盖率	24	%	20	27.6	26.6	1.0	—	—	√	√
18.环境质量综合指数	25	分	80	79.7	79.6	0.1	0.0	0.1	√	√

注：1、表中"--"表示该指标上年总体已达到目标值；"√"表示当年达到时序进度，总体达标视同当年达到时序进度；"△"表示未达到时序进度。

2、徐州市省定与市自定实现目标时间分别为2017年和2011年。

3、2007年及以后城镇居民人均可支配收入、城镇居民人均住房建筑面积、百户家庭电话拥有量、百户家庭电脑拥有量、居民文教娱乐支出占家庭消费支出比重、城镇居民人均拥有道路面积、恩格尔系数计算口径由市区调整为全市(含县、区)城镇住户。

2007年徐州市全面建设小康社会进程测算表

指标名称	代码	单位	目标值	2007年实现值	2006年实现值	比上年增减值	年均应完成进度		时序进度情况	
							按省定时间	按自定时间	省定时间	市定时间
一、经济发展										
1.人均地区生产总值	1	元	≥24 000	19 221	16 256	2 965	704	1 549	√	√
2.二、三产业增加值占GDP比重	2	%	≥92	88.5	87.3	1.2	0.4	0.9	√	√
3.城市化水平	3	%	55	45.8	44.8	1.0	0.9	2.0	√	△
4.城镇登记失业率	4	%	<5	2.8	3.0	-0.2	—	—	√	√
二、生活水平										
5.居民收入										
(1)城镇居民人均可支配收入	5	元	≥16 000	14 875	12 836	2 039	288	633	√	√
(2)农村居民人均纯收入	6	元	≥8 000	5 534	4 896	638	282	621	√	√
6.居民住房										
(1)城镇人均住房建筑面积	7	M^2	30	26.2	25.8	0.4	0.4	0.8	√	△
(2)农村人均钢筋、砖木结构住房面积	8	M^2	40	33.8	32.1	1.7	0.7	1.6	√	√
7.居民出行										
(1)农村行政村通灰黑公路(或航道)比重	9	%	100	100	100	0.0	—	—	√	√
(2)城镇人均拥有道路面积	10	M^2	12	12.9	12.7	0.2	—	—	√	√
8.居民信息化普及程度										
(1)百户家庭电话拥有量	11	部	200	234.1	212.1	22.0	—	—	√	√
(2)百户家庭电脑拥有量	12	台	40	28.8	23.9	4.9	1.5	3.2	√	√
9.居民文教娱乐服务支出占家庭消费支出比重	13	%	18	14.7	14.4	0.3	0.3	0.7	√	△
10.恩格尔系数	14	%	<40	37.1	37.8	-0.7	—	—	√	√
三、社会发展										
11.R&D经费支出占GDP比重	15	%	≥1.5	1.12	0.97	0.15	0.05	0.11	√	√
12.高中阶段教育毛入学率	16	%	≥90	70.1	56.1	14.0	3.1	6.8	√	√
13.卫生服务体系健全率	17	%	≥90	97.0	86.0	11.0	0.4	0.8	√	√
14.社会保障										
(1)城镇劳动保障三大保险各自覆盖面	18	%	≥95	93.1	91.8	1.3	0.3	0.6	√	√
#城镇基本养老保险		%	≥95	95.3	95.1	0.2	—	—	√	√
城镇失业保险		%	≥95	98.0	98.0	0.0	—	—	√	√
城镇基本医疗保险		%	≥95	86.1	82.4	3.7	1.1	2.5	√	√
(2)新型农村合作医疗覆盖面	19	%	≥85	95.0	91.5	3.5	—	—	√	√
15.人民群众对社会治安的满意率	20	%	90	97.6	96.9	0.7	—	—	√	√
16.城乡村(居)民依法自治										
(1)城镇社区居委会依法自治达标率	21	%	90	92.7	91.1	1.6	—	—	√	√
(2)农村村委会依法自治达标率	22	%	95	95.8	95.0	0.8	—	—	√	√
四、生态环境										
17.绿化水平										
(1)城市绿化覆盖率	23	%	40	38.2	37.9	0.3	0.2	0.4	√	△
(2)森林覆盖率	24	%	20	26.6	25.5	1.1	—	—	√	√
18.环境质量综合指数	25	分	80	79.6	79.2	0.4	0.1	0.2	√	√

注:1、表中"—"表示该指标上年总体已达到目标值;"√"表示当年达到时序进度,总体达标视同当年达到时序进度;"△"表示未达到时序进度。

2、徐州市省定与市自定实现目标时间分别为2017年和2011年。

2006年徐州市全面建设小康社会进程测算表

指标名称	代码	单位	目标值	2006年实现值	2005年实现值	比上年增减值	年均应完成进度		时序进度情况	
							按省定时间	按自定时间	省定时间	自定时间
一、经济发展										
1.人均地区生产总值	1	元	≥24 000	16 256	13 697	2 559	859	1 717	√	√
2.二、三产业增加值占GDP比重	2	%	≥92	87.3	86.0	1.3	0.5	1.0	√	√
3.城市化水平	3	%	55	44.8	43.4	1.4	1.0	1.9	√	△
4.城镇登记失业率	4	%	<5	3.0	3.4	-0.4	--	--	√	√
二、生活水平										
5.居民收入										
（1）城镇居民人均可支配收入	5	元	≥16 000	12 836	11 185	1 651	401	802	√	√
（2）农村居民人均纯收入	6	元	≥8 000	4 896	4 443	453	296	593	√	△
6.居民住房										
（1）城镇人均住房建筑面积	7	M^2	30	25.8	24.8	1.0	0.4	0.9	√	√
（2）农村人均钢筋、砖木结构住房面积	8	M^2	40	32.1	28.8	3.3	0.9	1.9	√	√
7.居民出行										
（1）农村行政村通灰黑公路（或航道）比重	9	%	100	100	100	0.0	--	--	√	√
（2）城镇人均拥有道路面积	10	M^2	12	12.7	10.9	1.8	0.1	0.2	√	√
8.居民信息化普及程度										
（1）百户家庭电话拥有量	11	部	200	212.1	182.9	29.2	1.4	2.9	√	√
（2）百户家庭电脑拥有量	12	台	40	23.9	19.7	4.2	1.7	3.4	√	√
9.居民文教娱乐服务支出占家庭消费支出比重	13	%	18	14.4	16.6	-2.2	0.1	0.2	△	△
10.恩格尔系数	14	%	<40	37.8	38.6	-0.8	--	--	√	√
三、社会发展										
11.R&D经费支出占GDP比重	15	%	≥1.5	0.97	1.00	-0.03	0.04	0.08	△	△
12.高中阶段教育毛入学率	16	%	≥90	56.1	51.6	4.5	3.2	6.4	√	△
13.卫生服务体系健全率	17	%	≥90	86.0	78.4	7.6	1.0	1.9	√	√
14.社会保障										
（1）城镇劳动保障三大保险各自覆盖面	18	%	≥95	91.8	91.8	0.0	0.3	0.5	△	△
#城镇基本养老保险		%	≥95	95.1	98.0	-2.9	--	--	√	√
城镇失业保险		%	≥95	98.0	99.0	-1.0	--	--	√	√
城镇基本医疗保险		%	≥95	82.4	78.4	4.0	1.4	2.8	√	√
（2）新型农村合作医疗覆盖面	19	%	≥85	91.5	82.4	9.1	0.2	0.4	√	√
15.人民群众对社会治安的满意率	20	%	90	96.9	96.6	0.3	--	--	√	√
16.城乡村（居）民依法自治										
（1）城镇社区居委会依法自治达标率	21	%	90	91.1	91.0	0.1	--	--	√	√
（2）农村村委会依法自治达标率	22	%	95	95.0	95.0	0.0	--	--	√	√
四、生态环境										
17.绿化水平										
（1）城市绿化覆盖率	23	%	40	37.9	36.3	1.6	0.3	0.6	√	√
（2）森林覆盖率	24	%	20	25.5	24.9	0.6	--	--	√	√
18.环境质量综合指数	25	分	80	79.2	68.8	10.4	0.9	1.9	√	√

注：1、表中“--”表示该指标上年总体已达到目标值；“√”表示当年达到时序进度，总体达标视同当年达到时序进度；“△”表示未达到时序进度。

2、徐州市省定与市自定实现目标时间分别为2017年和2011年。

2005年徐州市全面建设小康社会进程测算表

指 标 名 称	代码	单位	目标值	2005年实现值	2004年实现值	比上年增减值	年均应完成进度		时序进度情况	
							按省定时间	按自定时间	省定时间	自定时间
一、经济发展										
1.人均地区生产总值	1	元	≥24 000	13 697	11 596	2 101	954	1 240	√	√
2.二、三产业增加值占GDP比重	2	%	≥92	86.0	84.6	1.4	0.6	0.7	√	√
3.城市化水平	3	%	55	43.4	42.0	1.4	1.0	1.3	√	√
4.城镇登记失业率	4	%	＜5	3.4	4.0	-0.6	--	--	√	√
二、生活水平										
5.居民收入										
(1)城镇居民人均可支配收入	5	元	≥16 000	11 185	9 840	1 346	474	616	√	√
(2)农村居民人均纯收入	6	元	≥8 000	4 443	4 003	440	307	400	√	√
6.居民住房										
(1)城镇人均住房建筑面积	7	M^2	30	24.8	21.4	3.4	0.7	0.9	√	√
(2)农村人均钢筋、砖木结构住房面积	8	M^2	40	28.8	27.8	1.0	0.9	1.2	√	√
7.居民出行										
(1)农村行政村通灰黑公路(或航道)比重	9	%	100	100	100	0.0	--	--	√	√
(2)城镇人均拥有道路面积	10	M^2	12	10.9	11.4	-0.5	0.04	0.1	△	△
8.居民信息化普及程度										
(1)百户家庭电话拥有量	11	部	200	182.9	150.6	32.3	3.8	4.9	√	√
(2)百户家庭电脑拥有量	12	台	40	19.7	14.8	4.9	1.9	2.5	√	√
9.居民文教娱乐服务支出占家庭消费支出比重	13	%	18	16.6	15.2	1.4	0.2	0.3	√	√
10.恩格尔系数	14	%	＜40	38.6	41.1	-2.5	-0.1	-0.1	√	√
三、社会发展										
11.R&D经费支出占GDP比重	15	%	≥1.5	1.00	0.83	0.17	0.05	0.07	√	√
12.高中阶段教育毛入学率	16	%	≥90	51.6	47.9	3.7	3.2	4.2	√	△
13.卫生服务体系健全率	17	%	≥90	78.4	66.8	11.6	1.8	2.3	√	√
14.社会保障										
(1)城镇劳动保障三大保险各自覆盖面	18	%	≥95	91.8	87.4	4.4	0.6	0.8	√	√
#城镇基本养老保险		%	≥95	98.0	95.8	2.2	--	--	√	√
城镇失业保险		%	≥95	99.0	94.9	4.1	0.01	0.01	√	√
城镇基本医疗保险		%	≥95	78.4	71.6	6.8	1.8	2.3	√	√
(2)新型农村合作医疗覆盖面	19	%	≥85	82.4	64.9	17.5	1.5	2.0	√	√
15.人民群众对社会治安的满意率	20	%	90	96.6	90.1	6.5	--	--	√	√
16.城乡村(居)民依法自治										
(1)城镇社区居委会依法自治达标率	21	%	90	91.0	90.0	1.0	--	--	√	√
(2)农村村委会依法自治达标率	22	%	95	95.0	95.0	0.0	--	--	√	√
四、生态环境										
17.绿化水平										
(1)城市绿化覆盖率	23	%	40	36.3	33.4	2.9	0.5	0.7	√	√
(2)森林覆盖率	24	%	20	24.9	24.1	0.9	--	--	√	√
18.环境质量综合指数	25	分	80	68.8	64.4	4.4	1.2	1.6	√	√

注:1.表中"—"表示该指标上年总体已达到目标值;"√"表示当年达到时序进度,总体达标视同当年达到时序进度;"△"表示未达到时序进度。

2.徐州市省定与市自定实现目标时间分别为2017年和2014年。

2004 年徐州市全面建设小康社会进程测算表

指标名称	代码	单位	目标值	2004 年实现值	2003 年实现值	比上年增减值	年均应完成进度		时序进度情况	
							按省定时间	按自定时间	省定时间	自定时间
一、经济发展										
1.人均地区生产总值	1	元	≥24 000	11 596	9 992	1 604	1 001	1 273	√	√
2.二、三产业增加值占 GDP 比重	2	%	≥92	84.6	85.1	–0.5	0.5	0.6	√	△
3.城市化水平	3	%	55	42.0	40.4	1.6	1.0	1.3	√	√
4.城镇登记失业率	4	%	＜5	4.0	4.3	–0.3	--	--	√	√
二、生活水平										
5.居民收入										
（1）城镇居民人均可支配收入	5	元	≥16 000	9 840	8 954	886	503	641	√	√
（2）农村居民人均纯收入	6	元	≥8 000	4 003	3 605	398	314	400	√	△
6.居民住房										
（1）城镇人均住房建筑面积	7	M²	30	21.4	20.3	1.1	0.7	0.9	△	√
（2）农村人均钢筋、砖木结构住房面积	8	M²	40	27.8	26.6	1.2	1.0	1.2	√	√
7.居民出行										
（1）农村行政村通灰黑公路（或航道）比重	9	%	100	100	100	0.0	--	--	√	√
（2）城镇人均拥有道路面积	10	M²	12	11.4	11.0	0.4	0.1	0.1	√	√
8.居民信息化普及程度										
（1）百户家庭电话拥有量	11	部	200	150.6	126.0	24.6	5.3	6.7	√	√
（2）百户家庭电脑拥有量	12	台	40	14.8	11.6	3.2	2.0	2.6	√	√
9.居民文教娱乐服务支出占家庭消费支出比重	13	%	18	15.2	16.3	–1.1	0.1	0.2	△	△
10.恩格尔系数	14	%	＜40	41.1	38.3	2.8	--	--	△	△
三、社会发展										
11.R&D 经费支出占 GDP 比重	15	%	≥1.5	0.83	0.68	0.15	0.06	0.07	△	√
12.高中阶段教育毛入学率	16	%	≥90	47.9	45.8	2.1	3.2	4.0	△	△
13.卫生服务体系健全率	17	%	≥90	66.8	62.7	4.1	1.9	2.5	√	√
14.社会保障										
（1）城镇劳动保障三大保险各自覆盖面	18	%	≥95	87.4	83.3	4.1	0.8	1.1	√	√
# 城镇基本养老保险		%	≥95	95.8	94.9	0.9	0.0	0.0	√	√
城镇失业保险		%	≥95	94.9	86.2	8.7	0.6	0.8	√	√
城镇基本医疗保险		%	≥95	71.6	68.9	2.7	1.9	2.4	√	√
（2）新型农村合作医疗覆盖面	19	%	≥85	64.9	19.6	45.3	4.7	5.9	√	√
15.人民群众对社会治安的满意率	20	%	90	90.1	95.5	–5.4	--	--	√	√
16.城乡村（居）民依法自治										
（1）城镇社区居委会依法自治达标率	21	%	90	90.0	89.0	1.0	0.1	0.1	√	√
（2）农村村委会依法自治达标率	22	%	95	95.0	95.0	0.0	--	--	√	√
四、生态环境										
17.绿化水平										
（1）城市绿化覆盖率	23	%	40	33.4	29.5	3.9	0.7	1.0	√	√
（2）森林覆盖率	24	%	20	24.1	19.7	4.4	0.0	0.0	√	√
18.环境质量综合指数	25	分	80	64.4	55.5	8.9	1.8	2.2	√	√

注：1、表中“--”表示该指标上年总体已达到目标值；“√”表示当年达到时序进度，总体达标视同当年达到时序进度；“△”表示未达到时序进度。

2、徐州市省定与市自定实现目标时间分别为 2017 年和 2014 年。

指标解释及计算方法

人均地区生产总值：国内生产总值(GDP)是指一个国家(或地区)所有常住单位在一定时期内生产活动的最终成果。对于地区,GDP中文名称为"地区生产总值"。人均地区生产总值是指一定时期内按平均常住人口计算的地区生产总值。资料来源:统计部门,计算公式为:

人均地区生产总值=地区生产总值/年平均常住人口

二、三产业增加值占GDP的比重：指第二产业、第三产业实现的增加值之和在全部地区生产总值中所占的比重。

我国的三次产业划分是:

第一产业:农业(即农林牧渔业)。

第二产业:工业(包括采矿业、制造业、电力燃气及水的生产和供应业)、建筑业。

第三产业:除第一、第二产业以外的其他各行业。

资料来源:统计部门,计算公式为:

二、三产业增加值占GDP的比重=(第二产业增加值+第三产业增加值)/地区生产总值(GDP)×100%

城市化水平：指一个地区城镇人口占该地区总人口的比重。资料来源:统计部门,计算公式为:

城市化水平=年末城镇人口/年末总人口×100%

城镇登记失业率：指期末城镇登记失业人数占期末城镇从业人员总数与城镇登记失业人数之和的比重。城镇登记失业人员:指非农业人口,在劳动年龄(16周岁至退休年龄)内,有劳动能力、无业而要求就业、并在当地就业服务机构进行求职登记的人员。但不包括:(1)正在就读的学生和等待就学的人员;(2)已经达到国家规定的退休年龄或虽未达到国家规定的退休年龄但已经办理了退休(含离休)、退职手续的人员;(3)其他不符合失业定义的人员。期末城镇从业人员总数:指辖区内城镇劳动年龄人口中处于就业状态的人员总数。包括离开本单位仍保留劳动关系的职工,不包括聘用的离退休人员、港澳台及外籍人员和使用的农村劳动力。资料来源:劳动和社会保障部门,计算公式为:

年末城镇登记失业率=年末城镇登记失业人数/(年末城镇从业人员总数+年末城镇登记失业人数)×100%

城镇居民人均可支配收入：指调查户按人平均计算的可用于最终消费支出和其它非义务性支出以及储蓄的总和,即居民家庭可以用来自由支配的收入。它是家庭总收入扣除交纳的所得税、个人交纳的社会保障费以及调查户的记帐补贴后的收入。资料来源:统计部门,计算公式为:

可支配收入=家庭总收入-交纳个人所得税-个人交纳社会保障支出-记帐补贴

农村居民人均纯收入：指农村居民按人平均计算的总收入扣除从事生产和非生产经营费用支出、缴纳税款和上交承包集体任务金额以后,归农民所有的收入。资料来源:统计部门,计算公式为:

纯收入=家庭总收入-从事生产和非生产经营费用支出-缴纳税款-上交承包集体任务金额

城镇住房建筑面积：指城镇居民家庭现有住房的总建筑面积。现住房计算总建筑面积时以房屋产权证或租赁证为准,无建筑面积的可按使用面积乘以1.33计算得出。资料来源:统计部门。

农村钢筋、砖木结构住房面积：指农村居民按人平均的钢筋混凝土结构和砖木结构住房的室内面积。房屋面积从内墙线算起,不包括房屋结构(如墙、柱)占用的面积,多层建筑按各层面积总和计算。钢筋混凝土结构是指房屋的梁、柱、承重墙等主要部分是用钢筋混凝土建造的。砖木结构是指梁、柱、承重墙等主要部分是用砖、石和木料建造的。资料来源:统计部门。

城镇人均拥有道路面积：指按城镇人口计算平均每人拥有的道路面积。道路面积:指城市(县城)路面面积和与道路相通的广场、桥梁、隧道、人行道面积。人行道面积按道路两侧面积相加计算,包括步行街和广场,不含人车混行的道路。资料来源:建设部门。

农村行政村通达灰黑公路(或航道)比重：指农村通达灰黑公路(或航道)的行政村个数占行政村总数的比重;农村村通公路:指由乡(镇)通达行政村的公路。农村灰黑公路:指路基4.5米、路面3.5米宽以上的公路(包含等级公路和等外公路)。资料来源:交通部门。

百户家庭电话拥有量：指每百户家庭平均拥有固定电话(电信、网通、铁通等)、移动市话(小灵通、万信通等)和移动电话(移动、联通等)。以单独使用的号码计算数量,一个号码统计为1户,不包括房间内部联接的分机(子机)。资料来源:统计部门,计算公式为:

百户家庭电话拥有量=城镇百户家庭电话拥有量×城市化水平+农村百户家庭电话拥有量×(1-城市化水平)

百户家庭电脑拥有量：指每百户家庭平均拥有的由显示器、中央处理器、键盘输入设备、存贮器等主要部件组成的家用电子计算机,包括台式计算机和便携式计算机。不包括学习机、掌上电脑。资料来源:统计部门,计算公式为:

百户家庭电脑拥有量=城镇百户家庭电脑拥有量×城市化水平+农村百户家庭电脑拥有量×(1-城市化水平)

居民文教娱乐服务支出占家庭消费支出的比重：指居民用于文化、教育、娱乐方面的服务性支出占生活消费支出的比重。

居民文教娱乐服务支出:是指调查户用于教育和文化娱

乐方面的支出，包括商品和非商品支出的总和。家庭消费支出：指调查户用于家庭日常生活的全部支出，包括食品、衣着、家庭设备用品及服务、医疗保健、交通和通讯、娱乐教育文化服务、居住、杂项商品和服务等八大类。资料来源：统计部门，计算公式为：

居民文教娱乐服务支出占家庭消费支出的比重 = 城镇居民文教娱乐服务支出占家庭消费支出的比重 × 城市化水平 + 农村居民文教娱乐服务支出占家庭消费支出的比重 ×（1- 城市化水平）

恩格尔系数：指居民用于食品消费的支出占生活消费支出的比重。食品支出是指居民用于主食、副食、其他食品以及在外饮食的支出总和。资料来源：统计部门，计算公式为：

恩格尔系数 =（城镇食品支出 / 消费性支出 × 100%）× 城市化水平 +（农村食品支出 / 生活消费支出 × 100%）×（1- 城市化水平）

R&D 经费支出占 GDP 的比重：指用于研究与试验发展（R&D）活动的经费占地区生产总值（GDP）的比重。研究与试验发展（R&D）活动指在科学技术领域，为增加知识总量、以及运用这些知识去创造新的应用而进行的系统的创造性的活动，包括基础研究、应用研究、试验发展三类活动。（注：为避免重复计算，指标中 R&D 经费支出指 R&D 经费内部支出）

统计范围是各级各部门（县及县以上）所属国有独立核算的科学研究与技术开发机构；科技情报与文献机构；全日制普通高校、国防科技工业系统的科学研究与技术开发机构及科技情报与文献机构、大中型工业企业、综合技术服务机构。小型工业企业可用 2004 年经济普查数据替代；建筑企业可用 2005 年科技滚动调查数据替代；交通运输仓储及邮电通信企业、农业及地质水利企事业单位、医疗卫生机构、软件开发等企事业单位可用 2000 年科技清查数据替代。资料来源：统计部门。

高中阶段教育毛入学率：指高中阶段在校生人数占 15－17 岁学龄人口的比重。资料来源：教育部门的普通高中、职业高中、中等职业学校在校生及劳动和社会保障部门的技工学校在校生，以及统计部门的适龄人口。县级小康用“初中毕业生升学率”指标来代替，由教育部门提供。

卫生服务体系健全率：包括县乡村卫生服务网络健全率、卫生服务人员资格合格率、社区卫生服务普及率等三项指标。计算公式为：

省及省辖市卫生服务体系健全率 = 县乡村卫生服务网络健全率 ×（1/3）+ 卫生服务人员资格合格率 ×（1/3）+ 社区卫生服务普及率 ×（1/3）

县级卫生服务体系健全率 = 县乡村卫生服务网络健全率 ×（1/2）+ 卫生服务人员资格合格率 ×（1/2）

各项指标值超过 100%的一律按 100%计算。

县乡村卫生服务网络健全率：指医疗卫生机构数占应建设总数的百分比。医疗卫生机构包括区域内县（市、区）政府举办的县疾病预防控制中心、县综合医院、县中医院、县妇幼保健院（所）、县传染病分院或病区、县急救医疗站以及县卫生监督所；建制乡（镇）政府举办，其人员、业务、经费等划归县卫生行政部门按职责管理的卫生院；行政村设卫生室（按《省卫生厅关于 2008-2009 年卫生统计调查工作的通知》（苏卫办〔2008〕35 号）执行）。

卫生服务人员资格合格率：指区域内县（市、区）、乡（镇）医疗卫生机构中的医疗卫生技术人员取得规定执业证书依法执业的人数占医疗卫生技术人员总数的百分比。规定执业证书指：县（市、区）、乡（镇）医疗卫生机构的卫生技术人员必须具备执业助理医师及以上执业资格，护理、助产岗位上的人员必须具备护士执业资格，其他卫生技术岗位上的人员要具备初级及以上专业技术资格；乡村医生要取得乡村医生执业证书。

社区卫生服务普及率：指省辖市城区街道已建社区卫生服务中心数占行政街道数的百分比。社区卫生服务中心按经过卫生行政部门批准设置并取得医疗机构执业许可证进行统计。县和县级市以及农业人口较多的区不填报该指标，按《省卫生厅关于 2008-2009 年卫生统计调查工作的通知》（苏卫办〔2008〕35 号）执行。

城镇劳动保障三大保险各自覆盖面：即城镇企业职工基本养老保险覆盖面、城镇职工基本医疗保险覆盖面、城镇失业保险覆盖面，指三大保险各自参保人数占应参保总人数的比重。资料来源：劳动和社会保障部门。

城镇企业职工基本养老保险覆盖范围：国有和国有控股企业、外商投资企业（包括外国企业驻江苏机构）、城镇集体企业、城镇私营企业和其他城镇企业及其职工，实行企业化管理的事业单位及其职工，国家机关、事业单位、社会团体聘用的职工；民办非企业单位及其职工，城镇个体工商户及其雇工。

城镇职工基本医疗保险覆盖范围：国有和国有控股企业、外商投资企业（包括外国企业驻江苏机构）、城镇集体企业、城镇私营企业和其他城镇企业及其职工，国家机关及其工作人员，事业单位及其职工，社会团体及其专职人员，民办非企业单位及其职工，城镇个体工商户及其雇工。

城镇失业保险覆盖范围：国有和国有控股企业、外商投资企业（包括外国企业驻江苏机构）、城镇集体企业、城镇私营企业和其他城镇企业及其职工，事业单位及其职工，社会团体及其专职人员，国家机关及其聘用的职工，民办非企业单位及其职工，有雇工的城镇个体工商户及其雇工。

新型农村合作医疗覆盖面：指参加新型农村合作医疗人数占农村总人口的比重。新型农村合作医疗制度：指由政府组织、引导、支持，农民自愿参加，个人、集体和政府多方筹资，以大病统筹为主的农民互助共济制度。资料来源：卫生部门。

人民群众对社会治安的满意率：反映社会治安的综合状况，体现“平安江苏”建设的要求；既反映公众安全感的高低，也反映人民群众对政府和社会治安综合治理各个部门工作绩效的评价，通过专业部门问卷调查取得。

问卷调查中，当问及“你对当前社会治安的评价”时，回答分“很好、较好、一般、较差、很差”等五个等级。其中回答“很好、较好、一般”的人数之和占问卷调查总人数的比重即为人民群众对社会治安的满意率。

资料来源：省统计局、省政法委综治办（县级数据）

城镇社区居委会依法自治达标率：指根据苏民基（2002）2号文件要求，达到四民主（即民主选举、民主决策、民主管理、民主监督）、三自我（即自我管理、自我教育、自我服务）要求的居委会所占的比重。资料来源：民政部门。

农村村委会依法自治达标率：指根据苏民基（1999）14号文件要求，达到四民主（即民主选举、民主决策、民主管理、民主监督）、三自我（即自我管理、自我教育、自我服务）村委会所占的比重。资料来源：民政部门。

城市绿化覆盖率：指城市建成区绿化覆盖面积占城市建成区面积的比重。绿化覆盖面积指统计区域内的乔木、灌木、草坪等所有植被的垂直投影面积。包括公共绿地、居住区绿地、单位附属绿地、防护绿地、生产绿地、道路绿地、风景林地等的绿化种植覆盖面积、屋顶绿化覆盖面积以及零散树木的覆盖面积。资料来源：建设部门，计算公式为：

绿化覆盖率＝建成区绿化覆盖面积／建成区面积×100%

森林覆盖率：指有林地面积、国家特别规定灌木林地面积及四旁树占地面积之和占土地面积的比重，以百分数表示。资料来源：林业部门。计算公式为：

森林覆盖率＝（有林地面积＋灌木林地面积＋四旁树占地面积）／土地总面积×100%

环境质量综合指数：包括环境空气质量良好天数百分率、集中式饮用水源地水质达标率、水域功能区水质达标率、功能区环境噪声达标率和公众对城乡环境保护满意率。

计算公式：环境质量综合指数＝[（环境空气质量良好天数百分率×20）+（集中式饮用水源地水质达标率×20）+（水域功能区水质达标率×40）+（功能区环境噪声达标率×10）+（公众对城乡环境保护满意率×10）]×小康环保考核监察系数。

环境空气质量良好天数百分率：指省辖市市区及所辖县（市）城区全年环境空气质量良好以上天数（即空气污染指数API小于或等于100的天数）占总天数比例的平均值。计算公式：

环境空气质量良好天数百分率＝（∑（全年环境空气质量良好以上天数／总天数）/n）×100%

n为省辖市和县（市）空气自动监测站数（未建空气自动监测站的县（市）暂不参加统计）。

集中式饮用水源地水质达标率：指省辖市市区及所辖县（市）城区从集中式饮用水源地取得达到Ⅲ类标准（《地表水环境质量标准》）的水量占取水总量的百分比。计算公式：

集中式饮用水源地水质达标率＝各饮用水源地取水水质达标量之和／各饮用水源地取水量之和×100%

各饮用水源地取水水质达标量按照达标项次占监测总项次的百分比乘以取水总量计算，每月达标项次的监测项目基数按26项计算。监测项目与频次：9个必测项目（水温、PH、溶解氧、高锰酸盐指数、氨氮、氟化物、挥发酚、石油类、粪大肠菌群）每月监测一次；17个选测项目（硫酸盐、五日生化需氧量、氯化物、铁、锰、硝酸盐、铜、锌、硒、砷、汞、镉、铬（六价）、铅、氰化物、阴离子表面活性剂、硫化物）每年1月和7月各监测一次，如未达到地表水Ⅱ类标准，则需要每月监测。

水域功能区水质达标率：指省辖市及所辖县（市）所有水域功能区达标的断面数占总断面数的比例。

计算公式：水域功能区水质达标率＝各地表水环境功能区断面中全年水质达标的断面数／各地表水环境功能区断面总数×100%

水域功能区监测断面水质达标评价，按9项例行监测项目年均值与考核目标相比（太湖流域国家考核断面高锰酸盐指数和氨氮两项指标按国家“十一五”考核目标执行），有一项不达标则该断面全年水质考核为不达标。监测项目与频次：9个监测项目（PH、溶解氧、高锰酸盐指数、五日生化需氧量、氨氮、汞、铅、挥发酚、石油类）逢单月监测。

功能区环境噪声达标率：指辖区内4类功能区环境噪声平均达标率。

功能区环境噪声达标率＝（4类功能区环境噪声昼间平均率+4类功能区环境噪声夜间平均达标率）/2

公众对城乡环境保护满意率：对各地城乡空气污染、水污染、噪声污染、垃圾处理、环保宣传教育等五个方面开展民意调查，综合计算满意率。

小康环保考核监察系数：根据国控重点源省级以上抽测达标率和各地被省级以上挂牌督办事件次数，确定小康环保考核监察系数，对各地环境质量综合指数进行校正。国控重点源省级以上抽测率在80%以下的，每下降10个百分点，环境质量综合指数分值扣1%；被省级以上挂牌督办一次，环境质量综合指数分值扣1%。

小康环保考核监察系数＝1-（80%-国控重点源省级以上达标率）×10×1%-被省级以上挂牌督办事件次数×1%

附录二

江苏省市、县主要经济指标（2011年）

MAJOR ECONOMIC INDICATORS OF CITIES AND COUNTIES OF JIANGSU

版面负责人：张玉强
编　　辑：鹿　燕

关于政府统计机构处分建议权的规定

第四十三条 县级以上人民政府统计机构查处统计违法行为时，认为对有关国家工作人员依法应当给予处分的，应当提出给予处分的建议；该国家工作人员的任免机关或者监察机关应当依法及时作出决定，并将结果书面通知县级以上人民政府统计机构。

【释义】 本条是关于政府统计机构处分建议权的规定。

本法第三十三条规定，县级以上人民政府统计机构负有依法查处统计违法行为的职责。但是，由于县级以上人民政府统计机构仅对本单位、直属机构和派出机构中工作人员的统计违法行为，有权依法给予处分，对其他国家工作人员违反统计法应予处分的行为，则由该国家工作人员的任免机关或者监察机关依权限作出处分决定。为保障本法关于给予国家工作人员处分的规定得到有效执行，使国家工作人员在统计上弄虚作假等违法行为的责任切实受到追究，本条明确规定了县级以上人民政府统计机构的处分建议权，同时要求任免机关和监察机关应当依法及时对处分建议作出处理。县级以上人民政府统计机构查处统计违法行为时，认为对有关国家工作人员依法应当由该国家工作人员的任免机关或者监察机关给予处分的，应当向上述机构提出给予处分的建议。该国家工作人员的任免机关或者监察机关收到处分建议后，应当查明事实，根据违法行为的性质、情节及危害程度，及时作出决定，并将结果书面通知提出该处分建议的政府统计机构。

关于作为统计调查对象的个人在普查中违法行为及法律责任的规定

第四十四条 作为统计调查对象的个人在重大国情国力普查活动中拒绝、阻碍统计调查，或者提供不真实或者不完整的普查资料的，由县级以上人民政府统计机构责令改正，予以批评教育。

【释义】 本条是关于作为统计调查对象的个人在普查中违法行为及法律责任的规定。

重大国情国力普查，是国家专门组织的、全国性的、对全体统计调查对象进行的统计调查。重大国情国力普查对于全面、系统地收集、整理和提供反映国情国力情况的统计数据，分析国民经济和社会发展情况，制定经济社会发展战略，具有十分重要的作用。目前我国实行的重大国情国力普查有人口普查、经济普查和农业普查三类。与其他统计调查不同，重大国情国力普查需要动员各方面力量才能顺利开展，需要全体统计调查对象给予支持和配合，如实地提供统计资料。如全国人口普查，需要得到每一个居民的支持。个人的积极配合，是维护普查工作正常秩序，确保普查数据质量的根本保障。为了促进个人更好地依法履行普查义务，本条规定，作为统计调查对象的个人在重大国情国力普查活动中拒绝、阻碍统计调查，或者不如实提供普查资料的，应当由县级以上人民政府统计机构责令改正，予以批评教育

编辑：张 霖

江苏省市、县主要经济指标

（2011 年）

市（县）名称	土地面积（平方公里）	年末总人口（万人）	当年出生人口（人）	当年死亡人口（人）	年末总户数（万户）	从业人员（万人）	第一产业	第二产业	第三产业
南京市	**6 587**	**636.36**	**58 289**	**34 888**	**213.17**	**468.34**	**44.49**	**175.63**	**248.22**
溧水县	1 064	41.70	4 349	2 584	14.29	28.96	4.08	17.88	7.00
高淳县	790	43.10	4 947	3 085	14.93	28.46	6.30	14.60	7.56
无锡市	**4 627**	**467.96**	**35 734**	**31 294**	**156.31**	**386.00**	**20.07**	**211.53**	**154.40**
江阴市	987	120.88	9 327	7 934	36.59	96.31	5.78	55.93	34.60
宜兴市	1 997	107.61	7 753	8 047	38.02	74.06	10.10	38.69	25.27
徐州市	**11 259**	**976.66**	**88 305**	**71 598**	**273.21**	**528.85**	**152.81**	**204.94**	**171.10**
丰　县	1 446	115.08	9 873	8 774	31.00	66.17	30.36	20.54	15.27
沛　县	1 349	127.12	10 209	6 112	37.50	62.09	17.96	27.76	16.37
铜山区	1 909	131.07	14 581	7 224	33.10	70.40	24.48	24.74	21.18
睢宁县	1 767	135.46	17 152	6 260	33.51	72.63	24.86	27.06	20.70
新沂市	1 571	104.70	11 317	8 741	31.81	58.19	19.61	21.88	16.70
邳州市	2 088	178.63	7 335	22 302	44.63	90.26	23.91	36.85	29.50
常州市	**4 372**	**362.86**	**29 007**	**22 144**	**128.10**	**277.72**	**22.26**	**153.21**	**102.25**
溧阳市	1 535	78.73	6 312	2 885	26.53	48.67	7.65	25.12	15.90
金坛市	976	55.15	3 995	3 943	21.04	35.50	5.00	20.12	10.38
苏州市	**8 488**	**642.33**	**58 732**	**41 956**	**213.24**	**609.32**	**26.02**	**335.87**	**247.42**
常熟市	1 276	106.72	7 083	7 958	33.41	91.54	4.13	56.02	31.38
张家港市	990	90.79	7 427	6 292	33.91	87.42	3.64	53.21	30.57
昆山市	932	72.36	7 878	4 021	24.41	93.69	2.14	54.07	37.48
吴江市	1 238	80.18	6 609	5 753	25.59	72.19	4.47	41.75	25.96
太仓市	823	47.04	3 047	3 691	14.71	43.54	3.45	26.57	13.53
南通市	**8 001**	**764.88**	**51 665**	**58 864**	**282.76**	**464.88**	**76.46**	**215.68**	**172.74**
海安县	1 108	93.71	5 350	6 737	34.72	54.89	8.23	28.86	17.80
如东县	1 733	104.75	6 240	9 293	37.60	62.89	9.98	30.93	21.99
启东市	1 208	112.41	6 788	8 151	46.18	68.69	14.73	29.49	24.47
如皋市	1 492	142.26	10 895	9 987	45.79	75.02	15.46	34.78	24.79
海门市	939	99.99	6 441	8 179	38.35	66.49	13.42	31.69	21.38
连云港市	**7 500**	**505.18**	**66 820**	**15 499**	**140.24**	**308.18**	**88.02**	**100.81**	**119.35**
赣榆县	1 427	114.07	15 586	2 960	34.19	63.44	19.77	21.98	21.69
东海县	2 037	116.24	17 580	6 215	29.18	65.47	23.39	20.51	21.57
灌云县	1 853	101.82	9 457	1 970	26.75	47.28	19.42	13.83	14.03
灌南县	1 027	77.52	11 755	1 631	20.72	38.26	17.40	9.90	10.96

注：2010 年区划调整，铜山县改为铜山区。

续表 1 （2011 年）

市(县)名称	土地面积(平方公里)	年末总人口(万人)	当年出生人口(人)	当年死亡人口(人)	年末总户数(万户)	从业人员(万人)	第一产业	第二产业	第三产业
淮安市	**10 072**	**543.24**	**73 151**	**20 905**	**160.97**	**361.45**	**93.89**	**125.73**	**141.84**
涟水县	1 670	110.34	18 251	4 286	28.27	66.21	22.93	16.09	27.19
洪泽县	1 394	38.32	3 140	1 146	12.43	31.55	6.82	15.12	9.62
盱眙县	2 493	77.47	9 284	4 123	22.02	53.76	13.06	18.21	22.50
金湖县	1 344	35.71	2 378	3 033	12.96	24.50	5.90	11.16	7.44
盐城市	**16 972**	**820.69**	**98 709**	**55 271**	**277.79**	**357.48**	**107.16**	**117.19**	**133.14**
响水县	1 461	61.57	8 443	6 124	17.74	22.12	7.69	6.40	8.03
滨海县	1 915	120.05	26 643	5 917	34.88	43.32	16.42	10.94	15.96
阜宁县	1 439	110.37	14 720	10 320	36.72	42.53	14.83	12.14	15.56
射阳县	2 855	97.37	9 624	6 376	32.74	43.05	14.46	12.90	15.69
建湖县	1 160	80.49	7 683	5 767	30.57	38.29	9.65	14.34	14.30
东台市	3 221	113.40	8 046	7 814	40.60	59.15	15.67	21.35	22.13
大丰市	3 059	72.53	5 288	5 444	28.22	38.05	10.01	13.61	14.43
扬州市	**6 591**	**460.05**	**36 181**	**35 034**	**153.24**	**303.81**	**35.20**	**156.25**	**112.36**
宝应县	1 462	91.42	8 029	7 968	29.46	54.12	10.33	26.68	17.11
仪征市	857	56.62	4 580	4 206	19.34	39.18	3.48	21.97	13.73
高邮市	1 922	82.06	5 178	6 743	26.48	49.86	8.78	24.93	16.15
镇江市	**3 847**	**271.86**	**21 641**	**17 592**	**102.24**	**190.26**	**25.64**	**95.89**	**68.73**
丹阳市	1 047	81.29	7 103	6 866	28.61	62.21	6.68	36.09	19.44
扬中市	331	28.01	2 350	2 185	10.90	21.30	1.52	12.68	7.10
句容市	1 387	58.91	4 802	2 390	22.50	38.50	11.03	16.56	10.91
泰州市	**5 787**	**507.12**	**49 382**	**34 639**	**171.58**	**286.65**	**64.90**	**119.02**	**102.73**
兴化市	2 395	157.30	21 832	10 945	53.19	71.93	27.14	20.60	24.19
靖江市	656	67.15	4 494	3 904	22.12	40.72	7.10	18.84	14.78
泰兴市	1 170	120.21	9 260	7 692	39.90	66.79	15.48	27.12	24.19
姜堰市	928	79.45	6 351	5 514	27.69	45.59	8.54	22.85	14.21
宿迁市	**8 555**	**555.05**	**92 303**	**31 992**	**152.27**	**351.38**	**97.09**	**145.36**	**108.93**
沭阳县	2 298	186.45	33 889	9 064	50.27	130.45	34.50	55.09	40.86
泗阳县	1 418	103.32	9 979	4 791	28.46	61.33	16.30	28.95	16.08
泗洪县	2 731	102.55	20 982	12 082	29.27	55.11	24.09	17.54	13.49

续表 2　　（2011 年）

市(县)名称	在岗职工人数（万人）	#国有单位	城镇集体单位	港澳台商投资单位	外商投资单位	私营企业和个体从业人员（万人）	乡村从业人员（万人）	#农林牧渔业
南京市	**133.72**	**49.79**	**4.28**	**9.52**	**21.54**	**205.72**	**122.03**	**28.35**
溧水县	5.00	1.27	0.14	1.14	0.58	10.91	17.94	4.12
高淳县	5.28	1.76	0.12	0.12	0.12	12.46	22.85	6.18
无锡市	**80.55**	**16.07**	**1.22**	**6.27**	**26.71**	**217.92**	**120.44**	**20.67**
江阴市	16.46	3.21	0.34	2.86	1.76	59.36	40.35	6.01
宜兴市	10.20	2.61	0.25	0.75	1.45	44.18	36.76	10.45
徐州市	**59.42**	**38.94**	**2.93**	**2.07**	**1.29**	**144.23**	**365.05**	**149.58**
丰　县	3.99	2.78	0.31	0.08	0.07	8.72	54.36	30.24
沛　县	3.85	3.21	0.41			14.55	49.64	17.27
铜山区	5.52	2.89	0.42			11.75	55.42	23.67
睢宁县	4.34	2.67	0.30	0.48	0.04	12.08	60.87	24.75
新沂市	5.29	2.33	0.34	0.11	0.27	25.77	43.71	19.39
邳州市	6.47	3.65	0.44	0.62	0.59	19.40	67.65	23.5
常州市	**48.32**	**14.73**	**1.16**	**6.16**	**5.05**	**155.88**	**132.81**	**26.02**
溧阳市	5.55	2.24	0.07	0.25	0.44	21.53	31.90	8.62
金坛市	5.25	1.56	0.20	0.81	1.11	17.70	20.53	5.47
苏州市	**129.84**	**22.14**	**2.77**	**17.07**	**59.92**	**365.42**	**184.77**	**24.97**
常熟市	12.37	2.85	0.54	2.34	2.36	56.90	40.89	4.03
张家港市	13.88	3.19	0.42	0.72	1.79	56.77	32.55	3.52
昆山市	19.58	2.67	0.58	3.12	12.00	58.02	21.39	1.92
吴江市	11.36	2.42	0.30	1.33	5.80	37.32	32.67	4.34
太仓市	12.08	1.93	0.20	1.58	6.03	22.21	16.63	3.34
南通市	**63.04**	**20.10**	**1.80**	**6.92**	**13.33**	**247.36**	**317.41**	**74.20**
海安县	7.01	1.91	0.22	0.59	0.68	30.94	38.92	7.92
如东县	6.87	2.53	0.16	1.10	0.92	28.28	48.47	9.10
启东市	6.53	1.96	0.16	0.91	1.58	25.15	52.88	14.65
如皋市	6.16	2.38	0.20	0.99	1.29	45.75	60.80	15.30
海门市	6.46	2.15	0.28	1.09	1.62	38.44	49.92	13.11
连云港市	**33.09**	**15.81**	**1.64**	**1.94**	**3.25**	**54.60**	**174.87**	**87.02**
赣榆县	3.58	2.41	0.22	0.21	0.18	8.85	42.25	18.77
东海县	4.01	2.38	0.13	0.46	0.42	10.83	46.55	23.39
灌云县	3.01	1.81	0.28	0.01	0.35	6.73	37.31	19.42
灌南县	3.43	1.52	0.30	0.21	0.06	6.84	31.83	17.40

续表 3

（2011 年）

市（县）名　称	在岗职工人数（万人）	# 国有单位	城镇集体单　位	港澳台商投资单位	外商投资单　位	私营企业和个体从业人员（万人）	乡村从业人　员（万人）	# 农林牧渔　业
淮安市	**39.08**	**18.03**	**1.76**	**5.45**	**2.41**	**96.31**	**212.52**	**90.01**
涟水县	4.73	2.57	0.37	0.93	0.11	10.68	49.73	22.40
洪泽县	3.47	0.89	0.31	0.33	0.18	8.74	18.17	6.71
盱眙县	3.74	2.11	0.50	0.33	0.09	15.22	33.66	12.25
金湖县	2.91	1.32	0.20	0.25	0.37	7.69	13.38	5.57
盐城市	**49.80**	**22.50**	**1.54**	**2.80**	**3.72**	**194.93**	**303.21**	**118.57**
响水县	3.22	2.11	0.18	0.08	0.14	7.96	21.88	9.60
滨海县	3.75	2.08	0.16	0.14		21.61	44.16	17.89
阜宁县	5.03	1.77	0.10	0.06	0.43	25.15	37.25	16.08
射阳县	5.45	2.69	0.21	0.42	0.13	17.99	35.62	13.61
建湖县	5.04	1.61	0.27	0.35		21.95	30.44	9.83
东台市	6.55	2.59	0.28	0.44	0.68	26.64	48.40	21.94
大丰市	5.99	2.10	0.16	0.55	1.08	23.29	31.63	10.71
扬州市	**40.68**	**18.95**	**2.89**	**2.57**	**3.99**	**122.23**	**181.05**	**37.07**
宝应县	5.69	2.18	0.61	0.14	0.59	13.47	41.90	10.98
仪征市	6.71	3.18	0.17	0.95	0.69	13.04	22.90	3.62
高邮市	5.12	2.02	1.19	0.73	0.37	20.51	35.64	9.34
镇江市	**37.79**	**14.39**	**1.89**	**4.90**	**4.45**	**117.12**	**99.70**	**25.87**
丹阳市	8.40	3.40	0.42	1.92	1.19	36.49	36.26	8.52
扬中市	4.49	1.04	0.47	0.33	0.11	14.30	12.51	2.34
句容市	6.17	1.99	0.38	1.62	1.13	20.76	25.23	8.75
泰州市	**36.69**	**13.00**	**3.50**	**2.16**	**4.46**	**110.92**	**209.74**	**47.62**
兴化市	5.52	2.63	0.39	0.32	0.95	21.61	60.36	20.69
靖江市	6.46	2.02	0.59	0.59	1.31	19.42	27.31	5.83
泰兴市	6.35	2.52	0.91	0.23	0.42	22.56	55.65	10.70
姜堰市	5.22	1.88	0.26	0.42	0.92	17.61	34.84	6.27
宿迁市	**22.37**	**13.29**	**0.37**	**0.09**	**0.09**	**92.50**	**229.05**	**91.74**
沭阳县	6.29	3.45	0.30	0.09	0.09	29.49	86.65	30.29
泗阳县	3.49	1.94	0.04			12.51	40.14	16.05
泗洪县	4.03	2.75	0.03			15.39	38.94	23.59

续表 4

（2011 年）

市(县)名 称	地区生产总 值(亿元)	第一产业	第二产业	#工业	第三产业	人均地区生产总值(按常住人口计算,元)	地区生产总值指数(上年=100)	三次产业占 GDP 比重(%)		
								第一产业	第二产业	第三产业
南京市	**6 145.52**	**164.28**	**2 760.84**	**2 390.51**	**3 220.41**	**76 263**	**112.0**	**2.7**	**44.9**	**52.4**
溧水县	303.77	26.01	188.57	159.79	89.19	72 257	112.3	8.6	62.1	29.4
高淳县	302.82	27.09	171.09	137.00	104.64	72 332	111.9	8.9	56.5	34.6
无锡市	**6 880.15**	**122.98**	**3 728.12**	**3 463.12**	**3 029.05**	**107 437**	**111.6**	**1.8**	**54.2**	**44.0**
江阴市	2 335.87	43.02	1 354.31	1 306.00	938.54	145 456	112.0	1.8	58.0	40.2
宜兴市	980.39	42.48	536.02	474.60	401.89	79 080	112.3	4.3	54.7	41.0
徐州市	**3 551.65**	**334.54**	**1 777.04**	**1 509.82**	**1 440.07**	**41 407**	**113.5**	**9.4**	**50.1**	**40.5**
丰　县	190.61	40.28	86.98	61.46	63.35	19 867	113.4	21.1	45.6	33.2
沛　县	376.98	59.80	181.09	146.89	136.09	33 335	114.1	15.9	48.0	36.1
铜山区	570.57	43.97	323.25	273.66	203.35	50 982	114.3	7.7	56.7	35.6
睢宁县	252.36	50.90	109.35	87.06	92.11	24 366	113.8	20.2	43.3	36.5
新沂市	301.37	42.14	129.94	110.21	129.29	32 861	114.4	14.0	43.1	42.9
邳州市	448.86	69.92	198.50	161.93	180.44	30 972	114.1	15.6	44.2	40.2
常州市	**3 580.99**	**111.78**	**1 950.84**	**1 768.91**	**1 518.37**	**77 485**	**112.2**	**3.1**	**54.5**	**42.4**
溧阳市	503.78	34.49	283.92	257.58	185.37	66 934	112.3	6.8	56.4	36.8
金坛市	365.10	24.08	203.94	180.56	137.08	65 944	112.1	6.6	55.9	37.5
苏州市	**10 716.99**	**177.75**	**5 957.74**	**5 555.33**	**4 581.50**	**102 129**	**112.0**	**1.7**	**55.6**	**42.7**
常熟市	1 710.45	33.65	938.07	898.40	738.73	113 133	112.2	2.0	54.8	43.2
张家港市	1 860.28	25.03	1 098.01	1 057.20	737.24	148 727	111.6	1.3	59.1	39.6
昆山市	2 432.25	22.17	1 510.06	1 437.06	900.02	147 186	112.0	0.9	62.1	37.0
吴江市	1 192.28	30.97	699.48	663.52	461.83	93 417	112.5	2.6	58.7	38.7
太仓市	867.53	30.88	485.72	459.30	350.93	121 656	113.0	3.6	55.9	40.5
南通市	**4 080.22**	**287.21**	**2 221.48**	**1 840.41**	**1 571.53**	**56 005**	**112.1**	**7.0**	**54.4**	**38.5**
海安县	429.52	42.94	228.01	186.17	158.57	49 598	112.4	10.0	53.1	36.9
如东县	425.45	50.50	223.13	180.66	151.82	42 843	112.1	11.9	52.4	35.7
启东市	520.17	55.96	277.11	219.19	187.10	53 629	112.4	10.8	53.3	36.0
如皋市	520.67	46.99	288.82	245.03	184.86	41 178	112.0	9.0	55.5	35.5
海门市	590.33	41.39	348.22	284.61	200.72	65 226	112.0	7.0	59.0	34.0
连云港市	**1 410.52**	**204.11**	**654.28**	**517.82**	**552.13**	**32 119**	**113.0**	**14.5**	**46.4**	**39.1**
赣榆县	283.07	43.43	144.44	110.87	95.20	29 846	114.5	15.3	51.0	33.6
东海县	245.67	45.42	116.44	99.86	83.81	25 845	114.5	18.5	47.4	34.1
灌云县	192.22	44.29	90.29	68.97	57.64	23 496	114.0	23.0	47.0	30.0
灌南县	182.33	34.33	91.38	77.53	56.62	29 358	114.0	18.8	50.1	31.1

续表 5 （2011 年）

市(县)名称	地区生产总值(亿元)	第一产业	第二产业	#工业	第三产业	人均地区生产总值(按常住人口计算,元)	地区生产总值指数(上年=100)	三次产业占GDP比重(%)		
								第一产业	第二产业	第三产业
淮安市	**1 690.00**	**223.46**	**794.18**	**661.15**	**672.36**	**35 181**	**113.2**	**13.2**	**47.0**	**39.8**
涟水县	194.54	47.43	76.78	59.29	70.33	22 793	114.5	24.4	39.5	36.2
洪泽县	133.83	22.07	59.16	49.22	52.60	40 684	113.1	16.5	44.2	39.3
盱眙县	191.19	35.79	84.17	65.56	71.23	29 160	114.3	18.7	44.0	37.3
金湖县	121.96	20.10	50.92	43.91	50.94	37 463	114.1	16.5	41.8	41.8
盐城市	**2 771.33**	**416.83**	**1 306.26**	**1 111.50**	**1 048.24**	**38 222**	**112.8**	**15.0**	**47.1**	**37.8**
响水县	161.16	32.50	79.62	71.03	49.04	31 696	113.7	20.2	49.4	30.4
滨海县	238.00	45.41	104.34	87.91	88.25	24 948	113.5	19.1	43.8	37.1
阜宁县	244.09	42.30	117.14	87.42	84.65	28 977	112.9	17.3	48.0	34.7
射阳县	287.98	63.66	117.78	106.92	106.54	32 132	112.7	22.1	40.9	37.0
建湖县	288.77	38.51	138.02	119.25	112.24	38 965	112.9	13.3	47.8	38.9
东台市	447.92	71.49	205.43	181.19	171.00	45 292	112.7	16.0	45.9	38.2
大丰市	346.96	57.90	153.39	131.51	135.67	49 218	114.0	16.7	44.2	39.1
扬州市	**2 630.30**	**184.54**	**1 427.87**	**1 240.87**	**1 017.89**	**58 950**	**112.2**	**7.0**	**54.3**	**38.7**
宝应县	291.53	49.75	139.45	112.35	102.33	38 754	112.0	17.1	47.8	35.1
仪征市	333.41	17.71	196.19	173.69	119.51	59 214	112.9	5.3	58.8	35.8
高邮市	302.50	50.47	145.63	119.13	106.40	40 746	112.3	16.7	48.1	35.2
镇江市	**2 311.45**	**100.77**	**1 272.39**	**1 175.63**	**938.29**	**73 981**	**112.3**	**4.4**	**55.0**	**40.6**
丹阳市	724.90	38.80	400.20	383.54	285.90	75 185	112.7	5.4	55.2	39.4
扬中市	300.05	10.01	171.82	165.68	118.22	89 194	112.4	3.3	57.3	39.4
句容市	291.89	27.56	157.86	144.68	106.47	47 193	112.2	9.4	54.1	36.5
泰州市	**2 422.61**	**175.11**	**1 308.21**	**1 132.27**	**939.29**	**52 396**	**112.1**	**7.2**	**54.0**	**38.8**
兴化市	459.47	74.18	202.83	175.77	182.46	36 639	111.4	16.1	44.1	39.7
靖江市	538.98	17.41	306.25	283.96	215.32	78 683	113.8	3.2	56.8	39.9
泰兴市	486.39	39.23	264.88	230.79	182.28	45 258	112.6	8.1	54.5	37.5
姜堰市	364.08	28.89	192.17	158.31	143.02	49 915	112.1	7.9	52.8	39.3
宿迁市	**1 320.83**	**209.72**	**614.48**	**502.57**	**496.63**	**27 839**	**112.8**	**15.9**	**46.5**	**37.6**
沭阳县	410.45	65.86	185.57	160.80	159.02	26 583	112.8	16.0	45.2	38.7
泗阳县	238.18	42.50	119.27	98.30	76.41	28 458	113.0	17.8	50.1	32.1
泗洪县	226.05	44.60	93.70	74.15	87.75	24 748	112.4	19.7	41.5	38.8

续表 6　　（2011 年）

市(县)名称	农林牧渔业总产值(亿元)(现价)	农作物总播种面积(千公顷)	#粮食作物	粮食总产量(万吨)	油料产量(万吨)	棉花产量(吨)	肉类总产量(万吨)	水产品产量(万吨)	农业机械总动力(万千瓦)
南京市	**283.50**	**331.99**	**160.95**	**112.06**	**10.49**	**4 319**	**12.34**	**20.62**	**210.62**
溧水县	44.38	58.54	33.34	22.95	1.97	945	1.89	2.73	29.08
高淳县	46.73	51.25	26.03	18.64	1.65	776	1.67	4.12	50.37
无锡市	**202.02**	**178.45**	**116.95**	**82.22**	**0.93**		**11.01**	**12.20**	**104.90**
江阴市	70.52	44.30	28.54	20.12	0.16		5.07	2.31	24.09
宜兴市	69.08	95.03	68.82	48.57	0.72		3.57	7.89	50.93
徐州市	**618.34**	**1 110.29**	**727.26**	**455.30**	**11.45**	**33 882**	**94.11**	**17.50**	**591.70**
丰　县	77.52	143.06	85.41	51.10	0.47	12 980	13.32	0.45	73.80
沛　县	109.02	144.23	87.40	59.89	0.20	3 820	19.54	1.40	89.13
铜山区	85.70	189.16	132.24	81.61	0.68	7 058	11.49	5.00	98.79
睢宁县	95.07	188.82	149.35	88.51	1.58	1 659	12.91	2.21	96.96
新沂市	80.62	149.25	97.81	63.58	6.57		12.63	4.62	72.61
邳州市	132.75	227.70	122.88	79.50	1.76	7 009	19.55	2.78	111.13
常州市	**194.68**	**226.21**	**159.51**	**115.19**	**3.20**	**491**	**13.40**	**17.15**	**155.25**
溧阳市	62.02	95.51	71.80	54.47	2.07	457	2.21	6.51	51.06
金坛市	45.97	56.89	40.29	28.38	0.82	34	4.38	3.92	40.31
苏州市	**309.86**	**266.19**	**159.65**	**115.00**	**2.89**	**1 508**	**15.00**	**28.41**	**161.05**
常熟市	57.35	74.81	43.63	32.14	0.77	985	2.11	3.80	33.95
张家港市	44.80	57.51	41.51	28.28	0.47	72	1.29	1.76	31.27
昆山市	38.01	24.86	16.60	11.80	0.17	42	0.76	5.25	17.11
吴江市	53.15	40.11	21.45	16.75	0.69		1.72	7.67	39.81
太仓市	53.00	50.01	29.64	21.20	0.61	409	6.59	3.73	16.13
南通市	**502.27**	**850.55**	**525.61**	**329.12**	**40.00**	**54 395**	**47.40**	**82.56**	**334.91**
海安县	80.84	102.87	79.19	64.05	1.38	171	9.12	3.16	55.90
如东县	100.77	171.96	131.87	90.80	4.97	17 281	9.49	26.99	76.72
启东市	99.93	153.39	70.85	24.09	10.16	16 349	5.80	35.34	49.53
如皋市	77.13	150.58	110.53	72.80	3.58	200	11.08	2.26	70.99
海门市	66.04	108.25	40.97	17.84	9.45	12 859	4.13	8.20	32.11
连云港市	**376.53**	**601.35**	**487.75**	**345.99**	**11.64**	**3 874**	**28.91**	**65.21**	**426.41**
赣榆县	102.30	106.25	77.13	53.51	5.83	304	7.17	39.96	95.98
东海县	84.44	197.47	155.27	109.39	4.38	105	7.30	5.16	108.48
灌云县	80.50	120.29	103.93	74.71	0.08	422	5.31	4.50	96.58
灌南县	63.32	99.93	87.09	61.94	0.21	22	4.74	3.20	79.33

续表 7 （2011 年）

市(县)名称	农林牧渔业总产值（亿元）（现价）	农作物总播种面积（千公顷）	#粮食作物	粮食总产量（万吨）	油料产量（万吨）	棉花产量（吨）	肉类总产量（万吨）	水产品产量（万吨）	农业机械总动力（万千瓦）
淮安市	**411.74**	**785.74**	**649.92**	**453.42**	**10.09**	**505**	**29.90**	**24.39**	**425.11**
涟水县	90.50	165.38	131.85	90.07	3.37	358	6.65	1.76	76.24
洪泽县	44.35	68.07	57.57	41.72	0.29		2.01	5.20	60.50
盱眙县	66.63	165.24	138.47	95.73	2.86	147	6.88	5.00	89.51
金湖县	36.38	79.83	72.19	50.02	0.73		1.43	4.78	57.25
盐城市	**849.70**	**1 472.02**	**956.48**	**661.79**	**28.77**	**133 952**	**83.22**	**102.02**	**528.61**
响水县	57.97	110.67	76.18	50.54	2.35	6 956	4.44	5.83	56.20
滨海县	80.63	174.01	124.18	89.85	4.49	2 270	9.95	9.33	74.08
阜宁县	83.20	162.92	125.31	91.30	1.65	161	16.78	6.56	58.23
射阳县	142.23	218.93	150.64	107.49	3.59	41 256	7.82	18.60	77.31
建湖县	71.00	116.58	99.16	72.05	1.52	2 230	5.63	9.15	42.62
东台市	155.49	245.15	136.88	83.19	6.67	11 217	14.05	16.75	77.37
大丰市	135.09	253.58	117.11	76.09	5.20	45 276	12.05	16.05	68.55
扬州市	**330.31**	**503.55**	**414.73**	**305.68**	**7.03**	**4 523**	**18.25**	**38.35**	**230.32**
宝应县	89.37	134.19	117.33	91.08	1.39	38	4.59	14.66	44.58
仪征市	31.75	60.56	49.06	32.72	0.85	106	2.30	0.60	29.92
高邮市	90.16	139.50	114.63	85.55	1.78	3 088	4.55	15.59	57.87
镇江市	**153.25**	**238.72**	**175.04**	**121.89**	**4.37**	**1 503**	**8.25**	**8.82**	**133.91**
丹阳市	55.40	84.89	69.96	49.57	0.93		2.36	3.73	38.50
扬中市	16.09	18.82	14.19	10.72	0.11		0.92	0.68	12.35
句容市	42.36	79.81	49.66	33.74	2.39	1 483	1.45	2.43	49.41
泰州市	**294.28**	**577.02**	**435.79**	**321.26**	**10.72**	**14 884**	**24.44**	**34.45**	**228.14**
兴化市	125.43	229.61	182.75	138.01	3.17	12 746	5.42	26.17	94.58
靖江市	29.05	54.69	46.11	33.49	0.43		2.92	0.93	24.19
泰兴市	65.68	134.63	95.07	68.57	3.61		7.89	2.21	52.99
姜堰市	48.40	106.68	73.33	53.96	2.46	2 090	5.46	3.63	39.88
宿迁市	**379.09**	**706.75**	**569.43**	**368.54**	**5.76**	**2 205**	**34.87**	**24.31**	**575.18**
沭阳县	124.28	247.85	183.43	125.09	1.65	48	9.99	1.89	203.86
泗阳县	76.00	112.01	88.39	57.84	1.30	27	5.17	6.85	81.80
泗洪县	88.41	187.57	162.49	94.52	2.32	1 901	6.97	9.70	185.58

续表 8　　（2011 年）

市(县)名称	工业企业个数（个）	工业总产值（当年价）（亿元）	#内资企业	#大中型企业	#轻工业	主营业务收入（亿元）	利润总额（亿元）	利税总额（亿元）	从业人员年平均人数（万人）
南京市	**2 508**	**10 354.65**	**6 171.85**	**7 455.44**	**1 784.76**	**10 472.31**	**594.40**	**1 191.05**	**75.19**
溧水县	348	503.59	394.10	152.20	123.46	492.85	48.95	74.96	6.12
高淳县	253	478.70	429.94	188.02	174.84	493.10	37.89	60.55	7.94
无锡市	**5 241**	**14 561.97**	**9 130.11**	**9 812.16**	**3 365.01**	**14 567.14**	**1 149.48**	**1 523.17**	**132.10**
江阴市	1 417	5 953.02	4 361.78	4 768.34	1 576.04	5 970.02	513.63	718.70	45.73
宜兴市	897	2 491.76	2 048.65	1 260.13	341.46	2 433.18	139.38	195.91	18.81
徐州市	**2 788**	**6 950.65**	**6 045.39**	**3 507.58**	**1 926.48**	**6 940.76**	**643.54**	**1 124.31**	**71.81**
丰　县	271	221.28	201.20	42.62	80.43	216.43	18.40	33.12	3.04
沛　县	463	788.07	770.41	71.83	284.51	773.69	56.53	105.54	8.87
铜山区	464	1 780.33	1 630.38	1 267.61	577.43	1 757.86	162.97	265.18	16.76
睢宁县	235	380.46	328.04	153.65	190.75	375.25	42.87	61.61	4.45
新沂市	426	604.30	575.50	81.48	179.99	601.44	45.36	78.58	6.10
邳州市	539	1 049.04	938.79	268.92	228.83	1 050.09	98.81	171.33	11.69
常州市	**3 638**	**8 270.77**	**5 429.54**	**5 146.82**	**1 547.84**	**8 212.53**	**468.43**	**713.30**	**86.13**
溧阳市	327	1 137.23	703.20	802.77	72.09	1 140.76	64.80	107.50	7.51
金坛市	356	686.90	454.46	380.02	193.12	671.06	62.02	86.42	8.43
苏州市	**9 904**	**27 778.75**	**9 150.51**	**20 789.17**	**7349.02**	**27 898.91**	**1 484.73**	**2 028.08**	**331.11**
常熟市	1 430	3 251.66	1 808.11	2 196.00	1320.54	3 184.39	186.03	237.79	38.86
张家港市	1 174	4 461.91	3 275.24	3 495.83	1207.18	4 688.83	197.12	296.02	33.38
昆山市	1 761	7 282.21	555.59	6 113.76	1045.39	7 207.49	412.55	511.25	86.66
吴江市	1 535	2 993.67	1 200.82	2 073.73	1147.72	3 018.09	179.55	239.65	43.57
太仓市	1 076	1 706.25	850.58	837.13	696.41	1 687.26	96.65	143.51	17.76
南通市	**4 912**	**8 679.82**	**5 283.46**	**3 831.75**	**3106.60**	**8 432.59**	**694.85**	**1 017.50**	**87.73**
海安县	798	1 071.86	819.63	500.62	515.51	1 014.26	88.81	119.28	9.93
如东县	641	1 045.32	681.27	444.29	491.84	1 020.99	90.50	127.95	10.64
启东市	507	1 036.53	676.05	397.33	311.97	1 007.61	95.08	139.03	9.67
如皋市	756	1 157.30	823.06	514.93	318.49	1 118.31	60.87	96.72	14.59
海门市	570	1 201.98	670.53	339.40	358.61	1 219.01	133.02	196.55	10.26
连云港市	**1 263**	**2 630.52**	**1 935.45**	**1 652.33**	**726.22**	**2 601.68**	**190.10**	**299.95**	**20.43**
赣榆县	341	595.06	557.96	356.54	111.40	592.21	37.54	64.20	3.63
东海县	327	364.75	260.82	75.63	136.65	357.18	23.91	37.75	3.39
灌云县	188	303.37	291.76	146.18	77.18	300.27	22.33	29.91	3.03
灌南县	145	319.54	313.33	212.98	29.49	314.83	14.77	30.71	2.28

注：工业统计范围为年主营业务收入 500 万元以上工业企业，下同。

续表 9　　　　（2011 年）

市（县）名 称	工业企业个数（个）	工 业 总产值（当年价）（亿元）	#内资企业	#大中型企 业	#轻工业	主营业务收 入（亿元）	利润总额（亿元）	利税总额（亿元）	从业人员年平均人 数（万人）
淮安市	**1 495**	**2 941.00**	**2 371.21**	**1 362.87**	**111.56**	**2 918.90**	**150.21**	**299.68**	**27.09**
涟水县	198	291.46	262.26	100.08	17.69	292.42	15.31	24.39	3.84
洪泽县	197	261.86	225.95	43.62	8.89	259.42	19.80	27.41	3.09
盱眙县	256	335.49	311.43	47.10	12.82	333.89	12.03	20.74	2.76
金湖县	151	224.21	189.70	97.84	7.86	221.30	13.19	17.91	1.86
盐城市	**2 590**	**4 360.07**	**3 234.00**	**2 027.52**	**1 570.08**	**4 355.32**	**269.17**	**508.98**	**47.95**
响水县	130	322.66	264.42	191.28	83.82	319.16	28.45	38.20	2.92
滨海县	187	341.54	332.11	150.61	148.86	330.44	20.74	37.94	3.63
阜宁县	236	338.37	306.06	94.66	135.60	339.69	13.97	29.66	4.56
射阳县	264	375.99	323.40	44.14	253.44	372.66	14.25	28.50	3.71
建湖县	301	412.08	351.98	196.18	182.87	407.19	24.78	46.71	5.59
东台市	512	569.91	468.10	195.81	235.12	557.65	30.21	56.81	8.34
大丰市	383	419.43	314.75	139.24	214.98	417.02	21.28	39.87	6.00
扬州市	**2 584**	**6 772.79**	**4 869.66**	**3 823.16**	**1 541.26**	**6 563.35**	**517.25**	**841.64**	**77.84**
宝应县	317	570.92	501.30	326.42	115.68	546.82	29.21	50.34	6.67
仪征市	308	944.67	644.34	551.17	121.29	940.25	77.69	112.27	8.92
高邮市	487	750.38	599.30	287.22	260.29	744.85	63.12	95.72	10.04
镇江市	**2 173**	**5 207.67**	**3 378.12**	**3 035.27**	**967.36**	**5 040.45**	**301.58**	**468.23**	**48.85**
丹阳市	712	1 604.94	1 178.61	1 012.80	300.71	1 569.01	68.26	105.27	17.11
扬中市	295	729.66	626.87	536.69	37.77	695.94	48.89	77.48	7.00
句容市	459	715.08	429.19	223.53	245.80	705.95	33.55	66.98	10.15
泰州市	**2 489**	**5 813.13**	**4 216.71**	**2 531.15**	**1 474.27**	**5 672.88**	**438.02**	**711.56**	**47.03**
兴化市	615	773.25	663.07	146.65	169.93	766.10	44.41	78.08	6.96
靖江市	428	1 434.14	739.37	849.67	191.93	1 362.98	158.29	208.55	11.59
泰兴市	496	1 072.56	794.38	286.08	246.03	1 060.02	84.78	143.59	9.87
姜堰市	465	736.22	560.75	196.84	201.51	701.22	51.25	80.92	5.79
宿迁市	**1 795**	**1 522.30**	**1 451.22**	**631.31**	**807.32**	**1 498.37**	**190.53**	**262.02**	**28.47**
沭阳县	611	428.26	408.34	113.02	186.62	421.28	49.61	67.60	8.18
泗阳县	420	280.25	277.31	52.97	122.03	280.18	22.27	30.14	5.51
泗洪县	359	193.49	189.11	78.84	139.49	189.05	34.53	47.34	4.26

续表 10 （2011 年）

市(县)名称	社会消费品零售总额（亿元）	#批发和零售业	进出口总额（海关数）（亿美元）	#出口总额	实际到帐外资（商务部口径）（亿美元）	固定资产投资（亿元）	#房地产开发投资	商品房建筑面积（万平方米）	#住宅
南京市	**2 697.10**	**2 422.59**	**573.44**	**308.65**	**35.66**	**3 757.25**	**871.43**	**767.70**	**680.89**
溧水县	85.53	73.13	3.60	3.21	1.23	185.61	15.00	50.99	47.88
高淳县	100.06	85.26	3.41	3.07	0.61	74.10	16.50	32.55	30.15
无锡市	**2 142.02**	**1 982.09**	**724.63**	**423.11**	**35.05**	**3 169.18**	**877.78**	**659.89**	**533.94**
江阴市	451.92	423.12	209.05	118.89	7.21	711.92	180.30	139.11	117.75
宜兴市	325.54	309.23	47.63	31.12	3.57	412.20	79.68	86.57	66.45
徐州市	**1 141.89**	**1 016.11**	**63.10**	**41.59**	**14.66**	**2 201.03**	**255.12**	**639.38**	**575.14**
丰　县	61.38	53.91	1.11	1.04	0.42	103.94	12.40	59.65	50.84
沛　县	109.49	93.02	2.88	2.84	1.07	237.20	20.02	58.67	52.52
铜山区	103.50	91.67	3.28	2.75	1.63	347.34	17.47	33.45	32.39
睢宁县	75.75	68.74	3.56	2.25	1.05	124.72	13.45	49.34	41.48
新沂市	73.81	65.13	2.83	2.25	0.66	220.72	33.02	62.32	48.04
邳州市	100.37	82.23	10.13	9.79	1.67	321.35	24.45	50.17	50.07
常州市	**1 236.10**	**1 133.78**	**286.33**	**193.60**	**30.52**	**2 223.26**	**567.53**	**661.12**	**537.94**
溧阳市	173.20	156.82	10.41	8.91	4.01	311.16	33.66	60.90	49.87
金坛市	136.67	123.58	20.22	16.15	4.01	206.60	25.56	62.63	47.63
苏州市	**2 829.58**	**2 504.56**	**3 008.63**	**1 672.33**	**90.16**	**4 279.98**	**1 199.13**	**1 210.91**	**983.53**
常熟市	426.26	387.16	198.04	135.46	9.02	492.83	93.02	150.66	102.86
张家港市	316.46	276.35	334.32	120.93	9.02	532.56	74.95	71.57	50.28
昆山市	420.98	341.27	855.30	533.38	17.50	642.57	237.40	253.46	206.19
吴江市	263.65	229.97	224.04	115.80	9.02	504.84	133.40	177.78	156.94
太仓市	167.17	144.54	121.64	53.57	3.10	386.25	87.10	102.09	69.16
南通市	**1 493.27**	**1 369.55**	**257.75**	**180.12**	**21.66**	**2 378.36**	**379.96**	**677.53**	**595.97**
海安县	157.00	143.97	12.39	10.27	1.59	260.12	27.82	73.15	66.17
如东县	174.58	159.86	12.58	10.07	2.95	250.75	16.40	48.97	38.70
启东市	198.53	182.17	24.91	18.28	3.83	302.99	19.82	60.00	51.90
如皋市	198.65	182.16	30.42	18.77	4.76	272.02	19.62	71.82	62.45
海门市	204.93	188.38	15.84	11.38	1.13	300.66	28.44	88.78	76.13
连云港市	**500.23**	**453.57**	**68.98**	**37.36**	**6.10**	**1 043.19**	**164.65**	**435.68**	**355.03**
赣榆县	92.53	84.81	2.63	2.10	0.57	168.03	19.04	70.89	59.66
东海县	89.66	82.95	2.88	2.19	0.76	157.66	16.22	72.85	63.23
灌云县	68.12	63.30	2.92	2.71	0.16	136.94	12.74	46.57	40.97
灌南县	48.18	41.98	1.28	1.08	0.16	135.86	21.09	61.35	43.76

续表 11 （2011 年）

市(县)名 称	社会消费品零售总额（亿元）	#批发和零售业	进出口总 额（海关数）（亿美元）	#出口总额	实际到帐外资(商务部口径)（亿美元）	固定资产投 资（亿元）	房地产开发投资	商品房建筑面积（万平方米）	#住宅
淮安市	**547.85**	**488.47**	**28.54**	**18.39**	**16.20**	**1 020.60**	**286.49**	**552.48**	**483.16**
涟水县	53.34	47.27	2.06	1.75	2.10	113.37	37.65	89.39	74.86
洪泽县	49.34	43.49	0.72	0.66	1.59	74.68	12.92	17.45	15.77
盱眙县	52.15	45.61	1.17	0.79	2.12	141.26	32.96	69.87	63.25
金湖县	46.37	41.08	1.60	1.56	1.51	69.57	16.87	48.99	40.73
盐城市	**895.09**	**815.53**	**52.45**	**29.78**	**16.88**	**1 586.98**	**214.37**	**562.82**	**482.80**
响水县	37.20	34.35	4.39	3.34	1.05	116.33	9.77	27.93	27.73
滨海县	61.66	56.46	1.60	1.49	1.36	152.59	15.85	64.34	56.48
阜宁县	72.40	67.85	2.28	1.77	1.51	132.57	11.32	42.11	33.80
射阳县	97.02	87.42	1.69	1.08	1.26	138.77	9.09	36.03	29.73
建湖县	94.63	81.37	2.17	2.02	1.36	145.62	15.04	40.39	38.63
东台市	139.29	125.26	3.82	3.50	2.65	228.31	23.60	40.98	31.29
大丰市	95.85	88.75	5.82	3.88	2.65	177.09	18.33	52.36	41.50
扬州市	**853.74**	**767.55**	**101.40**	**73.20**	**21.03**	**1 475.43**	**197.71**	**552.45**	**484.06**
宝应县	93.03	87.35	5.67	4.14	1.72	160.15	14.98	78.96	72.68
仪征市	100.83	91.24	8.31	4.64	2.92	205.74	10.50	39.57	39.57
高邮市	96.67	85.13	3.84	3.12	1.56	196.37	15.91	64.41	60.88
镇江市	**664.07**	**591.75**	**100.75**	**56.19**	**18.08**	**1 226.94**	**141.47**	**331.34**	**281.64**
丹阳市	175.35	156.51	23.45	18.25	2.69	231.68	23.79	74.47	62.19
扬中市	78.21	68.75	8.86	3.50	1.92	120.01	10.84	20.86	14.16
句容市	81.72	71.65	5.33	3.85	4.44	142.85	23.76	86.51	83.25
泰州市	**651.17**	**553.60**	**110.88**	**74.78**	**14.17**	**1 197.65**	**228.25**	**468.20**	**387.62**
兴化市	100.12	83.97	5.99	4.65	1.14	155.01	21.10	89.06	65.64
靖江市	109.13	90.49	43.57	30.21	3.02	232.05	43.74	73.05	56.26
泰兴市	126.67	104.82	17.79	9.31	2.21	213.78	26.62	50.41	42.52
姜堰市	108.28	99.83	6.91	5.92	1.28	178.16	34.93	79.77	70.69
宿迁市	**336.26**	**294.00**	**20.70**	**17.13**	**1.90**	**788.97**	**189.93**	**456.95**	**390.58**
沭阳县	93.72	81.98	2.72	2.22	0.43	205.90	48.41	115.52	99.02
泗阳县	55.48	48.14	4.63	4.49	0.36	141.84	31.36	72.65	60.62
泗洪县	56.53	51.76	2.68	2.62	0.21	121.91	29.85	93.93	87.37

续表 12

（2011 年）

市(县)名称	公共财政预算收入（亿元）	#税收收入	公共财政预算支出（亿元）	年末金融机构各项存款余额（亿元）	#居民储蓄存款	年末金融机构各项贷款余额（亿元）	公路里程（公里）	#等级公路	公路客运量（万人）
南京市	**635.00**	**529.62**	**666.21**	**13 945.92**	**3 910.20**	**11 132.09**	**10 861**	**9 868**	**39 080**
溧水县	25.00	17.86	31.55	175.79	89.74	132.64	1 621	1 592	1 082
高淳县	18.00	13.52	27.30	148.12	82.53	133.20	1 486	1 432	1 088
无锡市	**615.00**	**513.96**	**592.67**	**9 372.69**	**3 312.38**	**6 883.44**	**7 632**	**7 632**	**21 154**
江阴市	153.37	132.58	136.44	2193.35	699.23	1 640.94	2 362	2 362	4 158
宜兴市	71.20	61.95	75.70	1291.78	546.81	938.50	2 320	2 320	4 480
徐州市	**318.42**	**237.12**	**454.24**	**2 980.99**	**1 495.42**	**1 734.84**	**16 199**	**15 028**	**21 275**
丰　县	19.66	15.85	40.40	145.62	103.88	84.88	1 803	1 803	1 428
沛　县	31.90	25.38	50.79	246.49	161.52	89.28	2 283	2 283	2 027
铜山区	41.10	29.17	52.20	375.77	194.67	242.67	2 543	2 430	2 742
睢宁县	20.20	16.04	42.39	186.86	128.20	98.26	2 404	2 211	1 580
新沂市	26.51	20.15	43.18	158.03	97.85	130.48	2 773	2 265	1 522
邳州市	35.08	25.74	53.45	205.33	135.53	149.84	3 021	2 682	2 558
常州市	**350.88**	**280.83**	**361.81**	**4 902.15**	**2157.39**	**3406.35**	**8 446**	**8 394**	**14 733**
溧阳市	37.13	30.82	44.32	541.80	286.58	361.26	2 423	2 423	2 570
金坛市	23.08	19.22	29.72	335.65	196.81	227.81	1 988	1 936	1 820
苏州市	**1 100.88**	**929.36**	**1 002.63**	**15 180.78**	**5 078.59**	**11 873.89**	**12 415**	**12 415**	**63 969**
常熟市	122.50	94.84	115.02	1 815.87	812.08	1 319.15	3 164	3 164	6 483
张家港市	142.32	113.88	132.77	1 857.34	665.62	1 309.15	1 509	1 509	7 237
昆山市	200.22	173.61	174.58	2 075.18	684.00	1 443.06	2 002	2 002	11 807
吴江市	112.88	87.78	108.06	1 550.66	555.66	1 213.33	2 288	2 288	5 376
太仓市	85.41	65.83	80.51	890.23	325.41	749.49	1 265	1 265	3 095
南通市	**373.69**	**285.14**	**419.45**	**5502.08**	**3 052.28**	**3 285.39**	**17 789**	**17 638**	**19 605**
海安县	28.51	23.31	43.09	556.67	356.46	362.23	2 320	2 296	1 659
如东县	25.39	20.49	42.41	423.07	296.74	213.54	2 495	2 411	849
启东市	44.07	35.55	53.27	572.40	406.11	322.78	3 477	3 466	1 721
如皋市	45.63	38.72	60.54	597.06	370.40	291.54	3 143	3 143	877
海门市	42.35	32.57	47.65	608.72	409.30	340.16	2 456	2 438	1 411
连云港市	**180.08**	**124.14**	**274.63**	**1367.85**	**623.23**	**1 011.18**	**11 313**	**11 221**	**14 419**
赣榆县	23.81	17.64	44.63	157.35	102.63	117.64	2 686	2 686	1 392
东海县	23.50	16.46	43.35	164.55	102.08	110.02	2 865	2 865	1 532
灌云县	21.61	15.73	35.91	125.96	73.32	82.87	2 508	2 508	1 356
灌南县	22.22	15.62	37.67	72.39	49.83	54.89	1 837	1 806	1 105

续表 13

（2011 年）

市(县)名称	公共财政预算收入（亿元）	#税收收入	公共财政预算支出（亿元）	年末金融机构各项存款余额（亿元）	#居民储蓄存款	年末金融机构各项贷款余额（亿元）	公路里程（公里）	#等级公路	公路客运量（万人）
淮安市	**204.63**	**145.68**	**296.68**	**1 310.00**	**678.92**	**991.69**	**12 458**	**11 541**	**11 324**
涟水县	20.28	14.67	38.55	151.61	86.72	89.76	2 470	2 207	1 692
洪泽县	14.85	11.05	23.28	83.92	41.73	67.37	1 345	1 227	858
盱眙县	20.11	14.10	36.36	140.46	72.32	104.49	2 598	2 598	1 586
金湖县	13.00	10.66	22.42	105.39	61.88	81.15	1 296	1 118	1 121
盐城市	**269.04**	**198.48**	**407.22**	**2 320.16**	**1 264.37**	**1 558.64**	**18 564**	**16 507**	**13 225**
响水县	17.01	12.00	26.24	93.17	51.40	75.42	1 713	1 629	783
滨海县	20.77	15.08	38.36	138.52	81.42	95.98	2 091	1 803	329
阜宁县	23.14	15.27	41.04	181.94	116.10	126.19	1 803	1 444	983
射阳县	19.01	13.48	35.83	181.28	112.32	133.35	2 448	1 882	346
建湖县	28.25	19.80	44.58	198.26	133.34	138.70	1 705	1 578	869
东台市	35.92	25.53	53.70	375.08	267.01	209.78	3 088	2 878	750
大丰市	30.07	22.62	41.44	296.13	166.02	165.07	2 967	2 602	884
扬州市	**218.08**	**155.45**	**264.37**	**2 818.31**	**1 427.87**	**1 718.03**	**10 245**	**8 972**	**8 152**
宝应县	20.58	14.97	32.30	221.90	143.13	137.53	2 193	1 839	1 124
仪征市	25.95	18.76	27.41	296.05	161.25	156.14	1 459	1 458	579
高邮市	20.49	15.36	33.16	255.80	172.22	142.80	2 489	2 024	1 094
镇江市	**181.90**	**145.82**	**202.90**	**2 431.84**	**1 108.83**	**1 787.42**	**7 015**	**7 015**	**10 694**
丹阳市	41.13	34.20	43.64	590.26	313.96	465.18	1 155	1 155	2 277
扬中市	19.60	16.17	22.18	296.74	164.55	195.82	444	444	1 076
句容市	20.50	16.92	30.92	262.61	146.42	166.86	1 334	1 334	1 906
泰州市	**218.00**	**164.14**	**262.02**	**2 592.95**	**1 307.77**	**1 725.34**	**8 894**	**8 868**	**8 959**
兴化市	25.56	20.95	49.36	346.47	234.88	231.88	2 589	2 569	
靖江市	48.68	39.30	41.50	559.05	261.87	352.84	1 241	1 238	
泰兴市	27.90	21.82	41.88	388.01	250.63	228.01	2 052	2 052	
姜堰市	22.19	17.71	30.56	372.08	218.77	265.13	1 871	1 871	
宿迁市	**120.98**	**95.28**	**221.24**	**997.81**	**497.50**	**760.00**	**10 416**	**9 013**	**10 125**
沭阳县	37.28	26.92	64.11	237.22	150.45	178.05	3 351	2 490	4 153
泗阳县	17.33	13.74	35.46	167.15	94.89	123.63	1 650	1 595	2 145
泗洪县	14.88	10.62	35.72	144.45	81.53	120.68	2 341	2 333	2 811

续表 14 （2011 年）

市(县)名称	公路货运量(万吨)	私人汽车拥有量(万辆)	全年用电量(亿千瓦时)	#工业用电	邮电业务总量(亿元)	本地电话用户(万户)	移动电话年末用户(万户)	国际互联网用户(万户)
南京市	**19 820**	**79.63**	**399.74**	**256.84**	**120.91**	**294.01**	**1 002.10**	**247.36**
溧水县	990	2.38	13.84	10.50	3.13	11.17	37.50	4.98
高淳县	871	1.70	7.00	3.91	2.96	10.35	33.77	4.72
无锡市	**12 887**	**63.78**	**580.60**	**476.28**	**94.34**	**212.11**	**880.77**	**152.23**
江阴市	3 517	16.23	233.35	211.77	21.77	68.77	207.58	33.39
宜兴市	2 261	10.67	87.77	72.18	14.05	51.39	137.01	23.70
徐州市	**16 829**	**44.17**	**287.30**	**225.91**	**55.62**	**232.53**	**681.97**	**76.83**
丰　县	1 623	4.09	10.76	5.51	4.29	14.05	64.04	4.31
沛　县	1 525	3.68	26.64	21.15	5.56	19.72	75.64	6.17
铜山区	3 131	6.86	44.48	37.98	5.54	23.90	70.89	5.16
睢宁县	1 781	4.08	18.42	13.43	4.91	18.72	65.90	5.80
新沂市	2 239	3.39	34.62	29.64	5.09	20.77	65.18	6.63
邳州市	2 516	6.18	24.24	17.05	6.55	22.14	87.99	7.42
常州市	**13 936**	**43.47**	**331.66**	**267.21**	**59.47**	**158.74**	**560.46**	**104.51**
溧阳市	2 546	5.14	56.56	48.87	6.66	24.14	78.16	12.04
金坛市	1 347	3.29	34.28	28.40	5.13	20.36	58.51	9.71
苏州市	**14 798**	**120.15**	**1 131.63**	**946.19**	**205.02**	**334.19**	**1 459.50**	**220.53**
常熟市	1 771	16.44	141.38	119.94	22.73	47.33	179.65	28.63
张家港市	2 602	14.01	259.60	243.12	18.81	39.42	152.84	23.93
昆山市	1 583	17.08	174.63	143.25	35.54	50.48	264.38	35.66
吴江市	925	11.82	188.16	168.85	22.21	37.43	173.17	24.26
太仓市	1 986	8.02	77.93	66.78	11.03	20.68	86.06	14.50
南通市	**18 181**	**45.47**	**280.77**	**212.15**	**65.16**	**360.59**	**775.22**	**115.13**
海安县	2 871	3.99	35.29	28.79	6.54	43.26	82.99	13.64
如东县	1 851	4.64	31.60	24.15	6.74	40.70	84.90	11.80
启东市	1 401	6.18	22.36	14.88	7.46	45.47	94.38	13.74
如皋市	2 492	6.71	39.39	29.31	10.00	49.65	116.18	16.50
海门市	1 072	5.64	28.85	21.02	7.45	39.99	88.93	13.04
连云港市	**11 279**	**18.34**	**103.71**	**69.84**	**28.84**	**104.08**	**367.40**	**53.34**
赣榆县	2 016	3.44	22.77	17.13	5.09	20.59	73.42	9.12
东海县	1 856	3.90	17.63	12.31	5.15	18.51	70.01	8.62
灌云县	1 104	2.83	8.21	4.39	3.79	13.98	53.99	5.37
灌南县	860	1.84	15.38	11.91	2.96	10.91	41.19	4.48

注：此表中的公路客货运量为营业性口径，下同；邮电业务总量按 2010 年价格计算。

续表 15　　（2011 年）

市(县)名 称	公 路货运量（万吨）	私人汽车拥 有 量（万辆）	全 年用电量（亿千瓦时）	#工业用电	邮电业务总量（亿元）	本地电话用 户（万户）	移动电话年末用户（万户）	国 际互联网用 户（万户）
淮安市	**7 073**	**16.11**	**126.37**	**92.09**	**24.96**	**252.70**	**255.44**	**39.28**
涟水县	1 603	2.33	11.81	7.73	3.33	43.40	38.39	4.21
洪泽县	287	0.79	14.08	11.84	1.60	14.47	18.35	3.43
盱眙县	1 636	1.46	12.57	8.14	2.77	33.36	33.02	3.68
金湖县	301	0.77	9.48	6.89	1.89	15.90	19.30	3.42
盐城市	**7 342**	**26.98**	**184.58**	**132.29**	**42.22**	**185.82**	**564.89**	**87.28**
响水县	492	1.54	18.35	15.13	2.32	14.06	32.01	4.08
滨海县	1 029	3.06	17.89	12.68	3.79	27.10	50.51	6.26
阜宁县	160	2.67	23.88	18.78	3.90	21.57	54.12	7.36
射阳县	108	3.14	14.41	8.93	4.33	21.49	61.54	7.27
建湖县	398	1.95	14.66	9.83	4.02	22.90	53.99	6.62
东台市	1 169	3.68	31.90	25.12	5.14	39.97	71.83	11.35
大丰市	593	3.49	23.38	17.10	4.77	20.34	59.73	9.47
扬州市	**6 881**	**22.72**	**167.22**	**122.04**	**46.47**	**145.38**	**456.31**	**87.95**
宝应县	398	2.30	13.24	8.33	5.50	19.06	57.05	9.48
仪征市	838	2.40	25.71	21.38	5.26	16.95	56.27	9.95
高邮市	878	2.46	19.41	13.79	6.22	20.56	65.21	11.28
镇江市	**11 177**	**18.82**	**184.09**	**148.95**	**28.92**	**142.23**	**320.86**	**45.37**
丹阳市	2 546	5.91	55.32	45.59	8.29	31.02	86.58	11.96
扬中市	680	2.43	13.33	10.31	3.19	17.03	36.98	5.55
句容市	1 679	1.61	19.06	14.09	3.89	22.52	48.20	6.00
泰州市	**4 177**	**21.94**	**195.68**	**155.13**	**36.81**	**125.85**	**369.15**	**46.99**
兴化市		4.42	53.03	44.91	7.20	27.92	79.38	9.41
靖江市		4.56	37.89	30.29	6.69	21.15	62.13	8.89
泰兴市		4.46	38.10	30.25	7.81	29.25	77.65	9.69
姜堰市		3.76	26.13	20.88	5.43	19.36	58.65	6.54
宿迁市	**5 122**	**20.09**	**94.03**	**66.04**	**21.63**	**85.70**	**347.39**	**36.12**
沭阳县	2 520	5.74	26.67	18.95	6.31	23.13	101.11	9.67
泗阳县	1 295	3.09	10.51	5.57	3.87	19.05	60.40	7.72
泗洪县	936	2.83	10.71	5.27	3.74	15.45	62.58	6.63

续表 16

（2011 年）

市(县)名称	在校学生总数（万人）	#普通中学	小学	专任教师总数（万人）	公共图书馆（个）	公共图书馆图书总藏量（千册、件）	卫生机构床位数（张）	卫生技术人员（人）	#执业(助理)医师
南京市	**145.96**	**23.77**	**30.07**	**9.93**	**18**	**13 774**	**34 503**	**50 041**	**17 265**
溧水县	4.13	1.78	1.86	0.31	2	344	1 205	1 381	537
高淳县	3.80	1.68	1.82	0.30	1	150	1 418	1 683	579
无锡市	**74.36**	**21.76**	**31.74**	**5.00**	**10**	**4 626**	**28 780**	**31 735**	**12 265**
江阴市	17.03	6.02	8.81	1.25	1	751	6 240	6 521	2 480
宜兴市	13.11	4.80	6.30	0.92	1	400	3 401	4 852	2 098
徐州市	**128.95**	**46.36**	**57.10**	**8.38**	**8**	**2 416**	**32 960**	**35 303**	**12 745**
丰　县	13.86	6.72	6.50	0.95	1	161	2 279	2 346	1 103
沛　县	14.56	5.97	6.98	0.88	1	271	3 247	3 572	1 530
铜山区	11.85	4.68	6.30	0.93	1	278	2 387	2 929	1 156
睢宁县	16.64	8.34	7.54	1.17	1	367	2 509	2 402	796
新沂市	10.44	4.08	6.25	0.76	1	124	1 978	2 927	940
邳州市	22.15	8.20	12.82	1.33	1	210	3 443	5 340	1 514
常州市	**60.04**	**17.76**	**22.90**	**3.43**	**4**	**2 404**	**16 936**	**21 668**	**8 360**
溧阳市	8.22	3.49	3.73	0.58	1	288	2 361	3 500	1 326
金坛市	5.35	2.35	2.55	0.44	1	226	1 845	2 587	961
苏州市	**97.26**	**26.54**	**41.50**	**6.63**	**12**	**7 666**	**42 972**	**50 866**	**19 514**
常熟市	13.95	4.26	6.64	0.93	1	1 356	5 883	6 634	2 635
张家港市	11.29	3.63	5.60	0.76	1	834	5 615	6 702	2 712
昆山市	11.41	3.24	5.74	0.73	1	1 084	4 609	7 572	2 940
吴江市	9.33	3.54	4.81	0.70	1	1 033	4 714	5 218	1 672
太仓市	5.83	1.98	3.04	0.40	1	489	3 167	3 297	1 280
南通市	**81.39**	**30.52**	**32.22**	**5.32**	**9**	**3 323**	**29 058**	**32 136**	**13 607**
海安县	8.76	3.55	3.61	0.65	1	367	3 622	3 379	1 388
如东县	8.52	3.95	3.61	0.63	1	230	2 741	3 238	1 398
启东市	8.51	3.90	3.87	0.66	1	228	3 166	3 034	1 537
如皋市	13.97	5.89	6.20	0.83	1	632	3 680	4 153	1 980
海门市	9.68	4.37	4.43	0.71	1	476	3 195	3 285	1 530
连云港市	**72.66**	**28.61**	**33.60**	**4.81**	**7**	**1 996**	**12 991**	**17 247**	**6 409**
赣榆县	15.84	7.16	7.58	1.18	1	196	1 971	2 820	1 046
东海县	15.40	6.39	7.81	1.00	1	621	1 688	2 484	928
灌云县	13.15	5.82	6.52	0.71	1	152	1 749	2 160	813
灌南县	9.99	4.04	5.52	0.63	1	165	1 848	1 952	651

注：此表中十三市的地市级的卫生机构数、卫生技术人员数和其中的执业（助理）医师均包括村卫生室，与本书第 16 部分卫生机构数不可比。

续表 17 （2011 年）

市(县)名称	在校学生总数（万人）	#普通中学	小学	专任教师总数（万人）	公共图书馆（个）	公共图书馆图书总藏量（千册、件）	卫生机构床位数（张）	卫生技术人员（人）	#执业(助理)医师
淮安市	**72.32**	**26.76**	**30.31**	**4.53**	**8**	**1455**	**16 002**	**17 614**	**6 444**
涟水县	14.20	5.66	7.03	0.82	1	109	2 433	2 379	879
洪泽县	4.17	1.58	1.87	0.29	1	193	661	1 091	371
盱眙县	9.11	4.12	4.22	0.67	1	87	1 978	1 963	665
金湖县	3.42	1.39	1.44	0.22	1	122	775	1 033	409
盐城市	**84.44**	**31.88**	**36.56**	**6.11**	**11**	**2011**	**22 927**	**24 204**	**9 903**
响水县	5.88	2.30	3.34	0.48	1	72	1 382	1 417	597
滨海县	9.83	3.91	5.25	0.74	1	94	2 196	2 490	1 026
阜宁县	9.28	3.93	4.83	0.80	1	122	1 775	1 966	765
射阳县	8.86	3.80	4.39	0.67	1	191	2 340	2 480	1 127
建湖县	7.44	3.04	3.68	0.58	1	167	2 261	1 975	761
东台市	8.72	4.40	3.88	0.69	1	246	3 597	2 999	1 331
大丰市	6.23	2.87	2.89	0.52	1	229	2 096	2 311	1 016
扬州市	**60.11**	**20.81**	**22.72**	**3.87**	**7**	**2 129**	**16 909**	**19 891**	**8 066**
宝应县	9.25	3.94	4.29	0.60	1	92	1 790	3 157	975
仪征市	5.89	2.42	2.48	0.45	1	267	1 764	2 700	856
高邮市	7.69	3.74	3.37	0.51	1	132	1 958	3 224	1 081
镇江市	**37.35**	**11.28**	**13.09**	**2.62**	**8**	**2 163**	**10 940**	**14 225**	**5 684**
丹阳市	9.11	3.88	4.54	0.65	2	311	2 618	3 197	1 313
扬中市	2.80	1.13	1.36	0.25	1	267	700	1 250	541
句容市	5.00	2.17	2.27	0.35	1	116	1 367	1 813	742
泰州市	**52.99**	**21.13**	**22.69**	**3.93**	**6**	**1 675**	**16 106**	**18 970**	**8 620**
兴化市	11.55	5.15	5.81	0.93	1	199	3 367	3 267	1 618
靖江市	6.83	2.77	3.26	0.56	1	415	2 855	3 461	1 634
泰兴市	12.40	5.95	5.59	0.94	1	290	2 889	3 912	1 763
姜堰市	7.71	3.72	3.54	0.53	1	185	2 549	2 953	1 373
宿迁市	**90.57**	**32.62**	**35.09**	**4.56**	**6**	**652**	**15 306**	**16 650**	**5 801**
沭阳县	28.13	11.97	10.21	1.37	1	140	4 113	4 318	1 498
泗阳县	16.48	5.63	7.11	0.85	1	216	2 879	3 075	1 038
泗洪县	17.17	5.70	7.60	0.82	1	80	3 205	3 350	1 039

续表 18　　（2011 年）

市(县)名称	城镇居民人均可支配收入(元)	城镇居民人均消费性支出(元)	#食品	城镇居民人均住房建筑面积(平方米)	农村居民人均纯收入(元)	农村居民人均生活消费支出(元)	#食品	农村居民人均住房面积(平方米)	在岗职工平均工资(元)
南京市	**31 100**	**20 098**	**7 133**	**31.8**	**13 108**	**9 956**	**3 731**	**58.9**	**54 713**
溧水县	28 016	16 304	5 519	39.1	12 716	9 913	3 620	59.6	40 164
高淳县	29 284	17 410	5 925	41.9	13 142	9 572	3 610	58.7	40 536
无锡市	**31 638**	**19 780**	**6 979**	**36.2**	**16 438**	**11 239**	**4 115**	**66.0**	**51 518**
江阴市	34 888	22 425	7 727	39.4	17 460	10 606	3 780	66.6	53 357
宜兴市	29 494	16 438	6 213	39.8	14 949	11 010	4 324	63.4	47 041
徐州市	**19 206**	**12 451**	**4 338**	**34.71**	**9 490**	**5 973**	**2 170**	**44.7**	**39 493**
丰　县	14 261	10 219	3 410	37.38	8 642	6 288	2 396	42.2	29 872
沛　县	16 910	11 366	3 928	40.17	10 001	7 587	2 349	46.9	30 713
铜山区	20 059	13 486	4 067	33.90	10 934	6 496	2 448	46.3	36 726
睢宁县	14 465	9 524	3 678	51.88	8 384	4 987	2 036	42.0	26 606
新沂市	15 508	13 384	4 774	37.61	8 634	5 766	2 095	44.1	31 986
邳州市	18 083	9 827	3 582	33.90	9 931	5 188	1 835	46.2	30 633
常州市	**29 559**	**19 126**	**6 591**	**37.05**	**14 838**	**11 207**	**3 976**	**61.5**	**49 755**
溧阳市	25 418	18 081	6 650	40.1	13 505	12 839	4 537	47.7	41 555
金坛市	28 087	18 528	6 346	38.3	13 812	10 758	3 876	53.0	39 274
苏州市	**34 617**	**22 330**	**7 615**	**36.1**	**17 226**	**12 485**	**4 221**	**69.0**	**51 660**
常熟市	35 041	22 280	7 000	38.3	17 289	13 162	4 370	82.7	47 917
张家港市	35 128	23 829	7 125	39.8	17 252	12 977	3 982	68.4	50 041
昆山市	35 190	24 212	8 086	38.3	17 374	13 955	4 669	71.2	46 749
吴江市	35 212	22 231	7 711	42.0	17 150	11 307	4 101	56.6	49 281
太仓市	34 887	23 124	7 958	44.5	17 201	11 094	3 904	73.5	51 045
南通市	**25 094**	**15 613**	**5 651**	**39.5**	**11 730**	**8 510**	**3 077**	**54.2**	**44 574**
海安县	23 775	14 241	4 970	43.2	11 216	8 483	3 132	50.7	41 974
如东县	23 773	15 747	5 816	44.4	10 786	8 563	2 945	53.0	40 655
启东市	23 889	15 164	5 323	39.3	12 535	9 018	3 382	52.4	42 113
如皋市	23 028	13 452	5 038	38.2	10 312	6 959	2 355	51.3	41 562
海门市	26 339	16 555	5 795	38.7	13 453	9 685	3 584	57.0	42 354
连云港市	**18 483**	**11 473**	**4 321**	**36.9**	**8 434**	**5 498**	**2 018**	**41.5**	**38 817**
赣榆县	17 240	10 249	3 868	37.3	9 068	5 686	1 989	38.8	35 824
东海县	17 380	10 420	3 722	38.5	8 701	5 754	2 071	41.3	33 926
灌云县	14 047	8 528	3 282	37.4	7 839	4 468	1 723	41.3	33 265
灌南县	16 394	9 429	3 576	48.9	7 451	5 407	2 078	39.1	32 318

注：此表中的城镇居民人均住房建筑面积为城镇居民人均现住房建筑面积，下同。

续表 19 （2011 年）

市（县）名称	城镇居民人均可支配收入（元）	城镇居民人均消费性支出（元）	#食品	城镇居民人均住房建筑面积（平方米）	农民居民人均纯收入（元）	农民人均生活消费支出（元）	#食品	农村居民人均住房面积（平方米）	在岗职工平均工资（元）
淮安市	**18 510**	**13 287**	**4 861**	**34.9**	**8 645**	**5 904**	**2 198**	**41.3**	**36 982**
涟水县	16 018	12 732	4 208	35.1	8 043	5 499	2 063	37.2	29 432
洪泽县	19 219	12 934	5 151	33.2	9 532	5 632	2 234	41.3	35 011
盱眙县	19 690	12 657	4 316	35.4	8 807	4 793	1 890	40.1	33 846
金湖县	19 535	11 455	4 482	34.7	9 336	7 196	2 870	59.2	33 779
盐城市	**19 414**	**13 188**	**4 710**	**36.8**	**10 511**	**6 142**	**2 267**	**44.2**	**35 499**
响水县	16 112	12 881	4 851	36.6	8 673	5 313	2 106	33.0	29 007
滨海县	16 879	9 983	3 989	34.2	9 197	5 044	2 049	40.7	32 149
阜宁县	16 153	11 979	4 457	32.5	9 299	4 884	1 948	41.4	31 807
射阳县	17 129	13 353	5 028	35.4	10 377	5 455	2 037	39.2	32 435
建湖县	18 774	12 276	4 528	36.5	10 358	6 168	2 161	42.4	32 707
东台市	21 093	13 164	4 855	36.3	12 056	6 869	2 308	52.3	34 169
大丰市	19 851	12 522	4 489	38.0	11 941	7 404	2 677	49.2	35 215
扬州市	**22 835**	**14 757**	**5 588**	**36.2**	**11 217**	**7 791**	**2 916**	**48.3**	**40 289**
宝应县	16 848	10 889	4 331	33.3	10 327	7 354	2 699	44.2	34 589
仪征市	23 675	14 715	5 452	34.3	10 826	7 942	2 898	54.0	37 523
高邮市	20 078	13 367	5 267	34.9	10 449	7 341	2 650	45.2	36 100
镇江市	**26 637**	**15 518**	**5 936**	**39.4**	**12 825**	**9 136**	**3 445**	**53.3**	**42 659**
丹阳市	26 631	13 985	5 365	40.9	13 426	10 358	3 911	61.5	40 761
扬中市	29 595	16 198	5 337	53.3	14 692	9 209	3 553	63.5	41 602
句容市	26 264	15 014	5 662	41.2	11 692	7 855	2 958	45.9	37 155
泰州市	**23 597**	**14 415**	**5 355**	**39.0**	**11 046**	**8 046**	**2 573**	**53.9**	**38 328**
兴化市	21 480	12 493	4 797	34.3	10 439	6 932	2 408	41.8	32 261
靖江市	25 580	15 928	5 638	55.5	12 116	11 022	3 266	74.9	38 993
泰兴市	23 391	14 531	5 467	42.1	11 047	7 296	2 490	59.9	36 339
姜堰市	23 746	13 739	5 356	36.8	10 802	7 851	2 340	44.3	33 068
宿迁市	**14 972**	**10 634**	**3 995**	**38.9**	**8 344**	**5 838**	**2 352**	**40.0**	**31 995**
沭阳县	15 127	11 244	4 220	37.6	8 383	6 251	2 569	40.2	28 804
泗阳县	14 553	9 117	3 383	40.8	8 379	6 211	2 334	41.9	28 038
泗洪县	14 002	11 149	4 122	41.7	8 189	4 261	1 709	37.2	31 430

附录三

淮海经济区主要经济指标(2011年)

MAJOR ECONOMIC INDICATORS OF HUAIHAI ECONOMIC ZONE

版面负责人：张玉强

编　　　辑：唐子午

关于利用虚假统计资料骗取相关利益的法律责任的规定

第四十五条 违反本法规定，利用虚假统计资料骗取荣誉称号、物质利益或者职务晋升的，除对其编造虚假统计资料或者要求他人编造虚假统计资料的行为依法追究法律责任外，由作出有关决定的单位或者其上级单位、监察机关取消其荣誉称号，追缴获得的物质利益，撤销晋升的职务。

【释义】 本条是关于利用虚假统计资料骗取相关利益的法律责任的规定。

政府统计机构和有关部门搜集、整理统计资料，是为政府管理经济社会事务服务的。但是，由于统计资料在一定程度上能够反映某个地方、部门、单位的工作成绩，实践中有的单位和个人为了本地区、本部门、本单位的局部利益、短期利益，甚至为了个人私利，通过编造或者要求他人编造虚假统计资料等方式来骗取荣誉称号、物质利益或者职务晋升，扰乱了政府管理秩序，损害了政府统计的公信力，影响了政府形象。为此，本法第十条明确规定，任何单位和个人不得利用虚假统计资料骗取荣誉称号、物质利益或者职务晋升。违反上述规定者，将依法承担责任。

根据本条规定，利用虚假统计资料骗取荣誉称号、物质利益或者职务晋升的单位和个人，应当承担下列责任：一是应当追究其编造或者要求他人编造虚假统计资料行为的法律责任。任何单位和个人发生“自行修改统计资料、编造虚假统计数据”，“要求统计机构、统计人员或者其他机构、人员伪造、篡改统计资料”，或者“故意提供不真实统计资料的”等统计违法行为的，应当根据本法第三十七条、第三十八条、第四十一条的有关规定，承担相应的责任。其中构成犯罪的，还应当根据第四十七条依法追究其刑事责任。二是应当由作出授予其荣誉称号、给予其物质利益或者职务晋升决定的单位或者其上级单位、监察机关取消其荣誉称号，追缴获得的物质利益，撤销晋升的职务。

编辑：张　霖

淮海经济区主要经济指标

（2011 年）

地　区	地区生产总值（亿元）	第一产业增加值	第二产业增加值	#工业增加值	第三产业增加值	人均地区生产总值（元）
江苏省						
徐州市	3 551.65	334.54	1 777.04	1 509.82	1 440.07	41 407
连云港市	1 410.52	204.11	654.28	517.82	552.13	32 119
淮安市	1 690.00	223.46	794.18	661.15	672.36	35 181
盐城市	2 771.33	416.83	1 306.26	1 111.50	1 048.24	38 222
宿迁市	1 320.83	209.72	614.48	502.57	496.63	27 839
山东省						
菏泽市	1 475.68	228.04	793.09	683.90	454.55	17 757
聊城市	1 919.42	243.37	1 087.48	999.46	588.57	32 968
枣庄市	1 561.68	126.40	920.32	739.34	514.96	41 746
济宁市	2 896.69	351.14	1 535.93	1 395.57	1 009.62	35 729
泰安市	2 304.30	215.00	1 202.80	1 037.30	886.50	41 850
日照市	1 214.07	112.08	650.66	582.54	441.33	43 205
莱芜市	611.88	41.18	370.40	340.12	200.30	46 983
临沂市	2 770.45	279.01	1 382.05	1 146.08	1 109.39	27 503
德州市	1 950.71	229.57	1 059.80	1 001.35	661.34	34 905
安徽省						
亳州市	626.65	164.04	248.40	204.45	214.21	12 868
淮南市	709.50	55.90	461.40	408.90	192.20	30 400
蚌埠市	780.24	144.38	384.88	337.58	250.98	24 574
淮北市	554.90	46.90	368.10	338.60	139.90	26 239
阜阳市	853.20	232.50	342.20	294.80	278.50	11 202
宿州市	802.40	217.50	325.70	285.70	259.20	14 967
滁州市	850.49	173.29	439.65	385.45	237.55	21 641
六安市	821.00	182.10	372.10	233.10	266.80	12 047
河南省						
周口市	1 414.69	389.83	673.40	597.05	351.46	15 814
商丘市	1 317.85	317.00	646.06	566.95	354.79	17 908
信阳市	1 276.83	330.05	543.61	445.88	403.17	20 916

续表 1 （2011 年）

地　区	地区生产总值中三次产业比重（%）	粮食总产量（万吨）	油料总产量（万吨）	棉花总产量（万吨）	肉类总产量（万吨）	水产品产量（万吨）
江苏省						
徐州市	9.4:50.1:40.5	455.30	11.45	3.39	94.11	17.50
连云港市	14.5:46.4:39.1	345.99	11.64	0.39	28.91	65.20
淮安市	13.2:47.0:39.8	453.43	10.09	0.05	29.90	24.39
盐城市	15.0:47.2:37.8	661.79	28.77	13.39	83.22	102.02
宿迁市	15.9:46.5:37.6	368.54	5.76	0.22	34.87	24.31
山东省						
菏泽市	15.5:53.7:30.8	586.09	23.56	23.18	60.03	13.21
聊城市	12.7:56.6:30.7	537.74	13.73	7.00	51.22	6.97
枣庄市	8.1:58.9:33.0	190.26	9.77	0.65	25.28	8.24
济宁市	12.1:53.0:34.9	487.20	21.70	12.70	79.50	37.20
泰安市	9.3:52.2:38.5	317.10	22.40	0.88	43.00	8.30
日照市	9.2:54.4:36.4	118.87	25.10	0.22	19.98	52.18
莱芜市	6.7:60.5:32.8	26.98	1.73	0.12	6.30	0.34
临沂市	10.1:49.9:40.0	477.40	82.62	1.27	72.60	13.20
德州市	11.8:54.3:33.9	735.00	1.90	14.31	65.65	8.90
安徽省						
亳州市	26.2:39.6:34.2	469.52	4.34	1.94	28.26	4.64
淮南市	7.9:65.0:27.1	141.60	1.40	0.15	8.20	6.70
蚌埠市	18.5:49.3:32.2	276.15	2.87	34.59	29.14	10.40
淮北市	8.5:66.3:25.2	126.18	0.44	0.16	8.20	2.63
阜阳市	27.3:40.1:32.6	537.80	7.70	1.80	56.60	8.90
宿州市	27.1:40.6:32.3	400.06	24.39	3.16	45.87	3.80
滁州市	20.4:51.7:27.9	440.49	20.68	1.01	35.13	29.09
六安市	22.2:45.3:32.5	475.10	15.60	1.64	49.30	27.60
河南省						
周口市	27.6:47.6:24.8	747.20	35.98	11.07	67.39	5.31
商丘市	24.1:49.0:26.9	608.20	37.30	7.80	51.90	7.90
信阳市	25.8:42.6:31.6	579.68	55.85	0.27	58.82	23.56

续表 2　　　　（2011 年）

地　区	规模以上工业企业个数（个）	规模以上工业主营业务收入（亿元）	规模以上工业利税合计（亿元）	规模以上工业利润总额（亿元）	固定资产投资（亿元）
江苏省					
徐州市	2 788	6 940.76	1 124.31	643.54	2 201.03
连云港市	1 263	2 601.68	299.95	190.10	1 043.19
淮安市	1 495	2 918.90	299.68	150.21	1 020.60
盐城市	2 590	4 355.32	508.98	269.17	1 586.98
宿迁市	1 795	1 498.37	262.02	190.53	788.97
山东省					
菏泽市	2 119	3 397.36	457.24	287.52	552.29
聊城市	2 053	5 294.08	503.71	347.69	1 041.11
枣庄市	1 912	3 386.14	390.14	234.20	823.77
济宁市	1 411	4 276.13	516.80	328.78	1 391.66
泰安市	1 560	4 473.40	571.80	357.40	1 473.70
日照市	580	2 159.07	188.32	113.19	880.69
莱芜市	231	1 507.83	64.91	38.12	350.10
临沂市	3 150	5 717.20	491.50	340.30	1 608.60
德州市	3 116	5 189.72	596.45	327.82	1 153.66
安徽省					
亳州市	449	445.40	50.65	29.08	331.48
淮南市	348	874.80	116.00	45.60	394.30
蚌埠市	481	1 207.09	104.23	40.34	650.92
淮北市	528	1 482.60	141.60	65.00	450.10
阜阳市	498	830.30	136.80	79.50	403.50
宿州市	805	1 103.00	64.37	39.36	480.03
滁州市	750	1 443.40	229.10	161.90	690.10
六安市	1 028	991.20	86.70	59.70	558.10
河南省					
周口市	969	1 886.01	326.42	262.96	749.15
商丘市	756	1 887.58	180.85	125.96	827.35
信阳市	978	1 285.62	113.23	67.55	980.50

续表 3　　　　　　　　　　　　　　（2011 年）

地　区			社会消费品零售总额（亿元）	居民消费价格总指数（以上年为 100）（%）	进出口总额（亿美元）
	#工业投资	#房地产开发投资			
江苏省					
徐州市	1 216.22	255.12	1 141.89	105.2	63.10
连云港市	700.06	164.65	500.23	104.9	68.98
淮安市	527.07	286.49	547.85	104.4	28.54
盐城市	1 026.29	214.37	859.10	105.0	52.45
宿迁市	516.55	189.93	336.26	105.0	20.70
山东省					
菏泽市	266.79	148.53	775.20	104.1	27.32
聊城市	718.54	90.89	630.00	104.8	56.54
枣庄市	449.59	136.80	480.60	104.8	10.68
济宁市	655.78	182.24	1 130.00	104.9	57.45
泰安市	726.20	86.10	806.70	104.4	18.20
日照市	333.10	62.91	365.44	104.5	207.57
莱芜市	194.31	28.83	198.39	104.2	35.81
临沂市	832.30	190.70	1 366.10	103.8	68.39
德州市	618.46	117.64	757.50	105.2	26.86
安徽省					
亳州市	147.01	79.60	262.59	104.9	3.28
淮南市	200.20	107.00	222.00	105.2	2.39
蚌埠市	378.45	102.56	319.28	105.4	7.70
淮北市	274.20	64.40	148.30	105.4	2.42
阜阳市	175.20	77.00	385.40	105.6	6.50
宿州市	279.76	68.75	229.23	105.4	2.21
滁州市	344.30	165.70	254.50	105.2	11.32
六安市	278.90	86.40	331.30	105.2	6.26
河南省					
周口市	429.42	148.87	572.04	105.1	4.56
商丘市	541.98	104.17	471.36	105.5	1.94
信阳市	270.13	164.50	511.95	104.9	6.58

续表 4 （2011 年）

地 区	进口总额	出口总额	实际利用外资（亿美元）	公共财政预算收入（亿元）	公共财政预算支出（亿元）
江苏省					
徐州市	21.50	41.59	14.66	318.42	454.24
连云港市	31.64	37.36	6.09	180.08	274.63
淮安市	10.15	18.40	16.20	204.63	296.68
盐城市	22.67	29.78	16.88	269.04	407.22
宿迁市	3.58	17.13	1.90	120.98	221.24
山东省					
菏泽市	12.92	14.41	0.80	111.59	231.38
聊城市	37.79	18.75	0.80	96.56	173.47
枣庄市	2.23	8.45	1.20	100.12	160.34
济宁市	26.75	30.70	7.33	207.10	300.39
泰安市	6.40	11.90	13.30	138.10	208.40
日照市	168.51	39.07	3.80	68.50	124.35
莱芜市	24.40	11.41	1.00	39.23	59.23
临沂市	32.15	36.24	2.69	141.30	284.90
德州市	9.39	17.47	1.90	95.06	191.28
安徽省					
亳州市	0.24	3.04	2.67	34.04	138.60
淮南市	1.47	0.91	1.62	71.38	109.63
蚌埠市	2.11	5.59	5.08	41.63	141.29
淮北市	0.52	1.90	3.01	38.10	87.29
阜阳市	6.50	5.10	1.40	55.70	210.50
宿州市	0.53	1.68	2.52	38.96	128.10
滁州市	2.50	8.81	3.23	73.86	183.00
六安市	0.46	5.80	2.05	56.80	209.70
河南省					
周口市	4.56	2.59	2.90	48.72	244.09
商丘市	0.28	1.66	1.68	56.44	228.77
信阳市	4.80	1.78	2.87	44.33	222.80

续表 5　　　　　　　　（2011 年）

地　区	金融机构年末存款余额（亿元）	#城乡居民储蓄存款余额	金融机构年末贷款余额（亿元）	卫生技术人员数（人）
江苏省				
徐州市	2 980.99	1495.42	1 734.84	35 303
连云港市	1 367.85	623.23	1 011.18	17 247
淮安市	1 310.00	678.92	991.69	17 614
盐城市	2 320.16	1 264.37	1 558.64	24 204
宿迁市	997.81	497.50	760.00	16 650
山东省				
菏泽市	1 326.40	984.92	877.13	33 358
聊城市	1 358.10	844.14	1 047.11	21 282
枣庄市	974.24	572.28	814.97	14 640
济宁市	2 612.46	1 456.80	1 613.59	34 196
泰安市	1 563.60	967.20	1 043.20	27 664
日照市	1 161.07	551.75	1 107.14	12 355
莱芜市	604.97	322.97	490.05	6 657
临沂市	2 497.80	1 625.00	1 796.60	37 433
德州市	1 420.02	918.44	995.17	21 700
安徽省				
亳州市	674.90	451.79	326.31	19 547
淮南市	959.48	480.00	716.90	11 511
蚌埠市	836.08	451.40	480.69	13 304
淮北市	695.40	353.50	405.70	11 180
阜阳市	1 250.80	874.90	533.60	21 518
宿州市	851.44	560.36	379.14	9 154
滁州市	914.43	491.82	576.42	14 776
六安市	1 054.90	581.10	578.60	17 436
河南省				
周口市	1 126.04	906.71	579.31	29 080
商丘市	1 099.89	790.37	588.28	27 058
信阳市	1 266.66	920.69	631.58	17 789

续表 6　　（2011 年）

地　区	卫生机构床位数（张）	年末户籍人口数（万人）	城镇在岗职工平均工资（元）	城市居民人均可支配收入（元）	农民人均纯收入（元）
江苏省					
徐州市	32 960	976.66	39 493	23 881	9 490
连云港市	12 991	505.18	38 817	21 695	8 434
淮安市	16 002	543.24	36 982	20 260	8 645
盐城市	22 927	820.69	35 499	22 851	10 511
宿迁市	15 306	555.05	31 995	16 119	8 344
山东省					
菏泽市	25 812	966.51	25 797	16 658	7 119
聊城市	19 653	604.22	29 762	20 649	7 735
枣庄市	12 176	394.20	34 653	20 193	8 397
济宁市	32 451	846.98	39 614	22 406	8 712
泰安市	23 959	559.50	35 500	22 687	8 974
日照市	10 607	289.03	36 957	20 098	8 756
莱芜市	5 588	126.96	37 747	23 509	9 626
临沂市	39 904	1 081.00	37 448	21 440	8 018
德州市	15 934	575.98	28 180	19 770	8 350
安徽省					
亳州市	10 676	604.20	32 241	18 099	5 638
淮南市	11 649	245.60	51 913	18 219	6 795
蚌埠市	13 853	365.45	32 853	18 143	6 615
淮北市	11 166	221.80	50 060	17 876	6 313
阜阳市	22 075	1 025.80	32 777	16 686	5 100
宿州市	12 039	649.23	34 517	17 384	5 720
滁州市	12 009	452.89	34 075	17 918	7 017
六安市	14 266	709.60	27 088	17 095	5 643
河南省					
周口市	24 659	1 120.60	27 228	14 584	5 448
商丘市	22 474	890.50	27 047	16 151	5 637
信阳市	15 881	850.91	26 835	15 271	6 153

附录四

企业选介（2011年）

INTRODUCTION OF ENTERPRISES

版面负责人：李　燕　牛坚强　许　清　袁晓昀　陈晓红

编　　　辑：殷溪晨　吕延婷　刘云祥　孙　伟　董　方

李家平

关于依法追究统计违法行为刑事责任的规定

第四十七条 违反本法规定,构成犯罪的,依法追究刑事责任。

【释义】 本条是关于依法追究统计违法行为刑事责任的规定。

刑事责任是指具有刑事责任能力的人实施了国家刑事法律规定的犯罪行为所应承担的法律后果。我国刑法对构成犯罪的行为及其刑事责任作了具体规定。因此,本法对违反本法规定行为的刑事责任只作了衔接性规定。对违反本法规定的行为,符合我国刑法规定的犯罪构成要件的,应当依照刑法的规定追究刑事责任。主要包括以下几种情况:

(一)本法第三十七条所规定的地方人民政府、政府统计机构或者有关部门、单位的负责人对依法履行职责或者拒绝、抵制统计违法行为的统计人员打击报复的统计违法行为,情节严重,构成犯罪的,对应刑法条款为第二百五十五条。根据该条规定,公司、企业、事业单位、机关、团体的领导人,对依法履行职责、抵制违反会计法、统计法行为的会计、统计人员实行打击报复,情节恶劣的,处三年以下有期徒刑或者拘役。

(二)本法第三十九条第一款第二项所规定的泄露统计调查对象的商业秘密、个人信息或者提供、泄露在统计调查中获得的能够识别或者推断单个统计调查对象身份的资料的统计违法行为,情节严重,构成犯罪的,对应《刑法》第二百五十三条之一。根据该条规定,国家机关或者金融、电信、交通、教育、医疗等单位的工作人员,违反国家规定,将本单位在履行职责或者提供服务过程中获得的公民个人信息,出售或者非法提供给他人,情节严重的,处三年以下有期徒刑或者拘役,并处或者单处罚金。窃取或者以其他方法非法获取上述信息,情节严重的,依照前款的规定处罚。单位犯前两款罪的,对单位判处罚金,并对其直接负责的主管人员和其他直接责任人员,依照各该款的规定处罚。

(三)本法第四十条规定的统计机构、统计人员泄露国家秘密的违法行为,对应《刑法》第三百九十八条。根据该条规定,国家机关工作人员违反保守国家秘密法的规定,故意或者过失泄漏国家秘密,情节严重的,处三年以下有期徒刑或者拘役;情节特别严重的,处三年以上七年以下有期徒刑。

(四)本法第四十一条第一款第四项所规定的拒绝、阻碍统计调查、统计检查的统计违法行为,情节严重,构成犯罪的,对应《刑法》第二百七十七条第一款。根据该条规定,以暴力、威胁方法阻碍国家机关工作人员依法执行职务的,处三年以下有期徒刑、拘役、管制或者罚金。

编辑:张　霖

2011年徐州市工业企业前五十强

（按主营业务收入排序）

序号	企 业 名 称	序号	企 业 名 称
1	徐州工程机械集团有限公司	26	徐州东兴能源有限公司
2	维维集团股份有限公司	27	江苏阚山发电有限公司
3	徐州矿务集团有限公司	28	徐州宝丰特钢有限公司
4	江苏中烟工业有限责任公司徐州卷烟厂	29	徐州华润电力有限公司
5	大屯煤电(集团)有限责任公司	30	江苏徐塘发电有限责任公司
6	江苏协鑫硅材料科技发展有限公司	31	徐州金波通讯器材制造有限公司
7	卡特彼勒(徐州)有限公司	32	江苏永鹏科技实业有限公司
8	江苏中能硅业科技发展有限公司	33	淮海中联水泥有限公司
9	江苏天裕能源化工集团有限公司	34	徐州市建平化工有限公司
10	徐州东南钢铁工业有限公司	35	沛县金虹特钢有限公司
11	江苏星星家电科技有限公司	36	江苏南瑞银龙电缆有限公司
12	圣戈班(徐州)管道有限公司	37	徐州中天棉业集团有限公司
13	江苏胜阳木业集团有限公司	38	铜山县宏达精细化工厂
14	江苏晋煤恒盛化工有限公司	39	徐州博丰钢铁有限公司
15	江苏沂州煤焦化有限公司	40	徐州美驰车桥有限公司
16	徐州东亚钢铁有限公司	41	华润天能(徐州)煤电有限公司
17	江苏新春兴再生资源有限责任公司	42	铜山县昌盛化工厂
18	江苏宗申三轮摩托车制造有限公司	43	徐州固城铜业有限责任公司
19	徐州徐轮橡胶有限公司	44	江苏原元生物工程有限公司
20	徐州富山医疗制品有限公司	45	江苏恩华药业股份有限公司
21	铜山华润电力有限公司	46	徐州市永大化工有限公司
22	睢宁县宁峰钢铁有限公司	47	徐州雷奥医疗设备有限公司
23	铜山县兴达冶炼铸造有限公司	48	徐州天虹时代纺织有限公司
24	江苏星丰金属资源有限公司	49	徐州金属熔剂厂
25	徐州伟天化工有限公司	50	徐州海天石化有限公司

2011年徐州市高新技术产业前五十强

（按主营业务收入排序）

序号	企业名称	序号	企业名称
1	江苏协鑫硅材料科技发展有限公司	26	江苏四方锅炉有限公司
2	江苏中能硅业科技发展有限公司	27	徐州精艺成化工有限公司
3	江苏星星家电科技有限公司	28	江苏省仙潮药业有限公司
4	江苏晋煤恒盛化工有限公司	29	江苏省精创电气股份有限公司
5	江苏沂州煤焦化有限公司	30	徐州万利德节能暖通设备有限公司
6	徐州富山医疗制品有限公司	31	徐州天龙液压机械有限公司
7	徐州金波通讯器材制造有限公司	32	徐州市盛宝实业有限公司
8	江苏永鹏科技实业有限公司	33	徐州鹏达基桩工程机械研究所
9	徐州市建平化工有限公司	34	江苏蓝丰生物化工股份有限公司
10	江苏南瑞银龙电缆有限公司	35	徐州恒业化工有限公司
11	铜山县宏达精细化工厂	36	徐州光环钢管科技有限公司
12	徐州美驰车桥有限公司	37	徐州华星电缆有限公司
13	铜山县昌盛化工厂	38	徐州海成食品添加剂有限公司
14	徐州固城铜业有限责任公司	39	徐州市东亚电器有限公司
15	江苏原元生物工程有限公司	40	徐州罗特艾德回转支承有限公司
16	江苏恩华药业股份有限公司	41	铜山县光明金属添加剂厂
17	徐州市永大化工有限公司	42	徐州重型机械厂结构件分厂
18	徐州雷奥医疗设备有限公司	43	江苏云意电气股份有限公司
19	徐州金属熔剂厂	44	徐州天地重型机械制造有限公司
20	徐州海天石化有限公司	45	徐州畅润电子有限公司
21	沛县灭火剂厂	46	徐州同一工程机械科技有限公司
22	江苏万邦生化医药股份有限公司	47	徐州市晨创电子科技有限公司
23	徐州三原电力测控技术有限公司	48	沛县恒瑞化工有限公司
24	徐州彭祖中药饮片有限公司	49	江苏巨力变压器有限公司
25	徐州格利尔数码科技有限公司	50	徐州市华泰化工有限公司

2011 年徐州市贸易零售企业前五十强

（按销售额排序）

序号	企业名称	序号	企业名称
1	徐州医药股份有限公司	26	维维茗酒坊有限公司
2	徐州金鹰国际实业有限公司	27	徐州润东之田汽车销售服务有限公司
3	徐州申鑫建材市场管理有限公司	28	徐州金茂汽车贸易有限公司
4	徐州中央百大股分有限公司	29	徐州润东洲际汽车销售服务有限公司
5	徐州之星汽车有限公司	30	徐州海宁皮草城管理有限公司
6	徐州苏宁电器有限公司	31	徐州江淮汽车销售服务有限公司
7	徐州沪彭奥通汽车销售服务有限公司	32	徐州沪彭众达汽车销售服务有限公司
8	徐州宝景汽车销售服务有限公司	33	徐州润东丰田汽车销售服务有限公司
9	徐州路神汽车贸易有限公司	34	徐州北方汽车销售服务有限公司
10	邳州市工贸大厦	35	南京朗驰集团徐州汽车销售服务有限公司
11	徐州彭鑫金属材料贸易有限公司	36	铜山区苏捷商贸有限公司
12	徐州恒运汽车销售服务有限公司	37	徐州沪彭晓行汽车销售服务有限公司
13	徐州市新东方汽车贸易有限公司	38	徐州(北方)宗申三轮摩托车销售有限公司
14	徐州市国美家用电器有限公司	39	徐州久誉汽车贸易有限公司
15	徐州龙源金属材料贸易有限公司	40	徐州市五星空调器有限公司
16	徐州市海荧汽车销售维修有限公司	41	徐州润东之风汽车销售服务有限公司
17	徐州中收农机汽车销售有限公司	42	徐州市金渡贸易有限公司
18	上海科达汽车销售服务有限公司徐州公司	43	铜山县金桥超市连锁有限公司
19	徐州悦家商业有限公司	44	徐州通亚汽车销售服务有限公司
20	徐州润东汇通汽车销售服务有限公司	45	徐州润东瑞景汽车销售服务有限公司
21	兖州中材建设有限公司徐州分公司	46	徐州市茂裕化工有限公司
22	徐州东辰汽车销售服务有限公司	47	徐州百鑫商业有限责任公司
23	江苏新合作惠客隆连锁超市有限公司	48	徐州金慧汽车销售服务有限公司
24	徐州弛平汽车销售有限公司	49	徐州市华利汽车销售有限公司
25	徐州市华美商厦有限公司	50	徐州润华商业有限公司

2011年徐州市建筑企业前三十强

（按总产值排序）

序号	企 业 名 称	序号	企 业 名 称
1	江苏大汉建筑有限公司	16	徐州建筑装饰有限公司
2	中煤第五建设有限公司	17	沛县建筑安装工程公司
3	江苏九鼎环球建设科技集团有限公司	18	江苏圣邦建设集团有限公司
4	江苏中阳建设集团有限公司	19	徐州送变电有限公司
5	江苏汉中建设集团有限公司	20	江苏中实建设有限公司
6	江苏中盛建设集团有限公司	21	江苏中昊建设工程有限公司
7	江苏长安建设集团有限公司	22	江苏中德建设集团有限公司
8	江苏集慧建设集团有限公司	23	江苏宁航建筑工程有限公司
9	江苏昱诚建设有限公司	24	徐州庆安建安工程有限公司
10	睢宁县建筑安装总公司	25	徐州市政建设工程有限责任公司
11	徐州市公路工程总公司	26	徐州市水利工程建设有限公司
12	江苏汉邦建设集团有限公司	27	江苏力信建筑工程有限公司
13	徐州运成建设(集团)有限公司	28	睢宁县城市建设工程总公司
14	徐州贝德铭建筑安装工程有限公司	29	徐州大通市政建设工程有限公司
15	沛县防腐保温工程总公司	30	徐州陇海建筑工程有限公司

2011年徐州市房地产企业前三十强

（按销售面积排序）

序号	企业名称	序号	企业名称
1	徐州华美房地产开发有限公司	16	徐州鑫苑置业有限公司
2	江苏华商置业有限公司	17	徐州金贸房地产开发有限公司
3	徐州世茂新城房地产开发有限公司	18	徐州中铁房地产开发有限公司
4	徐州市城市建设投资总公司	19	徐州铁路天宇房地产开发有限公司
5	徐州康乐房屋开发经营公司	20	江苏永旭置业有限公司
6	上海绿地集团徐州新诚置业有限公司	21	徐州金沛置业有限公司
7	徐州沪建房产有限公司	22	徐州德盛房地产开发有限公司
8	徐州中茵置业有限公司	23	天成润华集团有限公司
9	徐州中川房地产开发有限公司	24	新沂市新东方置业有限公司
10	徐州高铁置业有限公司	25	徐州泰康房地产开发有限公司
11	江苏华厦融创置地集团有限公司	26	沛县天信房地产综合开发有限公司
12	徐州城置有限公司	27	丰县天成房地产开发有限公司
13	徐州东方房地产集团有限公司	28	徐州宏泰房地产开发有限公司
14	徐州市开甲置业有限公司	29	丰县金绿城房地产开发有限公司
15	江苏景天置业有限公司	30	徐州达盟房地产开发有限公司

2011年徐州市重点耗能工业企业前百家

（按综合耗能量排序）

序号	单位名称	序号	单位名称
1	徐州华润电力有限公司	26	江苏润丰生化有限公司
2	江苏徐塘发电有限责任公司	27	江苏龙远钢铁有限公司
3	徐州矿务集团有限公司	28	徐州市成日钢铁制品有限公司
4	江苏阚山发电有限公司	29	江苏久久水泥有限公司
5	大屯煤电(集团)有限责任公司	30	铜山县兴达冶炼铸造有限公司
6	徐州东南钢铁工业有限公司	31	睢宁县宁峰钢铁有限公司
7	江苏晋煤恒盛化肥有限公司	32	徐州天成氯碱有限公司
8	铜山华润电力有限公司	33	江苏沂州煤焦化有限公司
9	江苏天裕能源化工集团有限公司	34	徐州德兴冶炼铸造有限公司
10	国华徐州发电有限公司	35	睢宁县亿源钢铁有限公司
11	徐州华鑫发电有限公司	36	徐州铁矿集团有限公司
12	圣戈班(徐州)管道有限公司	37	徐州强盛城市煤气有限公司
13	维维集团股份有限公司	38	徐州利国镇北钢铁有限公司
14	徐州东亚钢铁有限公司	39	沛县金虹特钢有限公司
15	江苏中能硅业科技发展有限公司	40	徐州胜海铸造有限公司
16	徐州中联水泥有限公司	41	华润天能(徐州)煤电有限公司
17	淮海中联水泥有限公司	42	徐州盛泰钢铁有限公司
18	铜山县利国钢铁有限公司	43	徐州华联玻璃制品有限公司
19	徐州牛头山钢铁有限公司	44	徐州东兴能源有限公司
20	徐州博丰钢铁有限公司	45	徐州华隆热电有限公司
21	徐州荣阳钢铁有限公司	46	江苏协鑫硅材料科技发展有限公司
22	江苏胜阳木业集团有限公司	47	徐州博瑞特钢有限公司
23	徐州久强水泥粉磨有限公司	48	徐州蔺家坝水泥制造有限公司
24	徐州龙固坑口矸石发电有限公司	49	徐州腾达玻璃制品有限公司
25	江苏恒鑫化工有限公司	50	徐州瑞泰玻璃瓶厂

（按综合耗能量排序）

序号	单位名称	序号	单位名称
51	徐州建平环保热电有限公司	76	江苏蓝丰生物化工股份有限公司
52	徐州保鑫污泥发电有限公司	77	邳州市天正生物工程有限公司
53	徐州宏达玻璃制瓶有限公司	78	沛县灭火剂厂
54	徐州金山桥热电公司	79	邳州市江山木业有限公司
55	徐州市荣辉钢铁有限公司	80	新沂市华宏钢铁有限公司
56	邳州市泰和建材有限责任公司	81	徐州宁丰木业有限公司
57	江苏苏醇酒业有限公司	82	邳州市瑞丰木业有限公司
58	丰县鑫源生物质环保热电有限公司	83	徐州市新星纸业有限公司
59	徐州工程机械集团有限公司	84	徐州天福缘食品有限公司
60	江苏新春兴再生资源有限责任公司	85	江苏中烟工业公司徐州卷烟厂
61	沛县坑口环保热电有限公司	86	徐州鑫伟塑胶有限公司
62	徐州前进玻璃瓶厂	87	徐州三合木业有限公司
63	新沂通新生物质环保热电有限公司	88	徐州市东风气体厂
64	徐州建平纸业有限公司	89	徐州天虹时代纺织有限公司
65	徐州鑫泰玻璃瓶厂	90	邳州市中鑫木业有限公司
66	江苏星星家电科技有限公司	91	江苏花厅酒业有限公司
67	徐州大华玻璃制品有限公司	92	徐州中原木业有限公司
68	徐州荣昌玻璃制品有限责任公司	93	邳州苏北肥料有限公司
69	徐州恒发玻璃制品有限公司	94	徐州来源木业有限公司
70	徐州祥源洗煤有限公司	95	江苏汉韵木业有限公司
71	邳州市金龙生化制品有限公司	96	天富（中国）食品添加剂有限公司
72	铜山县新汇热电有限公司	97	江苏心实肥业集团有限公司
73	徐州金象冶金有限公司	98	徐州中达高压法兰制造有限公司
74	江苏五洲纸业有限公司	99	徐州市华泰化工有限公司
75	徐州嘉丰特种合金有限公司	100	徐州开达精细化工有限公司

2011年徐州市服务业企业前百强

（按主营业务收入排序）

序号	企业名称	序号	企业名称
1	华厦融创置地集团有限公司	26	徐州中铁房地产开发有限公司
2	润东汽车集团有限公司	27	徐州伟卓物资贸易有限公司
3	徐州徐工物资供应有限公司	28	徐州之星汽车有限公司
4	中国石油化工股份有限公司管道储运分公司	29	徐州中央百大股分有限公司
5	徐州工程机械集团进出口有限公司	30	江苏中汇贸易有限公司
6	江苏大屯煤炭贸易有限公司	31	徐州苏宁电器有限公司
7	徐州东方运销实业集团公司	32	徐州沪彭奥通汽车销售服务有限公司
8	江苏徐州徐工工程机械租赁有限公司	33	邳州市恒通再生资源有限公司
9	江苏省烟草公司徐州市公司	34	上海绿地集团徐州置业有限公司
10	新沂中纺天润粮油有限公司	35	徐州路神汽车贸易有限公司
11	徐州龙太钢铁物流经营管理有限公司	36	徐州医药股份有限公司
12	中国移动通信集团江苏有限公司徐州分公司	37	青岛啤酒(徐州)淮海营销有限公司
13	徐州金鹰国际实业有限公司	38	沛县糖烟酒采购供应站
14	中国石化集团管道储运公司	39	江苏创新投资集团
15	江苏华建能源集团	40	徐州鹏润国美电器有限公司
16	徐州淮海药业有限公司	41	徐州市新东方汽车贸易有限公司
17	徐州申鑫建材市场管理有限公司	42	江苏丰裕粮油实业集团有限公司
18	维维乳业有限公司销售分公司	43	徐州邮政局
19	中国电信股份有限公司徐州分公司	44	徐州新长江物流发展有限公司
20	荣盛(徐州)房地产开发有限公司	45	徐州华美房地产开发有限公司
21	徐州东方房地产集团有限公司	46	江苏欢乐买股份有限公司
22	徐州天业金属资源有限公司	47	徐州彭鑫金属材料贸易有限公司
23	江苏万邦医药营销有限公司	48	徐州恒运汽车销售服务有限公司
24	上海绿地集团徐州新诚置业有限公司	49	徐州市国美家用电器有限公司
25	国药控股徐州有限公司	50	中国联合网络通信有限公司徐州分公司

（按主营业务收入排序）

序号	企 业 名 称	序号	企 业 名 称
51	徐州龙源金属材料贸易有限公司	76	徐州康乐房屋开发经营公司
52	徐州市海荧汽车销售维修有限公司	77	江苏倍力工程机械有限公司
53	徐州中收农机汽车销售有限公司	78	徐州江淮汽车销售服务有限公司
54	江苏恩华和润医药有限公司	79	徐州沪彭众达汽车销售服务有限公司
55	江苏康之捷医药有限公司	80	徐州海宁皮草城管理有限公司
56	徐州百大超市有限公司	81	徐州万翔电子科技发展有限公司
57	兖州中材建设有限公司徐州分公司	82	徐州北方汽车销售服务有限公司
58	徐州城置有限公司	83	江苏苏恒电力燃料有限公司
59	上海科达汽车销售服务有限公司徐州公司	84	徐州市锦绣山水房地产开发有限公司
60	徐州公路运输集团有限责任公司	85	南京朗驰集团徐州汽车销售服务有限公司
61	徐州市圆通燃料有限公司	86	徐州鸿翔房地产开发有限公司
62	徐州悦家商业有限公司	87	铜山区苏捷商贸有限公司
63	徐州沪建房产有限公司	88	江苏新沂江海粮油收储有限公司
64	徐州开元名都置业有限公司	89	徐州(北方)宗申三轮摩托车销售有限公司
65	江苏新合作惠客隆连锁超市有限公司	90	新沂市瓦窑黄沙有限公司
66	徐州市华美商厦有限公司	91	徐州同创房地产开发有限公司
67	徐州弛平汽车销售有限公司	92	徐州国基投资置业有限公司
68	江苏省苏润能源集团有限公司	93	邳州力源电力燃料有限公司
69	睢宁县仁和废旧金属回收有限公司	94	徐州沪彭晓行汽车销售服务有限公司
70	维维茗酒坊有限公司	95	江苏春晖国际贸易有限公司
71	徐州金茂汽车贸易有限公司	96	徐州京鹏煤炭销售有限公司
72	沛县长胜物资回收有限公司	97	江苏恒盛农业生产资料有限公司
73	徐州市苏润电力能源有限公司	98	徐州久誉汽车贸易有限公司
74	邳州市棉麻公司	99	徐州徐常农机销售有限公司
75	江苏景天置业有限公司	100	徐州国家粮食储备库

中国统计出版社最新图书简目

（仅供参考，以最后出书为准）

统计资料

中国统计年鉴-2012
中国统计摘要-2012
国际统计年鉴-2012
2012中国发展报告
中国第三产业统计年鉴-2012
中国区域经济统计年鉴-2012
中国劳动统计年鉴-2012
中国社会统计年鉴-2012
中国城市统计年鉴-2009
中国建筑业统计年鉴-2012
中国人口和就业统计年鉴-2012
中国工业经济统计年鉴-2012
中国商品交易市场统计年鉴-2012
中国房地产统计年鉴-2012
中国能源统计年鉴-2012
中国民政统计年鉴-2012
中国贸易外经统计年鉴-2012
2012中国地区经济监测报告
中国科技统计年鉴-2012
中国农村统计年鉴-2012
中国农产品价格调查年鉴-2012
中国高技术产业统计年鉴-2012
中国教育经费统计年鉴-2010
中国农村贫困监测报告-2012
全国农产品成本收益资料汇编-2012
中国科学技术协会统计年鉴-2012
工业企业科技活动资料-2012
大中型批发零售和住宿餐饮企业统计年鉴-2012
中国农村住户调查年鉴-2012（中、英文）
中国城市(镇)生活与价格年鉴-2012
中国县（市）社会经济统计年鉴-2012
第二次全国R&D资源清查资料汇编-工业企业卷
中国农村全面建设小康监测报告-2012
第二次全国R&D资源清查资料汇编-综合卷
中国民族统计年鉴2011、2012
中国零售和餐饮连锁企业统计年鉴-2012
2010年中国第六次人口普查公报

2012年省级综合统计年鉴系列

北京 天津 河北 山西 内蒙古 辽宁 吉林 黑龙江 上海 江苏 浙江 安徽 福建 江西 山东 河南 湖北 湖南 广东 广西 海南 重庆 四川 贵州 云南 西藏 陕西 甘肃 青海 宁夏 新疆 新疆生产建设兵团

2012年市(县)级综合统计年鉴系列

天津滨海新区 石家庄 唐山 邯郸 太原 大同 长治 阳泉 晋城 朔州 晋中 运城 忻州 临汾 呼和浩特 包头 沈阳 大连 长春 吉林市 四平 哈尔滨 黑龙江垦区 上海浦东新区 苏州 无锡 常州 徐州 南通 盐城 镇江 江阴 丹阳 杭州 宁波 绍兴 台州 温州 金华 嘉兴 衢州 福州 福州经济技术开发区 厦门经济特区 南昌 上饶 济南 青岛 潍坊 郑州 洛阳 三门峡 南阳 武汉 宜昌 十堰 荆州 咸宁 长沙 广州 东莞 惠州 深圳 桂林 南宁 柳州 来宾 河池 海口 成都 绵阳 贵阳 昆明 庆阳 西安 兰州 银川 乌鲁木齐

2010年人口普查资料系列

中国2010年人口普查资料 北京 天津 河北 山西 内蒙古 辽宁 吉林 黑龙江 上海 江苏 浙江 安徽 福建 江西 山东 河南 湖北 湖南 广东 广西 海南 重庆 四川 贵州 云南 西藏 陕西 甘肃 青海 宁夏 新疆 新疆生产建设兵团 河南省各市2010年人口普查资料丛书 中国分县2010年人口普查资料 中国分乡镇、街道2010年人口普查资料 中国分民族2010年人口普查资料

"十一五"规划教材

非参数统计
医学统计学
概率论与数理统计
统计学
现代金融投资统计分析
多元统计分析
经济计量学教程
应用时间序列分析
统计指数理论及应用
统计数据处理概论
质量管理统计方法
社会统计学
多元统计分析实验
企业经营管理统计
市场调查与预测
统计学原理（非统计专业使用）
统计学：从数据到结论
国民经济核算教程（国民经济统计学）
概率论与数理统计（经济、管理类专业使用）

重点图书

挑大学选专业2012—高考志愿填报指南　　挑大学选专业2012—考研择校指南